넌제로
NONZERO

넌제로
NONZERO

하나된 세계를 향한 인간 운명의 논리

로버트 라이트 지음
임지원 옮김

ROBERT WRIGHT

역사가 어떤 목적을 위한 방향성을 가지고 있으며,
하나된 세계가 자연스럽고 불가피한 인류 역사의 정점이라면
우리는 지금 어디를 향해 가고 있는 것인가?

C/O/N/T/E/N/T/S

폭풍전야

수많은 내외부적 조짐들(정치적·사회적 격동이나 도덕적·종교적 불안)은 우리에게
지금 우리가 사는 세계에서 뭔가 굉장한 일이 벌어지고 있다는 느낌을 심어준다.
그런데 과연 무슨 일이 일어나고 있는 것일까?
– 피에르 테이야르 드 샤르댕Pierre Teilhard de Chardin

노벨상을 수상한 스티븐 와인버그Steven Weinberg는 그의 저서*의
마지막을 다음과 같은 문장으로 마무리했다. "우리가 우주에 대해
알면 알수록 우주는 더욱 더 무의미해 보인다." 물리학의 진실이
얼마나 울적한 것인지를 놓고 이 위대한 물리학자와 논쟁을 벌일
생각은 조금도 없다. 내가 아는 바로도 와인버그의 전문 영역, 즉
생명이 없는 물질의 세계에서는 '더 높은 목적higher purpose'의 증거
가 존재하지 않는다. 그러나 생명이 있는 물질들, 즉 박테리아와 점
균류, 그리고 무엇보다도 인간의 세계로 시선을 돌리면 상황은 크
게 달라 보인다. 이리 저리 표류해온 생물학적 진화의 궤적을 자세
히 들여다보면 볼수록 —특히 인간 역사의 자취를 되짚어볼수록— 여기
에는 분명 의미가, 어떤 목적이 있는 것처럼 보인다. 사실 '표류'는

〈최초의 3분〉, 1997 출간—옮긴이

생물의 진화나 인간의 역사를 묘사하기에 적합한 단어가 아니다. 두 과정 모두 어떤 목적을 위한 방향성을 가지고 있다. 적어도 이 책에서 나는 그렇게 주장하고자 한다.

인간의 역사나 생물의 진화에서 방향성을 본 사람들은 종종 신비주의자나 기인, 괴짜로 배척받아왔다. 어떤 면에서 볼 때 그러한 대접은 마땅한 것이기도 하다. 철학자인 앙리 베르그송은 생물 진화가 신비스러운 '엘랑 비탈élan vital'✦이라는 힘에 의해 추진된다고 믿었다. 그러나 무엇 때문에 그와 같은 비물질적ethereal 용어를 가정해야 한다는 말인가? 자연선택이라는 완전히 물리적인 용어로 진화의 원리를 설명할 수 있는데 말이다. 예수회 소속 신학자인 피에르 테이야르 드 샤르댕Pierre Teilhard de Chardin은 인간의 역사가 '오메가 포인트Point Omega'를 향해 나아간다고 생각했다. 그러나 과연 어떤 역사학자들이 '시공간의 바깥에' 존재한다는 그 오메가 포인트에 대한 주장을 진지하게 받아들여줄 것인가?

그러나 한편 베르그송이나 테이야르 드 샤르댕의 주장에는 새겨들어야 할 부분들이 있다. 두 사람 모두 생물의 진화가 점점 더 복잡한 생명 형태를 창조해내는 경향이 있음을 간파했다. 그리고 테이야르 드 샤르댕은 인간의 역사에도 그와 유사한 경향이 존재한다고 지적했다. 수천 년에 걸쳐서 인간의 사회 구조는 더 복잡하고, 규모가 커지는 쪽으로 진화되어 왔다. 또한 그가 이러한 경향으로

엘랑élan vital비탈 | 생명의 약동이라는 의미—옮긴이

부터 이끌어낸 추론은 상당한 선견지명을 보여주었다. 20세기 중반에 그는 원격 통신이 출현하고 그 결과 세계화가 도래할 것을 예견했다. 통신의 발달과 세계화의 붐이 일어나기 훨씬 전의 일이었다. ('지구촌'이라는 용어를 만들어낸 마셜 맥루한도 테이야르의 저서를 읽었다.) 심지어 그는 '지구를 둘러싼 사고의 망'인 '인지권'♣ 이라는 개념을 통해서 어렴풋이 인터넷의 존재방식조차 예견했다. 마이크로칩이 발명되기 10년도 더 전에 말이다.

그렇다면 베르그송이나 테이야르가 지적한 생물의 진화 및 인류의 기술적·사회적 진화의 기본 경향을 과학적·물리적으로 설명할 수 있을까? 나는 그렇다고 본다. 그리고 그것이 이 책의 대략적인 주제이다. 그러나 이 경향을 구체적으로 설명해낸다고 해서, 그로 인하여 베르그송이나 테이야르가 부여한 영적 속성을 제거해버리게 될 것이라고는 생각하지 않는다. 만일 생명에 어떤 방향성이 부여되어 있다면 ─다시 말해 생명이 자연적으로 특정 목적지를 향해 나아가는 것이라면─ 그와 같은 방향성을 부여한 것이 무엇인지에 대한 무성한 추측과 공론이 뒤따르게 된다. 그리고 인간의 역사에서 사회적·정치적 심지어 도덕적 정점 비슷한 것을 바로 코앞에 두고 있는 듯한 지금과 같은 국면에서 그와 같은 추측과 공론은 특히나 무성하게 된다.

인지권 | 샤르댕은 지리권geosphere, 생물권biosphere과 함께 민족, 인종, 문화를 통합하는 인지권을 제안했다. 이러한 정신공간이 완전히 구현되면 인류는 심리적·사회적·정신적 에너지를 집단적으로 조율하게 되고 도덕적으로 한 차원 높은 원리를 통해 인류 문명의 새로운 단계로 진입하게 될 것이라 예측했다─옮긴이

신학적 질문들에 별 관심이 없는 독자들에게는 기쁜 소식이 될 텐데 이 책에서는 그와 같은 추측은 비교적 적게 다룰 것이다. 인류의 종착지에 대한 몇 가지 우주적 사고들을 소개하겠지만 맛보기에 지나지 않을 것이다. 이 책은 대체로 우리가 어떻게 오늘날의 모습에 도달했으며, 그것에 기초하여 다음은 어디로 향하고 있는지에 대한 이야기로 채워지게 될 것이다.

생명의 비밀

제임스 왓슨James Watson의 회고에 따르면, 그와 프랜시스 크릭이 DNA의 구조를 밝혀냈던 날, 평소 이용하던 식당에 들어서던 크릭이 "우리가 생명의 비밀을 발견했다!"고 소리쳤다고 한다. 나는 DNA의 발견에 대해 칭송해마지 않는 바이지만 한편으로 생명의 비밀을 밝힌 이들의 명단에 또 다른 후보를 지명하고 싶다. 나는 불행히도 크릭처럼 "내가 비밀을 발견했소!"라고 외칠 형편은 못된다. 그 비밀은 이미 다른 이들이 발견했기 때문이다. 지금으로부터 반세기 전 게임이론을 발견한 —혹은 발명한— 존 폰 노이만과 오스카 모르겐슈테른이 바로 그들이다.

그들은 '제로섬zero-sum' 게임과 '넌제로섬non-zero-sum' [*] 게임 사이의 기본적인 차이를 밝혀냈다. 제로섬 게임에서는 게임에 참여

넌제로섬non-zero-sum | 넌제로섬 논리에 대한 자세한 설명과 넌제로섬 게임에 대한 고전적 논의를 접하고자 하는 독자는 부록1의 '죄수의 딜레마'를 참조한다.

하는 사람들의 운이 서로 역의 상관관계를 맺는다. 한 편의 득점이 그대로 상대편의 실점이 되는 테니스, 체스, 권투 등의 게임이 그 예이다. 반면 넌제로섬 게임에서는 한 편이 점수를 얻는 것이 다른 편에게 반드시 나쁜 소식이 아닐 수도 있다. 실제로 고도의 넌제로섬 게임에서는 참여자들의 이익이 완전히 겹치기도 한다. 1970년 아폴로 13호에 승선했던 세 명의 우주비행사들이 좌초된 우주선을 다시 지구로 몰고 가기 위해 고군분투할 때 그들은 완전한 넌제로섬 게임을 벌였던 셈이다. 왜냐하면 그들의 노력의 결과는 세 사람 모두에게 똑같이 이롭거나 똑같이 해로운 것이기 때문이다. (이 경우 똑같이 이로운 쪽으로 끝났다.)

그런데 현실 세계에서는 모든 것이 그렇게 명확하게 제로섬 또는 넌제로섬으로 딱 떨어지지 않는다. 상인과 고객, 국회의원들 그리고 언제나 그런 것은 아니지만 서로의 이해가 일치하는 어린 시절의 친구들의 경우를 생각해보자. 어느 범위까지는 각자의 이익이 서로 겹쳐진다. 이런 경우 그들의 관계는 넌제로섬이다. 그들이 어떻게 게임에 임하느냐에 따라서 결과는 양쪽 다 이길 수도 있고 양쪽 다 질 수도 있다.

정치과학자나 경제학자들은 종종 인간의 상호작용을 제로섬 요소와 넌제로섬 요소로 세분한다. 이따금씩 진화생물학자들도 다양한 생명 시스템의 작용원리를 살펴보는 데 같은 방법을 도입한다. 우리가 인간 역사와 생물 진화에 방향을 부여하는 것이 무엇인지 알아보기 위해서는 이 방법을 좀 더 체계적으로 적용해야 할 것이라고 나는 생각한다. 각각의 유전자 간의 상호작용에서부터 세포, 동물, 이해집단, 국가, 기업 간의 상호작용은 모두 게임이론의 렌즈를 통해 바라볼 수 있다. 그 다음 우리는 이 렌즈를 가지고 인간과 생물의 역사를 탐색해볼 것이다. 그렇게 함으로써 나는 지금까지 결정적으로 지구상에 생명의 전개를 형성해온 힘, 즉 넌제로섬 동력을 밝혀내기를 희망한다.

생물의 역사에 대한 탐색은 간략하게 다루고 인간의 역사를 탐색하는 데 좀 더 많은 시간을 들이게 될 것이다. 인간의 역사는 복잡하고 어지럽기로 악명 높으니 말이다. 그러나 실제로는 사람들이 생각하는 것만큼 그렇게 복잡하지는 않다고 생각한다. 실제로 가장 복잡한 사회가 수렵 · 채집 촌락village이었던 시절부터 오늘날까지 살펴본다면 우리는 인간 역사의 중심을 관통하는 핵심적인 패턴을 포착할 수 있을 것이다. 새로운 기술이 출현함에 따라서 새롭고 더욱 풍요로운 형태의 넌제로섬 상호작용이 가능해지고 있다. 그 결과 ─궁극적으로 인간 본성에 근거한 이해할만한 이유로─ 우리의 사회 구조는 넌제로섬 상황을 포지티브섬positive sum 상황으로 변모시킬 풍부한 잠재력을 실현하도록 진화되고 있다.# 사회적 복잡성 역시 더욱 그 폭이 넓어지고 그 깊이가 깊어지고 있다.

넌제로섬 게임이 언제나 양쪽이 다 이기는 상황을 가져온다는 말은 아니다. 강자가 약자를, 비열한 사람들이 순진한 사람들을 이

#표시는 책의 말미의 주석 부분에 자세한 주석이 덧붙여져 있음을 의미한다.

용해먹는 상황이 전혀 없는 것도 아니다. 넌제로섬 게임에서는 종종 기생충과 같은 무임승차적인 행동이 가능하며 역사를 살펴보아도 그 예는 풍부하다. 그러나 장기적으로 볼 때 넌제로섬 상황은 네거티브섬 보다는 포지티브섬을, 기생행위보다는 상호 이익을 더 많이 만들어낸다. 그 결과 사람들은 더 크고 더 풍부한 상호의존의 그물 속으로 엮여들게 되었다.

이렇게 넌제로섬 상황이 대개 포지티브섬 상황으로 발전하는 식의 기본적인 순서가 처음 일어나기 시작한 것은 15,000년 전으로 거슬러 올라갈 수 있다. 그로부터 우리가 비행기를 타고 날아다니고 이메일을 보내고 지구촌에 살게 되는 오늘날에 이르기까지 그 상황은 반복되고 또 반복되었다.

수메리아의 왕들, 야만인 무리들, 중세의 기사들, 프로테스탄트 개혁, 초기의 민족주의 등과 같이 역사책을 수놓고 있는 수많은 흥미로운 세부 사항들을 무시할 생각은 없다. 사실 나는 이러한 사건들은 물론 그와 더불어 너무나 자주 무시되어왔던 또 다른 인간 경험의 본보기, 즉 아메리카 인디언의 수렵ㆍ채집사회, 폴리네시아의 추장사회, 이슬람의 상업적 혁신, 아프리카의 왕국, 아즈텍의 사법체계, 중국의 앞선 기술 문명 등에 대해 합당한 주의를 기울이고자 노력했다. 그러나 나는 이러한 세부적인 사항들이 —물론 그 자체로도 중요성을 띠고 있지만— 인간의 역사를 좀 더 쉽게 생각할 수 있는 틀 안에 어떻게 맞아 들어가는지, 궁극적으로 어떻게 더 커다란 이야기의 일부로 편입되는지를 보여주고자 한다.

인간의 역사를 탐색한 후에 나는 인간의 역사에 적용되었던 것과 동일한 조직원리organizing principle를 생물의 역사에 적용할 것이다. 자연선택을 통해서 ─유전자든 세포든 동물이든─ 생물학적 실체들 간에 더 풍요로운 형태의 넌제로섬 상호작용을 가능하게 하는 새로운 '기술'이 도래했다. 그리고 그 나머지가 생물의 역사이다.

간략하게 말해서 생물의 역사와 인류의 역사는 점점 더 그 수가 늘어나고, 더 커지고, 더 정교해지는 넌제로섬 게임을 벌이고 있다. 이러한 게임들이 쌓이고 또 쌓여서 베르그송이나 테이야르 드 샤르댕과 같은 사람들이 이야기하는 사회적·생물학적 복잡성을 형성하게 되었다. 나는 이것을 '넌제로섬 원리non-zero-sumness의 축적'이라고 부르고자 한다. 넌제로섬 원리는 일종의 잠재력이다. 어떻게 게임을 하느냐에 따라서 전체적으로 이익을 얻을 수도 있고 전체적으로 손실을 볼 수도 있는 가능성이다. 추상적으로 볼 때 이 개념은 포착하기 어려워 보일 수도 있지만 이 책을 다 읽고 나서는 독자들에게 구체적으로 다가갈 수 있기를 희망한다. 넌제로섬 원칙의 지속적 성장과 지속적 성취는 원시 스프✝에서 월드 와이드 웹에 이르기까지 생명의 역사의 방향을 규정해왔다.

어쩌면 넌제로섬 원리는 베르그송의 비물질적 엘랑 비탈의 유물론적 버전이라고도 할 수 있을 것이다. 넌제로섬 원리는 지구라는 행성에 사는 생명이 나아가는 기본적인 방향에 일종의 추진력을

원시 스프 | 최초의 생명체가 탄생한 것으로 추정되는, 화학물질이 고농도로 농축되어 있는 액체─옮긴이

제공한다. 이 원리는 왜 충분한 시간이 주어질 경우, 생물의 진화가 고도로 지능이 발달한 생명체, 즉 기술과 문화의 다른 측면들을 생성해낼 수 있을 만큼 영리한 존재를 창조해낼 가능성이 높은지 설명해준다. 이 원리는 또한 생물학적 진화의 뒤를 이어 일어나는 기술, 좀 더 광범위한 의미에서 문화의 진화가 그 지능을 가진 종의 사회 구조를 더 풍부하게 하고 확장시켜 궁극적으로 행성 전체를 아우르는 사회 조직을 형성하게 될 가능성이 높은지 설명해준다. 내가 보기에 세계화는 증기선이나 전신 장치가 발명된 시점보다도, 심지어 우리가 문자나 바퀴를 발명한 시점보다 더 거슬러 올라가 생명의 탄생 순간부터 미리 운명으로 정해진 것이었다. 그 이후 전 역사에 걸쳐서 넌제로섬 원리의 가차 없는 논리는 해가 갈수록 국가들 간의 관계가 점점 더 많은 넌제로섬을 만들어내는 오늘날과 같은 시대를 지향해왔다.

이게 운명이라고?

'인류 운명의 논리'라는 거창한 부제를 달고 나온 책이라면 책 어딘가에 입에 발린 제한 조건qualification이 나오게 마련이다. 지금 그 조건을 달고 넘어가는 것이 좋을 듯하다.

내가 말하는 '운명'이란 어떤 의미일까? 지금으로부터 10년 혹은 50년, 아니면 100년 후 이 세계가 모든 세부사항까지 포함해서 정확히 이러이러한 상태일 것이 불가피하다는 얘기를 하려는 것일까? 두 가지 면에서 그렇지 않다.

첫째, 나는 세계의 정확하고 상세한 상태에 대해 이야기하는 것이 아니라 광범위한 윤곽에 대해 이야기하는 것이다. 그 광범위한 윤곽이란 정치 구조 및 경제 구조의 본질(이를테면 국가라는 조직은 미래에 어떻게 될까?), 개인의 경험의 성격(자유는 어떻게 될까?), 문화의 범위(미키 마우스는 어떻게 될까?) 등을 말한다.

둘째, 나는 어떤 일이 문자 그대로 불가피하다고 말하는 것이 아니다. 그러나 뭔가가 일어날 가능성이 매우, 엄청나게 크다고는 말할 수 있다. 내가 개괄하는 '운명'을 대신할 수 있는 현실적인 대안은 극도로 불쾌한 것으로 우리 모두를 위해 최선의 노력을 기울여 피해야 할 만한 것이다.

'불가피한' 것이 아니라 단지 '일어날 가능성이 극도로 높은' 것에 대해 '운명'이라는 단어를 사용하는 것이 일종의 속임수라고 말할 사람도 있을 것이다. 그렇다면 양귀비 씨의 운명이 양귀비가 되는 것이라고 말하는 것이 속임수일까? 분명 양귀비 씨 중에서는 양귀비가 되지 못하는 것도 있다. 실제로 양귀비 씨 중 일부의 운명은 ─과거를 회상해보건대─ 베이글 위에 붙어서 오븐에서 구워지는 것일 수도 있다.♣ 설사 오븐에 구워지는 불운을 피해 땅에 안착한 양귀비 씨라고 하더라도 여전히 누군가 또는 뭔가에게 먹혀서(비록 베이글 브런치 상태로는 아니겠지만) 결코 양귀비꽃을 피우지 못하게

양귀비 씨는 베이글의 토핑 등 제빵 재료로 사용된다─옮긴이

될 수도 있다.

그러나 양귀비 씨의 '운명'은 양귀비가 되는 것이라는 주장을 방어할만한 적어도 세 가지의 이유가 있다. 첫째, 우리가 규정할 수 있는 광범위한 상황에서 양귀비 씨는 양귀비가 될 가능성이 매우 높다. 둘째, 양귀비 씨의 관점에서 볼 때 양귀비가 되는 길 이외의 가능성은 대재앙, 좀 더 구체적으로 말하자면 죽음뿐이다. 셋째, 우리가 양귀비 씨의 정수(씨앗에 함유된 DNA)를 조사해보면 양귀비 씨는 양귀비가 되도록 프로그램되었다는 결론을 피해가기 어렵다. 실제로 우리는 양귀비 씨는 양귀비가 되도록 '설계'되었다고 말할 수 있을 것이다. 물론 이때 그 설계자는 인간이 아니라 자연선택이다. 양귀비로서의 일생을 사는 것이 아닌 다른 길은 —베이글에 붙어 구워지는 것이든 새에게 먹히는 것이든— 양귀비 씨에 깃들어 있는 진정한 가능성의 발현이 억제되고 자연이 부여한 목적을 실현하지 못하는 길일 수밖에 없다.

내가 인간의 운명이라고 주장하는 것도 이와 비슷한 측면이 있다. 물론 인간을 양귀비 씨에 비유하는 것은 세 번째 이유를 곰곰이 생각할 때 문제를 일으킬 소지가 있다. 인간 종이 더욱 넓은 의미에서의 '목적'을 가지고 있다고 말하는 것이 정당한 것일까? 지구상의 생명이 실현하도록 '설계'된 위대한 목표가 과연 존재할까? 앞서 이야기한 대로 이 대목에 이르러서 나의 주장은 상당 부분 추론에 의존할 수밖에 없다. 그러나 나는 이러한 질문들에 "그렇다"라고 대답해야 할 이유가, 많은 사람들(특히 많은 과학자와 사회과학자들)

이 깨달은 것보다 강력한 이유가 존재한다고 본다.

현재의 혼란

생물학적 진화나 인간의 역사 모두 매끈하고 일정하게 나아가는 과정은 아니다. 두 과정 모두 진행 과정에서 문턱을 만나고 그 문턱을 뛰어넘으면서, 기존의 평형 상태에서 새롭고 더 높은 수준의 평형 상태로의 도약을 겪으면서 나아간다. 우리가 사는 이 시대에서 새로운 문턱의 전조를 보는 사람들도 있다. 오늘날의 세계가 우리에게 안겨주는 불안감과 통제력을 상실한 듯한 느낌은 곧 중대한 변화가 일어날 것이라는 예감을 낳는다. 기술적 · 지리적 · 경제적 변화가 불길할 정도로 빠르게 일어나고 있으며, 사회 구조는 허술하고 빈약하게 느껴진다.

예를 들어서 세계 통화 시장은 전자적 수단에 의해 날개를 단 투기 세력이 일으키는 거센 격랑에 요동친다. 불량한 정권이나 뉴에이지 이단 단체들이 대량 살상 무기들을 양산하고 있다. 인종적 · 종교적 · 문화적 갈등 때문에 국가의 결속력도 예전 같지 않아졌다. 보건 관료들은 무서운 전염병(입에 담기에도 섬뜩한 에볼라 바이러스나 그밖의 우리가 아직 알지 못하는 미생물들)이 발생해 제트기를 타고 날아다니는 여행객들에 의해 순식간에 세계 전역으로 퍼져 나갈 수 있는 가능성에 대해 심각하게 논의하고 있다. 심지어 열대성 폭풍마저도 최근 수십 년 동안 유례없이 강해지고 있으며 지구온난화가 그 원인으로 지목되고 있다.

계시록에 나오는 지구 종말의 날이 연상되는 이야기들이다. 실제로 일부 종교인들은 진짜로 종말이 다가오고 있다고 믿고 있다. 그들은 이와 같은 새로운 위협들이 빈발하는 것이 단순히 우연에 의한 것이라고 상상하지 못한다. 기독교 근본주의자 중 일부는 증대되는 전지구적 혼란을 심판의 날이 다가오고 있다는 증거로 내세운다. 심판의 날, 참된 신자는 천국에 올라가는 길에서 그리스도를 만나는 휴거rapture를 경험하고 나머지 사람들은 그보다 불길한 운명을 맞이하게 된다는 내용을 다루는 소설들이 인기 있는 한 장르를 형성하고 있다.

어떤 면에서는 이러한 근본주의자들의 생각이 맞다. 아, 물론 휴거가 맞다는 말이 아니다. 내 말은 오늘날 격동하는 현실들이, 우리가 이 세계의 운명이라고 부르는 것이 전개되는 과정에서 뚜렷한 한 단계를 예고하고 있다는 것이다. 우리는 실제로 일종의 정점과 같은 것에 다가서고 있다. 우리 인간 종은 일종의 시험을 앞두고 있는 듯 하다. 역사의 기본적인 힘이 수천 년에 걸쳐서 우리를 이 시험을 향해 밀어붙였다고도 할 수 있다. 이 시험은 우리의 정치적 상상력, 즉 우리가 통치 구조의 기본적이고 필수적인 변화들을 수용할 능력이 있는지에 대한 시험이 될 것이다. 그러나 또한 이것은 우리의 도덕적 상상력에 대한 시험이기도 하다.

그렇다면 우리는 이 시험을 어떻게 치르게 될까? 역사를 통해 판단하건대 오늘날의 격동은 결국 상대적으로 안정된 상태로, 즉 전지구적 수준의 정치·경제·사회 구조가 새로운 형태의 혼란을 길들이게 된 시대에 자리를 내주게 될 것이다. 세계는 과거의 어떤 평형 상태보다 높은 수준으로 조직된 새로운 평형 상태에 도달하게 될 것이다. 그리고 그 시점에서 뒤돌아본 현재 우리의 시대는 마치 폭풍 전야의 고요함처럼 보일 것이다. 그게 아니라면 우리는 이 세계를 폭발시켜버릴 수도 있다. 기억하라. 양귀비 씨도 항상 꽃을 피우지는 않는다는 사실을.

만일 우리가 이러한 경로로 접어들게 된다면 설사 세계를 완전히 파괴시키지 않는다고 하더라도 불확실성의 요소들은 그대로 남아있게 된다. 역사의 논리의 자연적 발현은 매우 견고한 매개변수들을 가지고 있지만 그렇다고 하더라도 여전히 어느 정도의 여지가 있게 마련이다. 과거의 궤적에 의해 예상할 수 있는 가능성의 경계 안에서 우리는 미래의 정치 구조가 자유를 더 많이 허용할 것인지 아닌지, 사적 영역을 더 많이 보장해줄 것인지 아닌지, 더 높은 수준의 질서를 조성할 것인지 아닌지, 더 부유하게 만들어줄 것인지 아닌지를 상상해볼 수 있다.

이 책의 목표 가운데 하나는 이 여지를 탐험하는 데, 즉 다양한 가능성 가운데에서 우리의 미래를 선택하고 그 선택을 실현시켜 가는 데 도움을 주는 것이다. 그러나 적어도 운명의 여지를 현명하게 사용하는 것만큼 중요한 것은 그 운명에 순조롭게 도달하는 것이다. 기본적 방향이 정해진 경우라고 하더라도 역사는 그 길로 나가는 길에서 대규모의 고통스러운 인간의 희생을 만들어낼 수도

있다. 혹은 견딜만한 정도의 희생만을 치르고 좀 더 수월하게 나아
갈 수도 있다. 그 중 어느 한 쪽을 택해야 하는 것은 우리의 운명이
다. 그리고 이번에는 일어날 가능성이 아주 높다는 뜻에서의 운명
이 아니라 피할 수 없다는 의미에서의 운명이다.

Part ONE

인류의 역사

문화 진화의 사다리

생각은 그 생각을 믿는 사람들을 책임져주지 않는다.
- 돈 마르퀴스Don Marquis

20세기 초 인류학자들은 흔히 특정 집단의 사람들을 '야만인savage'이라고 부르곤 했다. 전문적 의미에서 이 말은 모욕의 의미를 담고 있지 않다(그렇다고 찬사로 쓰인 경우도 별로 없지만). '야만 상태savagery'는 규칙적인 순서에 따라 나아가는 인간 문화의 역사의 한 단계일 뿐이다. 모든 인간이 다 야만인이었던 시절도 있다. 그런데 어느 시점에 그들 중 일부가 문화적으로 한 단계 승진해서 '미개인barbarian', 적어도 '하위low' 미개인이 되었다. 미개 상태는 다시 세 단계, 하위·중위·상위로 나누어진다. 그리고 이 단계들을 모두 지나면 문화는 문명이라는 문턱을 넘어서게 된다. 이 문턱을 넘어선 단계에 접어든 사람들은 다른 문화를 야만 상태라고 지칭하는 책을 쓰기도 한다.

야만-미개-문명이라는 척도를 주장한 대표적인 인물이 루이스 헨리 모건이다. 그는 1877년 〈고대 사회Ancient Society〉라는 책에서 이러한 개념을 소개했다. 다윈이 〈종의 기원〉을 출간한 지 20년이 못되어 모건은 인간의 문화 역시 진화한다고 설명했다. "확실한 증거에 근거해서 인류의 모든 종족에 있어서 문명 상태 이전에 미개 상태가, 그리고 미개 상태 이전에 야만 상태가 존재했다고 단언할 수 있다"라고 모건은 적었다. 이 "서로 구분되는 세 가지 상태는 문화의 진화 과정에서 자연스럽게, 그리고 필연적으로 서로 연결되어 있다."

모건은 최초의 인류학자 가운데 한 사람이다. 그는 미국 인디언사회의 열렬한 옹호자였고 백인이 인디언사회를 짓밟고 파괴시키는 것을 누구보다 개탄한 사람이었다. 시팅불*이 리틀빅혼에서 커스터 장군의 부대를 궤멸시켰을 때 모건은 시팅불을 변호하는 데 앞장섰다.

그렇다고 해서 모건이 급진주의자였다는 말은 아니다. 그는 스스로 특정 분야를 연구해서 일가를 이룬 학자일 뿐 아니라 부유한 변호사였다. 그런데도 그의 책들은 카를 마르크스나 프리드리히 엥겔스와 같은 사람들의 지지와 사랑을 받았다. 왜냐하면 그들은 모건의 개념이 자신의 목적론적 역사관과 일치한다는 것을 발견했기 때문이다. 그들과 마찬가지로 모건은 기술을 포함한 물질적 요소들을 통해서 역사의 방향성의 자취를 탐색했다. 그들과 마찬가지로 모건은 소유 개념의 변화를 강조했다. 뿐만 아니라 그들은 인류 초기의 '야만' 상태가 사유 재산이 없는 공동사회였다는 사실을 사랑했다. 엥겔스는 문화 진화의 종착점에서 이 원시적 평등주의 상태의 일부가 재건될 것이라는 모건의 문장을 호의적으로 인용했다. "민주적 정부, 형제애로 충만한 사회, 권리와 특권의 평등한 분배, 보편 교육은 우리의 경험과 지성, 지식이 지속적으로 추구하는 한층 높은 수준의 사회

시팅불 | 미국 인디언 수족의 추장으로 1800년대 후반 미국 정부의 인디언 강제이주정책에 맞서 부족을 이끌고 용맹하게 싸운 지도자—옮긴이

의 전조가 된다"라고 모건은 썼다.

한편 거부할 수 없는 역사의 힘이 문명을 창조해내고 문화는 대략 예측할 수 있는 방식으로 "진화"하고 있으며, 앞으로도 그러할 것이라는 관점을 내세운 사람 중에는 마르크시즘을 혐오했던 사회학자 허버트 스펜서도 포함된다. 또한 정치적으로 스펜서와 마르크스의 중간쯤에 위치한 존 스튜어트 밀 역시 비슷한 견해를 보였다. 그 당시에는 역사가 방향성을 가지고 있다는 생각은 거의 사회 통념으로 여겨졌다. 역사의 패턴화된 진행 과정 이면에 있는 메커니즘에 대해 논의하고, 그것을 가지고 미래를 추론하는 과정에서 비로소 이데올로기가 끼어들게 되었다.

경향을 부정하는 경향

20세기 초에 이르러 사회 통념은 변화하게 되었다. 어떤 사회는 높고 어떤 사회는 낮다고 서열을 매기는 것은 점점 불쾌하고 불미스러운 것으로 여겨지게 되었다. 특히 좌파 학자들이 그렇게 여겼다. 인류학 분야에서 프란츠 보아스Franz Boas가 인간의 문화가 특정 방향을 향해 움직이는 경향이 있다는 생각에 정면 공격을 개시했다. 그의 가장 유명한 제자인 마가렛 미드는 나중에 보아스주의의 중심 신조를 다음과 같이 요약했다.

"우리는 각 문화들을 등급으로 나누어 서열화 시키는 것에 반대한다. 우리의 문화를 정점에 놓고 우리와 차이를 보이는 정도에 따라 다른 문화들을 사다리의 아래쪽에 배치하는 관행에 반대한다. … 우리는 일종의 문화적 민주주의를 지향한다. 이러한 문화의 민주주의는 다른 위대한 민주주의적 신념과 어깨를 나란히 할 것이다."

보아스주의적 문화관은 강한 지지를 받았고 결국 대세가 되었다. 1918년 〈미국 인류학회지American Anthropologist〉에 실린 한 논문은 문화의 진화라는 개념을 "과학의 역사에 등장했던 모든 이론들 가운데 가장 공허하고, 진부하며, 유해한 것"이라고 공격했다. 뿐만 아니라 "어른들의 흥미를 채워주는 싸구려 장난감"이라고 단언했다. 1939년 또 다른 인류학자는 "(문화의) 진화론은 한 사람의 지지자도 불러 모으기 힘든 형편"이라고 보고했다. 한편 역사가 방향성을 가지고 있다는 생각은 역사가들 사이에서도 별로 환영받지 못했다. 19세기 동안 그들은 역사를 이성에 의해 추진되는 진보라고 생각했다. 즉 의식적·합리적으로 선을 추구하면 점점 자유와 정치적 평등이 증대될 것이라고 믿었다. 그러나 두 차례의 세계대전이 지나간 후 20세기의 가장 유명한 두 사람의 사상가, 이사야 벌린Isaiah Berlin과 카를 포퍼는 이러한 생각에 쐐기를 박았다. 벌린은 그의 저서 〈역사의 필연성Historical Inevitability〉에서 "세계가 나아가는 방향을 가지고 있으며, 어떤 법칙들에 의해 지배되며 적절한 방법으로 탐구할 경우 그 방향과 법칙을 어느 정도 발견할 수 있을 것"이라는 개념을 공격했다. 포퍼는 〈역사주의의 빈곤The Poverty of Historicism〉에서 미래를 예측하는 것은 전적으로 불가능하다는 것을 자신이 —글자 그대로— '증명'했다고 단언했다.

벌린과 포퍼의 저서가 나온 이후 이들이 공격했던 '거창한 관념big think', '사변적 역사speculative history' 또는 '메타역사metahistory'는 거의 멸종 지경에 이른 생물의 신세가 되었다. 1960년대 한 역사철학자는 역사학자들이 "정상적인 역사학의 활동 범위에서 법칙이나 패턴을 찾아내고자 하는 방향으로 이탈하는 경우를 일컬을 때 '메타역사'라는 표현을 쓰는 경향이 있다"고 말했다. 지금도 그 때와 상황이 많이 달라지지 않았다. 지난 20년 동안 역사에서 패턴을 찾고자 하는 활동의 결과물로서 커다란 반향을 일으킨 프랜시스 후쿠야마의 〈역사의 종말〉은 역사학자가 아니라 정치과학자가 쓴 것이었다. 흥미롭게도 역사학자가 역사의 법칙에 대해 숙고하는 것은 일탈이고 정치학자가 하면 괜찮은 모양이다.

'메타역사'의 반대자들은 종종 반대하는 이유를 솔직히 밝히곤 했다. 포퍼의 책의 헌사에는 "역사적 운명의 가차 없는 법칙Inexorable Laws of Historical Destiny이라는 파시스트와 공산주의자들의 신념에 희생되었던 모든 종류의 신념과, 국가와, 인종의 수많은 남녀들에게 이 책을 바친다"고 적혀 있다. 나는 포퍼의 분석이 —그리고 벌린과 보아스의 분석이— 이중으로 틀렸다고 주장하고자 한다. 역사에 방향이 있다는 과거의 관점이 유효한지 여부에 대해 틀렸을 뿐 아니라 그러한 생각이 위험하다는 판단 역시 틀렸다.

문화의 진화

역사의 방향성이라는 개념을 상대로 벌인 전쟁은 인류학 분야의 경우 역사학에서만큼 성공적이지 못했다. 20세기 중반 미시건 대학교를 거점으로 소수의 저항 세력이 일어나기 시작했다. 이 세력의 선봉장 격인 레슬리 화이트는 보아스주의적 반진화론에 반기를 들고 모건의 개념들을 소생시키고 개선해나가는 데 일생을 바쳤다. 그의 노력은 이 분야에 어느 정도 진보를 가져왔다. (예를 들어 '야만인'이나 '미개인'보다 덜 거슬리는 용어를 사용하게 되었다는 점도 그 중 하나이다.) 실제로 화이트의 제자들이나 그와 뜻을 같이한 동료들은 오늘날에도 유용하게 사용될만한 세계의 역사를 재평가할 기초를 놓았다. 그러나 1970년대 다문화주의multiculturalism가 인기를 얻게 되면서 세계의 여러 문화들에 서열을 매기는 듯한 이론은 인기를 잃게 되었다. 1975년 화이트가 타계할 무렵 문화진화론은 거의 무시되거나 아니면 오명의 대상이 되었다.

오늘날 인류학 분야 가운데 진화론에 어느 정도 공감을 보이는 분야가 있다면 그것은 화이트의 분야인 문화인류학이 아니라 고고학이다. 물론 대부분의 고고학자들은 이 책만큼 문화진화론을 강렬하게 지지하지는 않는다. 그들은 석기 시대에서 오늘날의 세계화에 이르기까지 인간사회가 더욱 복잡한 상태를 향해 진보해나가는 것이 본질적으로 불가피하다는 사실을 믿지 않는다. 그러나 고고학자들로서는 땅 밑으로 더 깊이 파 들어갈수록 더욱 더 단순한 사회의 유물이 발견된다는 명명백백한 사실을 깨닫지 않을 수 없을 것이다. 늦든 빠르든 사회 구조는 변화하게 마련이며, 그 변화는 복잡성을 감소시키는 쪽 보다는 증가시키는 쪽으로 일어날 가능성이 더 큰 것은 분명하는 사실을.

가장 먼 과거를 연구하는 학자들이 진화론에 가장 큰 공감을 느낀다는 사실은 어떤 면에서 좀 이상하게 느껴진다. 20세기에 일어났던 사건들, 특히 지난 몇 십 년 간 일어났던 사건들은 19세기 일부 사회과학자들이 식별해냈던 역사의 방향성이 어느 정도 맞는 것임을 보여준다. 루이스 모건의 주장의 핵심은 옳은 것이었다. 문화 진화의 끊임없는 추진력은 지난 2000년 동안 우리 사회로 하여금 여러 개의 문턱을 넘어서 앞으로 나아가도록 만들었다. 그리고 그 추진력은 지금 우리 앞에 있는 또 하나의 문턱을 넘도록 우리를 몰아붙이고 있다. 놀라운 새로운 사회 구조가, 우리가 미래에 살 집이 우리 눈앞에 만들어지고 있다.

역사가 방향성을 가지고 있다고 말하는 것은 과거의 문화 진화주의나 19세기 진보주의 역사관의 모든 교의와 신조를 지지한다는 뜻은 아니다. 이를테면 나는 모든 면에서 자유와 평등이 승리를 거둘 것이라고 기쁨에 찬 예측을 내놓을 수 없다. 실제로 나는 어떤 면에서는 역사가 인간의 자유를 향해 나간다고 보지만 또 다른 면에서 자유가 줄어들고 있다고 생각한다. 지금 출현하고 있는 사회 구조에는 멋지고 훌륭한 측면이 있는가 하면 두려운 측면도 있다. 다행히 이러한 구조는 장기적으로는 대체로 거부할 수 없는 것이지만 세부적인 면까지 피할 수 없는 것은 아니다.

어쨌든 역사의 기본적 방향이 궁극적으로 우리를 더 자유롭게 할 것인지 오히려 더 구속할 것인지, 우리의 삶을 지금보다 나은 것으로 만들어줄지 지금보다 못한 것으로 만들어줄지에 대한 논의는 뒤로 미루고자 한다. 나는 어떤 면에서는 역사의 기본적인 방향이 인간을 도덕적으로 더 나은 존재로 만들어왔으며 앞으로도 그러할 것이라고 생각한다. 그러나 지금 그것이 요점은 아니다. 앞으로 열 세 개의 장에 걸쳐서 다룰 요점은 윤리라는 문제를 접어두고 사회 현실의 관찰 가능한 특징들을 객관적으로 논의해볼 때 역사의 방향성이 명명백백하게 존재한다는 것이다. 세상사의 혼탁한 표면을 걷어내고 그 아래를 들여다보면 특정 세력의 번영과 몰락을 넘어서는, 역사의 무대에 거들먹거리며 등장했다 사라졌던 "위대한 인물"들의 일화를 뛰어넘는, 수만 년 전에 출발해 긴 역사를 관통해 오늘날에 이르는 화살을 볼 수 있을 것이다. 그리고 시선을 들어 앞을 바라보면 그 화살이 어디를 향하고 있는지 보게 될 것이다.

그 옛날 우리의 모습

야만인, 미개인, 문명인들에게서 모두 지적 능력의 공통적 원리를 찾아볼 수 있다.
— 루이스 헨리 모건Lewis Henry Morgan

마크 트웨인은 북미 서부에 살던 쇼숀Shoshone 인디언을 가리켜 "지금
이 순간까지 내가 목격한 인종 가운데 가장 형편없는 인종"이라고 말했
다. 그들은 "촌락도 없고, 엄밀한 의미에서 부족사회라고 할 만한 조직마
저도 구성하지 못하고" 있었다. 젊은 시절의 찰스 다윈은 남아메리카에서
푸에고 인디언들을 목격한 후 그들이 거주하는 집이 "아이들이 여름에 나
뭇가지를 그러모아 만든 것과 같은 수준"이라고 보고했다. 그리고 푸에고
인디언의 세련되지 못하고 잔인한 측면을 발견한 후에 다윈은 한 편지에
서 "이 끔찍한 야만인들의 목소리만 들어도 구역질이 날 것 같다"고 고백
했다.

19세기에 백인들이 아메리카 대륙의 토착 문화를 마주했을 때 매우 빈
번하게 이러한 실망감을 표출하곤 했다. 이것은 프란츠 보아스와 같은 인
류학자들이 문화진화론에 대해 불편한 느낌을 갖도록 하는 요소이기도 했

다. 맨 꼭대기 자리를 서구 문화가 차지하고 있는 전 인류를 아우르는 사다리라는 개념은 이미 너무나 흔히 발견되던 유럽 우월주의를 학문적으로 표현한 것이나 마찬가지였던 것이다. 보아스는 "우리가 우리 자신의 문명 형태를 —단지 우리 마음에 더 귀하게 느끼는 것이 아니라— 다른 모든 인류의 문명보다 더 높은 것으로 간주하는 것은 원시인이 낯선 이들을 모두 적으로 여겨 죽여 없애야만 만족하는 것과 다를 것이 없다."

원시인들을 폄훼하는 것이 원시적이라고 비판하는 것은 다소 모순적이라 할 수 있다. 그러나 보아스의 진심은 공감할 만하다. 그는 짓밟히고 학대당하는 이들에 대해 진심 어린, 그리고 용기 있는 우려를 보였던 것이다. 그는 특히 문화적 우월이 생물학적 우월이라는 개념과 혼동 되어 인종주의를 강화하게 되는 것을 우려했다. 수렵·채집인의 독특한 심리체계를 유전자의 차이가 아니라 문화의 차이에 기인한 것이라고 설명한 그의 저서 〈원시인의 마음The Mind of Primitive Man〉는 나치에 의해 불살라졌다.

인종주의자들이 문화의 진화라는 개념을 탐욕스럽게 붙들고 매달릴 것이라는 보아스의 두려움은 적중했다. 일반적으로 볼 때 인종주의자들은 쓸모 있어 보이는 도구라면 어떤 것이든 가리지 않고 사용한다. 그리고 문화진화론이 아메리카 인디언보다 유럽인이 생물학적으로 우월하다는 인상을 넌지시 비추는 것 같으면 이는 분명 쓸모 있는 도구로 여길 것이다. 그러나 중요한 것은 논리적으로 분석해볼 때 문화진화론은 그러한 주장을 내포하지 않는다는 사실이다.

문화진화론의 전제 가운데 하나가 '인류 전체의 심적 동질성psychic unity'이다. 이는 다시 말해서 세계 어느 곳에서든 사람들은 모두 유전적으로 동일한 심적 장치를 가지고 태어나며, 따라서 보편적인 인간의 본성이라는 것이 존재한다는 것이다. 인류의 심적 동질성은 지구상의 어느 대륙에서든 문화의 진화가 같은 방향을 향해 나아가는 이유이기도 하다. 인간 역사를 관통하는 화살은 바로 인간 본성의 생물학적 뿌리에서 시작되었던 것이다.

이 화살은 내가 앞서 언급했던 것과 같이 더 큰 넌제로섬 원리를 향해 나아간다. 역사가 진보함에 따라서 인간은 점점 더 많은 사람들과 넌제로섬 게임을 하게 된다. 상호의존은 점점 확대되고 사회의 복잡성 역시 더 큰 폭으로, 더 깊이 증대되어 간다.

인간 본성과 인간 역사 사이의 고리를 살펴보는 방법 중 하나는 '형편 없는' 쇼숀 인디언과 다른 기초적인 수렵·채집사회를, 또는 19세기의 전문 용어를 빌어 표현하자면 다른 야만인들을 비교해보는 것이다. 그러면 우리는 가장 단순한 사회조차 복잡성이 증가하는 경향을 보인다는 것을 발견하게 될 것이다. 그러나 한편으로 변덕스러운 환경적 상황에 따라서 복잡성이 증가해나가는 속도가 크게 느려질 수도 있음을 알게 될 것이다.

한편 이러한 사회들을 조사함으로써 우리는 우리의 먼 과거를 재구성해낼 수 있다. 모든 현대적 사회들의 뿌리를 거슬러 올라가다 보면 수렵·채집사회에 가서 닿는다. 고고학자들은 아프리카, 유럽, 아시아, 아메리카 등지에서 조상들의 유물(창끝, 돌칼, 모닥불 흔적 주변의 짐승의 뼈 등)을 발굴해 왔다. 그러나 고고학자들이 이 유물만을 가지고 유물을 남긴 사람들의 사회적 삶까지 상세하게 재구성해낼 수는 없다. 조상들의 삶이 어땠을지 알아보는 가장 좋은 방법은 현재 지구상에 남아있는 얼마 되지 않는 수렵·채집사회에 대해 연구하고 산업화가 그들 사회를 변화시키기 전에 어떤 모습이었는지에 대한 기록을 읽어보는 것이다.

지난 2세기 동안 인류학자들이나 기타 여행자들은 인도의 첸추Chenchu 족에서 시베리아의 축치Chukchi족, 남아프리카의 쿵산Kung San족에서 일본 의 아이누족, 호주의 원주민에서 북극의 에스키모족, 남아메리카의 푸에 고족에서 북아메리카의 쇼숀족에 이르기까지 모든 대륙의 수렵 · 채집사 회의 삶의 모습을 기록해왔다. 점점 사라져가는, 사실상 거의 사라져버린 이들의 삶의 양식을 연구하는 것은 인류의 문화 진화 초기 단계의 모습을 어렴풋이 바라볼 기회이다. 마크 트웨인이 관찰한 쇼숀 인디언이나 다윈 이 관찰한 푸에고 인디언은 '살아있는 화석'이 아니다. 그들은 해부학적 으로 여러분이나 나 자신과 마찬가지로 현대 인류에 속한다. 그러나 그들 의 '문화'는 살아있는 화석이라고 할 수 있다.

최소 중의 최소

오늘날 미국 네바다 주에 해당되는 북아메리카의 대분지Great Basin 지역 에 살던 쇼숀 인디언의 너무나 초보적인 사회 조직에 대해 언급한 사람은 마크 트웨인만이 아니다. 미국 인디언 문화에 대한 어느 책에서는 쇼숀 인 디언을 다룬 부분의 소제목을 "더 이상 축소할 수 없는 최소한의 인간사 회irreducible minimum"라고 달았다. 쇼숀 인디언들에게 있어서 사회 조직의 안정적인 최대 단위는 가족이었다. 그리고 가족의 남성 가장은 쇼숀 인디 언사회의 "유일한 정치 조직이며 사법 체계 전체"였다. 쇼숀 인디언들은 해마다 여러 가족이 한데 모이는 집회camp를 갖기는 했다. 그러나 이러한 집회는 다른 공동체, 이를테면 아프리카 칼라하리 사막에 사는 잘 알려진 수렵 · 채집 부족 쿵산(쿵)족의 경우보다 훨씬 결속력이 약했다. 쇼숀 인디언들은 가족 단위로 수개월씩 가방 하나 짊어지고 땅 파는 막대 하나 손에 들고 나무뿌리나 씨앗 등을 찾아 사막을 헤매고 돌아다녔다.

그렇다면 쿵족과 쇼숀족 사이에 존재하는 약간의 복잡성의 차이는 어디에 기인한 것일까? 가능한 해답 중 하나는 쿵족이 기린들 사이에 둘러싸여 살아간다는 데에서 찾을 수 있을 것이다. 기린을 몰아가서 죽이고 다른 짐승이나 벌레들이 달려들기 전에 그 고기를 추려내기 위해서는 협동이 필요하다. 게다가 더 중요한 사실로서 기린 한 마리에서 나오는 고기의 양은 썩기 전에 한 가족이 다 먹어치울 수 있는 정도를 넘어선다. 따라서 기린 사냥꾼들이 가족 규모의 집단으로 살아가는 것은 아까운 고기를 낭비하는 일이 될 것이다. 또한 기린 고기를 다른 이들에게 나누어주었을 때 그 대가로 받을 IOU*를 모을 기회를 낭비하는 셈이기도 하다.

이러한 IOU야 말로 넌제로섬 원리의 고전적 표현 방식이다. 만일 당신의 선반에 먹을 것이 넘쳐나는데 당신 이웃의 선반이 텅 비어 있다면 당신은 이웃에게 먹을 것을 나눠줄 것이다. 그러면 언젠가 당신이 먹을 것이 부족할 때 그가 보답할 것이다. 이렇게 함으로써 당신과 당신의 이웃은 모두 이익을 얻게 된다. 왜냐하면 같은 음식도 배가 부를 때보다는 배가 고플 때 그 값어치가 더욱 높기 때문이다. 세계 곳곳의 수렵·채집사회 구성원들은 바로 이와 같은 논리에 의거해 행동한다. 에스키모의 생활양식을 관찰한 어떤 사람은 에스키모인에게 있어서 "남는 음식을 저장하기에 가장 좋은 장소는 바로 다른 이의 위장"이라고 기록했다.

커다란 동물을 사냥하는 일이 그 결과물을 나누는 행위를 조장하는 것

IOU | I owe you, 즉 '당신에게 빚지고 있다'는 문장을 발음나는 대로 표기한 것으로 차용증을 가리키기도 한다—옮긴이

은 남은 고기가 쉽게 썩어버리기 때문만은 아니다. 수렵 자체가 채집에 비해 그 결과를 믿기 어려운 활동이기 때문이기도 하다. 지금 현재 남은 것을 이용해서 미래의 부족함에 대한 보험을 들어놓음으로써 넌제로섬 게임의 높은 배당금을 얻을 수 있다. 그렇다면 수렵 · 채집 부족 가운데 큰 짐승의 사냥에 대한 의존도가 높을수록 사회의 복잡성이 더 높은 것은 당연한 일이 될 것이다. 큰 짐승 사냥이 중요하면 중요할수록 넌제로섬 원리는 더 많이 작용하고 넌제로섬 원리를 제대로 이용하기 위해, 또는 포지티브섬으로 전환시키기 위해 사회는 점점 더 조직화되어가게 마련이다.

따라서 문화진화론자들은 쇼숀 인디언사회의 복잡성이 "더 이상 축소할 수 없는 최소한"의 수준인 까닭은 ―보아스가 두려워했던 대로― 쇼숀 인디언들이 멍청해서가 아니라고 말한다. 이러한 측면에서 볼 때, 그 원인은 쇼숀 인디언들을 둘러싸고 있는 환경이 다른 환경에 비해서 빠른 문화적 진화에 도움이 되지 않았기 때문이다.

그렇다면 우리는 쇼숀 인디언들이 기회만 주어졌다면 문화적으로 진화할 수 있는 수단을 가지고 있다고 어떻게 확신할 수 있을까? 우스꽝스러운 질문이다. 비록 쇼숀 인디언들이 커다란 짐승을 사냥할 기회는 없었지만 그들 주위에 산토끼들은 풍부하게 존재하고 있었다. 산토끼들을 잡기 위해서 쇼숀 인디언들이 사용한 도구는 한 가족이 다루기에는 너무 컸다. 그들은 토끼를 길이가 수십 미터에 이르는 그물로 몰아넣은 뒤에 몽둥이로 때려 죽였다. 이와 같이 토끼 사냥을 할 때에는 사회 조직에 대한 요건이 충족되었다. 평상시에는 독립적으로 살아가던 여남은 가족들이 잠시 동안 한데 모여서 '토끼 대장'의 지휘 하에 서로 협동한다. 쇼숀 인디언들은 대부분의 시간을 "더 이상 축소할 수 없는 최소한"의 조직 형태로 살아가지만 갑자기 넌제로섬 원리가 출현하는 순간에는 잠재되어 있던 사회적 기술이 전면으로 나오고 사회의 복잡성이 증가하게 된다.

넌제로섬 이익을 거두어들이는 것이 사회의 복잡성을 높여준다고 말하는 것은 거의 중언부언이나 마찬가지이다. 넌제로섬 게임을 성공적으로 치르다 보면 대개 사회의 복잡성이 증가하게 된다. 게임 참가자들은 자신의 행동을 다른 이들과 조화롭게 맞추어나가야 한다. 그렇게 함으로써 자신의 궤도대로 돌아가던 사람들이 한데 모여 하나의 태양계를 형성해서 더 큰 규모의 동조하는 전체를 이루게 된다. 그리고 대개의 경우 집단 안에서 노동의 분화가 일어나게 된다. 어떤 이는 그물을 만들고 또 어떤 이들은 그물을 치고 또 다른 이들은 토끼를 몰아대는 식으로 말이다. 조금 전까지 독립적인 채집인이었던 사람이 이제 통합된 토끼 사냥팀의 일원으로 변신한 것이다. 이 팀의 각 구성원들 간에는 분화가 이루어졌지만 한편으로 모두 일체가 되어 함께 움직인다. 복잡한 결합이 실현되었다.

사회의 자기조직화에 관한 이러한 특정 사례는 기술의 매개에 의해 일어났다. 이 경우 기술이란 바로 토끼그물이다. 이와 같이 넌제로섬 상호작용을 촉진하거나 조장하는 기술은 문화의 진화가 일어나는 모든 곳에서 발견되는 보편적 특성이다. 새로운 기술은 포지티브섬을 창출할 수 있는 새로운 기회를 생성한다. 그리고 사람들은 그 포지티브섬을 움켜잡기 위해 노력하고 그 결과 사회 구조가 변화하게 된다.

쇼숀족의 토끼 사냥이 성공적으로 끝나면 대개 '무도회'가 벌어진다. 이는 사냥의 성공을 기념하는 자발적이고 태평스러운 의식인 것처럼 보인다. 실제로 이 무도회는 한 인류학자의 표현을 빌자면 "도박, 춤, 남녀 간의 수작"으로 이루어져 있다. 그런데 한편 학자들은 이 무도회가 특별히 공리적인 측면 역시 가지고 있었다고 지적한다. 첫째, 이 회합은 토끼 사냥에서 다양한 역할을 수행한 구성원들에게 신선한 고기를 분배하는 역할을 한다. 둘째, 흑요석(黑曜石, volcanic glass)과 같은 귀중한 물건들을 거래하는 장이 되어준다. 셋째, 친구를 만들고 우정을 다지는 기회를 제공한다. 경제적으로 별 의미가 없는 사소한 장신구와 같은 것을 서로 교환하는 의식은 서로 유대를 형성하는 길을 놓는 셈이며, 이 길을 통해서 훗날 좀 더 중요한 호의를 교환할 수 있는 것이다. 네 번째로 무도회는 다른 먹거리를 구할 수 있는 장소 등의 정보를 교환하는 기회이다.

이 모든 측면들이 넌제로섬 기능에 속하지만 마지막 항목은 특별히 중요하다. 사람들에게 정보를 나누어주는 것은 음식이나 도구를 주는 것과 달리 그 자체에 비용이 들지 않는다. 만일 내가 나와 내 가족들이 다 먹고도 남을 만큼 풍부한 잣을 얻을 수 있는 잣나무 숲을 알고 있다면 그 정보를 친구들과 나누는 데 아무런 비용이 들지 않을 것이다. 독사 소굴의 위치에 대한 정보도 마찬가지이다. 물론 경우(예를 들어 잣의 양이 내 가족이 먹기에도 모자란 경우)에 따라서 정보를 넘겨주는 데 비용이 따를 수도 있다. 그러나 많은 경우에 정보를 나누는 일은 거의 또는 전혀 비용이 들지 않으면서 상당한 이익을 되돌려준다. 서로 정보를 주고받는 것은 가장 고전적인 형태의 넌제로섬 상호작용 중 하나이다. 사람들은 본성에 의해 서로 협력해 사회적 정보 처리 시스템을 구성하고 그로부터 포지티브섬을 거두어들인다. 쇼숀족의 무도회, 전문가들의 학회, 인터넷은 겉모습만 다르게 표현되었을 뿐 한 뿌리에서 나온 유사한 것들이다.

유전자의 뿌리

쇼숀 인디언의 삶은 다른 모든 곳에서의 삶과 마찬가지로 넌제로섬적 계산으로 가득 차있는 것처럼 보인다. 그런데 이 경우 '계산'은 적절한 표현이 아니다. 사람들이 서로에게 이익이 되는 방식으로 상호작용할 때 꼭 자신이 하는 행동을 정확히 의식하면서 행동하는 것은 아니다. 진화심리학자들은 이 무의식적 이해가 인간 본성의 일부이며, 궁극적으로는 유전자에 뿌리를 두고 있는 것이라고 강력하게 —그리고 내가 보기에 매우 설득력 있게— 주장해왔다. 자연선택은 '호혜적 이타주의'의 진화를 통해서 우리에게 다양한 종류의 충동을 심어놓았다. 그 충동은 언뜻 보기에는 무척이나 따뜻하고 감상적으로 보일지 모르지만 사실상 상호 이익을 도모하고자 하는 냉정하고 실용적인 목적을 위해 설계되었다.[*]

이러한 충동에는 —비록 선택적이고 경우에 따라서 신중하게 상대를 가리기도 하지만— 관대함과 감사, 받은 만큼 되돌려주고자 하는 의무감, 보답하는 사람(다른 말로 '친구')에 대한 신뢰와 공감 등이 있다. 이러한 느낌들, 그리고 이 느낌에 기초한 행동들은 어느 문화권에서든 찾아볼 수 있다. 그 이유는 사람들이 스스로 인식하기에 앞서 자연선택이 넌제로섬 논리를 먼저 '인식'하기 때문인 것으로 보인다. 심지어 인간의 가장 가까운 친족뻘 되는 동물인 침팬지와 보노보 역시 호혜적 이타주의의 경향을 보이지만 침

호혜적 이타주의를 포함한 진화심리학의 이론들은 절충주의적eclectic 주장에 기반을 두고 있다. 이러한 이론들을 제대로 소개하려면 책 한권 분량의 노력이 필요할 것이다. 이 책이 진화심리학의 인간관에 기초하고 있는 것은 사실이지만 진화심리학의 관점을 상세히 설명하는 데 초점을 맞출 생각은 없다. 자세한 설명을 원하는 독자들은 나의 전작인 〈도덕적 동물Moral Animal〉을 참조할 것을 권유한다.

팬지도 보노보도 게임이론을 이해하고 있는 것으로 보이지는 않는다. 따라서 사회 구조는 어느 정도 우리의 유전자 안에 내장되어 있다고 볼 수 있다.

실제로 사회 구조의 유전적 기초는 호혜적 이타주의에 그치지 않는다. 친족에 대한 사랑은 인간의 본성에 속한다. 모든 수렵 · 채집사회에서 가족은 사회 조직의 기초 분자이다 그러나 가족을 형성하는 현상의 근간에 놓인 유전적 논리는 또 다른 문제이다. 이에 대해서는 나중에 다시 논의하는 것이 좋을 듯하다. 지금 이야기하고자 하는 요점은 기술의 발전 이전에, 있는 그대로의 인간 본성 자체가 상호 이익과 가족의 경계를 넘어선 사회 구조를 지향한다는 점이다. 인간의 역사를 관통해서 더 큰 제로섬 원리와 더 깊고 폭넓은 사회적 복잡성을 향해 날아가고 있는 화살은 영(0)에서 시작되지 않았다. 어느 인류학자는 수렵 · 채집사회의 보편적 특징은 단순히 가족의 울타리를 넘어서서 서로 다른 가족 사이에도 적용되는 '일반화된 호혜주의generalized reciprocity' 라고 보았다.

그렇다면 '일반화된' 이라는 표현이 의미하는 것과 의미하지 않는 것 사이의 분명한 경계를 이해할 필요가 있다. 모건이 〈고대 사회Ancient Society〉를 쓰고 마르크스와 엥겔스가 그 책을 읽은 이후로 사람들은 고대의 수렵 · 채집 문화를 공동 사회의 축복이 넘치는 보금자리로 왜곡시켜왔다. 쿵족 연구의 개척자인 리처드 리는 수렵 · 채집사회가 "국가의 출현과 사회 계급화가 이루어지기 전의 원시 공동 사회 단계"라는 개념에 매우 잘 부합한다고 주장했다. 그는 "대가를 바라지 않고 무언가를 주는 행위는 채집인 사이에서 거의 보편적으로 나타나는 현상" 이라고 기록했다. 그리고 특히 쿵족 사람들이 "일반화된 가족과 같은" 방식으로 음식을 나누어 먹는다는 점을 강조했다.

멋진 얘기이다. 그러나 리는 한편으로 쿵족 구성원들이 종종 다툼을 벌이며 "공정하지 못한 고기 분배, 불공평한 선물 교환, 게으름, 인색함 등을 비난한다"는 사실도 지적했다. 쿵족사회에서 나누어주는 것이 일반화되었다고는 하지만 궁극적으로는 주는 쪽과 받는 쪽이 균형을 이루게 되어 있음을 알 수 있다.

여기에서 다시 강조하건데 주고받음에 대한 기대는 단순히 의식적 계산의 문제가 아니다. 우리가 다른 사람들의 게으름이나 인색함을 비난할 때 여기에는 단순한 표면적 이유보다 더 깊고 강렬한 충동이 작용한다. 그것은 도덕적 의분(義憤)이며 정당한 불만이다. 그리고 모든 문화에서 발견되며 예측 가능한 상황에서 표출되는 이와 같은 느낌은 우리의 유전자에 뿌리내리고 있는 것으로 보인다. 진화심리학자들에 따르면 이것은 자연선택이 호혜적 이타주의를 통치하기 위해, 그리고 그 결과로 우리가 넌제로섬 게임으로 이득을 얻도록 하기 위해 설계한 정서적 장치의 일부이다.

넌제로섬 원리의 문제

그렇다면 우리 조상들의 삶의 전망에 있어서 이와 같은 경계심이 무엇이 그리 중요한 것이기에 이에 적합한 유전자가 번성하게 되었을까? 넌제로섬 게임에는 본능적 경계 내지는 조심성을 극도로 중요하게 만들어주는 두 가지 특징 혹은 두 종류의 함정이 도사리고 있다.

하나는 속임수 내지는 배신행위이다. 사람들이 당신의 호의를 받아들이고 나서 그걸 다시는 갚지 않을 수도 있다. 어떤 사람은 다른 이들이 토끼 사냥을 하는 동안 햇볕 아래 앉아서 선탠을 즐기다가 저녁 식사 때는 토끼고기 숯불구이를 즐기려고 들지도 모른다. 게임이론에서는 이러한 행동을 '무임승차'라고 부른다. 무임승차자는 포지티브섬이라는 파이를 만들어내는 데에는 무엇 하나 보태지 않고 구성원들의 협동으로 만들어진 파이 한 조각을 기꺼이 맛보려고 하는 사람들이다.

친밀한 수렵·채집사회에서 도덕적 의분은 속임수cheating를 막는 효과적인 기술로 작용한다. 과거에 은혜에 보답하지 않았던 사람에게 당신은 관대함을 베푸는 것을 보류할 것이다. 그가 미래에 당신을 이용해먹지 못하도록 하기 위해서이다. 속임수를 쓰는 사람에게 대한 불만이 쌓여가다 보면 결국 사람들은 그에게 등을 돌리게 될 것이다. 따라서 만성적으로 속임수를 쓰는 것은 궁극적으로는 오히려 더 힘든 삶의 방식일 수 있다. 그러나 사회가 점점 복잡해짐에 따라서 사람들은 자주 ─혹은 전혀─ 보지 않는 사람들과도 상품과 서비스를 교환하게 되었다. 그 결과 일대일로 일어나는 의분만으로는 충분하지 않게 되었고 새로운 속임수 방지 기술이 필요하게 되었다. 그리고 이제 자세히 이야기하게 되겠지만 우리는 그러한 방법들을 하나하나 실현해왔다. 유전적 진화가 아니라 문화적 진화를 통해서 말이다.[#]

조심성 내지는 경계심에 적응성을 부여한 게임이론의 또 다른 측면은 겉으로 드러나는 속임수보다 좀 더 미묘하다. 현실의 삶 속의 거의 모든 넌제로섬 게임은 제로섬 영역에 자리 잡고 있다. 만일 내가 차를 한 대 산다면 그 거래는 대략적으로 넌제로섬 게임이라고 할 수 있을 것이다. 나도 자동차 판매자도 모두 이익을 얻는다. 그렇기 때문에 쌍방이 거래에 합의하는 것이다. 그러나 나와 판매자가 모두 이익을 얻을 수 있는 가격은 딱

하나가 아니다. 내가 합리적으로 지불하고자 하는 가격의 최대치와 판매자가 합리적으로 수용할 수 있는 가격의 최소치 사이의 전 범위가 가능한 가격이다. 그리고 그 범위 안에서는 나와 판매자가 제로섬 게임을 벌이는 셈이다. 나의 이익은 판매자의 손실이다. 바로 그렇기 때문에 자동차 판매 대리점에서 흥정이 벌어지는 것이다.

이상하게 들릴지 모르지만 그와 같은 제로섬 게임은 궁극적으로 넌제로섬 원리의 마술적 힘에 기여하게 된다. 자, 내가 이제 내가 마술 모자에서 토끼를 30마리 꺼내 보이겠다. 여기 쇼숀 인디언이 20명 있다. 이들은 각자 사냥을 할 경우 운이 좋으면 토끼를 한 마리 잡을 수 있을 것이다. 내가 이들을 한데 묶어 팀을 만들어낸다. 얍! 이제 이들은 20마리가 아니라 50마리의 토끼를 잡아왔다. 이 마술처럼 생겨난 30마리의 잉여 토끼를 어떻게 분배하느냐 하는 것, 그것이 바로 흥정의 문제이다.

물론 토끼를 똑같이 나누어줄 수도 있다. 그러나 다른 이들보다 더 열심히 사냥에 임한 사람도 있고 남다른 재능으로 사냥에 큰 기여를 한 사람도 있을 것이다. 뿐만 아니라 약탈품을 모든 이에게 똑같이 나누어주는 것은 좀 더 미묘한 흥정의 문제를 야기한다. 어떤 사람들은 1.5마리의 토끼를 얻기 위해서 평균보다 덜 일하려고 들지도 모른다. 전혀 기여를 안 하는 것은 아니지만 당신보다는 적게 기여하는 것이다. 이러한 제로섬의 긴장, 즉 은연중에 함축되어 있는 흥정이 바로 수렵·채집사회들이 게으름과 인색함을 비난하는 이유이다. 첫 번째 이유가 명백한 속임수(사기)를 방지하는 것이라면 이것이 그 두 번째 이유이다.

수백만 년 동안의 생물학적 진화에 적용되어온 이 두 가지 이유는 세계 각 곳의 사람들로 하여금 의식적으로든 무의식적으로든 다른 이들이 얼마나 기여하는지를 감시하도록 하는 타고난 성향을 심어주었다. 모든 문화에서 사람들 사이의 우정의 기반에는 긴장이 도사리고 있었으며, 일터에서 누가 게으름을 피우고 누가 협력하는지에 대해 수근거려 왔다. 모든 문화에서 사람들은 주위를 살펴 게으르거나 감사할 줄 모르는 사람들을 찾아내고 그에 따라 상대를 가려서 관대함을 보였다. 모든 문화에 걸쳐서 사람들은 가능한 한 자신에게 가장 유리하게 거래하고자 노력한다.

내가 자연 상태에서 다른 이에게 아무런 사심 없이 뭔가를 주는 일, 즉 궁극적 보답을 바라지 않는 순수한 이타주의의 실현이 드물다는 점을 강조하는 것은 진정한 공산주의 경제가 현실적이지 못하다는 점을 강조하기 위해서는 아니다. 그 점은 이미 20세기의 역사가 입증해주었다. 나는 단지 기술의 진화와 더불어 인류 역사의 기본적 형태를 부여해온 인간 본성의 부분들을 분명하게 밝히고자 할뿐이다.

이러한 사실은 일부 도덕적 관점에서 볼 때 실망스러운 것일 수도 있다. 그러나 만일 당신이 복잡한 사회 구조를 지지한다면 이러한 특질은 신이 내린 선물이 아닐 수 없다. 궁극적 보답에 대한 인간 본성의 레이저처럼 정확한 초점은 문화 진화의 원동력prime mover이다. 본능적으로 깨우쳐진 이기심은 현대사회의 씨앗이라고 할 수 있다. 모든 현대적 자본주의 경제의 중심에는 —그 조상뻘 되는 수렵·채집 경제의 중심에 있었던 것과 마찬가지로— 교환 원리가 자리 잡고 있다. 한 손이 다른 손을 씻어준다. 그러면 두 손 모두 홀로 지내는 것보다 나을 것이다. 이것이야말로 제대로 수행되는 넌제로섬 게임의 정의이다. 현대의 자본주의 경제와 수렵·채집 경제 간의 차이는 게임에 참여하는 손의 수, 그리고 그 손들의 상호의존성의 복잡하게 얽힌 정도에 있다. 그리고 이 두 가지 양 모두 문화의 진화에 의해 확고하게 점점 상승해나가는 경향을 띠고 있다.

사회적 지위

사회가 점점 복잡한 상태를 향해 나가도록 추진하는 원동력에는 호혜적 교환의 성향만 있는 것이 아니다. 진화심리학자들은 —그리고 진화와 상관없는 심리학자들 역시— 인간은 천성적으로 어느 정도 맹렬하게 사회적 지위를 추구하는 경향이 있음을 보여주었다. 우리는 모두 다른 이들에게 강한 인상을 주어 나의 지위를 높이기 위해 엄청나게 노력한다. 비록 많은 경우에 무의식적이기는 하지만. 그리고 한편으로 우리는 다른 사람들의 지위를 통해 그들을 평가한다. 역시 많은 경우에 무의식적으로 말이다. 우리는 특히 지위가 높은 사람과의 우정을 높이 평가한다(힘 있는 사람들과 관계를 맺어두는 것은 종종 도움이 된다). 우리는 또한 지위가 높은 사람에게 밉보이는 것을 두려워한다(힘 있는 자들과 반목하는 것은 별로 도움이 되지 않는다). 인간은 계급화 된 사회에서 진화되어 왔으며 우리의 마음은 그와 같은 현실에 적응하도록 만들어져 있기 때문이다.

이러한 사실은 두 가지 방식으로 사회가 점점 복잡한 상태를 향해 나아가는 데 추진력을 제공한다. 첫째, 지위가 높고 힘이 있는 사람에 대한 존중과 복종은(곧 이야기하게 되겠지만 그와 같은 태도는 의식적인 숙고의 결과물이 아니다) 복잡한 위계적 조직으로 향하는 길을 닦아준다. 수렵·채집사회 구성원들은 공식적으로 지정된 '우두머리'를 가지고 있는 경우도 있고, 그렇지 않은 경우도 있다. 그러나 지도자가 필요한 상황을 마주하면 누가 지도자가 되어야 할지에 대해 합의에 이른다. 토끼가 튀어나오면 '토끼 대장'도 튀어나오는 쇼숀 인디언들의 경우처럼 말이다.

둘째, 사회적 지위에 대한 지속적인 추구는 문화적 혁신에 박차를 가하게 된다. 쇼숀 인디언의 역사에서 토끼그물을 발명해낸 사람이 누구인지 우리는 알지 못한다. 그러나 아마도 토끼그물을 발견한 사람이 부족 사람들 사이에서 인기를 얻었을 것이라는 추측은 무리가 아닐 것이다. 이는 모든 사회에서 통용된다. 당신의 지위를 높이는 가장 확실한 방법 중에 하나는 여러 사람들에게 널리 채택되고 칭송받을 만한 무언가를 창조해내는 것이다.

그런데 여기에는 모순점이 있다. 높은 지위를 얻기 위해 경쟁을 벌이는 것은 제로섬 게임을 하는 것이다. 왜냐하면 높은 지위는 본질적으로 희소성을 띤 자원이기 때문이다. 그러나 지위에 대한 경쟁에서 성공을 거두는 방법 중 하나는 새로운 넌제로섬 게임을 창조하는 기술을 발명하는 것이다. 이는 문화의 진화, 사회의 복잡성 증가의 이면에 인간 본성의 역설이 자리 잡고 있음을 보여주는 다양한 사례 가운데 하나이다. 무리를 이루고 서로 어울리고자 하는 욕망은 우리 본질 깊은 곳에 뿌리내리고 있다. 서로 협력하고자 하는 본능도 마찬가지이다. 그러나 한편으로 경쟁심 역시 우리 본성 깊은 곳에 뿌리를 박고 있다. 우리는 본능적으로 넌제로섬 게임과 제로섬 게임을 모두 벌이게 된다. 인간의 역사를 통해 이 두 가지 동력이 상호작용을 벌여온 이야기는 늘어놓자면 끝도 없을 것이다. 지금으로서는 그저 이 두 힘 사이의 긴장은 많은 고통의 원천이 되기도 했지만 궁극적으로 엄청난 창조력을 낳았다는 점을 강조하고 싶다.

인간 본성에 대해 숙고하는 목적 가운데 하나는 인간의 역사를 관통하는 흐름이 비록 경외감을 주기는 하지만 그렇다고 해서 신비스럽거나 초

자연적인 것은 아니라는 점을 강조하기 위해서이다. 기술의 진화와 좀 더 광범위한 의미에서 문화의 진화는 외부의 힘에 의해 이루어진 것이 아니다. 인간을 넘어서는 외부의 존재가 우리에게 마술적인 넌제로섬 원리를 심어준 것이 아니라는 것이다. 기술이나 그밖의 다른 형태의 문화는 모두 우리 내부에서 비롯되었다. 문화와 역사의 방향성은 바로 인간이라는 우리 중의 본성의 발현이다.

실제로 문화의 진화는 이중적으로 인간의 본성을 드러낸다. 인간은 문화적 혁신을 낳을 뿐만 아니라 그 혁신을 판단하고 평가한다. 당신은 원한다면 어떤 노래든 작곡할 수 있을 것이다. 그러나 다른 사람들이 그 노래를 멋지다고 생각해야만 비로소 노래가 널리 퍼져 나갈 수 있을 것이다. 당신은 당신의 뇌로 어떤 기술이든 창조해낼 수 있겠지만 그 기술이 번성할지 아닐지를 결정하는 것은 다른 사람들의 뇌이다. 가능한 기술은 무수히 많다. 그러나 그것이 인간 본성에 얼마나 친화적인가 하는 테스트를 통과하는 기술은 소수에 지나지 않는다. 예를 들어서 누군가가 배터리로 작동되며 헬멧에 장착할 수 있는 어떤 장치를 발명했다고 하자. 이 장치의 기능은 날카로운 막대기가 시시때때로 불쑥불쑥 튀어나와 헬멧을 쓴 사람의 얼굴을 찌르는 것이라고 하자. 그렇다면 이와 같은 장치가 꾸준하게 팔려나갈 굳건한 시장이 형성될 가능성은 희박하다. 따라서 배터리로 작동되는 얼굴 찌르기 장치와 같은 물건은 인간의 역사에 전화기, 하다 못해 토끼그물만큼의 영향도 미치지 못할 것이다.

자연의 비밀 계획

협력과 경쟁이 혼합된 인간의 본성, 미묘하지만 확고한 지위에 대한 추구, 그에 의해 추진되는 창조력. 이들은 다윈의 이론이 등장해 그 존재이유를 설명해주기 전부터 분명하게 드러났다. 예를 들어서 18세기에 임마누엘 칸트는 인간의 '비사회적 사회성unsocial sociability'을 지적했다. 그는 특히 '비사회적' 부분과 그 모순적 결과를 강조했다. "명예, 권력, 부에 대한 욕망은 인간으로 하여금 동료들 사이에서 지위를 추구하도록 몰아댄다. 그 동료들은 그에게 견딜 수 없는 존재이지만 또한 그들을 떠나는 것 역시 견딜 수 없는 일이다." 인간은 이러한 지위에 대한 추구를 통해서 "미개 상태에서 문화에 이르는 첫걸음을 내딛으며 이는 인간의 사회적 가치에 내재되어 있다." 이로부터 "계속해서 계몽 과정이 지속된다." 왜냐하면 "이제 모든 인간의 재능이 점차 개발되고 그의 취향이 교화되기 때문이다."

이러한 '비사회적 성격'(그 자체로는 바람직하다고 볼 수 없지만)이 없었다면 인간은 "아르카디아Arcadia✛와 같은, 목가적 환경 속에서 서로 완벽한 조화를 이루고 자기만족과 서로의 사랑으로 충만한 삶을 살아가게 될 것이다. 그러나 모든 재능은 영원히 휴지상태에 머무르고 인간은 자신이 기르는 양처럼 착하고 순하지만 자신의 존재를 다른 동물보다 더 가치 있는 수준으로 끌어올리지 못하게 될 것이다." 그럴 경우 "인간이 창조된 목적, 인간의 합리적 본성은 영원히 채워지지 않은 빈 공간으로 남게 될 것이다.

아르카디아Arcadia | 고대 그리스인들이 상상했던 조용하고 소박한 생활을 추구하는 전원적 이상향—옮긴이

따라서 우리는 사회적 부적응성, 시샘과 자만어린 경쟁심, 소유와 권력에 대한 만족을 모르는 욕망을 우리에게 심어준 것에 대해 자연에 감사해야 한다."

칸트는 「세계주의적 목적을 가진 보편적인 역사학에 대한 관념*Idea for a Universal History with a Cosmopolitan Purpose*」이라는 에세이에서 이러한 주장을 펼쳐놓았다. 이 에세이는 인간의 역사가 '자연의 숨겨진 계획'을 구현하는 것이라고 했다. 아마 역사가 전개됨에 따라서 우리는 "인류가 궁극적으로 자연에 의해 심어진 씨앗이 완전히 만개하고 이 지상에서의 인간의 운명이 완전하게 실현된 사태를 향해 나아갈 것"이라고 예언했다. 칸트가 상상한 완성된 인간의 운명은 국가들 간에 평화가 지속되고 일종의 세계 정부에 의해 그 평화가 유지되는 상황을 포함했다. 아이러니하게도 이는 수천 년 간의 반목과 '비사회적' 다툼에 대한 궁극적인 보상인 셈이다.

물론 이러한 예상은 모두 추측일 뿐이라고 칸트는 강조했다. 전기도 전화도 타자기도 컴퓨터도 존재하지 않던 1784년에 칸트는 그와 같은 '목적론적 자연의 과정'에 대해서는 그때까지 오직 '약간의' 증거만 존재한다고 시인했다. 오직 시간이 말해줄 것이라고. 그는 "이러한 사건은 한 주기의 완료에 이르기까지 너무나 오랜 시간이 걸리기 때문에 지금까지 인류가 경험한 그 주기의 작은 부분만 가지고서는 전체 주기의 모습이 어떤 것일지, 어떤 부분이 전체에 대해 어떤 관계를 가지고 있는지 확실히 이야기하기 어렵다"고 했다. 그때는 물론 그랬을 것이다.

5천 년 동안의 기술 진보

뭔가를 다른 것과 교환하고 거래하고자 하는 경향은 모든 인간의 공통적 속성이다.
- 애덤 스미스Adam Smith

사회란 무엇이며 어떤 형태를 취할 수 있을까?
그것은 인간의 호혜적 활동의 결과이다 …
인간의 생산수단의 발달 과정의 특정 상태를 가정하면
그에 따른 상업과 소비의 특정 형태를 알 수 있을 것이다.
- 카를 마르크스Karl Marx

　　15세기와 16세기 콜럼부스를 필두로 해서 유럽인들이 신세계로 몰려갔을 때, 그들은 무작정 약탈을 시작하기 전에 잠시 멈춰 그들이 마주한 상황의 중요성과 가치에 대해 숙고했어야 마땅하다. 그 중 하나가 바로 그 상황이야말로 귀중하고 드문 자연의 실험을 목격할 기회였다는 것이다. 아메리카 인디언들은 후기 구석기Upper Paleolithic, 즉 구석기 말기에 동북아시아에서 아메리카 대륙으로 이주해왔다. 그 이후 기원전 10000년경에 기후가 온화해지면서 그들이 걸어서 이동해왔던 길이 베링해로 뒤덮이게 되었다. 이리하여 구세계와 신세계는 문화 진화의 실험을 위한 두 개의 시험 접시가 되었다. 만일 어떤 경향이 문화 진화 과정에 기본적으로 내재되어 있는 것이라면 그 경향은 두 접시에서 모두 나타나야 옳을 것이다.

　　실험은 완벽한 조건에서 이루어지지는 못했다. 기원전 2000년경에는,

어쩌면 그보다 더 일찍 에스키모(이뉴이트Inuit족이라고도 함)들이 배를 갖게 되었다. 물론 베링해를 노 저어 건너는 것이 재미삼아 할 짓은 아니다. 그리고 알래스카의 한 마을에서 다른 마을로 이동하는 것은 종종 무척 힘들고 고된 일이었다. 그러나 적어도 이제 기술 혁신이 아시아에서 북아메리카 대륙으로 극히 더디게나마 이동해갔을 이론적 가능성은 존재하게 되었다. 그러나 신세계에서 선사 시대에 일어난 문화적 변화의 대부분은 외부의 영향을 받지 않은 고유의 것으로 보인다. 심지어 지금으로부터 최근 몇천 년 동안에도 신세계는 구세계와의 접촉이 매우 희박했던 것으로 보인다. 따라서 동쪽과 서쪽의 두 반구는 지구라는 행성에서 진행된 문화적 변화의 거대하고 독립적인 두 사례라고 할 수 있다.#

아메리카 대륙의 토착민들의 문화가 그토록 중요한 데에는 또 다른 이유가 있다. 콜럼버스가 신대륙을 발견할 무렵, 그들의 문화는 유럽과 아시아 대륙의 원시사회보다 연구 대상으로서의 가치가 더욱 더 높았다. 구세계 문명의 확장에 의해 사라지지 않고 그때까지 존재하고 있다는 그 자체가 경쟁력의 우위를 보장해주었다. 비록 콜럼버스나 다른 유럽인들이 그 격차를 좁히고자 신대륙 문명을 파괴하는 작업에 박차를 가하기는 했지만 그 파괴 작업이 완전히 효과적이지는 못했다. 덕분에 신대륙에서 전례 없이 다양한 종류의 문화들, 다양한 기술과 사회 조직들이 관찰되고 기록되었다.# 이러한 다양성 속에서 몇 가지 기본적 패턴이 나타났다. 그리고 이 패턴들은 문명에 의해 말살된 구세계 문화의 고고학적 유물에 남아있는 특성과 일치했다. 그리하여 아메리카 대륙의 토착 문화는 문화가 점점 더 복잡한 쪽으로 나아간다는 사실에 대한 독특한 증거를 제공해주었다.

실제로 이들은 그러한 원동력을 직접 보여준다. 다양한 아메리카 인디언의 '문화적 화석들' 의 단면은, 문화적 진화가 사회의 복잡성을 쇼숀 인디언 수준에서 현대사회를 향해 밀어 올리는 과정의 중간 단계들을 차례로 보여준다.

두 부류의 에스키모

여기 에스키모 부족이 둘 있다. 누나뮤트Nunamiut 에스키모는 쇼숀족과 비슷한 상태였다. 기본적으로 가족 수준의 사회 조직을 이루며 살아가다가 이따금씩 그보다 높은 수준의 조직을 구성하곤 했다. (북미산 순록 카리부가 이동해오는 계절이 되면 부족의 이름난 사냥꾼들의 주도하에 대규모 사냥이 벌어진다.) 누나뮤트족의 이웃 부족인 타레우뮤트Tareumiut족은 누나뮤트족과 혈연적으로 가깝고 동일한 언어를 사용한다. 그러나 두 부족 사이에는 커다란 차이가 존재한다. 누나뮤트족은 내륙에 사는 반면 타레우뮤트족은 해안가에 살면서 고래를 사냥해서 살아간다. 그리고 문화인류학자인 앨런 존슨과 고고학자인 티모시 얼이 지적한 바와 같이 고래 사냥 기술이 타레우뮤트족의 사회구조를 복잡성의 사다리에서 위쪽으로 밀어 올린 듯 하다.

고래잡이 배는 각각 유밀리크umealiq라고 부르는 주인의 지시에 따라 운영된다. 그는 배에 승선할 사람들을 모집하는데, 여기에는 조타수나 작살잡이와 같이 전문적 기술을 가진 사람들이 포함된다. '한 배를 탄' 이라는 표현만큼 넌제로섬 관계를 묘사하기에 좋은 메타포는 없을 것이다. (이들의 경우 배가 뒤집히면 바로 얼어 죽기 때문에 넌제로섬 상황에 더욱 완벽하게 맞아떨어진다.) 그러나 이 경우 넌제로섬 원리는 단순히 한 배에 탄 사람들을 넘어서 더욱 확장된다.

이따금씩 고래를 잡기 위해 여러 척의 배가 협력하는 경우도 있다. 이 경우 배의 주인들이 사냥과 음식 배분을 모두 조율해야 한다. 아마도 이러한 상호의존의 기반 위에서 배의 소유자들은 촌락 안에서 일종의 공동 보험 제도와 비슷한 것을 만들어냈다. 만일 배의 소유자 중 한 사람이 어려움에 빠지면 그와 그의 배에 타는 사람들은 촌락의 다른 배 소유자로부터 음식을 얻는다. 이 때 나중에 되갚기로 하는 약속이 뒤따른다. 타레우뮤트 사람들은 자랑스럽게 "우리는 부족 사람들이 굶어죽게 내버려두지 않습니다"라고 말한다. 그리고 실제로 먹을 것이 부족해지는 긴 겨울 동안 타레우뮤트 부족 사람들의 운명은 누나뮤트족 사람들보다 덜 위험하다.

이처럼 위험을 분산시키는 행위는 촌락의 울타리 안에 머무르지 않는다. 고래잡이 철에 가장 성공적인 수확을 거둔 선주umealiq는 다른 촌락의 선주들을 초대해서 '전령 잔치Messenger Feast'를 벌인다. 그리고 이 자리에서 초대된 손님들에게 남는 고래 기름과 고기를 나누어준다. 이는 무척 아량이 넘치는 행동처럼 보이지만 쿵족의 소규모 이타주의와 마찬가지로 관대함은 단순히 겉치레일 뿐이다. 결국 중요한 것은 나중에 내가 필요할 때 신세를 지기 위해 지금 베푸는 것이다. 마치 보험 계약자들과 마찬가지로 선주들은 넌제로섬 게임을 벌이는 셈이다. 언젠가 닥쳐올지 모르는 불운에 대비해서 더 많은 수의 안전장치를 확보해놓는 것이다. 주식의 분산 투자가 위험을 줄이는 데 도움을 준다는 사실을 경제학자들이 그래프를 그려서 보여주기 훨씬 전에 인류의 문화는 같은 논리에 따라 진화되어왔다.

타레우뮤트족은 쇼숀 인디언이나 쿵족, 또는 누나뮤트족에 비해 사회적으로 훨씬 복잡한 수준에 이르렀다. 타레우뮤트족의 촌락은 100명에서

200명가량의 주민으로 이루어졌다. 촌락에 사는 수많은 가족들은 일 년 내내 서로 의존하며 살아간다. 규모가 이보다 작은 쿵족의 회합이 종종 혈연과 결혼으로 밀접하게 연결되어 마치 큰 규모의 대가족의 회합과 비슷한 데 비해서 타레우뮤트족의 촌락은 진정한 의미에서 초가족적(超家族的, suprafamilial)이라고 볼 수 있다.

북서해안의 인디언들

타레우뮤트족의 기업가 정신을 가진 선주과 정교한 고래사냥 관습 등은 우리가 가지고 있던 단순한 수렵·채집사회의 표준적인 이미지와 배치된다. 그런데 북미의 북서해안 인디언(샐리시Salish족, 하이다Haida족, 콰키우틀Kwakiutl족, 누트카Nootka족, 칠캣Chilkat족 등)의 사회와 비교해볼 때 이들은 아무것도 아니다. 오늘날의 캐나다와 미국 사이의 국경에 자리 잡고 있던 이 부족들은 복잡성을 향해 나아가는 사다리에서 한층 더 위로 올라와 있다고 할 수 있다.

오늘날 일반 대중들 사이에 이 인디언들은 '포틀래치Potlatch'라는 의식으로 가장 잘 알려져 있다. 포틀래치는 각 지역의 추장들이 누가 더 통이 큰가를 경쟁하듯 자신이 가진 것을 나누어주는 엉뚱한 의식이다. 귀중한 소유물들을 잔뜩 쌓아놓고 다른 이들에게 나누어주거나 심지어 화톳불에 던져버린다. 그런데 이 북서부 인디언들의 문화는 단순히 뽐내고 과시하고자 하는 인간의 성향 이상의 것을 시사한다. 이는 넌제로섬 상태에서 포지티브섬 상태로의 전환과, 그 결과로 나타나는 사회적 복잡도의 증가를 의미한다.

북서부 인디언은 믿기 어려울 정도로 자연의 풍요라는 축복을 누렸다. 강은 물 반, 고기 반이라는 표현이 딱 어울렸다. 한 탐험가는 조금 과장을 보태 "연어 등을 밟고 강을 건널 수 있다"고 주장했다. 또한 넙치, 대구, 청어도 풍부했으며 바다에는 조개, 수달, 물개, 고래도 널려있었고, 융모빙어candlefish라고 불리는 바다빙어도 그 어느 곳보다 풍부했다. 이 물고기는 이름이 암시하는 바와 같이 기름기가 많아서 심지를 꽂아 방에 불을 밝히는 데 사용할 수 있었다고 한다.

　사냥감이 다양하다보니 기술도 다양하게 발달하게 되었다. 누트카족은 전나무를 불에 달구어 만든 넙치잡이용 낚싯바늘에서부터 뼈로 만든 대구잡이용 낚싯바늘까지 다양한 낚시 도구를 갖추었다. 또한 고래잡이에 쓰는 작살 끝에는 물개가죽으로 만든 풍선과 같은 것을 달아 놓아 물에 뜨게 해서 버둥거리는 고래의 힘을 빼는 데 일조했다. 배만 해도 일인용 카누에서 여덟 명이 탈 수 있는 고래잡이 배, 길이가 거의 20미터에 이르는 짐 나르는 배를 갖추고 있었다. 누트카족은 곰 덫, 사슴 덫, 엘크 덫을 만들어냈고 연어 잡는 트랩은 네 종류에 이르렀는데 정육면체 모양에서 원뿔 모양 등 다양한 모양에, 크기는 작은 집만 한 것까지 있었다. (그들의 집에 대해 이야기 하자면 교외의 농장의 오두막과 비슷한 스타일의 집으로 대개 185평방미터를 넘었고 큰 것은 370평방미터가 넘었다.) 또한 생선을 보존하기 위한 훈제소와 훈제된 고기를 저장하는 지하 창고, 물이 스며들지 않는 삼목으로 만든 나무열매 저장 상자도 있었다.

　그런데 실용적인 목적의 기술만 발달한 것이 아니었다. 장식된 구리 방패, 아름답게 꾸며진 겉옷과 같은 것들 역시 북서해안 인디언들의 경제적 상호의존성의 결과물이었다. 칠캣족의 여성들은 산양의 털로 실을 잣고 남쪽 인디언 부족들로부터 사들인 삼목 껍데기에서 삼실을 만들어냈다. 자아낸 실은 네 가지 색깔 중 하나로 염색했는데 그 중에는 —수렵·채집사 회에서는 매우 드문— 선명한 파랑색도 포함되어 있었다. 이 색은 북쪽의 부족에게서 수입한 구리를 오줌에 담가서 만들어낸 색이다. 여자들은 또한 베틀에 앉아서 복잡한 무늬(동물 문양이나 추상적인 패턴)의 천을 짰다. 이렇게 만들어진 제품은 언젠가 아름다운 수의를 입고 땅 속에 묻히기를 꿈꾸는 북서해안 인디언의 많은 부족들에게 팔려나갔다.

이와 같은 기술 중 상당수는 고전적인 넌제로섬 게임인 노동의 분화와 관련되어 있다. (애덤 스미스는 한 집단의 사람들이 노동의 분화를 통해 전체적인 생산량을 증가시킬 수 있다고 말했다.) 비록 대다수의 북서해안 인디언 가정이 수렵과 채집에 종사했지만 부업으로 특별한 기술(예를 들어 목공)을 가지고 있는 가구도 상당수 있었다. 그리고 이러한 기술은 집안 대대로 전승되었다.

이 아메리카 인디언들은 타레우뮤트족이나 쇼숀족과 마찬가지로 넌제로섬 게임을 펼쳤다고 할 수 있다. 고래잡이 선단과 거대한 말뚝으로 강바닥에 고정시켜 놓은 물고기잡이 트랩 등을 보면 그들이 집단적으로 수렵 활동을 했음을 알 수 있다. 연어잡이 트랩이나 고래잡이 배를 만드는 데에는 수주 이상의 시간이 걸렸을 것이다. 이러한 물건을 만드는 데 참여한 사람들은 —그저 먹여주는 것이라고 할지라도— 노동에 대한 대가를 받아야만 했을 것이다. 따라서 작업을 시작하기 전에 특별 프로젝트에 필요한 자원을 모으고 배분해야 했을 것이다.

자본 투자와 노동 분화는 우리에게는 너무나 당연한 것들이다. 화폐가 유통되고 주식거래소니 채권 시장이니 하는 것들이 존재하는 경제에서 자본 투자나 노동 분화는 숨 쉬는 공기와도 같이 자연스럽고 필수적인 것이 아닐 수 없다. 그러나 북서해안 인디언에게는 자본주의 경제체제가 없었다. 심지어 화폐도 가지고 있지 않았다. 그러나 그들은 기본적으로 자본가들이 하는 것과 동일한 넌제로섬 게임을 펼칠 수 있었다. 어떻게 그게 가능했을까? 바로 애덤 스미스의 팬들의 영원한 적, 계획 경제 덕분이었다.

시장에 간 대인(大人, Big Man)

위에서 언급한 것과 같은 프로젝트의 총 책임자는 바로 정치적 지도자인 '대인'이다. 그는 일가친척, 혹은 촌락 사람들 전체의 충성을 받는 인물이다. 그는 연어 트랩이나 생선 저장 창고의 건조 작업을 조직화하고, 촌락 사람들 가운데 누군가가 촌락 전체에 필요한 특정 기술, 예를 들어 카누 만들기와 같은 일을 맡도록 조정한다. 한편 그는 이러한 작업에 대해 대가를 지불해야 하므로 사냥꾼들이 잡아들인 사냥물의 일부, 1/5 혹은 심지어 절반까지도 그 자신이 가져간다. 그가 거두어들인 수입 가운데 일부는 성대한 잔치와 같은 형태로 다시 촌락 사람들에게 되돌려주기도 한다. 그러나 대부분의 경우 그가 가져가는 몫은 공공의 목적을 위해 사용되는 세금의 성격을 띠고 있다.[#] 단 이들의 '공공재public goods'는 오늘날 자본주의사회에서는 대부분 '사유재private goods'로 간주될만한 것들이었다. (미국 정부 조직 체계에서 '카누 건조국(局)Bureau of Canoe-making'과 같은 것은 찾아볼 수 없지 않은가?)

당연한 이야기지만 대인은 거두어들인 세금에서 제 몫을 따로 챙겼다. 그는 보통 사람들보다 더 좋은 집에 살았고 더 좋은 옷을 걸쳤다. 그가 챙기는 몫이 그가 수행하는 일에 비해 과한지 어떤지 여부는 특정 사회에서 지배계층이 얼마나 착취적인지에 대한 학술적 논쟁을 불러일으키는 복잡한 문제이다. 이 논쟁에 대해서는 뒤에 가서 논의하도록 하자. 지금으로서는 그저 공공의 이익을 위해 재화를 거두어들인 자가 거기서 자기 몫을 얼마간 챙기는 것은 현대의 경제에서도 흔히 찾아볼 수 있다는 점을 지적하고 싶다. 펀드매니저들도 수수료를 떼어가지 않던가?

북서해안 인디언의 매우 초보적 형태의 '정부'는 단순히 시장의 대리 역할만을 한 것이 아니다. 그들의 정부는 나름대로 오늘날 자본주의사회의 정부들이 수행하는 기능을 수행했다. 예를 들어서 만일 아무런 제한을 가하지 않고 인디언 어부들로 하여금 연어를 잡고 싶은 만큼 잡게 놓아두면 강물에 연어의 씨가 말라버리게 될 것이다. 그리고 그렇게 되면 결국 모두 손해를 보게 된다. 이것이 바로 생물학자 개릿 하딘Garrett Hardin이 말한 유명한 '공유지의 비극tragedy of the commons' 사례에 속한다. 이 전통적인 넌제로섬 문제는 개인 소유의 가축들로 하여금 공유지의 풀을 과도하게 뜯어 먹도록 할 경우 결국 모두가 피해를 입게 되므로 서로 제한을 두는 것이 모두에게 이롭다는 내용이다. 북서해안 인디언들은 고기잡이를 시작하는 시점과 끝내는 시점을 결정함으로써 이 문제를 해결했다. 이것은 마치 오늘날 정부가 수렵기간을 법으로 정해서 사슴이나 오리를 좀 더 살찌우고 수를 늘린 후 잡을 수 있도록 하는 것과 비슷하다. 심지어 인디언 부족에는 트랩을 돌아다니면서 물고기의 수를 조사해서 고기잡이를 언제 중단해야 적절할지를 결정하는 일종의 '어로 관리자fishing warden'가 있었다.

북서부 인디언의 정부는 또한 불운을 경감시키는 역할도 했다. 대인은 촌락에 기근이 들면 세금으로 거두어들인 담요나 수달가죽, 구리 공예품 등을 다른 지역의 대인과 식량으로 교환해서 촌락 사람들에게 나누어주었다. 바로 이 점에 있어서 우두머리들은 사회적으로 통합된 넌제로섬 원리의 가장 칭송받는 형태 가운데 하나인 위험의 분산을 도모하는 셈이다. 쿵족의 기린고기 만찬이나 에스키모족의 선주들이 벌였던 촌락 연합 잔치 등도 모두 비슷한 성격의 장치이다. 위험을 더 널리 분산시키면 시킬수록 관련자들은 더 큰 이익을 얻게 된다. 그리고 북서해안 인디언들은 지금까지 알려진 어떤 수렵·채집 부족들보다 더 널리 위험을 분산시켰다. 존슨과 얼의 증언에 따르면 "심지어 '부족'의 경계나 언어의 경계를 넘어서" 위기 시에 서로 도움을 주고받았다고 한다.

그 결과 얻어진 안전장치에 인류학자들은 '사회안전보장제도social security', '생명보험제도', '상호저축 계좌' 등 다양한 명칭을 붙여왔다. 이처럼 부르는 이름이 다양하다는 사실은 오늘날까지도 사람들이 이러한 기능이 공공 부문에 속해야 하는지 민간 부문에 속해야 하는지에 대해 논란을 벌이고 있음을 보여준다. 이 문제는 부분적으로는 윤리적 측면, 이를테면 부유한 자가 가난한 자를 도와야 하는가 하는 문제와 결부되어 있다. 그러나 어느 범위까지는 이 문제는 기술적이다. 현대의 정보 기술 및 교통 기술은 중앙집권적 조율 없이도 모든 종류의 교환을 용이하게 만들어주었다. 오늘날 산업화된 국가의 중산층은 지구 끝까지도 위험을 분산시킬 수 있다. 동서남북 어느 곳이든 원하는 곳에 투자하는 뮤추얼 펀드에 가입하는 식으로 말이다.

비록 원시적 수준의 기술을 가졌다고는 하나 북서해안 인디언들이 대인의 기능 가운데 일부를 민간 부문에 양도할 수 있지 않았는가 하는 문제를 두고, 서로 다른 이데올로기를 가진 두 부류의 경제학자들이 팽팽한 논쟁을 벌일 수도 있을 것이다. 그러나 화폐도 없는 상태에서 이 아메리카 인디언들이 고도의 노동 분화, 대규모의 자본 투자, 재난에 대한 보험 등의 기능을 갖춘 놀라운 경제 체계를 운영했다는 사실에 대해서는 거의 모든 경제학자들이 동의할 것이다. 이 모든 것은 인간의 천성이 확고하게, 심지어 무의식적으로 넌제로섬 이익을 추구하고 있으며, 그 결과 사회 구조를 그러한 방향으로 형성해가고 있음을 보여주는 증거이다.

이 경우 어느 정도 정교한 사회 조직, 하나의 중심적 권력을 알아보고 인정하는 수십 가구로 이루어진 약 800명가량 되는 촌락 주민이 필요했다. 분명 대인의 권력은 절대적인 수준은 아니었다. 심지어 그다지 공식적이라고 보기도 어려웠다. 단순히 경제가 굴러가도록 하기 위해서 그는 때로는 말을 안 듣는 주민을 구워삶거나 을러대기도 해야 했다. 그러나 대인 시스템은 경제적·정치적 복잡도를 우리가 지금까지 논의했던 그 어떤 사회보다 더 높은 수준으로 끌어올렸다. 북서해안 인디언들은 문화 진화의 방향성과 그 방향성을 이끄는 원동력의 산 증인이라고 할 수 있다.

자연의 변종?

그러나 사실 그들은 그 반대로 묘사되는 경우가 많다. 보아스주의 경향을 띤 인류학자들은 북서부 인디언들의 문화를 현대의 사회적 복잡성을 향한 자연스러운 진보로 보지 않고 자연의 변종freak으로 보았으며 이것을 모든 문화를 아우를 수 있는 보편적인 진화의 체계가 존재하지 않는다는 증거로 삼았다. 보아스주의자의 전형이라고 할 수 있는 루스 베네딕트는 북서부 인디언들이 "지나치게 원기왕성하고 뽐내는" 사람들이었으며 "보편적 질서가 결여되어 있는 문화를 가졌다"고 썼다. 그리고 그들의 "가치는 사람들이 일반적으로 생각하는 가치와 달랐으며 사람들이 보통 영예롭게 여기는 것과 다른 동기에 의해 움직였다"고 했다.

그러나 사실 북서부 인디언들의 가치와 동기는 우리에게 매우 친숙한 것들이다. 사실 현대적 세계와 놀랄 정도로 닮아있다. 지위에 대한 경쟁, 그에 뒤따르는 부의 축적, 그리고 필수품이 아닌 사치품이 경제 활동을 부추기는 추진력의 일부로 작용하는 점 등이 그 예이다. 실제로 만일 백인들이 망쳐놓지 않았다면 북서부 인디언들의 문화는 그 당시까지 계속되었던 행보를 지금까지도 이어왔을 것이다. 그 행보란 바로 '점점 더 효율적으로 부를 창조해내기', 즉 현대화이다.

북서부 인디언들은 실질적인 화폐 사용의 문턱에 도달했던 것으로 보인다. 여덟모뿔조개dentalium의 껍데기를 줄에 꿴 것이 지위의 상징물로 사용되었고 때에 따라 공동체에 봉사한 사람에게 주어지기도 했다. 추상적인 형태로 구현된 부(富)라는 개념은 우리에게 친숙한 것이다. 어느 대인은 음식을 교환하는 과정에서 상대방에게 실물 대신 징표를 발행해주었다. 그 징표는 나중에 자신의 부족의 바닷가에서 잡은 고래를 씻을 때 고래의 기름 덩어리를 나누어주겠다는 보증수표였다. 만일 그 대인이 한 세기 뒤에 태어났다면 아마 시카고 상품 거래소를 설립했을지도 모르겠다.

분명 베네딕트가 지적한 것과 같이 북서부 인디언들의 행동에는 기묘한 점이 있다. 손으로 짠 직물을 화톳불에 던져 넣는 것은 오늘날의 과시용 소비 수단들보다도 더 지나친 감이 없지 않다. 그러나 심하게 지나친 것은 아니다. 게다가 포트래치의 부조리함은 다분히 과장된 면이 없지 않다. 포트래치의 도가 넘친 낭비 행동은 오직 백인 무역업자들이 북서부 인디언들의 문화를 새로운 사치품으로 채워 넣거나 그밖의 다른 방법으로 오염시킨 이후에 나타났던 것이다. 원래의 순수한 형태의 포트래치는 주로 넌제로섬 목표를 충족시키는 데 초점을 맞추고 있다. 포트래치가 유용한 정보를 서로 나누는 장이었고 또한 '관대함'은 궁극적으로 호혜적인 것이었음을 고려한다면, 이것은 잉여생산물을 가지고 미래의 잠재적 위기를 약화시키는 행위의 싹(아니면 흔적기관)이라고 볼 수 있을 것이다. 심지어 베네딕트의 정신적 스승인 보아스 마저도 포트래치의 한 측면은 각 촌락들 사이에서 실시된 대규모의 이타주의를 좀 더 많은 사람들의 눈앞에 보여줌으로써 누가 누구에게 빚지고 있는지를 더 많은 사람들의 마음속에 기록해두기 위한 수단이었다고 말했다.

물론 보아스는 그 말을 통해 진화적 체계의 존재를 지지한 것은 아니었다. 그는 북서부 인디언의 경제를 관찰한 결과 "마치 오늘날의 문명화된 사회에서와 마찬가지로 상당 부분이 신용에 기반을 두고 있었다"고 했다. 그는 오히려 진화론적 주장에 일침을 가하고자 했던 것이다. 루이스 헨리 모건과 같은 사람들이 주장하던 표준적인 진화론 이론에 따르면 수렵·채집인의 사회는 공동체 경제 형태를 띠고 있어야 하지 않겠는가?

그렇다. 모건이 그렇게 주장한 것은 사실이다. 그러나 문화진화론자들은 나중에 모건이 진화의 단계를 너무나 기술적 용어에 엄격하게 결부시켰던 것은 오류였다고 결론 내렸다. 모건의 체계에 따르면 어떤 문화가 반드시 농작물이나 가축을 길러야만 하위 미개 상태를 벗어나 중위 미개 상태에 진입하는 것으로 보았다. (그리고 야만 상태에서 하위 미개 상태로 넘어가는 기준은 도기pottery의 사용이었다.) 그러나 북서부 인디언들이 보여준 것과 같이 풍요로운 수렵·채집사회는 일부 농업사회보다 더 복잡한 형태를 가질 수 있다.

1960년대 초, 20세기 중반의 문화진화론의 부흥이 만개할 무렵 레슬리 화이트의 제자 중 한 사람인 엘먼 서비스Elman Service가 군집사회band, 부족사회tribe, 추장사회chiefdom♣, 국가state로 구분되는 새로운 분류체계를 제안했다. 이 네 단계는 기술이 아니라 경제 조직에 따라 구분되었다. 수렵·채집인인 쇼숀족의 사회는 군집사회였다. 한편 북서해안 인디언들은 역시 수렵·채집사회였지만 추장사회였다. 왜냐하면 이들은 중앙 권력에 의해 조절되는 광범위한 경제적 분화를 이룩했기 때문이다.

사회 구조에 따라 진화 단계를 규정하게 된 것은 커다란 진보이지만 여전히 혼란은 남아있다. 같은 '단계'에 속한 사회들이 서로 전혀 다른 모습을 보이는 것이다. 뿐만 아니라 문화적 진화가 너무나 서서히 일어나기 때문에 '단계'를 나누기조차 어렵다는 문제가 있다.

최초의 수렵·채집인들과 고대 메소포타미아문명을 가르는 문턱은 분명 존재한다. 다수의 대가족들이 촌락이라는 통치 단위 아래에 모여서 사는 초(超)가족적 문턱suprafamilial threshold, 그 다음 초(超)촌락적 문턱supravillage threshold이 있다. 그러나 이러한 개념들조차 플라톤적 명확성이 결여되어 있다. 북서해안 인디언들 사이에서는 여러 부락을 통솔하는 지도력은 전쟁기간 동안 강화되었다가 평화 시에는 약해진다. 따라서 그와 같은 지도력을 추장사회의 증표로 보지 않는 학자들은 북서부 인디언의 문화를 '추

추장사회chiefdom | chiefdom은 추장사회 말고도 군장사회나 수장사회로도 번역되는데, 아메리카나 아프리카 대륙의 사회뿐만 아니라 보편적인 사회발달 단계에서 추장사회라는 용어를 사용하는 추세로 보아 chief와 chiefdom을 각각 추장과 추장사회로 번역했다—옮긴이

장사회'로 분류하는 데 반대할지도 모른다. 앨런 존슨과 티모시 얼은 1987년 펴낸 저서 〈인간사회의 진화The Evolution of Human Societies〉에서 새로운 7단계 분류체계를 제안했다. 이 체계에서 북서해안 인디언의 사회는 추장사회에 조금 못 미치는 '대인사회'로 분류되었다.

어떤 단계에 분류되든 간에 여기에서 중요한 점은 북서부 인디언들을 별종으로 보고 그것을 문화진화론의 반대 증거로 삼았던 보아스 시대 이래로 점점 그들 사회는 덜 특이하게 간주되게 되었다는 점이다. 그렇게 된 이유 중 하나는 비록 기술이 진화의 기본적인 원동력인 것은 사실이나 진화의 기본적 척도를 재는 도구로 적당치 않다는 사실의 깨달음이었다. 그러나 그밖의 다른 이유들도 있다.

먼저 포트래치에서 그들이 보였던 도가 넘치는 관대함은 거의 동일한 사회 구조 수준을 지닌 다른 많은 사회에서도 발견되었다. 뉴기니의 대인은 다른 대인에게 엄청난 양의 음식과 재산을 넘겨주면서 "내가 이겼소. 나의 후함에 당신은 무릎을 꿇을 수밖에!"라고 소리쳤다.

이 한마디를 외치면서 느끼는 만족감을 얻기 위해서 수개월 동안 대인과 그의 추종자들은 선물할 물품들을 긁어모아야 했을 것이다. 그러나 이 선언은 사람들에게 깊은 인상을 주고 대인의 사회적 지위를 상승시켜주었다. 그리고 사회적 지위라는 말은 덧없게 들릴지 모르지만 사실은 오랜 세월동안 실질적인 보상을 돌려주어 왔다. 예를 들어서 대인은, 만일 그가 명실상부한 권력을 지녔다면, 여러 명의 아내를 거느릴 수 있었다.

그런데 성공적인 대인의 지위는 그의 부하들의 이익과 상충할 수 있다. 1939년 관찰된 솔로몬 제도에서 벌어졌던 어느 한 잔치에 참가하기 위해서 소니라는 이름의 대인은 엄청난 양의 사고-아몬드sago-almond 푸딩을 실고 32마리의 돼지를 끌고 길을 나섰다. 1,100명이 참석하는 대규모의 잔치였다. 이 날까지 길고 긴 나날을 고되게 일해 왔던 소니의 가장 가까운 추종자들은 자랑스럽게 소니가 외치는 것을 바라보았다. 그러나 소니와 마찬가지로 그들의 주린 배로 들어가는 것은 아무것도 없었다. 그들은 그저 다음과 같은 말을 상투적으로 내뱉으며 자신을 달랬을 뿐이다. "우리가 먹는 것은 소니의 명성입니다."

그들이 나누어가진 소니의 명성과 보호, 후원 등이 그것을 상승시키기 위해 그들이 퍼부었던 노력을 정당화할만한 것인가 하는 데에는 의문의 여지가 남는다. 모든 동맹에는 넌제로섬의 전제가 따라붙지만(즉, 참가자들이 모두 이익을 보는 결과) 한편 모든 동맹은 자연스럽게 제로섬적 측면을 가지고 있다. 집단적 활동에 대한 비용과 이득을 어떻게 배분하느냐 하는 문제가 긴장감을 조성한다. 결국 동맹이 집단적 보상을 얻게 된다고 하더라도 동맹에 참여했던 구성원 가운데 일부는 자신에게 돌아오는 몫이 너무나 보잘것없어서 아예 동맹에 끼지 않느니만 못할 수도 있다.

소니와 비슷한 사례에서 철저한 기생행위는 일반적이라기보다는 예외적인 일이라는 것이 나의 추측이다. 소니가 착한 사람이라고 가정하기 때문이 아니라 소니의 추종자들이 인간인 만큼 천성적으로 자신의 이익을 지키는 데 능숙하기 때문이다. 실제로 그들이 바친 노동에 대해 얻는 것이 있든 없든 간에 어쨌든 소니가 할 일은 추종자들로 하여금 뭔가 얻는 것이 있다고 믿도록 만드는 것이다. 그리고 그처럼 수많은 사람들, 어떤 경우에는 수백 명의 사람들을 멀리 떨어져 있는 불확실한 보상을 약속하는 사업에 동원함으로써 대인은 쇼숀 토끼 대장보다 한층 더 높은 수준의 정치력을 구사하는 것이다.

실제로 비록 공식적인 직함은 없었으며 대부분 설득에 의존해야 했지만 일반적으로 대인은 현대의 정치인의 전조가 되었다. 대인들은 대개 "청중들에게 확신을 주는 훌륭한 연설가"였다고 멜라네시아의 대인을 관찰한 앨런 존슨이 보고했다. 그는 또한 "문자가 없는 상황에서 부족의 친족 관계나 과거의 거래 따위를 뛰어나게 잘 기억했다." 대인은 또한 "다툼이 있으면 가능한 한 평화롭게 중재하고자 했다. 폭력으로 상처를 입었다고 생각하는 쪽이 곧바로 또 다른 폭력으로 보복하는 것을 막기 위해 가해자 측이 피해자에게 보상 내지는 벌금을 내도록 조정하곤 했다." 그러나 평화로운 중재에 실패할 경우 "추종자를 이끌고 싸움에 뛰어들었다."

대인의 가장 커다란 정치적 도전은 각기 다른 가족들을 하나의 정치적 공동체로 연합시키는 일이었다. 현대의 기준으로 볼 때 매우 느슨한 정치 체제이지만 근본적으로 정치 지도자가 없는, 이를테면 타레우뮤트족에 비해서는 단단하게 결속된 정치 체제인 것이 분명하다. 이 문턱을 넘어 중앙집중적이고 초가족적인 정치 단위로 진입하는 것은 쉬운 일이 아니다. 서로 다른 가족들 사이에서는 가족 내부에서와 같이 무조건적인 애착과 신뢰가 자연스럽고 쉽게 생겨나지 않기 때문이다.

많은 경우에 전 세계에 걸쳐서 대인이 이끄는 사회들이 서로 다른 가족들 간의 마찰을 감소시키기 위한 일종의 접착제로서 동일한 도구를 사용했다는 점은 상당히 놀랍다. 의식(儀式)과 언어는 공동체의 구성원들에게 자연스럽게 친족관계에서 느끼는 것과 같은 정서를 함양해주었다. 그리하여 북서부 부족의 다양한 가족들이 그들 공통의 먼 조상을 —토템폴totem pole◆과 같은 형태로— 찬양했다. 비록 그 조상이 실제로 존재했는지 여부조차도 불확실하지만 말이다. 그리고 뉴기니의 대인 공동체에서는 초가족적 구조에 결속력을 불어넣는 남자들의 조직을 "뼛속까지 형제Brother Under the Skin"라고 불렀다.

독특한 쿵족

그런데 만일 미국 북서부 해안의 인디언들의 사회가, 자연의 변종이 아니라 사실은 자연스러운 문화의 진화의 한 국면을 나타내는 사회라면, 왜 그 단계를 나타내는 수렵·채집사회의 '문화적 화석' 기록이 그토록 적게 존재하는 것일까? 왜 앞서 언급한 사회들을 비롯하여 인류학 기록에 나타난 대부분의 다른 대인사회는 이미 작물 재배를 시작한 사회인 것일까? 왜 쿵족이나 쇼손족과 같이 잘 알려져 있는 대부분의 수렵·채집사회들은 인류학자들에게 '(적어도 상대적으로) 평등한 사회'라는 딱지가 붙은 것일까?

아마 인류학자들이 나타날 무렵 남아있는 것이라곤 그게 전부였기 때문일 것이다. 쿵족이나 쇼손족이 그토록 단순한 문화를 가지고 있는 이유 가운데 하나는 그들이 황폐한 땅에 살기 때문일 것이다. 이는 다시 말해서 그들이 배를 채우기 위해서는 끊임없이 이동해야 함을 의미한다. 그렇기 때문에 좀 더 정착적인 성격을 가진 북서부 인디언들이 많은 시간을 들여 만들어냈던 것과 같은 묵직한 지위 상징들을 모으고 쌓아놓는 일을 그들은 할 수가 없었다. (여러분 같으면 1미터가 넘는 토템폴을 머리에 얹고 수십 킬로미터의 도보 여행을 떠날 생각이 들겠는가?)

토템폴totem pole | 고대인의 숭배대상물을 단청한 기둥으로 집 앞에 세워두었다—옮긴이

그렇다면 선택받은 비옥한 땅에 사는 수렵·채집인들은 어떨까? 인류학자들이 무대에 등장할 무렵에는 이미 이러한 사회들이 사라져버리고 말았다. 그들의 문화는 이미 더 높은 수준(아마도 인류학자들을 탄생시킨 바로 그 문화)으로 진화되었거나 아니면 그와 같이 진화된 문화에 의해 압도당하고 말았던 것이다. 어쨌든 농업사회는 비옥한 땅을 갈구하고 또 수렵·채집 사회는 좋든 싫든 진보된 농업사회에 굴복하는 것으로 알려져 있다.

따라서 유럽과 아시아 대륙의 비옥한 해안과 계곡에 살았던 수렵·채집인들은 이미 자취를 감춘 지 오래였고 마찬가지로 아프리카에서도 오래 전에 이미 벤투Bentu족이나 그밖의 농업사회가 가장 좋은 땅들을 다 휩쓸어 차지하면서 그곳에 있던 과거의 문화들을 지워버렸다. 심지어 북아메리카에서도 가장 비옥한 땅인 미시시피 강 주변, 오대호Great Lakes의 아래쪽 지방에서는 백인들이 발을 들여놓을 무렵 이미 경작이 시작되고 있었다. 그리고 플로리다와 캘리포니아 등지에 남아있는 풍족한 수렵·채집 문화는 19세기에 인류학자들이 들어와서 그들의 특이함에 놀라게 되기 전에 이미 다른 지역으로 쫓겨나고 흩어진 상태였다. (하지만 이 두 지역에서 백인 침략자들은 그들이 원주민사회를 절멸시키기 전에 상당히 인상적인 수준에 이른 이들 사회의 복잡성을 흘끗 바라볼 기회를 가졌다.) 서양의 신대륙 침입 경로에서 멀리 떨어져 있던 북서해안 인디언들은 그와 같이 풍요로운 자연의 서식지에서 인류학자들이 자세히 관찰할 수 있었던 몇 안 되는 수렵·채집사회 가운데 하나였던 것이다. 우리가 아는 모든 상식을 동원해볼 때 그들은 예외적이 아니라 전형적이라고 할 수 있다.

실제로 고고학자들이 최근 그에 합당한 증거들을 수집해왔다. 다양한 대륙에서 발견된 약 6,000년에서 15,000년 전 사이의 수렵·채집사회의 유물들은 사회의 복잡성이 점점 더해지는 것을 보여준다. 창고를 짓는 것과 같은 대규모 건축 공사의 사례도 찾아볼 수 있다. 그리고 익히 들어온 돌칼이나 화살촉 곁에서는 팔찌, 목걸이, 정교하게 세공된 호박장식물, 머리장식 등 '위세품(威勢品) 관련 기술prestige technology'을 보여주는 유물들이 발견되었다. 장신구들은 동물의 뼈나 조개껍데기, 공작석이나 흑요석 등으로 만들어졌다. 심지어 그릇이나 칼과 같은 실용적인 물건들마저도 점점 더 화려한 장식을 갖추게 되었다. 그리고 어느 한 사회 안에서도 일부 사람들은 다른 사람들보다 이런 부를 상징하는 물건들을 더 많이 거느린 채 묻혀 있었다. 간단히 말해서 이러한 사회의 유물들은 많은 면에서 북서해안 인디언들의 유물과 비슷하다.

　이러한 사실들은 북서해안 인디언들이 '문화적 화석' 이자 문화의 진화의 특정 단계의 전형이라는 것이 단순히 억측이 아님을 입증해준다. 보아스주의에 경도된 인류학자들이 진화론적 패턴을 부정하기 위해 모든 시간을 바치지만 고고학자들이 눈앞에 들이대는 증거들은 너무나 널리 퍼져 있어 무의미하다고 치부하기 어렵다. 특정 지역에서 발견된 수렵·채집사회의 유물 가운데, 시대적으로 더 나중에 존재했던 것은 그 이전에 존재하던 것에 비해서 사회적으로나 기술적으로 점점 더 복잡해졌음을 보여주고 있다. 그리고 특히 사람들이 많이 모여 살았던 강가나 호수, 바닷가 등에서는 그 복잡한 정도가 거의 북서해안 인디언의 수준에 맞먹는 것을 볼 수 있다. 고고학자인 브라이언 패이건이 지적한 대로 최근 몇십 년 동안 발굴된 유물들을 살펴볼 때 "북유럽에서 남아프리카, 일본, 북미의 북서부에서 페루의 해안에 이르기까지 광범위하고 다양한 지역에서 수렵·채집사회들은 점점 더 복잡도가 증가하는 쪽으로 변모해온 보편적인 경향을 보인다."

19세기의 진화론자들은 이와 같은 데이터를 갖고 있지 못했다. 따라서 그들이 가지고 있던 편향된 자료를 지나치게 일반화해서 수렵·채집인들을 가난하고 공동체적이었다고 낙인 찍어버린 것에 대해 너그럽게 이해할 만하다. 그리고 그와 같은 낙인이 뇌리에 박힌 상태에서 북서해안 인디언들의 진보한 문화를 진화 이론의 문제점으로 간주했던 보아스나 베네딕트역시 너그럽게 이해할 만하다. 그러나 어찌되었든 그들이 틀렸던 것은 분명하다. 복잡한 수렵·채집사회와 현대의 경제 체제의 유사점은 성숙한진화이론의 토대를 침식하거나 훼손하는 것이 아니라 오히려 보강한다고보아야 할 것이다.

같은 맥락에서 쇼숀족과 같이 더 단순한 수렵·채집사회 역시 진화 이론을 보강해준다. 그와 같은 사회 역시 방향성을 가진 문화적 변화를 구현해주기 때문이다. 베링기아Beringia✚를 건너 북미 대륙에 처음으로 정착한사람들은 기원전 35000년 무렵에 번성하던 후기 구석기의 기술을 가지고있었다. 이는 중기 구석기 기술에 비해 진보된 것이었으나 여전히 매우 기초적인 기술이라고 할 수 있다. 돌로 만든 긴 창, 창이나 작살 끝에 사용하던 뾰족한 뼈, 창을 던지는 데 사용되는 고안물 등이다. 그러다가 약 12,000년 전 경의 후기 구석기인들이 미 대륙에 도달해서 이 기술을 신세계에 퍼뜨리기 시작하자 또 다른 새로운 물결이 구세계를 휩쓸었다. 바로 중석기기술이었다. 중석기의 기술에는 다양한 종류의 낚싯바늘, 사냥과 어로에사용하던 그물, 복잡한 덫과 올가미, 고기를 보존하기 위해 연기에 그을릴때 사용하던 선반, 저장 바구니, 야생의 종자를 갈아 부수는 데 사용하던절구와 공이 등이 포함된다. 그리고 후기 구석기 시대 말에 발명되었던 활과 화살이 중석기 시대에는 널리 퍼지게 되었다.

진화의 거울

또 하나의 시험 접시에 해당되는 신세계는 구세계에서 일어났던 경향을 얼마나 잘 거울처럼 반영하고 있을까? 답은 '매우 잘 반영하고 있다'고 할 수 있다. 미 대륙의 모든 사회들은 유럽인들이 도달할 무렵에 중석기(학문의 역사상의 명확하게 알려지지 않은 어떤 이유로 아메리카 대륙의 중석기 문화는 '아케익Archaic'✦이라는 용어로 불린다) 수준에 도달했거나 그 수준을 넘어가고 있었다. 심지어 '하등한lowly' 쇼숀족 마저도 토끼 잡는 그물과 그에 상응하는 제도를 가지고 있었다. 물론 미 대륙의 모든 사회들이 독립적으로 중석기 시대의 기술을 다시 발명해낸 것은 아니다. 활과 화살은 아마도 수천 년 전 에스키모를 통해서 유라시아로부터 건너왔을 것이다. 그러나 신세계의 기술 중 상당수는 베링 해협을 건너왔다고 보기에는 그 용도가 너무나 국지적이다. 이 모든 사실들은 왜 우리가 쇼숀족을 '문화적 화석'이라고 부를 수 있는지를 설명해준다. 왜냐하면 그들은 북서부 인디언들과 마찬가지로 고고학적 기록들이 보여주고 있는, 단순한 사회 구조에서 복잡한 사회 구조로 나아가는 전 세계적인 진화의 자연적인 단계에 포함되기 때문이다.

만약 단 하나의 대륙이라도, 아니 대륙이 아니라 손바닥만 한 땅 덩어리라도 이러한 경향을 보여주지 않는 곳이 있다면 문화적 진화에 대한 회의

베링기아Beringia ┃ 유사 이전에 알래스카와 시베리아가 만나 형성된 대륙—옮긴이
아케익Archaic ┃ 일반적으로 역사학 · 고고학에서 한 문화의 가장 초기 단계를 지칭하는 용어—옮긴이

론자들이 발붙일 여지가 있을 것이다. 그러나 한때 문화적 정체의 대표적 예로 간주되었던 오스트레일리아 원주민에 대한 인식 역시 뿌리부터 흔들리고 있다. 고고학자들이 오스트레일리아의 수렵·채집 문화가 좀 더 창의적이고 명민한 상태로 변모해온 경향을 발견했기 때문이다. 이를테면 낚싯바늘이라든가 도랑의 막다른 곳으로 뱀장어를 몰아서 잡는 교묘한 기술 등이 그것이다. (독자 여러분 자신이 부메랑만큼 창의적인 것을 발명한 게 언제인지 한번 헤아려 보라!) 한편으로 오스트레일리아 원주민이 녹암(綠岩, greenstone)으로 만든 도끼와 같은 사치스러운 물건을 손에 넣게 되자 거래는 점차 성장하게 되었다. 이러한 예라든가 그밖의 거의 중석기 수준에 해당되는 측면을 보이는 다른 증거들을 고려해볼 때 고고학자인 해리 로랜도스Lourandos는 "전통적으로 정체된 것으로 여겨지던 오스트레일리아의 선사 시대의 모델"은 크게 흔들리게 되었다고 주장했다.

어쩌면 이러한 수정주의(修正主義, revisionism)적 관점에 의해 오스트레일리아 원주민들에 대해 우리가 보일만한 찬탄은 여기까지가 그 한계일지도 모른다. 왜냐하면 나는 지금 여기에서 인간의 역사가 위쪽을 가리키는 화살표와 같은 상향적 방향성을 가지고 있다는 개념을 지지하기 위해 그들의 사례를 사용하고 있는데 이 화살표에서 그들의 문화는 다른 어떤 문화보다 '낮은' 곳에 자리 잡고 있기 때문이다. 그러나 그들 입장에서 이러한 개념을 채택하는 것은 이 개념을 부정하는 것보다 덜 모욕적일 것이다. 왜냐하면 문화의 진화에서의 모든 방향성을 부정하는 것은 오스트레일리아의 원주민, 혹은 쇼숀족이나 쿵족이 외부와의 교류 없이 그들 스스로 살아가도록 두었다면 기술적 정교함이나 사회적 복잡성에 있어서 더 높은 수준으로 나아가려는 경향을 전혀 보이지 않으리라는 말과 같기 때문이다.

이는 물론 말도 안 되는 이야기이다. 우리가 알고 있는 모든 수렵·채집 문화는 기술적 진보 양상을 보인다. 그들이 이용할 수 있는 나름대로의 자원에 맞추어 창의력을 발휘하는 경향이 확고하게 드러나는 것이다. 쿵족은 타조의 알로 1리터 들이 수통을 만들고, 영양의 위장으로는 4리터들이 주머니를 만들었으며 뼈로 만든 화살촉에 딱정벌레 번데기의 독을 섞어 넣은 반죽을 발랐다. 세계 곳곳의 수렵·채집사회에는 이에 상응하는 제각기 창의적인 발명품을 가지고 있다. 오스트레일리아의 원주민들은 캥거루의 앞니를 끌로 이용했다. 또한 유칼립투스 나무의 수지를 가열해서 만든 접착제로 돌칼에 나무 손잡이를 이어 붙였는데 이 접착제는 오늘날의 화학접착제만큼이나 강한 접착력을 보인다. 안다만Andaman 제도의 원주민들은 식물성 고무와 밀랍을 녹여서 같은 용도로 사용한다. 그들은 쌍각류 조개의 껍데기를 목공예에 이용하는데 이 기술은 칠레 남부의 알라칼루프 Alakaluf 족 역시 독립적으로 발견한 것이다. 코퍼강Copper River의 에스키모는 강에서 구리를 채취해 그것을 가열하여 녹인 다음 돌망치로 두드려서 단도나 화살촉 등으로 만들었다. 그린란드의 에스키모는 사암을 톱처럼 이용해서 근처에서 발견한 운석으로부터 철 덩어리를 얻어낸 후 이것을 두드려서 도구나 무기로 만들었다. 시베리아 지방의 축치족은 모래에서 신는 갈퀴가 달린 신발을 만들어냈는데 그레이트 샌디 사막Great Sandy Desert에 사는 오스트레일리아 원주민 역시 갈퀴가 달린 모래 신발을 만들었다. 마치 북서해안의 인디언의 경우와 마찬가지로 수렵·채집인들이 단순히 기본적인 생존을 위한 수준 이상의 기술을 발명해낸 사례는 끝없이 찾아볼 수 있다. 일본의 수렵·채집민족인 아이누족은 국에 수염을 빠뜨리지 않도록 하기 위해 '턱수염 들것mustache lifter'를 만들기도 했다.

이 모든 문화들은 오랜 시간에 걸쳐 점차로 증가하는 진보의 경향을 나타냈다. 외부인들의 방해가 없었더라면 이러한 경향이 무한히 계속된다는 것이 바로 이 책에서 지지하는 종류의 문화진화론, 즉 현대와 같은 세상이 도래하는 것은 불가피한 사건이라고 보는 강경파 문화진화론의 중심적 교의이다. 이와 같은 교의를 부정하는 것은 공공연하게 혹은 은연중에 인류의 동질성, 어떤 민족이든 간에 모든 인간들은 능력과 열정에 있어서 근본적으로 동등하다는 생각을 부정하는 것이다.

물론 그 모든 열정이 숭고한 것은 아니다. 문화의 진화를 일으키는 추진력에는 바로 권력의 추구, 남들 앞에 뽐내고 으쓱대는 즐거움, 생존을 위한 핵심적인 도구에서부터 별로 쓸데없는 사치품에 이르기까지 물질적 대상에 대한 갈망 등도 포함되었다. 오스트레일리아, 북미, 근동 및 극동 지방의 토착민들과 함께 생활해온 고고학자인 브라이언 해이든은 이렇게 말했다. "단언컨대 지금까지 내가 접촉해온 모든 문화권의 사람들은 기회만 있다면 공산품이 주는 혜택을 맛보고자 하는 강한 열망을 보였다. 나는 '비물질적인 문화'라는 개념은 단순히 신화에 불과하다고 확신한다. … 우리 인간은 모두 물질적이다."

물론 인류의 정신적 동질성에도 불구하고 각기 다른 민족들이 역사의 화살표에서 제각기 다른 속도로 이동해왔다. 그리고 거기에는 분명 어떤 이유가 있을 것이다. 그러나 미 대륙 인디언들의 문화로부터 얻은 중요한 사실에 따르면 인종은 그 이유가 아닌 듯 하다. 백인들이 등장했을 때 신세계 살고 있던 다양한 민족들은 유전적으로 균일하지는 않았다. 생물학적 증거나 언어학적 증거로 미루어 그들의 조상들은 각기 다른 세 번의 파도에 의해 아시아로부터 신대륙으로 이주했던 것으로 보인다. 그러나 그들 사이의 차이는 그리 크지 않았다. '인종race' 이라는 개념이 일관성을 갖는 범위 안에서 아메리카 대륙의 원주민들은 모두 동일한 '인종' 이다. 그러나 그 인종 안에서 모든 종류의 기본적인 사회 진화의 수준이 나타났다. 그 수준들은 '더 이상 축소할 수 없는 최소한' 인 쇼숀족에서 복잡한 수렵·채집부족인 북서부 인디언, 동부와 남부의 농업에 기초한 추장사회에서 우리가 오늘날 라틴아메리카라고 부르는 국가 수준의 사회에 이른다.

실제로 우리가 언어적 유사성을 유전적 유사성의 지표로 삼는다면(항상은 아니지만 대체로 적용 가능하다) 유전적 차이가 얼마나 부질없는 것인지 깨닫게 된다. 쇼숀어와 나후아틀Nahuatl어는 매우 가까운 친족관계를 보인다. 두 언어는 신세계 언어의 하위집단인 아메린드Amerind어족, 그 중에서 특히 아메린드어족의 한 가지인 중앙아메린드어족에 속할 뿐만 아니라 중앙아메린드어족의 하위 갈래인 우토아즈텍Uto-Aztecan어족에 속한다. 그러나 쇼숀족은 문화 진화의 사다리의 '바닥' 자리를 차지하고 있는 반면 나후아틀어의 사용자들(피라미드를 건설하고 상형문자를 발명했던 아즈텍인들)은 사다리의 맨 꼭대기 자리를 차지하고 있다. 환경, 역사, 우연한 사건, 문화적 유산 등에 비해서 핏줄은 별 의미가 없는 것으로 보인다.

아니면 북서부 인디언들의 구성원으로 되돌아가보자. 이들은 모두 인류학자들이 기본적으로 통일되어 있지만 완전히 균일하지는 않다고 보는 문화에 속한다. 그런데 최근 연구 결과 이들은 비교적 작은 공간 안에서 인접해서 살아가는 인디언 집단들 간에 나타나는 것과 동일한 정도의 유전적 차이를 보이는 것으로 나타났다. 그리고 이들이 사용하는 언어는 서로 큰 차이를 보여서 일부는 아시아로부터 미 대륙으로 넘어오는 첫 번째 큰 물결을 통해서 이주했고 또 다른 일부는 두 번째 물결을 따라 이주해온 것으로 추측하기도 한다. 그러나 이들은 모두 공통적인 거주지를 가지고 있고 서로 얽히고설킨 문화적 역사를 공유하고 있다. 그리고 이것이 결정적인 요인으로 드러났다.

좋다. 유전자가 답이 아니라면 무엇이 답이란 말인가? 쇼숀족을 그토록 불리하게 만든 것이 정확히 무엇이란 말인가? 지금까지 이 장에서 우리는 대체로 북서해안 인디언의 경우와 같이 풍족한 환경이 진보를 유도하고 황폐한 땅은 그렇지 못하다고 가정해왔다. 그러나 다음 장에서 보게 되겠지만 이러한 설명은 잘 해도 불완전할 뿐이다. 물론 비옥한 환경은 많은 경우에 문화적 진화를 촉진시킨다. 그러나 그 이유는 여러분이 생각하는 것과 좀 다를 수도 있다. 이 경우 자연의 풍요에 의해서라든가 잉여 자원을 축적할 수 있기 때문이 아니다. 문화적 진보의 진짜 열쇠는 좀 더 미묘하다. 그리고 우리가 곧 보게 되겠지만 이는 과거의 좀 더 광범위한 패턴들을 설명해줄 수 있는 강력한 열쇠이다. 예를 들어서 왜 쇼숀족의 문화 진보가 북서해안 인디언보다 더 '느렸는지'를 설명해줄 뿐만 아니라 왜 신세계가 전반적으로 구세계보다 문화의 진화에서 더 '느린' 행보를 보였는지 역시 설명해준다.

보이지 않는 뇌

모든 생각들은 접촉과 교환에서 생명을 얻는다.
— 페르낭 브로델Fernand Broudel

북서부 인디언들의 풍족함은 언뜻 보기에는 매우 단순하게 설명할 수 있을 것처럼 여겨진다. 그들은 자연의 풍요 한 가운데에 살았다. 그리고 풍요가 풍족으로 이어지는 것은 당연한 것 아니던가? 최근 고고학자들이 구분해낸 풍족한 수렵·채집사회들이 대개 거대한 강 근처에 살고 있는 것도 이와 무관하지 않을 것이다. 부유하게 살고 싶으면 비옥한 땅에 정착하라!

그러나 이러한 설명이 모든 문제를 해결해주지는 못한다. (풍요로운 환경이 주어진다고 하더라도) 인구가 곧 환경의 '수용능력carrying capacity'에 도달하게 되는 경향이 있다는 점을 상기해야 할 것이다. 비록 북서부 인디언의 영토 1에이커가 쇼숀족의 사막 1에이커보다 더 많은 음식을 생산해 내는 것이 사실이기는 하나 북서부 인디언의 땅 1에이커에는 먹여 살려야 할 입이 더 많이 달려있는 것이다.

그런데 그 점을 감안하더라도 하루에 집에 들고 들어오는 음식의 양을

1인당으로 환산해보았을 때 쇼숀족보다 북서해안 인디언 쪽이 더 많은 것이 사실이다. 북서해안 인디언들은 엄청난 양의 물고기를 잡아서 겨울을 위해 저장해둔다. 그런데 이러한 효율은 높은 수준의 기술(거대한 연어잡이 트랩, 훈제소, 지하 저장고 등)과 그 기술을 관리하는 사회 구조 덕분에 가능했다. 그리고 이러한 기술과 사회 구조는 우리가 풍요의 원인을 찾는 데 있어서 설명하고자 하는 북서해안 인디언들의 경제적 진보의 일부이다. 이것을 원인이자 결과로 보는 것은 교묘하게 말장난을 하는 것과 마찬가지이다.

게다가 북서해안 인디언들의 풍요는 단순히 음식에 그치지 않는다. 따라서 비옥한 땅이 가져다주는 자연스러운 결과물로 볼 수만도 없다. 아름답게 꾸며진 옷, 널찍한 집과 같은 물건들은 나무에 거저 열리는 것은 아니지 않은가?

20세기 초에 인류학자들은 이와 같이 공들여 일구어진 부를 비옥한 땅에서 얻어진 간접적인 부산물로 여겼다. 중요한 것은 '잉여surplus'라고 생각했던 것이다. (그들의 시나리오는 인구증가가 환경의 '수용 능력'에 도달하는 것이 그다지 빠르게 진행되지 않았을 것이라고 가정했다. 아마도 작은 공간에서 평화롭게 공존할 수 있는 수렵·채집인들의 수에 한계가 있을 것이라고 생각한 모양이다.) 강마다 "날 잡아 잡슈!"하는 연어가 그득한 곳에서라면 한두 시간만 몸을 움직여도 하루에 요구되는 음식의 섭취량을 거뜬히 얻을 수 있을 것이고 나머지 시간 동안에는 직물을 짜거나 집을 지으며 보낼 수 있을 것이다. 뭐니뭐니해도 사람들에게는 그와 같은 근면성이 자연스럽게 나타나는 것이 아닌가?

분명히 아니다. 1960년 인류학자인 로버트 카네이로는 아마존 정글에 사는 쿠이쿠루Kuikuru족에 대한 영향력 있는 논문을 발표했다. 그들은 아마존 정글에 살면서 주식이자 타피오카 전분의 원료인 마니오크manioc♣를 재배했다. 카네이로의 계산에 따르면 이들은 마음만 먹는다면 마니오크의 생산량을 두 배나 세 배 쯤 증가시킬 수 있었다. 그러나 그들은 그렇게 하지 않았다. 대신 여가 시간을 선택했다. 그 이후로 인류학자들은 하루 먹을 식량을 채집하는 일을 마치고도 시간이 남는 수렵·채집사회를 많이 발견하게 되었다. 그리고 어느 학자가 신랄하게 표현한 대로 그들은 그 남아돌아가는 시간을 "대성당을 설계한다든지 그밖의 일반적으로 그들이 사는 터를 개선하는 데 쓰는 법이 거의 없다."

이러한 사실들은 잠재적 잉여생산물이 언제나 경제 발달을 가져온다는 이론에 타격을 주지 않을 수 없었다. 실제로 쿠이쿠루족이나 그밖의 뒤쳐진 채로 남아있는 많은 사회들을 배경으로 비추어볼 때 북서해안 인디언에 대한 전통적 믿음이 맞는 것처럼 느껴질 수도 있다. 북서해안 인디언들이 문화 진화의 일반적 경향의 표본이 아니라 단지 이들은 특이하게도 야심에 찬 사람들이었다는 믿음 말이다.

만일 잉여생산물이 부를 가져다주는 보증수표가 아니라면 부를 창출해낸 것은 대체 무엇이란 말인가? '복잡한' 수렵·채집사회에서 발견되는 그 모든 노동의 분화와 거래를 창조해낸 것이 대체 무엇이란 말인가? 북서해안 인디언들에게는 있지만 쇼숀족에게는 없는 것이 무엇일까? 선사시대의 경제 발달의 비밀의 열쇠는 무엇이란 말인가?

마니오크manioc | 카사바라고도 하며 독이 있는 껍데기를 제거하고 먹는다. 이 식물의 덩이뿌리에서 얻은 녹말이 타피오카이다―옮긴이

초과근무

어쩌면 경제 발달에 대한 권위자에게 이 문제를 가지고 가보는 것도 좋을 것이다. (비록 넌제로섬 원리가 발견되기 전 시대의 사람이지만 그는 또한 넌제로섬 원리의 권위자라고도 할 수 있다.) 바로 애덤 스미스이다.

스미스는 〈국부론*The Wealth of Nations*〉에서 노동 분화와 경제 발달에 이바지하는 두 가지 요소를 지적했다. 하나는 값싼 운송 수단이다. 칠캣족이 옷을 만드는 일에 쓸 실을 잣는 데 온 종일을 바치는 것은 만들어진 실을 합리적인 비용으로 구매자에게 전달하는 것이 가능할 때에만 타산에 맞는 행위가 될 것이다. 두 번째 요소는 값싼 통신 수단이다. 구매자들이 뭘 원하는지 알아내는 비용(구매자 입장에서는 자신이 어떤 상품을 어떤 가격에 구매할 수 있는지 알아내는 비용)이 감내할만한 수준이어야 거래가 뒤따를 수 있을 것이다.

운송 수단과 통신 수단의 비용은 만들어진 옷의 최종 판매, 즉 '소매' 수준에서만 적용되는 것이 아니라 옷이 만들어지는 모든 단계, 이를테면 남쪽에서 삼목을 구하고 북쪽에서 구리를 구하는 일에도 한결 같이 적용된다는 점을 상기해야 한다. 모든 수준에서 정보와 교통비용이 줄어들수록 스미스의 '보이지 않는 손'의 움직임이 매끄럽고 활발해질 것이다. 이러한 비용이 낮아지면 낮아질수록 넌제로섬 게임에 참여하는 사람들이 얻는 파이는 더 커질 것이다. 또한 사람들이 상호작용을 통해 더 많은 이익을 얻게 될수록 인구 대비 교환망의 생산성은 더 높아질 것이다.

그렇다면 통신과 교통 기술이 미개한 상태에서 어떻게 그 비용을 낮게 유지할 수 있을까? 고객과 공급자를 모두 곁에 두도록 가깝게 밀집해서 살아가는 것이 한 가지 방법이다. 다시 말해서 인구밀도가 높은 사회에서 사는 것이다. 이는 아메리카 중서해안 인디언들이 일구어낸 부의 열쇠였다. 자연의 풍요 그 자체가 아니라(자연의 풍요 효과는 인구수가 늘어감에 따라 희석될 수밖에 없다) 그 풍요를 희석시킨 높은 인구밀도가 바로 비밀이었던 것이다. 통신과 교통에 있어서의 높은 기술이 시장의 형성을 촉진하기 전에는 규모가 크고 밀집한 인구를 수용할 수 있는 거주지가 시장 형성의 촉매 역할을 했다. 그리고 그와 같은 거주지는 많은 경우에 물에서 가까운 곳에 위치했다. 강이나 호수 등은 싹트는 기술에 날개를 달아줄 수 있었다. 물건이든 정보든 사람의 발보다는 배를 통해 더 빨리 전달될 수 있었기 때문이다.

어느 집은 담요를 만들고 그 옆집은 목공에 온 힘을 기울이며 살아갈 수 있을 만큼 인구밀도가 높았던 지역은 북서해안의 일부지역만이 아니라 해안을 둘러싼 넓은 범위, 남북으로 몇 백 킬로미터에 걸쳐 분포했다. 그리하여 다양한 언어 집단들이 북서해안 문화를 구성했다. 각 집단의 다양한 자연 자원과 문화적 전통이 상승작용을 나타냈다.# 삼목 나무 껍데기와 구리를 거래하는 것이 가능했고 지역적 전통에 따라 만들어진 옷은 이국적 매력으로 이웃 부족 사람들을 유혹했다.

어쩌면 천하태평하게 보였던 남아메리카의 마니오크 재배자들에게 부족했던 것은 더 나은 삶을 향한 야심이 아니라 인구밀도였을지도 모른다. 아마존강 유역의 열대우림 지역의 거주지들은 작고 드문드문 떨어져 있었다. 만일 그 부족들 주변에 좀 더 많은 이웃이 있었다면, 특히 그 지역에 국한된 것과 다른 수공예품이나 자연 자원을 지닌 사람들이 있었다면 마니오크 농부들은 그와 같은 물건과 바꾸기 위해서 마니오크의 생산량을 좀 더 늘리고 싶은 생각이 들었을 것이다.

실제로 이와 같은 추측은 사실로 확인되었다. 비록 많은 학자들이 카네이로가 1960년 발표한 연구를 경제 발달의 잉여 이론을 반박하는 데 인용하고 있지만 그들은 대부분 카네이로가 열대우림의 마니오크 생산량은 가능한 생산능력을 한참 밑도는 것이었음을 보여주면서 자신의 주장을 매듭지었다는 점을 간과하고 있다. 나중에 유럽인들이 멋지고 신기한 물건들을 가지고 들어와 거래를 시도하자 그들의 마니오크 생산량은 폭발적으로 증가했다.

따라서 아마존 유역의 원주민들과 북서해안 인디언 간의 차이는 그들의 직업윤리work ethic에 있는 것이 아니었다. 그 차이는 아마존 원주민들은 초과근무를 해도 얻을 것이 없기 때문이었다. 쇼숀족도 마찬가지였다. 건조한 대분지 지역은 남아메리카 정글보다도 인구밀도가 높아지기 어려운 장소였다.

수정된 '보이지 않는 손'

어쩌면 우리는 애덤 스미스의 트레이드마크가 된 '보이지 않는 손'이라는 유명한 비유를 조금 수정해야 할 것 같다. 스미스의 요점은 무리의 광범위한 사람들이 각자의 이익을 추구할 경우 별 노력 없이 집단적으로 대규모의 사회적 작용이 조절될 것이라는 점이다. 이를테면 아름다운 옷의 재료들이 마술처럼 저절로 모여들어 스스로 짜 맞추어지고 구매자가 나타난다는 것이다. 마치 하늘에서 누군가가 조종하기라도 하는 것처럼 말이다.

이는 멋진 이미지이다. 그리고 어느 정도 적절한 설명이기도 하다. 만일 사물을 쉽게 이동시킬 수 있다면, 즉 거래에 참여하는 사람들이 모두 서로 가까이 있어 운송비용이 매우 낮다면 '손'이 더 많은 일을 할 수 있는 것도 사실이다. 그러나 보이지 않는 손이라는 비유는 스미스 자신이 강조한 또 다른 비용 측면, 즉 정보를 처리하고 다양한 자원을 어떻게 배분할지를 '결정'하는 비용에 상대적으로 주의를 덜 기울이고 있다.

손은 지적 능력이 결여되어 있기 때문에 보이지 않는 손을 조종하기 위해서는 어디엔가 '보이지 않는 뇌'가 존재해야 마땅하다. 그 뇌의 뉴런은 바로 사람들이다. 뉴런이 많으면 많을수록 뉴런 간의 접촉이 쉽고 규칙적으로 일어나게 되고 뇌의 기능은 향상된다. 뇌는 더욱 미세하게 경제적 노동을 배분하고 그 결과 더욱 다양한 생산물이 만들어진다. 그리고 당연한 이야기이겠지만 기술적 혁신이 더 빠르게 형성되고 퍼져 나간다. '신성장 이론new growth theory'의 신봉자인 경제학자들이 강조한 것과 같이 단 한사람이 뭔가를 발명해도 집단 전체가 그 발명품을 채택하게 된다. (왜냐하면 정보는 '비경합재non-rival good'이기 때문이다.) 따라서 잠재적 발명가가 많을수록, 다시 말해 집단의 규모가 클수록 집단 전체의 혁신 속도는 더 빨라진다. 이 모든 것을 종합해볼 때 북서해안 인디언들이 쇼숀족보다 더 많은 것을 생산해내고 더 많은 것을 발명해낸 이유는 —프란츠 보아스가 두려워했던 결론대로— 그들이 더 나은 뇌를 가져서가 아니라 그들 자신이 더 나은 뇌였기 때문이다.[#]

대부분의 고고학자들이나 문화인류학자들은 인구밀도와 그 규모가 경제적·기술적 발달의 윤활제 역할을 한다는 사실을 간과해왔다. 사실 그들 중 일부, 이를테면 마빈 해리스와 같은 사람들은 인구 증가의 중요성을 지적하기도 했다. 그리고 일부는 인구 증가를 문화 진화의 원동력으로 보았다. 그런데 그들이 강조해온 것은 인구 성장의 다른 측면, 즉 부정적인 면이었다. 해리스는 "저항할 수 없는 번식 압력이 불가피하게 생산의 증대를 가져오는 일이 반복되었다"고 주장했다. 그러면 이번에는 증대된 생산이 환경에 스트레스를 가하게 되고 그 결과 생태적 위기가 발생하게 되며 그 위기는 또한 오직 새로운 형태의 기술과 사회구조에 의해서만 해결될 수 있는 상황이 벌어진다는 것이다. 간단히 말해서 혁신 아니면 죽음인 상황이다. 이 관점에서 볼 때 인구밀도의 증가는 기회의 창출이 아니라 문제를 야기함으로써 기술 및 사회 발전을 촉진하는 셈이다.

여기에서 인구 증가의 '긍정적' 측면과 '부정적' 측면의 상대적 중요성에 대해 깊이 논의할 생각은 없다. (비록 개인적으로 볼 때 부정적 측면이 지나치게 강조되었다고 생각하지만) 중요한 점은 이 두 시나리오가 서로 양립할 수 있다는 것이다. 새로운 아이디어가 대규모, 고밀도의 보이지 않는 뇌에서 주로 흘러나오는 것이 사실이기는 하지만 환경의 압력 역시 혁신을 가속화할 수 있다. 그리고 무엇보다 사람들로 하여금 새로운 아이디어를 더욱 적극적으로 수용하도록 만들 수 있다. 예를 들어서 어떤 촌락이 어떤 이유로 쓸 만한 연어 트랩과 그것을 관리하는 방법을 고안해냈다고 치자. 그리고 근처에 사는 사람들이 만성적 식량 부족에 시달리고 있는 상황이라고 하자. 그렇다면 그들은 매우 빠르고 적극적으로 연어 트랩의 사용법을 받아들일 것이다. 또한 그러한 기술을 갖추지 못한 사람들은 그 기술을 재빨리 받아들인 사람들에게 자신의 땅과 집을 내주고 사라져버리게 될 수도 있다. 따라서 환경의 압력이 새로운 기술이나 사회 구조의 탄생을 촉발하는지 여부와 관계없이 그러한 기술이나 사회 구조의 전파를 촉진하는 것만은 분명하다. 생물학적 진화 개념에서 빌려온 용어를 사용하자면 환경의 압력은 문화적 '돌연변이'가 퍼져 나가는 속도를 향상시키며 또한 '선택압'을 가중시킨다고 할 수 있다.

시나리오의 긍정적 측면과 부정적 측면에서 넌제로섬 원리가 거대하게 모습을 드러낸다. 부를 증대하기 위해서든, 재앙을 피하기 위해서든 사람들은 자신의 이익을 합리적으로 추구하는 과정에서 경제적 협력과 사회적 통합을 이루어 간다. 결국 그렇게 하는 편이 그렇게 하지 않는 것보다 자신에게 도움이 되기 때문이다. 따라서 어떤 면을 바라보든 간에 우리는 인구 증가가 문화의 상향적 진화를 촉진할 것임을 예상할 수 있다. 그리고 인간이 도래한 이후로 인구는 몇몇 예외적 순간을 제외하고 계속해서 증가해왔으므로 문화 진화의 이면에 있는 추진력은 매우 강하다고 말할 수 있다.

만일 이러한 관점이 옳다면 우리는 인구의 규모가 더 크고 밀도가 더 높을수록 더욱 진보한 기술과 더욱 복잡한 사회 구조를 갖게 되리라고, 즉 인구 규모 및 밀도와 기술 및 사회의 복잡성 사이에는 밀접한 상관관계가 있을 것이라고 예상할 수 있을 것이다. 그리고 그 예상은 그대로 맞아떨어졌다. 폴리네시아의 다양한 크기의 섬에서 한때 번성했던 원주민사회들을 살펴보면 섬의 인구 규모가 크고 밀도가 높을수록 경제 활동에 있어서 노동력의 분업이 더 크게 이루어지고, 기술이 더욱 발달되었으며 더욱 복잡한 사회 구조를 보였다.

민속지학적ethnographic 기록에서 나타난 이와 비슷한 문화를 가진 사회 진화의 '살아있는 화석'에 해당되는 사회에서 들려오는 이야기는 고고학적 기록에서도 그대로 반복된다. 중기 구석기Middle paleolithic 동안 인구는 서서히 증가했고 그에 맞춰 기술적 혁신(단순히 기술의 총 수가 아니라 획기적 혁신) 역시 느리게 이루어졌다. 그러다가 약 4만 년 전 인구 증가와 기술 발전 추세가 둘 다 획기적 이정표를 만났다. 인간이라는 종의 수가 최초로 구세계를 모두 뒤덮기에 충분할 만큼 불어났던 것이다. 이 무렵 인류는 아프리카와 유라시아의 살만한 땅 조각을 거의 다 점유하게 되었다. 따라서 그 이후의 인구 증가는 자연스럽게 인구 밀도의 증가를 가져오게 되었다.

한편 문화의 진화는 새로운 고고학적 표지를 붙일만한 단계에 접어들게 되었다. 그 표지는 바로 '후기 구석기Upper Paleolithic'였다. 후기 구석기 동안 기술 변화의 평균적 속도는 약 1,400년에 한 번씩 혁신이 이루어지는 꼴이었다. 20,000년에 한 번 꼴로 혁신이 일어났던 중기 구석기에 비해 괄목할만한 변화가 아닐 수 없다. 그 후 기원전 10,000년 이후 중석기Mesolithic 시대 동안에 인구는 이전 어느 때보다 빠르게 성장했고 기술 혁신 속도는 200년에 1회 꼴로 빨라졌다. (오늘날까지 유용하게 쓰이는 조상의 선물인 빗이라든가 얼음 깨는 송곳과 같은 물건들이 이 시기의 기술 혁신에 포함된다.) 그 다음 수렵·채집사회가 새로운 사회적 복잡성의 수준에 도달하게 되었다.

물론 단순히 인구의 규모, 밀도와 문화적 혁신 간의 상관관계를 가지고 인구 성장이 문화 혁신의 원동력이라고 결론을 내릴 수는 없다. 어쩌면 관계는 역으로 성립될 수도 있다. 즉 문화적 진보가 인구 증가를 가능하게 했을 수도 있다. 그리고 그러한 면도 분명히 존재한다. 북서부 인디언들에게서 연어 트랩을 —그리고 그 트랩을 만들고 관리하는 대인의 지도력을— 제거해 보자. 혹은 쇼숀족의 토끼그물을 —그리고 토끼 대장의 지도력을— 빼앗아보자. 그러면 아마도 그들의 인구수는 현격히 줄어들게 될 것이다.

여기에서 중요한 것이 바로 그것이다. 인구 증가가 기술적·경제적· 정치적 발전의 원동력이면서 동시에 그와 같은 발전이 인구 증가를 촉진 한다. 이러한 공생적 성장에는 거역할 수 없는 문화적 복잡화의 힘이 놓여 있다. 인구 성장의 '부정적(문제점)' 측면을 강조하든 '긍정적(기회)' 측면 을 강조하든 인구 성장과 문화 진화는 상호적 양의 되먹임 고리로 연결되 어 있다. 인간이 많아지면 문화가 발전하고, 문화가 발전하면 인간이 많아 지는 것이다. 인구 증가의 '부정적' 측면(생존을 위협하는 환경의 압력)은 여 기에서 중요한 부분이거나 그렇지 않을 수도 있지만 분명한 것은 그게 전 부는 아니라는 것이다. 인구가 증가함에 따라서 점점 더 빠른 속도로 쌓여 가는 물건 중 상당수는 단순히 생존을 위한 기술의 산물이 아니다. 심지어 지금으로부터 50,000년도 더 전인 중기 구석기 시대에도 사람들은 물감의 원료로 쓰인황토나 황철광 결정 등에 흥미를 보였다. 그리고 중석기 시대 에는 보석과 같은 '사치품'이 총생산품의 상당 부분을 차지했다.

이와 같은 지위 상징물을 얻는 데 엄청난 노력이 투입되었다. 이러한 물 건들은 수백 킬로미터의 거리를 넘어 거래되었다. 심지어 중석기보다 훨 씬 전인 기원전 30000년에도 구멍을 뚫어 줄에 꿴 조개껍데기 장신구가 원래의 산지에서 약 600킬로미터 떨어진 곳에서 발견되었다. 좀 더 나중 에는 정기적인 물물교환 네트워크가 활짝 꽃피게 되어서 한 지역의 눈에 보이지 않는 뇌가 멀리 떨어진 곳에 있는 눈에 보이지 않는 뇌와 연결되어 좀 더 광대한 영역을 아우르는 지역적 뇌가 형성되기 시작했다. 그리고 그 원동력은 이따금씩 일어나는 환경의 압력이 아니라 좀 더 지속적인 힘, 바 로 지위 경쟁이 부추긴 인간의 허영심이었다. 인간의 허영심은 지금까지 알려진 모든 사회에 내재되어 있다.

눈에 보이지 않는 사회적 뇌들이 서로 연결되고 궁극적으로 거대한 뇌로 통합되고자 하는 변덕스럽지만 가차 없는 경향은 역사의 중심적 주제이다. 그와 같은 과정의 정점인 하나의 전 지구적 뇌의 구성과, 파괴적이지만 궁극적으로 통합적인 결과를 바로 오늘날 우리가 목격하고 있다.

대륙의 분할

일단 인구의 규모와 밀도의 중요성을 인식하게 되면 구세계와 신세계 사이의 문화적 간극이 벌어진 이유를 납득하게 된다. 12,000년 전 아메리카 대륙에서 인구 증가가 조금씩 활기를 띠기 시작할 무렵 동쪽 반구의 인구는 훨씬 그 수가 많고 밀도가 높았다. 그 이후로 우리가 아는 한 신세계는, 인구 증가에 있어서 구세계보다 수천 년 가량 뒤처지게 된다. 이는 신세계가 농업과 같은 고대의 기술적 문턱, 그리고 추장사회와 같은 고대의 정치적 문턱에 도달하는 데 있어서 구세계보다 뒤처지는 기간과 일치한다. (그런데 실제로 농업이 도래한 이후의 사회적 진화는 신세계에서 약간 더 빠르게 진행되었다.)

마이클 크레머Michael kremer와 같은 경제학자들이 지적한 대로 이와 비슷한 패턴이 같은 시기에 세계의 다른 곳에서도 일어났다. 구세계와 신세계를 갈라놓았던 극지방의 만년설의 해빙은 태즈매니아와 오스트레일리아 역시 갈라놓았다. 그리고 그 결과 인구수가 더 적었던 태즈매니아는 곧 인구수가 더 많았던 오스트레일리아보다 뒤처지게 되었다. 태즈매니아를 방문하는 현대의 탐험가들은 이곳에 오스트레일리아 원주민들의 필수품인 불을 피우는 도구, 뼈로 만든 바늘, 부메랑 따위조차도 결여되어 있음을 발견했다. 따라서 극지방의 얼음이 녹으면서 생겨난 네 개의 시험접시, 즉 구세계, 신세계, 오스트레일리아, 태즈매니아는 앞서 제기한 이론에 맞는 결과를 드러냈다. 즉 인구의 규모가 크고 밀도가 높을수록 기술 진보가 빠르게 일어난다. 이제 곧 논의하게 되겠지만 희박한 인구 외에도 사회 진보를 정체시키는 요인들은 분명히 더 있다. 그러나 인구가 결정적 역할을 하는 것만은 틀림없다. 인구 증가의 차이는 어떻게 우리가 어떤 집단의 사람들을 그들을 모욕하지 않으면서 다른 집단에 비해, 이를테면 북서해안 인디언에 비해 쇼숀족을, 유럽인에 비해 아메리카 원주민 전체를 '덜 진보한' 상태라고 말할 수 있는지 설명해준다.

쇼숀족 한 사람의 뇌용량은 유럽인 한 사람의 뇌가 저장할 수 있는 정보를 모두 담기에 모자라지 않는다. 수렵·채집인은 광대하고 광범위한 데이터 저장소이다. 수렵·채집인은 자신이 사는 지역 주변의 식물상과 동물상에 대한 수수께끼 같은 지식들, 그리고 부족에 전승되어온 기술 전반에 대한 기초적 지식을 자신의 머리속에 담고 있다. 콜럼버스의 시대에 보통의 유럽인 한 사람, 한 사람은 이들에 비해 자연에 대해 훨씬 아는 것이 적었고 유럽의 기술 대부분에 대해서 거의 무지했다. 그 결과 그렇게 해서 절약된 대뇌 공간을 한 가지 좁은 범위의 경제 활동에 특화할 수 있었다. 콜럼버스를 비롯한 사람들이 아메리카 인디언들을 압도할 수 있었던 것은 바로 이 수많은 특화된 유럽의 뇌들이 한데 합쳐져서 발휘하는 상승작용 synergy이었다. 아메리카 인디언 한 사람 한 사람은 결코 15세기 유럽인들보다 더 멍청하지 않다. 그들은 단지 르네상스적 인간*으로 살아간다는 약

르네상스적 인간 | 어느 한 분야에 특화된 전문인이 아니라 다방면에 두루 능숙하고 소양을 보이는 전인적(全人的) 인간형—옮긴이

점을 가졌을 뿐이다.

만일 문화와 인구 간의 상호적이고 긍정적인 되먹임이 문화 진화의 전부라면 우리는 그저 "그밖에도 그와 같은 수많은 사례들이 있었다" 정도로 이야기를 매듭지을 수 있을 것이다. 그러나 그게 전부가 아니다. 앞서 우리가 살펴본 바와 같이 쇼숀족과 오늘날의 미국인 사이를 가로지르는 거대한 문턱들이 존재한다. 그 중 하나가 '초가족suprafamily' 단계라는 문턱이다. 북서해안 인디언들은 이 문턱을 넘어섰다. 그러나 그들은 '초촌락supravillage' 단계나 '추장사회'와 같은 문턱은 집적거려보았을 뿐 결코 넘어서지 못했다.

이와 같은 문턱들을 쉽사리 넘어서지 못하는 이유는 사람들 간의 제휴가 많은 이익을 가져다주지만 개인 자율성의 상실, 즉 정치적 지도자에 대한 복종을 담보로 하기 때문이다. 그리고 여러 가족의 집합체와, 그 집합체 안의 각 가족, 각 개인은 다른 모든 조건이 같다면 복종보다는 자율을 선호한다.

확실히 인간의 본성이 어느 정도 윤활제 역할을 했다. 인간이라는 종은 '천성적으로' 위계적이다. 즉 사람들은 사회적 지위에 따라 구성원들을 분류하는 경향을 가지고 있다. 그리고 그 결과물로 탄생한 장치, 즉 지도자가 이끌고 복종자가 따르는 구조는 확실히 사회적 복잡성의 진화의 촉매가 되었다. 그러나 현대적 다원주의 이론에 따르면 사회적 계급체계는 '집단의 선'을 위해 진화된 것이 아니라고 한다. 따라서 복종자들은 공공의 이익을 위해 즐겁게 지도자에게 복종하는 것은 아니다. 인간은 천성적으로 높은 지위를 좋아하며 어쩔 수 없이 낮은 지위를 받아들인다. 오직 더 높은 곳으로 나아갈 기회가 올 때까지 일시적으로 말이다. 따라서 어떤 가족이든 집단이든 자율성을 포기하고 자신의 정체성을 더욱 큰 집단 속에 통합할 때는 어느 정도 자연적인 저항을 극복해야만 한다.

지금까지 우리는 경제라는 요소가 홀로 인류로 하여금 이 장벽을 넘게끔 했던 것처럼 이야기해왔다. 부와 경제적 안전에 대한 합리적인 추구가 필연적으로 넌제로섬 상호작용을 가져왔고, 그것이 ―적어도― 화폐가 존재하지 않는 사회에서 정치적 계급체계를 요구했으며, 그 결과 정치적 계급화가 실현되었다는 것이다. 그러나 이야기가 정말 이렇게 간단한 것일까? 오직 경제라는 요소만이 단독으로 사람들과 집단들로 하여금 그들의 주권을 포기하도록 만들 수 있을까? 만일 그렇지 않다면 다른 어떤 요소가 그와 같은 변화를 도왔을까? 이것이 바로 다음 장에서 다루어질 음을한 주제이다.

Chapter 05

전쟁, 무슨 쓸모가 있을까?

역사 속의 전쟁들이 국경 외에도 얼마나 많은 것들을 결정지어왔는지 생각해본다면
우리는 전쟁에 대한 끔찍한 공포감 너머로 일말의 경외심을 느끼지 않을 수 없을 것이다.
우리의 문명은 좋은 것이든 나쁜 것이든 전쟁으로 그 결정적 조건들을 형성해왔다.
— 윌리엄 제임스William James

아, 타히티! 화가 폴 고갱이 원시적 축복의 상징으로 삼았던, 근심 없는 행복한 원주민들이 사는 푸른 섬! 장 자크 루소가 문명으로 오염되기 전의 인류는 평화롭고 온화한 '고상한 야만인'이었다는 증거로 삼았던 고요하고 평온한 문화! 그러나 안타깝게도 인류학자 로렌스 킬리Lawrence Keely가 지적한 바와 같이 루소는 타히티 역사의 중요하고 적절한 부분들을 모두 빼먹은 보고에 의존해서 위와 같은 결론을 내렸던 것이었다. 이를테면 전투에서 승리를 거둔 전사가 "그가 죽인 적의 시신을 전투용 방망이로 납작하게 될 때까지 두들겨 팬 다음에 잘 으깨진 시신의 한 가운데를 길게 갈라서 판초처럼 두르고 다니며 자랑하는 관습"을 말이다.

진정 평화를 사랑하는 원시인에 대한 이야기는 여러 차례 보고되었다. 그러나 거의 모든 경우에 그 보고의 진실성은 오래 버티지 못했다. 1970년대 초에 발견된 필리핀의 고립된 수렵·채집 부족인 '온화한 타사다이Tasaday족'에 대한 이야기를 기억하는가? 그들은 아예 '전쟁'이라는 말을

모른다고 알려졌다. 그러나 발견자인 마누엘 엘리잘드Manuel Elizalde에 대한 신뢰성이 의심의 대상이 되면서 그 이야기에 대한 신뢰성에도 금이 가게 되었다. 〈뉴욕 타임즈〉가 나중에 보도한 바에 따르면 "이웃 부족 사람들은 엘리잘드 씨가 그들에게 옷을 벗고 타사다이족인양 그곳을 방문한 기자들 앞에서 포즈를 취하도록 요청하고 그 대가를 지불했다고 증언했다"고 한다.

물론 수렵·채집사회 가운데 '전쟁'이라는 말로 표현할 만큼 고도로 조직화된 폭력을 행사할 줄 모르는 집단도 있다. 그러나 많은 경우에 이때 부족한 것은 조직화이지 폭력이 아닌 것으로 드러났다. 전쟁을 모른다는 쿵산족은 한 책의 제목에서 '무해한 사람들The Harmless People'로 묘사되었지만 1950년대와 1960년대의 구성원들이 살인을 저지르는 비율은 산업화된 국가의 통계치보다 20배에서 80배나 더 높은 것으로 드러났다. 에스키모족 역시 일반적으로 포근하고 온화한 이미지로 잘 알려져 있다. 그러나 20세기 초 서양인들이 에스키모 부족의 15개 가구를 처음으로 방문했을 때 각 가정의 모든 성인 남성들이 적어도 한 번 이상 살인에 가담했던 것으로 드러났다.

쿵족과 대부분의 에스키모 부족들이 전쟁을 벌이지 않은 이유 중 하나는 그들의 거주 조건 때문이다. 적은 수의 인구가 멀리 떨어져 살고 있는 상황에서는 마찰이 적게 마련이다. 그러나 비옥한 토양을 따라 빽빽하게 모여 살게 된 수렵·채집인들은 자주 전쟁을 벌였다. 일본의 아이누족은 언덕 꼭대기에 요새를 지어놓고 가죽으로 된 전투복을 두르고 단단한 나무로 만든 방망이를 손에 든 채 이웃 촌락을 습격하곤 했다. 습격의 주된 목적(남자들을 죽이고 여자들을 겁탈하고 쌓였던 불만을 해소거나 앙갚음하기)은 원시사회의 전쟁의 오래고 오랜 목적이었다. 이러한 전쟁은 심지어 오늘날에도 남아메리카의 야노마모Yanomamo족의 삶의 일부이기도 하다.

오늘날 석기 시대를 살고 있는 사람들의 행동이 아니더라도 석기 시대가 피로 얼룩진 시기였다는 증거는 많이 존재한다. 독일에 있는 한 동굴에서 발견된 5천 년 이상 된 해골들이 누군가의 묘사를 따르자면 "바구니 속의 계란처럼" 배열되어 있었는데 34개의 해골 모두 목을 베이기 전에 돌도끼로 심하게 찍힌 흔적이 남아있었다고 한다.

문화의 진화가 언제나 윤리적 향상을 의미한다고 믿고 싶어 하는 분들에게는 실망스러운 소식이겠지만 폭력에 의한 살상은 더욱 복잡한 수렵 · 채집사회의 유물에서 더욱 흔하게 나타난다. 그리고 민속지학적 기록상에서 더욱 복잡한 농업사회의 경우에도 역시 상황은 비슷하게 암울하다. 남아시아의 나가Naga족의 경우 전쟁에 나가서 적의 머릿가죽이나 두개골을 들고 오지 못한 젊은 전사는 아직 결혼할 자격이 없는 것으로 여겨졌다. 보루네오의 다이야크Dayak족의 경우 전쟁에서 돌아온 영웅은 노래하는 여자들에게 둘러싸인 가장 높은 자리에 앉게 된다. 그런데 이때 자신이 죽인 희생자의 머리를 멋진 청동 쟁반에 담아 곁에 놓아둔다. 피지의 전사들은 자신이 아끼는 무기에 애칭을 붙여준다. 어떤 전투용 몽둥이는 '초전박살'이라고 불리고 어떤 창에는 '저승사자'라는 이름이 붙어 있다.

이 모든 사실은 우리로 하여금 킬리가 말한 대로 "문명화된 상태 이전의 세계는 많은 경우에 불쾌할 정도로 호전적"이라는 사실을 직면하도록 한다. 인간의 폭력성은 엄청나게 깊은 뿌리를 가지고 있다. 그리고 많은 경우에 이러한 폭력은 일대일의 관계가 아니라 집단 대 집단의 관계에서 일어난다. 문화 진화의 초기 단계(수렵 · 채집사회) 이후로 진화는 무장 충돌에 의해 형성되어 왔다.

전우애

지금 하는 이야기는 앞서 전개해온 논지에 재를 뿌리는 것처럼 들릴지 모른다. 지금까지 이 책은 주로 인간의 협동의 힘, 양쪽이 모두 이익을 얻는 상황을 강조해왔다. 그러니까 역사의 방향성은 대개 사람들이 넌제로섬 게임을 벌이는 데에서 비롯되었다는 것이 주된 논리였다. 그러나 일단 누군가가 당신의 시체를 판초로 사용하려고 결심하게 되면 그와 당신은 제로섬 게임에 뛰어들지 않을 수 없다. 전쟁을 벌이는 두 촌락의 경우도 마찬가지이다. 한 촌락의 남자들이 다른 촌락을 습격해서 남자들을 죽이고 여자들을 납치하게 되면 대기는 온통 제로섬 원리로 가득하게 된다. 그 충돌이 촌락 사이에서 일어난 것이든, 도시국가 사이에서 일어난 것이든, 문화 진화의 사다리를 거슬러 올라가면서 발생한 것이든 말이다. 어찌됐든 전쟁은 넌제로섬 원리의 구현물로 보기 어렵다.

그러나 전쟁은 처음부터 끝까지 오직 제로섬 원리로 일관된 것은 아니다. 그 커다란 이유 중 하나는, 비록 전쟁이 두 집단 사이에 제로섬 동력을 끼워 넣는 것이 사실이지만 각 집단 안에서는 상황이 완전히 달라진다는 것이다. 만일 도끼를 휘두르는 살기등등한 자들이 당신의 촌락을 둘러싸게 된다면 당신과 이웃 주민들의 관계는 즉각 넌제로섬 원리를 향해 선회하게 된다. 서로 힘을 합쳐 조화롭게 움직인다면 공격을 막아낼 수도 있겠지만 촌락 사람들이 사분오열된다면 촌락은 함락될 것이다.

도끼를 휘두르는 공격자들 사이에서도 이와 동일한 상호의존성이 존재하게 된다. 승리에 대한 최선의 희망은 역시 조화로운 협동에 놓여 있다. 따라서 당신이 어느 편에 속하든 간에 당신과 같은 촌락 사람들은 한 배를 타고 있다고 말할 수 있다. 한 촌락 사람들은 각자의 운명을 어느 정도 공유하고 있는 셈이다. 얼마나 서로 운명을 공유하고 있느냐, 그것은 사실상 넌제로섬 원리를 나타내주는 간단하지만 훌륭한 지표이다. 전쟁은 각 집단 내부 사람들 사이의 운명의 공유 정도를 높임으로써 넌제로섬 원리를 빚어내고 그것은 문화의 진화를 더욱 심원하고 광대한 사회적 복잡성을 향해 나가도록 촉진한다.[#]

이것이 바로 선구적 문화 진화주의자인 사회학자 허버트 스펜서가 주구장창 읊어대던 후렴구이다. 그는 조금 지나치게 나간 면이 없지 않다. (그는 "오직 전쟁에 의해 촉구된, 급박한 연합에 대한 필요성만이 원시인들을 협동으로 이끌었다"고 주장했다.) 그러나 그의 말에는 분명 일리가 있다.

북서해안 인디언들의 경우를 다시 생각해보자. 우리는 이미 그들의 삶에서 어떻게 생활을 위한 기술의 진화가 사회적 복잡성을 일으켰는지를 살펴보았다. 노동의 분화와 자본 투자가 점점 성장했고 상품의 제조 및 분배 등 흐름을 관장하고 사회적 삶의 조화를 도모하기 위해 '대인'이라는 형태의 지도체제가 출현했다. 그러나 이처럼 자연의 선물을 거두어들이는 데에 나타난 가슴 훈훈한 협동만이 유일한 사회적 접착제이자 대인의 권위의 유일한 목적은 아니었다. 북서해안을 따라 존재하던 다양한 부족들 간의 전쟁은 끊임없는 위협이었다. 그것은 그들의 기술을 살펴보면 분명히 알 수 있는 사실이다. 그들은 낚싯바늘과 연어 트랩뿐만 아니라 단도, 전투용 도끼와 몽둥이, 뼈로 만든 창끝, 말뚝으로 둘러친 방책, 나무 헬멧, 가죽과 얇은 나뭇조각으로 만든 갑옷 등을 만들어냈다.

침략의 목적은 땅을 빼앗고 노예나 여자를 잡아가기 위해서이기도 했고, 때로는 단순히 치고 빠지는 약탈을 위해서인 경우도 있었다. (퀸샬럿제도Queen Charlotte island의 하이다Haida족은 북서해안의 바이킹이라고 불렸다.) 그러나 전쟁의 목적이 무엇이든 간에 지는 편에 있는 것은 좋지 못한 소식이다. 그렇기 때문에 동료들 사이에 단단한 결속을 이루고 지도자를 갖는 것이 좋은 생각이다. 따라서 누군가가 평화 시에 전쟁용 기술을 축적하는 것을 지도할 필요가 있다. 그리고 스펜서가 주장한 대로 전쟁은 "각 부분의 활동을 즉각 연합시킬 필요성을 빚어낸다. 또한 복종의 필요성 역시 대두된다. 구성원들이 복종하려들지 않는 사회는 도태되어 사라지게 된다." 많은 사회들이 사라지는 쪽보다는 복종하는 쪽을 선택했다. 전쟁을 마주하고 사람들은 순순히 협조했다. 스펜서의 동시대인이었던 —그리고 〈이코노미스트〉의 초대 편집장이었던— 월터 배지홋Walter Bagehot은 전쟁이 불러일으킨 사회적 조화를 다음과 같이 표현했다. "가장 고분고분한 민족이 가장 강한 민족이다."

제로섬 원리가 넌제로섬 원리를 촉진한다는 것은 놀랄 일이 아니다. 넌제로섬 동력의 가장 표준적인 사례는 누가 뭐래도 '죄수의 딜레마'라는 게임이론의 한 주제이다. 만일 함께 범행을 도모한 두 사람이 서로 협동한다면, 다시 말해 검사의 심문을 받을 때 서로에게 잘못을 떠넘기지 않고 묵비권을 행사한다면 두 사람 모두 이익을 얻게 된다.[#] 그리고 그들의 공동의 이익의 원천은 그들과 검사 사이의 이익의 충돌에서 비롯된 것이다.

원시 시대의 전쟁 세계에서 이와 같이 사람들을 하나로 묶어주는 효과는 단순히 한 촌락 구성원의 범위를 넘어선다. 촌락 입장에서 성공적으로 공격을 막아내거나, 아니면 공격을 도모하는 좋은 방법 중 하나는 다른 촌락과 동맹을 맺는 것이다. 이는 북서해안 인디언들 사이에서 사용된 표준적인 전술이다. 그리고 일단 어느 한쪽에서 이러한 동맹을 맺게 되면 그 적 역시 동맹을 찾아나설 동기가 충분해진다. 이런 식으로 경쟁적으로 동맹의 수를 늘려나가다 보면 사회적 그물망이 밖으로 확산되면서 점점 더 많은 촌락들을 그 망 안으로 엮어들이는 조직화의 '군비확장 경쟁arms race'이 벌어지게 된다.

적대감이 빠른 속도로 사회 조직을 더 높은 수준으로 밀어올리고 그 뒤에는 조화를 남기게 되는 현상은 많은 인류학자들이 지적해왔다. 20세기 초에 에반스-프리차드E. E. Evans-Pritchard가 연구한 수단의 누어Nuer족의 사례는 특히 생생하다. 어느 부족민은 이렇게 말했다. "우리는 렝얀Rengyan을 상대로 싸웁니다. 하지만 우리 두 부족 중 하나가 다른 부족과 싸우게 되면 렝얀과 우리는 서로 손을 잡습니다." 에반스프리차드는 이 현상을 다음과 같이 다소 난해하게 설명했다. "각 부분segment은 그 역시 더 작은 부분으로 분할되어 있고 그 부분들 사이에는 반목이 존재한다. 어느 부분의 구성원들은 동일한 수준의 인접한 부분과의 전쟁을 위해 서로 연합한다. 그리고 더 큰 수준의 부분과 전쟁을 하게 될 경우 인접한 부분들이 서로 연합한다."

이는 거의 역사의 일반 법칙과 같은 이야기이다. 그리고 실제로 역사는 이와 같은 수많은 사례들을 제공한다. 이전에 서로 반목했던 그리스의 도시국가들이 페르시아와 싸우기 위해 델로스 동맹Delian League♣을 결성했다. 16세기 위협적인 백인들이 아메리카 대륙에 들어오자 이전에 서로 전쟁을 벌이던 다섯 부족들이 ─하이어워사Hiawatha♣의 능란한 외교술에 힘입어─ 이러쿼이 동맹Iroquois League♣을 결성했다. 그런데 두 세기가 지난 후 아메리카 대륙에 터를 잡은 백인들이 영국의 적대감 속에서 13개 식민지가 극단적인 넌제로섬 논리를 구현하는 "뭉치지 않으면 죽는다join or die"라는 구호 아래에서 하나로 뭉쳐 동맹을 결성했다.

단기적으로 볼 때 이와 같은 연합의 추진력은 별 목적 없는 움직임처럼 보인다. 동맹은 합종연횡 식으로 이리 저리 움직여 다니고, 갈등은 조류처럼 밀려왔다가 빠져 나가고, 한층 더 큰 규모의 사회적 구조는 형성되기 무섭게 와해되는 것처럼 보인다. 그러나 장기적으로 수천 년에 걸쳐서 볼 때 세계적 추세는 합병과 더 높은 수준의 정치적 조직화를 향해 걸어왔음을 확인할 수 있다. 그 이유 중 하나는 전쟁이다. 강렬하고 본질적으로 제로섬 게임인 전쟁이 넌제로섬 게임을 창조한 것이다.

이 책의 앞부분에서는 넌제로섬 원리를 고양시킨 기술들(토끼그물, 거대한 연어 트랩 등)을 열거했다. 언뜻 보아 전쟁은 그 목록에 협동을 유도할 것으로 보이지 않는 기술 항목들을 추가했다. 기원전 2천년기2nd millenium✦의 끝 무렵에 널리 확산된 철제 무기는 사회적 결속의 매개물로 보이지는 않을 것이다. 그러나 실제로 철제 무기는 사회적 결속을 매개했다. 사무엘기에 의하면 필리스틴Philistine✦ 사람들이 "이스라엘 보병 3만 명의 목숨을 앗아간 대학살을 몰고 왔다"고 한다. 당시 여러 부족이 결합해 다소 느슨한 연합체였던 이스라엘은 필리스틴 사람들 손에 들린 철제 무기를 마주하고

델로스 동맹Delian League | 페르시아 전쟁 후인 BC 478~BC 477년 아테네의 아리스티데스가 제창하여 결성된 그리스 도시국가들의 해군 동맹—옮긴이
하이어워사Hiawatha | 롱펠로우의 시에 나오는 아메리카 인디언의 영웅—옮긴이
이러쿼이 동맹Iroquois League | 북아메리카대륙 인디언 부족들(모호크족 · 오네이다족 · 오논다가족 · 세네카족 · 카유가족과 나중에 터스커로러족이 가입)이 16세기부터 미국 독립혁명 시대까지 결성했던 정치적 연합—옮긴이
2천년기2nd millenium | 기원전 2000년부터 1000년 사이의 기간—옮긴이
필리스틴Philistine | 옛날 팔레스타인 남부에 살던 민족으로 유대인의 강적—옮긴이

스스로 하나로 통합된 왕국으로 변모시키기로 결정했다. 그것은 곧 이스라엘 사람들이 많은 젊은이들을 군대에 보내야 한다는 것을 의미했다. 그러나 그들은 망설이지 않았다. "우리는 우리를 다스릴 왕을 가질 것이다." 그리고 "그 왕은 우리를 통치할 것이고 우리의 전쟁을 치를 것이다."

밀고 당기기

전쟁이 사람들을 하나로 묶어주는 효과에 대해 우리는 이렇게 말할 수 있을 것이다. 전쟁이 사람들을 조직적인 결속의 상태로 밀어붙인다고 말이다. 전쟁은 외부의 위협을 발생시킴으로써 집단 내부에 더욱 긴밀한 협동을 촉진한다. 한편 우리는 이전 장에서 강조되었던 결속의 원인(경제적 목적)의 경우 사람들을 한 곳으로 끌어당기는 것이라고 말할 수 있다. 집단 안에서 이익을 얻을 기회가 창출되어 사람들을 더욱 긴밀한 협동으로 이끄는 것이다. 만일 이 두 가지 구분에 대해 깊이 생각해 본다면 분명 둘 사이의 경계가 흐릿하게 느껴질 것이다.# 그러나 '밀기push'와 '당기기pull' 는 문화의 진화 과정에 존재하는 두 가지 서로 다른 기본적인 넌제로섬 동력을 대략적이면서도 간편하게 표현하는 용어라고 할 수 있다.

이 '밀기'와 '당기기'의 상대적 중요성은 오랫동안 논쟁의 대상이 되어왔다. 그 논쟁은 문화 진화 과정의 문턱이 되는 몇 가지 사건에 초점을 맞추고 있다. 먼저 추장사회라는 문턱에 대해 생각해보자. 이웃한 촌락들이 서로 교역 파트너가 된다거나 느슨한 연합을 통해서 '초촌락supervillage' 에 해당되는 정치적 조직의 수단을 갖추게 되는 것, 이웃 촌락들이 어느 한 촌락의 추장에게 실질적이고 효력 있는 권한을 양도하여 중심적 권력으로 만드는 것, 즉 한 촌락의 추장이 '대추장paramount chief'이 되는 것은 차원이 다른 이야기이다. 이러한 일이 일어나게 되면 그 사회에서는 추장사회가 형성된 것이다.

인류학 문헌은 하와이나 타히티의 원주민사회에서 아메리칸 인디언 공주 포카혼타스의 부족, 파우하탄Powhatan족에 이르기까지 수많은 추장사회를 다루고 있다. 그리고 많은 문헌들이 추장사회의 형성에 대해 각기 다른 해석을 내놓고 있다. 어떤 학자들은 애초에 무역이나 그밖의 다른 경제적 원동력이 이 추장사회의 촌락들을 한 곳으로 끌어당겼다고 주장한다. 반면 다른 학자들은 전쟁, 혹은 전쟁의 위협이 그 촌락들을 한 곳으로 밀어붙였다고 주장한다. '밀기' 원리의 신봉자들 가운데 어떤 이들은 더 나아가 전쟁이 사회적 결속에 있어서 이중으로 중요성을 갖는다고 주장한다. 전쟁에서 더 잘 싸우기 위해 촌락들이 연합할 뿐만 아니라 애초에 전쟁에 의해, 순수한 정복에 의해 촌락들이 합병되었다는 것이다. 로버트 카네이로는 다음과 같이 주장했다. "인간 집단이 자신의 주권을 포기하지 않으려고 하는 보편적인 성향을 고려해볼 때 촌락의 자치권을 포기하는 일이 평화롭게, 혹은 자발적으로 일어났을 리가 없다. 그것은 오직 무력에 의해서 가능하며 실제로 무력에 의해 일어났다."

허버트 스펜서의 팬이자 스펜서의 저서의 편집을 맡았던 카네이로는 20세기 중반 문화진화론을 소생시키기 위해 전력을 다했던 레슬리 화이트의 제자였다. 한편 화이트의 또 다른 스타 제자인 엘먼 서비스는 카네이로와 상당히 다른, 비(非)스펜서주의적 입장을 보였다. 서비스(1996년 작고)는 몇 개의 이웃한 촌락들이 상업으로 한데 뭉치게 되어 추장사회가 형성되었을 것이라고 생각한다. 서로 교류하는 촌락의 길목에 위치한 촌락이 자연스럽게 가장 부유해지고 점차로 지배적 위치를 획득하게 된다는 것이다. 그리고 이 모든 과정이 평화롭게 일어날 수 있다고 서비스는 믿었다. 그는 1962년에 출간된 〈원시적 사회 조직*Primitive Social Organization*〉에서 다음과 같이 썼다. "실제로 이웃한 작은 사회들, 혹은 그 사회의 부분들이 전체 네트워크에 참여함으로써 얻는 이익 때문에 인접하고 있는 추장사회에 합류하게 되는 경우가 일부 사례에서 나타났으며, 알려지지 않은 많은 사례가 존재할 것으로 여겨진다." 여기에 대한 카네이로의 응답은 한마디로 "네트워크는 헛소리Networks, schmetworks"였다. 1970년 그는 "(스스로의 이익에 대한 자각이 아닌) 무력은 정치적 진화가 자치적 촌락을 국가 수준으로 한 단계, 한 단계 끌어올리게 한 메커니즘이다"라고 주장했다.

카네이로와 서비스는 각각 세계의 '밀기'와 '당기기' 관점을 대표하는 상징적 인물이 되었다. 실험실에서 사회적 진화를 연구하는 한 집단의 사회심리학자들은 심지어 '서비스 조건'(각기 다른 집단들이 각각 독특한 생산품을 만들어내고 서로 다른 집단들이 각자의 생산품을 거래한다)와 '카네이로 조건'(각 집단들은 거래를 할 수 있지만 그 집단 중 하나가 다른 집단들로부터 물품을 징발할 수 있다)을 설정했다. 실험 결과 양쪽 조건 모두 지도체제(모든 집단이 인정하는 지도자격의 집단)가 출현했으나 서비스 조건 하에서 삶의 질이 더 높은 것으로 나타났다.

그러나 현실 세계에서는 서비스의 이론을 입증하는 사례를 찾기 힘들었다. 촌락 간의 합병이 이루어지는 경우는 대개 침략이나 위협의 결과였던 것이다. 그리고 자발적으로 연합하는 경우는 대개 외부의 침략에 대한 방어를 위해서였다.# 한편 서비스는 이렇게 말할지도 모른다. 경제적 동기에 의한 통합은 정복이나 군사적 동맹보다 훨씬 느리게 일어나는 과정이며, 인류학의 짧은 역사 동안 그러한 사례를 관찰하기를 바라는 것은 마치 몇 초 동안 풀이 자라는 것을 지켜보는 것과 마찬가지라고 말이다. 게다가 서비스의 사후에 일부 인류학자들은 추장사회의 진화를 나타내는 흔적 가운데에서 전쟁의 증거를 찾을 수 있는 사례가 극히 드물다는 사실을 지적했다.

평화의 도모

어떤 면에서 카네이로의 '밀기' 세계관과 서비스의 '당기기' 세계관 사이의 차이는 언뜻 보기만큼 크지 않다. 서비스는 선사 시대 인류 사회에 전쟁이 매우 빈번하게 발생했음을 인정했고, 심지어 강조하기도 했다. 실제로 그가 보기에 충돌이 너무나 끊임없이 존재했기 때문에 '전쟁의 원인'에 대해 이야기하는 것은 —즉, 마치 전쟁의 원인을 논의할 필요가 있기라도 하듯 가정하는 것은— 이야기를 거꾸로 돌아가게 할 가능성이 있을 정도라고 말했다. 차라리 전쟁을 자연스러운 조건으로 생각하고 사람들이 전쟁을 회피하는 수단에 대해 조사하는 쪽이 나을 것이라고 주장했다. 우리는 '전쟁을 도모하기'가 아니라 '평화를 도모하기'에 대해 연구해야 한다는 것이다.

이러한 관점에는 위에서 제시된 전쟁에 대한 기본적 가정, 즉 엄밀한 제로섬 게임이라는 가정이 너무 단순하다는 주장이 내포되어 있다. 그리고 그것은 사실이다. 전쟁은 전쟁에 참여하는 양편을 모두 너무나 황폐하게 만들기 때문에 사실상 양쪽 모두가 지는 게임이 될 수 있다. 그럴 경우 전쟁은 넌제로섬 게임이다. 정확히 말하자면 네거티브섬 게임인 것이다. 경

제적 교환에 따르는 포지티브섬 활동과 정반대편을 향한다.# 〈손자병법〉
에서 전쟁이 양쪽 모두에 해가 된다는 속성을 간파한 손자는 장수들에게
적군에게 도망갈 틈을 남겨놓으라고 충고했다. 즉 '평화를 도모'하는 것
을 장려하고 있다.

물론 우리 사회는 전쟁을 제로섬 게임으로 생각하는 강한 경향이 있다.
사람들은 자기편 군사들이 확실히 죽을 것이라는 사실을 알고서도 무분별
하게 전쟁을 벌인다.# 뿐만 아니라 일단 전쟁이 시작되면 제로섬 동력이
작용하게 된다. 전쟁터에서 적군과 대치하고 있는 상황에서 상대편 군사
들의 운명과 우리 편의 운명은 역의 상관관계를 보이게 된다. (이러한 이유
와 함께 또 다른 이유 때문에 나는 전쟁을 계속해서 제로섬 게임으로 취급하
고자 한다. 그리고 필요한 경우에는 사족을 달 것이다. 그러나 어찌되었든 서
비스의 생각에는 일리가 있다.) 각각의 전쟁은 많은 경우에 근본적으로 제
로섬 게임일 수 있겠지만 명명백백하게 승자와 패자를 가리기 위한 —서로
밀고 밀리는 상황이 끊임없이 반복되는— 교전 상황은 장기적으로 볼 때 양쪽
편 모두에 매우 나쁜 결과를 가져다줄 수 있다. 그리고 그와 같이 끊임없
이 작용하는 네거티브섬 원리가 바로 평화를 도모하게 만드는 기반이라고
할 수 있다.

서비스의 관점에서 전쟁은 경제적 통합으로부터 비롯되는 조화를 가치
있게 여기도록 만드는 이유 중 하나이다. 사회가 진화하는 이유는 전쟁을
벌이기 위해서라기보다는 전쟁을 피하기 위해서, 전쟁이 없는 영역을 좀
더 광범위하고 견고하게 만들어나가기 위해서라는 측면이 더 크다는 것이
다. 서비스는 이렇게 주장했다. "아마도 정부의 진화뿐만 아니라 사회와
문화 자체의 진화 역시 사회의 영역이 점점 더 넓어지는 가운데 —끊임없이

사회 조직에 새로운 정치적 구성성분을 첨가함으로써— 평화를 '도모' 하는 수단의 진화에 의존할 것이다."

이론적으로 평화를 도모하는 첫 번째 단계는 현재 벌어지고 있는 교전상태가 양쪽 모두 지는 게임lose-lose이라는 사실을 인식하는 것이다. 그 사실을 깨닫기 위해 게임이론가가 필요한 것은 아니다. 파푸아뉴기니의 원주민 중 한 사람이 이렇게 말했다. "전쟁은 나쁜 것이고 아무도 전쟁을 좋아하지 않습니다. 고구마도 없어지고, 돼지도 없어지고, 밭은 다 망쳐지고, 많은 친척과 친구들이 목숨을 잃지요. 그러나 전쟁이 벌어지는 것을막을 수가 없어요."

두 번째 단계는 전쟁을 어떻게 막을 수 있을지 알아내는 것이다. 그리고다양한 수준의 조직화를 보이는 모든 사회들에 있어서 어느 정도의 진보를 찾아볼 수 있다. 여기에는 북서해안 인디언들도 포함된다. 반목의 역사를 지닌 두 부족이 거래를 통해 이익을 얻을 수 있을 때 한 부족의 대인이다른 부족의 대인과 의식을 통해서 유대를 맺기도 했다. 두 사람은 선물을교환하고 우정을 기념하는 서로에 대한 호칭을 만들고 '형제' 관계를 맺는다. 인류학자인 조지 피터 머독이 1934년 쓴 기록에 따르면 그 이후에그들은 "서로 상대편에 전쟁을 걸지 않고 상대편의 거주지는 피난처 역할을 해준다." 이러한 통로를 통해서 하이다족은 침시안Tsimshian족에게 말린넙치, 돗자리, 모피, 카누 등을 주고 답례로 유지(油脂, grease), 융모빙어, 구리, 담요 등을 받았다.

'대인' 사회에서 일반적으로 '평화를 도모' 하는 가장 흔한 수단은 바로 성대한 연회를 여는 것이다. (포트래치를 비합리적인 것이라고 간주하지않는 또 하나의 이유이다.) 파푸아뉴기니의 두 사회집단을 연구한 인류학자는 여러 촌락이 한데 모여 벌이는 연회가 "본질적으로 위험한 세계에서 평화와 안정의 영역"을 창조하는 데 어떻게 이용되었는지를 설명했다.

그런데 카네이로를 비롯한 '밀기' 이론가들은 이와 같은 '평화의 도모'에 의심의 눈길을 보낸다. 그들이 보기에 그것은 단지 '전쟁의 도모'를 위한 하나의 도구일 뿐이다. 어떤 촌락을 초청해 연회를 벌임으로써 그 촌락을 군사적 동맹으로 포섭할 수 있다. 그리고 연회를 통해 잠재적 적 가운데 하나를 회유한다손 치더라도 그 외에 수없이 많은 다른 촌락들을 정복하거나 방어해야 할 여지가 있다. '전쟁의 도모'와 '평화의 도모'에 대해 생각을 하면 할수록 이 둘은 서로 뗄 수 없는 관계인 것처럼, 마치 한 면에는 카네이로의 얼굴이, 다른 면에는 서비스의 얼굴이 새겨진 하나의 동전처럼 느껴진다.

인류학자 나폴레옹 샤농이 집약적으로 연구한 남아메리카의 야노마모 Yanomamo족에 대해 생각해보자. 야노마모족의 영토의 중심부에는 여러 촌락들이 조밀하게 모여 있는데 특히 이곳에서 전쟁이 빈번하게 벌어진다. 카네이로는 이 핵심 영역이 정치적 진화의 신호를 보여준다는 점을 즐겨 강조했다. 한편 카네이로와 서비스는 둘 다 —제각기 다른 동기에 의해— 이 지역에서 촌락 간의 유대가 특히 긴밀하다는 점(샤농의 표현에 따르면 "우두머리들 사이의 전쟁 가능성을 감소시키기 위해")을 인용할 것이다. 그리고 그들은 —역시 정 반대의 동기로— 촌락들이 이따금씩 평화를 위해 억지스러운 거래를 조장하기도 했을 것이라는 샤농의 추측도 인용하고자 할 것이다. 이웃 간의 상호의존성을 고양하기 위해서 한 촌락은 이웃 촌락에서 생산하는 특정 도구를 일부러 생산하지 않았을 것이라고 샤농은 믿는다.

카네이로와 서비스가 —그리고 샤농 역시— 동의할 사실은 전쟁의 분위기 속에서 복잡성의 진화가 촉진된다는 사실이다. "전쟁이 치열하게 벌어지고 다른 곳으로의 이주가 용이하지 않은 지역에서는 상대적으로 규모가 더 큰 사회집단과 더욱 정교한 집단 간의 관계가 선택된다"고 샤농은 주장했다.[#]

서비스가 지적한 대로 '평화의 도모'는 전쟁 그 자체보다 시기적으로 앞선다. 수렵·채집사회의 두 가족 간의 반목을 전쟁으로 볼 수는 없지만 어쨌든 전쟁과 마찬가지로 서로 불화를 일으키는 가족들은 조화로운 경제적 활동에 의해 이익을 얻는 것을 방해한다. 가족 범위를 넘어선 조직이 결실을 맛보려면 불화를 억눌러야만 한다. 이와 같이 국지적 수준에서도 평화를 도모할 수 있다.

그리고 국지적 적대감(수렵·채집 가족들의 무리들 사이의 충돌)이 덜해지는 것이 이와 같은 국지적 우호 분위기의 확대를 촉진한다. 이러한 작용은 문화의 진화 사다리의 위쪽으로 점점 올라가게 된다. 사회 조직의 균열(가족이나 촌락이나 추장사회나 국가들 사이의 마찰이 일어나는 제로섬 영역)은 점점 넌제로섬 원리라는 시멘트로 채워지게 된다. 제로섬 원리는 아래서부터 차오르는 시멘트에 의해 점점 더 조직화되어 사다리의 위쪽으로 물러난다. 그리고 낮은 수준에서는 여전히 역설적이게도 사회를 통합시키는 효과가 나타난다.

서비스가 강조한 대로 이 통합 효과는 그 자체의 내부 논리를 가지고 있다. 평화의 확산을 일으킨 것이 —전쟁이든, 당면한 전쟁에 대한 위협이든, 전쟁 위협을 회피하고자 하는 선견지명이든— 무엇이든 간에 평화는 궁극적으로 그 자체의 보상을 지니고 있다는 점이다. 뉴기니의 아우야나Auyana족에게 한 번 물어보자. 유럽인의 손에 의해 충돌이 진압되어 강제로 평화를 얻게 된 아우야나 사람들은 아침마다 풀숲에 적이 잠복하고 있지는 않을까 하는 걱정 없이도 소변을 보러 갈 수 있다는 사실에 기뻐했다. 이제 생산적인 하루를 위한 첫걸음이 시작되었다. 이것은 또한 과거 풀숲에 잠복하고 있던 자들과 거래를 트고 서로 상호의존성의 그물망을 짜나가는 첫걸음이기도 하다. 이 그물망은 힘들게 얻어진 평화를 강화시키는 역할을 할 것이다.

전쟁이 —또는 전쟁에 대한 위협이— 선택의 폭을 얼마나 좁게 하는지 한번 생각해보자. 앞장에서 나는 사람들이 어느 정도 넌제로섬 원리의 결실을 수확하고자 하는 경향이 있다고 가정하였다. 그 가정은 사람들이 자연적으로 스스로의 삶의 질을 높이고 자신의 둘레에 위험에 대한 방책을 쌓는 것을 좋아한다는 것이다. 이와 같은 풍요와 안전에 대한 갈망은 사람들로 하여금 포지티브섬의 원리를 자연스럽게 깨닫게 하고 새로운 기술과 새로운 사회 조직을 실험해보고자 하도록 만들며, 이와 같은 자각이 역사를 일정한 방향으로 흘러가도록 지탱한다는 것이다.

인간 본성에 대한 나의 이러한 가정이 맞는지 여부는 분명히 중요한 것이다. 그러나 인간 역사 속의 전쟁 상황에서 그 가정의 사실여부는 덜 중요해진다. 왜냐하면 그와 같은 상황에서 사람들은 경제적·사회조직적 진보를 추구하는 것 외에 다른 선택이 없기 때문이다. 비생산적인 사회는 결국 다른 사회들 간의 관계에 의해 밀려나 버리는 경향이 있다. 한 인류학자는 북서해안 인디언 중 강력한 이웃들 틈바구니에서 산산이 조각나버린 집단에 대해 묘사했다. 그들은 뿔뿔이 흩어져 남의 눈에 띌까봐 불도 피우지 못하고 날 음식으로 연명하며 떠돌아다녔다.

다른 집단에 의해 정복당한 집단의 사람들도 목숨을 부지해 살아갈 수 있다. 그리고 어쩌면 운이 좋아 노예가 되지 않을 수도 있다. 그러나 그들은 분명히 새로운 시스템을 받아들이게 될 것이다. 정복자의 시스템을 말이다. 그리고 정복자의 시스템은 대개 더 생산적인 시스템인 경향이 있다. 이를테면 더욱 발달된 형태의 노동의 분화 시스템을 가지고 있을 수 있다. 결국 이런 저런 방식으로 넌제로섬 원리가 승리를 거두게 된다.

이 모든 것은 칸트가 강조한 '비사회적 사회성'으로 귀결될 수 있다. '사회성'의 영역(평화가 지배하는 지리적 범위)은 수렵 · 채집사회 이후로 엄청나게 증가해왔다. 그리고 사람들은 그에 상응하는 엄청난 정도의 비사회성을 굴복시켜 왔다. 그러나 이러한 비사회성의 굴복을 촉진한 것은 얄궂게도 대다수의 경우가 더 높은 수준의 비사회성에 의한 것이었다. 이러한 문화 진화의 동력을 다윈의 자연선택 언어로 표현한다면 '선택되는' 것은 점점 확산되는 넌제로섬 원리이지만 그것을 선택하는 주체는 대개 전쟁의 제로섬 속성이다. 이런 측면에서 볼 때 결국 전쟁을 도모하는 것은 평화를 도모하는 일이다.

인간 행동에 대한 한 권위자가 이런 말을 했다. 두 사람이 서로를 몇 초 이상 응시한다면 그것은 그들이 곧 사랑을 나누거나 싸움을 벌이고자 하는 것을 의미한다. 인간사회에 대해서도 이와 비슷한 말을 할 수 있을 것이다. 인접한 두 사회가 일정 기간 동안 서로 접촉한다면 그 사이에는 거래나 전쟁, 둘 중 하나가 벌어지게 될 것이라고. 거래는 바로 넌제로섬 원리에 의한 사회적 통합이고 전쟁 역시 궁극적으로 넌제로섬 원리에 의한 사회적 통합을 가져온다.

Chapter 06
농업의 필연성

농부가 아내를 데려오고, 농부가 아내를 데려오고….
– 전래 동요 「골짜기의 농부*The Farmer in the Dell*」

    인류학자들이 즐겨 회상하는 시절 중 하나는 인류가 식물과 동물을 길들이게 된 사건에 대한 원인이 경쟁적으로 등장하던 시절이다. 우리가 최초로 동식물을 길들이게 된 것은 지금으로부터 약 10,000년 전의 일이다. 어쩌면 여러 이론 중 하나가 제안하듯 기후가 더욱 무더워짐에 따라 한때 비옥했던 토지가 메마르게 되면서 수렵·채집의 생활 방식이 곤경에 처하게 되고 그에 따라 사람들이 새로운 생활 방식을 찾아 나서게 되었을지도 모른다. 혹은 커다란 사슴이나 털이 북슬북슬한 매머드, 그밖에 몸집이 큰 사냥감 동물의 멸종이 같은 효과를 불러일으켰을지도 모른다. 어쩌면 온화한 기후가 특정 식물을 길들이기 쉽게 만들어줌으로써 농업을 부추겼을지도 모른다.

    한편 그보다 좀 더 단순한 이론도 있다. 그저 농업은 이로운 아이디어였을 뿐이라는 것이다. 수렵·채집 생활 방식을 이로운 아이디어로 만들어주는 데 기여했던 수많은 도구들과 마찬가지로 농업 역시 그저 또 하나의 이로운 아이디어로서 인간의 레퍼토리에 더해지게 되었다는 것이다.

1960년 시카고 대학교의 로버트 브레이드우드Robert braidwood가 내놓은 이러한 의견은 매우 급진적인 것으로 받아들여졌다. 그는 농업이 처음으로 시작되었던 중동지역에서 직접 수행했던 현장 연구를 검토한 결과 농업의 출현을 단순히 "점점 증대되던 사람들의 공동체의 문화적 분화와 특화가 정점에 이른 것"으로 보았다. 그는 "외부적 '원인'을 끌어들여 이야기를 복잡하게 만들 필요가 없다"고 생각했다.

브레이드우드는 농업의 기원에 대한 현대적인 연구의 창시자로 간주된다. 그러나 이 특정 의견은 그다지 존중받지 못하였다. 쓸데없이 이야기를 복잡하게 만들지 말라는 그의 훈계를 무시하고 인류학자들은 계속해서 이야기를 복잡하게 만들기 위해 애써왔다. 위에 언급된 것과 그밖에 많은 '원인'들이 우위를 차지하기 위해 경쟁하고 있다. 브레이드우드가 농업의 출현에 대한 특별한 원인을 찾을 필요가 없다고 주장한 지 20년도 더 지나서 한 인류학자가 이에 대한 학자들의 의견을 종합하면서 농업에 대해서는 "아직 만족스럽게 설명되지 못했다"고 결론지었다. 그리하여 농업의 원인을 찾는 노력은 지금도 계속되고 있으며 여전히 신비의 구름이 농업의 기원을 둘러싸고 있다.

사실상 그 구름은 더 두터워졌다. 일부 학자들은 역설적이게도 초기의 농부들이 먹을 것을 기르고 재배하는 데에는 수렵과 채집이라는 예전 방식으로 먹을 것을 얻는 것보다 더 많은 노력과 시간이 투입되었을 것이라고 말한다. 따라서 농업의 기원의 근간에 있는 논리는 브레이드우드의 시대보다도 오히려 더 복잡해졌다.

이러한 관점은 문화진화론자들, 또는 적어도 나와 같은 강경파 문화진화론자들에게 문제를 던져준다. 만일 농업이 그렇게 매력 없는 전망을 지니고 있었다면 어떻게 인류가 궁극적으로 농업을 채택하게 될 것이라고 확신할 수 있겠는가? 인류가 이 문턱을 넘게 된 것은 단순히 소 뒷걸음질 치다 개구리 잡은 격의 행운이거나 얼마든지 다른 길로 갈 수도 있었던 우연한 모험이라고 봐야 하지 않을까? 그리고 그렇다면 농업 이후에 나타난 모든 변화들(고대 문명, 고대 이후 문명 등)은 모두 필연적인 것이라고 보기 어렵지 않을까?

분명 우리가 이 책의 나머지 부분으로 나아가기 전에 농업의 기원을 둘러싼 신비의 구름을 걷어내고, 농업 출현의 '원인'을 찾고자 하는 노력의 거품을 뺄 필요가 있다. 그렇게 된다면 우리는 사회과학의 테두리 안에 끈질기게 자리 잡고서 다양한 방법으로 강경파 문화진화론에 대한의 열기에 찬물을 끼얹고 있는 그릇된 개념을 뿌리 뽑을 수 있을 것이다.

좋은 시절

농업이 자연스러운 문화 진보라는 개념에 반대하는 생각은 어떤 놀라운 발견에 의해 더욱 추진력을 얻게 되었다. 바로 수렵과 채집이 먹고사는 데 그다지 나쁜 방법이 아니라는 사실의 발견이었다. 리처드 리가 1960년대에 발견한 쿵산족은 하루에 고작 몇 시간 일하고(사냥, 풀뿌리 캐기, 몽공고 나무 열매 따기 등) 나머지는 모두 여가 시간이었다. (예전에는 문화진화론자였으나 후에 문화진화론에 회의를 품게 된) 인류학자인 마셜 살린스는 1972년 수렵 · 채집사회를 '풍요로운 사회의 원형'이라고 칭했다. "모든 사람들의 물질적 요구가 쉽게 충족되기 때문"이라는 것이다.

그리고 문제는 원시적 농업이 순수한 효율 측면에서의 퇴보만이 아니라는 데 있다. 농업에 의해 촌락의 인구가 많아지면 질병이 쉽게 번지게 된다. 그리고 저단백질, 고탄수화물 함량의 일부 주요 작물은 건강에 그다지 좋지 못할 수 있다. 초기의 농부들의 뼈를 연구한 결과 일부 인류학자들은 그들이 수렵·채집인에 비해 수명이 더 짧고 충치가 더 많았다고 결론 내렸다.

이러한 사실들은 우리를 "문화진화론자들은 인간들이 선견지명의 추론을 통해 변화를 이루어간다고 믿는다"는 '그릇된 개념 제1번'으로 이끈다. 그런데 실제로 문화의 진화는 미리 계획을 세워 이루어지는 것이 아니다. 선사 시대의 수렵·채집인들이 회의를 소집하여 고탄수화물 식품에 대한 의존이 늘어나는 것이 궁극적으로 충치의 문제를 낳게 될 것인지에 대하여 의논했을 리가 없다. 여러 세대에 걸쳐서 경작한 식품이 점점 야생에서 얻은 식품을 밀어내고 그 자리를 차지하게 되었다. 그리고 경작한 식품은 점점 야생 상태의 조상과 다른 모습을 하게 되었다. 사람에게 길들여지게 된 것이다. 문제는 왜 수렵·채집인들이 농업을 '선택'했느냐가 아니라 왜 그들이 하나하나의, 거의 감지할 수 없는 작은 발걸음을 통해서 그 길에 도달하기를 선택했느냐 하는 것이다.

그 문제에 대한 답 가운데 하나는 이 수렵·채집인들이 다름 아닌 인간이었기 때문이라고 말할 수 있다. 인간은 천성적으로 호기심이 강하다. 인간은 자연을 만지작거리고 자기 마음대로 이리저리 휘어보고자 한다.

캘리포니아 남부의 쿠메야이Kumeyaay족에 대해 생각해보자. 전문적 관점에서 볼 때 이들은 수렵·채집인이다. 그러나 18세기에 스페인 사람들이 처음 그들을 마주했을 무렵에 쿠메야이족은 그들이 사는 세계의 경치를 바꾸어놓았다. 고지대에는 떡갈나무와 소나무를 가득 심어서 그 열매를 수확했다. 다른 곳에는 유카와 야생 포도를 심었다. 촌락 근처에는 선인장을 심어서 그 즙을 음료로 사용했다. 쿠메야이족은 그들에게 쓸모가 없는 식물들을 태워버리고 그 자리에 그들이 좋아하는 식물을 심었다. 그리고 무성한 덩굴을 잘라내서 사슴들이 몰려올 수 있도록 만들었다.

쿠메야이족이 심은 식물들 중에서 길들여졌다고 할 수 있는 것은 없다. 따라서 자연에 대한 그들의 전면적 개입은 농업이라고 부를 만한 수준은 아니었다. 그렇다고 해서 그 후 1,000년 동안 쿠메야이족들이 즙이 좀 더 많은 포도를 개량해내지 못할 것도 없지 않은가?[#]

그리고 수렵·채집인 가운데 오직 쿠메야이족만이 자연의 생산에 개입한 것도 아니다. 오스트레일리아 원주민들은 그들이 먹는 얌의 윗부분을 잘라서 땅에 심었다. 그리고 종종 미개하고 원시적인 부족의 전형으로 일컬어지는 대분지의 쇼숀족을 떠올려보자. 그들은 쓸모없는 이파리들을 태워버렸고 일부 사람들은 야생 작물을 심기도 했으며 심지어 물을 대기까지 했다.

식물을 심기는 했지만 아직 길들이지 못한 수렵·채집사회를 '원시농업사회proto-agricultural'라고 부르기도 한다. 그리고 그와 같은 사회들이 수십 개 발견되었다. 그렇다면 아마 인류학자들이 그러한 사회들을 마주하고 "자연을 길들이고자 하는 충동은 매우 강하고 널리 퍼져있다. 아마 그 이후에 농업이 도래했을 것이라는 추측은 큰 무리가 되지 않을 것이다"라고 말할 것이라고 여러분은 생각할 것이다. 그러나 실상은 그렇지 않다. 많은 경우에 반응은 정반대였다. 그들은 원시농업사회는 수많은 수렵·채집사회들이 성숙한 농업사회에 들어설 능력을 가지고 있음에도 그렇게 하지 않는 편을 선택했다고 주장한다.

　그와 같은 의견의 이면에는 종종 문화가 정적인 것이라는 암묵적 전제가 깔려 있다. 즉 모든 문화는 최종적인 상태라는 것이다. 따라서 쿠메야이족은 아직 농업을 채택하지 못한 것이 아니라 그저 농업을 채택하지 않았으며 그걸로 이야기는 끝이라는 것이다. 이처럼 문화가 진화라는 과정을 밟지 않는다고 가정함으로써 문화에 대한 진화적 관점은 발붙일 곳이 없게 된다.

평형 상태에 대한 신화

　원시적인 문화가 정적이라는 가정은 '그릇된 개념 제2번'에 기초하고 있다. 그것은 바로 '내재된 평형'이라는 개념이다. 그것은 사람들의 문화가 이를테면 빙하가 줄어든다든지 갑자기 기후가 메마르게 변한다든지 하는 외부의 힘에 의해 떠밀리지 않는 한 언제나 같은 상태로 머무르고 있다는 생각이다. 다행히도 이러한 개념은 많은 인류학자들과 고고학자들 사이에서 관심을 잃고 있다. 그러나 이 이론은 여전히 정당한 수(0) 이상의 옹호자를 거느리고 있으며 농업뿐만 아니라 문화 전반에 대한 생각에 깊은 영향을 주어왔다. 최근까지도 고고학 교과서들은 문화가 "주위 환경에 성공적으로 적응하고 그 환경이 변화하지 않는 한 결코 어떤 변화의 패턴을 보이지 않는다"고 단언했다. 고고학자들로 하여금 농업과 같이 극적인 인류 역사 발달에 대해 외부적 '원인'을 찾도록 만드는 것이 바로 이 평형이라는 가정이다.

　평형 오류에서 벗어나지 못하는 사람들은 인간의 혁신적 본성이 사회에 미치는 영향, 즉 사회 내부에서 새로운 아이디어와 기술이 출현하고 그것이 사회를 변화시키는 정도를 과소평가한다. 그러나 우리 종의 천재적 재능을 과소평가하는 것 말고도 문제는 또 있다. 지금까지 살펴본 것과 같이 농업 발달의 주된 걸림돌은 발명 재능의 부족이라기보다는 농업의 필요성의 부족이었다. 마빈 해리스의 표현에 따르면 "수렵 · 채집인들이 농업으로 전환하지 않도록 만든 것은 아이디어의 부족이 아니라 비용대비 이익의 부족이었다. 일주일에 몇 시간 정도 움직여서 필요한 모든 고기와 채소를 얻을 수 있다면 농업이라는 아이디어는 쓸모없는 것이 된다."

여기에서 '평형' 오류를 조장하고 부추기는 것은 '그릇된 개념 제3번: 인간사회는 본질적으로 균일하며 집단적 요구를 충족하는 데 전념한다.'는 생각이다. 이러한 오해는 수렵 · 채집사회가 공산주의 천국의 오아시스라는 낭만적인 개념으로 이어진다. 그들의 세계는 전체가 각자를 위해 일하고 각자가 전체를 위해 일하는 세계라는 것이다. 그러한 상황에서 모두가 충분히 먹고 있다면 무엇 하러 누군가가 새로운 시도를 벌이겠는가?

그런데 사실은 수렵 · 채집인들은 우리와 다를 것이 없는 인간이다. 그들도 무척 경쟁적이며 지위를 얻는 데 혈안이 되어 있다. 그리고 무엇보다도 그들도 하나하나의 개인이다. 원시농업사회에 진입한 수렵 · 채집사회에서 경작된 야생 식물들은 대개 공동체 전체의 소유가 아니었다. 특정 집안이나 한 가문이 그 식물들을 소유하고 있었고 거기서 얻어지는 산물을 이웃들에게 나누어주었다. 일단 수렵 · 채집인이 자기 자신과 자신의 가족의 물리적 · 심리적 요구에 의해 움직인다고 생각하기 시작한다면 그들이 남는 시간에 야생 식물을 경작하는 등의 일을 할 만한 충분한 이유를 찾을 수 있다.

북서해안 인디언들에 대해 —다시 한 번— 생각해보자. 지리학자인 더글라스 듀어의 연구를 통해서 그들이 경작된 야생 식물을 광범위하게 이용한다는 사실이 밝혀졌다. 콰키우틀족의 경우 각 집안들이 소금기 있는 늪지에 클로버 뿌리나 뱀딸기류의 뿌리(영양가 많은 진미)를 기르고 야생 딸기와 먹을 수 있는 고사리류도 여기저기에 심어서 길렀다. 어려운 시기(이를테면 연어가 잘 잡히지 않을 때)에는 그 식물들을 경작한 가족이 모두 먹기도 했다. 그러나 보통 이 음식들은 좀 더 간접적인 방식으로 가족의 이익에 기여했다. 미식가들의 식성에 호소하는 독특한 맛을 내는 작물들은 융모빙어의 기름과 바꿀 수 있었다. 그리고 밭에서 기른 음식물은 다른 식량 및 수공품과 합쳐서 진귀한 구리 방패와 교환될 수도 있었다. 많은 경우에 이러한 교환은 대인의 조율 하에 촌락과 촌락 사이에서 이루어졌다. 그러나 넌제로섬 원리는 한 촌락 안에서도 솟아올랐다. 어쩌면 야생 식물을 경작한 가족은 그것을 필요로 하는 이웃들에게 나중에 형편이 좋을 때 되갚을 것을 기대하며 그냥 '주었을' 수도 있다. 그럴 경우 먹을 것을 나누어준 사람은 IOU를 쌓을 뿐만 아니라 자신의 지위가 올라가는 기쁨을 누릴 수 있다. 그리고 계속해서 '주는' 위치에 있는 집안은 계속해서 자애롭다는 평판과 같은 높은 지위를 누릴 수 있게 된다.

오늘날의 교외 주택가나 작은 촌락에서도 열성적으로 정원을 가꾸는 사람들은 이웃들에게 신선한 토마토나 꽃을 나누어줌으로써 동네에서 신망을 얻게 된다. 그런데 사람들이 원시적 경제 안에서도 그와 같은 방식으로 행동했을 것이라는 가능성은 —사실상 원시 경제 하에서는 선물이나 IOU가 모두 지금보다 훨씬 커다란 가치를 지니고 있었을 것이 분명함에도— 농업의 수수께끼를 풀고자 하는 고고학자들의 머릿속으로 파고들지 못하였다.

밭을 가꾸는 데서 오는 다양한 종류의 이익은 밭 가꾸기를 점점 더 개선 되도록 유도했다. 예를 들어서 북서해안 인디언들은 잘 자라지 못하는 품종을 밭에서 솎아냈다는 증거가 있다. 이는 작물을 길들이는 첫 번째 걸음이라고 할 수 있다. 그리고 높낮이가 일정치 않은 땅을 편평하게 만들기 위해서 지지벽을 설치하기도 했다. 그렇게 함으로써 영양분이 많은 토양이 씻겨나가지 않도록 붙잡아두는 효과를 누릴 수 있다. 콰키우틀어로 '밭'은 '사람이 만든 흙'을 의미한다.

북서해안 인디언과 다른 원시농업 단계의 수렵 · 채집사회에 더하여 농업을 향한 진화의 단계상 그보다 한 걸음 더 나아간 '문화적 화석' 사회들이 있다.# 다양한 '원예horticultural' 사회들은 길들여진 작물을 밭에서 경작하기는 하지만 여전히 어느 정도 수렵과 채집에 의존해서 살아간다. 이 사회들의 대부분은 북서해안 인디언들과 비슷하다. 밭농사는 가족 수준의 집단에 보상이 주어지는 사적 사업이다.

따라서 남아메리카 정글에 사는 갓 결혼한 젊은 야노마모족 남성이 플렌테인,♣ 옥수수, 면화, 담배, 그밖에 작물을 심기 위해 밭을 갈고 있다면 그는 촌락 전체의 이익을 위해 땀을 흘리고 있는 것은 아닐 것이다. 실제로 그는 사람들이 노리는 담배 밭 주변에 울타리를 치고 심지어 부비트랩삼아 날카로운 뼈를 심어놓기도 한다. 밭에서 난 작물을 이웃에게 나누어주는 경우에도 그의 호의는 우정을 고고히 하거나 암묵적인 IOU를 생성시키거나 마음의 빚을 갚거나 지위를 드높이기 위해서라거나 하는 목적에 따라 선택적으로 주어질 것이다.

플렌테인 | 바나나의 일종—옮긴이

농부가 아내를 데려오고

지위와 같이 덧없는 것이 진짜로 사람들을 혁신적 농부가 되도록 부추길 수 있을까? 심지어 정기적으로 식량이 부족하지 않은 상황에서도 말이다. 그에 대한 대답은 '쪼는 순서pecking order'✦의 꼭대기, 즉 야노마모족이나 그밖에 원예사회에서 일반적으로 찾아볼 수 있는 대인 혹은 우두머리를 살펴보면 얻을 수 있다.# 대인은 대개 남보다 넓은 밭을 가지고 있을 뿐만 아니라 보통보다 더 많은 수의 아내를 가지고 있다.

그렇다고 해서 야심찬 대인이 여러 명의 아내를 얻기 위한 체계적인 계획을 수립한다는 말이 아니다. 인간 종의 생물학적 진화 과정에서 수컷 혹은 남성의 지위가 가져다주는 이점 중 하나는 섹스에 쉽게 접근할 수 있다는 점이었다. 이는 우리의 가장 가까운 친족인 침팬지, 보노보, 고릴라의 경우에도 마찬가지이다. 이와 같은 지위와 생식 사이의 상관관계 때문에 지위를 갈망하도록 부추기는 유전자를 지닌 남성은 자연선택에 의해 선호되었다.# 그 결과로 다른 이들에게 깊은 인상을 주고자 하는 충동이 생겨났지만 그와 같은 충동을 느끼는 주체가 그 충동의 존재이유를 알아챌 필요는 없다. 배고픔을 느끼는 사람이 배고픔의 원인이 되는 복잡한 영양학적 지식을 알 필요가 없듯이. 지위는 그저 사람들에게 좋게 느껴질 뿐이다. 많은 사람들에게 있어서 지위 그 자체가 보상이 되는 듯하다. 비록 지위 추구의 궁극적인 진화론적 목적은 유전자의 확산이라고 하더라도 말이다.

✦**쪼는 순서pecking order** | 닭들이 모이를 쪼아 먹을 때 항상 서열이 높은 닭부터 순서대로 먹는다는 사실에 비롯한 것으로 사회적 계층, 위계를 의미하는 용어—옮긴이

한편 농업이 가져다주는 성적 보상에 대해서는 반드시 그런 것은 아닐지 모르지만 어느 정도 의식적 자각이 따를 수도 있다. 앞서 등장한 솔로몬 제도의 소니가 자기는 맛보지 못할 서른두 마리의 살이 오른 돼지를 잡을 때 그는 좀 더 수완 좋은 솔로몬 섬의 연회 개최자(대인)들은 많게는 5명의 부인을 두고 있다는 사실을 알고 있음이 분명하다. 실제로 이따금씩 우리는 먹을 것을 모으는 것과 아내를 모으는 것 사이에 상관관계가 존재하는 것을 발견할 수 있다. 북서해안 인디언들과 그밖에 다른 일부다처 사회에서 밭에서 재배한 식량은 아내를 데려올 때 치르는 '신부 값bride price'의 일부로 쓰였다.

한 쪽에는 농부의 지위와 부, 다른 쪽에는 농부의 아내와 자식의 수를 놓고 비교해보았을 때 얻어진 상관관계를 가지고 고고학자들은 정반대의 인과적 해석을 내놓는 경향을 보인다. 대인들이 많은 수의 아내를 두려고 하는 이유는 "아내가 많으면 더 많은 식량을 생산할 수 있기 때문"이라는 것이다. 물론 대인들은 대가족이 제공하는 노동력에 큰 가치를 두었을 것이다. 그러나 사실 그들의 욕구의 궁극적 논리, 즉 그 욕구에 불을 붙이는 유전자를 선택한 다윈주의적 논리에 따르자면 그들은 아내를 모으기 위해 식량을 모았으며 그 역은 옳지 않다. 음식이 영양적 보상을 가져다준다면 그것도 멋진 일이지만 설사 그렇지 않다고 하더라도 음식은 여전히 가치있는 것이다. 왜냐하면 음식은 그것을 가진 사람의 지위를 경쟁자들보다 더 높여주기 때문이다. 트로브리안드Trobriand 제도에서 한 인류학자가 보고한 내용에 따르면 농부들은 "창고에서 얌이 썩어나는데도 계속해서 가능한 한 많은 수의 얌을 모아놓으려고 했다. 그것은 경쟁자들에게 질투심을 불러일으키기 위해서였다."

학자들이 농업의 기원에 대해 미혹되는 이유는 그들이 원예사회나 완전한 농업사회의 지위 계급 상황을 알지 못해서가 아니다. 문제는 그들이 그와 같은 계급을 농업화의 원인이 아니라 결과물로 보는 경향이 있기 때문이다. 여기에서 '평등주의적 수렵·채집사회'라는 '그릇된 개념 제3번'이 탄생한다.

우리는 이미 순수하게 공동체적인 수렵·채집 집단이라는 존경할만한 개념이 수상쩍을 만큼 지나치게 낭만적인 것이라는 사실을 논의하였다. 예를 들어서 쿵산족 역시 미묘한 방식으로 이기주의에 물들어 있음을 확인했다. 그렇다면 그들 역시 사회적 지위 추구의 경향을 보일까? 그 대답은 명확하게 말하기 어렵다. 왜냐하면 그들의 삶에서 ―약간의 남는 식량이라는 형태의 부라고 할지라도― 부를 축적하기 어렵기 때문이다. 그들은 사막에서 살면서 종종 이동해 다닌다. 그러나 만일 밭을 재배하는 것이 좀 더 용이한 상황이라면 그들 역시 식물을 길러서 여분의 음식을 얻는 것이 더 많은 아내를 얻고 사람들에게 영향력을 행사하기에 좋은 방법이라는 사실을 깨닫게 될 것이라고 예측할 수 있다. 물론 가장 부지런한 사람들이 이러한 사실을 가장 잘 이용해서 아내와 권력을 축적하게 될 것이고 그에 따라 사회적 불평등이 점점 커지게 될 수도 있다. 그러나 어찌되었든 사회적 지위 상승은 농업의 원인이지 결과가 아니다.

어떤 면에서 이러한 사고 실험thought experiment은 이미 현실 세계에서도 수행되었다고 할 수 있다. 부시맨족과 가까운 곳에 있는 가나Gana족은 수렵·채집을 주력으로 하면서 부수적으로 농사도 짓고 있다. 그런데 인류학자인 엘리자베스 캐쉬맨은 이 가나족 남자들 사이에서 성적 자원의 분배가 상당히 불공평하게 이루어지고 있음을 지적했다. 남자들 중 4분의 1

이상이 두 명 이상의 아내를 두고 있다. 수렵·채집사회에 대한 낭만적 인식이 절정에 달했던 1980년대에 캐쉬댄은 이 사실을 보고하면서 가나족 남자들의 사회적 불평등이 농업의 출현과 함께 발생했다는 생각은 틀린 것이라고, 당시로서는 이단적인 주장을 폈다. 이러니저러니 해도 쿵족의 남자들의 5%가 두 명 이상의 아내를 두고 있다. 단 쿵족 사이에서는 지위를 놓고 벌이는 투쟁이 상대적으로 포착하기 힘든 정도로 나타나는 이유는 그들의 삶이 워낙 불안정하고 위험으로 가득 차 있기 때문이다. 어느 가족이든 시시때때로 식량이 부족한 상황에 마주할 수 있기 때문에 일종의 보험으로써 서로 나누는 윤리를 조장해온 것이다. 가나족의 경우 칼라하리 사막의 수렵·채집인들 사이의 엄격한 평등주의의 속박을 약간이나마 걸어낸 사례라고 캐쉬댄은 주장했다.

그리고 그 속박을 걸어내는 첫걸음은 완전히 성숙한 단계의 농업이 아니었다. '원시농업' 수렵·채집사회는 대체로 보통의 수렵·채집사회보다 사회 불평등이 두드러지는 양상을 보인다. 집에서 재배한 음식물이 사회적 지렛대 역할을 해준다는 사실을 아는 민족이 북서해안 인디언들만은 아닌 것이 분명하다.

농업의 기원에 대해 숙고해온 모든 고고학자들이 지위에 대한 추구를 무시했다고 말하는 것은 과장이 될 것이다. 브라이언 해이든은 '경쟁적 연회 개최'라는 주류에서 동떨어진 이론을 내놓았다. 그는 포트래치나 그보다 덜 유명한 촌락 연합 연회에서 그러한 이론을 착안했다. 그의 이론에 따르면 어느 사회든 소니와 같은 야심만만한 대인이 자기 촌락 사람들로 하여금 많은 음식을 마련하도록 할 수 있다면 그는 다른 촌락들과의 연회에서 자신의 지위를 높이는 데 그러한 능력을 사용한다는 것이다. 그리고 그 과정에서 그는 자신의 촌락 안에서 정치적 영향력을 획득할 수 있다.

여기까지는 좋다. 그런데 헤이든은 대인을 모든 사회에서 존재하는, 유전적으로 다른 이들과 구분되는 '자기확대자aggrandizer'라는 '성격유형personality type'이라고 설명했다. 이 자기확대자들이 바로 '제국의 건립자'들이며 그들은 "자신의 이익과 만족을 위해 다른 사람들의 삶을 지배하고자"하는 사람들이라는 것이다. 간단히 말해서 그자들은 여러분이나 나나 헤이든 자신과 같은 착하고 순진한 영혼들과 완전히 다른 나쁜 놈들이라는 것이다. 이는 어떤 면에서는 위안을 주는 세계관이다. 그러나 이는 실제로 관찰되는 사회적 현실은 물론, 현대적인 다윈주의 이론과 잘 맞아떨어지지 않는다. 확실히 우리들 중에서 어떤 이유에서인지 다른 사람보다 유난히 더 야심이 많은 사람들이 있다. 그러나 우리 모두 내부에 작은 대인을 하나씩 지니고 다닌다. 우리는 모두 사회적 지위의 사다리에서 위로, 위로 올라가려는 경향을 타고 났다. 그 중 일부가 어찌하다보니 남들보다 더 위로 오르게 되는 것뿐이다.

사회적 야망이 인류라는 종 전체의 속성인지, 아니면 오직 헨리 포드나 마가렛 대처 같은 사람들만 지닌 특별한 것인지가 뭐가 중요하다는 것일까? 다른 이에게 강한 인상을 주고자 하는 충동이 널리 퍼져 나갈수록 문화의 진화를 추진하는 힘은 더욱 커져갈 것이다. 만일 모든 사람들이 언제나 사회적 지위를 추구하고 있다고 한다면 가장 작고 보잘 것 없는 밭 뙈기에서 그 위로 한 단계 한 단계 올라가는 농업 진화의 모든 발전 국면을 설명하기 쉬워질 것이다. 일종의 무기라고 할 수 있는 식량을 둘러싸고 벌어진 군비확산 경쟁이 농업 발달을 일궈낸 것이다.

실제로 식량은 여러 가지 무기 중 하나일 뿐이다. 정치적 조직 역시 또 다른 형태의 무기이다. 헤이든의 이론이 암시하고, 이 세상의 수많은 소니들이 몸소 보여준 것과 같이 농업 역사의 초창기부터 사람들은 연합을 도모해왔다. 넌제로섬 논리를 이용해서 사람들의 협동을 이끌어낼 수 있었던 지도자들은 지위나 그밖에 사회적 자원을 둘러싸고 벌어지는 경쟁에서 우위를 차지할 수 있었고 결국 미래의 지도자들도 똑같은 일을 단지 좀 더 큰 규모로 되풀이하게 되었다.

여가 시간

사람이 빵만으로 사는 것이 아니라는, 즉 지위도 필요하고 섹스도 필요한 것이라는 사실을 깨닫는다면 수렵 · 채집이 원시적 농업보다 호구지책의 기술로 훨씬 나은 것이라는 주장은 설득력을 잃게 된다. 그런데 수렵 · 채집 방식의 우월성에 대한 주장이 애초에 그릇되거나 적어도 과장된 것임이 드러난다면 농업을 뒷받침하는 논리는 더욱 강력해질 것이다. 그리고 실제로 그 주장은 잘못된 것이거나 과장된 것일 수 있다. 쿵족의 노동 시간에 대한 —하루에 두세 시간 일하고 나머지는 여가 시간이라는— 초기의 계산을 엄밀하게 재조사해본 결과 결함이 발견되었다. 노동 시간을 계산한 사람들은 음식을 가공하고, 창을 만드는 것과 같은 활동을 포함시키지 않았던 것이다. 이제 이 수렵 · 채집인들은 적어도 원예사회의 구성원들만큼 힘들게 일한다는 것으로 드러났다.

수렵 · 채집인들의 삶이 일 년 내내 휴가와 같은 것이 아니라는 추가적인 증거는 원시농업사회에서도 발견할 수 있다. 한 인류학자의 보고에 따르면 쇼숀족이 심은 야생 식물은 일종의 '보험'과 같은 것으로 "종종 매우 중요한 이차적 주식 역할을 했다"고 한다. 볼리비아의 시리오노Siriono 족과 같이 근본적으로는 수렵·채집사회이지만 초기적인 원예사회의 모습을 보이는 사회의 경우도 마찬가지였다. 사냥감을 찾아 숲속을 돌아다닐 때 그들은 여기 저기 흩어져 있는 밭을 둘러본다고 한다. 그들은 밭에서 나는 음식물을 "식품 에너지의 안정적인 급원으로" 의존하고 있기 때문이다.

이 모든 것은 선사 시대 수렵·채집인들의 삶에 대한 보통 사람들의 상식에 기초한 개념이 정곡을 찌르고 있음을 보여준다. 불행은 삶의 일부이고, 지평선 너머에서는 결핍과 곤궁함의 먹구름이 다가오고 있으며, 운명은 준비된 사람들을 편애한다는 것이 그 개념이다. 지위의 추구와 순수한 생존의 추구 사이에서 우리는 농업의 진화를 불러일으킬 강력한 추진력을 지니고 있었던 것이다.

거기에 한 가지 요소를 더하자 추진력은 더욱 거세졌다. 그 요소는 이전 장에서 만났던 우리의 오랜 친구, 바로 전쟁이다. 전쟁이 어떻게 농업 진화를 부추겼을까? 원시 시대의 전쟁에서 순수한 인력 그 자체보다 더 중요한 것은 거의 없었다. 그런데 농업은 수렵·채집보다 훨씬 더 큰 규모의 거주지를 지탱해줄 수 있었다. 지금까지 발굴된 가장 초기의 농경 촌락 중 하나인 고대 도시 제리코Jericho는 약 6에이커의 면적에 수백 명의 인구를 수용하고 있었다. 오늘날 도시의 기준으로 볼 때 큰 규모라고 할 수 없다. 하지만 당시 다른 거주지들과 비교해보자. 당시 그 주변에 남아있는 수렵·채집 촌락들은 기껏해야 인구수가 5분의 1이나 될까 말까 했다. 이 두 촌락 사이에 전투가 벌어지는 상황을 상상해보자. 그렇다면 여러분은 농업이 거부할 수 없을 만큼 유혹적인 삶의 방식임을 깨닫게 될 것이다. 초기의 농부들이 자신들이 선택한 생활양식이 가져다준 군사적 이점에 대해 생각했는지 어땠는지는 모르지만 아무튼 전쟁은 그들의 삶의 방식을 확산시키는 데 도움이 되었을 것이다.

때마침 제리코는 장벽으로 둘러 쌓여 있다. 장벽은 높이가 4미터에 폭이 3미터이며 원기둥 형태의 망루를 지니고 있다. 이 장벽은 집단들 간의 충돌에 의해 생겨나고 농업에 의해 강화된 넌제로섬 원리의 기념비, 즉 한때 세계 역사에서 가장 큰 규모의 공공 건설 공사였을 것이다.[#]

투쟁, 투쟁, 투쟁……

결국 농업의 기원이 "아직 만족스럽게 설명되지 못했다"는 주장은 사람들을 오도하는 그릇된 주장인 것으로 판명되었다. 사실을 말하자면 농업의 유래는 '과잉설명된' 상태이다. 그럴듯한 설명이 부족한 것이 아니라 넘쳐나는 형편이다. 사회 집단 안에서 지위를 놓고 벌어지는 투쟁, 사회 집단 사이의 무력 투쟁, 빈곤에 대항한 투쟁이 그것이다. 이 세 가지 설명이 논리적으로 양립가능하다면 설명의 '과잉'이 과학적으로 흠이 될 것은 없다.

첫 번째 두 종류의 투쟁(전쟁과 지위 다툼)에 대해서는 뚜렷한 고고학적 기록이 남아 있다. 중석기 시대, 농업이 출현하기 직전에 나무와 뼈로 만든 갑옷이 나타났으며 무덤에서는 무력에 의해 살상된 사람들의 흔적이 발견되었고, 벽화 등에는 활을 이용한 전투의 모습이 그려지기 시작했다. 한편 지위가 높은 사람의 무덤에서 출토되는 목걸이, 구슬, 호박으로 만든 장신구 등은 사회 집단 안에서도 지위에 대한 경쟁이 점점 치열해졌음을 보여준다. (이러한 물건들을 먹을 것과 맞바꾸는 거래가 성행했고 그것이 식량 생산을 확대시켰을까? 고고학적 방법으로 이 질문에 대한 답을 얻을 수는 없다. 그러나 그와 같은 교환은 오늘날의 수렵·채집사회에서 발견된다. 예를 들어서 캘리포니아 북부의 포모Pomo족은 구슬을 주고 도토리와 물고기를 얻곤 했다. 어찌되었든 전형적인 농경 촌락인 제리코는 궁극적으로 그 지역의 무역 중심지가 될 터였다.)

세 번째 투쟁, 즉 빈곤에 대항한 투쟁은 앞의 두 투쟁만큼 분명한 기록을 남기지 않았다. 그러나 적어도 이렇게 말할 수 있다. 이 투쟁이 농업의 진화 근간에 있는 중심적인 힘이 아니라고 하더라도 시간이 흐름에 따라서 이 투쟁은 반드시 모습을 드러내게 되어 있다고. 지구상의 인구수가 늘어남에 따라(실제로 수렵·채집사회가 점점 복잡해짐에 따라서 인구수가 점점 증가했다) 자연의 풍요의 뿔cornucopia이 늘어나는 사람들을 더 이상 먹일 수 없는 시점이 올 수밖에 없다. 아무리 교묘하고 새로운 수렵과 채집 기술이 발달한다고 하더라도 말이다.

식량 획득 기술의 진화에 있어서 이 세 가지 종류의 투쟁의 상대적 중요성이 무엇이든 간에 그 효과는 농업이 출현하기 전에도 분명하게 나타났다. 후기 구석기에 진화된 제법 정교하게 만들어진 돌칼에서 중석기 시대의 낫, 활과 화살, 절구와 공이, 그물과 정교한 덫 등이 증거이다. 후기 구석기 동안 식사 메뉴는 기존의 주식인 견과류나 식물 뿌리, 몸집이 큰 동물 등의 범위를 벗어나 조류, 위험한 맹수(사자와 멧돼지), 토끼와 같이 좀 더 작은 동물들을 포함하게 되었다. 그 후 중석기 시대의 새로운 도구 세트 덕분에 메뉴는 한층 더 확장되었다. 달팽이, 도마뱀, 개구리, 풀의 씨앗, 다양한 종류의 물고기와 조개, 독을 제거한 후 먹어야 하는 종류를 포함한 다양한 식물 등이 메뉴에 더해졌던 것이다. 기원전 10000년 유프라테스 강 근처의 한 수렵·채집 촌락에서 사람들은 157종의 식물을 가공해서 먹었다. (환경을 지배해나가는 힘을 점점 더 갖춤에 따라서 이주의 필요성이 점점 줄어들게 되고 그 결과 밭을 가꾸는 것이 점점 더 합리적인 선택이 되었다. 전부는 아니더라도 대부분의 경우에 있어서 정착생활이 완전히 성숙한 단계의 농업화보다 앞서 일어난 것으로 보인다.)

이 오래되고 분명한 —식량 조달 방법이 한결 같이 점점 더 집약적인 형태로 발전해나간다는— 경향은 그동안 우리가 가지고 있던 수렵·채집사회에 대한 이미지, 즉 어떤 외부적 변화가 농업에 대한 갑작스러운 요구를 불러일으킬 때까지 이빨이나 쑤시고 앉아서 유유자적하는 사람들의 이미지와 잘 맞지 않는다. 좀 더 구체적으로 이야기하자면 이러한 경향은 새로운 식량 조달 기술이 이전의 방식보다 분명히 힘이 덜 들지 않는 한, 수렵·채집 집단이 새로운 방법을 채택하지 않을 것이라는 사실과 들어맞지 않는다. 더글라스 프라이스와 제임스 브라운과 같은 학자들이 지적한 대로 농업이 시작되기 전 천 년 동안 수렵·채집사회의 사람들의 식단에 추가된 음식들은 기존의 음식들보다 "획득하는 데에도, 가공하는 데에도 더욱 비용이 많이 드는" 것이었다.

이 모든 사실을 살펴볼 때 농업의 출현은 대대적인 혁명이라기보다는 점진적인 진화에 가깝게 느껴진다. 수렵·채집사회의 사람들은 식량의 획득을 증강하고 한정된 땅에서 더 많은 양의 식량을 얻기 위해 땀 흘려 노력해왔다. 자연의 '평형 상태' 개념에 대해 의심을 표명한 최초의 인류학자인 마크 네이단 코헨의 말을 빌자면 농업은 "기존의 생계를 위한 생활양식 패턴과 아무런 개념적 단절을 보이지 않는다."

농업은 궁극적으로는 사회의 구조를 뒤바꾼 혁명적인 기술로 판명되었다. 실제로 농업이 출현한 이후의 사회 변화 속도는 농업 이전 사회의 느린 변화에 비하여 너무나 획기적으로 빠른 것이었기 때문에 어떤 면에서는 '평형equilibrium' 상태에 혼란이 일어났다고 말하는 것도 일리가 있다고 볼 수 있다. 그러나 중요한 것은 그 혼란 상태가 가뭄이라든지 빙하의 감소와 같은 외부적이고 변덕스러운 힘에 의해 발생한 것이 아니라 오히려 사회적 노력이나 인구 증가와 같은 내부적이고 내재되어 있는 힘에 의해 빚어진 것이라는 점이다.

뿐만 아니라 농업이 가져온 변화가 얼마나 '갑작스러운' 것이든지 간에 그 변화의 본질은 전혀 새로운 것이 아니다. 농업의 궁극적인 사회적 영향(사회적 복잡도와 넌제로섬 원리의 급격한 상승)은 이미 오래 전부터 좀 더 느린 속도로 그 모습을 구현해왔다. 수렵·채집 시대의 막바지에 이르자 과거의 그 어느 때보다도 음식의 종류와 도구는 말할 것도 없고 음식 저장 창고를 비롯하여 정치적 지도력과 더욱 광범위한 연합, 더욱 긴밀한 거래 등을 필요로 하는 온갖 대규모 공공 건설 공사 역시 크게 증가했다.

간단히 말해서 1960년대에 농업을 단순히 "점점 증대되던 문화적 분화와 특화의 정점"으로 봄으로써 농업의 '신비'를 일소해버린 로버트 브레이드우드가 옳다는 것이다. 동식물을 길들이게 된 것을 어마어마하고 대단한 변화에 대한 반응(갑자기 전보다 황폐해지거나 비옥해진 환경 등)으로서 설명하고자 하던 일반적인 시도는 사실 불필요한 것이다. 분명 농업 발달의 논리에 환경적 변화를 추가할 수도 있고 왜 하필 어떤 지역에서는 다른 지역에 비해 농업이 더 일찍 출현했는지를 설명하는 이유가 될 수도 있다. 그러나 애초에 농업 그 자체가 왜 출현하게 되었는가 하는 것이 문제라면 우리는 기후니 식물상이니 동물상이니 하는 세부적인 사실들을 파고들 필요가 없다. 시간만 충분히 주어진다면 농업은 반드시 출현하게 되어 있었던 것이다.

일관적이고 보편적인 진화의 논리가 농업을 떠받치고 있다는 이러한 개념은 다른 식으로 설명하기 힘든 사실을 설명해줄 수 있다. 농업은 여러 차례에 걸쳐서 발명되었으며 일단 한번 발명되면 널리 퍼져 나갔다는 사실이 그것이다. 고고학자들은 농업은 적어도 다섯 번(신세계에서 세 번, 구세계에서 두 번), 어쩌면 일곱 번에 걸쳐서 완전히 새롭게 발견되었다는 사실에 동의하고 있다. 이것은 물론 단순한 우연의 일치로 볼 수 없다.

물론 각기 다른 문화는 농업이라는 문턱에 각기 다른 속도로 도달했다. 우리는 문화의 진화가 지연되는 이유 중 일부를 앞서 살펴보았으며 그밖에도 다른 원인들이 존재한다. 생물학자인 제러드 다이어몬드는 〈총, 균, 쇠〉에서 지리적 환경에 따른 그와 같은 차이에 대해 설명했다. 예를 들어서 어떤 축복받은 지역은 다른 지역에 비해서 쉽게 길들일 수 있는 종들이 풍부하게 존재한다. 그리고 동식물의 종들은 동서로는 쉽게 퍼져 나가는 데 비해서 북서로는 기후의 차이 때문에 상대적으로 잘 퍼져 나가지 못한다. 따라서 유라시아 대륙은 아메리카 대륙이나 아프리카 대륙에 비해서 작물이 퍼져 나가는 데 더 유리했던 것이다. 그렇다고 하더라도 이런 측면에서나 그밖에 다른 측면에서 불리한 지역들도 종종 그 불리함을 극복해냈다.

좀 더 공정하게 고고학자들의 입장을 설명하자면 고고학적 기록에 존재하는 방향성을 지닌 패턴을 부정하는 사람들은 별로 없다. 그리고 일부 고고학자들은 심지어 충분히 긴 시간이 주어진다면 농업이 자연스럽게 출현하게 됐을 것이라고 말한다. 그러나 여전히 고고학자들 앞에서 '가차 없는'이라거나 '사실상 피할 수 없는' 등의 표현을 입에 담는다면 운이 좋으면 회의적인 반응을, 심한 경우라면 경멸적인 반응을 마주하게 될 것이다.

강경파 (문화)진화론과 문화가 좀 더 높은 수준의 조직화를 향해 점진적으로 올라간다는 개념에 그토록 많은 학자들이 거부감을 보이는 것은 역설적이다. 이 장에서 살펴본 바와 같이 수많은 학자들의 눈을 가려서 이 '무차별적인integrated' 힘을 보지 못하도록 만드는 것은 인간사회에 대한 지나치게 '무차별적인' 관점이다. 수렵·채집사회를 긴밀하게 유기적이고, 자연스럽게 협동적이며, 시샘이나 남보다 한 발 앞서 나가려는 욕망이 없는 사회로 봄으로써 그들은 어떤 인간사회에서든 존재하는 미묘하지만 강력하고, 궁극적으로 생산적인 경쟁이라는 힘, 즉 칸트의 '비사회적 사회성'을 간과했던 것이다. 그들이 잘못 받아들인 조화는 실제로 존재하는 조화를 간과하게 만들었다.

이 장을 시작하면서 우리는 어쩌면 농업이 단순히 '이로운 아이디어'이기 때문에 시작되었을지도 모른다고 제안했다. 그런데 대체 어떤 면에서 '이롭다'는 것일까? 굶주림을 피할 수 있게 해주었기 때문에 이롭다는 것일까? 전쟁에서 이기게 해주어서 이롭다는 것일까? 지위를 얻게 해주어서 이롭다는 것일까? 그렇다. 바로 사람들이 하고자 하는 일을 할 수 있도록 돕기 때문에 좋은 것이다. 그리고 이 만족하는 사람들 덕분에 농업이라는 아이디어는 또 다른 매우 근본적인 측면에서 '이로운' 것이었다. 농업은 그 자신을 널리 퍼뜨리기에 이로운 것이었다. 문화 진화의 '만인의 만인에 대한 투쟁'에서 농업이라는 개념은 결국 생존자의 지위에 올랐다.

추장사회 시대

18세기 철학자들이 종교를 성직자들이 생각해낸 거대한 오류라고 지적했을 때,
적어도 그들은 성직자 계급이 자신의 이익을 위해 대중을 속여온 것이
종교가 지속되어온 이유라고 설명할 수 있었다.
그런데 만일 대중들 스스로가 이 그릇된 개념의 체계를 만들어낸 장본인이라면?
사람들이 스스로 속고 속인 것이라면, 어떻게 이 엄청난 속임수가 역사를 통해
영속되어올 수 있었던 것일까?
– 에밀 뒤르켐Émile Durkheim

3세기 전, 북아메리카에 발을 디딘 유럽인들이 나체즈Natchez 인디언의
추장을 처음 마주했을 때 그들은 추장의 거대한 자존감을 뚜렷이 확인할
수 있었다. 한 예수회 성직자의 말에 따르면 추장은 "지구상에 자신보다
더 존귀한 존재는 없다고 확신"하고 있었다. 그리고 그 추장은 하늘에서
는 태양보다 더 존귀한 존재가 없다고 알고 있기 때문에 자신을 '태양의
형제'로 간주하는 것을 지극히 당연하게 여겼다. 이러한 논리는 태양을
숭배하는 나체즈 인디언들에게 이치에 맞는 것으로 여겨졌고 그들은 추장
의 성스러운 후광에 조금이나마 더 가까이 다가서기 위해 경쟁을 벌였다.
추장이 죽자 사후세계로 떠나는 추장과 동행할 영예를 얻은 사람들은 의
식을 잃을 정도로 다량의 담배를 삼킨 후 성대하게 거행된 의식 속에서 교
살되었다.

오늘날의 관점으로 볼 때 추장이나 그 추종자들 모두 이해하기 힘들다.

오늘날의 정치인 가운데에서 자신을 신이나 혹은 신에 버금가는 존재라고 여기는 자들은 —적어도 그렇다고 대놓고 말하는 자들은— 별로 없을 것이다. 그리고 정치인과 영생을 함께 하기를 열망하는 시민도 찾아보기 힘들 것이다. 따라서 여러분은 나체즈 사람들을 그저 매우 특이한 예외로 치부해 버리고 싶은 유혹을 느낄 것이다. 그러나 사실 그들은 매우 전형적인 사람들이다. 그들은 문화 진화의 특정 국면을 살아가는 사람들의 전형적인 모습을 보여주고 있다. 그 국면이 바로 추장사회chiefdom이다. 추장사회에서는 수많은 촌락들이 견고하고 중앙적인 정치 지도자에게 복종하며 그 지도력은 뚜렷하게 제도화되어 있다.

고고학적 기록을 통해서 우리는 문화의 진화 과정에서 고대의 국가 수준의 사회들은 하나같이 그 이전에 추장사회 단계를 거쳐 왔음을 확인할 수 있다. 그런데 민족지학적 기록에 따르면 모든 추장사회의 지도자들이 한결 같이 자신이 성스러운 힘에 접근할 수 있는 특별한 권한을 가지고 있다고 주장해왔다. 그리고 놀랍게도 그의 백성들은 그와 같은 주장을 그럴듯한 것으로 받아 들여왔다.

그렇다면 '추장사회'가 문화 진화의 한 표준적인 단계이며 '대인' 사회와 고대의 국가 사이의 자연적인 변이 과정이라고 어떻게 우리는 확신할 수 있을까? 선사 시대라는 정의 그대로 그 시대의 흔적이 기록으로 남아있지 않은 상황에서 우리는 어떻게 오래 전에 사라진 사람들의 사회 구조를 식별해낼 수 있을까? 다행히도 추장 특유의 거창한 자부심이 답을 찾는 데 도움을 준다.

우리는 지난 몇 세기 동안 관찰된 추장사회를 통해서 추장들이 자신의 권위를 강조하기 위해서 별의별 짓을 다 한다는 것을 알게 되었다. 폴리네시아의 어떤 추장은 자신의 얼굴 전체를 화려한 장식 예술품으로 탈바꿈시켰다. 그는 자신의 피부를 카우보이 부츠의 가죽처럼 만들기 위해서 문신을 새기는 것과 비슷한 고통스러운 과정을 견뎌냈던 것이다. 또 어떤 추장들은 아내들을 억지로 먹여 비만으로 만들어서 자신의 부에 대한 생생한 산 증인으로 삼았다. 고고학자들이 슬퍼할 노릇이지만 지방세포나 문신으로 뒤덮인 피부는 화석화되기 어렵다. 그러나 다행히도 추장들이 자신의 신분을 과시하는 데 사용하는, 또 다른 흔히 보이는 형태의 기념물들은 그보다 오래 남는 경향이 있다. 추장의 남다른 혈통을 칭송하기 위해서 —혹은 상기시키기 위해서— 건조한 기념비적 건축물들이 그 예이다.

북아메리카에 지어진 추장들의 거대한 흙무덤, 타히티의 피라미드 모양의 사원, 메소포타미아 지방의 최초의 지구라트ziggurat,♣ 높이가 10미터에 이르는 이스터섬의 거대한 돌로 된 두상 등은 모두 대인 수준을 벗어난, 한층 더 발전한 사회 조직화를 암시한다. 이러한 사례와 또 다른 추장 사회의 특징을 이용해서 고고학자들은 하나의 분명한 패턴을 찾아냈다.# 농업이 처음으로 어떤 지역 전체에 퍼지게 되면 그 뒤를 이어 추장사회가 나타나는 경향이 있다는 것이다.

그렇다고 해서 농업이 추장사회의 선행조건은 아니다. 대개 자연적 풍요와 그에 수반한 인구 증가가 요건인 것으로 보인다. 우리가 앞서 살펴본 바와 같이 북서해안 인디언들은 추장사회의 문턱에 거의 이르렀다. 그리고 플로리다의 칼루사Calusa족 역시 해안의 수렵·채집 부족이었지만 완전히 성숙한 단계의 추장사회에 이르렀다. 이들의 지도자는 80척의 카누 함대를 급파해서 폰세 데 레온Ponce de León♣과 싸우게 했다.

그러나 그 반대로 식물과 동물을 길들이게 되었다고 해서 곧바로 추장사회가 뒤따라오는 것은 아니다. 아마존이나 뉴기니의 정글에서는 농업이 그다지 빠른 시간 안에 생산적인 생계수단이 되지 못하였다. 그러나 온화한 조건에서 천 년이나 이천 년쯤 지나면 널리 퍼진 농업이 사회의 조직화를 촉진해서 추장사회의 시대로 이끄는 경향이 확실히 나타난다.

그렇기 때문에 기원전 4000년경에 잉글랜드에서 농업과 가축을 방목하는 농장이 나타나고 그로부터 1,000년 안에 '거석(巨石, megalith)', 바로 스톤헨지Stonehenge♣에서 보이는 것과 같이 규칙적으로 배열된 둥근 돌덩이들이 모습을 드러내기 시작했다. 유럽 대륙에서는 먼저 농업이 출현하고 그 다음 추장사회가 뒤따르는 식의 패턴이 좀 더 일찍 일어났다. (독일과 갈리아Gaul♣로 진군해나가던 율리우스 카이사르는 추장사회를 마주했을 것이다.) 메소아메리카(Mesoamerica, 중앙아메리카와 오늘날 멕시코의 남부)에서는 기원전 2000년 무렵에 농사를 짓는 촌락들이 흔했고 그로부터 1,000년 안에 이스터섬에서 볼 수 있는 것과 같은 거대한 돌로 된 두상들이 나타났다. 그 밖에도 이와 같은 예는 무수히 존재한다. 랜돌프 비드머는 추장사회가 "다양한 시기에 유럽, 아프리카, 아메리카, 멜라네시아, 폴리네시아, 근동, 아시아에 걸쳐서 가장 흔한 형태의 사회 형태였다"고 주장한다. 농업은 전 세계에 걸쳐서 몇 차례 새로이 발견되고, 또 널리 퍼져 나감에 따라서 문화 진화의 행진이 거침없이 진행되었던 것이다. 추장사회는 더 크고 더

.

지구라트ziggurat | 메소포타미아의 각지에서 발견되는 고대의 건조물로 구약성서에 나오는 '바벨탑'은 바빌론의 지구라트를 가리키는 것이다—옮긴이
폰세 데 레온Ponce de León | 플로리다를 처음 발견한 스페인의 정복자—옮긴이
스톤헨지Stonehenge | 영국 윌트셔주 솔즈베리 평원에 있는 거석기념물—옮긴이
갈리아Gaul | 켈트족이었던 고대 갈리아 사람들이 살던 곳으로 지금의 프랑스와 벨기에, 서부 독일, 북부 이탈리아 일부가 여기에 해당한다—옮긴이

복잡한 사회 조직을 향해 나가는 기본적인 경향을 지탱해주고 있다.

그들은 넌제로섬 원리를 대규모로 길들임으로써 번영을 누렸던 것으로 보인다. 추장은 북서해안 인디언의 대인과 마찬가지로 사회에서 필요로 하는 조율 기능을 수행했다. 그러나 추장의 경우 대인에 비해서 조율해야 할 대상의 규모가 훨씬 커졌다. 수천 명, 심지어 수만 명에 이르는 사람들과 경우에 따라서 다양한 환경과 자원을 관리해야 했다. 따라서 더욱 깊이 있고 광범위한 경제적 통합이 이루어졌으리라 상상할 수 있다. 또한 노동의 분화나 정기적인 경제적 교류도 한층 더 높은 수준으로 이루어졌을 것이다. 뿐만 아니라 관개 시설이나 심지어 댐과 같은 더욱 야심찬 공공 건설 공사가 시도되었을 것이다.

멋진 이야기처럼 들린다. 그런데 여기에서 두 가지 의문이 떠오른다.

첫째, 어떻게 넌제로섬 원리라는 냉정한 논리가 말도 안 되는 미신의 온상이 될 수 있었을까? 어떻게 태양 숭배나 교살 의식과 같은 행위가 경제적 효율성으로 해석될 수 있을까?

둘째, 전형적인 추장들이 어떻게 신뢰할 수 있는 공공의 선의 관리인이 될 수 있었을까? 아무리 보아도 추장들은 다른 이들의 복지에 별로 민감하지 못한 인물들이다. 16세기 대추장에게 복종했던 칼루사 촌락의 네 명의 지도자들의 사례를 생각해보자. 아마 그들은 충분히 복종하지는 않았던 모양이다. 대추장이 네 추장의 머리를 잘라서 연회장에 걸어놓았으니 말이다. 한편 파우하탄의 추장(인디언 공주 포카혼타스의 아버지)의 추종자들은 "추장의 말만 떨어지면 무엇이든 그의 발밑에 가져다놓았으며, 추장이 눈썹 한번 찡그려도 가장 용감한 정신의 소유자들도 부들부들 떨었다"고 영국인 존 스미스는 묘사했다. 부하들의 이러한 태도는 정치인의 거품처

럼 부풀어 오르는 자기확대self-aggrandizement 기질을 제어하는 데 좋은 태도
는 아님이 분명하다.

  이러한 의문에 대하여 보통 나타나는 반응 중 하나는 매우 단순하다. 추
장들은 실제로 대중을 위해 봉사하지 않았다는 것이다. 그들은 대중을 속
여서 대중으로 하여금 자신들에게 봉사하게 만들었으며 종교가 바로 그
속임수의 일부라는 것이다. 어느 고고학자는 "추장들이 자신의 이익을 위
해 사회의 종교적 지도자들을 이용했다"고 주장한다. 이런 관점에서 볼
때 추장사회의 노동 분화와 공공사업이 포지티브섬을 창출하지만, 즉 같
은 사람들이 따로따로 혼자서 일했을 때보다 더 많은 생산물을 내놓지만
추장이 그 이익을 자기 마음대로 전횡하며 협력과 상승작용를 통해 그 이
익을 창출해낸 사람들에게 돌려주지 않는다는 것이다. 간단히 말해서 추
장들은 무임승차자라는 것이다.

  여기서 우리는 앞서 잠깐 언급한, 인간의 역사에 너무나 자주 적용되어
온 유서 깊은 논쟁을 다시 떠올리게 된다. 그것은 바로 지배계층 엘리트의
착취에 대한 문제이다. 논쟁의 한쪽 극단에는 팡글로스적Panglossian✚ 낙관
주의자들이 있다. 이들은 많은 경우에 정치성향에 있어서 우편향적이며
가장 정당화하기 어려운 사회 불평등에서도 밝은 측면을 찾아내는 사람들
이다. 한편 다른 쪽 극단에는 전형적 좌파, 경우에 따라 마르크스주의자들
이 있는데 이들은 눈에 보이는 어느 곳에서든 착취를 찾아낸다.

  이 논쟁의 증거를 찾을 수 있는 곳 중 하나가 폴리네시아이다. 여러 개
의 섬들이 여기저기 드문드문 떨어져 있는, 남태평양에 광활하게 펼쳐진

팡글로스적Panglossian | 볼테르의 〈캉디드〉에서 주인공의 스승인 낙천적인 철학자의 이름을 딴 표현
—옮긴이

이 지역은 추장사회의 실험실이라고 할 수 있다. 기원전 200년과 그리스도 기원후 1000년 사이에 이 지역의 정착자들은 한 섬에서 다른 섬으로 이리 저리 건너 뛰어가서 새로운 사회들을 건설했다. 하와이(약 400년경에 정착)를 비롯한 일부 경우에는 다른 사회와 고립된 상태로 사회적 실험이 수행되었다. 그와 같은 격리 상태에도 불구하고 폴리네시아 전체에 걸쳐서 나타난 일반적인 패턴은 각 섬마다 추장사회가 만개했으며 시간이 흐름에 따라 점점 더 복잡하게 발전해나갔다는 것이다.

문제는 이것이다. 그것이 뒤따르는 이익을 사람들이 어느 정도 공정하게 나누어갖는 '이로운' 복잡성이었을까, '해로운' 복잡성이었을까? 그리고 종교는 여기에서 어느 부분에 해당되는가?

폴리네시아의 추장사회

일반적인 폴리네시아의 추장들은 엄청난 정도의 종교적 힘을 가지고 있었다. 그는 속세에 내려온 신의 대리인이었으며 신의 성스러운 힘(마나mana)이 사회로 전달되는 도관과 같은 존재였다. 실제로 그는 평민들이 그와 직접 접촉해서는 안 된다는 타푸(tapu, 오늘날 터부taboo에 해당)를 가지고 있었다. 어떤 추장은 항상 가마를 타고 다녔으며 자신을 대신해서 대중과의 소통이라는 지저분한 일을 도맡아 하도록 훈련된 '대변인talking chief'을 데리고 다녔다. 한 서양의 학자가 묘사한 바에 따르면 폴리네시아의 추장은 "대중들 앞에 신으로 군림"한다.

한 눈에 보기에도 추장의 신성함은 다른 이들을 착취할 무제한적인 허가를 부여하는 듯하다. 그러나 최소한 어느 정도 범위에서 그 역시 대중들에게 봉사했다고 할 수 있다. 위험 분산과 공공사업이라는 넌제로섬 원리의 고전적 사례들이 그 예이다. 수많은 섬에서 추장의 성스러운 후광은 사람들로 하여금 기근을 대비해 비축해두는 전분 덩어리를 내놓도록 만들었다. 그밖에 사람들이 추렴한 음식들(지금으로 치면 세금 수익)은 관개 시설을 건설하는 인부들을 먹이는 데 사용되었다. 하와이의 추장들은 바닷물을 돌로 막아 만든 400여 개의 염수 저수지(물고기 연못fish pond)로 해안을 수놓았다. 추장들은 또한 카누를 제조하고 카누 조종자를 교육하는 것을 관장했다. 그리고 또한 평민들의 혈세로 마련된 거창한 연회들이 있다. 이러한 '재분배' 의식을 통해서 평민들은 자신이 직접 재배하거나 기르지 않은 진귀한 음식들을 맛보고 시장 경제 체제 안의 사람들이 당연한 것으로 생각하며 누리고 있는 넌제로섬 게임에 참여하게 된다.[#]

천국 같은 얘기라고? 너무 성급히 결론 내리지 마시라. 특히 규모가 크고 고도로 계층화된 추장사회에서 추장이 애덤 스미스의 보이지 않는 손의 역할을 대신해 관장하는 노동의 분화는 노동자들에게 별로 혜택을 주지 못하는 경우가 많다. 하와이에서 '재분배'를 위해 거두어들인 새의 깃털, 개, 나무껍질로 만든 옷감 등은 애초에 그 물건들을 생산한 계층 수준까지 흘러 내려오는 경우가 드물다. 이 물건들은 대개 추장의 핵심적인 부하들에게 일종의 장려금으로 지급된다. 그리고 이 부하들은 대개 추장의 친족들이다. 평민들이 힘들여 건설한 '물고기 연못'에서 잡은 물고기의 대부분은 엘리트 계층의 만찬 식탁 위에 오르게 되어 있다. 통가에서 평민들의 노동의 산물로 유지하는 사회의 공식적인 석공들은 추장들의 무덤을 만드는 데 대부분의 시간을 바친다.

이렇게 권력은 부패하게 마련이며 절대 권력은 반드시 부패하게 되어 있다고 하더라도 우리는 일단 이런 질문을 던져보아야 한다. '대중들 앞에 신으로 군림'하는 자가 어째서 보통의 폴리네시아 추장들보다 더욱 더자신의 권력을 한층 더 강화하지 않았을까? 그러니까 사실 우리가 더 궁금하게 여겨야 할 것은 왜 그들이 왜 완전히 공정하지 않은가 하는 문제보다도 추장들이 공정함 따위에 신경을 썼는가 하는 문제이다. 신과 같은 어마어마한 지위와 인간 본성에 내재된 탐욕스러움에도 불구하고 비교적 추장들을 선량하게 행동하게 만든 것은 무엇이었을까?

일단 그것은 두려움이었을 것이다. 놀라운 이야기겠지만 반신반인의추장들은 위태로운 삶을 살았다. 엘먼 서비스의 표현을 빌자면 "각각의추장사회가 일어나고 망하는 사건은 너무나 빈번하게 일어나는 현상이어서 그 사회의 본질의 일부인 듯 했다."

추장사회의 종말을 가져오는 원인은 대개 두 가지로 요약된다. 첫째, 전쟁에서 패하는 것이다. 여기에 대해서는 다양한 인류학자들이 다양한 폴리네시아 섬의 사례를 들어왔다. "사모아(만성적인 전쟁 상태)", "니우에Niue섬(거의 끊임없는 전쟁 상태)", "통가레바Tongareva(계속되는 전투와 전쟁)" 등이그 예이다. 이런 측면에서 볼 때 폴리네시아의 추장사회는 "어디서나 일어나고, 매우 격심하며, 끝없이 일어나는" 전쟁에 시달리는 컬럼비아의카우카Cauca 계곡의 추장사회를 비롯한 다른 추장사회들과 비슷한 상황이다.

우리가 5장에서 살펴본 것과 같이 전쟁은 특정 속성이 결여되어 있는사회 구조에 불이익을 준다. 그 중 한 속성이 "경제적 열의"이다. 사회가도태되지 않으려면 무기와 카누를 만들고 많은 수의 사람들이 밀집해서살아가기에 충분한 식량을 생산해낼 수 있는 부를 창출해야 한다. 따라서 전쟁은 추장들로 하여금 보이지 않는 손의 대리 역할을 되도록 훌륭하게 수행하도록 밀어붙였다고 볼 수 있다. 그리고 보이지 않는 손의 성공의 핵심 중 하나는 일한 사람에게 마땅한 보상을 주는 것이다. 다시 말해서 넌제로섬 결실을 그것을 생산한 사람들에게 돌려주는 것은 더 많은 결실을 창출하도록 격려함과 동시에 무임승차의 유혹에 저항하도록 하는 것이다.

그렇지만 대체 왜 평민들을 격려하는 데 신경을 쓰는 것일까? 만일 추장들이 반신반인적 존재라면 그저 평민들에게 일을 더욱 열심히 하라고 명령해버리면 그만 아닐까? 이제 추장사회가 무너지는 두 번째 원인이 모습을 드러낼 차례이다. 인간 본성의 진화에 대한 커다란 오해 중 하나가 사람들이 양처럼 순하다는 것이다. 우리가 사회 계층 안에서 진화되었기 때문에(맞다) 우리는 노예처럼 낮은 지위를 받아들이고 맹목적으로 지도자의 뒤를 따르도록 설계되었다는 것이다(틀리다). 사람들은 그 본성에 있어서 주어진 상황에서 자신이 오를 수 있는 가장 높은 지위를 추구한다. 그리고 지도자의 권위가 자신에게 이익을 주는 한에서 그 권위를 인정한다. 지도자의 권위가 자신의 이익에 부합하지 않을 때 사람들은 불평하기 시작한다. 타히티 원주민들은 일부 추장들을 "정부의 권력을 너무 많이 집어삼킨다"고 비난했다.

결론은 이론적으로 가능한 넌제로섬 게임의 특정 종류의 결론은 현실 세계와는 동떨어져 있다는 것이다. '불운한 평민들을 완전히 착취하는 게임'이라고 부를만한 다음의 "보수행렬payoff matrix"을 고려해보자. 만일 추장과 다섯 명의 평민이 협동해서 게임을 수행하지 않으면, 다시 말해서 원활하게 기능하는 추장사회에 기여하지 않으면 추장도 0점을 얻고 평민들도 각자 0점을 얻는다. 그런데 추장과 평민들이 협동해서 게임을 수행하면 추장은 5점을 얻고 평민들은 여전히 0점을 얻는다. 이 게임은 결코 양쪽 다 이기는 결과를 내지 못하지만 그럼에도 이 게임은 여전히 넌제로섬 게임이다. 왜냐하면 게임 참여자들의 운명이 역의 관계에 있지 않기 때문이다. 그러나 나는 역사에서 이런 종류의 포지티브섬 결과를 별로 찾아볼 수 없다고 본다. 그 이유 중 하나는 순수한 노예 제도가 아닌 다음에는 실제 세계의 어떤 조건에서도 인간 본성이 이런 정도의 착취(순수한 무임승차)를 용납하지 않기 때문이다.

사실 인간 본성은 허구 세계의 조건에서도 이런 종류의 무임승차를 용납하지 않는다. 고전적 게임이론 실험 중 하나에서 짝을 이룬 피험자들이 공통으로 공돈을 얻게 된다. 두 피험자 중 한 사람(추장에 해당) 두 사람이 돈을 어떻게 나눠가질지를 결정하고 나머지 사람(평민에 해당)은 첫 번째 사람이 할당한 몫을 받아들이든지 아니면 게임 자체를 거부해서 두 사람 모두 공돈을 받지 못하는 쪽을 선택할 수 있다. 그런데 심하게 불공평한 분배에 대해 두 번째 사람이 거부해버리는 결과가 거듭해서 나타났다. 예를 들어서 백 달러 중에서 첫 번째 사람이 자신은 80달러를 갖고 두 번째 사람이 20달러를 갖도록 배분할 경우 두 번째 사람의 절반 정도는 그 제안을 거부해버렸다. 그리고 20달러 이하인 경우 거부하는 비율은 더욱 높아졌다. 생각해보라. 대학생이 아무 일도 안하고 공짜로 얻을 수 있는 돈을 거부해버렸다는 것이다. 이는 분명 사람들이 참여하고자 하지 않는 종류의 넌제로섬 게임이 존재한다는 것을 보여준다.[#] 그리고 사람들의 이러한 자부심은 다양한 문화에 걸쳐서 공통적으로 나타났다. 일본, 슬로베니아, 미국, 이스라엘에서 수행된 실험이 기본적으로 같은 결론을 보였던 것이다.

사람들이 천성적으로 지나치게 부당한 거래에 저항한다는 말은 그렇다고 해서 지나치게 부당한 거래가 일어나지 않는다는 말은 아니다. 1994년 노벨상을 수상한 게임이론가 존 내쉬는 어떻게 다양한 상황들이 사람의 협상 입지bargaining position를 약화시키며, 그 결과 넌제로섬 게임의 '논리적' 결과가 우리 대부분이 공정하다고 생각하지 않는 것이 될 수 있는지에 대해 엄밀하게 연구했다. 즉 소득 수준이 서로 다른 사람들이 공동의 동일한 노동으로 얻어진 이익을 어떻게 나눌지를 놓고 교섭할 때 더 부유한 사람이 더 유리한 조건에 있다. 돈을 덜 필요로 하는 사람이 좀 더 확신을 가지고 게임 자체를 무효화 하겠다고 배짱을 부릴 수 있는 것이다.[#]

추장사회의 교섭에 있어서 평민들의 불리함은 단순히 수입이 적은 정도와 비교할 수가 없다. 추장사회 아래의 사회조직에서 사람들은 종종 "발에 의한 투표vote with their feet"[♣]를 한다. 북서해안 인디언들은 자신의 대인에게 불만을 품을 경우 충성의 대상을 바꾸어 다른 대인을 추대할 수 있었다. 그러나 추장사회에서는 그것이 쉽지 않은 일이다. 옆 촌락도 그 옆의 옆 촌락도 똑같은 추장을 섬기고 있는 상황이기 때문이다. (파우하탄의 추장사회는 100개 이상의 촌락을 아우르고 있었다.) 뿐만 아니라 추장은 개방적인 이민 정책을 허용하지 않을 수도 있다. 교섭의 불리함(다른 게임 자체를 찾을 수 없는 형편)은 왜 추장사회의 출현과 함께 사회적 불평등이 더욱 뚜렷해지고 심지어 불평등이 고착되게 되었는지를 설명해준다. 예를 들어서 나체즈 인디언의 사회는 '태양족Sun People', '귀족', '영예로운 대중 Honorable People', '더러운 놈들Stinkard'과 같이 네 계급으로 나누어졌다.

발에 의한 투표vote with their feet | 사람들이 자신이 원하는 조건을 제공하는 정치체제를 찾아 이주한다는 의미—옮긴이

내쉬의 연구와 나체즈의 계급 시스템은 넌제로섬 원리가 대체로 좋은 것이지만 그 자체로 선한 것은 아니라는 사실을 상기시켜준다. 역사를 통해서 넌제로섬 원리가 자연스럽게 성장한다는 경향이 있다고 해서 아무런 길잡이 없이 마술처럼 정의와 사회적 공정함이 우세하게 되는 결론에 도달한다는 의미는 아니다. 그러나 인간 본성은 확실히 불의에 어느 정도 제한을 가하는 경향이 있다. 대중의 노동의 산물을 한 줌 정도 되는 엘리트 계층이 독점하는 것은 일반적으로 거의 실현 불가능하다. 평민들이 점점 동요하기 때문이다.

보통의 추장들이 자신에게 불만을 품은 사람들을 잔인하게 탄압하고 싶을 것이라는 사실은 누구나 알 수 있다. 그러나 그의 권력은 제한되어 있다. 그에게는 믿을 만한 충복이 몇 명 있을 수도 있지만 국가 수준의 사회에서 볼 수 있는 대규모의 치안 병력이나 군대와 같은 것이 존재하지 않는다. (추장사회와 국가를 구분하는 표준적인 기준 가운데 하나는 합법적인 무력 사용의 독점 여부이다. 추장사회에서는 범죄의 피해자가 자신의 친척이나 친구들과 합세해서 스스로 가해자에게 보복을 가할 수 있다. 비록 추장의 축복을 받으면서 보복을 실행하는 것이 권장되기는 하지만 말이다.) 따라서 추장이 아무리 압제적이고 포악하다고 하더라도 추장사회에서는 권력이 어느 정도 분산되어 있다. 실제로 추장이 압제적인 것은 그처럼 분산된 권력을 상쇄하려는 측면이 있는 것일지도 모른다. 남아메리카의 추장들이 적의 해골을 줄로 꿰어 매달아 자신의 집앞을 장식하는 것은 사람들의 두려움이 수그러들지나 않을까 하는 우려에서 나온 것으로, 이는 어떤 면에서는 추장의 불안감(지위의 불안정성)을 표출하는 것이라고 볼 수 있다.

인류학자인 패트릭 커취가 〈폴리네시아 추장사회의 진화*The Evolution of*

the Polynesian Chiefdom〉에 보고한 내용에 따르면 고도로 계층화된 하와이, 타히티, 통가의 추장사회에서도 "추장들은 여전히 공동의 복지를 위해 일할 것으로 기대되었다. 지나치게 교만한 추장의 행동은 반항의 원인을 불러일으켰다." 공예품과 음식 등 세금 수익으로 가득 찬 하와이의 창고를 생각해보자. 창고에 들어찬 물품들은 사회보험이나 공공사업의 재원으로 쓰이는 등 순수한 넌제로섬 기능의 일부를 수행한다. 그러나 추장의 관점에서 볼 때 경제적 기능은 좀 더 심원한 정치적 기능에 기여한다. 19세기 하와이의 한 추장이 설명한 것과 같이 창고는 "사람들을 만족스럽게 만들어서 그들의 왕을 저버리지 않도록" 하는 데 사용되었다. (누가 뭐래도 "쥐는 식료품 저장실을 저버리지 않는다.") 지도자들이 대중의 이익을 위해 봉사하는 까닭이 바로 이것이다. 대중을 사랑하는 마음 때문이 아니라 공공복지를 무시할 경우 자신의 복지 자체가 위태로워지기 때문이다. 조금 전 언급한 19세기의 추장은 수많은 하와이의 지배자들이 "사람들의 손에 목숨을 잃었는데 그 까닭은 그가 평민들을 탄압했기 때문"이라고 말했다.

추장을 위한 변명

추장사회의 착취적 측면만을 강조하는 학자들은 화폐가 없는 경제 체제에서 사회가 제대로 돌아가도록 돌보는, 다시 말해서 보이지 않는 손의 역할을 하는 데 따르는 추장들의 어려움을 과소평가하고 있다. 어느 고고학 교과서에 따르면 추장들이 극히 중요한 자원에 '제한된 접근 권리'를 취득함에 따라서 추장사회가 발생하게 되었다고 한다. 그런데 당연한 얘기겠지만 시장 역시 중요한 자원에 대한 사람들의 접근을 제한한다. 돈이 없으면 중요한 자원에 접근할 수 없다. 그리고 돈을 벌기 위해서는 일을 해야 한다. 추장들의 자원 제한에 있어서 흔히 발견되는 전술은 '물에 대한 지배'를 '사람에 대한 지배'로 확장하는 것이라고 그 교과서에 쓰여 있다. 그러나 적어도 일부 경우에서 이 설명은 어딘가 문제가 있어 보인다. 댐을 건설하는 데 기여한 사람들에게 댐에 저장한 물을 댈 수 있는 땅을 나눠준 하와이의 추장에 대해 뭐라고 말할 수 있을까? 일단 그는 댐이 만들어지도록 할 수 있었다. 그 다음 그는 넌제로섬 이익을 얻는 길에 도사리고 있는 장애물, 바로 무임승차자 문제를 뛰어넘을 수 있었다. 그는 기여하지 않은 프로젝트에서 이익을 맛볼 수 없다는 점을 사람들에게 보여주었던 것이다.[#]

추장이 수행한 이로운 점들을 고려할 때 일부 인류학자들이 주장하는 것과 같이 잘 꾸며진 폴리네시아의 '거대한 건물, 회합 장소, 사원' 등이 '사회정치적 피라미드의 정점에 있는 자들을 위해' 징발되는 부를 강화시킨다고 가정하는 것은 적절치 못할 수도 있다. 사원이나 공공 회합 장소 등은 종교의 일부로서 어느 정도의 착취를 부추기는 것이 사실이지만 공공 복지에 기여하는 것도 사실이다. 따라서 이러한 것들을 회계 장부의 어느 항목에 기입하느냐 하는 문제는 논쟁거리가 될 수 있다. 마빈 해리스의 주장에 따르면 "재분배 시스템의 살아있는 문맥 안에서 볼 때 무덤, 거석, 사원 등은 기능적 요소로 나타나며 농업 생산에 대한 의식(儀式, ritual)의 강화에 따라 증가되는 수확에 비해 그 비용은 미미하다."

자, 추장들을 위한 변명은 이만하면 되었다. 대체로 그들은 무자비하고, 이기적이며, 권력에 굶주린 괴물들이다. 그러나 다시 말하지만, 우리라고 해서 다를 것이 있을까? 혹은 적어도 우리가 상당히 커다란 도박을 하고 있다고 한다면 말이다. 어찌되었든 정치인들은 종종 무자비하고 이기적이며 권력에 굶주린 괴물의 모습을 보여왔다. 추장사회에서도, 권위주의적 국가에서도, 민주주의 사회에서도 말이다. 각기 다른 정부들이 얼마나 착취적인지를 평가하는 데 있어서 핵심적인 질문은 이것이다. 지도자들이 자신의 탐욕이 부메랑이 되어 쫓아오지 않는 선에서 어느 정도까지 탐욕스러워질 수 있는가?

그 대답은 부분적으로는 문화적·(특히)기술적 진화의 수준에 달려있다. 예를 들어서 결국에는 돈이라는 기술이 도래하여 보통 사람들이 지도자의 간섭을 덜 받으며 시장을 통해 넌제로섬 이익을 맛보는 것이 한층 더 쉬워졌다. 그러나 돈이 사용되기 전인 추장사회 시대의 경제에서 대부분의 넌제로섬 원리는 중앙집중적 도관을 통해 흘러갔으며 그 결과 착취를 낳게 되었다.

전체적으로 볼 때 과거 10,000년 동안의 기술적 진화가 중앙집중적 무임승차 관행에 나쁜 소식이었다고 주장하는 바이다. 실제로 새로운 기술들(특히 정보 기술)이 사람들을 해방시켜온 효과는 문화 진화의 전개에서 마주하게 되는 흐뭇한 주제들 중 하나이다. 그러나 지금 여기에서 핵심은 주도적인 기술이 무엇이든, 사람들이 조직 중심의 지도력에 얼마나 의존하고 있든 간에 지도자의 자기 권력 확대에는 한계를 갖고 있다는 것이다.

실제로 폴리네시아의 경우 종교는 사회에 심각한 해악을 입힐 정도로 독재적인 정부에 대한 보장책을 포함하고 있다. 마나는 오직 추장만이 독점할 수 있는 것이 아니었다. 추장을 통해서 마나는 추장의 부하들에게로 흘러가고 또 그보다 더 아래로 차례로 흘러 내려갔다. (따라서 마나는 오늘날 군대의 계급과 같은 것이라고 할 수 있다. 다시 말해 마나는 각기 맡은 책임에 비례하여 개인에게 주어지는 권한의 정도이며 이는 상의하달식 '중앙통제경제command economy' 의 유용한 특성이라고 할 수 있다.) 뿐만 아니라 추장의 마나가 크다는 것은 그가 사회를 잘 통치하고 있다는 증거이기도 했다. 만일 추장이 전쟁에서 패하는 등 곤경에 빠지게 되면 "낮은 마나라는 불명예가 그를 따라다니며 그의 권위와 권력은 도전을 받게 된다"고 커치는 주장한다. 그러한 추장은 승리로 마나가 드높아진 전사에 의해 폭력적으로 지위를 빼앗길 수 있다.

따라서 마나는 능력이 떨어지는 추장을 무대 아래로 끌어내리는 일종의 되먹임 기능을 가지고 있다고 할 수 있다. 불만을 품은 대중들에게 정기적으로 치러지는 선거만큼 효율적인 도구는 되지 못하겠지만 추장 입장에서는 평민들을 쉽사리 억누르는 데 유리한 장치는 아니다. 추장사회 시대의 종교에 대한 가장 대표적인 냉소적인 관점은 한 인류학자가 표현한 바와 같이 추장들이 단순히 "자신의 권한을 강화시키기 위하여 … 초자연적 제재수단을 발명해낸 것"이라는 주장이다. 그러나 이러한 관점은 신학을 연구하거나 정치 공작을 벌이는 사람들이 현실을 단순화시킨 것에 불과하다.

밈meme에 대한 몇 가지 밈들

종교에 대한 냉소적 관점의 학문적 원천은 바로 마르크시즘이다. 종교에 대한 냉소주의를 희석하기 위해서 마르크스주의적 세계관 전체를 폄훼할 생각은 없다. 종교를 한층 더 깊은 곳에 자리 잡은 경제적 동기의 매개자로 묘사한 것에 대해서 마르크스는 거의 전적인 찬사를 받았다. 사회의

'상부구조(종교, 이데올로기, 윤리)'는 그 저변에 있는 '하부구조(기술과 그 기술에 수반하는 경제적 권력의 관계)'를 반영한다는 좀 더 일반적인 마르크스주의 주장 역시 커다란 영예를 얻었다. 그리고 사실 종교에 대한 마르크스의 냉소주의 가운데 일부는 어느 정도 논쟁의 여지가 없는 확고한 기반을 가지고 있다. 경우에 따라서 종교는 실제로 대중의 아편으로 작용했으며, 엘리트 계층은 종교 개념을 자신들의 이익에 맞게 형성해나가기 위해 그들의 권력을 이용하려고 노력했다. 마르크스의 문제점은 단지 주장에 있어서 지나치게 앞서 나갔다는 것이다. 그리고 20세기에 상당수의 고고학자와 문화인류학자들이 마르크스주의에 동참했다.

20세기 말에 이르러 마르크스주의와 전혀 다른 방향에서 종교에 대한 지나친 냉소주의의 새로운 원천이 등장했다. 그것은 바로 다윈주의이다. 다윈주의의 거두 리처드 도킨스는 〈이기적 유전자〉(1976년)의 마지막 장에 '밈-새로운 자기 복제자'라는 제목을 붙였다. 도킨스는 문화적 진화와 유전적 진화의 유사점을 강조하기 위해서 '밈'이라는 존재를 상정했다. 밈은 문화적 정보의 단위로 마치 유전자가 유전자 풀로 퍼져 나가듯 문화 속으로 퍼져 나갈 수 있다. 여기에서 우리는 도킨스의 문화의 진화에 대한 관점을 잠깐 살펴보는 것이 좋을 것이다. 부분적으로는 그가 종교를 설명하는 데 있어서 어느 부분에서 길을 잘못 들었는지를 살펴보기 위해서이지만 좀 더 커다란 이유로 처음에는 혼란스럽고 앞뒤가 바뀐 것처럼 보이는 문화적 변화에 대한 관점이 궁극적으로 생산적인 주장으로 발전해나가며 이 책에서 반복해서 등장하게 될 것이기 때문이다.

밈은 사람에서 사람으로 전달되는 모든 형태의 비유전적 정보를 포함할 수 있다. 단어, 노래, 태도, 종교적 신념, 식사 관습, 공학적 개념 등이 모두 밈이 될 수 있다. 이러한 밈들이 한데 모여서 종교나 이데올로기 혹은 윤리 시스템이나 기술 시스템 등을 이룩할 수 있다. 유전자에 해당되는 문화적 정보의 기본 단위라는 개념을 가정하고자 하는 시도는 새로운 것이 아니다. (과거에 제안되었던 개념 중에 '아이딘idene'♣이라는 것이 있다.) 그러나 과거의 사상가들보다 한 발 더 나아간 도킨스는 밈을 능동적인 — 어떤 의미에서는 살아있는 존재— 존재로 보았다. 그는 우리들에게 우리가 가지고 있던 세계관을 완전히 뒤집어볼 것을 요구했다. 어떤 노래나 영화, 이데올로기 등을 능동적인 행위자인 우리들이 선택하는 것이 아니라 이러한 노래, 영화, 이데올로기 등이 우리의 뇌에 접근하기 위해 서로 경쟁한다는 것이다. 이들은 우리의 뇌를 자신을 전파시키는 도구로 사용한다. 내가 좋아하는 노래의 멜로디를 휘파람으로 불 때 그 노래(밈)는 나의 뇌를 자신의 의도에 맞추어 성공적으로 조작하고 있는 것이다.

여러분은 밈에게는 의식이 없다고 항변할지도 모르겠다. 그렇다. 밈들이 실제로 어떤 전략을 미리 계산해서 우리의 마음속으로 뚫고 들어오는 것은 아니다. 그런데 의식적으로 계산하지 않는 것은 유전자도 마찬가지이다. 실제로 어떤 면에서 유전자들도 능동적이라고 할 수 없다. 유전자를 둘러싼 화학적 환경이 유전자들로 하여금 예측 가능한 구조적인 방식으로 반응하도록 유도하는 것이다. 그러나 생물학자들은 유전자를 '스스로를 복제하는' 능동적인 행위자이며 유전자 풀gene pool 안의 귀중한 공간을 차지하기 위해 서로 '경쟁하는' 것으로 보는 관점이 유용한 것을 깨달았다.

아이딘idene | 1959년도 〈생물학적·문화적 진화의 관점에서 본 진보 개념〉이라는 주제의 학회에서 하버드대학교 심리학의 머레이 교수가 제안한 용어로 유전자gene처럼 행동하는 생각idea이라는 의미— 옮긴이

생물학자들은 '유전자의 관점'에서 복제를 위한 효과적인 '전략'에 대해 이야기한다. 이러한 비유적 표현을 정당화해주는 사실은 바로 자연선택이 마치 전략을 추구하는 것처럼 행동하는 유전자들을 보존해왔다는 것이다. 그리고 그것은 밈의 경우에도 마찬가지이다. 당신으로 하여금 휘파람으로 그 곡조를 부르도록 당신의 뇌에 영향을 준 노래(능숙하게 당신의 뇌를 '조작'하는 노래)들이 바로 성공적으로 진화해온 노래들이다. 당신은 좋든 싫든 바로 그 노래를 키워내는 온상인 셈이다. 자살해버리거나 동굴 속에서 혼자 살아가지 않는 한 우리는 그 역할을 피할 도리가 없다.

자, 여기까지는 다 좋다. 문제는 지금부터이다. 도킨스는 밈을 유전자뿐만 아니라 바이러스에 비교했다. 밈들은 마치 바이러스처럼 이 사람에서 저 사람으로 건너 뛰어간다. 뿐만 아니라 밈들은 마치 바이러스와 같이 그것을 퍼뜨리는 사람들에게 해를 줄 수 있다. 예컨대 헤로인 주사를 맞도록 하는 밈은 너무나 쾌감을 주기 때문에 그 밈에 전염된 사람이 반복해서 주사를 맞다가 결국 그 때문에 죽음에 이르게 된다. 그 사람이 죽으면 그 사람 속에 있던 밈도 죽는다. 하지만 밈으로서는 그 정도의 희생은 감수할 만하다. 그 습관이 죽은 이의 친구들에게 퍼져 나가기만 한다면 말이다. 헤로인 주사 맞기의 밈은 에이즈 바이러스와 마찬가지로 숙주를 죽이면서도 번성해나간다. 숙주가 죽기 전에 자신의 복사본을 사방팔방으로 퍼뜨릴 수 있기 때문이다.

그런데 이 관점의 문제점은 바이러스와 같은 방식으로 스스로를 퍼뜨리는 밈이 존재하지 않는다는 것이 아니라(헤로인 주사 밈은 실제로 그런 밈이다) 그런 밈이 그다지 많지 않다는 것이다. 수백만 년 동안 문화적 환경 안에서 생물학적 진화를 거듭해온 인간의 뇌는 자신에게 이로운 밈을 선택적으로 보유하면서 동시에 자신에게 해로운 믿음을 적극적으로 거부하는 일에 상당히 능숙하다. 그렇기 때문에 엘리트 지배 계층이 제멋대로 무뇌아와 같은 대중들에게 —종교와 같은— 이데올로기를 주입했다는 관점에는 문제가 있다.

이처럼 밈이 바이러스와 같은 속성을 가지고 있다는 관점에는 허점이 있는데도 오늘날 '마음의 바이러스'는 '밈'과 거의 동의어로 사용되고 있다. 그리고 문화의 측면 중 기생충과 같은 속성에 초점을 맞춘 관점은 특히 종교에 열성적으로 적용되고 있다. 철학자인 대니얼 데닛은 이렇게 주장했다. "종교적 밈들 자체가 마치 바이러스와 같아서 인간의 인지면역계cognitive-immune system 안에서 발견한 경향을 제 이익에 맞게 이용한다." 또한 종교에 대한 적대감에 종교적 열성을 보인 도킨스 자신이 신에 대한 믿음을 바이러스에 비유했다.

글쎄, 그러나 그것은 신이 어떤 신인지에 달려있다고 본다. 1997년 모두 성장(盛裝)을 하고 집단 자살을 실시한 천국의 문Heaven's Gate의 신도들은 실제로 악성 바이러스와 같은 종교적 교의를 떠받들었던 것이다. 그러나 대부분이라고 할 수는 없더라도 수많은 종교인들이 행복하고 생산적이며 부러울 정도로 실존적 불안이 없는 삶을 영위하고 있다. 반면 천국의 문 밈은 그다지 인기를 얻지 못하는 듯하다.

넌제로섬 원리 다시 승리하다

보통 종교에 '바이러스와 같은'이라거나 '기생충 같은'이라는 꼬리표를 다는 근거는 대개 두 가지 서로 다른 문제의 복합적인 결과이다. 진실과 가치가 그 두 가지이다. 종교적 교의는 실제로 그것(예를 들어 천국이나 지옥의 존재)이 거짓일 가능성이 높음에도 사람들의 뇌를 침범해 들어온다. 그러나 거짓이라고 해서 그것이 꼭 믿는 사람에게 나쁜 것이라고 할 수만은 없다. 비록 모든 종교들이 불쾌한 부작용(예를 들어 '죄'에 대한 신경증적 혐오)을 가지고 있을 수 있지만 저울에 올려놓았을 때 종교적 믿음이 헤로인 중독과 같은 다른 대안보다 더 나쁘다고 분명히 말하기는 어렵다.

아마 종교를 '바이러스 같다'고 보는 관점의 가장 큰 문제점은 밈들이 서로 전쟁을 벌이는 사회 조직의 다양한 수준을 무시하거나 적어도 과소평가한다는 것이다. 문화의 진화는 단순히 밈들이 이 사람의 머릿속에서 저 사람의 머릿속으로 폴짝폴짝 건너 뛰어다니는 것이 아니다. 많은 경우에 밈들은 한 집단에서 다른 집단으로 건너 뛰어간다. 추장사회들은 서로 싸움을 벌인다. 그리고 그 싸움에서 승리를 거두는 데 가장 도움이 되는 문화가 우세하게 마련이다. 한편 그 와중에 한 추장사회 안에서 한 촌락은 다른 촌락과, 한 씨족은 다른 씨족과, 한 가족은 다른 가족과 그리고 종국에는 한 개인이 다른 개인들과 지위를 놓고 경쟁한다. 이러한 경쟁은 대개 비폭력적이므로 사람들이 죽어나가지는 않는다. 그러나 밈들은 죽어나간다. 왜냐하면 성공적인 개인, 가족, 씨족, 촌락을 다른 개인, 가족, 씨족, 촌락이 모방하기 때문이다. 그리하여 그들이 원래 가지고 있던 밈은 자연선택에 의해 성공자의 밈으로 교체된다.

이처럼 혹독한 문화적 선택의 시험을 통과하여 살아남고 그 결과 전체 사회의 모습을 형성하는 데 기여해온 밈들이 많은 경우에 넌제로섬 상호작용을 촉진한다는 것이 바로 이 책의 전제이다. 어떤 집단(가족, 씨족, 촌락, 야구팀, 기업, 교파, 국가 등)이 다른 집단에 의해 모방되는 가장 흔한 이유는 그 집단이 생산적이고 —비교적— 조화로운 상호작용을 조장하고 있기 때문이다. 따라서 생산적인 조화를 가져다주는 밈들은 추앙을 받고 거듭해서 채택되게 된다.

여기에서 다시 한 번 천국과 지옥에 대한 밈에 대해 생각해보자. 거의 모든 종교들이 기능적으로 천국 또는 지옥에 해당되는 요소, 즉 좋거나 나쁜 행동에 따른 좋거나 나쁜 결과물이라는 개념을 지니고 있다. 그리고 거의 모든 종교에서 이 '나쁜' 행동에는 어떤 식으로든 다른 사람을 속이는 일(이웃의 재산을 훔치기, 공동의 노력에 있어서 자신의 기여 정도를 속이기 등)이 포함되어 있다. 이 종교적 밈들은 그와 같은 무임승차 행동을 저지함으로써 넌제로섬 원리를 실현시킨다.

많은 학자들이 지적한 대로 문화적 진화는 유전적 진화와 상당히 다르다. 문화적 진화는 더 빠르게 일어나고 훨씬 더 번잡한 방식으로 일어난다. 문화적 혁신(새로운 밈)은 무작위적으로 도입될 뿐만 아니라 의도적으로 도입될 수도 있고 마치 들불처럼 빠르게 번져 나갈 수 있다. 그리고 문화적 정보의 유동성fluidity을 고려할 때 특정 밈을 정확히 규정하는 것은 매우 어려운 일이다. 그러나 밈들은 우리가 추적하는 데 단서가 될 뚜렷한 발자취를 남긴다. 그 발자취는 흙 속에 묻혀 있을 수도 있고(예를 들어 먼 옛날 유럽 대륙에 번져 나갔던 토기의 양식) 단어의 형태로 남아있을 수도 있다. 언어가 하나의 단일한 원천으로부터 수천 년 동안 진화한 경우 언어학자들은 살아있는 후손 언어들을 비교함으로써 모어(母語, mother tongue)의 어휘들을 재구성해낼 수 있다. 예컨대 유럽과 인도의 언어를 연구함으로써 고대의 원시 인도유럽어 사용자들이 말을 가지고 있었으며 곡식을 수확하고 채굴한 금속을 사용했음을 밝혀낸 것처럼 말이다.

인도유럽어나 폴리네시아어가 그랬듯이 한 어족language family이 넓은 지역으로 퍼져 나간 경우 재구성된 원시언어proto-language를 가지고 문화의 생산성을 엿보고자 하는 욕심이 자연스럽게 생겨나게 된다. 예를 들어서 원시폴리네시아어가 돛이니 노paddle니 뱃짐이니 항해와 같은 어휘들을 포함하고 있음을 발견하는 것은 그다지 놀랍지 않다. 이 문화적 요소들, 이 밈들은 그 자신을 포함한 폴리네시아 문화가 남태평양 지역으로 퍼져 나가고 확고하게 자리 잡는 것을 도왔다.

그밖에 폴리네시아 문화를 추진하고 지탱하는 데 도움을 준 것은 무엇일까? 원시폴리네시아어에는 마나와 타푸라는 단어가 포함되어 있는 것으로 드러났다. 이 개념의 세부적인 측면은 당연히 변화해왔고 또한 각 섬마다 다르다. 그러나 이 어휘들의 기본적 개념은 2,000년 남짓 비옥한 문화의 발달이 일어나는 동안 흔들리지 않고 보존되어왔다. 폴리네시아의 빈번한 전쟁 속에서 살아남은 사회들은 마나와 타푸를 심각하게 간주했던 사회들이다. 이 확고함은 이 개념들이 단순히 추장들의 허영심을 만족시켜주는 기능만을 수행한 것이 아니며 또한 단순히 이 개념들의 숙주인 사회에 '기생했던' 것이 아님을 보여준다. (다시 말해서 우리는 밈과 그 숙주인 사회가 포지티브섬 관계를 가졌다고 말할 수 있다.) 또한 마나나 타푸와 놀라울 정도로 비슷한 개념들이 아프리카의 티브Tiv족에서 북아메리카의 이러쿼이족에 이르기까지 다양한 문화에서 개별적으로 진화해왔다.

영혼의 구원자로서의 추장

많은 폴리네시아 사람들과 그밖에 추장사회의 수많은 거주자들의 삶은 그들을 통치하는 우세한 시스템과 그 시스템을 떠받치고 있는 종교에 빚지고 있다고 말할 수 있다.다. 사람들은 다른 수많은 사람들과 인접해서 살아가도록 설계되지 않았음을 기억하자. 호모 사피엔스는 띄엄띄엄 떨어진 작은 집단의 형태로 진화되어 왔다. 수렵·채집사회의 구성원 수가 임계질량critical mass✚을 넘어서게 되면 집단 내의 긴장이 이 집단을 두 개의 거주 집단으로 '분열fission' 시키곤 했다.

폴리네시아 섬의 인구 밀도나 대륙의 농업사회 역시 이런 측면에서 볼 때 '자연스러운' 수준을 훨씬 넘어섰다고 말할 수 있다. 이러한 정도의 인구 밀도는 농업의 도래 없이는 일반적으로 불가능하다. 그리고 농업이 출현한 후라고 하더라도 사회적 마찰을 억제할 수 있는 통치 형태 없이는 역시 유지되기 어렵다. 폴리네시아 추장의 가장 중요한 역할 중 하나가 개인과 개인, 씨족과 씨족, 촌락과 촌락 사이의 분쟁을 저지하는 것이었다. 예를 들어서 가뭄이 계속되어 사람들이 날카로워지면 추장은 부족한 물을 공평하다고 생각되는 방식으로 사람들에게 할당했다. (하와이어로 '법'은 '물에 관련된pertaining to water' 이라는 뜻이다.)

만일 추장이 종교적 권위를 가지고 있지 않다면 그는 이러한 넌제로섬 문제를 제대로 해결(평화를 도모)할 수 없었을지도 모른다. 추장과 같이 신의 인가를 받은 공식적인 권력을 갖고 있지 않아서 자신의 추종자들이 자신을 따르도록 힘겹게 구워삶아야 하는 보통의 대인으로서는 이러한 일을 감당하기 어려웠을 것이다. 따라서 추장사회라는 통치 형태는 —비록 무자

임계질량critical mass | 원래 원자로에서 일어난 연쇄 반응을 지속시키거나 또는 원자폭탄이 폭발을 일으키는 데 요구되는 필요량을 가리키는 말인데 어떤 효과를 얻기 위해 필요한 최소한의 양을 가리키는 표현으로 쓰인다—옮긴이

비하고 불공평하더라도— 확실히 더 많은 영혼들을 지구상에 밀어 넣도록 하는 데 커다란 공헌을 했다.

이는 회의와 불안에 젖은 영혼들뿐만 아니라 사회의 의사소통의 향상에도 좋은 소식이었다. 추장사회의 인구 밀도가 높아진다는 것은 정보 전달 비용이 큰 폭으로 떨어진다는 것을 의미한다. 이제 '보이지 않는 뇌'는 더욱 조밀하게 들어찬 —과거 어느 때보다 더 많은 수의— 뉴런을 갖게 되었다.

문화진화론자들은 흔히 농업을 '에너지 기술' 분야의 혁신이라고 부르곤 한다. 즉 사람들을 살아가게 하는 연료를 얻는 방법에 있어서의 도약이라는 것이다. 그것은 일리가 있는 말이다. 그런데 농경 추장사회 시대에 통신비용이 엄청나게 줄어든 것을 고려해본다면 농업은 정보 기술의 발달로도 간주할 수 있을 것이다. 실제로 농업은 첫 번째 진정한 정보 기술혁명을 불러 일으켰다고 할 수도 있다.

추장의 기능 중 하나는 이 새로운 기술을 길들이고 이용하는 것이었다. 그가 관장하는 경제 시스템은 대인 경제 시스템보다 훨씬 복잡한 정보처리 시스템이라고 할 수 있다. 이 시스템의 신호들(그 중 상당수는 추장 자신에게서 나온 것이다)은 더욱 높은 수준의 노동의 분화, 광범위한 물품의 생산, 훨씬 더 야심찬 공공 건설 공사의 수행을 조율해야 했다.

그러나 아마도 이 크고 조밀한 보이지 않는 뇌가 일상의 경제적 업무를 수행하는 것보다 더욱 중요한 것은, 이 뇌가 새로운 기술들과 —심지어— 사회를 운영하는 새로운 개념들을 거듭해서 낳으면서 장기적인 문화의 진화에 어떤 영향을 미칠 것인가 하는 문제이다. 신세계에서 최초의 추장사회가 최초의 국가 수준의 사회에 이르는 데 천 년보다 조금 더(60~80세대 정도) 걸렸다. 중국과 중동도 이와 비슷한 속도를 보였다. 일단 정치 조직이다수의 촌락 수준에 이르러 추장사회의 여명이 밝아오면 엄청난 일들이 가능하게 된다.

두 번째 정보 혁명

도장의 기능은 물품에 소유관계를 나타내는 세속적인 것이었지만
그 중 가장 훌륭한 수준의 것들은 놀라울 정도의 활기차고 세련된 이미지를 함유하고 있다.
– 고대 원통형 도장에 대한 예술 비평가의 견해

지금까지 보존되어 있는 솔로몬 왕의 신전에 대한 가장 오래된 기록은
기원전 7세기에 만들어진 문자가 새겨진 점토판의 파편이다. 이 점토판에
는 무엇이 쓰여 있을까? 기도문의 일부일까? 신에 대한 성스러운 찬가일
까? 아니, 그 점토판은 다름 아닌 영수증이었다. 누군가가 은 3세켈Shekel✦
을 신전에 기부했음을 정식으로 기록한 문서였던 것이다.

문자는 시나 철학, 과학과 같이 인간 정신의 가장 높고 고양된 표현 수
단 중 하나이다. 그러나 문자를 이해하기 위해서 ―즉, 애초에 문자가 왜 생겨
났으며 이것이 인간의 경험을 어떻게 변화시켰는지를 알기 위해서― 먼저 문자의
거칠고 둔탁한 실용적 측면을 이해해야 한다. 문자는 주로 세속적인 목
적, 즉 경제적이고 행정적이며 정치적인 목적을 실현하기 위해 진화되어
왔다.

세켈Shekel | 옛 유대의 무게 또는 은화의 단위―옮긴이

이러한 혼란이 생기는 원인은 이해할만하다. 일부 학자들은 '문명화'의 기원을 문자의 기원과 동일하게 본다. 그리고 일반 대중들은 이러한 공식으로부터 문자가 생겨난 이후로, 인류가 야만적인 과거를 청산해버리고 이제 차를 마시고 정중한 언어를 사용하는 등 신사적으로 행동하기 시작했다고 생각하는 것이다. 그리고 이러한 이미지는 실제로 19세기 일부 학자들이 '문자의 시작 = 문명화의 시작' 이라는 공식에 두었던 의미에 대한 완곡한 풍자라고 할 수 있다. 그들에게 있어서 '문자 = 그리스 = 플라톤'이었다. 그리고 '문맹 = 야만성 = 훈족의 아틸라Attila♦' 였다.

그러나 만일 여러분이 훈족의 왕 아틸라에 문자를 더한다면 거기에서 플라톤이 나오는 게 아니라 칭기즈칸이 나온다. 13세기 동안 칭기즈칸은 오늘날까지 세계 역사에서 가장 드넓은 면적에 걸쳐 하나로 이어진 대륙을 통치했다. 그리고 그것이 가능했던 것은 바로 필수적인 통치 수단인 글이 있었기 때문이다. 그의 글은 당시 가장 빠르고 가장 규모가 큰 정보 처리 기술이었던 조랑말 특급을 통해 그의 제국 곳곳으로 전달되었다. 그리고 그 결과 중 하나는 아틸라의 가장 허무맹랑한 꿈속에서도 감히 떠올리지 못했을 어마어마한 규모의 약탈을 가능하게 만든 것이다. 정보 기술은 에너지 기술이나 그밖의 다른 기술과 마찬가지로 선한 도구도 될 수 있고 악한 도구도 될 있으며 그 자체로는 도덕적 진보나 예의범절을 보장해주지 않는다.

'문자 = 문명화'라는 공식에 대한 대략적이나마 정당성을 찾아보자면

아틸라Attila | 훈족의 왕. 5세기 전반에 지금의 헝가리인 트란실바니아를 거점으로 하여 주변의 게르만 부족과 동고트족을 굴복시켜 동쪽은 카스피해에서 서쪽은 라인강에 이르는 지역을 지배하는 대제국을 건설하였다 ― 옮긴이

(실제로 어느 정도 정당화의 여지가 있다) 전혀 다른 방향에서 접근해야 한다. 좀 더 기술적인 의미에서 '문명화'는 종종 국가 수준의 조직화에 도달한 사회를 일컫는 데 사용된다. 그리고 문자가 국가의 성립을 보장하지는 않지만 국가의 진화에 도움을 주는 요소인 것은 분명하다. 문자는 완전히 새로운 넌제로섬 영역을 열어젖히며 추장사회에서 국가로 넘어가는 전이 과정을 매끄럽게 만드는 데 크게 기여한다. 전 세계에 걸쳐서 국가 수준의 사회들은 정보를 기록하고 전달하는 새로운 방법으로 구성되어 있다.

문화가 국가 수준으로, 기술적 의미에서 문명화 수준으로 진보해나가는 것은 그 자체로 우리가 보통 사용하는 의미에서의 문명, 즉 문명화된 행동의 장으로서의 문명화로 나아가는 길을 닦아준다고 할 수 있다. 예를 들어서 국가가 생겨나면서 그와 함께 법규가 만들어지고 이것은 시민들이 서로를 최소한의 존중심을 가지고 대하도록 강제하며 그러한 요구를 충족하지 못하는 사람들은 체계화된 벌을 받게 된다.

실제로 우리는 엄밀한 의미라기보다 일반적인 의미에서 문자가 다양한 방식으로 사람들의 삶을 더 나아지게 만들었다고 말할 수 있다. 심지어 문자는 궁극적으로 독재자의 권력을 침식해 들어가는 역할을 수행했다. 그리고 우리는 데이터 처리 과정의 발달에서 나타난 다른 문턱들, 이를테면 인쇄기나 인터넷의 출현 등에 대해서도 비슷한 주장을 할 수 있다. 그러나 일단 우리는 문자가 애초에 어떻게 진화했는지 이해해야 한다. 왜냐하면 인쇄기나 인터넷 역시 —어떤 의미에서— 데이터 저장 및 전달 방식에 일어난 이 태고의 혁명의 확장이기 때문이다.

운명 예측

다른 대부분의 중요한 문화적 혁신(예를 들어 농업)과 마찬가지로 문자는 여러 곳에서 독립적으로 여러 번 출현했던 것으로 보인다. 그런데 학자들의 주장은 오랫동안 그와 달랐다. 19세기~20세기 초의 서양 역사가들은 ― 특히― 문명의 확산에 있어서 '단일기원적monogenic' 관점을 채택했다. 그리하여 중국이나 신세계의 문화가 대체로 파생적인 것이라고 보았다. 특히 신세계의 경우 이러한 주장을 펴나가기 위해서는 특별히 교묘한 재간이 필요했다. 그럼에도 유럽중심주의에 젖은 학자들은 소매를 걷어붙이고 달려들었다. 19세기 한 프랑스인 인류학자는 마야의 문자의 흔적에 대해 숙고한 끝에 아틀란티스라는 신비의 대륙의 거주자들이 이 대륙이 가라앉기 전에 배를 타고 신세계로 건너가 문자를 전파시켰다는 이론을 만들어냈다.

오늘날 예수탄생 이전에 존재했던 아메리카 대륙의 문자가 구세계에서 수입된 것으로 설명하기 위한 동서 접촉 이론들 중 위의 아틀란티스 대륙설보다 훨씬 상식적인 시나리오들의 경우에도 그것을 뒷받침해줄 어떤 증거도 존재하지 않는다. 그리고 구세계 안에서도 기원전 2000년 이후에 나타난 중국의 문자 역시 기원전 3000년 무렵에 나타난 근동지방의 문자 출현과 독립적으로 탄생했던 것으로 보인다. 문자가 적어도 세 번 이상 독립적으로 출현했을 것이라는 생각이 학계의 대세이다. 그리고 '원시농업사회'나 '원예사회' 등이 존재(이는 농업이 진화되어온 것임을 입증한다)하듯 문자 역시 진화하는 단계에 있는 예를 찾아볼 수 있다. (이스터섬은 확실히 이 지역 안에서 비롯된 것으로 보이는 롱고롱고rongorongo라는 원시적인 글자를 가지고 있다.)

일부 학자들은 문자가 근동지방과 신세계와 중국에서 제각기 다른 목적을 가지고 발명되었다는 듯이 이야기한다. 이러한 고정관념의 가장 단순한 예는 다음과 같다. 근동 지방의 수메리아의 문자는 경제적 기능이 크게 부과되었고, 마야의 문자는 역사, 정치, 종교(점성술이 부가된 정교한 천문학 포함)에 치우쳤으며, 중국의 문자는 운명을 점치는 데 사용되었다는 것이다. 그러나 이러한 일반화는 대개 각각의 문화에서 오늘날 알려진 가장 오래된 문자의 증거가 그 문화에서 가장 오래된 사례를 대표한다는 가정에 근거하고 있음이 드러났다.

오늘날까지도 상당히 흔히 이야기되는, 중국 문자가 애초에 점치는 도구로 발명되었다는 주장에 대해 생각해보자. 진정한 중국 문자의 최초의 사례들이 기원전 2000년경 '예언의 뼈oracle bone' 위에 새겨져 있던 것은 사실이다. 양이나 소나 돼지의 어깨뼈 위에 질문을 새긴다. 그런 다음 그 뼈를 불에 달구어 금이 가게 한다. 이 금이 간 형태에 예언의 의미가 담겨 있다고 믿었던 것이다. 그런 다음 그 금 간 형태에 대한 해석 역시 뼈 위에 새겨졌다. "왕은 후 하오로 하여금 젠을 공격하도록 해야 한다"거나 "앞으로 열흘 동안 재앙은 없을 것이다"라는 식의 해석이었다. 그러나 학자들은 동물의 어깨뼈가 좀 더 일상적이고 가벼운 기록의 매체로 선택되지는 않았을 것이라는 사실을 나중에 깨닫기 시작했다. 중국인들은 아마도 내구성이 더 약한 재질(대나무나 실크나 목판) 위에 글자를 썼을 것이다. 그리고 이런 재질들은 이미 오래 전에 썩어서 사라졌을 것이다.

메소아메리카 역시 같은 문제를 보인다. 초기의 마야 상형문자 중 지금까지 보존되어 있는 사례들은 역시 내구성 강한 매체에 적힌 것이다. 돌로 만든 거대한 기념비가 그 예이다. 그러나 국가적 규모의 건축물에 새겨진 글이 그 사회가 일반적으로 썼던 글을 대표한다고 보기는 어렵다. 〈뉴욕 포스트*New York Post*〉를 읽고 나서 링컨 메모리얼Lincoln Memorial을 방문해보면 그 사실을 깨달을 수 있을 것이다.

문자의 진화

오직 오늘날 이라크라고 불리는 티그리스–유프라테스 강 계곡의 땅에서 문자 진화의 초기 모습을 확인할 수 있는 확고한 증거들이 대량으로 발견되었다. 그들이 문자를 썼던 매체는 실크나 대나무가 아니라 부드러운 점토였다. 따라서 일단 점토가 마르면 상징들은 훗날의 고고학자들이 발견할 수 있을 만큼 오래도록 보존되었다. 이 지역에서 문자가 쓰여진 점토판들은 너무나 흔해서 심지어 점토판을 한데 모아 버린 무더기가 발견되기도 했다. 따라서 우리는 세계 최초의 진정한 문자 시스템이 어떻게 진화되었는지에 대해 어느 정도 확신을 가지고 유추해볼 수 있다. 그것은 바로 세계 최초라고도 할 수 있는 문명을 하나로 묶어주는 지지대 역할을 했던 수메르인의 쐐기문자cuneiform✤이다.

수메리아 문자 탄생에 대해 가장 널리 받아들여지는 이론은 피에르 아미엣Pierre Amiet이 생각해내고 데니스 슈만트 베세라트Denise Schmandt-Besserat가 입증한 이론이다. 그 이론에 따르면 문자의 시작은 점토로 만든 작은 징표였다. 이 점토 조각 징표는 비옥한 초승달 지역Fertile Crescent✤에 처음으로 농업이 시작되었던 기원전 8천 년경이다. 이 징표들은 특정 곡물을 나타냈다. 예를 들어서 원뿔과 구는 각각 당시 표준적 측량단위인 반ban과

바리가bariga 만큼의 어떤 곡물을 의미했다. 반과 바리가는 각각 대략 오늘날 리터와 부셸bushel✛에 해당된다. 이 점토 징표들은 장부 기록에 사용되었던 것으로 보인다. 아마 곡물창고에 어느 가족이 얼마만큼의 곡물을 내놓았는지 혹은 빚을 졌는지를 기록하는 데 쓰인 것으로 보인다.

도시가 형성됨에 따라서 기원전 4천년기4th millenium✛의 후반부에 정교하게 빚어지고 새겨진 좀 더 복잡한 징표들이 나타나기 시작했다. 이들은 종종 도시 경제의 생산물을 상징했다. 향수나 금속과 같은 사치품, 빵이나 맥주와 같은 가공된 식품들이 그 예이다.

이러한 3차원적 상징물에서 2차원적, 문자 상징으로의 전환 과정은 좀 더 가까이 다가가서 바라볼 때, 그러니까 천 년 단위가 아니라 십년 단위로 따져볼 때 문화의 진화가 얼마나 느리게 일어나는 것인지 상기시켜준다. 당시 사람들은 경우에 따라서 기록을 보존하기 위해서 큼직한 점토로 된 봉투에 징표들을 넣어서 보관했다. 이 봉투의 크기는 대략 테니스공만 했다. 다섯 개의 원뿔모양 징표를 하나의 봉투 안에 넣어둠으로써 5반의 곡물을 냈다거나 빚지고 있다는 사실을 기록할 수 있다. 그런데 편리를 위해 밀봉하기 전에 징표들을 둘러싼 점토 봉투의 부드러운 표면에 꾸욱 눌러놓았다. 그렇게 함으로써 사람들은 봉투를 깨뜨리지 않고도 내용물을 바깥에서 '읽을' 수 있게 되었다. 봉투 표면에 두 개의 원과 하나의 쐐기

쐐기문자cuneiform | 기원전 3000년경부터 약 3,000년간 메소포타미아를 중심으로 고대 오리엔트에서 광범하게 사용된 문자. 문자의 모양이 쐐기와 비슷해 쐐기문자 또는 설형문자(楔形文字)라고 한다—옮긴이

초승달 지역Fertile Crescent | 나일 강과 티그리스 강과 페르시아 만을 연결하는 고대 농업 지대—옮긴이

부셸bushel | 약 36리터 또는 2말—옮긴이

4천년기4th millenium | 기원전 4000년부터 3000년까지의 기간을 의미—옮긴이

모양이 있으면 봉투 안에 두 개의 구와 한 개의 원뿔이 들어 있음을 의미한다. 이는 중요한 통찰로 이어졌던 것이 분명하다. 그것은 바로 봉투 바깥에 난 2차원적 자국이 봉투 안에 든 3차원적 내용물을 불필요한 것으로 만들어준다는 통찰이었다. 이제 봉투는 점토판이 될 수 있었다!

이것이 바로 수메르의 쐐기문자의 시작이었다. 이 시스템은 수천 년에 걸쳐 진화되면서 점점 더 추상화되고 그 쓰임이 강력해졌다. 따라서 약간의 곡식과 많은 양의 곡식을 나타내던 징표(원뿔과 구)는 2차원 형태로 변모하면서 일반적인 수의 상징이 되었다. 쐐기는 1을 원은 10을 의미했다. 이러한 상징은 이제 어떤 사물을 나타내는 상징 옆에 놓여 그 사물의 양을 나타낼 수 있게 되었다. 결국 사물과 사람, 행동 등의 상징은 소리를 나타내게 되었고, 이것은 서구 문명을 현대적인 표음 문자인 알파벳을 향해 나가도록 방향을 잡아준 계기가 되었다.

일부 학자들은 징표와 쐐기문자 사이의 연결성이 불확실하다고 생각한다. 그러나 그들조차도 수메르 문자의 가장 오래된 사례는 가축이나 식량, 물건 등의 집계에 쓰이는 등 경제적인 기능을 하고 있다는 사실에는 동의한다. 그리고 대부분의 학자들이 이와 같은 자료들이 노동의 분화 및 공공사업을 조율하는 데 도움을 주었을 것이라는 사실에도 동의한다. 한 농부가 사원에 보리를 가져오면 그가 보리를 냈다는 사실이 제대로 기록되고 이 보리는 운하를 건설하는 인부들의 품삯을 지불하는 데 사용된다. 그리고 그 운하는 이런저런 방식으로 결국 농부에게 혜택을 준다.

우리가 아는 모든 사실을 고려해 볼 때, 중국과 메소아메리카의 문자 역시 초기에 이와 유사한 방식으로 넌제로섬 논리의 도움을 받았을 것이라고 추측할 수 있다. 두 문자 모두 오늘날까지 보존될 정도로 내구성 강한 재질에 쓰여질 무렵에는 수를 나타내는 상징을 가지고 있었다. 그러나 여기에서 중요한 사실은 숫자written numerals가 보편적으로 문자written words보다 앞서 나타났다거나 어느 곳에서든 가장 오래된 기록은 경제적 기능을 가지고 있다는 것이 아니다. 어느 곳에서든 문자는 경제나 정치 혹은 두 가지 모두를 다루는 실용적인 기술이었다는 사실이다.

그렇다. 중국과 근동 지방, 메소아메리카 지역에 모두 역사적 서술이 존재했다. 그런데 이 역사적 서술의 기능은 대개 지배자의 권위를 떠받치기 위한 것이었다. 지배자의 고귀한, 어쩌면 신성한 혈통을 확립시키고 통치나 정복활동에서 그가 세운 공적을 선택적으로 보존하며, 그의 제국의 광활함과 적의 소멸을 널리 알리기 위한 것이었다. 그렇다. 마야인들은 믿기 어려울 정도로 정확한 천문 관찰 기록을 남겼다. 그러나 이것은 종교의 일부로서 다른 국가적 종교와 마찬가지로 국민들을 순종적이고 조화롭고 생산적으로 길들이는 데 이바지했다.

문자와 신뢰

문자가 넌제로섬 상호작용의 잠재력을 변환시켰다는 얘기는 굳이 되풀이할 필요가 없을 것이다. 정보와 넌제로섬 사이의 관련성은 너무나 기본적인 것이어서 전자에 심원한 변화가 생겼는데 후자에 그에 상응하는 변화가 생기지 않을 것이라고 상상하기 어렵다. 실제로 넌제로섬 동력이야말로 정보가 전달되는 이유라고 해도 과장이 아닐 것이다. 선구적 게임이론가 토마스 셸링이 주장한 대로 순수한 제로섬 관계에서는 서로 소통할 합리적인 이유가 없다. 서로 맞붙은 양 팀의 코치들은 경기 전에 서로 이야기를 나눌 필요를 못 느낀다. 그러나 만일 그들이 관련 컨퍼런스 등에서 만난다면 그들은 아마 부분적으로 그들의 이해가 겹치는 일부 넌제로섬 영역들에 대해 이야기할 것이다. 두 사람 모두 선수들의 부상을 피하고 싶기 때문에 악천후에는 경기 스케줄을 변경하고 싶어할지도 모른다. 그러나 두 코치 모두 게임 그 자체에 대해 정직하게 이야기를 나누는 데에는 관심이 없을 것이다.

이 책의 뒷부분에서 보게 되겠지만 셸링의 요점은 좀 더 광범위한 의미에서의 소통의 기원에도 적용될 수 있다. 진화가 언어 능력이 있는 동물을 —아니, 일단 동물 그 자체를— 만들어내기 전에 가장 오래고 근본적인 의사소통이 생겨났다. 그것은 바로 유전물질 조각들 사이의 넌제로섬 관계라고 부를만한 것 때문이었다. 유전물질 조각들은 서로 인접하여 위치하게 되었다는 이유로 한 배를 타게 되었고 그들의 운명은 서로 밀접하게 연결되게 되었다. 그러나 지금 여기에서는 논의의 대상을 우리가 친숙하게 여기는 의미에서의 정보(말이나 숫자 등)에 한정하기로 한다. 게임이론의 논리를 따라감으로써 이러한 상징들을 저장하고 전달하는 새로운 방법들이 어떻게 사회 조직을 확장하고 풍부하게 만들었는지 살펴볼 수 있다.

다시 한 번 넌제로섬 게임의 교과서라고 할 수 있는 죄수의 딜레마 이론을 떠올려 보자. 범죄를 공모한 두 범인이 각기 따로 심문을 받는다. 두 사람 모두 서로를 배신하는 것보다는 두 사람 모두 배신하지 않는 쪽이 둘 다에게 더 유리하다. 그러나 이렇게 협동이 두 사람의 공동 이익에 부합하는 상황임에도 협동에 도달하는 길에는 거대한 장벽이 두 개 놓여 있다. 하나는 소통의 결핍이다. 당신과 당신의 공범 사이에 장벽이 놓여 있으면 공동의 전략에 합의를 이루기 어렵다. 그리고 이 장벽을 넘어선다고 하더라도 바로 두 번째 장벽을 마주하게 된다. 그것은 바로 신뢰의 부족이다. 만일 당신의 공범이 공동의 전략에 대한 약속을 어기고 당신을 배신할 것이라고 생각된다면 당신은 차라리 범죄 모의 사실을 고백하고 가벼운 죄를 받는 쪽을 택하는 것이 유리할 것이다. 전략이 성공을 거두기 위해서는 이처럼 내가 배신당할 지도 모른다는 두려움을 극복해야만 한다.

만일 정말로 정보에 대한 장벽이 넌제로섬 이익을 가로막는 두 개의 장벽 가운데 하나라면 당연히 새로운 정보 기술은 포지티브 섬으로 이르는 길을 열어젖히는 데 도움을 줄 것이다. 그런데 문자의 더욱 극적인 효과는 바로 두 번째 장벽, 바로 신뢰의 장벽을 넘어서는 데 있다. 고대 메소포타미아에서 물건을 빌려주는 사람은 빌리는 사람이 빚졌다는 사실을 잊어버릴까봐 두려워하지 않아도 되었다. 또한 빌리는 사람도 빌려준 사람이 나중에 채무 규모를 부풀리지는 않을까 두려워하지 않았다. 왜냐하면 채무 관계를 보증해주는 기록이 존재했기 때문이다. 바빌론에서 발견된 어느 기록에 따르면 한 남자가 "여사제인 아마트-샤머쉬Amat-Shamash"로부터 "10셰켈의 은"을 빌렸으며 그 남자는 "태양신의 이자를 지불해야 할 것"이며 "추수 때 그는 빌린 액수에 이자를 더하여 갚아야 한다"고 명시되어 있다. 이러한 수단에 의한 마음의 평화의 가치가 의심스럽다면 문맹 사회에서 경제적 채무 관계를 대중의 기억에 각인시키기 위해 얼마나 커다란 노력을 기울여야 했는지 상기해보자. 과시적인 포트래치는 대규모의 청중을 불러모아놓고 거대한 채무가 발생하고 있다는 사실에 대한 증인으로 삼은 것이라고 생각하면 좀 더 이해하기 쉬워진다. 그리고 좀 더 작은 규모이기는 하지만 북서해안 인디언사회에서 한 가족이 다른 가족에게 필요한 음식을 줄 때에는 반드시 대중적 의식이라는 절차가 뒤따랐다.

아시아와 중동, 메소아메리카의 고대 국가에서 문자가 신뢰 문제를 풀어나가는 데 도움을 주는 유일한 수단은 아니었다. 또 다른 수단은 체계화된 사법 제도, 즉 죄를 지은 사람은 벌을 받는 것을 보장해주는 제도이다. 그런데 여기에서도 문자는 도움을 준다. 법규는 뭔가 단단한 물질에 확실하게 각인될 때 더 큰 정확성과 영향력을 얻게 된다. 메소포타미아의 에쉬눈나Eshnunna 법전(함무라비 법전보다 약 한 세기 정도 앞서 만들어짐)은 만일 당신이 어떤 사람에게 밭의 곡물을 수확하는 일을 하는 대가로 은 1 셰켈을 지불했는데 그 자가 일을 하지 않았다면, 그는 당신에게 은 10셰켈을 지불해야 한다고 분명히 명시하고 있다.

한편 10셰켈은 다른 사람의 얼굴을 때린 죄에 대한 벌금이기도 했다. 거기서 더 나아가 상대방의 코를 물어뜯는다면 은 1미나(mina, 60셰켈)를 내야했다. 손가락을 절단하는 것에 대해서는 벌금이 그보다 조금 가벼웠다. 절단된 손가락 한 개당 2/3미나였다. 이러한 법은 직접적으로 경제 활동을 관장하는 것은 아니지만 그래도 생산성에 기여했다. 이 법규들 덕분에 도시 생활이 견딜만한 정도로 조용해졌고 그에 따라 도시생활이 주는 —높은 인구 밀도에 의한 데이터 처리의 효율을 포함한— 잠재적 효율성을 누릴 수 있게 되었기 때문이다. 일상적으로 친척이나 아는 사이가 아닌 사람들을 그토록 자주, 가까이 마주하게 되는 상황에서 추장사회의 비공식적인 사법 체계는 효력을 발휘할 수 없었을 것이다. 따라서 정부는 새로운 속임수 방지 기술, 새로운 신뢰 기술(경제적 정의에 대한 신뢰뿐만 아니라 좀 더 광범위한 사회 계약에서의 정의), 즉 사람들 사이의 공포와 의심을 덜어줌으로써 모든 종류의 협동적 노력을 수월하게 만들어주는 상호 비침략 조약을 만들어내야 했다.

이것은 어떤 의미에서 기술적 의미의 '문명화(전형적으로 문자를 사용하는 국가 수준의 정치 체제)'가 비기술적 의미의 문명화(코를 물어뜯길 걱정 없이 돌아다닐 수 있는 상태)를 이끌어내는 사례이다. 그러나 이처럼 우리의 마음을 편안하게 만들어주는 예의범절에 문자가 수반되는 까닭은 대개 문자를 읽고 쓰는 능력이 야만스러운 영혼을 부드럽게 교화시키기 때문이 아니라 좀 더 현실적인 이유 때문이다. 다양한 종류의 '신뢰' 문제를 풀어나가기 위해 문자를 발명하는 데 실패한 사회들은, 다시 말해 넌제로섬 원리가 빛을 발할 공간을 창조해내는 데 실패한 사회들은 전형적으로 문자의 잠재력을 좀 더 효과적으로 길들인 사회의 손에 의해 파괴되었던 것이다. 장기적으로 볼 때 고대 국가들의 입장에서 새로운 정보 기술을 채택하느냐 마느냐의 문제는 전차, 청동 방패, 강철 검을 채택하느냐 마느냐의 문제만큼이나 선택의 여지가 없는 절실한 문제였던 것이다. 이 모든 사례에 있어서 '채택하지 않으면 멸망'의 문제였던 것이다.

관료적 뇌

사법체계는 고대 국가에서 떠오르기 시작했던 관료주의bureaucracy의 일부일 뿐이다. 그리고 이 관료주의는 어떤 사회가 국가 단계에 진입했음을 알려주는 표식 가운데 하나였다. 관료주의는 오래전부터 나쁜 평판을 얻어온 터라 그 사전적 의미 가운데 '지나친 관료적 형식주의와 판에 박힌 업무를 특징으로 하는 관리 체제'가 있다. 그러나 사실상 관료주의는 뚜렷하게 구분되는 기능 단위를 특징으로 하며, 각 단위는 전문가에 의해 운영되는 통치 체제라고 할 수 있다. 다시 말해서 정보 처리에 있어서의 노동의 분화를 실현한 조직이라고 할 수 있다. 따라서 새로운 정보 기술이 관료주의 발달에 중요한 역할을 했을 것이라는 사실은 놀랍지 않다. 예를 들어서 메소포타미아에서 관료들은 장식된 원기둥 모양의 인장seal을 가지고 있었으며, 이것을 점토판에 꾹 눌러서 자국을 냈다. 이 자국은 위엄 있는 서명으로 공식적 무게를 지녔으며, 채무나 기타 거래에 신뢰를 더했다.

그리고 점토판 자체에 대해서 생각해보자. 오늘날의 시선으로 볼 때 커다란 점토 덩어리는 최적의 데이터저장 매체로 보기 어렵다. 그러나 그 당시에는 점토판이라는 최신 정보 기술은 대규모로 물질과 에너지의 흐름을 조절하는 방법에 혁명을 가져왔다고 할 수 있다. 기원전 2000년경 우르Ur 제3왕조에서 단 한 해 동안 관료들이 사용한 점토판은 세금으로 거두어들인 350,000마리의 양과 다른 물품들을 처리하고 정부에 고용된 노동자(물론 관료들 자신도 포함하여)에게 지급된 급료 등을 기록했다. 정부 근로자들은 양 말고도 빵, 생선, 기름 등을 급료로 받았다. 이 모든 물품의 지급은 근로자의 노동 시간(예를 들어서 운하를 파는 일에 참여한 시간)과 더불어 정확하게 기록되었다. 그리고 그와 같은 과업이 완수되면 정부는 누구보다 두드러진 공적을 내세웠다. 함무라비왕 시대의 바빌론에서 건설된 한 운하에는 "함무라비는 백성의 번영"이라는 이름이 붙어 있다. 세금이 제대로 쓰인 것이다.

이 모든 관료적 회계에는 그 자체가 정보 기술의 일종인 표준적인 측정 단위가 필요하다. 근동지역 초기에 가장 광범위하게 발견되는 인공물 중 하나는 '가장자리가 기울어진 그릇bevel-rim bowl'이라는 것이다. 이것은 아마도 노동자들에게 지급했던 식품의 양을 재는 데 쓰였던 도구로 보인다. 이것은 원통형 인장, 문자, 도시국가 등과 더불어 기원전 4000년경의 메소포타미아에서 모습을 드러냈다.

고대 도시국가들은 공동의 이해관계를 가지고 있었다. 상품을 교역하고 공동의 적을 함께 무찌르는 것이 그 예이다. 그러나 이러한 넌제로섬 원리의 결실을 거두어들이기 위해서 무엇보다도 먼저 그들 사이에 가로놓인 정보의 장벽을 깨뜨려야 했다. 그리고 가장 빠른 운송수단이 당나귀였던 시절에 왕들이 잦은 회합을 갖기란 불가능했을 것이다. 대신 특사를 파견하는 일은 아주 흔했다. 그리고 문자가 출현함에 따라서 특사들은 길고 정확한 메시지를 전달할 수 있게 되었다.

뿐만 아니라 이러한 서한들은 계획된 거래나 체결된 약속에 대한 확고한 증거가 되어주었다. 그 결과 이 서한들은 신뢰를 가로막는 장벽에 커다란 충격을 가하게 되었다. 그리고 그 과정에서 그들은 수사학적 수고를 아끼지 않았다. 어느 고대의 평화 조약에 다음과 같은 구절이 있다. "하티Hatti의 땅과 이집트 땅에서 난 이 은판에 쓰여진 모든 말들을 지키지 않는 자가 있다면 하티의 천 명의 신과 이집트의 천 명의 신이 그의 국가와 그의 집과 그의 하인들을 모조리 파괴할 것이다."

물론 신뢰의 장벽은 단단하다. 서로 대면접촉이 없는 사람들 사이에는 서로를 믿는 데 있어서 언제나 어느 정도의 경계심이 도사리고 있다. 이러한 경계심을 허무는 데 사용되었던, 추장사회까지 거슬러 올라가는 오래고 오랜 방법은 다름 아니라 친족관계를 형성하는 것이었다. 유력자들이 자신의 아들딸을 상대방의 아들딸과 결혼시키는 것이다. 한편 대인 시대까지 거슬러 올라가는 또 다른 방법은 상대에 대한 헌신을 약속하는 아낌없는 말잔치와 더불어 친족관계의 어휘vocabulary를 사용하는 것이다. 기원전 3000년경 중동의 에블라Ebla의 왕은 하마지Hamazi의 왕에게 다음과 같은 편지를 썼다. "그대는 나의 형제요, 나는 그대의 형제이니 그대의 입에서 어떤 요구가 나오든 나는 그것을 들어줄 것이오. 내 입에서 나오는 어떤 요구든 그대가 들어줄 것이니……."

왕들의 관계는 이따금씩 너무나 비싼 것이어서 사실상 거래나 다름없는 '선물'을 주고받음으로써 더욱 부드럽게 이어졌다. 즉 각자의 왕국에서 나는 색다른 특산품을 서로 교환하는 것이다. 바빌론의 왕이 쓴 다음과 같은 글에서 이러한 경제적 요소가 언급되었다. "왕들 사이에는 형제애, 우정, 동맹, 우호적 관계가 흘러넘친다. 만일 풍부한 은과 풍부한 금이 존재한다면" 이러한 종류의 냉소주의에 실망할 필요는 없다. 이것은 뒤집어보면 결국 넌제로섬 논리가 적용되는 곳에 종종 우호 관계가 뒤따른다는 의미이기 때문이다. 넌제로섬 논리의 위력을 생각해볼 때 이것은 장기적인 우호 관계의 확장의 전조로 보인다.

시체 더미

우리가 실망해야 할 좀 더 적절한 이유는 이러한 우호 관계가 종종 적대관계에 가담한다는 사실이다. 동맹을 맺는 핵심적인 목적 가운데 하나는 전쟁에서 도움을 얻기 위해서이다(아니면 적어도 적군 측에 가담할 잠재력을 가진 세력이 중립을 지키도록 보장하는 것이다). 형제애의 공언으로 가득한 에블라의 문서보관소에는 또한 "내가 쌓아놓은 시체 더미"에 대한 왕의 긍지를 나타내는 문구가 수두룩하다.

만일 어느 도시국가가 다른 도시국가를 —정복이든 정복에 대한 위협이든— 복속시켜 제국을 형성하게 되면 통신 기술은 더욱 더 커다란 중요성을 띠게 된다. 우르 제3왕조는 길목 곳곳에 전령이 묵는 역을 설치한 '당나귀 급송donkey express' 체계를 수립했다. 다른 문명의 경우에도 이 당나귀 급송에 해당되는 고유의 통신 체계를 가지고 있었다. 예를 들어 아즈텍 문명은 갈라진 끝에 메시지를 끼워 넣을 수 있게 된 배턴을 들고 전령들이 릴레이를 벌였다.

사회를 생물에 비유하는 것은 문화진화론 초기로 거슬러 올라간다. 국가의 관료체계는 뇌와 비슷하고 전방의 전초부대나 지방의 농부들에게 중앙의 명령을 전달하는 아즈텍의 릴레이 주자들은 신경의 자극 신호와 같다. 이는 물론 너무나 단순한 비유지만 그렇다고 해서 가치가 없는 것은 아니다. 인간과 같이 복잡한 생물에 거대한 데이터 저장·전달·처리 시스템이 결여되어 있을 리가 없을 것이라고 생각하듯, 상당한 정도로 발달한 정보 기술을 지니지 않은 국가 수준의 사회를 우리는 상상하기 어렵다. 학자들은 이따금씩 남아메리카의 잉카 제국이나 17세기 초의 아샨티Ashanti, 18~19세기의 다호메이Dahomey와 같은 서아프리카 국가들과 같은 '문맹' 문명에 대해 이야기한다. 그러나 자세히 들여다보면 이러한 사회에는 항상 어떤 형태든 나름대로 훌륭한 정보 기술이 존재했다. 그들은 시를 기록할 수는 없었겠지만 이를테면 숫자와 같이 좀 더 중요한 데이터는 잘 다룰 수 있었다.

예를 들어서 다호메이의 경우 세금과 군대 징발을 위해 인구 조사를 실시했다. 다호메이의 데이터베이스는 조약돌이 들어 있는 상자로 가득 채워진 방이다. 조약돌은 각 촌락에 사는 남자와 여자, 소년과 소녀의 수를 의미한다. 국가 전역에 걸쳐서 누군가가 태어나거나 죽을 때마다 ―사망원인을 포함해서― 데이터는 항상 업데이트되었다. 잉카에서는 이와 유사한 목적으로 퀴푸quipu라는 것을 사용했다. 이것은 다양한 방식으로 매듭지어진 색색가지 줄로 오직 전문가만이 그 의미를 해석할 수 있다. (오늘날 그의미를 이해하는 사람은 아무도 없다. 그러나 학자들은 그 매듭들이 숫자뿐만아니라 역사적 사건을 기록하고 있을 것이라고 근거를 가지고 추측하고 있다.) 잉카의 신경계의 상당부분은 '도로' 또는 안데스 산맥 전체에 걸쳐나 있는 구불구불한 작은 산책로로 이루어져 있다. 이 신경망은 때로는 현수교를 통해 연결되어 있다. 사람들은 이 길이 전 세계를 둘러쌀 수 있을만큼 길다고 말했다. 약 2~8킬로미터마다 —길이 편평할수록 간격은 더 멀게— 전령들이 배치되어 앞서 언급한 퀴푸나 아니면 말로 된 메시지를 전달했다. 그리고 한 전령이 다른 전령에게 말로 된 메시지를 건넬 때 일종의 의식을 통해 그 메시지를 반복하도록 해서 오류가 발생하는 것을 막았다. 이런 식으로 해서 하루에 240킬로미터까지 데이터를 전달할 수 있었다.

그러나 이는 '토킹 드럼talking drum'을 이용해서 데이터를 몇 분 만에 수백 킬로미터를 전달했던 아샨티에 비하면 아무것도 아니다. 그들은 이 '토킹 드럼'으로 정치 지도자들을 소집하기도 했고 위험을 경고하기도 했으며 군대를 동원하거나 누군가의 죽음을 알리거나 혹은 격언 등을 널리 퍼뜨리기도 했다. 아샨티 언어 자체가 그렇듯 음색의 차이에 의미가 담겨 있었다.

이 책은 여러분들에게 친숙하게 느껴질 '석기 시대'나 '청동기 시대'와 같은 표현을 거의 사용하지 않을 것이다. '기술결정론technological determinism'을 피하기 위해서가 아니다. 그보다는 야금술이 기술결정론을 제대로 부각하지 못하기 때문이다. 마야나 아즈텍, 잉카 문명은 기본적으로 석기 시대 문명이다. 그들은 금속을 주로 장신구 따위를 만드는 데 사용했을 뿐 칼이나 방패를 만드는 데 사용하지 않았다. 그러나 그들은 그들과 같은 남반구에 속했던 석기 시대의 쇼숀족 보다는 청동기 시대의 이집트나 중국과 같은 나라들과 훨씬 더 비슷한 점이 많았다.

쇼숀족 사회와 국가 수준의 사회를 구분하는 좀 더 유용한 기술적 경계선은 에너지 기술과 정보 기술에 있다. 국가 수준의 사회들은 한결같이 농사를 지었으며 모두 —상대적으로— 정교한 데이터 관리 수단을 가지고 있었다.

설사 에너지 기술이나 정보 기술을 기준으로 삼는다고 하더라도 여전히 '결정론'이라는 말은 지나친 면이 있다. 국가 수준의 사회에는 단순히 농업이나 데이터 처리 말고도 엄청나게 많은 요소들이 관여한다. 그렇게 따져본다면 사실 '국가 수준의 사회'라는 말 자체도 사람들을 오도하는 부분이 있다. 왜냐하면 '국가 수준의 사회'는 사실 그다지 확고한 개념이 아니기 때문이다. 국가사회의 핵심적 기준, 즉 중앙 집중적이고 어느 정도 관료적인 정부, 군대를 소집할 수 있는 권력, 합법적인 무력행사의 국가 독점, 정기적인 징세(종종 노동력이나 생산물의 형태로) 등이 국가 수준의 사회들에서 발견된다. 그러나 이러한 요소들이 모두 동시에 나타나는 것도 아니고 또한 항상 일정한 순서로 나타나는 것도 아니다. 그렇기 때문에 경계에 있는 사례에 대해 논쟁이 지속되는 것이다. (하와이는 유럽인들이 접촉한 이후에 추장사회와 국가사회를 가로지르는 경계를 건넜다고 볼 수 있을까?)

그처럼 모호한 면이 있기는 하지만 몇 가지 사실은 분명하다. 사회의 복잡도는 추장사회 수준을 넘어서 점점 커지다가 마침내 국가사회에 이르게 된다는 것이다. 그리고 그와 같은 복잡도의 증가와 밀접하게 맞물려 있는 것이 바로 정보 기술, 즉 데이터를 저장하고 송수신하고 처리하는 기술의 발달이며 여기에는 관료제도의 발명도 포함된다.

우연히도 우리는 이 세계의 한 부분에서 이러한 과정을 비교적 상세하게 고찰할 수 있었다. 그것은 바로 메소포타미아 사회이다. 이곳에서 사회의 복잡도의 증가는 상징 시스템의 복잡도의 증가를 정확하게 반영하는 것으로 나타났다. 사회 구조가 점점 더 정교해질수록 그들이 사용한 점토로 만든 징표도 더욱 복잡하고 정교해졌다. 왜냐하면 상징과 사회구조는 서로를 격려하며 성장하기 때문이다.

너의 넌제로섬은 나의 제로섬

나는 지금 문자의 사용이 넌제로섬 원리를 향해 나가는 길을 가로막고 있는 두 개의 커다란 장벽을 침식해 들어갔다고 주장하고 있지만 그렇다고 해서 문자가 사회에 상호이익이라는 풍요의 뿔을 가져다주었다고 말할 생각은 없다. 사실상 일반적인 학계의 고정관념에 따르면 고대 국가들은 억압과 착취를 한층 높은 차원으로 끌어올려서 오히려 추장사회를 대중영합적인 사회로 보이도록 만들 정도였다고 한다. 노동자들은 혹사당하고 지배계급은 ─노동을 정확히 기록함으로써─ 그 노동의 대가를 정확하게 깎아내려 보상했다. 그렇다면 이러한 시나리오와 내가 지금까지 부르짖었던 문자가 가져다준 이익에 대한 칭송을 어떻게 조화시킬 수 있을까? 양쪽 모두에게 승리를 가져다주는 동력은 어디에 있다는 말일까?

먼저 그 동력은 지배계층 사람들 사이에 있었다. 메소포타미아의 권력자가 자신의 나라에서 만든 양모 직물을 가지고 메소포타미아의 건축 사업에 필요한 돌과 목재를 얻기 위해 다른 국가의 권력자와 거래를 한다고 하자. 이때 양쪽 국가의 권력자들은 거래로부터 이익을 얻는다. 물론 양털을 가지고 실을 자아낸 메소포타미아의 여인들도(그들의 생산량과 급료는 점토판에 기록되었을 것이다) 어느 정도 이익을 얻었을지도 모른다. 양모를 국제 시장에 내놓음으로써 양모의 가치가 더 높아지고 그 가치의 일부는 이론상 애초에 실을 잦은 여인네들에게까지 흘러 내려와야 마땅하다. 그리고 또한 우리는 그 여인네들이 관료제도 덕분에 실현된 다양한 형태의 넌제로섬 결실들(더욱 다양해진 음식과 공예품, 관개 수로를 비롯한 공공 건설 공사 등)이 가져다주는 이익을 누렸을 것이라고 추측할 수 있다. 그러나 여러분이 극단적 냉소주의자가 아니더라도 대개 엘리트들이 보통 사람들에게 돌아갈 이익의 상당부분을 거두어갔을 것이라고 상상할 것이다. (메소포타미아의 국영 양조장의 점토판에는 한 관리가 맥주 35 단지를 가져갔다고 기록되어 있다.)

고대의 문자가 가져온 이익이 사회 상층부 언저리에서 모두 흡수되었다는 사실은 놀랄 일이 아니다. 새로운 기술이 가져다주는 권력은 그 기술을 휘두를 수 있는 사람들에게 집중되는 경향이 있다. 고대에 문자라는 기술을 휘두를 수 있었던 사람들은 문자가 열어젖힌 풍요의 방의 문지기 역할을 자처했던 것이다.

그 문지기의 수가 적으면 적을수록 문지기 한 사람이 누릴 수 있는 권력은 더 커진다. 고대 메소포타미아에서 글을 읽고 쓸 줄 아는 사람의 비율은 전체의 1퍼센트 미만이었다. 이러한 통계수치를 보고 고대의 엘리트들이 문자라는 기술을 독점하려고 시도했는지 여부를 판별하기는 어렵다. 그러나 어찌되었든 간에 글을 쓸 줄 아는 사람의 수는 적었고 그들은 존경

받는 계층이었으며 신(적절하게도 비옥함의 여신)의 공식적인 인정을 받았다. 이러한 계층에 진입하는 것은 '점토판 학교'에서의 장시간에 걸친 교육을 통해 이루어졌는데 이는 주로 특권층에게만 허락된 일이었다. 수메르에서 전해진 한 글에서 부자가 자신의 아들이 불량한 학습태도에도 불구하고 단계를 통과하게 해달라고 글쓰기 선생에게 음식과 옷과 반지를 주었다는 내용이 적혀 있다.

글을 쓰는 사람들 중 상당수는 단순히 필사자로 그들이 스스로 지배나 관리의 업무를 수행한 것은 아니었다. 그렇다고 하더라도 그들은 그들이 가진 기술에서 뿜어져나오는 권력의 단 맛을 충분히 즐겼던 것으로 보인다. 이집트의 한 필사자는 하층 계급 사람들은 뇌가 없기 때문에 가축처럼 몰아대야 한다고 적었다. 그러나 사실상 하층 계급 사람들에게 결여된 것이 있다면 그것은 바로 그들의 말을 대변하고 기록해줄 필사자이다.[#]

정보 기술이 제공하는 것은 단순히 경제적 권력만이 아니다. 압제에 저항하기 위해서, 세금을 내리라고 압력을 가하기 위해서 등의 이유로 이루어지는 일치된 정치적 조직화는 공통의 이해를 가진 사람들 사이의 넌제로섬 상호관계의 한 형태이다. 그와 같은 활동에는 통신 수단이 필요하다. 미국의 아프리카인 노예들은 훗날 토킹 드럼을 이용해 노예 반란을 도모함으로써 이 점을 입증해주었다. 물론 문자 역시 이 반란에서 어느 정도 역할을 했다. (미국 남북전쟁 동안 대부분의 남부 주들은 노예에게 읽고 쓰는 것을 가르치는 것을 불법으로 간주했다.) 그러나 읽고 쓸 줄 아는 사람의 비율이 극히 낮은 고대 국가에서 미래에 파괴적인 위력을 발휘할 이러한 요소들의 씨앗만을 볼 수 있을 뿐이다. 기원전 3000년 무렵 이집트에서 누군가가 남긴 낙서 중에 이런 것이 있다. "너는 나를 체포하고 나의 아버지를 두들겨 팼다 … 이제 나에게서 누구를 빼앗아가려는 것이냐?"

일부 학자들은 고대 국가와 추장사회를 비교하면서 문자가 부와 권력의 집중화를 가져왔다고 주장해왔다. 그러나 엄밀하게 말하자면 문자사용 능력의 집중화가 권력의 집중화를 가져온 것이다. 정치·경제적 권력이 궁극적으로 상류층을 뛰어넘어 얼마나 빨리 퍼져 나가게 되는가 하는 문제는, 부분적으로 미래에는 읽고 쓸 수 있는 능력에 어떤 변화가 생기는가에 달려있다. 읽고 쓰는 능력의 확장을 떠받치는 힘은 얼마나 강력한가? 이것이 바로 우리가 나중에 다시 되짚어볼 질문이다(힌트: 그 힘은 매우 강력하다). 한편 비록 엘리트들이 정보 기술을 독점하고자 하지만 그들이 일반 백성을 착취하는 데에는 여전히 어느 정도 한계가 있었다. 우리가 앞서 살펴본 추장사회에서 효력을 발휘했던 제한 요소들도 있다. 정치 지도자들은 백성의 반란뿐만 아니라 다른 정치체제의 도전을 직면해야 했으며 이 두 가지 형태의 압력은 심한 전횡을 일삼는 기생충과 같은 정권에 벌을 주었다.

고대 국가에서 진화되었던 기본적인 정보 기술에는 문자만 있는 것이 아니다. 돈(표준화된 통화) 역시 일종의 정보 기술이라고 할 수 있다. 돈은 개인이 과거에 수행한 노동과 그 노동에 대해 사회가 평가하는 가치를 기록한다. 한편 우리가 돈을 쓸 때 그 행위는 일종의 신호가 된다. 당신에게 무엇이 필요한지, 혹은 무엇을 원하는지를 확인해주고 비록 간접적이긴 하나 그 정보를 당신의 요구를 만족시켜줄 수 있는 다양한 사람들에게 전달한다. 이 사람 저 사람의 손을 거치면서 돈은 더욱 큰 보이지 않는 손의 신경계를 흘러 다니면서 공급자에게 수요를 알려주는 역할을 하는 것이다.

현대에 이르러 돈에 대해 많은 불평이 쏟아져나왔다. 어떤 사람들은 돈이 사람들을 짓밟고 억누르는 도구라고 생각한다. 그러나 역사적 관점에서 볼 때 돈은 오히려 억압에 대한 해법의 역할을 한 것으로 보인다. 시장경제를 활성화함으로써 돈은 읽고 쓸 줄 아는 소수의 사람들에게 지배받는 중앙통제경제에 대한 대안을 제공해준 셈이다. 만일 어떤 경제적 정보기술을 당신에게 유리하도록 하려면 대개 가장 좋은 방법은 당신 자신이 그 기술을 사용하는 것이다.

진정 편리한 형태의 돈(가지고 다닐 수 있고 널리 존중받는 동전)은 기원전 7세기경에 이르러서 리디아Lydia에서 모습을 드러내게 되었다. 만일 동전의 탄생이 중대한 진보라는 주장에 선뜻 동의하기 어렵다면 동전이 발견되기 몇 세기 전, 글라우코스Glaucus♣의 갑옷에 대한 호머의 묘사를 고려해보자. "디오메데스Diomedes♣의 조잡한 갑옷은 황소 9마리의 값어치를 가진 반면 그의 갑옷은 황소 백 마리의 값어치가 있는 것이었다."(명절 쇼핑 시즌 갑옷 가게 주변의 모습을 상상해보라!)

사실상 동전이 발명되기 전에도 고대 국가들은 아직 좀 불편하기는 했지만 사실상의 화폐라고 할 수 있는 수단들을 향해 나아가고 있었다. 메소포타미아에서는 보리나 무게를 단 은을, 이집트에서는 밀을, 아즈텍에서는 코코아 콩을 화폐와 같이 사용했다. 그리고 이와 같은 물품이 부족한 경우에는 단순히 물물교환이 대안으로 사용되었다.

실제로 고대 국가가 '시장 이전pre-market' 사회라는 생각은 이미 죽은 개념이 되었다. 고대 국가들은 혼합경제체제였다고 할 수 있다. 단지 많은

글라우코스Glaucus | 트로이 전쟁에서 트로이 측의 장군—옮긴이
디오메데스Diomedes | 트로이 전쟁에서 그리스 연합군의 장군으로 아킬레스의 친구—옮긴이

경우에 그 혼합에 있어서 정부쪽으로 좀 더 많이 치우쳐져 있기는 했지만 말이다. 메소포타미아에서는 민간 상인들이 장거리 교역을 담당했다. 이러한 사실은 궁극적으로 평민들에게 이익을 가져다주었을 것이다. 그 무렵 메소포타미아에서는 정치권력 역시 전체주의적 고대 국가의 경우보다 좀 더 널리 분산되어 있었다. 그러나 여전히 오늘날의 기준으로 볼 때 개선의 여지는 많이 있었다.

그리고 실제로 개선은 이루어져왔다. 노예제도, 인간의 희생, 적당한 형태의 착취 등은 오랜 시간을 거쳐 차츰 사라져갔다. 오늘날 문명은 고대의 문명보다 더욱 '문명화' 되었다. 그리고 그 주요 원인은 돈과 문자가 오랜 시간 동안 진화되어온 방식과 —곧 보게 되겠지만— 그 둘이 상호작용하는 방식에 있다.

Chapter 09

문명의 탄생

지배자와 군사 계층이 상인들을 용인하고 상인들에게서 너무 무거운 세금을 징수하거나
그들의 재산을 자주 몰수하여 무역과 상업을 방해하지 않는다면,
지역적 분화와 규모의 경제에 이른 제조업으로부터 싹튼 새로운 경제적 생산성이
인간의 부를 증가시킬 수 있는 능력을 보여주기 시작한다.
– 윌리엄 맥닐William McNeill

미국에서 파는 어느 샴푸의 사용법에는 흔히 "거품을 내고, 헹구고, 이 과정을 반복하세요"라는 문구가 적혀 있다. 그런데 어떤 사람이 이 사용법을 글자 그대로 받아들여 여생을 목욕탕 속에서 보내게 되었다는 것이다. 거품을 내고, 헹구고, 거품을 내고, 헹구고, 거품을 내고 헹구고, 이 과정을 무한히 반복하면서……

이따금씩 고대 문명 역시 이와 비슷한 길을 걸어오지 않았나 하는 생각이 든다. 흥하고, 망하고, 흥하고, 망하고……, 이러한 일련의 과정을 반복하는 식으로 말이다. 지배자나 왕조, 백성들은 변할지 모르지만 이 모든 것들이 정복과 확장, 분열과 붕괴라는 끝없이 반복되는 주기에 갇혀 있다는 느낌이 든다.

그리하여 고대 역사는 마치 이상하게 들리는 이름들이 차례로 다가왔다 지나가는 퍼레이드처럼 느껴진다. 우르크Uruk(우르 또는 우르 제2왕조나 우

르 제3왕조와 헷갈리지 말 것)가 있고 아카드 문명Akkadians이 있고 또 아케메니드 문명Achaemenid도 빼놓을 수 없다. 그 다음에 결국 미노스 문명과 미케네 문명이 나타났다. (순서가 바뀌었을까?) 그리고 마침내 우리에게 진짜로 친숙한 이름, 그리스와 로마가 등장한다.

한편 중국에서는 진(秦), 초(楚), 연(燕), 제(齊), 한(韓), 위(魏), 조(趙) 등이 대립(주(周, Chou)왕조 말기의 일이다)하다가 결국 진(秦, Ch'in)이 승리를 거두어 중국을 평정했으나 곧 사분오열되었다.

바다 건너 신세계에서는 유명한 고대 마야 시대보다 훨씬 전에도 문명이 태동하고 있었다. 올멕Olmec과 자포텍Zapotec이 있고 잉카와 아즈텍이 무대 중심에 자리 잡을 무렵에는 치무Chimú와 친차Chincha, 치치멕Chichimec은 말할 것도 없고 또한 우아스텍Huastec과 믹스텍Mixtec과 톨텍Toltec이 있었다.

이 모든 것들은 흐릿해 보인다. 그런데 사실상 문제는 충분히 흐릿하지 않다는 데 있다. 고대 역사가 혼란스럽게 느껴지는 이유는 우리가 줌렌즈를 이용해서 작은 지역과 작은 시간대에 초점을 맞추기 때문이다. 만일 우리가 초점을 흐리게 해서 시시콜콜한 세부사항을 뭉그르뜨려 버리면 좀 더 큰 그림이 우리 눈에 들어오게 된다. 수세기가 휙휙 지나가면서 수많은 문명들이 흥하고 망하기를 거듭하지만 문명 전체는 더욱 번성하고 범위와 복잡성에 있어서 더욱 성장하는 것을 볼 수 있다.

여기서 핵심은 고대 역사에서 '역사'를 빼는 것이다. 역사학자들은 차이점에 대해 골몰하는 경향이 있다. 고대 중국은 수메르와 어떻게 다를까? 왜 그런 차이가 나타났을까? 물론 좋은 질문이고 흥미로운 질문이다. 우리는 나중에 이 질문들로 다시 돌아올 것이다. 그러나 일단 먼저 이런 질문을 제기해보자. 다양한 지역에서 진화해온 초기 국가들이 어떻게 서로 비슷할까? 어디를 바라보든 근본적으로 동일한 일이 일어났음을 깨닫는 것은 고대 역사를 단순화하는 방법의 하나이다.

세 개의 시험접시

고고학자들은 '1차$_{pristine}$' 문명(근처의 문명을 본따거나 정복으로 복속된 것이 아니라 스스로 일어난 국가)으로 6개를 꼽는다. 즉 메소포타미아, 이집트, 메소아메리카, 남아메리카, 중국 그리고 —다른 문명에 비해 상대적으로 알려진 것이 별로 없는— 인더스강 계곡의 문명$^{+}$들이 그 여섯이다. 어떤 학자들은 서아프리카 문명을 추가하기도 한다.

서아프리카 문명을 일차적이라고 칭하는 것은 약간 과장이라고 할 수 있다. 왜냐하면 이전에 북쪽의 국가들과 접촉할 기회가 있었기 때문이다. 그러나 이 표준적으로 받아들여지는 여섯 문명을 '1차'라고 부르는 것 역시 약간 확대해석이라고 볼 수 있다. 인더스 문자(아직 해독이 안 됨)는 어쩌면 메소포타미아에서 영향을 받은 것일 수도 있다. 한편 메소포타미아는 이집트와 믿을 주고받았다. 그리고 비록 가늘다고 하나 남아메리카(잉카와 그 이전의 문화적 조상들)와 메소아메리카(아즈텍, 마야, 기타 등등)을 연결하는 끈이 존재했을 것이다.

이처럼 오래되고 이따금씩 중요한 접촉을 인정한 다음에도 우리는 고대 문명의 영역을 서로 상당히 떨어진 세 가지로 나눌 수 있다. 중국, 근동,

---

인더스 문명 | 현재 파키스탄 영토에 속하며 기원전 6000년경에 농업이 시작되어 기원전 3천년기에 모헨조다로Moenjodaro와 하라파Harappa와 같은 상당한 도시문명을 이룩한 것으로 보인다—옮긴이

신세계가 그 셋이다. 그리고 이 세 문명이 에너지 기술과 정보 기술(농업과 문자)을 각자 따로따로 발달시켜왔다는 것에 대해 학계는 합의에 도달했다. 그리고 이 세 지역은 근본적으로 서로 격리된 채로 초기의 문명화 역사를 일구어왔다.

그러나 이 세 가지 사례에서도 모두 동일한 일이 벌어졌다. 사실 동일한 정도를 넘는다. 인류를 문명의 가장자리까지 끌어올린 경향(사람들의 무리가 점점 커져서 촌락이 되고, 촌락이 점점 크고 점점 복잡해지고 서로 합쳐져서 추장사회를 이루고……)은 계속되었다는 것이다. 추장사회의 촌락은 점점 읍락town 비슷한 것으로 진화되었고 읍락도 점점 더 크고 복잡해졌다. 이 세 지역에서 느슨하게 정의된 도시국가(도심부가 농토와 촌락과 읍락으로 둘러싸여 있는 복합체)가 진화되어 왔다. 이집트나 안데스와 같은 일부 지방에서 국가 중 '도시'에 해당되는 부분은 너무 작아서 도시국가라는 용어의 정의를 좀 더 확장해야 할 지경이지만 말이다. 그리고 이러한 도시국가들이 하나로 합쳐져서 복합도시multicity 국가를 형성하고 이 복합도시 국가들이 제국으로 성장했다. 물론 이 과정에서 뒤로 후퇴하는 사례도 무수히 존재한다. 가뭄, 야만인의 습격, 그밖의 거대한 붕괴를 촉진하는 사건들에 의해서이다. 그러나 장기적으로 볼 때 그와 같은 후퇴는 일시적인 것으로 드러났다. (실제로 후퇴는 진행되고 있는 진보를 입증해준다. 후퇴의 규모가 점점 커지는 것은 후퇴되는 시스템의 규모가 커지고 있음을 보여주는 셈이다.) 따라서 우리는 고대 역사 전체를 한 문장으로 요약할 수 있다. "호두껍데기 속의 고대 역사!" (역사는 더 높은 수준의 사회적 복잡성을 향하여 앞으로, 위로 전진한다.)

위와 같은 단락, 즉 역사에 단순한 패턴이 있으며 그 패턴이 일반적인 법칙을 반영한다고 말하는 것은 비판을 한 몸에 받기 딱 좋은 주장이다. 그와 같은 주장은 한 역사철학자가 묘사한 바에 따르면 "근거 없이 주장된 역사적 과정의 전체적인 경향"으로부터 '선형적linear 법칙'을 이끌어내는 것이며 "역사적 과정 하나하나가 유일무이하고 독특한 것이므로 이러한 시도는 잘 해야 하나의 사례로부터 일반화를 이끌어내는 것이다."

그러나 적어도 고대 역사의 과정은 제각각 독특하다고 할 수 없다. 우리가 연구해볼 따로따로 분리되어 있는 사례가 적어도 세 가지 있다. 그리고 만일 대다수의 의견대로 문명 형성 초기 메소아메리카와 안데스 사이의 접촉이 극미한 수준이었다고 본다면 사례의 수는 넷으로 늘어난다. 그렇다면 만일 우리가 이 각각의 사례에서 독자적으로 나타난 패턴들이 '법칙'의 존재를 입증하는 것이라면, 우리는 그 '법칙'의 작동원리를 탐구하고 왜 그 법칙들이 그토록 강력한 효과를 나타내는지 살펴봐야 할 것이다. 그 중 일부는 이미 다루었으며 앞으로 좀 더 다루어나갈 것이다. 그러나 일단 연구할 수 있는 몇 가지 사례를 가지고 기본적 패턴, 즉 사회의 복잡성이 더 깊고 더 방대해지며 넌제로섬 원리가 점점 더 커지는 패턴이 실제로 유효한지를 살펴보도록 하자.

문명의 요람

고등학교 교과서에 티그리스-유프라테스 강 유역으로 오늘날의 이라크에 해당되는 메소포타미아 지방은 '문명의 요람'이라고 명시되어 있다. 하지만 고대 중국이나 아메리카 대륙의 지배자들이 이 유럽 중심적 선전 문구를 들으면 잘 꾸며진 무덤 속에서 벌떡 일어날지도 모른다. 중국이나

아메리카의 문명들은 각자 고유의 요람을 가지고 있다. 그러나 우리는 일단 어디에선가 시작을 해야 하고 근동지방의 문명이 다른 두 문명보다 앞서 태어난 것은 확실하다.

다른 곳에서와 마찬가지로 메소포타미아 부근 지역에서도 문명의 이야기는 역시 농업과 그에 수반되는 사회의 복잡성으로부터 시작된다. 기원전 4000년경 이미 친숙한 추장사회의 상징물(사원, 기타 공공 건설 공사의 결과물)들이 나타나기 시작했으며 물론 권력자를 위한, 귀중한 구리와 도기 장식품 등을 이용한 특별한 매장풍습이 존재했다. 추장사회 촌락들은 점점 더 커져서 어느 순간 촌락과 읍락을 가르는 애매한 선을 뛰어넘게 되었다.

기원전 3500년경 진정한 의미에서의 문자는 아직 나타나지 않았지만 최초의 정보 혁명의 물결은 확실하게 모습을 드러냈다. 원통형 인장, 복잡한 점토 징표, 테두리가 비스듬하게 기울어진 그릇 등이 그 증거이다. 문자의 진화가 이루어짐에 따라서 문명을 향해 나가는 발걸음은 더욱 활기를 띠게 되었다. 남부 메소포타미아에서 기원전 3500년에서 2900년 사이에 촌락 수는 17개에서 124개로 늘어났고 읍락의 수는 3개에서 20개로 늘어났다. 또한 면적이 125에이커(50헥타르) 이상인 '도심urban center'의 수는 1개에서 20개로 늘었다. 기원전 2800년 무렵 우르크의 도시는 그 면적이 617에이커(250헥타르)에 이르렀으며 거대한 지구라트zigurat 위에 건립된 사원은 1~2킬로미터 떨어진 곳에서도 보일 정도였다. 상호의존관계에 있는 —농사를 짓는 촌락과 읍락들로 둘러싸인— 우르크는 제대로 형태를 갖추지 못한 도시국가를 차츰 조직적으로 고착시켜 나갔다. 그리고 이와 유사한 집단화가 메소포타미아의 다른 지역에서도 일어났다.

도시국가들 사이의 관계는 넌제로섬 원리를 이중적으로 적용하고 있다. 바로 칸트의 '비사회적 사회성'이 모습을 드러낸다. 각각의 정치조직들은 서로 거래하고 싸우고, 또 싸우고 거래하기를 거듭하면서 대개의 경우 정치적 통합에 대한 강력한 합의에 이르게 된다. 이때 단순히 두 개의 도시로 이루어진 국가가 한 개의 도시로 이루어진 국가보다 그 규모의 이점으로 전쟁에서 더 유리하다는 논리만 작용하는 것은 아니다. 두 개의 도시가 하나의 국가 안에 존재함으로써 이제 도시간의 거래는 주기적인 전쟁이나 속박 없는 약탈, 상호불신이라는 부담으로부터 벗어나 빨리 성장할 수 있게 되고 그 결과 국가는 더욱 강성해진다. 이러한 기본적 개념(넌제로섬 원리를 자유롭게 펼칠 수 있는 넓은 영역 창조하기)은 엘먼 서비스의 '평화의 도모'라는 개념과 가깝다.

그러나 종종 평화의 도모가 평화롭게 이루어지지 않는다. 두 지배자가 복합도시 거대 국가를 만들기 위해 서로 합치는 데까지 합의를 볼 수 있겠지만 누가 하나가 된 국가의 거대 지도자가 되느냐 하는 문제에 대해서는 합의에 이르기 어렵다. 추장사회와 마찬가지로 복합도시 거대 국가는 많은 경우에 침략이라는 수단, 적어도 침략에 대한 위협의 도움으로 형성되었다.

메소포타미아 최초의 거대 복합도시 국가는 기원전 2350년경에 세워진 아카드Akkad 제국이었다. 아카드의 사르곤Sargon왕이 메소포타미아 남부의 수메르의 도시들을 정복함으로써 제국의 기원이 열리게 되었다. 사르곤의 정복은 신의 허락을 의미하는 신성한 보증인(印)을 동반했다. 그는 정복한 지역의 사제들에게 그의 승리가 메소포타미아의 신 엔릴Enlil의 뜻임을 공표하도록 했다. 사제들이 머뭇거리지 않고 재빨리 신의 뜻을 파악하는 데 도움을 주기 위해 그는 정복당한 지역의 왕의 목을 드높이 내걸었다. 뿐만 아니라 신학적 해석을 위한 추가적 지원 조치로서 사르곤은 남부 메소포타미아의 종교적 수도인 우르에서 여신 난나Nanna를 모시는 고위 사제 자리에 자신의 딸을 파견했다. 티그리스-유프라테스 계곡 안과 그 주변의 인구 대부분을 무릎 꿇린 후 사르곤은 자기 자신을 다소 촌스럽게도 '사방(四方)의 왕King of the Four Quarters'이라고 칭했다.

한편 이집트에서는 메소포타미아에 비해서 느리긴 했지만 —그리고 규모에 있어서 메소포타미아만큼 도시적인 모습을 갖추지는 못했지만— 도시들이 형성되었고 지역 국가 단계로 좀 더 빠르고 좀 더 꾸준하게 나아갔다. 그리고 기원전 3100년경 정보 혁명이 출현하고 나서 얼마 되지 않아 국가 단계의 문턱을 넘어서게 되었다. 또한 이집트의 상형문자가 사용되어서 조상의 가계와 재산 및 소유권 등을 기록하게 되었다. 기원전 3000년에서 한 세기쯤 전후로 이집트는 정치적으로 통일되고, 짭짤한 거래와 따뜻한 동맹관계, 파괴적인 적대감이라는 인간 특유의 조합을 드러냈다.

이집트의 파라오는 고대 지배자들의 고매한 기준으로 볼 때도 특히 드높은 자존감을 가지고 있었다. 그들은 대단히 일관적으로 자신이 신의 뜻을 대변하는 것이 아니라 자기들 자신이 바로 신이라고 —즉, 태양신 라Ra의 직계 자손이라고— 대중들에게 주입해왔다. 그에 따른 대중의 복종은 국가 권력의 놀랄만한 구현물, 예컨대 파라오가 널찍한 무덤 속에서 창고 세일 수준의 품질을 지닌 번쩍거리는 인공물에 둘러싸여 사후의 삶을 만끽하는 것을 보장하기 위해 상상도 할 수 없는 노동력을 빨아들인 피라미드에서 나타난다. 파라오는 신성 외에도 거대한 관료제도에 크게 의존했다. 관료들의 구체적인 업무는 불투명하지만 곡물창고 감독관, 노동 감독관, 재정 감독관, 중대문서 기록 감독관, 대저택(궁전) 감독관 등을 비롯한 수많은 직책이 있었던 것으로 보인다.

또 다른 문명의 요람

동아시아에서 농업은 중동지역보다 약 천 년 정도 뒤늦게 진화한 것으로 보인다. 그러나 농업에 뒤를 이어 나타난 결과들은 중동 지역과 똑같았다. 촌락이 더 커지고, 가공품이 더 늘어나고, 거래가 더 번성하고, 충돌의 규모가 더 커지고, 건축물이 더 커지고, 정치적 통치 범위가 더 늘어나고, 지위 계급이 더 뚜렷해지는(옥과 청동이 상류층 무덤의 장식물로 각광받게 되었다) 변화가 나타났다. 동아시아는 기원전 4천년기 말에 추장사회 시대에 도달한 것으로 보인다. 그리고 기원전 2000년 무렵에 국가 수준의 조직에 대한 증거들이 드러난다. 문자, 도시, 13,000명의 병사들을 군대에 동원할 수 있고 거대한 토목공사를 감독할 수 있는 왕의 등장 등이 그 증거이다. 사원과 궁궐 등을 포함한 하나의 도시 복합체를 둘러싸는 요새를 건설하는 데 약 10,000명의 노동자들이 —주 6일제 근무에 유급휴가가 없는 조건으로— 18년 동안 일해야 했던 것으로 추정된다. 왕실 무덤은 드넓고, 10미터 내외의 깊이에 경사지를 층층으로 깎은 계단과 접근하기 쉽도록 만든 진입로가 갖추어져 있다. 왕이 죽으면 노예와 그 밖의 사람들(때로는 깨끗하게 목이 잘린 채로), 엄청난 재산이 함께 묻혔다. 심지어 비교적 간소한 것으로 여겨지는 어떤 왕의 배우자의 무덤만 해도 468개의 청동 물품과 775개의 옥으로 만든 물건, 6,880개의 예쁜 자패(紫貝, cowrie) 껍데기로 둘러싸여 있다.

이 모든 것들은 이른바 '상(商, Shang)⁺문명'에 속한다. 그러나 당시 중국 전체가 균질한 상태였다는 주장은 오해의 여지가 많다. 일부 학자들은 오늘날 중국인들 사이에 오랫동안 받아들여졌던 통일 국가로서의 과거라는 관점에 이의를 제기하고, 상나라를 초기 메소포타미아와 비슷한 상태로 보고 있다. 아마도 고착되지 않은 상태의 각각의 도시국가들이 거래도 하고 전쟁도 하고, 동맹을 맺었다 틀어져서 싸우기도 하는 상태 말이다. 심지어 일부 학자들은 상나라가 국가 수준의 사회적 조직화 상태에 도달하기는 했는지 아니면 조숙한 형태의 추장사회 상태는 아니었는지 의문을 품는다. 그걸 누가 알겠는가? 여기에서 중요한 것은 중국의 고대 역사 역시 다른 곳에서의 고대 역사와 같은 방향으로 움직여갔다는 사실이다. 상나라의 후계자로 기원전 1000년경에 중국을 지배했던 주나라는 수많은 도시를 거느린 거대한 국가를 형성했다.

그러나 지배는 분산되어 있었고 주나라의 일종의 공국principality✛이라고 할 수 있는 국가들은 마침내 전면전에 돌입하게 되었다. 결국 이 혼란 상태를 평정한 진(秦)나라는 아시아의 정치적 단일체의 규모를 전례 없는 수준으로 끌어올렸다. 그리하여 이 진Ch'in으로부터 차이나China라는 명칭이 유래하게 된 것이다.

진이 승리를 거두게 된 열쇠 중 하나는 넌제로섬 개혁이었다. 진은 대개 권력자들에게 편파적이었던 법률을 더욱 공정하고 강력하게 만들었다. 그리고 도량형과 문자 체계를 표준화했다. 진은 경쟁자들을 복속시키면서 이러한 원칙들을 중국 전역으로 확장시켰다. 진은 단일 통화, 수많은 운하

상(商, Shang) ㅣ 역사적으로 실재했다고 여겨지는 최초의 중국 왕조. 은(殷)이라는 이름으로 더 잘 알려져 있으나 스스로의 나라 이름을 칭할 때는 은나라를 세운 부족 이름인 상(商)이라는 이름을 더 많이 사용했기 때문에 학계에서는 상이라는 이름으로 통일해 부르고 있다—옮긴이
공국principality ㅣ 왕보다 낮은 작위를 가진 군주가 다스리는 군주국—옮긴이

들, 6,000킬로미터가 넘는 새로운 도로(도로 위로 수레가 다녔는데 수레바퀴를 모두 정부에서 지정한 두께로 표준화하여, 포장되지 않은 흙으로 덮인 도로에 난 바퀴 자국이 모든 수레와 일치했다)에 의해 더욱 결속을 이루어나갔다.

중국의 통일을 관장했으며 최초의 황제로 알려진 진시황은 여러 면에서 불쾌하고 기생충 같은 인물이었다. 그는 백성의 불복종을 두려워하였으며 농사짓는 법이나 점치는 방법 등 황실에서 정해준 주제에서 조금이라도 벗어나는 문서들은 모조리 태워버렸다고 전해진다. 또한 정부가 고용한 근로자들의 노동력을 가치 있게 사용하는 방법에 대한 그의 아이디어 중 하나는 제각기 모두 다른 모습의 실물 크기의 테라코타♣ 병사들을 7,500개나 만들어 그의 무덤 속으로 가져가는 것이었다.

당연한 얘기로 그의 폭정과 압제는 그가 죽은 후 반란을 불러 일으켰다. 그러나 그가 만들어낸 넌제로섬 원리의 하부구조(사람과 상품과 데이터의 이동을 원활하게 만들어준 모든 도로와 운하, 다양한 표준들)는 계속해서 이어졌다. 이와 같은 유산은 그의 후계자인 한(漢)에게 —여전히 벅찬 임무인— 중국을 정치적으로 하나로 묶어놓는 일의 어려움을 조금 완화시켜 주었다.

그동안 근동에서는 더 많은 제국들이 나타났다가 사라졌고, 근동을 대표하는 지역의 범위는 점점 더 커져갔다. 아시리아 제국은 ('사방(四方) 세계'를 지배했던) 아카드를 왜소하게 보이게 했고 또 아시리아의 뒤를 이은 페르시아 제국과 페르시아의 '드넓은 세계의 왕king of this great earth far and wide' 들은 아시리아를 훨씬 뛰어넘었다. 이 페르시아 제국은 다시 —"신의 아들"이며 "세계 전체의 통치자 및 중재자"였던— 알렉산더 대왕에 복속되었다.

테라코타 | 점토로 모양을 빚어 구워 만든 조형작품—옮긴이

그런데 이 알렉산더의 마케도니아Macedonia 제국은 곧 로마 제국과 "인류의 구원자"로 불리던 그 황제들의 그늘에 가려지게 되었다.

아메리카 문명

만일 기원전 200년 무렵에 한나라나 로마 사람들이 어떤 마술의 힘으로 당시 알려지지 않았던 신세계를 살짝 엿볼 기회가 있었다면 어떨까? 아마 그들은 별 감흥을 느끼지 못했을 것이다. 대충 훑어보아 아메리카 대륙은 야만인과 미개인으로 득실거리는 땅으로 보였을 것이다. 거의 모든 곳에서 사람들은 단순한 무리 수준에서 추장사회 사이의 어딘가에 위치하는 사회 구조를 이루고 있었다. 그러나 자세히 들여다본다면 여기저기에서 문명의 요람을 찾아낼 수 있을 것이다. 추장사회와 국가 사이의 희미한 경계를 건너고 있는 문화의 작은 움직임들을 포착해낼 수 있을 것이다.

고고학자인 램버그-칼로프스키C.C. Lamberg-Karlovsky와 제레미 사블로프Jeremy Sabloff가 지적한 대로 메소아메리카에서 최초로 알려진 도시 몬테 알반(Monte Alban, 멕시코 영토의 가장 남쪽, 과테말라 근처에 위치)은 메소포타미아 최초의 큰 도시 우르크를 연상시킨다. 두 도시 모두 처음에는 단지 읍락에 지나지 않았으나 점점 그 규모나 건축물의 수준에 있어서 이웃 읍락들을 능가하게 되었고 나중에는 정치적으로 이웃 읍락들을 압도하게 되었다. 이는 추장사회의 중심지가 형성되는 고전적인 경향을 보여준 것이다. 두 사례에서 모두 전쟁과 거래가 사회의 복잡도를 위로 끌어올리는 데 기여했으며, 정보 기술의 발달과 도시화가 손에 손을 맞잡고 진행되었다. 몬테 알반에서 기원전 300년 무렵에 원통형 표식이 나타났고 상형문자를 이용해서 죽은 적의 모습을 아로새긴 조상에 꼬리표를 달아놓았다. 기원전 200년 무렵 인구는 5,000명 정도로 늘었으며 나중에는 30,000명을 넘게 되었다. 그러나 몬테 알반의 무역 상대였던 북쪽에 위치한 테오티우아칸 Teotihuacán이 규모 면에서 몬테 알반을 압도하게 되었다. 550년 무렵 테오티우아칸의 인구는 125,000명에 이르러서 세계 6대 대도시로 성장하게 되었다. 물론 다른 다섯 도시에는 알려지지 않은 채로 말이다.

테오티우아칸과 헷갈리기 딱 좋은 것이 근처의 도시 테노치티틀란 Tenochtitlán이다. 1519년 코르테즈✚가 처음 보았을 때 아즈텍의 수도인 이 도시는 200,000명의 인구를 보유하고 있었으며(이는 유럽 어느 도시보다 많은 인구이다) 포르투갈 크기의 두 배가 되는 국가를 유지하고 있었다. 코르테즈는 테노치티틀란을 "세계에서 가장 아름다운 도시"라고 불렀으며 베니스와 비교했다. 소금물 호수의 섬들 위에 건설된 도시는 운하와 다리로 수놓아져 있었고 수상 정원floating garden, 동물원, 커다란 새장 등으로 장식되었다. 수상 수송을 이용한 테노치티틀란의 상업에는 수만 대 이상의 카누가 이용되었고 중심적 시장은 60,000명의 판매인과 구매인을 수용할 수 있는 규모였다고 코르테즈는 전한다.

물론 아즈텍 문명에도 불쾌한 측면도 있었다. 그것은 아즈텍과의 전쟁에서 포로가 된 사람(한 달에 수백 명씩 잡혀 들어왔다) 중 아무나 붙잡고 물어보면 알 수 있었을 것이다. 아즈텍인들은 포로의 심장을 도려낸 뒤 사원 계단에서 굴려 떨어뜨렸다. 그리고 그 심장은 태양신에게 충분한 영양을 공급하는 데 사용했다. 코르테즈의 부하 중 한 사람이 세어본 ─적어도 어림해본─ 바에 따르면 테노치티틀란의 가장 큰 사원에서 발견된 해골이 136,000개에 이르렀다고 한다.

그러나 인신공양은 신세계에서든 구세계에서든 고대 문명에서 흔히 찾아볼 수 있었다. (심지어 고대 세계의 계몽의 정점으로 여겨지던 고전 시대의 그리스classical Greece♣ 역시 인신공양을 탐닉했다.) 그리고 아즈텍의 정부는 다른 측면에서 진보적이었다. 아즈텍의 평민들은 고대의 기준으로 볼 때 비교적 풍요롭게 살았고 집에서 만든 수공품을 이국적인 수입품과 거래할 수도 있었다. 지방에 있는 어도비adobe 벽돌로 만든 소박한 집에서 고고학자들은 흑요석 칼, 옥으로 만든 장신구, 청동으로 만든 종 따위를 발견했다.

이와 같은 풍요의 원인 중 하나는 거래를 방해하는 신뢰의 장벽을 정부가 효과적으로 제거했기 때문이다. 정부의 감독관이 수시로 도시의 시장을 돌아다니면서 도량형을 속이거나 사실상 화폐 역할을 하던 코코아 콩의 —밀납이나 밀가루 반죽으로 만든— 위조품을 유통시키는 따위의 부정직한 상거래 여부를 감시했다. 아즈텍의 법은 대부분의 고대의 법보다 한 발 더 나아가 부자에게나 가난한 자에게나 똑같이 적용되었다. 때로는 재판관들이 귀족에게 유리한 판결을 내려 평민에게 해를 주었다는 죄목으로 처벌을 받았는데 교수형에 처해진 사례도 있었다. 또한 자백을 받으려는 목적으로 고문을 사용하지 않았다. 어느 학자는 이 사실을 "아메리카 인디언들이 유럽의 정복자들보다 더 좋게 보이는 이유"라고 지적했다.

콜럼부스가 건너가기 전의 메소아메리카에 대해서 누구나 '아즈텍'을 떠올릴 것이다. 사막 속에서 빛나는 하나의 보석, 원시적인 아메리카 인디언들의 삶의 표준에서 벗어나는 유일한 예외인 아즈텍. 그러나 사실상 아

코르테즈 | 아즈텍 문명을 멸망시킨 스페인의 정복자—옮긴이
고전 시대의 그리스classical Greece | 기원전 4~5세기의 그리스—옮긴이

즈텍 문명은 그렇게 특별한 것이 아니다. 그저 그 지역에서 일어난 천 년도 더 된 문명 발달의 한 단계일 뿐이다. 그밖의 다른 단계에는 테오티우아칸, 몬테 알반의 자포텍, 톨텍, 믹스텍, 우아스텍 등이 있다. 그리고 이들 사회들 이전에는 그 전신에 해당되는 사회들이 있었다. 마야의 경우 처음에는 인구가 밀집한 도시의 형태를 이루지 못했지만 기원전 3세기 무렵 국가 수준에 도달했고 그보다 조금 앞서서 자포텍도 역시 국가의 모습을 갖추었다. 그리고 그보다 더 거슬러 올라가면 올멕이 있다. 그들은 이스터 섬 풍의 두상을 남겼으며 일부 학계의 옹호자들은 올멕 문명의 사회적 복잡도가 추장사회가 아니라 국가 수준에 이르렀다고 주장한다.

나는 아즈텍으로부터 메소아메리카에서 농업이 시작된 무렵까지 거슬러 올라가면서 나타나는 점점 더 모호한 메소아메리카 문명의 이름을 얼마든지 열거할 수 있다. 또한 이러한 과정을 교과서에 실릴만한 문명의 계통을 나타내는 깨끗한 그림으로 나타낼 수도 있다. 아즈텍은 톨텍을 계승했고 톨텍은 테오티우아칸을 계승했고…… 하는 식으로 말이다. 그러나 그와 같은 도표에 집중하다 보면 핵심을 벗어날 수 있다. 기원전 1200년 올멕과 초기 마야 시대부터 문화적 영향은 미묘하고도 풍부했다. 그리고 시간이 흘러 메소아메리카의 인구가 늘어나고 더 조밀해지며 무역이나 전쟁을 통해 문화적 접촉이 확대될수록 그러한 경향은 더욱 강해졌다. 그리하여 전체 지역이 점점 더 하나의 사회적 뇌와 비슷해져서 갖가지 밈들을 시험하고 그 중 유용한 것을 널리 퍼뜨리게 되었다.

그렇다. 각각의 정부와 사람들은 신물이 나도록 흥하고 망하기를 반복했다. 그러나 이 언뜻 보기에는 아무런 목적 없이 반복되는 성장과 붕괴의 주기가 하나로 합쳐져서 거대한 문화 진화의 화살표를 만들어낸다. 문자의 사용과 농업과 수공예와 건축과 정부가 발달했다. 아즈텍은 로마와 마찬가지로 행정과 토목공사의 명수였다. 아즈텍인들은 기름을 잘 친 관료 체제와 멋진 다리, 도수관(導水管)을 가지고 있었다. 16킬로미터 길이의 댐에 있는 수문을 통해서 그들은 테노치티틀란을 둘러싸고 있는 호수의 수위를 조절했다.

그렇다고 해서 아즈텍인들이 특별히 비범한 사람들이었던 것은 아니다. 로마인들도 마찬가지이다. 그들은 그저 그들보다 앞서 세상에 왔던, 주어진 상황을 이리저리 헤쳐나가며 주어진 문화적 유산에 자기 몫을 보태왔던 사람들과 똑같은 사람들이었을 뿐이다.

그것은 저 아래쪽 남아메리카의 잉카인들 역시 마찬가지였다. 사람들의 마음속에서 잉카는 물건과 정보를 원활하게 소통시키던 거대한 도로망을 갖춘 인구 1200만 명의 16세기의 제국으로 남아있다. 그러나 이들 도시 중 상당수는 잉카에 앞서 나타났던 사회들이 건설한 것이다. 도로 건설은 차빈Chavin♣의 주도 하에 기원전 500년부터 시작되었다. 그리고 그 이후에 서력 100년경 국가 수준에 도달한 해안 부근의 모체Moche♣를 비롯한 사회들이 하부구조를 계속해서 확장시켰다. 모체의 도로 위로는 잉카의 도로와 마찬가지로 릴레이 주자들이 달리면서 메시지를 전달했다(일부 학자들은 이 주자들이 말로 정보를 전달했을 뿐만 아니라 리마콩 위에 새겨진 상징을 전달했을 것이라고 믿는다). 그리고 잉카의 도로와 —뿐만 아니라 로마의 도로, 중국의 도로, 그밖에 모든 고대의 도로 또한— 마찬가지로 모체의 도로는 군사 활동과 경제 활동을 조율하는 데 사용되었다. 일석이조로 사용된 도로에 힘입어

차빈Chavin | BC 10세기 전반 무렵 페루의 북부에서 중부까지 보급되었던 문화—옮긴이
모체Moche | BC 200경~AD 600년의 안데스 문명—옮긴이

모체의 전사 겸 사제들이 목을 베는 의식을 거행하느라 눈코 뜰 새 없을 만큼 충분한 수의 전쟁 포로들이 공급되었고, 또한 그들의 피를 받아 마시는 데 쓰기 위해 특별히 주문 제작한 금속 잔의 공급 역시 원활하였다.

다양한 문화, 이를테면 치무Chimú♣나 우아리Huari♣와 같은 국가의 지배 속에서 남아메리카의 도로망은 계속해서 성장했다. 관개 설비도 마찬가지였다. 수백만 명의 노동자들의 손으로 수천 년에 걸쳐서 이러한 하부구조가 힘겹게 확장되었을 때 갑자기 잉카가 나타나서 "이렇게 고마울 데가!" 하고 넙죽 받아먹은 셈이다. 이곳저곳의 추장사회들을 정복해나가면서 잉카는 남아메리카의 정치적 통일체의 규모를 전례 없는 수준으로 확장시켰고 수완 좋은 관료체제를 통해서 이 통일체를 하나로 만들어나갔다. 사르곤 못지않게 자부심이 강하고 허풍이 셌던 그들은 자신의 제국을 타후안틴수유Tahuantinsuyu 또는 '사방세계Four Quarters of the World'라고 불렀다. 이 전례 없이 넓은 범위를 아우르는 정치적 조직화는 전쟁이라는 마찰을 억제함으로써 전례 없는 생산성을 가져왔다. 마치 구세계에서 팍스 로마나 Pax Romana♣가 그랬듯이.

메소아메리카와 남아메리카의 사례 모두 사람이 제한된 물질을 가지고 무엇을 할 수 있는지 보여준다. 청동 야금술은 막 싹트는 단계로 무기나 도구에 적요된 사례는 극히 드물었다. 전차나 마차도 없었다. 실제로 그들에게는 바퀴도, 말도 없었다. 자연은 신세계 사람들에게 길들일 수 있는 동물이라는 축복을 거의 베풀지 않은 듯 보인다. 그러나 이처럼 자연의 축복이 크지 않다고 하더라도 그들에게는 데이터를 저장하고 전달할 수 있는 수단이 있었고, 따라서 관료제도를 운영하고 거대한 군대를 통제할 수가 있었다. 이것이 바로 데이터 처리 능력의 힘이다. 그 힘은 비록 다른 영역에서는 정체가 있다고 하더라도 모든 문화들을 밀어올려 거의 한결 같이 국가라는 문턱을 넘도록 했다.

그리고 문화 진화의 힘이 너무나 강력하기 때문에 그와 같은 정체는 오래 가지 않았다. 메소아메리카에서도 아즈텍 문명이 이루어졌을 무렵 바퀴의 원리는 이미 알려졌었다. 그러나 수레나 마차 등을 끌 동물이 없었기 때문에 바퀴는 단지 장난감에나 적용되었던 것으로 보인다. 붉은 점토로 만든 굴러가는 동물 따위가 남아있다. 한편 남아메리카에서는 야마llama♣를 길들여 짐을 운반하는 데 사용했다. 만일 유럽인들이 끼어들지 않았더라면 문화의 확산에 의해 바퀴가 남쪽으로 내려가거나 야마가 북쪽으로 올라가게 되고 사람들은 그 둘을 하나로 합쳤을 것이 분명하다. 시간이 흐르면 아메리카 대륙에서 가장 큰 두 개의 사회적 뇌는 점점 더 커져서 하나로 합쳐지는 방향으로 나아갔을 것이다. 실제로 가늘고 미세하나마 메소아메리카와 남아메리카를 연결하는 통로들이 존재했다는 확고한 증거가 있다. 유럽인들이 메소아메리카에 퍼뜨렸던 천연두가 육로로 안데스(남아메리카)에 이르러 잉카의 왕 중 한 사람의 목숨을 앗아갔다. 피사로Pizarro♣가 바다를 건너와 다른 왕을 죽이기 전에.

피사로나 코르테즈 그리고 다른 정복자들의 도착과 함께 오랫동안 지속되었던 아메리카의 독자적 사회 진화라는 실험은 막을 내리게 되었다.

치무Chimú | 잉카 제국 이전에 안데스 지역에서 가장 번성했던 왕국—옮긴이
우아리Huari | 6세기 말부터 10세기에 걸쳐 페루에서 번성한 문화—옮긴이
팍스 로마나Pax Romana | '로마 지배하의 평화' 라는 의미—옮긴이
야마llama | 아메리카 낙타라고도 함—옮긴이
피사로Pizarro | 에스파냐의 군인인 피사로(1475~1541)는 에스파냐 왕실로부터 후원을 받고, 또한 코르테즈의 조언을 듣고 잉카 제국 정복에 나서서 잉카의 황제 아타우알파를 생포한 후 처형하고 제국을 굴복시켰다—옮긴이

반면 구세계에서는 초기 문명들의 자연적인 확장과 그 문명들의 궁극적인 상호연결의 움직임은 잔혹한 외부인들의 침략으로 단절되지 않았다. 서력 1세기 무렵, 그와 같은 움직임은 일종의 정점에 이르렀다. 중국과 로마를 영광의 자리에 올려놓은 경향, 즉 사회적 복잡도의 정도와 범위의 확장이 두 문명 사이에 위치한 땅에서 무수히 꽃피었다. 로마 제국의 바로 동쪽에는 파르티아Parthian 제국이 오늘날 이란과 이라크 땅을 차지하고 있었다. 파르티아의 동쪽에는 쿠샨Kushan 제국이 오늘날의 아프가니스탄에서 북인도 부근까지의 영역에 자리 잡고 있었다. 그리고 쿠샨의 동쪽에는 한 나라가 다스리는 중국의 서쪽 지방이 맞닿아있었다. 이제 유라시아 지역은 어깨를 맞댄 제국으로 이루어지게 되었다. 역사가 윌리엄 맥닐의 용어에 따르면 이제 "유라시아의 에쿠메네Eurasian Ecumene"♣가 닫히게 되었다. 이제 대서양 연안에서 태평양 연안까지, 세계 둘레의 3분의 1에 해당되는 거리를 가로질러 가면서 오직 4개의 정부만을 거치게 되었다. 그리고 실제로 그 길을 따라 상업이 번성했으니 그 길이 바로 "실크로드"이다.

상업은 국가들 사이에서뿐만 아니라 한 국가 안에서도 점점 더 큰 중요성을 띠게 되었다. 지배자들은 부의 창조 과정을 하나하나 세세한 부분까지 통제하는 것이, 부를 극대화하는 데 별로 도움이 되지 않는다는 사실을 발견했다. 서력 1세기 무렵 군사적·정치적 권력자들은 "시장의 요구나 금전적 동기에 대하여 관료체제를 통한 명령보다 훨씬 더 빠르고 효율적으로 반응하는 상인들이 공급하는 물질과 서비스"에 크게 의존하게 되었다고 맥닐은 말한다. 고대 문명화 초기에 널리 퍼졌던 하향식 국가 통제

에쿠메네Eurasian Ecumene | 에쿠메네는 그리스어로 지구상의 거주할 수 있는 모든 영역이라는 의미—옮긴이

경제라는 추장사회의 기본적인 경제 체제는 천천히, 그리고 적절하게 시장의 논리에 자리를 내주게 되었다.

무엇이 그와 같은 변화를 일으켰을까? 그 답의 유력한 후보 중 하나는 분산된 데이터 처리이다. 이전의 표의문자ideography보다 훨씬 사용하기 편리한 표음문자인 알파벳이 기원전 2000년경 근동에서 진화되었고 그것이 널리 퍼져 나갔다. 알파벳의 확산에 일조한 것은 무역업자들이었다. 그 후 기원전 1000년 무렵 화폐가 출현하여 역시 동일한 경로를 따라 확산해나 갔다. 이러한 발달은 시장의 생산성이 중앙통제경제의 생산성을 뛰어넘는 경향이 "기원전 2000년 무렵 발견되어서 그 이후 1,000년 동안 정상적이고 예측 가능한 경향으로 인식되게 되었다"는 맥닐의 주장과 잘 들어맞는다.

유라시아 대륙을 따라 생겨난 상업의 벨트가 깊은 상호의존성을 창출해내지는 않았다. 실크로드는 그 이름에서 드러나듯 주로 사치품을 거래하는 통로였다. 그러나 각 제국 안에서는 좀 더 현실적이고 실용적인 노동의 분화가 일어나게 되었다. 로마 사람들은 이집트로부터 밀을, 스페인으로부터 무화과와 소금에 절인 고기를, 흑해에서는 소금에 절인 생선을 들여왔다. 비록 수입 생선이 가난한 농부들의 밥상에 늘 오르는 품목은 아니었겠지만 넌제로섬 원리가 가져다주는 이익은 천천히 지배계층 아래까지 흘러가기 시작했다.

역사에 대한 반론

자, 이제 우리는 작은 호두껍데기 속에 든 고대 역사를 손에 넣게 되었다. 역사는 앞으로, 위로 전진해나갔다! 그러나 이처럼 간단한 요약은 반론을 불러일으키기에 딱 좋다. 이런 반론들이 나오지 않을까?

반론 #1 : 편차와 변이들은? 이와 같이 개개의 사건들을 일반화하고자하는 역사적 관점은 매혹적이고도 중요한 각 문명들 사이의 차이점을 무시해버리지 않을까?

이런 반론을 제기하는 사람들에게는 간단하게 이런 대답을 들려주고 싶다. "당신은 행운아입니다! 당신이 흥미롭게 읽을 만한 책이 수천 권도 넘게 있으니까요." 종래의 역사 서술은 차이와 독특한 측면에 초점을 맞추는 경향이 있어서 때로는 공통점, 일반적 속성을 배제해버릴 정도이다.

이러한 치우침을 극복하고 균형을 잡기 위해서 공통점에 대해 고찰하는 책을 한권쯤 읽는다고 해서 각 문화 간의 차이점을 부정하게 되지는 않을 것이다. 실제로 그 차이점들은 어마어마하고 흥미롭다. 우리가 앞서 살펴본 대로 고대 이집트에서는 다른 어떤 초기 문명보다도 종교와 정부의 융합이 강한 정도로 일어났다. 그리고 중국은 어마어마하게 넓은 땅덩어리를 남달리 오래 지속된 왕조가 하나의 정치적 단일체로 유지했다.

그와 같은 차이를 마주하면 우리는 기술적 원인에 의한 것으로 설명하고자 하는 유혹을 느낀다(적어도 나는 그렇다). 중국이 거대한 정치적 단일체를 이룰 수 있었던 것은 부분적으로 다양한 방언을 사용하는 사람들로 하여금 하나의 문자언어로서의 '중국어'를 이해할 수 있도록 해주는 그들의 문자가 가진 '뜻을 나타내는 표의문자'라는 특성 때문은 아니었을까? 그리고 그와 같은 문자의 다른 측면, 즉 배우기 어렵다는 점 때문에 권력이 지배층으로부터 다른 계층으로 확산되는 데 시간이 오래 걸렸던 것이 아닐까?

그렇다면 이집트 파라오가 엄청나게 강한 종교적 권위를 지녔던 것은? 글쎄, 누가 알겠는가? 가장 열렬한 기술결정론자들도 모든 것을 기술적 원인으로 설명하려고 들지는 않는다. 중요한 것은 이러한 문화 간의 차이를 인정하는 것이 문화 간의 공통점을 손상시키지 않으며, 어떤 의미에서는 오히려 공통점을 강화시켜준다는 것이다. 고대 중국은 초기 문명들이 정보 기술로부터 어느 정도 사회의 단일화나 통일성을 이끌어낸다는 일반 법칙을 누구보다 잘 부각시켜주는 사례이다.

그와 마찬가지로 파라오의 종교적 권위 역시 한 가지 일반적인 경향을 나타낸다. 그것은 바로 세계 어느 곳에서든 시간이 흐름에 따라서 종교와 국가가 점점 서로 구분되어간다는 경향이다. 오늘날 자신이 신이라고 주장하는 사람이 다스리는 국가는 그 어디에도 없다. 신정국가theocracy라고 하더라도 말이다. 그리고 경제적으로 진보한 국가 가운데 자신을 신이 정한 지도자라고 주장하는 곳도 없다. 이집트의 순수한 신권정치의 목적이 무엇이든 간에 그것은 국가 성립 과정의 한 유물일 뿐이다.

고대 문명들 사이의 다른 차이점 역시 더욱 큰 패턴을 암시해준다. 시장의 역할은 잉카보다는 아즈텍에서, 이집트보다는 메소포타미아에서 더 크게 작용했다. 그러나 이 모든 문명들은 자본의 투자와 노동의 분화를 통해서 넌제로섬 원리를 실현하고 있었다. 중앙통제경제와 시장 경제는 이 보편적 요구에 도달하는 두 갈래의 길일뿐이다. 비록 그 중 한 길이 다른 길보다 더 밝은 미래를 지녔지만. (다가오는 정보 기술 경향의 영향 속에서 그 점은 더더욱 두드러진다.)

반론 #2: 그렇다면 그리스는?

문화의 탄생에 대해 다루는 이 장에서는 많은 사람들의 마음속에서 문명의 탄생과 동의어로 받아들여지는 고전 시대 그리스에 대해서는 아직 언급조차 하지 않았다. 우리는 이쯤에서 잠시 멈추어 소포클레스나 피타고라스나 아르키메데스에게 바치는 찬가를 불러야 하지 않을까?

그렇다. 그들 모두 훌륭한 사람들이다. 똑똑한 사람들이고. 그러나 세계 역사의 관점에서 볼 때 그들은 스포트라이트를 독식할 만큼 중요성을 갖고 있지는 않다. 위대한 문학과 역사는 서양문화의 독점 품목이 아니다. 고대 인도의 현인들(예, 부처)이나 중국의 현인들(공자)은 그리스의 윤리철학자에 견주어 손색이 없으며 엄청난 영향력을 미쳤다. 그렇다면 피타고라스나 아르키메데스의 경우는? 나는 개인적으로 다른 것도 아니고 수학이나 과학, 기술이 가진 의미를 축소하고픈 마음은 털끝만큼도 없다. 그러나 이 분야에서도 어느 특정인의 중요성은 축소할 필요가 있다. 왜냐하면 수학과 과학, 기술은 모두 자동 항법 시스템에 의해 저절로 나아가게 되어 있기 때문이다. 혁신의 경향은 인간 본성에 너무나 깊이 아로새겨져 있어서 어떤 분야의 진보는 어떤 특정인에게 의존하는 것이 아니다.

아르키메데스가 원주율(π)을 정확하게 계산해냈다. 그러나 그와 별개로 중국 사람들도 원주율을 발견했다. 그리고 피타고라스의 정리는 고대 메소포타미아에서도 이해하고 있었던 것으로 보인다. 한편 0의 개념은 그리스가 아니라 인도에서 발견되었다. 역시 독립적으로 메소아메리카의 마야인들 역시 0 개념을 가지고 있었다. 수학, 과학, 기술의 역사는 그와 같은 독립적인 발견의 사례들로 수두룩하다. 만일 피타고라스나 아르키메데스, 아리스토텔레스가 돌도 못 넘기고 죽었다고 해도 수학, 과학, 기술의 장기적 모습은 크게 달라지지 않았을 것이다. 문화 진화의 장기적 경로 역시 마찬가지이다.

그렇다고 해서 그리스가 우리의 가슴속에서 특별한 자리를 차지해서는 안 된다는 말은 아니다. 뭐니뭐니해도 그리스는 앞의 장들이 암시해온 논제를 시험하는 데 도움을 주었다. 그것은 바로 사회의 정보 기술이 더욱 널리 접근할 수 있게 될 경우 그 결과는 단순히 경제적 조화뿐만 아니라 정치적 자유로 이어진다는 논제이다. 그리스인들은 표음문자인 알파벳에 모음을 추가함으로써 이전보다 한층 더 접근하기 쉽게 만들었다. 그들은 화폐의 이점을 파악하고 스스로의 화폐를 만들기 시작했다. 그리고 이 두 종류의 정보 기술의 혼합물에다 신뢰의 요소를 첨가함으로써 민간인들끼리 법적 구속력이 있는 계약을 만들 수 있게 했다. 모든 면을 고려할 때 시험의 결과는 고무적이다. 호시절의 고전 시대 아테네는 고대의 기준으로 볼 때 경제적으로 활기차고, 많은 사람들이 읽고 쓸 줄 알았으며 민주적이었다.

실제로 경제적 분산이 정치적 권력을 분산시킨다는 일반적인 개념은 문화 진화의 초기 단계에서도 어느 정도 근거를 찾을 수 있다. 상대적으로 시장 편향적인 아즈텍 문화는 전반적으로 평등한 법률을 가지고 있었으며 —역시 상대적으로 시장 편향적인— 메소포타미아의 사법제도는 이따금씩 시민의 회합에서 운영되기도 하였다.

실제로 메소포타미아 문명에 대해 남아있는 기록은 정보와 경제와 정치가 어떻게 사이좋게 손에 손을 잡고 함께 진화해왔는지에 대한 생생한 이야기를 들려준다. 기원전 3천년기 초에 아직 문자가 새로운 것이고 엘리트 계층의 전유물, 혹은 소수의 필사자들의 영역이었을 무렵의 기록은 주로 국가가 통제하는 거래에 대한 내용을 담고 있었다. 그런데 그로부터 1,000년쯤 지나서 북부 메소포타미아에서 발견된 풍부한 점토판 계약서들은 민간부문의 경제활동을 확고하게 증언하고 있다. 예를 들어서 어느 점토판에는 한 상인이 아나톨리아Anatolia✦로 주석과 직물을 보내고 대신 금과 은을 받기로 한다는 내용이 적혀 있다. 어떻게 일개 시민이 그와 같은 높이까지 오를 수 있었을까? 한 가지 단서는 그와 같은 계약서에는 단순화되고 비교적 덜 비밀스러운 쐐기 문자가 사용되었다는 것이다. 전문적인 필사자들이 여전히 고대의 문자 업무를 독점하고 있었으나, 상인들이 그와 같은 전통을 깨고 스스로 문자사용자의 대열에 합류했을 것이라고 일부 고고학자들은 믿고 있다.

정보 기술의 확산이 경제적 권력을 왕과 성직자의 지배 범위 밖으로 넘쳐흐르도록 도운 것으로 보이는 것도 바로 이때이다. 그리하여 우리는 일종의 민주주의와 비슷한 것의 증거를 찾아볼 수 있게 되었다. 일종의 공동체 회의와 같은 모임에서 나온 문서를 보면 이 회의가 단순히 잘못을 저지른 사람들에게 벌을 주는 등 법의 집행 역할을 넘어서서 일종의 준입법기관과 같은 기능을 담당했음을 알 수 있다. 심지어 시청에 대한 언급조차 있었다.

물론 그동안 다른 고대 '문명'에서는 전제적 군주의 횡포가 심했을 수도 있고, 혹은 서투른 정부가 경제를 통제하려고 시도했을 수도 있다. 그러나 북부 메소포타미아의 이 사례는 고무적이다. 만일 경제적 자유가 넌제로섬 원리를 불러일으키고 부를 창출해서 나라를 강력하게 만든다면, 그리고 정치적 자유가 경제적 자유를 뒤따르는 경향이 있다면 역사는 정치적 자유를 향해 나아가는 방향성을 지니고 있다고 볼 수 있다. 뭐니뭐니

해도 강력한 국가가 약한 국가보다 번성하게 될 터이니 말이다. 뿐만 아니라 나중에 나타난 정보 기술은 자유의 이면에 있는 이와 같은 이론적 논리를 더욱 강화시킬 것이다. 그러나 역사의 이 단계에서 우리는 오직 그와 같은 희망의 증거를 막연하고 어렴풋이 볼 수 있을 뿐이다.

반론 #3 혼란은 어디에?

이 책은 문명의 성장 과정을 다소 선택적으로 그리고 있다. 실크로드나 유라시아의 남부 연안을 따라 이루어진 해상 무역에 대해 이야기하면서, 마치 그와 같은 넌제로섬 원리의 원동력이 신의 섭리 아래서 점점 더 확대되고 강해진 것처럼 묘사하는 것은 좋다. 그런데 그 과정에서 일어난 모든 혼란과 방해에 대한 이야기는 어디에 있는가? 해적들은? 미개한 북쪽 지방에서 실크로드를 지나다니는 대상(隊商)을 습격하던 과격한 약탈자들은 어디에 있는가?

무엇보다 기원 이후 첫 세기 동안 이 지역은 충분히 문명화되어서 고대 상인들이 판단하기에 무역이 가져다주는 보상이 그에 따르는 위험을 정당화해줄 만 했다. 그리하여 넌제로섬 원리는 제로섬 야심에 불타 무임승차를 노리는 공격 속에서 살아남았다. 그러나 넌제로섬 원리는 단지 살아남은 데서 그치지 않고 결국은 우세하게 되었다. 무역을 방해하는 요소들은 결국 통치govemance의 진화를 유도해냈다.

결국 해적이나 약탈자들은 서로에게 도움이 되는 거래를 가로막는 또 다른 형태의 '신뢰' 장벽*이다. 해적이나 약탈자는 내가 동방으로 물건을

아나톨리아Anatolia | 현재 터키 영토인 예전 소아시아 지방—옮긴이
'신뢰' 장벽 | 신뢰를 가로막는 장벽이라는 의미—옮긴이

보내면 그 보답으로 실크가 돌아올 것이라는 믿음을 침식해 들어가는 요소이기 때문이다. 그런데 문화의 진화는 충분히 시간이 주어지면 이러한 신뢰의 장벽을 깨뜨릴 수단을 고안해내게 된다. 여기에서 그 수단은 바로 정치적 통제 범위의 확장이다. 기원전 3세기 로마 제국의 확장의 초기 목표 가운데 하나는 해적을 진압하여 아드리아 해의 달마티아Dalmatia 해안을 로마의 영향력에 넣음으로써 이탈리아의 상업을 보호하는 것이었다. 그리고 그 이후의 확장에 대해 계속 주어지는 보상 중 하나도 그와 같은 상업의 방해물과 또 다른 고전적인 방해물인 전쟁을 억제하는 것이었다. 이것이 바로 팍스 로마나가 새로운 부를 창출해낸 원인 중 하나였다. 로마의 확장은 전쟁이 없는 영역뿐만 아니라 —비교적— 도적이 없는 영역을 새로이 창출했던 것이다.

이러한 패턴은 로마에서만 나타난 것이 아니다. 고대에 상업은 끊임없이 위험을 무릅쓰고 정치적 경계 너머를 탐험했다. (중국 한나라의 한 관리가 서쪽 국경을 넘어 미지의 땅을 방문했을 때 중국산 상품들이 아프가니스탄 지역에서까지 판매되고 있는 것을 보고 대경실색했다.) 그리고 정치적 통치가 종종 상업을 뒤따라감으로써 그 논리를 강화시켰다. 사람들의 통행을 더 쉽고 안전하게 만들고 단일한 법률이 미치는 범위를 확장함으로써 정치적 통치는 소통의 장벽과 신뢰의 장벽을 모두 낮추었다. 실제로 과거 우세한 문명이 다른 문명들 속에서 두드러질 수 있었던 것은 대체로 이 두 장벽을 뛰어넘었기 때문이다. 역사학자들에게 로마를 위대하게 만든, 후대에서 본받을만한 요소를 두 가지만 꼽아보라고 해보라. 아마 '로마의 도로와 법'이라는 답을 듣게 될 확률이 아주 높을 것이다.

제국의 확장이 해적과 싸우는 유일한 길은 아니다. 국제 협정도 있을 수 있다. 그리고 나중에 보게 되겠지만 중세 말기에는 민간 부문에서 해결책이 나오기도 했다. 그러나 —역시 나중에 다시 이야기하겠지만— 이 모든 해결책은 결국 어떤 형태든 통치의 확대로 이어진다. 결국 해적은 소란과 혼란이 어떻게 새로운 형태의 질서의 전조가 되는지 보여주는 하나의 예일 뿐이다.

그것은 오늘날에도 마찬가지이다. 새로운 정보 기술은 새로운 종류의 국제적 상거래를 가져오고 새로운 종류의 혼란 역시 따라온다. 이제 도둑은 어느 나라의 한 구석에 앉아서 다른 나라의 은행의 돈을 훔칠 수 있다. 이와 같은 초국가적 문제에 대한 해결책은 결국 초국가적 통치로 향하는 작은 계단이 될 것이다. 그 길에서 우리가 얼마나, 어디까지 나가게 될까 하는 문제는 상당히 논란거리가 될 수 있다. 그러나 그 길의 방향에 대해서는 별로 논란의 여지가 없다고 본다. 기술이 넌제로섬 원리의 테두리를 확장시킬 때마다 새로운 제로섬 위협이 현실화되었다. 그리고 그것은 어떤 면에서든 더 큰 통치에 의해서만 물리칠 수 있었다.

반론 #4: 3번 반론의 요점을 놓치셨소이다!

해적이나 산적이 혼란의 유일한 형태가 아니다. 대규모의 혼란은 어떨까? 10년 씩 지속되는 가뭄이나 치명적인 전염병은? 미개인이나 —길목을 노리는 한 줌의 산적 떼 말고— 약탈과 강탈로 넓은 지역을 유린하는 무리들은? 로마 제국 역시 결국 그와 같은 습격 앞에 무너지지 않았던가? 실제로 서력 1세기 무렵 완전한 모습을 갖추었던 문명의 거대한 띠 '유라시아의 에쿠메네Eurasian ecumene'가 산산이 조각나지 않았던가? 실크로드는 지금까지 대부분의 삶을 사실상 누더기로드로 보내오지 않았는가? 그런 시각으로 볼 때 문명이 더 커지고 더 복잡해지는 것이 무슨 의미가 있을까? 문명이 크면 클수록 더 크게 부서졌다. 로마를 침략해 마구 짓밟은 미개인들이 "앞으로! 위로!"라는 모토를 내세우지는 않았을 것이라 생각된다.

실제로 이와 같은 주장은 논쟁의 여지가 있으며 바로 이어지는 장에서 생각해볼 것이다.

우리의 친구 미개인들

우리는 이 '문명인'과 '미개인' 사이의 전쟁에 대한 연대기가
거의 전적으로 '문명화된' 진영의 문자로 쓰여졌다는 사실을 기억해야 할 것이다.
– 아놀드 토인비Arnold Toynbee

서력 410년 서고트족Visigoth이 로마를 약탈했다. 로마에서 공부하고 성
경을 로마의 언어로 번역한 히에로니무스Saint Jerome는 베들레헴에서 이 소
식을 들었다. 그 후 그는 친구에게 보내는 편지에 이런 질문을 던졌다. "로
마가 멸망한다면 세상에 안전한 것이 무엇이 있을까?" 그리고는 그에 대
해 스스로 답을 달았다. "하나의 도시 안에서 온 세계가 멸망하는 구
나……"

이것은 다소 편협한 시각이다. 예컨대 로마 사람들이 고트족의 발에 자
신의 땅이 마구 짓밟히는 것을 지켜보고 있었을 바로 그 때, 마야 사람들
은 보통 때와 똑같이 제 할 일 하며 살아갔을 것이다. 그러나 미개인의 침
략의 의미가 단순히 로마라는 한 도시를, 로마 제국 전체를 넘어서는 것이
라는 시각에는 어느 정도 일리가 있다. 서력 1세기 무렵까지 형성된, 유라
시아 대륙을 따라 널리 펼쳐진 문명의 띠가 그 이후로 다양한 지역에서 해
체되기 시작했다. 그것은 대개 '미개인 부족들(훈족, 고트족, 반달족 등등)'

때문이었다. 중국은 약탈을 일삼는 유목민들과 종종 싸움을 벌이고 이따금씩 패하기도 했다. 인도 북부의 굽타 제국은 훈족의 침입으로 결국 무너지게 되었다. 사산 왕조Sassanid의 페르시아는 훈족의 위협을 가까스로 저지하곤 했지만 때로는 훈족의 속국과 같은 상태를 견뎌내야 했다. 신세계에서도 싹트는 문명들이 같은 문제를 마주하곤 했다. 도시를 둘러싼 성태가 탐욕스러운 약탈자에게 둘러싸여서 일부는 그들의 손에 무너졌다.

이 모든 이야기에서 보듯 미개인들은 문제를 제기하기에 충분할 만큼 성공을 거두었다. 그들이 우세했다면 어떻게 되었을까? 만일 그들의 침략과 유린이 더욱 철저하고 광범위했다면? 그렇다고 해도 문화 진화의 기본적인 추진력이 곧 재개될 것이라고 말할 수 있을까? 미개인들은 더 광대하고 더 심원한 사회적 복잡도를 향해 나아가는 세계의 기본적인 움직임을 완전히 멈추어버릴 잠재력을 가지고 있었던 것이 아닐까?

그렇지 않다. 실제로 미개인의 존재는 문화의 진보를 가로막았다기보다 전반적으로 볼 때 오히려 촉진했다. 이러한 사실은 가장 유명하고 파괴적인 미개인의 승리, 로마 제국의 멸망에서도 찾아볼 수 있다.

미개인에 대한 일반적인 오해들

미개인이란 무엇일까? 19세기 문화진화론자들에게 '미개인'은 '야만인(단순한 수렵·채집인의 무리)'과 '문명인(국가 수준)' 사이의 단계에 위치한 사람들을 의미했다. 그리고 실제로 대부분의 고대의 미개인 부족들이 이 단계에 도달했던 것이 사실이다. 오늘날 우리는 그들을 '추장사회'라고 부른다. 비록 그들 중 일부는 유별나게 이동성이 큰 추장사회였지만.

역사학자들은 '미개인'이라는 표현을 좀 더 넓은 의미로 사용한다. 그들은 미개인을 이웃 민족보다 덜 발달한 문화를 지닌 민족으로, 이웃의 진보된 문화를 폭력적으로 착취하려는 경향을 가진 사람들이라고 설명한다. 경우에 따라서 그 착취(약탈)는 말을 타고 다니며 기습하는 방식으로 일어나지만 신세계의 미개인들에게는 그와 같은 사치가 허용되지 않았다.

로마인들에게 있어서 '미개인'은 기술적 의미가 덜했다. 로마인들이 말하는 '미개인'의 기원에는 나쁜 의미가 없었다. 이는 원래 '이방인'을 뜻하는 그리스어에서 유래했다. 그러나 언외에는 분명히 폄훼의 의미가 함축되어 있었다. 로마인 중 일부는 로마 제국의 테두리 안에 있는 땅을 오이쿠메네(oikoumene, 사람이 사는 땅inhabited land)이라고 불렀다. 그러니까 로마인들이 보기에 미개인은 투박하고 거칠고, 아마도 사악하며 심지어 인간 이하의 존재였던 것이다. 이러한 관점은 미개인들을 가장 이해받지 못하고 나쁘게 그려진 집단 중 하나로 만들었다. 우리는 이제 미개인을 둘러싼 몇 가지 오해들을 걷어낼 필요가 있다.

오해 #1: 미개인들은 도덕적 관점에서 볼 때 이웃 민족에 비해 덜 '문명화' 되었다. 즉 이웃에 비해 덜 인격적이고, 덜 인도적이었다.

그런데 사실 로마인들보다 덜 인도적으로 행동하기란 매우 어려운 일이었을 것이다. 로마의 기병들은 그들의 강적 한니발의 진영에 한니발의 동생의 머리를 던짐으로써 최근 벌어진 전투의 결과를 알려주었다. 또한 고트족의 진격에서 후퇴한 것에 대한 보복으로 몇 년 전부터 볼모로 잡아두었던 고트족의 어린이들을 데려와 이 동네 저 동네의 광장에서 행진하게 한 후 모조리 죽여버렸다. 네로 황제는 기독교인의 몸에 역청pitch을 바른 다음 불을 붙여 밤중에 그의 정원을 밝히는 데 썼다. 그의 후계자 중 한 사람 티투스Titus는 그의 형제의 생일을 축하하는 자리에서 2,500명의 유대인을 공개처형했다. 유대인들끼리 서로 죽을 때까지 싸우게 하거나 맹수와 한 우리에 넣어 싸우게 하고 나머지는 불에 태워 죽였다. 물론 이런 종류의 구경거리는 좀 더 작은 규모로는 로마의 오락거리로서 일상적으로 일어나곤 했다.

도시들을 약탈하는 것은 로마의 표준적 관행이었고 실제로 고대의 전쟁에서 흔히 일어나는 보편적인 일이었다. 아우구스티누스Saint Augustine는 고트족이 로마를 약탈한 것에 대해 이렇게 말했다. "최근에 일어난 참화로 인하여 로마에 찾아온 모든 파괴와 살육, 약탈, 방화, 고통, 전쟁 등에 뒤따르는 정상적인 여파일 뿐이다." 그런데 이 사건에서 특이한 점은 "흉포한 미개인들이 거대한 바실리카basilica✝들을 피난민들이 인도적인 대우를 받을 수 있는 곳으로 지정하는 전례 없는 자비로운 측면을 보여주었다는 사실"이라고 그는 말했다. 고트족은 그저 며칠 동안 고작 몇 개의 건물들만 불태우고 다른 곳으로 이동해갔다.

오해 #2: 미개인에게는 문화가 결여되어 있다.

문화의 의미가 세련된 조각상과 그리스 비극 또는 샐러드를 먹을 때 샐러드용 포크를 사용하는 것 등이라고 본다면 미개인에게 문화가 결여되어 있다는 비난이 어느 정도 맞는 말일지도 모르겠다. 그러나 문화진화론자들이 생각하는 문화의 정의(인간의 마음이 생산해낸 모든 것, 특히 실용적인 것)에 동의한다면 미개인들은 그다지 부끄러움을 느낄 필요가 없다. 정규 교육을 받지 못한 처지임에도 그들은 위쪽을 향해 부단히 나가는 인간의 밈의 거대한 흐름에 상당한 공헌을 해왔으니 말이다.

중세 시대에 유럽의 북부 및 서부의 단단한 토지를 농토로 탈바꿈시킨 것은 다름 아닌 미개인의 쟁기였다. 또한 중국인들에게 등자Stirrup♣를 선물한 것은 바로 아시아의 미개인이었고 이 등자가 서양까지 퍼져 나갔다. 그리고 주나라 시대에 진나라를 공격한 미개인들은 말을 타고 활을 쏘는 것에 기초한 새로운 스타일의 전투법을 펼쳐보였는데, 진나라는 이 기술을 도입하여 그 이후 밀려들어오는 미개인으로부터 자국을 지켰을 뿐 아니라 후에 다른 나라들을 정복하여 중국을 통일하는 데에도 이 기술을 이용했다.

로마인들은 미개인들이 냄새가 난다고 불평하곤 했다. 그러나 그거야말로 취향은 가지각색이라는 말이 딱 맞는 상황이다. 비누를 사용하지 않는 쪽은 로마인들이었고 지방을 가열한 후 알칼리를 첨가해 비누를 만들어낸 것이 바로 미개인이었다.

오해 #3: 미개인들은 진정한 교화나 정신적 향상이 불가능한 사람들이다. 물론 미개인들이 몇 가지 괜찮은 아이디어들(대개 말을 타고 다니며 사람을 죽이는 활동과 관련된 것들)을 생각해낸 것은 사실이지만, 그들에게 문화를 주입하고자 한다면 소귀에 경 읽기라는 말이 딱 맞을 것이다.

실제로 미개인들은 인간으로서 보통 인간들이 받아들이고자 하는 종류

바실리카basilica | 로마 카톨릭 교회와 그리스 정교회에서 교회법에 따라 특정 교회 건물들에 붙이는 명예로운 이름. 바실리카라는 이름이 붙은 교회는 특별 사면권을 비롯한 특별한 권위를 가졌다—옮긴이

등자stirrup | 안장에 매다는 장비로 말에 오를 때나 타고 있을 때 기수의 발을 받쳐주는 역할을 한다—옮긴이

의 밈에 대해 역시 두 팔 벌려 받아들이고자 하는 경향을 보인다. 그들은 기능적인 것, 새로운 것, 번쩍거리는 것들을 좋아했다. 로마의 황제들은 아틸라를 달래서 그의 약탈활동을 억제하기 위해 그에게 금을 보내곤 했다. 그러면 아틸라는 보통 사람들이 큰 액수의 공돈이 생겼을 때 하는 것과 정확히 동일한 행동을 한다. 쇼핑에 나서는 것이다. 그리하여 훈족은 비단과 진주, 금 접시, 은잔, 보석 박힌 말의 굴레, 안락의자, 린넨으로 만든 침구 따위를 즐기게 되었다. 물론 쇼핑 품목 중에는 로마로부터 더 많은 금을 뜯어내는 데 사용할 단단한 강철검도 포함되어 있었다.

심지어 책조차도 미개인의 마음에 수용되었다. 4세기 말 경에 어느 주교가 고트족 사람들 일부를 기독교로 개종시키고 성경을 그들의 언어로 번역해주었다. 이것이 바로 독일의 문자사용의 시작이었다.

오해 #2와 오해 #3을 걷어내는 과정에서 우리는 더욱 큰 진실을 엿보게 되었다. 만일 미개인들이 어느 정도 밈을 만들어내는 능력이 있고 다른 이들이 만든 밈을 흡수할 줄도 안다면, 또 그들이 자주 이동하는 성향을 지녔다면 그들은 매우 가치 있는 밈의 확산자 및 창조자 역할을 했으리라 짐작할 수 있다. 실제로 그들은 참된 문화의 믹스마스터Mixmaster였다.

켈트족에 대해 생각해보자. 추장사회 수준의 사회 조직을 가지고 있던 켈트족은 그리스도 탄생 전 후 한 세기 동안 유럽의 각지에 출몰했다. 어느 고고학자의 말을 빌자면 켈트족은 "방랑성을 지니고, 허풍을 잘 떨며, 싸움을 잘 일으키고, 젠체하고, 거칠고, 호전적인 인간 사냥꾼"이었다. 그러나 뭐라고 해도 좋지만 그들에게 문화가 결여되어 있다고는 말해선 안된다. 그들은 그리스인들에게 소금과 금속을 팔고 거기에서 얻은 수익으로 와인, 도자기, 금속공예품 등을 사들였다. 그들은 그리스의 예술적 특징을 북쪽으로 전달했고 철기 제작법을 드넓은 유럽 전역으로 확산시켰다. 켈트족은 나중에는 말발굽, 철로 만든 자물쇠, 가운데가 불룩한 커다란 통 따위를 널리 대중화시켰다. 로마인들은 켈트족으로부터 '단검'의 장점을 배웠다. 매우 뼈아픈 방식으로 말이다. 그것은 기원전 390년 켈트족이 로마를 유린하면서 남겨준 선물이었다. 카이사르의 시대에 켈트족은 로마인들과 비슷한 방식으로 동전을 주조했고 일부 켈트인들은 그리스의 알파벳을 사용하기도 했다.

켈트족의 변덕스러운 거래와 약탈은 사실상, 데이터 처리와 전달이라는 더 커다란 역할을 지녔다고 할 수 있다. 이 모든 야단법석과 소동 속에서 밈(문화적 정보의 밀집된 덩어리)은 선택적으로 보존되고 복제되었다. 선택된 밈에는 지금까지 나타난 인류의 가장 중요한 재료 기술 중 하나인 철기 제작법과 역시 지금까지 나타난 인류의 가장 중요한 정보 기술 중 두 가지(문자와 화폐)가 포함되어 있다. 고맙다! 인간 사냥꾼, 켈트족이여!

이 이야기의 교훈은 간단하다. 문화 진화에 대해 생각할 때 특정 사람이나 특정 민족에 초점을 맞출 것이 아니라 밈에 초점을 맞추어야 한다는 것이다. 사람들과 민족들은 태어나고 죽고, 오고 가는 것이다. 그러나 밈은 유전자와 마찬가지로 계속해서 남는다. 모든 거래니 약탈, 전쟁이 지나간 후에는 사람들의 시신이 여기 저기 널려 있고, 사회 구조는 혼란에 빠진 것처럼 보인다. 그러나 이 과정에서 문화, 즉 사회가 의존할 수 있는 밈의 집합체로서의 문화는 진화해나간다. 결국 사회구조도 그 뒤를 따를 것이다. 새롭게 이용 가능해진 기술적 기반에 밀착된 채로. 사회구조가 기술을 따라잡는 데에는 어느 정도 시간이 걸릴 수도 있다. 그러나 충분한 시간이 주어지면 결국 따라잡게 된다.

오해 #4: 미개인은 본질적으로 변덕스럽고 혼란스러우며 덧없는 존재다.

유럽과 아시아의 미개인들이 이따금씩 방랑벽에 사로잡혔던 것은 사실이다. 그것은 이해할만한 사실이다. 만일 남들이 공들여 쌓아올린 문명에 기생충처럼 무임승차해 결실을 따먹는 것이 본업이라면 자주 이리저리 옮겨다녀야 할 수밖에 없을 것이다. 그러나 이런 무임승차는 대부분의 '미개인'들에게 있어서 대부분의 시간을 바친 본업은 아니었다. 그들도 비옥한 좋은 땅을 발견하거나 무역하는 사람들 사이에서 좋은 연줄을 발견할 경우 그들은 곧잘 정착해서 살아갔다. 심지어 정직하고 건실한 삶을 말이다.

아마 여러분은 로마인들이 미개인에 대해서 남긴 극적인 이야기를 읽어서는 이러한 사실을 알기 어려울 것이다. 그 이야기들은 로마인과 미개인 사이의 극적인 조우에 기초한 것인 만큼 미개인의 삶을 임의적으로 표본 추출sampling한 것이라고 보기 어렵다. 나중에 고고학자들은 로마 제국 북쪽의 독일의 미개인들이 "안정적이고 지속적인 공동체" 속에서 살았으며 그들의 경제는 "서로마 지역의 농부들의 삶과 본질적으로 유사했음"을 발견했다.

뿐만 아니라 미개인 사회는 유랑을 하든지 정착을 하든지 간에, 다른 사회들과 마찬가지로 점점 더 조직화의 수준이 높아지는 쪽으로 진화하는 성향을 보였다. 로마인들이 4세기 동안 점점 더 고민에 빠졌던 이유는 그들의 고민의 원천인 미개인들이 점점 더 체계적인 행정 제도를 갖추기 시작했기 때문이다. (그중 일부는 로마에서 베낀 것이다.) 어느 역사학자의 표현을 빌자면, 미개인들은 점점 더 '문명화'되어갔고 그에 따라 점점 더 강력해졌던 것이다. 또 다른 역사학자는 중국 북부를 위협했던 미개인에 대해서 "그들은 점점 문명화되어 조직화, 생산, 전쟁의 기술에 숙달되어 갈 정도로 위험한 존재"였다고 묘사한다. 그 미개인 중 한 사람은 공자가 남긴 글을 모두 외웠고 특히 "어느 하나라도 모르는 것이 있다면 군자의 수치이다"라는 구절을 즐겨 암송했다. 교육을 잘 받은 그의 아들이 311년 진(晋)나라의 수도를 침략했으니 이것은 로마의 약탈에 맞먹는 사건이었다.[1]

특히 훈족은 비록 유목생활을 했지만 거대한 규모로 조직화를 이루고 있었고 이따금씩 스스로 '제국'이라고 칭했다. 일반적인 고대 제국들과 마찬가지로 훈족은 무력으로 다른 민족들을 예속시켰고 그들로부터 공물을 거두어들였다. (거기에 대해 로마가 무슨 할 말이 있을까?) 한편 동아시아에서는 4~5세기 무렵 토바Toba라고 하는 미개인 동맹이 스스로의 제국을 세웠다.[2] 이들은 결국 중국 북부 지방 대부분을 지배하게 되었고, 그후에는 새로운 무리의 미개인들로부터 그들의 땅덩어리를 지켜내기 위해 안간힘을 써야 했다.

미개인들이 문명을 산산이 부수어버리는 것 못지않게 문명을 지탱해나가는 것을 즐겼다는 사실을 무엇보다 잘 나타내주는 사례도 로마 제국에서 찾아볼 수 있다. 수세기 동안 로마인들은 게르만 부족민들을 용병으로 고용했다. 그리하여 로마가 약탈당할 무렵에 로마 제국의 가장 뛰어난 장군 중 상당수는 미개인 혈통이었다. 로마인들은 대체로 이 미개인들과 거

---

1. 흉노족의 부족장으로 204년 오호십육국 시대의 한(漢)을 세운 유연(劉淵)을 일컫는 듯하다. 310년 유연이 죽은 후 그의 아들 유총이 왕위를 이어받았고 311년 유요를 파견해 서진의 수도 낙양을 함락시켰다. 그들은 본디 흉노족인데 과거 한과 형제 동맹을 맺었던 것을 이유로 들어 한을 부활시킨다는 명분을 내세워 국호를 한으로 삼았다—옮긴이
2. 선비족(鮮卑族)의 탁발부(拓跋部, Toba)가 중국 화북지역에 세운 북조(北朝) 최초의 왕조(386~534) 북위를 말함—옮긴이

래를 할 만 하다고 여겼다. 5세기의 성공적인 침략으로 미개인들은 이 점을 더욱 분명하게 보여주었다. 그 미개인들 앞에는 로마의 광활한 농지가 펼쳐져 있었다. 그리고 이 농지를 경작하는 농부들은 점점 그들을 보호해 줄 능력을 잃어가는 정부에 고정된 세금을 내고 있었다. 자, 이 상황을 어떻게 이용할 수 있을까?

한 가지 방법은 이 시골 촌락을 습격해서 로마의 병사들과 싸우고 농민들을 도륙한 후 그 땅을 차지하는 것이다. 또 다른 방법은 농부들을 어느 정도 그대로 놔두고 로마의 관료들과 거래를 해서 그들을 세금 징수인으로 탈바꿈시키는 것이다. 전설 속의 미개인들이라면 첫 번째 방법을 택했을 것이다. 그러나 현실 속의 미개인들은 두 번째 경로를 택했다. 그리하여 노동에 비하여 높은 수익이라는 모든 이들의 꿈이 실현되었다. 5~6세기 무렵 로마의 세금 징수 기관은 어느 역사학자의 표현을 빌자면 '새로운 통치 아래에' 놓이게 되었다.

높은 이상을 가지고 관직에 발을 내딛었으나 결국 부패의 길을 걷게 된 공무원을 신랄하게 비꼬는 말로, "좋은 일 하러 와서 주저앉아 제 배만 불린다came to do good and stayed to do well"는 표현이 있다. 로마와 싸운 미개인에 대해서는 이렇게 말할 수 있지 않을까? "나쁜 일 하러 와서 주저앉아 제 배만 불린다came to do bad and stayed to do well" 그들은 처음에는 약탈을 목적으로 침입했으나, 결국 좀 더 안락한 생계 수단을 발견한 것이다. 이러한 유연성은 서력 500년경 서부 유럽이 비교적 순탄하게 하나의 제국에서 여러 개의 커다란 미개인 왕국(예를 들어 스페인의 서고트족과 이탈리아의 동고트족)으로 진화된 원인이기도 하다.

그렇다면 그리스-로마 문화는 미개인의 손에서 어떤 운명을 맞이하게 되었을까? 고트족은 플라톤의 대화에 대해 숙고하는 스타일은 아니었다. 그러나 그들은 유클리드의 업적은 칭송했다. 뜬구름 잡는 주제는 피해가면서 실제적인 주제를 강조했던 것이다. 이를테면 건축(그들은 로마 제국의 기념비적 건물 중 일부를 재건했다), 측량(세금을 거두는 데 도움이 된다), 수학(특히 화폐주조와 측량에 관계된 내용들), 의학(서고트족이 로마를 노략질 한 후 남쪽으로 가져간 노획물 중 하나가 바로 의사인 디오니시우스Dionysius였다) 등이 그런 주제에 속한다. 고트족은 로마의 법률학교에서 중요하게 다루어졌던 '수사학' 공부를 멸시했다. 그러나 법률 그 자체는 달랐다. 그들은 로마의 법학자들을 고용해서 그들이 정복한 로마인들을 통치하는 데 로마의 법을 적용했다. 그리고 예전에는 구전되었던 그들 고유의 법 전통을 정식으로 체계화했다. 어느 미개인이 출판한 책은 '서고트의 로마법'이라고 불렸다.

그렇다고 해서 로마 치하의 마지막 세기의 서유럽과 그 이후의 서유럽이 무리 없이 매끈하게 이어졌다는 말은 아니다. 고트족과 프랑크족, 그밖의 '미개인'들 모두 로마의 계승자이기를 열망했지만 로마의 진보된 문화의 전체에 동화되기에 적합지 못했다. 게다가 콘스탄티노플에 기반을 두고 있으며 여전히 강성한 동로마 제국의 반격 역시 파괴적인 영향을 미쳤다. (유스티니아누스Justinian 황제 시절 로마의 '교화reclamation'는 애초의 서고트족의 침략보다 더 커다란 파괴를 가져왔다.) 결국 위대한 미개인 왕국들은 그 모습을 오래도록 유지하지 못했다. 그렇다고 해서 미개인들이 로마의 문화를 문서세단기에 집어넣어 버린 것도 아니다.

오해 #5: 미개인들은 어떤 이유에서인지 특별히 로마 시대에 대두되었던 ─그리고 그 이후 중세 말기의 몽골의 침략의 경우와 같이 이따금씩 재발했던─ 골칫

거리였다.

문화의 진화가 이곳저곳에서 고르지 않게 일어났다는 이야기는 로마가 성립하기 천 년 전에도 문명사회들은 덜 진보한 문화에 둘러싸여 있었다는 말이 된다. 이 덜 가진 자들have-nots은 인간인 만큼 강탈의 잠재력을 가지고 있고 이따금씩 그것을 실현시켰을 것이다. 중동의 문명들은 적어도 두 차례(기원전 2천년기의 시작 무렵과 끝 무렵)에 걸쳐서 '미개인'의 침략을 받았다. 그렇다면 왜 우리는 이 로마 시대 이전의 미개인에 대한 이야기를 별로 듣지 못한 것일까? 거기에는 몇 가지 이유들이 있다.

첫째, 멀고 먼 옛날로 거슬러 올라갈수록 역사의 기록을 찾기 어렵다. 고고학자들은 오래된 문명의 폐허에서 무력 충돌의 흔적을 찾아내지만 그것만으로 공격 받은 문명의 관점을 명확하게 증언해줄 수 없다. 적개심에 불타는 거칠고 열등한 이방인들이 광포하게 마구 짓밟아왔다는 증언을 말이다. 실제로 미개인의 공격이 성공적이었을 경우에는 그 역사가 설사 기록된다고 하더라도 아마도 그 미개인의 후손의 손에 의해 기록될 것이다. 그 경우 그 후손들이 자기 조상을 미개인이었다고 떠벌릴 거라고 예상하기는 어렵다.

아즈텍을 생각해보자. 그들은 좀 더 발달한 문명의 주변을 어슬렁거리며 노략질을 하기도 하고 또 돈을 받고 용병 노릇을 하기도 하던 반유목 상태의 야만인들이었다. (어디서 듣던 얘기가 아니던가?) 아즈텍인들이 마침내 그들 스스로의 거대한 도시를 세우고 글을 읽고 쓰는 사람들을 정복할 만큼 성장하게 된 다음 그들은, 그들의 과거를 야만적이었다고 묘사하는 기록들을 모조리 파괴해버렸다. 그런 다음 그들은 역사를 새로 썼다. 이 역사에서 그들은 자신을 지나간 위대한 톨텍 문명의 유일한 합법적인 계승자로 묘사했다. 그런데 사실 톨텍 역시 다를 것이 없다. 톨텍 역시 반유목 상태의 미개인으로 시작해서 다른 민족의 문화를 흡수하고 그 다음 그 민족을 그 지역의 권좌에서 밀어내버렸다.

실제로 어떤 유명한 문명화된 민족일지라도 그 어두침침한 깊은 곳을 탐험해 들어가다 보면 그들의 어두운 비밀을 발견하게 된다. 그들은 사실 미개인으로 시작했던 것이다! 로마가 무대에 등장했을 때 그리스인들로부터 문화적으로 동등한 사람들이라고 환호를 받았을까? 사실상 몇 세대에 걸친 그리스의 교화에도 불구하고 지루할 정도로 실용적인 로마인들은 고전 시대 그리스의 지적 광휘를 내뿜지 못했다. 그러나 그들은 결국 고전 시대 그리스의 밈들을 다량으로 흡수해서 그것을 다시 더 넓은 세계로 전파시켰다. 호라티우스Horace의 말대로 "사로잡힌 그리스는 정복자를 사로잡았다."

그리고 그리스로서도 침략해 들어오는 미개인을 깔볼 처지가 못 된다. 그들 역시 파란만장한 과거를 가지고 있다. 그들의 미천한 조상들은 기원전 5세기 유럽 최초의 관료적 왕국인 크레타 섬의 크레타 문명을 침략함으로써 속물근성을 향한 긴 여정을 시작했다. 초기 그리스인들은 'ptoliporthos'라는 영예로운 호칭을 가지고 있었는데 그 의미는 바로 '도시의 노략자'라는 의미이다. 그리고 도리아Dorian의 그리스는 기원전 2천년기 말에 대파괴를 일삼은 문제아였던 것으로 보인다.✦

우리는 이런 놀이를 하루 종일이라도 할 수 있다. 나중에 우세한 문명이 된 민족의 과거를 거슬러 올라가 비천한 사회적 근본을 밝히는 놀이 말이

도리아인들은 기원전 12세기 무렵 그리스 본토를 침입해 미케네 문명을 몰락시켰다—옮긴이

다. 그러나 이 '미개인'들이 도시를 약탈하든, 주변의 다른 문명 주변을 파괴하든, 그들과 거래를 하든, 전쟁에서 그들과 동맹을 맺든, 아니면 그 적과 동맹을 맺든, 지든, 이기든, 비기든 간에 거의 분명한 한 가지 사실이 있다. '미개인'은 진보한 밈의 운반체가 된다는 사실이다. 윌리엄 맥닐이 〈서구의 발흥The Rise of the West〉에 썼듯 "문명의 역사는 자신보다 우월하다고 생각하는 삶의 양식으로 개종하는 미개인을 통해서 특별히 매력적인 문화와 사회적 패턴이 확산되어가는 과정이다." 지금 이 세기에 '영국의, 영어의English'라는 단어는 사실상 문명과 세련됨의 동의어로 사용된다. 그러나 '영국'이라는 단어는 앵글족, 저 옛날 로마 시대에는 단지 하고많은 성가신 미개인의 무리 중 하나였을 뿐이다.

오해 #6: 미개인이 일으키는 혼란과 파괴는 앞으로 진보해나갈 것으로 여겨지는 문화 진화의 흐름에 대한 역설적 중단이다.

우리는 미개인들이 종국에는 줄지어 위로 나아가는 밈의 흐름을 돕는다는 사실을 살펴보았다. 그러나 한편으로 이렇게 생각할 수도 있다. 미개인이 아무리 대담하게 문화 진보의 흐름을 역행해나간 것처럼 보일지라도 사실상 그들은 그 흐름을 따라 나아간 것이다. 일단 그들이 짧은 시간이나마 그토록 대담하게 흐름을 거슬러 올라간 것처럼 보일 수 있는 것 자체가 무엇보다도 가차 없이 진행되는 밈의 흐름 때문인 것이다.

로마와 같은 문명이 이웃 민족보다 우세할 때에는 이 문명은 전형적으로 어떤 종류의 문화적 우위를 가지고 있게 마련이다. 그 우위는 예를 들어 더 나은 무기일 수도 있고 혹은 더 나은 경제적 조직화일수도 있다. 그런데 이런 우위를 오래도록 유지하기 어렵다. 그 이유는 이처럼 가치 있는 밈들은 본질적으로 국경을 넘어서 확산되어 나가면서 경쟁자들에게 힘을 실어주기 때문이다. 로마의 사례에서 미개인에게 힘을 실어주었던 밈은 군사 전략에 관련된 밈이었다. 그러나 그 밈은 사례에 따라서 달라질 수 있다. 역사학자 마크 엘빈이 주장한 대로 13세기에 몽골로 확산된 중국의 철기 제작 기술은 나중에 부메랑이 되어 중국에 날아와 꽂혔다. 엘빈은 이러한 사례, 즉 진보한 사회의 진보 자체가 그 사회의 멸망의 씨앗이 되는 것이 역사의 일반적인 동력임을 처음으로 분명하게 깨달은 사람 중 하나이다. 엘먼 서비스의 표현을 빌자면 "조숙하게 발달한 사회는 그 영역 바깥으로 씨앗을 흩뿌리는데, 그 씨앗 중 일부는 새로운 토양에서 더욱 원기 왕성하게 자라나서 어떤 경우에는 원래 씨앗이 비롯되었던 땅에서보다 더욱 강력해져서 두 환경을 모두 압도하게 된다."

이 점은 제대로 강조되지 못했다. 세계 역사를 규정해온 소란은 '진보주의'적 역사관과 일치할 뿐만 아니라 사실상 그 역사관의 일부이다. 소란 그 자체(파괴적인 미개인에게 힘을 실어주는 일도 여기에 포함된다)가 최적의 기술이 빠르게 확산되는 기술 진보의 결과이다. 패권주의가 팍스 로마나와 같은 정체 상태를 가져올 수도 있다. 그러나 장기적으로 볼 때 그와 같은 권력의 불균형은 본질적으로 스스로를 손상시켜 정체 상태를 끝내게 된다. 그 뒤에 이어지는 소란은 세계적으로 볼 때 후퇴와 같이 보일 수도 있다. 그러나 이것 역시 궁극적으로 진보적인 것이다. 이것은 새롭고 더 향상된 밈을 전 세계에 퍼뜨리는 역할을 하고 그 밈의 기반 위에서 새로운 정체 상태가 나타나게 될 것이다.

오해 #7: 미개인들은 죄 없는 희생자들을 괴롭힌다.

'문 앞의 미개인들barbarians at the gate' 라는 문구는 마니교적Manichaean♣ 이미지를 불러일으킨다. 로마의 성벽 안에서 도서관 사서들이 정성들여 번역한 에루리피데스의 저작을 서가에 정리할 때 갑자기 책 사이로 연기가 스며들어온다. 대체 로마인들이 무슨 죄를 지어서 이런 끔찍한 일을 당해야 한다는 말인가?

많은 죄를 지었다. 먼저, 로마 제국의 경제는 고대의 기준으로 볼 때도 두드러지게 노예에 의존하는 시스템이었다. 이는 도덕적 비판처럼 들릴지도 모르겠다(사실 도덕적 비판 맞다). 그러나 그 이상의 뭔가가 또 있다. 이는 문화 진화의 기본적인 척도를 가지고 로마를 평가할 때 그 단서가 된다. 로마는 사람들 사이의 잠재적 상승작용의 가치를 얼마나 제대로 이해하고 있었는가?

사실상 그다지 잘 이해하지 못했던 것으로 보인다. 사회가 사람들을 사슬에 묶어두고 그들의 노동의 결실을 몰수해갈 때 그 사회는 전적으로 기생적인 방식으로 넌제로섬 게임을 벌이는 셈이다. 그리고 앞서 논의한 대로 이 전략에는 허점이 있다. 첫째, 탄압은 시간과 에너지를 소모하는 일이다. 로마는 몇 차례 노예의 반란을 진압해야 했으며, 감시의 눈초리를 늦출 수 없었다. "설사 자비롭고 친절한 주인이라고 하더라도 안심할 수 없었다"고 플리니우스Pliny the Younger♣는 탄식했다. (이 말은 "노예들은 그 자신의 사악한 본성에 의해 타락했다"고 암시하고 있는 것이다.) 둘째, 노예 제도는 사람들의 노동에 대한 동기를 유발하지 못하기 때문에 효율적인 노동을 얻어내기 위해 감독과 감시를 필요로 했다. 그리고 이러한 감독은 비용이 많이 드는 일이므로 여전히 효율성을 저하시킨다. 셋째, 노예제도는 노동자들이 견고한 소비자층을 형성하는 것을 막는다. 넷째, 노동력을 인위적으로 싸게 유지함에 따라서 노예제도는 좀 더 생산력 높은 기술에 대한 사회적 동기유발을 원천봉쇄한다. 로마의 지배계층은 노동을 절감하는 혁신에 대해 관심이 없기로 유명했으며, 그 결과 기술적 진보는 별 볼 일 없는 수준이었다.

노예제도가 로마 제국 말기에 이르면서 쇠퇴했다는 증거가 존재한다. 그러나 동시에 평범한 농부들이 점점 더 자유를 잃고 중세의 농노와 비슷한 신세(자신의 소유가 아닌 토지에 얽매인 신세)로 전락해갔다. 그리고 정부는 장인이나 상인들이 직업을 바꾸는 것을 막으려는 시도를 했다. 심지어 장인이나 상인의 아이들에게 아버지의 직업을 따를 것을 강요하기도 했다. 이 시대에 대해 어느 고전 역사학자는 "지중해 세계가 전 역사 가운데에서 그 어느 때보다 카스트 시스템에 가까웠던 무렵"이라고 평했다. 역시 도덕적 비판을 차치하고 이것은 좋지 않은 사회공학적 시도였다. 이것은 시장 경제 하의 선택의 자유에서 자발적으로 발생하는 이익을 억제하는 셈이었다.

로마가 상업에 엄청난 기여를 했음에도 팍스 로마나에 의해 마찰이 적은 거대한 영역이 생겨났다. 그것은 완전한 축복이 아니었다. 여기에는 단순한 착취, 특히 팍스 로마나를 위해 정복되고 억압받은 자들에게 생생하게 드러난 착취라는 요소가 있었다. "강도 행위, 살육, 약탈에 그들은 제국이라는 거짓된 이름을 붙였다"고 어느 브리튼인Briton✝이 말했다. "그들은 불모지를 만들어 놓고 그것을 평화라고 불렀다." 정복이 완료된 다음에는

마니교적Manichaean | 이원론적이라는 의미인 듯—옮긴이
플리니우스Pliny the Younger | 기원전 1세기 무렵의 로마의 행정관이자 작가—옮긴이
브리튼인Briton | 옛날 브리튼섬에 살았던 켈트계의 민족—옮긴이

대개 부당한 세금과 탐욕스러운 관리들이 뒤따랐다.

대부분의 사례에 있어서 정치문화가 점점 더 부패하고, 억압적이 되고, 독재적이 될수록 이런 종류의 무임승차 경향이 더욱 짙어졌다. 로마 제국 말기에 황제들은 스스로 신성을 주장하며 파라오와 같이 행동했다. 그들은 사람들로부터 격리되어 신비로운 숭배의 대상으로 행세했고 황제의 알현을 허락받은 사람은 일단 황제의 가운 가장자리에 입을 맞춘 후 접견을 시작했다. 황제가 군대에 의해 선출됨에 따라서 —때로는 일종의 선발대회와도 같은 내전을 통해서— 원로원은 이제 거의 유명무실한 존재가 되었다.

그렇다고 해서 로마의 기념할만한 유산을 부인하려는 것은 아니다. 법과 행정 분야에 있어서 로마의 원리는 지금까지도 전형이 되고 있다. 비록 그 원리는 사실상 왜곡되고 타락했지만 말이다. 그러나 일단 이 원리들이 문서로 기록되고 로마의 토목공학 기술이 기념비적 흔적들을 남긴 다음에 로마인들은 더 이상 후세에 줄 것이 없게 되었다. 도덕적 향상론자이든 아니면 단순히 문화진화론자이든 간에, 미개인들이 로마 제국의 서쪽에 떼지어 몰려들 무렵의 로마는 이미 죽어도 안타까울 것이 없는 상태였다는 결론에 도달할 것이다.

분명 어떤 것이든 간에 이렇게 깨끗하게 떨어지는 결론은 의심의 눈초리를 받게 마련이다. 실제로 로마 제국의 멸망을 초래한 것이 무엇이었느냐 하는 문제는 아직도 논란의 대상이 되고 있고, 일부 학자들은 로마 정부의 자질과 상관없는 원인들(질병, 토양의 고갈, 우연히도 유달리 규모가 큰 미개인 떼에 노출되었던 지정학적 상황)을 내세운다. 제국의 쇠퇴를 가져온 진정한 이유가 많은 역사학자들이 생각하듯 —그리고 내가 기꺼이 채택하고자 하는— 도덕성 문제인지 여부는 매듭짓기 어려운 문제이다. 모든 문명들이 우연한 사건에 의해 흥망을 겪을 수 있다. 장기적으로 볼 때 —그리고 광범위한 맥락에서 볼 때— 비로소 문화 진화의 기본적 동력이 역사의 방향을 지탱하고 있음을 확인할 수 있다.

그러나 흔히 열거되는 로마 멸망의 원인들 중 얼마나 많은 것들이 넌제로섬 원리를 해치는 것들이었는지는 지적하고 넘어갈만하다. 인위적으로 동결된 노동 시장, 점점 더 불공평해진 사법체계, 공공재를 분배하는 관료들의 부패, 기생충처럼 지방의 피를 빨아먹는 제국을 유지하는 비용을 충당하기 위한 과도한 세금과 관세⋯⋯. 이 모든 것들은 훌륭하게 운영되는 모든 사회들을 지탱해주는 핵심인 상호 이익의 구조를 약화시킨다.

역사의 평결

자, 고맙다, 미개인들이여! 우세한 문명이 정체되고 쇠퇴하여 넌제로섬의 행진에 거의 기여하지 못하게 되면 —문화진화론자의 시각으로 볼 때—그 문명에는 골칫거리가 생겨 마땅하다. 그런 다음 그 시스템을 산산조각내 버리고 처음부터 다시 시작하는 편이 낫다. 게다가 미개인들이 문명화된 밈들을 무척 좋아하는 것으로 드러난 이상, 아예 바닥부터 다시 시작할 필요도 없지 않은가!

문화의 재건이 얼마나 자주 필요한지를 생각해볼 때 문화 해체반이라는 미개인의 역할은 특히 중요하게 부각된다. 현란하게 드러나는 로마의 결점들(착취, 독재, 부패, 자기 권력의 확대 등)은 깊은 뿌리를 지닌 인간의 성향으로부터 흘러나온 것이다. 수없이 많은 사례에서 그와 같은 성향들은 밝은 전망을 보였던 문명을 쇠락하고 압제적인 추악한 괴물 같은 존재로 전락시켰다. 그리고 수없이 많은 사례에서 다음과 같은 역사의 외침이 들려왔다. "해체반을 불러라!" 그러면 수없이 많은 사례에서 미개인들이 즐겁게 그 부름에 응하곤 했다. 기원전 2천년기의 끝 무렵 일어난 미개인의 엄청난 파괴행위는 수세기에 걸친 문명의 명백한 경직화의 뒤를 따른 것이었다.

어떤 의미에서 미개인들은 문화의 진화에서 일반적이고 효과적인 제로섬 동력의 한 특수한 사례, 즉 이웃한 사회들 사이의 냉혹한 경쟁이라고 볼 수 있다. 이러한 경쟁은 경직된 사회를 크든 작든 재건하고자 하는 움직임에 동요하도록 만든다. 그와 같은 사회는 주변의 거대한 문명에 흡수되어 동화될 수도 있다. 혹은 그들은 미개인의 침입을 받아서 미개인의 손에 의해 해체된 후에 나중에 다시 집결할 수도 있다. 아니면 그 사회는 재생하여 다시 주도권을 잡게 될 수도 있다. 아놀드 토인비가 강조한 '도전과 응전'의 동력에 따라서. 어떤 경우든 요점은 항상 동일하다. 착취, 독재, 자기 권력의 확대의 성향이 아무리 뿌리 깊은 인간의 본성이라고 하더라도 그와 같은 성향에 굴복해버리는 사회는 이 세상에 오래 발붙이지 못한다는 것이다.

그런데 잠깐 생각해보자. 도대체 언제부터 착취와 독재가 정치적으로 불리한 부담이 된 것일까? 초기의 국가들과 국가 이전의 추장사회의 지도자들은 유용한 경우에는 공포를 이용하고, 가능한 경우에는 사람들을 노예로 삼고 스스로 신으로 군림하거나 적어도 신의 축복을 보호막 삼아, 대중으로 하여금 중앙의 명령에 고분고분 따르도록 하지 않았던가? 이러한 책략들이 도덕적으로 얼마나 비난받을만한 것인가 하는 문제를 떠나서, 하필이면 왜 로마 시대에 이르러 이 책략이 효력을 잃게 되었을까?

그에 대한 대답 중 일부는 지금까지 우리가 살펴본 바와 같이 기술이 통치의 규칙을 변화시킨다는 것이다. 표준적이고 어느 곳에서나 사용되는 동전과 모음이 첨가됨으로써 완전한 표음문자로 자리매김한 알파벳 등이 사용됨에 따라서 좀 더 분권화된 경제의 잠재력이 강화되었다. 그리하여 이를테면 노예제도(착취의 궁극적 형태)가 이제 상대적으로 생산력이 떨어지고 비용은 더 높아지게 되었다. 시장이 원활하게 작용하면 할수록 사람들은 속박되지 않은 참여로부터 더 큰 이익을 얻을 수 있게 되었기 때문이다. 속담에도 있듯, 사람의 마음은 낭비하기에 너무 아까운 것이다A mind is a terrible thing to waste. 설사 고대의 경제 체제 하에서 사람 마음에 허용된 선택이라는 것이 힘겨운 농사일에 대해 조금이라도 더 많은 급료를 주는 곳을 찾아 헤매고 그 다음 얼마 안 되는 돈을 쓰러 돌아다니는 것뿐이라고 하더라도 말이다.

로마가 대체로 시장 경제 체제였다고는 하지만 사실 처음부터 어느 정도 그와 같은 경제 체제의 잠재력에 무심한 측면이 있었다. 기원전 4세기 로마에서 화폐를 주조하기 시작했을 때, 그 공식적인 목적은 상거래를 원활하게 하기 위해서가 아니라 정부가 물건을 사들일 때 사용할 매체를 만들어내기 위해서였다. (물론 동전들은 민간 부문으로 이리저리 체계 없이 흘러들어가기는 했다.)

로마 제국의 서쪽이 붕괴하는 동안 살아남았던 동쪽 절반은 이러한 죄목들로부터 조금쯤 자유로웠다. 동로마 제국은 일단 서로마 제국에 비해 노예의 수가 적었다. 그리고 경제에 있어서도 직업 전환을 금지하는 것과 같이 경제의 숨통을 죄는 서로마 제국의 정책들이 동로마 제국에는 없었다. 또한 역사적 이유로 인하여 동로마는 좀 더 통합된 경제를 가지고 있어서 한 지역에서 다른 지역으로 물품의 이동이 더욱 원활하였다. 뿐만 아니라 동쪽에는 오래되고 규모가 큰 시장 읍락이 있었던 반면 서쪽의 읍락은 유기적인 핵심이 없는 행정적 중심들로 이루어진 어딘가 껍데기 같은 읍락들이 있었을 뿐이었다.

물론 생존을 위한 투쟁에서도 동로마는 또 다른 커다란 자산을 가지고 있었다. 그것은 바로 서로마에 비해 미개인과 마주한 국경의 길이가 짧았다는 사실이다. 그러나 분명 서로마의 경직된 성향의 상당 부분을 공유하고 있었던 동로마를 첨단 기술적 미래의 전형이라고 볼 수는 없었다. 로마 제국 전체가 취약했었고 그 중 일부가 다른 일부보다 더욱 더 취약했던 것이라고 볼 수 있다.

역사가인 체스터 스타는 한때 이렇게 주장한 일이 있다. "이따금씩 문명은 어떤 미래의 진보도 사실상 일어날 수 없는 막다른 구석으로 스스로를 몰아붙이는 경향을 보인다. 그런데 새로운 개념이 기회를 갖기 위해서는 낡은 시스템을 흔들어 놓을 수밖에 없고 그에 따라 낡은 시스템은 지배력을 잃어가게 된다." 이는 어떤 사람들에게는 목적론적인 이야기로 들릴지도 모른다. 어쩌면 신비주의적이라고 비판할지도 모르겠다. 마치 진보의 신이 저 위에서 굽어보고 있다가 다가오는 새로운 개념을 받아들일 준비가 되어 있지 않은 문명을 잡초처럼 솎아낸다는 이야기로 들릴 테니까 말이다. 그러나 만일 여러분이 일단 기술의 진화를 역사의 흐름을 주도하는 능동적인 힘으로 보기 시작한다면 스타의 주장의 핵심은 훨씬 합리적으로 들릴 것이다. 첨단 기술(군사적 기술이나 경제적 기술)이 그것을 두 팔 벌려 받아들이지 않거나 제대로 사용하지 않은 사회들을 '심각하게 뒤흔들릴' 위험에 처하도록 함으로써 벌을 준다는 것은 비유적 의미에서 진실이

다. 그리고 또한 그 기술들을 좀 더 유리하게 적용한 사회들에게 보상을
준다는 것 역시 비유적 의미에서 사실이다.

물론 기술은 우연히 외계에서 지구로 찾아온 어떤 외부적인 힘이 아니
다. 기술은 문화의 진화 속에서, 인간의 마음에 의해서 선택된다. 기술의
조정자는 다름 아닌 인간이다. 그런데 이번에는 기술이 —적어도 넓은 의미
에 있어서— 사회 구조의 조정자가 된다. 이제 5세기 서유럽의 기로에서 우
리가 던질 질문은 이것이다. 그렇다면 이제 기술은 어떤 종류의 사회구조
를 축복할 것인가?

암흑기

이는 오래 된 이야기이다. 누군가가 멸망collapse에 대해 이야기하기 시작하면
그는 결국 연속성continuity으로 말을 맺는다.
– 바우어삭G. W. Bowersock

케네스 클라크는Kenneth Clark 1969년 동명의 BBC 방송 프로그램에 대한
지침서 〈문명Civilization〉의 한 장에 '구사일생By the Skin of Our Teath' 이라는
제목을 붙였다. 이 책의 전제는 서구 문명이 살아있는 것 자체가 행운이라
는 것이다. 일부 사람들이 중세 초기를 일컬어 암흑기라고 한다. 그 시대
는 실로 어두컴컴한 시기였다. 서구의 고전 전통은 타다 남은 장작개비의
명멸하는 빛처럼 간신히 명맥을 유지하여 후대에 다시 세상을 비추게 되
었다. 그러나 고작 몇몇의 수도승들이 주의 깊게 필사한 작품들을 가지고
유럽이 문화적으로 얼마나 침체되었는지 어떻게 알 수 있을까?

이는 계속해서 관심을 끌어온 지속적인 주제라고 보기 어렵다. 최근에
는 토머스 카힐의 베스트셀러 〈아일랜드인들이 어떻게 문명을 구했나〉라
는 책에서 부각되었다. 카힐은 아일랜드의 필사자들에게 특별한 상찬을
보냈다. 클라크와 카힐은 결국 히에로니무스의 한탄 섞인 "로마가 멸망한

다면 세상에 안전한 것이 무엇이 있을까?"라는 질문으로 되돌아가서 그 질문에 의미를 부여한다.

이전 장에서 우리는 히에로니무스의 질문을 지나친 걱정으로 여길만한 이유들을 논의했다. 어찌됐든 미개인들도 사람들이다. "적을 무찌르고 도망치는 모습을 보고 여자들이 한탄하는 소리를 듣는 것"이 인생의 목표라고 공언하던 야만인 코난Conan the barbarian♣과 달리 대부분의 현실 속의 미개인들은 기꺼이 정착하고자 했고 문명의 열매들을 맛보길 원했다. 그들은 사실 적을 무찌르고, 적에게 세금을 뜯어내고, 적의 의사에게 진료를 받고, 적의 딸을 아내로 삼고자 했다.

히에로니무스를 약간 지나치게 비관적이라고 생각할만한 또 다른 이유는 '암흑기'라는 표현이 사람들을 오도할 수 있는 용어임을 역사학자들이 깨달았기 때문이다. 중세 초기에도, 그리고 특히 중세 후기에는 분명 창의성과 활기를 찾아볼 수 있었다.

그러나 중세 초기는 그 당시로 돌아가 본다면 희미하고 어두컴컴했음이 분명하다. 실제로 로마는 엄청나게 파괴되었다. 한때 물건을 안전하게 시장으로 실어 나르던 도로들은 이제 버려지고 황폐해졌으며 무법자들로 둘러싸였다. 읍락은 축소되었고 농경지는 다시 야생의 땅으로 되돌아갔다. 광산들은 방치되었고 금속의 생산량은 크게 줄어들었다. 신뢰할만한 화폐 주조, 특히 금전의 주조도 크게 줄어 사람들은 거의 '화폐이전' 경제로 되돌아가서 물물교환과 품앗이 등에 의존해야 했다. 인구는 꾸준히 줄었다. 정부의 통제 범위는 변덕스럽게 이리저리 변했다. 미개인 왕국들은

야만인 코난Conan the barbarian | 미국의 환타지 소설가 로버트 하워드가 1930년대에 통속 환타지 소설잡지 〈위어드 테일즈Weird Tales〉에 연재한 동명 소설속의 주인공—옮긴이

크기가 늘었다가 줄어들었고, 경우에 따라서 영토의 크기와 관계없이 어차피 '왕'의 실질적인 권력이 거의 미치지 못하기도 했다.

따라서 미개인들이 뿌리 깊게 미개하지 않다고 하더라도, 이 '암흑기'가 빛 한줄기 들지 않는 칠흑 같은 어둠은 아니라고 하더라도, 한동안 유럽의 상황이 위태로워 보였던 것은 사실이다. 이 시기에는 사회를 더욱 더 높은 복잡성의 수준으로 끌고 가는 문화 진화의 기본적 경향이 분명하게 눈에 들어오지 않았다. 따라서 그와 같은 경향을 믿는 사람들은 이 '암흑기'에 대해 좀 더 짚고 넘어갈 필요가 있다. 이 암흑이 걷히는 것은 그저 시간문제라고 확신할만한 어떤 확고한 역사의 동력이 있을까? 왜 반드시 붕괴와 혼란에 이어 재건이 뒤따르는 것일까?

이 질문은 단순히 가장 유명한 암흑기, 즉 유럽의 암흑기에만 국한되지 않는다. 4~5세기에 이르러 북쪽에서 밀려오는 미개인에 의해 중국의 결속이 커다란 시련을 겪게 되었다. 그리고 기원전 2천년기 말의 미개인의 살육은 지중해 서쪽에서 중동에 이르는 지역을 황폐하게 만들었다. 신세계에서는 유명한 마야 문명의 몰락을 들 수 있다. 그밖에 문명의 후퇴 사례는 수도 없이 열거할 수 있다.

이러한 붕괴가 완전히 치명적인 상황으로 이어지지 않는 이유를 논의하기 위해 우리는 일단 유럽의 중세에 초점을 맞추고자 한다. 유럽의 중세는 문명의 거대한 몰락과 재건을 보여주는 명백한, 그리고 가장 유명한 사례이다. 또한 유럽의 중세는 역사가 방향성을 가지고 있다는 관점을 비판하는 데 가장 널리 인용되는 사례이기도 하다. 만일 어떤 문명이 정말로 구사일생으로 살아남았다면 그 문명은 상당히 위태로웠을 것이다.

우리가 유럽에 초점을 맞추어야 할 한 가지 이유가 있다. '구사일생' 식의 역사관에서 살아남아서 다행인 것은 일반적인 의미에서의 역사만이 아니다. 케네스 클라크도 인정하겠지만 설사 수도승들이 없었다고 하더라도 유럽은 결국 경제적·기술적·정치적으로 다시 도약했을 것이다. 클라크가 좀 더 우려했던 것은 서구의 문명이었다. 만일 미개인들이 서양의 자유와 민주주의의 요람인 고전 시대 그리스와의 연결고리를 영구히 절단내 버렸다면 서구 문명에서 특히 강조되는 부분들, 이를테면 정치적 자유가 살아남을 수 있었을까?

이는 미묘하고 까다로운 질문이고 이에 대한 답은 완결되지 못한 시험적인 것이라고 할 수 있다. 그러나 많은 역사학자들이 오늘날의 현대적인 서양 문명의 형태를 형성하는 데 있어서 서양의 특별한 '유산'이 수행한 역할을, 실제보다 과대평가하고 중세 역사의 격변 속에서 명맥을 유지해 온 역사의 보편적인 힘의 역할을 과소평가하는 경향이 있다.

밈을 주목하라

중세 말기 서양 문명이 다시 소생한 것이 거역할 수 없는 힘에 의한 것임을 이해하기 위한 첫 걸음으로서, 우리는 중세 초기를 바라보는 시각에서 '구사일생' 식의 역사관에 의해 주어진 감상주의적 경향을 배제해야 한다. 그리고 그와 같은 감상주의적 시각을 줄여나가는 첫 번째 발걸음은 이전 장에서 소개한 주문을 거듭해서 읊조리는 것이다. 그 주문은 바로 "밈을 주목하라"이다. 일단 어떤 문명이 붕괴되었는지 여부를 판단하려면 어느 특정 민족이나 어느 특정 나라에 어떤 일이 일어났는지를 물어볼 일이 아니다. 문화는 이 사람에서 저 사람으로, 이곳에서 저곳으로 펄쩍펄쩍 뛰어 다니며 지나간 자리에는 폐허를 남기지만 자기 자신은 건강한 상태를 유지하기 때문이다. 미개인이 로마를 휩쓸어버리기 훨씬 전부터 로마 제국의 중심은 공식적으로 콘스탄티노플로 옮겨졌다. 그 곳 비잔틴의 동로마 제국에서는 고전 문화의 상당 부분이 ─책과 사람들의 마음과 현실의 관행 속에서─ 그대로 훌륭하게 보존되었다. 유럽의 '암흑기'가 다 지나갈 때까지.

이는 '붕괴'에 대해 흔히 들어볼 수 있는 이야기이다. 텅 빈 마야의 폐허는 '사라진 문명'에 대한 이야기에 나오는 보편적인 이미지이다. 그와 같은 이야기에서는 마야의 붕괴가 오직 마야 문명의 일부에만 국한된 것이었다는 사실에 대해서는 별로 언급되지 않는다. 마야의 북쪽에서는 도시 전체가 그대로 살아남아서 소중한 마야 문자를 포함한 마야의 문화가 고스란히 보존되었다.

이와 비슷한 사례로서 기원전 2천년기에 일어난 남아시아의 인더스 계곡의 문명 붕괴 역시 마치 거대한 문명이 하룻밤 사이에 사라져버린 것처럼 묘사된다. 그러나 사람들은 살아남아서 다시 집단을 형성하고 핵심적인 기술, 즉 진보된 표준 도량형 제도, 그리고 어쩌면 그들의 문자들을 보존해왔다. (이 지역에서 오늘날 사용되는 문자 가운데 하나는 수천 년의 세월 속에서 유사성은 흐려졌지만 고대 문자의 후손 뻘 되는 것으로 보인다.)

감상적 시각에 대한 두 번째 해독제는 정치적 지도가 사회적 복잡성을 가늠하는 데 쓸모 있는 지침이 되지 못한다는 사실이다. 로마 제국이 국가 수준의 사회이자 진정한 '문명'이었던 것은 사실이다. 그리고 오늘날의 프랑스와 영국을 포함한 서유럽 땅의 대부분이 실질적으로 로마 제국의 일부로 세금을 납부하고 문명의 요소들(도로의 일부, 빛나는 동전들, 약간의 관료들)을 공유했던 것도 사실이다. 그러나 도로와 동전이 하루 밤 사이에 단순한 사회를 복잡한 사회로 탈바꿈시켜주지는 않는다. 마빈 해리스는 이렇게 주장한 일이 있다. "(로마 제국을 기준으로) 알프스 산맥 너머의 유럽은 '암흑기'로 퇴보했다고 볼 수 없다. 왜냐하면 그 이전에도 한 번도 암흑기를 벗어난 적이 없었으니까." 이는 좀 과장 섞인 표현이지만 틀린 말도 아니다.

알프스 산맥 너머 유럽의 시골 지역은 설사 완전히 '문명화' 되지 못했다고 하더라도 점점 로마의 통치에 대한 의존이 커져갔다. 따라서 그들 발밑에 깔린 양탄자, 즉 문명의 기초를 확 잡아 빼버리는 것은 문화 진화의 역사에서 흥미로운 실험이 아닐 수 없었다. 그들은 어떻게 되었을까? 높은 곳에서 떨어뜨린 돌처럼 아무 걸림 없이 자유 낙하하다가 저만큼 아래 쇼숀족 근처 어딘가 쯤에 떨어지게 되었을까? 작은 무리를 지었다 말았다 하며 풀뿌리나 캐어먹는 상태로?

아니, 그들은 움켜쥔 농업 기술을 놓지 않았을 뿐 아니라 마치 떨어지는 그들을 받쳐준 안전망이 존재하기라도 했듯이 그들 스스로 쌓아올렸던 정치 시스템인 추장사회, 아니면 적어도 그 비슷한 복제품에 안착하게 되었다. 다양한 문화진화론자들이 지적한 대로 유럽의 봉건제도feudalism는 비록 독특한 것이기는 하나, 폴리네시아에서 아메리카 대륙, 로마 제국 이전 유럽 등의 추장사회와 많은 공통점을 가지고 있다.

봉건제도 하에서 농민(농노)들은 농사지을 땅을 얻지만 그들은 또한 지역의 추장 혹은 —유럽의 명칭으로는— 영주를 위해 농사를 지어야 했다. 그리고 그 대가로 추장은 농민들에게 땅뿐만 아니라 공공 서비스 즉, 군사적 보호(중세 시대에는 이는 매우 중요한 문제였다)와 사법 서비스도 제공해주었다. 농노들은 종종 거의 노예와 비슷한 존재로 묘사된다. 그들은 분명 현대적 관점에서 볼 때 자유롭지 못했다. 그러나 로마 제국의 노예와 달리 그들은 복종의 대가로 보호를 받았으며, 최소한의 존중을 기대할 수 있었다. 프랑스의 한 성직자는 이렇게 조언했다. "농노들이여, 두려움과 경외심을 가지고 속세의 주인temporal lord✝에게 복종하라. 영주들이여, 정의와 공평함을 가지고 농노들을 대하라."

상호 의무의 원리와 서비스에 대한 대가의 비현금성 지불은 위쪽으로 확산되어 올라간다. 지역의 추장은 자신의 농노들에게는 영주이지만 자신보다 더 높은 추장에게는 봉신vassal이 되어 그에게 복종한다. 그리고 봉신은 자신의 영주의 병사로 봉직해야 한다. 대개 번쩍이는 갑옷을 입고 말위에 올라탄 채로 말이다. 이와 같은 의무는 그의 농노들이 열심히 일구고 있는 그가 받은 땅에 대하여, 또한 더 큰 군대가 그의 땅을 보호해주는 것에 대하여 대가를 지불하는 수단이다.

봉건제도의 세부적인 형태는 시간이 흐름에 따라 변화하고 장소에 따라 조금씩 달랐지만(위에 논의한 것은 단순화하고 도식화한 사례일 뿐이다)# 그 요지는 여러 가지 면에서 고전적 추장사회를 연상시킨다. 하나의 집단을 이루는 지역적 단위인 영지manor 또는 하나의 촌락이 있고 이 단위는 그 자체의 우두머리를 갖는다. 그리고 이 우두머리 중 하나는 다른 우두머리들보다 하나 위의 계급에 있고 ─즉 다른 가신들의 영주이고─ 그 결과 각 단위들은 더 규모가 크고 중앙 집중적 지도력을 갖춘 초(超)촌락적 정치 단위를 형성한다. 이러한 계급 제도를 이루는 핵심적인 목적 중 하나는 전쟁에서

<hr>

속세의 주인temporal lord | 신을 의미하는 Lord에 빗댄 표현, 영주를 가리킴─옮긴이

군사의 동원을 신속하게 하는 것이다. 그러나 한편으로 영주들은 추장들과 마찬가지로 각 지역의 도구 제작이나 그밖의 공예 활동 등을 조율했다.

고전적인 단순한 추장사회의 경우 이야기는 여기에서 끝날 것이다. 각각의 추장이 다스리는 여러 개의 촌락들이 모여 있고, 그 중 한 추장이 대추장이 되는 정도에서 말이다. 그런데 봉건제도는 거기에서 한참 더 나아간다. 영주들의 영주인 대추장은 또 다시 다른 영주의 봉신일 수 있고, 그는 또 다시 더 높은 영주의 봉신일 수도 있다. 이런 식으로 계속 올라가다 보면 가장 높은 영주인 왕에 이르게 된다. 이는 마치 어느 지역의 여러 추장사회가 초(超)추장사회superchiefdom을 형성하고 그 초추장사회 여러 개가 모여 거대한 초추장사회super-superchiefdom를 형성한 셈이다. 이따금씩 그 계층은 10단계가 넘어서기도 했다.

봉건제도에 나타난 프랙탈의 아름다움

오늘날 '봉건적'이라는 표현은 좋지 않은 의미로 사용된다. 그러나 어떤 의미에서 봉건제도는 사실 불안정한 시기에 도움이 되고 적합한 제도였다. 고전적인 추장사회와 마찬가지로 봉건제도는 제대로 된 화폐나 멀리 떨어진 곳에 사는 사람들과의 거래 없이도 식탁에 먹을 것이 떨어지지 않게 해주는 역할을 했다. 뿐만 아니라 전투 태세를 갖춘 군사들을 유지해주었다. 이는 특히 인상적인 부분인데 왜냐하면 갑옷 입은 기병이 등장하면서 —상당 부분 등자stirrup의 출현 덕분에— 군인들의 군장(軍裝)을 갖추는 데 매우 큰 비용이 들게 되었다. 오늘날의 상황에 비유하자면 전쟁터에 나가는 군인들마다 개인용 장갑차를 한 대씩 끌고 나가지 않으면 위험한 그런 상황이 된 것이다. 이에 따르는 재정적 문제를 해결하기 위해서 기사들에게 재산에 대한 지배권lordship을 나누어주고, 그들로 하여금 그것을 다시 잘게 나누어 농노들에게 할당함으로써 거기에서 나온 수익으로 전투 장비를 갖추는 비용을 대도록 한 것이다. 그리고 각각의 영주를 그 영주 바로 아래에 있는 사람들(농노뿐만 아니라 봉신)을 통치하게 함으로써 분권화된 정부의 형태가 이루어졌다. 이는 도로 사정이 열악하고, 문맹률이 높고 멀리 떨어진 지역을 관리하기 어렵게 만드는 여러 가지 장벽이 도사리고 있는 상황에서 나름대로 유용한 통치 방식이었다.

아마 이와 같은 봉건제도의 '포개 넣기' 식 구조, 즉 상호 의무로 줄줄이 연결된 긴 사슬과 같은 구조는 전체 시스템에 일종의 복원력을 부여했다. 사슬의 각각의 고리는 단순하고 직접적인 넌제로섬 관계이다. 영주와 가신들은 이 관계에서 서로 이익을 얻는다. 그리고 그들은 이러한 상호의존성에 멋진 문구의 서약을 통해 신성함을 부여한다. 어떤 이유에서든 가장 높은 수준의 고리가 끊어진다고 하더라도 계층의 아랫부분의 고리들은 상호 이익의 기반 속에서 그대로 유지되는 것이 보통이다. 어떤 왕국이 무너지면 그 왕국은 완전한 무정부상태에 빠지는 것이 아니라 크고 작은 지역적 정부의 영역으로 쪼개진다. 뿐만 아니라 더 큰 단위가 구조적으로 그것을 구성하는 작은 단위들과 동일하기 때문에 새로운 재결합 역시 쉽게 이루어진다. (수학에서는 이러한 것을 '프랙탈fractal' 또는 '자기유사성self-similarity'을 가진 구조라고 부른다.)

오늘날의 프랑스와 독일에 해당되는 프랑크Frank에 대해 생각해보자. 서로마 제국의 멸망과 더불어 출현한 모든 미개인 '왕국' 가운데 프랑크 계열의 왕국이 가장 활력을 보였다. 서력 800년경 지도자인 샤를마뉴는 공격적인 영토 확장을 벌인 후 자신이 재건된 로마 제국의 황제라고 백성들 앞에 선포했다. 그러나 제국의 결속은 샤를마뉴의 기지와 카리스마에 의존하는 상황이었다. (그리고 그의 카리스마는, 그의 끽끽대는 목소리를 상쇄하기에 충분할 만큼 인상적이고, 그만큼 인구에 많이 회자되었던 그의 우람한 키에 상당부분 의존하고 있었다.) 그리하여 814년 그의 죽음은 제국의 연속성에 먹구름을 드리웠다. 설상가상으로 그의 죽음과 맞물려 스칸디나비아로부터 바이킹의 맹공격이 시작되었다.

문헌상으로는 바이킹들이 북서유럽의 거주자들과 밀접한 관계에 놓인 것처럼 보일 것이다. 바이킹들은 미개인이라고 낙인찍힌 게르만족 사람들이고 북서유럽의 거주자들 역시 대개 멀지 않은 조상들이 미개인으로 낙인찍혔던 게르만족 사람들이다. 그러나 물론 바이킹들은 자존감에 대해 이야기할 만한 수준의 인간들이 못되었고, 과거야 어찌되었든 이제 북서유럽 거주자들은 야만의 때를 벗고 더 높은 사회적 단계에 이른 상태였다. 그들의 눈에 바이킹은 극악무도한 끔찍한 야만인이며 인종적 인척관계를 떠나서 인간 이하의 종처럼 보였을 것이다. (한마디만 덧붙이자면 이것은 모두 밈 속에 들어 있다.)

어찌되었든 프랑크는 이제 이중의 문제를 마주하게 되었다. 한 쪽에는 약탈자 바이킹이라는 문제가, 다른 한 쪽에는 샤를마뉴의 후계자들이 보여주는 다양한 결점에 의한 카롤링거Carolingian 왕조의 지도력의 상실이라는 문제가 도사리고 있었다. 그러나 봉건제도의 고리들은 기본적으로 유지되었다. 프랑스 북부에서는 백작(국가에서 가장 높은 지위 다음 서열의 영주)들이 가장 높은 서열의 영주, 즉 왕에게 더 이상 충성을 바치지 않았다. 그러나 그들은 대부분 자신의 봉신의 충성을 유지했고, 다른 백작들과 동맹을 맺거나 혹은 다른 백작들을 정복하면서 자신의 영역을 확장시켜나갔다. (그리하여 '국가'가 융합되어 나갔다.) 따라서 왕국이 각 구성단위로 조각나기 시작하자마자 구성단위들은 스스로 재조립되기 시작했다. 다른 지역에서는 해체가 좀 더 깊은 수준, 즉 백작보다 더 아래 수준으로 진행되어 정치 단위가 더 작아졌다. 그러나 봉건제도가 프랙탈 구조를 가지고 있다는 것은 정치 단위의 크기가 얼마나 되든지 간에, 각 정치 단위들이 동일한 기본 구조와 내부의 결속을 위한 동일한 요소, 차후의 재조립에 대한 동일한 잠재력을 가지고 있음을 의미한다.

그 결과 바이킹으로서는 거대한 군사 조직이든 작은 군사 조직이든 언제나 어떤 조직과 맞서게 된다. 그리고 결국에는 조직들(혹은 적어도 하나의 조직)이 승리를 거두게 된다. 설사 바이킹이 승리를 거둔 경우에도 그들은 봉건제도의 조직을 갈기갈기 찢어버리기보다는 그 안으로 편입되는 쪽을 선택한다. 다른 많은 미개인들과 마찬가지로 바이킹 역시 기존의 사회 구조를 이용하는 편이 그것을 파괴해버리는 것보다 훨씬 수지맞는 장사이며 통치하는 데에도 도움이 된다는 것을 깨달았기 때문이다.

유럽의 봉건제도가 특별히 복원력이 강한 것은 사실이지만 전반적인 인간의 사회 자체가 억압과 강제 속에서 곧잘 재결집하는 경향을 보인다. 중앙집권적인 권력이 붕괴되었을 때 진정한 무정부상태가 뒤따르는 경우는 드물다. 대개의 경우 어느 정도 수준의 정치적·경제적 재건이 즉각 뒤따른다. 어떤 경우에 그 결과는 중세의 상황을 상기시킬 정도로 비슷해서 학자들이 '봉건적' 요소에 대해 거론하기도 한다. 그러나 복구 과정이 얼마나 '봉건적'인지와 관계없이 그와 같은 과정에는 중세 초기의 유럽을 질서 있게 유지했던 것과 동일한 기본적인 접합제가 작용한다. 그것은 바로 넌제로섬 관계를 지향하는 인간의 본성이다. 인간은 상호 이익을 추구할 수 있는 영역을 발견하고 상호 의무로 결속된 거래를 만들어내는 데 능하다. 그리스의 '암흑기' 동안 그리스인들이 보여준 태도가 좋은 사례이다. 기원전 2천년기에 미케네 문명이 멸망한 후에 그들은 추장사회와 비슷했을 것으로 여겨지는 사회를 재구성했고, 그것이 곧 그리스의 유명한 도시국가로 진화해나갔다.

자발적인 재생 과정은 정부가 미개인의 침공에 의해 와해되었던 4세기 중국 북부에서도 찾아볼 수 있다. 혼란의 와중에 여러 가족들이 한데 모여 커다란 집단을 형성하고 요새를 짓고 공통의 지도자의 명령에 따르기로 합의한다. 각 집단의 지도자들 역시 모여서 같은 합의에 이른다.

이런 식으로 즉각적인 정치 구조가 생겨나고, 즉흥적으로 법률을 만들어내어 경제적 자족을 이룩하고, 군사적 힘을 확보한다. 중국인들은 그들의 정신적 유산인 유교를 통하여 이러한 상호 의무의 결속을 신성하게 했다. 반면 유럽인들은 봉건적 결속을 기독교적 의식으로 봉인했다. 그러나 중국에서든 유럽에서든 사실상 똑같은 과정이 반복된 셈이다. 인간의 본성은 사회 구조가 붕괴될 때 안전망이 펼쳐질 것을 보장한다. 그리고 종교는 이러한 요구, 바로 넌제로섬 원리의 요구에 부응하여 자신을 적응시켜 나간다.

세계는 백업 카피를 만들어 놓는다

11세기가 시작될 무렵 바이킹의 위협은 잦아들었다. 유럽은 고난을 떨치고 일어나게 되었다. 그러나 그것은 단순히 어려움을 극복한 것 이상의 의미를 갖는다. 유럽은 차츰차츰 문화적 자산을 축적시켜 커다란 도약을 위한 발판을 닦았던 것이다.

문화적 자산, 이 귀중한 밈의 축적물은 유럽의 '고전적 유산'과 별 관계가 없다. 카힐은 〈아일랜드인들이 어떻게 문명을 구했나〉에서 미개인의 침략으로 영원히 사라질 뻔했던 것들을 숨 돌릴 틈 없이 열거한다. "만일 파괴가 완전하게 이루어졌다면 —이를테면 모든 도서관들이 해체되고 모든 책들이 불살라졌다면— 우리는 호머와 베르길리우스를 비롯한 모든 고전 시, 헤로도투스와 타키투스를 비롯한 모든 고대 역사, 데모스테네스와 키케로를 비롯한 모든 고전 웅변술, 플라톤과 아리스토텔레스를 비롯한 모든 그리스 철학, 플로티누스Plotinus와 포르피리Porphyry, 그리고 그 이후의 모든 비평들을 잃게 되었을 것이다."

세상사는 원래 그런 것이다. 그런데 중세 초기 사람들이 가장 절실하게 필요로 했던 것은 골치 아픈 데모스테네스가 아니다. 그들은 좀 더 세속적인 것들, 가령 말의 숨통을 조이지 않도록 만들어진 마구와 같은 것들을 필요로 했다. 800년경에 널리 퍼진 이 새로운 장치는 말이 운반할 수 있는 짐의 무게를 세 배나 더 늘렸고, 그 결과 느리고 게으른 황소의 노동력에 대한 유럽 농부들의 의존성을 크게 줄여주고 교통과 농업을 원활하게 만들어주었다. 다른 핵심적인 기술 발달(무거운 쟁기와 나중에 나타난, 못으로 박는 쇠 말발굽 등)와 더불어 이 마구는 경작지의 확장을 불러일으켰다.

이런 종류의 밈을 내포한 실제적이고 실용적인 기술은 예컨대 소포클레스가 만들어낸 작품들보다 훨씬 지속력이 강하다(소포클레스의 희곡들은 대부분 영원히 사라져버렸다). 거기에는 몇 가지 이유가 있다. 첫째, 직관적인 수준에서 볼 때의 유용성이다. 문학은 물론 좋은 것이다. 그러나 식탁 위

에 음식이 떨어지지 않게 하는 것은 더욱 더 좋은 일이다. 그 다음 이유로
는 실용적인 기술이 문화적·언어적 장벽을 넘기에 더 쉽다는 점이 있다.
중세 유럽인들은 그리스어를 사용하지 않았다. 그리스 문자를 읽을 줄 아
는 사람은 더 적었을 것이다. 따라서 〈안티고네Antigone〉의 사본은 문맹수
준을 넘어선 농부들 사이에서도 별 수요가 없었을 것이다. 반면 쇠 말발굽
은 세계 공용의 언어인 유용성으로 이야기한다.

　실용적인 밈이 그토록 세월을 잘 견뎌내는 마지막 이유는, 설사 그 밈이
죽어버렸다고 하더라도 다시 부활할 수 있기 때문이다. 소포클레스가 쓴
희곡을 똑같이 다시 쓸 수 있는 사람은 아무도 없다. 그러나 말발굽이라는
아이디어를 최초로 생각해낸 사람이 그 아이디어가 머릿속에 떠오르자마
자 갑자기 쓰러져 죽어버렸다고 하더라도 언젠가는 다른 누군가가 어쩌다
우연히 그 아이디어에 도달하게 될 것이다.

　그렇다고 해서 모든 유용한 아이디어들이 확실하게 퍼져 나가고, 설사
사라진다 하더라도 확실하게 재탄생할 것이라고 주장하는 것이 아니다.
중요한 것은 어떤 아이디어가 더 유용하면 할수록 널리 퍼져 나가고 재탄
생할 가능성이 더욱 더 높아진다는 것이다. 그리고 유용한 아이디어의 확
산이 세계의 인구를 증가시키고, 더 향상된 통신과 교통에 의해 지적 상승
작용을 불러일으킴에 따라서 이러한 가능성이 더욱 더 커지고, 그 결과 마
침내 확실성에 가깝게 된다. 사회는 점점 더 크고 조밀한 뇌를 닮아가고,
이 뇌의 뉴런들은 점점 늘어나는 혁신들을 신속하고 정확하게 확산시켜서
또 다른 새로운 혁신에 박차를 가한다.

　오늘날 세계 규모의 이 거대한 상호연결성은 너무나 명백하게 느껴진
다. 그러나 중세 초기에도 모든 유라시아와 북아프리카의 사회들은 하나

의 데이터 처리 시스템을 구성하기 시작했다. 물론 이 시스템은 느렸다. 특히 정치적 균열에 의해 거래가 중단되었을 때 시스템은 더 느려졌다. 그러나 이것은 방대한 시스템이었다. 쇠 말발굽과 말이 숨쉬기 좋은 마구는 아마도 아시아에서 발명된 다음 이 사람 저 사람을 거쳐 —중간에 이동하는 유목민의 말 잔등에 올라타— 대서양 연안까지 쭉 퍼져 나간 것으로 보인다.

이 거대한 다문화적 뇌의 복원력의 핵심 요소 중 하나는 바로 그 다문화성이다. 어느 한 문화가 혼자 책임지고 밈을 관리하는 것이 아니며 따라서 어느 한 문화가 밈을 통제하지도 못한다. (헛된 시도를 기울인 문화들도 있었지만) 이와 같은 분산화는 거대한 사회적 후퇴가 일어나더라도 그것이 일정 기간에 국한되도록 만들었다. 컴퓨터공학자들이라면 이것을 '결함 수용 시스템fault-tolerant system' 이라고 부를 것이다. 유럽이 좌절의 수렁에 빠져있는 동안 비잔티움과 중국 남부는 그럭저럭 정체된 상태를 유지했고, 인도는 상승기와 하강기를 겪었으며, 새로 탄생한 이슬람 문명은 번역을 누렸다. 이 문화들은 두 가지 핵심적인 역할을 수행했다. 나중에 결국 유럽으로 확산될 멋지고 새로운 것들을 발명했으며(물레는 아마도 동양 어딘가에서 발명되었을 것이다) 이제 유럽에서 찾아보기 힘든 예전의 유용한 것들(그리스의 발명품인 아스트롤라베astrolabe♣는 나중에 잘못된 것으로 판명되었으나 항해 목적으로 사용되었던 프톨레마이오스의 천문학과 더불어 이슬람을 거쳐 유럽으로 들어왔다)을 보존했다는 650년 무렵 이탈리아나 프랑스를 관찰하는 사람의 눈에 들어온 세상은 시쳇말로 '전면적 시스템 장애total system failure' 라고 부를만한 상태였을지 모른다. 마치 전 세계의 하드드라이브에 충돌crash♣이 일어

아스트롤라베astrolabe | 별의 위치나 시각, 경위도 등을 관측하기 위한 천문기계—옮긴이
충돌crash | 컴퓨터의 소프트웨어나 하드웨어에 이상이 생겨 갑자기 작동되지 않는 상태—옮긴이

난 것처럼 느껴졌을 것이다. 그러나 세계적 관점에서 볼 때 당시는 전혀 긴급 상황이 아니었다. 왜냐하면 세계는 백업 카피를 만들어두고 있기 때문이다. 쓸모 있는 밈은 스스로를 한 무더기씩 복제해냄으로써 국지적 충돌에 대비한다.

이와 같은 기술 진화의 불굴의 강인함을 생각할 때 더 넓은 범위의 문화 진화, 즉 사회적 복잡도와 넌제로섬 원리의 정도와 범위가 증대되는 것 역시 멈추기 어려울 것이다.

그렇다면 이와 같은 사회의 진화가 의존하는 것은 문학이나 철학이나 예술의 특정 작품의 우연한 보존이 아니라 기술 진화라고 볼 수 있을 것이다. 우리가 살펴보게 되겠지만 유럽의 중세는 그와 같은 사실을 입증하는 좋은 사례이다. 심지어 전형적으로 '서양적인' 특징들, 이를테면 수세기에 걸친 농노제도에 뒤를 이어 활짝 피어난 개인의 자유와 같은 것도 본질적으로 기술의 부산물이다.

에너지 혁명

농업 기술의 혁명(쟁기, 마구, 말발굽 등)에 의해 비록 느리지만 확실하게 유럽의 인구가 늘어났고, 그에 따라 사회적 뇌도 점점 커졌다. 그 결과 사회 내부의 고유의 혁신이 점점 더 늘어나고 외래의 혁신을 자기 것으로 새롭게 다듬어내는 사례 역시 늘게 되었다. 문화의 진화에서 —또한 생물 진화에서도— 일반적으로 나타나듯 가장 중요한 혁신은 세 종류, 에너지 기술·정보 기술·재료 기술이었다.

말을 제외하고 가장 핵심적인 중세 유럽의 에너지 기술은 물레바퀴였다. 물레바퀴는 로마 시대부터 존재해왔다. 그러나 로마인들은 물레바퀴를 별로 사용하지 않았고 그 용도는 곡식을 빻는 데 국한되어 있었다. 유럽인들은 물레바퀴를 개량시키고 그 용도를 확장했다. 맥주를 만들 때 쓰는 맥아를 준비하는 일에, 원광석을 부수는 일에, 용광로의 풀무를 펌프질하는 일에, 쇠를 벼리는 일에, 톱날을 돌리는 일에 물레바퀴를 사용했다. 그 중에서 11세기 무렵부터 물레바퀴로 축융기를 돌리기 시작한 것이 아마 무엇보다 중요한 용도였다고 볼 수 있다. 이 직물 기술은 이후 두 세기에 걸쳐 전 유럽으로 확산되었고, 마침내 프랑스의 축융공들을 자극했다. 물레바퀴를 이용한 축융기가 그들의 직업을 모두 빼앗아갈지도 모른다고 생각한 축융공들은 거세게 항의했다. 러다이트 운동Luddite movement♣ 이전에 일어난 이 러다이트적 항의는 산업혁명의 도래를 예시하는, 생산성을 극대화시키는 에너지 기술의 잠재력을 증언하는 전조였다. 12세기에 유럽인들은 수직으로 선 풍차를 발명했다. 아마 그들은 수평 형태의 풍차가 동방 어디에선가 사용되고 있었다는 이야기를 들었을 것이다. 그리고 풍차는 겨울이면 물레바퀴가 얼어버리곤 했던 북유럽의 평원에서 특히 각광받았다.

직물 산업은 또한 새로운 직조기(베틀, loom) 사용의 덕을 보았다. 이것은 아마도 중국에서 비단을 만드는 데 쓰던 베틀에서 유래한 것으로 보인다. 그런데 새로운 직조기는 페달을 사용하도록 함으로써 직공의 손을 자유롭게 해서 좀 더 섬세한 작업을 가능하게 만들었다. 11세기 무렵에 플랑드르 지방은 모직물 생산에 집중하기 시작했다. 그리고 12세기 무렵에 이

러다이트 운동Luddite movement | 반기술 운동의 효시가 되었던 19세기 초 영국의 직물공업지대에서 일어났던 기계 파괴운동—옮긴이

탈리아에 견직물과 면직물의 중심지가 생겼다. 면직물을 만들기 위해 목화에서 씨를 빼는 기계가 아랍에서 건너왔는데 이는 사실 인도에서 아랍으로 건너간 것이다.

이제 점점 물건을 만드는 것이 겨울 농한기 농부들의 소일거리 수준을 벗어나게 되었다. 이제 물품 제조 자체가 어엿한 직업이 되었다. 12세기에 지어진 아서왕 전설에 어느 작중 인물이 읍락을 바라보며 이렇게 말하는 대목이 나온다. "이 사람은 헬멧을 만들고, 이 사람은 갑옷을 만들고, 저 사람은 말안장을 또 저 사람은 방패를 만든다. 또 이 사람은 말의 굴레를 만들고 저 사람은 박차를 만드는 구나. 어떤 이들은 칼날을 갈고 또 어떤 이들은 천의 올을 베게 하고(축융하고), 또 어떤 사람들은 천을 염색한다. 그리고 누군가가 천에 본을 뜨고 또 다른 이가 천을 자른다. 여기에선 금을 녹이고 저기에서는 은을 녹이는구나. 이들은 모두 값지고 아름다운 물건들을 만들고 있다. 컵과 잔과 그릇들을, 에나멜로 만든 장신구를, 반지와 벨트와 핀을······."

아, 핀! 이 묘사는 핀 공장의 노동 분화에 대한 유명한 애덤 스미스의 분석을 떠오르게 한다. 이 읍락과 그로부터 한 500년 전 근본적으로 농업사회였던 유럽의 모습을 비교해보자. 한 역사학자는 그 500년 전의 농업 문화 양상을 다음과 같이 요약했다. "기도하는 사람들이 있고, 싸우는 사람들이 있고, 밭에서 일하는 사람들이 있었다."

세계를 안전하게 만든 자본주의

이 두 가지 서로 다른 모습의 유럽 사이에 자리 잡고 있는 것은 단순히 제조 기술만은 아니다. 원리적으로는 2천 년 전에도 누군가는 칼날을 갈고 누군가는 옷감을 염색하는 데만 전념할 수도 있다. 그런데 도대체 왜 그 때는 거의 아무도 그렇게 하지 않았을까? 심지어 로마 제국의 한창 때에도 노동의 분화는 13~14세기에 비해 소극적인 수준이었다. 그 이유는 무엇일까? 그리고 중세 말기에 이르러 각 지역별 특화 역시 두드러지게 나타난 이유는 또 무엇일까?

그 대답은 우리가 앞서 논의한 대로 애덤 스미스의 '보이지 않는 손'이 '보이지 않는 뇌'에 의존하기 때문이라는 것과 관련 있을 것이다. 그리고 보이지 않는 손은 또 정보 기술에 의존한다. 이때 정보 기술은, 이를테면 수판이나 문자, 화폐와 같이 두드러지게 눈에 띄는 정보 기술만을 의미하는 것이 아니다. 그보다 좀 더 미묘한 의미의 정보 기술 역시 그와 동등한 중요성을 갖는다. 이를테면 화폐와 같은 정보 기술의 사용에 지침이 되는 사회적 알고리즘이 바로 그 미묘한 정보 기술이다. 그것을 우리는 메타테크놀로지metatechnology라고 부르도록 하자. 특히 중세를 고대와 산업혁명을 잇는 다리로 만들어준 메타테크놀로지는 바로 초기 단계의 자본주의라는 메타테크놀로지였다.

오늘날 우리는 많은 경우에 있어서 사업을 시작하는 사람과 거기에 필요한 돈을 대는 사람이 각기 다른 사람이라는 사실을 당연하게 받아들인다. 우리에게는 주식시장이 있고, 합자회사limited partnership가 있고, 은행 대출이 있고, 그밖의 갑의 이익을 을의 종자돈으로 전환시키는 다양한 수단들이 있다. 그러나 이 기본적인 개념(이를테면 저축한 돈을 효율적으로 투자로 전환시키기)은 누군가에 의해 발명되어야만 했고, 서로마 제국이 무너질 무렵 유럽의 자본 형성 기구는 매우 조악한 상태였다. 그런데 중세가 상황을 바꾸어놓았다.

　남부 유럽에서는 10세기 무렵에 코멘다 계약contratto di commenda♣이 사용
되었다. 이것은 크고 작은 투자자들이 상선의 원정 무역의 비용을 나누어
부담하는 것을 가능하게 했다. 이 문서는 "신이 허락한 자본과 이익"을 나
눌 것을 보증한다. 코멘다 계약은 저축한 돈을 투자로 연결시키는 중세의
많은 수단 중 하나였다. (14세기 무렵에 베네치아의 은행가들은 사람들이 맡
긴 돈 중 일부를 다른 이들에게 빌려줄 수도 있다는 사실을 깨달았다. 왜냐하
면 돈을 맡긴 사람들이 한꺼번에 돈을 인출할 가능성이 적기 때문이다. 그 후
에 일어난 이야기들이 바로 유럽 은행의 역사이다.) 이 모든 제도들은 공통
점을 가지고 있다. 이들은 모두 현대적인 자본주의에 이르는 작은 계단들
이었다. 유럽은 오래전부터 상품과 서비스를 매매하는 시장을 가지고 있
었다. 이제 자본이 거래되는 시장이 생겼다. 그리고 이에 더해 새로운 보
조적 자본주의의 메타기술들 이를테면 보험이라든지, 복식 부기법double-
entry bookkeeping♣등도 생겨났다.

　자, 모두 좋은 얘기다. 그러나 이러한 것들이 왜 중세 말기의 경제적 복
잡성이 나타나는 데 그토록 오랜 시간이 걸렸는가 하는 질문에 대한 대답
이 될 수 있을까? 만일 부족한 요소가 다양한 자본주의의 메타테크놀로지
였다고 한다면 이런 질문이 뒤따를 것이다. 그 메타테크놀로지들이 진화

코멘다 계약contratto di commenda | 로마공화정 말기에 구성원이 출자한 자본을 공동재산으로 인
정, 지분(持分)에 따라 이익, 손실 분배를 한 조합 형태의 소키에타스societas가 나타났고 이 계약형태가
중세에 전해져 11세기 이후 지중해 교역에서 활용되었는데 이 계약은 제3자에 대한 구성원의 무한연대
책임을 규정하고 있어 위험이 따르는 해상교역에는 적절하지 못하였다. 이 때문에 해항도시(海港都市)에
서는 한 번 항해 때마다 출자자의 책임이 완결되는 유한책임을 규정한 코멘다commenda를 고안, 활용
하였다—옮긴이
복식 부기법double-entry bookkeeping | 거래를 차변과 대변으로 이중 기록하는 부기법—옮긴이

하는 데 왜 그토록 긴 시간이 걸렸을까? 생각해보라. 만일 여러분이 동전과 문자를 가지고 있다면 여러분과 자본주의 사이에 필요한 것은 약간의 상상력뿐이 아니겠는가? 원리적으로 따지자면 기원전 7세기에 리디아 Lydia♣ 사람들이 동리디아전을 주조하기 시작했을 때, 이미 주식 거래소가 생겨날 수도 있지 않았을까? (주식거래소는 결국 서력 17세기에 나타났다.) 왜 유럽의 자본주의가 마침내 이륙하는 데 거의 2천 년이나 걸렸단 말인가?

아마 그에 대한 대답은 부분적으로 유럽의 자본주의가 마침내 이륙한 그 지점을 살펴보는 데서 찾을 수 있을 것이다. 그 지점은 고대 정부와 사회 구조가 버티고 있던 비잔티움이 아니라, 중앙 정부가 무너지고 격동의 물결이 거듭해서 밀려왔다 밀려가고 권력이 종종 분산되었던 유럽 땅이었다. 보통의 고대 지배 계층 사람들이 완전히 성숙한 자본주의를 마주하면 파랗게 질려 경악할 것이다. 보통 사람들이 각자 모은 돈을 투자금으로 전환시킬 수 있다는 가능성은 귀족층의 영향력의 감소를 의미한다. 이제 어떤 배를 만들고 어떤 건물을 지을지에 대한 결정 권한이 중앙 정부와 겹겹이 둘러싸인 귀족들의 손에서 다양한 투자자와 사업가의 손으로 흘러나가게 된다. 뿐만 아니라 이제 그 투자의 결실마저도 소수의 지배계층이 독식하기 어려워진 것이다.

이는 지배 계급이 마주한 일반적인 문제점을 부각시킨다. 사회를 강력하게 유지하기 위해서는 새로운 기술을 채택해야 한다. 특히 사회는 새로운 기술이 제공하는 넌제로섬 결실을 거두어들여야 한다. 그러나 새로운

리디아Lydia | 기원전 7 6세기에 소아시아의 서부지방에서 번영한 왕국—옮긴이

기술은 많은 경우에 사회 안에서 권력을 재분배한다. (새로운 기술이 권력을 분산시키는 정확한 이유는 그 기술들이 넌제로섬 원리를 더 강화시키기 때문이다. 즉, 새로운 기술은 그 시스템으로부터 이익을 얻고, 그로 인해 시스템 안에서 권력을 휘두르게 되는 사람의 범위를 확장시킨다.) 그리고 세상 어느 곳에서든 지배계층 사이의 공통된 의견이 있다면 그것은 바로 굳이 서둘러 권력을 재분배할 필요가 뭐냐는 것이다. 따라서 홉슨이 볼 때 지배층 엘리트는 다음 두 가지 중에서 양자택일을 해야 한다. 자신의 권력을 좀먹을 수 있는 귀중한 기술을 받아들이든지, 그 기술에 저항하다가 결국 통치할 것이 아무것도 남지 않는 상황에 처하든지. 아마도 서부 유럽이 고대의 엘리트 계층으로부터 자유를 획득하게 된 것이 자본주의의 도래를 촉진했을 것이다.

물론 중세의 서유럽에도 고대 로마와 마찬가지로 권력의 이동을 싫어하는 엘리트들이 있었다. 봉건제도 안의 영주들의 본심은 세금과 봉건적 예속관계를 이용해서 떠오르는 상인 계급을 이용하는 것이었다. 그러나 상인들이 그들 공통의 이해관계에 눈을 뜨는 데는 그리 오랜 시간이 걸리지 않았다. 그리하여 상인들은 길드(guild, 동업조합)를 조직해 하나로 뭉치고 상업에 필요한 자유를 요구했다. 터무니없는 세금을 면제해달라는 요구뿐만 아니라 재산을 사고 파는 자유, 계약을 맺을 자유와 그밖에 어떤 자유를 요구할지 결정할 자유를 요구했다. 11세기~12세기에 걸쳐서 읍락들은 점점 자치 권리를 획득하게 되었으며, 마침내 사법과 세금 징수의 자치권을 획득하게 되었다. 뿐만 아니라 봉건제도의 영주들도 자신의 영토에 속한 지역들의 번영이 자신에게도 좋은 일이고, 번영을 이루기 위해서는 어느 정도 자유가 필요하다는 사실을 깨닫게 되었다. 그리하여 일부 영주들은 단순히 읍락에 자치권을 허가할 뿐만 아니라 자치권을 부여하기 위해 읍락을 세우기까지 했다.

왜 이들이 로마의 지배 엘리트보다 변화에 더 개방적이었을까? 일부 역사학자들은 봉건제도의 분산적 성격을 한 원인으로 꼽는다. 봉건 영주들은 많은 경우에 자신의 영토 안의 법률을 다시 쓸 수 있는 재량을 가지고 있다. 그리고 많은 경우에 그들은 동기를 유발하는 요소"(이웃 영주들과의 경쟁)를 가지고 있었다. 일부 기민한 영주들이 이웃 영주들보다 자신이 다스리는 사회를 더욱 번영하도록 만들자, 봉건제도의 수많은 프랙탈 단위들이 실질적으로 넌제로섬 원리를 시험하는 실험실로 변모하게 되었다. 이제 각 단위들은 생산성을 높이는 경쟁에 뛰어들게 되었다. 이 창조적인 긴장이 시골의 귀족들로 하여금 자본주의와의 위험한 거래에 뛰어들도록 만들었다. 즉 외부적 경쟁에 맞설 자산으로서 상인들의 권력을 육성하고 그 결과 언젠가 귀족의 지배에 반기를 들 수 있는 벼락출세한 도시민들에게 힘을 실어주게 되었다.

이러한 자치적 통치는 현대적 의미에서 민주적이라고 보기 어렵다. (그리고 나중에는 비록 일시적이긴 했으나 더욱 더 비민주적인 양상을 보였다.) 그것은 어느 역사학자의 표현대로 "상인에 의한, 상인을 위한, 상인의" 정부였다. 그러나 읍락 벽 바깥의 케케묵은 계급 구조에 비하면, 그리고 상인들이 용인되기는 했으나 결코 존중받은 적이 없었던 귀족 중심적인 로마의 도시들에 비하면 읍락들은 급진적으로 평등주의적이었다. 어느 시대에 뒤떨어진 12세기 귀족이 이탈리아의 읍락들을 보며 "지위가 낮은 젊은 이들, 심지어 좀 더 영예롭고 존경받는 집단의 사람들이라면 전염병처럼 멀리할 천한 기계 기술자들에게조차 영예로운 지위가 주어졌다"고 개탄

했다. 그러나 읍락 안에서는 그와 정반대의 관점이 우세했다. 어느 도시민은 "시골은 양질의 가축과 저질의 사람을 생산한다"고 썼다.

　도시에 기반을 둔 자유주의적인 미래와 시골에 기반을 둔 압제적인 과거 사이의 긴장이 잦아드는 데에는 수세기가 걸렸다. 도시의 성곽 안에서도 자유가 커졌다 작아졌다 했고, 상업에 기반을 둔 계급과 땅에 기반을 둔 계급 사이의 정치적 투쟁의 결과도 왔다 갔다 했다. 그러나 결국 좋은 편이 이기게 되었고, 그 와중에 갓 태어난 자본주의는 인상적인 힘을 발휘했다.

　독일의 다양한 도시의 상인들이 한자 동맹Hanseatic League을 결성해서 해적을 진압하고, 등대를 짓고, 그밖에 그들의 삶을 원활하게 만들기 위해 노력을 기울였다. 이 동맹은 결국 덴마크의 왕과의 전쟁에서 승리를 거두고 해상 무역로를 장악하게 되었다. 이탈리아에서는 도시들이 —자기네들끼리 싸움을 벌인 끝에— 급격하게 도시국가로 성장하였는데 이 도시국가들은 신성로마 제국의 황제 프리드리히 1세가 자신들의 자유에 위협이 된다고 보았다. (그럴만한 단서로 프리드리히 1세는 도시의 독립을 주장하던 자를 하나 붙잡아 불에 태워 죽인 다음, 그 재를 티베르Tiber강에 뿌렸다.) 그리하여 도시들은 그들 사이의 불화를 잠시 접어놓고 롬바르디아 동맹Lombard League를 결성하여 프리드리히와 싸웠다. 마침내 프리드리히가 굴복하자 도시들은 그에게 입에 발린 충성을 말했지만 사실상 자치권을 얻어냈다.

　상업은 농촌의 삶도 바꾸어놓았다. 일부 농노들은 읍락으로 이주했다. ("도시의 공기가 사람을 자유롭게 한다"는 문구는 독일에서 온 속담이다.) 농촌에 남은 사람들도 예전의 농노의 삶에서 많이 벗어났다. 화폐경제가 농촌에까지 퍼져 나가자 농민들은 땅에 예속되기 보다는 돈을 내고 땅을 빌렸다. 그리고 일부 농민들은 도시인들의 먹거리를 공급하는 데서 이익을 얻기도 했다. 중세에 이르러 노예 제도가 사라져갔고 이제 노예제도 다음으로 나쁜 것, 농노제도 역시 천천히 사라져갔다.

중세의 읍락이 자유를 획득하고, 한자 동맹이 해적을 진압하고, 롬바르디아 동맹이 프리드리히 1세에게 굴욕을 선사한 것(비록 교황의 도움에 힘입었지만)은 모두 그 후 수세기 동안 계속되었고, 오늘날에도 계속되고 있는 과정의 초기의 사례이다. 그 과정은 바로 자본주의가 그 자체로서 세계를 안전하게 만드는 것이다. 이 정보와 메타테크놀로지의 힘은 거스를 수 없는 것임이 거듭해서 입증되었다.

그리고 이 패턴은 더 광범위하고 더 오래된 패턴에 맞아 들어간다. 넌제로섬 기술은 그 자체로 세계를 안전하게 만든다. 나중에 문자로 진화한 메소포타미아의 점토로 만든 징표는, 경제적 교환 활동을 원활하게 해주었기 때문에 번성했다. 문자가 그 오랜 세월을 견디고 살아남은 것도 역시 같은 이유에서이다. 비록 처음에는 우회적이고 관료적인 방법으로 사용되었지만 어찌되었든 경제 활동에 이바지했다. 이 두 가지 밈, 징표와 문자는 그 밈의 숙주에 해당되는 사회에 힘을 실어주었고, 그 결과 밈 자신의 증식을 촉진했다. 맨 처음 사실상 화폐 역할을 했던 아즈텍의 코코아 콩이라든지 진짜 합법적인 화폐인 동전 등 화폐에 대해서도 똑같은 얘기를 할 수 있다. 이들은 사회적 상승작용을 불러일으키고 그 결과로 발생한 추진력이 이들을 멀리 그리고 널리 퍼뜨려주었다.

그 후 자본주의의 메타기술이 화폐와 문자를 결합하여 전례 없는 사회적 힘을 풀어놓았다. 이 사실을 무엇보다 잘 입증하는 것이 바로 중세 전성기 동안 정치적 권력이 지방에서 도시로 갑작스럽게 이동한 것이다. 기본적으로 포지티브섬을 실현하는 낮은 수준의 기술에 기초한 수단, 즉 화폐가 거의 사용되지 않고, 글을 읽고 쓰는 사람이 별로 없으며, 도로가 손상되어 제 기능을 하지 못하는 상황에 안성맞춤인 봉건주의라는 제도는 높은 수준의 기술에 기초한 수단에 자리를 내주고, 그 과정에서 권력 구조가 급격히 변화한 것이다.

중세사가인 조셉 스트레이어는 이렇게 지적했다. "문명의 역사에 존재하는 흥미로운 문제인 꾸준하고 지속적인 진보를 찾아본다면 바로 기술의 분야에서 그런 진보를 관찰할 수 있다. 그런데 이런 종류의 진보는 사회의 안정성으로 거의 연결되지 않는 듯하다……" 그러나 이 문제에 대해 잘 생각해보면 지속적인 기술 진화가 매끄러운 사회 구조의 진화로 이어질 것이라고 기대할 이유가 별로 없다. 왜냐하면 기술은 여러 차례에 걸쳐서 사회 내부의 권력의 균형을 바꾸어놓았다. 그리고 사람들은 고분고분하게 권력에 굴복하지 않는 성향이 있다.

마르크스는 정치는 경제적이고 궁극적으로 물질적인 기초를 가지고 있으며, 따라서 기술의 진화가 불안정한 변화를 이끌어낸다는 점을 인식했다.# 단지 그는 그 과정의 세부적인 사항과 방향에 대해 맞지 않는 개념을 가지고 있었을 뿐이다.

자유와 그 밖의 효율적인 기술들

중세의 시민들이 자치권을 획득함으로써 어느 정도 숨쉴만한 구멍을 만들어낸 것은 그들이 데모스테네스의 글로부터 영감을 받았기 때문도, 그들이 서양 고전 전통을 되살리려고 노력했기 때문도 아니었다. 그들은 그저 자신의 이익을 추구하고, 다른 이와 협동하고, 생산적인 정보 메타기술, 자유를 받아들이고자 하는 스스로의 본능에 충실했을 뿐이다. 사고 팔 자유, 계약을 맺을 자유, 자신이 저축한 돈을 적절하게 사용할 자유와 이 모든 자유들을 미세하게 조절할 수 있는 읍락의 자유, 이 모든 것들은 생산적인 통치의 알고리즘이다. 이들은 당시 상승하던 경제적 기술, 자본주의에 가장 활력을 불어넣어줄 수 있는 정치적 기술이었다.

만일 그리스 고전을 필사한 수도승이 이러한 자유의 확장에 기여한 공로를 치하 받아야 한다면 그것은 고전을 필사한 것에 대한 공이 아니라 단순히 글을 읽고 쓰는 활동에 적극 참여한 것에 대한 치하여야 마땅하다. 계약이나 기록은 자본주의적 도구이다. 읽고 쓰는 능력 역시 자본주의적 도구이다. 중세에는 공증인이라는 직업이 번성하게 되었다. 그러나 글을 읽고 쓰는 활동은 그리스 고전 문학작품과 달리 결코 사라질 염려가 없는 것이었다. 이러한 활동은 근처의 비잔틴이나 이슬람 세계에서 —그리고 저 멀리 인도와 중국과 아메리카의 세계에서도— 활발하게 살아남아 조만간에 유럽을 휩쓸 터였다. 아일랜드의 수도승의 도움이 있건 없건 간에 말이다.

데모스테네스의 민주주의에 대한 찬가도 국가의 대표적인 민주주의의 중대한 진화에 별 영향을 미치지 않았다. 여기에서도 또 다시 기본적인 이야기는 바로 자본주의가 그 자체로서 세계를 안전하게 만들었다는 것이다.

일부 역사학자들이 지적한 바와 같이 마그나카르타Magna Carta♣가 민주

마그나카르타Magna Carta | 1215년 영국왕 존의 실정에 맞서 일어난 귀족들이 왕으로부터 승인 받은 칙허장. 본래 귀족의 권리를 옹호하는 문서였으나 이후 왕권과 의회의 대립에서 국민의 자유를 옹호하는 근거로 사용되었으며, 근대 헌법의 토대로 간주된다―옮긴이

주의의 역사의 중대한 기념비인 것은 사실이기는 하나 대중의 마음속에 지나치게 큰 의미로 각인되어 있다. 1215년 존 왕이 그의 봉신들의 압력에 굴하여 발행한 이 헌장은 세금을 결정하는 데 있어서 봉신들과의 상의를 거칠 것을 보증하고 있다. 그러나 이것은 사실 새로운 것이 아니었다. 이미 수세기 동안 영국의 왕들은 중대한 문제에 있어서 귀족으로 구성된 위원회와의 상의를 거쳤다. (그리고 만일 그것이 영국의 '유산'에 뿌리내리고 있는 것이라면 그 유산은 민주주의와 유사한 게르만 부족의 유산에 가까운 것이지 그리스의 웅변가나 로마의 법률에 가까운 것은 아니었다.) 그보다 더 중요한 발전은 그 이후 수세기 동안 의원의 범위가 확대된 것이다. 왕의 자문단 역할을 하는 의회는 읍락의 대표인 시민들을 포함하게 되었다. 시장이 경제적 권력을 영국 사회 전체에 걸쳐 더욱 광범위하게 분배하자 정치적 권력도 그 뒤를 따랐다. 그것이 바로 세상이 돌아가는 이치이다.

오래 전 영국에서 자본주의에 싹트는 권력을 정식으로 승인한 상징은 바로 14세기 시민을 위해 —또한 농촌 지역을 관리하는 기사들을 위해— 탄생한 영국의 하원House of Common이다. 그리고 또 다른 의회인 상원House of Lord이 오늘날 거의 유명무실한 단체라는 사실은 그 이후 자본주의의 권력이 점점 성장했음을 보여준다.

자유와 민주주의를 찬양하는 그리스와 로마의 글들은 아주 훌륭한 것이다. 그리고 서유럽에서 싹튼 자유와 민주주의 역시 아주 훌륭한 것이다. 그러나 그렇다고 해서 후자가 전자 덕분에 일어난 일이라고 공을 돌릴 이유는 없다.[#]

차라리 우리는 유럽에서 활짝 피어난 자유와 민주주의를 로마 제국 후기의 부패와 탄압에 돌리는 것이 더 타당하다. 로마 제국이 초기의 이상을 저버린 것은 아마도 제국의 붕괴를 재촉했을 것이고 그것이 유럽을 가변적인 상태로 만들어 결국 자본주의의 성장을 촉진한 경쟁적인 시험을 가능하게 했다고 볼 수 있다. (아마 그와 비슷하게 고고학자들에 따르면, 유명한 마야 문명이 붕괴한 후에야 마야 문화에서 도기의 대량생산, 평민의 생활 수준 향상, 신권주의적 기반의 엘리트 계층의 몰락과 상인 계층의 성장과 같은 '상업 중심적 실용주의' 의 증거를 찾아볼 수 있었다고 한다.)

중세의 이야기는 넌제로섬 원리의 새로운 기술들이 자신의 이미지를 본따 사회 구조를 재건해나가는 이야기이다. 이 흐름은 고대 제국의 정권의 야심과 맞서고 궁극적으로 그것을 뛰어넘었다. 이 기술들의 상승작용을 발휘하는 힘이 자본주의라는 형태로 결정화되자 그것은 ―노예와 농노의 후손을 포함한― 모든 민중들이 결코 만날 일이 없을 사람들과 복잡한 넌제로섬 게임을 벌이게 되었다. 게임의 보상은 전 민중들에게 공평하게 돌아가지 않았다. 그러나 붕괴된 예전의 사회보다는 공평하게 돌아갔다. 정치적 권력은 어떤 고대 제국의 정부들이 상상했던 것보다 더욱 널리 분산되었다.

이 기본적인 드라마, 즉 자신이 가진 권력을 더욱 증대하고자 하는 권력자들의 본능 대 권력을 분산하고자 하는 기술, 특히 정보 기술의 경향 사이의 밀고 당기기는 거듭해서 펼쳐지게 마련이다. 그렇다고 해서 자유 시장이 계속해서 오래된 정권과 충돌을 일으킬 것이라거나 마침내 승리를 거두어 전 세계로 퍼져 나갈 것이라고 주장하는 것은 아니다(비록 그것이 지난 500년간 역사의 줄거리의 한 축이지만). 내 말은 새로운 정보 기술 전반이 ―단지 돈이나 문자에 국한한 것이 아니라― 많은 경우에 권력을 분산시키고, 한편 권력을 가진 사람들이 이 사실을 기쁘게 시인하지만은 않는다는 것이다. 그렇기 때문에 어느 정도 역사의 격랑이 생길 수밖에 없었고 그 중 일부는 오늘날에도 찾아볼 수 있다.

Chapter 12
불가사의한 동양

"중국 소설이라! 그거 흥미롭겠군요." 나는 말했다.
"사람들이 생각하는 것만큼 흥미롭지는 않아." 괴테가 대답했다.
"중국 사람들이 생각하는 거나 느끼는 게 우리와 별반 다르지 않거든.
책을 읽다보면 자신이 그들과 똑같다는 걸 깨닫게 될 걸세."
– 에커만과 괴테의 대화 *Goethe's Conversations with Eckermann*, 1827년 1월 31일◆

서양의 학자들은 동양이라는 수수께끼를 풀기 위해 오랫동안 숙고해왔다. 왜 처음 산업혁명을 일으킨 것이 아시아가 아니라 유럽이었을까? 하나같이 위대한 고대 제국의 발상지인 중국, 인도, 근동이 지난 500년 동안 어째서 기술적으로나 경제적으로 유럽에 뒤처지게 되었을까?

어떤 경우에는 종교에 초점을 맞춘 답이 제시되기도 했다. 막스 베버Max Weber는 유럽의 '프로테스탄트적 직업 윤리'를 칭송하면서 인도와 중국은 '신비주의적 전통'에 매몰되었던 것이라고 주장했다. 어떤 경우에 정치에 초점을 맞춘 답이 나오기도 했다. '동양적 전제주의Oriental Despotism' 이론에 따르면 메소포타미아에서 중국에 이르는 아시아의 문명들은 대개 거대한 관개 시설 주변에 형성되었으며, 이는 중앙 집중적 관료의 통제를 불러

에커만은 독일의 문필가로 괴테의 말년에 그의 조수로 지내면서 〈괴테와의 대화〉라는 저작을 남겼다―옮긴이

들여 권력이 상층부에 집중된 통치 형태가 나타나고, 그것이 수천 년 동안 창의적 변화를 억눌러왔다는 것이다.

아시아의 발전 속도에 대해 어떤 설명을 내놓든지 간에 결국 요지는 아시아의 문화가 기묘하다는 것이다. 저명한 경제 역사학자인 데이비드 랜즈David Landes는 중국의 변덕스럽고 언뜻 보기에는 무익하게 보이는 끊임없는 기술적 발전과 후퇴 양상(마치 사회가 실크 천장에 가로막혀 위로 올라가지 못하는 것처럼 보이는 상태)에 대해 숙고한 뒤에 간단하게 "참으로 이상하다"고 결론 내렸다.

물론 이상하다는 것은 상대적이다. 19세기 아시아의 관점에서 보자면 위협적인 유럽의 상선들을 통해서 접하게 된 유럽의 산업혁명이야말로 이상하게 보였을 것이다. 그리고 세계적으로 유럽인들보다 아시아인의 수가 더 많은 만큼 아시아인의 관점이 더 우세한 것이 되어야 하지 않을까? 따라서 설명할 필요가 있는 것은 정체된 것처럼 보였던 아시아의 상태가 아니라 기묘하게도 폭발적이었던 유럽의 발전인지도 모른다.

많은 학자들이 이런 결론을 내놓는다. 에티엔 발라즈Etienne Balazs는 중국의 부진에 대해 숙고한 다음 유럽을 "전 세계 산업화의 움직임에 불을 당겨 자본주의로 이끈" 일련의 사건들이 아마도 "운명의 장난, 역사에서 나타나는 특별한 행운 중 하나로 이 경우 아시아의 작은 돌출부에 지나지 않는 유럽에 그 행운이 떨어진 것"이라고 평했다. 그와 거의 비슷한 맥락에서 존스E. L. Jones는 경제사에 대한 그의 영향력 있는 저서에 〈유럽의 기적 *The European Miracle*〉이라는 제목을 붙였다. 대부분의 유럽이 산업 발전의 고속도로에서 쾌속으로 질주한 것이 아니듯 유라시아 대륙의 상당 부분이 '인구통계학적 막다른 골목demographic cul-de-sac'에 봉착하게 되었을 것이라고 존스는 주장한다. 중국, 인도, 오토만 제국에 현대화가 이루어지지 않았더라면 이들 국가들은 "최선의 경우 불황, 최악의 경우 맬서스주의적 파국"을 맞게 된다는 것이 그의 생각이다. 유럽의 경제적 혁명이 기적적인 것인 만큼, "그에 상당하는 발전이 아시아에 있었더라면 그것은 어마어마하게 기적적인 일이었을 것이다."

그것이 사실일까? 아시아의 문화와 역사를 살펴볼 때 우리는 오직 애매모호한 무기력 상태만을 확인하게 되어 산업혁명을 단지 운으로 치부하게 될까? 아니면 반대로 신비로운 동양이 사실은 서양과 별반 다를 것 없이 새로운 기술을 이용하고 그것을 좇아 더욱 심원하고 광대한 사회적 복잡성의 향해 나가고자 하는 경향이 있는 것으로 확인하게 될까?

열광적인 이슬람교도

랜즈는 그의 걸작 〈국가의 부와 빈곤The Wealth and Poverty of Nations〉의 일부를 왜 동양 문화권의 가장 서쪽에 있는 이슬람 문명이 중세 동안 산업적 발전을 도모하지 못했는가 하는 주제에 할애하고 있다. 그가 제시한 대답은 부분적으로 그들에게 주어진 시간 자체가 짧다는 것이다. 유럽의 실용적이고 중세적인 기독교도들이 냉정하고 차분하게 "지속적이고 유지 가능한 이익"을 추구하는 동안 광적인 이슬람교도들은 대부분의 시간을 '전쟁광'에 사로잡혀서 날뛰다가 "고작 정복의 노획물을 소화하는 동안의 시간" 동안만 잠잠해진다는 것이다.

대부분의 유럽인들이 영리하게 이익을 추구했다는 것은 사실이다. 이전 장에서 우리는 중세 말기에 유럽에서 자본주의의 기본적인 요소들을 결합(정당한 칭송을 받고 있는 코멘다 계약)하여 무역을 위해 공동 출자 형식으로 자본을 모으는 데 이용했는지 살펴보았다.

그런데 바로 그 코멘다라는 개념이 어쩌면 이슬람 세계에서 유래한 것인지도 모른다. 10세기 이탈리아에서 코멘다가 나타나기 전에 그와 정확하게 동일한 도구가 이름만 달리하여 이슬람 세계에서 사용되었다. 이슬람교도들이 바그다드와 바스라Basra를 종이와 잉크에서 표범 가죽이나 타조에 이르기까지 각종 물품들을 다 거래하는 세계 상업의 중심지로 탈바꿈시킬 때의 일이다. 일찍이 8세기 무렵에 이슬람의 4대 법학 전통 가운데 하나인 하나피Hanafite 학파가 바로 이 코멘다와 공동 자본 출자의 또 다른 형태인 합자회사 형태의 사업에 대해 논의하였다.# (그와 거의 비슷한 무렵에 바그다드에서 발행한 수표를 모로코에서 현금으로 바꿀 수 있었다. 유럽의 은행들이 수세기나 지나서야 도입한 편리한 제도이다.) 수 년 동안 하나피 학파의 학자들은 거듭해서 '무역의 요구'나 '이익의 달성'에 근거하여 금융의 법적 하부구조를 보호했다. 이런 관점에서 보자면 유럽의 기독교도들은 지속 가능한 '이익'을 좇아 움직였던 반면 열광적인 이슬람교도는 '신의 과업'을 완수하기에 바빴다는 랜즈의 단순한 이분법은 이제 그 경계가 흐릿해지게 된다.

실제로 무함마드의 가장 큰 업적 중 하나이자 이슬람 세계의 핵심적 역량 중 하나는 안전하게 상업을 꽃피울 수 있는 세계의 영역을 더 넓혔다는 것이다. 17세기 초 그가 메카에서 설교를 시작하기 전에 읍락의 주된 교역의 윤활제는 성스러운 신전인 카바Kabah였다. 카바 근처에서는 폭력이 금지되었다. 따라서 다른 곳에서는 분쟁을 잘 일으키는 아랍의 부족들이 이곳에서 서로 만나서 거래를 했다. 비유적으로 말하자면, 무함마드와 그의 후계자들이 그 성스러운 영역을 당시 그들에게 알려진 세계의 상당 부분으로 확장했다고 할 수 있다. 그에게 있어서 전쟁을 도모하는 것은 ―그 이전과 이후의 다른 모든 뛰어난 지도자들과 마찬가지로― 평화를 도모하는 좋은 수단이었던 것이다.

물론 이슬람 확장 초기에는 전쟁이라는 측면이 더욱 우세했다. 그렇게 보자면 이슬람교도의 기질에 대한 랜즈의 희화된 설명이 특정 시점에서는 제한된 진실을 보인다고도 할 수 있다. 그러나 중세가 무르익어감에 따라, 그리고 스페인에서 북아프리카, 파키스탄에 이르기까지 이슬람 제국이 성장하고 자리를 잡아감에 따라서 제국 형성기의 사고방식은 점차로 희미해졌다. 이제 공통의 종교에 의해 멀리 떨어진 고장 사이의 신뢰를 가로막는 장벽이 부식되고, 아랍어의 확산으로 소통의 장벽에 구멍이 뚫리게 되자 이 거대한 영역이 충돌 없이 서로 거래할 수 있는 장으로 탈바꿈하게 되었다.# 그리고 정복에 따르는 노획 대신 세금이 제국의 재정 기반으로 자리잡게 되었다.

이슬람인들은 사람들이 대개 그렇듯 충돌을 더욱 완화시켜주는 정보 기술을 보유하고 개선해나갔다. 그와 같은 정보 기술에는 코멘다에서 기본적인 회계에 이르는 자본주의의 초기 알고리즘도 포함된다. (알고리즘에 대해 말이 나온 김에 덧붙이자면 '알고리즘algorithm' 이라는 단어는 9세기 이슬람의 천문학자이자 수학자인 알콰리즈미al-Khwārizm 의 이름에서 유래한 것이다. 그는 또한 대수학algebra의 어원인 알자브르al jabr라는 용어도 대중화시켰다.) 중세의 밈의 자취를 뒤밟아가는 것은 매우 까다로운 일이지만 이러한 알고리즘 가운데 일부는 제때에 유럽에 도착하여 중세 전성기의 문을 여는 데 기여한 것으로 보인다. 지중해를 통해 이슬람 세계와 접촉이

용이했던 이탈리아가 중세 유럽의 초기 자본주의의 온상이었다는 사실은
우연이 아닐 것이다.

중국의 자본주의 도구들

그동안 아시아의 반대편에 위치한 중국 역시 솜씨 있게 상업의 바퀴에
기름칠을 했다. 늦어도 9세기 무렵에는 차(茶) 상인들이 오늘날의 여행자
수표와 대체로 비슷하다고 할 수 있는 '비전(飛錢, flying money)'✝을 사용했
다. 이는 무거운 구리 동전을 지니고 다니는 불편과 위험을 덜어주었다.
수표를 발행하던 상인들은 결국 적립된 돈의 일부를 투자해서 불릴 수 있
다는 가능성을 깨닫게 되었다. 그리하여 은행의 개념이 유럽에 앞서 중국
에서 먼저 떠오르기 시작했다.

유럽의 중세 동안에 중국에서는 자본을 끌어모을 수 있는 또 다른 방법
들이 있었다. 많게는 60명의 상인들이 함께 돈을 내서 선단을 건조하고 그
것을 공동으로 소유할 수 있었다. 그보다 돈이 없는 사람은 자신이 아는
상인을 통해 원정 무역에 투자하기도 했다.

배를 이용한 운송은 해외 무역뿐만 아니라 중국 안에서의 상업에도 지
극히 중요했다. 중국 곳곳에 강과 운하망이 잘 발달되어 있었고 경사진 곳
에는 정교한 수문이 설치되어 있었다. 13세기 베니스 출신의 마르코 폴로
에게 배는 결코 낯선 것일 리 없다. 그런데 그조차도 아이칭I-ching시 근처
의 양쯔 강을 오가는 배의 통행량을 보고 입을 쩍 벌렸다. "내 말을 믿어주

비전(飛錢, flying money) ㅣ 당, 송나라의 송금 어음 제도. 편전(便錢) · 편환(便換)이라고도 하며 관청과
민간 거상이 발행하였고 송나라의 지폐로 이어졌다—옮긴이

게나. 나는 이 도시에서 한번에 5천 척의 배를 봤다네. 모두 이 강 위에 떠 있는 것을 말일세." 마르코 폴로는 허풍이 세기로 유명했다. 그러나 좀 더 냉철한 정보원이라고 할 수 있는 자크 제르네Jacques Gernet조차도 중국의 내부 수로망은 길이가 5,000킬로미터에 이르며 "세계에서 가장 방대하고 다양한 배들이 그 구석구석을 다니고 있다"고 보고했다.

농부들은 과일과 야채를 배에 실어 도시의 시장으로 보내고, 배를 짓는 데 쓸 목재를 수확하고, 내다 팔 수 있는 도구를 만들고, 약과 헤어크림의 재료로 쓸 기름을 짰다. 중세 말기에 이르자 중국의 농부들은 "융통성 있고 합리적이고 이익을 중시하고 인색한 사업가"가 되었다고 역사가인 마크 엘빈은 말한다. 그렇다고 그들이 자신의 이른바 '신비주의적 전통'이 어리석음을 깨달았기 때문으로 보이지는 않는다. 프로테스탄트 직업 윤리가 있든 없든 그들은 일을 했던 것이다.

유럽과 마찬가지로 중국에서도 상인들은 공동의 이익에 눈을 뜨고 조합을 결성했다. 그들은 서양의 상인들만큼 성공적으로 상업의 자유를 얻어내지는 못했다. 중국의 도시들은 ―서양의 도시만큼― 자치적이지 못했다. 그러나 10세기에 정권을 획득한 송나라 정부는 자유 시장의 가치를 제대로 파악하고 통치 방식에 변화를 주었다. 가격을 통제하고 노동을 징발해서 파이의 몫을 취하는 대신 상품의 흐름을 자유롭게 놓아두고 판매세를 통해 정부의 몫을 챙겼다. 유럽의 지도자나 이슬람 세계의 지도자와 마찬가지로 중국의 지도자들 역시 통제의 손이 너무 무거운 경우에 나타나는 어두운 면을 깨달았던 것이다.

중세의 중국에서는 시장 경제에서 흔히 나타나는 것과 같이 규모의 이점이 스스로 빛을 발했다. 당시 중국에는 500개의 직조기를 갖춘 실크 공장과 수천 명의 일꾼을 고용한 제철 공장 등이 나타났다. 11세기가 끝날 무렵 중국은 한 해에 150,000톤의 철을 생산해냈다. 유럽 전체의 철 생산량이 이 정도 규모에 미친 것은 1700년에 이르러서였다.

중국에서 경제적 · 기술적 · 과학적 발전을 이끌어낸 추진력 가운데 하나는 인쇄술이었다. 중국은 종이를 발명했고 서양에 앞서 목판 인쇄와 활자(活字, movable type)를 고안해냈다. 이들은 대개 실용적 지식을 전파하는데 사용되었다. 그리하여 〈경직도시耕織圖詩, Pictures and Poems on Husbandry and Weaving〉라든지 〈일용산법日用算法, Mathematics for Daily Use〉과 같은 책들이 나타났다. 책 중에는 민간 출판업자가 펴낸 것도 있지만 5권짜리 〈화제국방和劑局方, Remedies from the Board of Harmonious Pharmaceutics〉을 비롯하여 대부분의 책들은 정부가 발행한 것이다. 당시 출간된 책의 제목들(이를테면 〈귤록橘錄, Treatise on Citrus Fruit〉, 〈해보蟹譜, Manual of Crabs〉)은 과학적 사고방식과 과학에서 자연스럽게 나타나는 전문화의 경향을 보여준다.

중세의 중국이 현대 과학을 향한 진정한 추진력을 보여주었는지 여부는 아직도 논란이 되고 있다. 어떤 사람들은 아니라고 말한다. 당시 중국이 보여준 것은 기술의 테두리를 넘어서지 못한다는 것이다. 그러나 사실 과학과 기술은 두 가지 면에서 서로 뗄 수 없는 한 몸이다. 첫째, 기술에는 언제나 우주의 법칙에 대한 이해가 은연중에 함축되어 있다. (프랜시스 베이컨의 말대로 "자연을 지배하기 위해서는 먼저 자연에 복종해야 한다.") 둘째 어느 수준 이상의 기술에서 우주 법칙에 대한 이해는 명백하게 드러난다. 내가 생각하는 가장 심오한 과학적 진실은 여지 없이 증대되는 우주의 혼돈과 그로 인하여 생물의 진화와 문화의 진화가 거슬러 올라가야 하는 흐름을 규정하는 열역학 제2법칙일 것이다(2부에서 자세히 다룸). 이 열역학 제2법칙을 최초로 서술한 것은 '증기 기관 건조자'를 자처하는 프랑스인 사디 카르노Sadi Carnot였다. 그의 직업이 그로 하여금 열역학 제2법칙의 핵심을 꿰뚫어보도록 이끌었던 것이다.

그와 마찬가지로 중국이 자석 나침반을 발견한 것은 극성polarity과 자기 유도magnetic induction의 법칙이 유럽에서 발견되기 오래 전에 이들 법칙을 분명하게 드러낸 것이라고 말할 수 있다. 14세기의 중국은 "자연에 대한 체계적이고 실험적인 연구로 진입하는 문턱"에 서 있었다고 엘빈은 믿고 있다.

과학의 형식을 갖추고 있든 없든 중국은 세계의 기술 중심지였다. 중국은 화약을 발명하고 1232년 무렵에는 전쟁의 승패를 결정짓는 '하늘을 뒤흔드는 천둥'으로 묘사되었던 철제 폭탄iron bomb을 만들어냈다. 1300년대 초에는 수력으로 돌아가는, 방추(紡錘, spindle)가 32개 달린 방적기가 하루에 실 60킬로그램을 생산해냈다. 이는 어느 관찰자의 묘사에 따르면, "방적기가 몰아내버린 실 잣는 여성들이 생산한 실보다 몇 배나 더 싸게" 실을 공급했다. 그로부터 300년 동안 유럽 어느 곳에서도 이보다 더 발전한 기계를 찾아볼 수 없었다.

이 모든 것을 고려해볼 때 중세 중국의 기술적 기반은 현대성modernity의 전조가 되기에 충분했다. 인쇄! 자석! 나침반! 폭탄! 헤어크림!

위대성의 가장자리

20세기 초 어느 한 때, 중세 아시아의 기술적 위업이 서양의 사학자들에게 거의 인정되지 않았고 그리하여 본질적으로 고요한 동양이라는 표준적인 관점에 아무런 위협이 되지 않았던 적이 있었다. 그러나 20세기 중반 이래로 부분적으로는 조셉 니드햄의 기념비적인 저작, 〈중국의 과학과 문명Science and Civilizaion in China〉 덕분에 그와 같은 극단적인 유럽 중심주의는 기울기 시작했다. 오늘날 "11세기에서 13세기에 이르기까지 위대한 두 문명은 논쟁의 여지없이 중국과 이슬람이었다"라는 자크 제르네Jacques Gernet의 견해에 대한 반론은 그저 10세기에 혼란에 빠졌던 이슬람을 중국과 나란히 놓을 수 있겠느냐 하는 말꼬리 잡기 정도이다. 중국의 수력 방적기에 경탄한 마크 엘빈은 "만일 당시 중국이 보였던 발전 양상이 그 뒤를 이어 조금만 더 앞으로 나갔더라면 중세 중국은 향후 서양보다 400년이나 앞서서 직물 생산 분야에서 진정한 산업혁명을 일구어냈을 것이다."

중세 말기 세계적 우위를 점유한 중국의 휘황찬란한 모습을 마주하고서 끈질긴 유럽중심주의자들은 그 사실을 자기네 입맛에 맞게 요리했다. 중국이 스스로 산업혁명을 이루어낼 기회에 얼마나 가까이 다가섰는지를 우리 모두 알게 된 이상 실제로 그 기회를 실현시키지 못한 것은 훨씬 더 용서받지 못할 못난 짓이라는 것이다! 그리하여 한때 성실하지만 아둔한 학생으로 평가받던 중국은 이제 머리는 좋은데 성적이 안 좋은 학생으로 재분류되었다. 어쨌거나 여전히 낙제점인 것은 변함없다. "불가사의한 점은 중국이 그 잠재력을 실현하지 못했다는 것이다"라고 랜즈는 못 박았다.

실제로 우리가 중국이 '위대성의 가장자리'까지 도달했던 시기 이후를 살펴보면 산업화에 실패한 것이 그토록 불가사의하게 느껴지지만은 않을 것이다. 그것은 그저 하고많은 역사의 변덕 중 하나였을 뿐이다. 정치적 결정이나 그밖에 다른 우연들이 사건의 흐름을 수십 년 혹은 심지어 수세기 동안 변경시킬 수 있다. 수천 년에 걸쳐 전 세계적으로 진행되어온 문화 진화의 기본적인 방향을 역전시키지 않고서도 말이다. 그 이후 중국을 침체 상태에 빠뜨렸던 각각의 우연들에 대해 조사하기에 앞서 그 전조에 대해 간단히 논의해보자. 그것은 바로 중세 말기 중국을 뒤흔들어놓은 미개인들의 침공이다. 이 침략은 우리가 즐겨 이야기 나누었던 미개인 관련 주제 중 하나를 정확하게 예시하고 있다.

새롭고 향상된 미개인

이 사례에 등장하는 미개인은 세계적 명성을 떨친 칭기즈칸을 필두로 한 몽골인들이다. 많은 경우에 그러하듯 미개인의 침략은 희생 국가에는 일종의 영예가 된다. 미개인들은 중국에서 유래한 밈의 강력한 힘을 기반으로 하여 13세기 말 중국 전역을 침략했다. 몽골 사람들은 자신의 특기인 말 다루는 기술과 중국의 제철 기술 및 중국의 관료제도와 포위 전술siege warfare을 결합하였다.

몽골의 정복은 중국을 크게 뒤흔들어놓았지만 치명적인 것은 아니었다. 몽골인 역시 다른 많은 미개인들과 마찬가지로 제국을 파괴시켜버리는 것보다는 제국을 계승하는 쪽을 선호했다. 실제로 일단 초기의 혼란 상태가 진정되자 몽골의 지배는 어떤 의미에서 기운을 북돋워주는 자극제 구실을 했다. 정복은 중국에 정치적 통합을 가져왔다. 이제 충돌 없이 거래할 수 있는 영역이 한층 더 넓어졌다. 또한 단일 통화와 새롭게 확장된 대동맥 격의 대운하를 사용할 수 있게 됨에 따라 상업이 번창하게 되었다.

상업은 심지어 중국의 경계 너머까지 번창했다. 몽골인들은 1227년 칭기즈칸이 죽을 무렵 제국의 서쪽 경계를 카스피해까지 밀어붙였다. 그리고 그 이후에 터키와 동유럽까지 확장했다. 이 과정에서 그들은 이슬람의 두 번째 위대한 제국인 압바스 왕조Abbasid caliphate를 무너뜨렸다. 이 확장은 대단히 잔혹한 것이었다. 그러나 그들 이전의 이슬람인이 깨달았듯, 몽골인 역시 일단 침략이 끝나고 나서 통치할 제국을 손에 쥐게 되면 평화야말로 무엇보다 근사한 것이라고 생각하게 된다. 그들은 무역로를 안전하게 만들었고 이처럼 소통의 장벽과 신뢰의 장벽을 낮추어준 대가로 오늘날 부가가치세와 비슷한 5%의 세금을 거두어들였다.

이는 사실 싼 편이었다. 사회과학자인 재닛 아부—루고드Janet Abu-Lughod에 따르면 유대인과 이슬람인 대상들이 겪어보았던 일련의 권력자들에 비하여 몽골은 "위험이 덜 하고 보호세는 낮은" 통행로를 제공했다. 몽골이 중국을 유럽과 직접 접촉하도록 만든 13세기 말 무렵에 "전 세계를 휩쓰는 번영을 구가하는……세계적인 시스템"이 존재했다.

몽골 제국의 대륙횡단 고속도로와 남쪽의 해상 무역로는 유라시아의 보이지 않는 뇌와 보이지 않는 손을 전례 없는 문화 진화의 단계로 끌어올렸다. 물론 현대의 기준으로 볼 때 여전히 원시적인 수준이었다. 동양과 서양이 서로에 대한 명확한 개념이 없는 상태에서 상품과 아이디어가 동에서 서로, 서에서 동으로 오갔다. 분명 지구촌과는 거리가 먼 상태였다. 그러나 동서의 상호 인식은 고대에 비해서는 한층 더 높아졌다. 고대에 중국인들은 서쪽에서 들어온 면이 '물 양water sheep'의 털이고 로마인들은 그들이 수입한 실크가 실크 나무에서 수확한 것이라고 생각했다. 14세기 중반에 교황의 사절단 중 한 사람은 가까스로 몇몇 유럽인들에게 중국 전역이 온통 괴물로 가득 차 있지는 않음을 확신시킬 수 있었다. (비록 그도 "여기저기에 몇몇 괴물들이 있을 수는 있음"을 인정했지만 말이다.)

그런데 참으로 안타깝게도 이 무렵 경제 침체가 중국과 유럽에 서서히 스며들고 있었다. 아부-루고드의 견해에 따르면 이것은 우연의 일치가 아니라 오히려 상호의존성의 증거였다. 상호 손실은 바로 상호 이익이라는 넌제로섬 원리의 밝은 전망의 어두운 이면과 같은 것이었다. 번영과 마찬가지로 침체 역시 세계를 휩쓸 수 있게 되었다.

14세기의 경제적 하락은 문자 그대로 유라시아대륙을 휩쓴 또 다른 요소에 의해 더욱 악화되었다. 윌리엄 맥닐William McNeil은 흑사병이 중국 내륙에서 발병해서 몽골의 무역로를 따라 흑해로, 그 다음 지중해의 해상 수송로를 따라 마침내 유럽 전역으로 퍼지게 되었을 것이라고 주장했다. 흑사병이 실제로 대륙을 건너간 것인지 여부는 확실하지 않지만 분명히 그럴 가능성은 존재했다. 그리고 그 가능성이야말로 역사의 기본적인 경향을 포착하는 메타포로서의 가치를 갖는다. 경제적 · 사회적 통합이 그 깊이와 폭에 있어서 증대되면 점점 더 먼 거리에 사는 사람들의 삶의 복지 상태(건강)가 상관관계를 맺게 된다. 넌제로섬 원리의 그물이 확장되는 것이다.

물론 14세기 무렵 유럽인과 중국인의 경제적 운명이 서로 밀접하게 결부되었다는 아부-루고드의 주장에 관해 많은 학자들이 의문을 던진다. 그러나 넌제로섬 원리의 그물이 점점 더 크고 두껍게 성장함에 따라서 그와 같은 연결은 이르든 늦든 나타날 수밖에 없는 상황이었다. 설사 1300년대의 동서양의 경제의 하강 국면이 서로 관련된 것이 아니라도 하더라도 20세기의 대공황은 분명 서로 관련이 있다.

이것이 세계화의 아이러니이다. 상호 연결의 추진력이 강한 이유는 각 국가들이 세계화 시스템에 편입하는 것이 자국의 장기적 이익에 부합한다고 보기 때문이다. 그러나 전체 시스템이 하강세에 진입할 때 각국은 어떻게 해서든 ─적어도 일시적으로라도─ 그 시스템에서 발을 빼는 것이 더 잘사는 길이다. 현대의 중국이 1997년 아시아를 휩쓸었던 금융 위기에 큰 피해를 입지 않고 버틸 수 있었던 이유 중 일부는 중국의 통화가 다른 통화로 쉽게 태환되지 않기 때문이다. 그럼에도 중국은 앞으로 태환성을 추구할 계획을 고수하고 있다. 왜냐하면 장기적으로 볼 때 전체 시스템에 편입하는 쪽이 이익이 되기 때문이다.

다른 모든 국가들 중에서 특히 중국은 이 사실을 유념해야 한다. 중국이 낙제생이라는 꼬리표가 붙게 만든 실수는 바로 14세기 말부터 전체 시스템에서 발을 빼기 시작했던 것이다. 그 결과, 그 단 하나의 정치적 결정이 이후 아시아의 반현대적anti-modern 기질에 대한 결정적 증거가 되고 말았다.

한 발 물러선 중국

중국이 발을 빼기 시작한 것은 1368년에서 1644년까지 중국을 다스렸던 명 왕조에 이르러서였다. 명이 몽골을 물리치고 중국의 지배권을 획득한 것은 이론적으로 볼 때는 중국에게 있어서 영광스러운 순간이었다. 수세기 동안 미개인의 통치를 받은 후에 드디어 새롭게 힘을 얻은 중국 고유 민족이 다시 권자에 오른 것이다. 그러나 바로 이 미개인이 예로부터 국제 무역의 관문에 버티고 있었기 때문에 진실은 좀 더 복잡해졌다. 몽골은 여전히 중앙아시아의 무역로를 지배하고 있었다. 그러나 이제 그 무역로를 이용해서 중국의 상업을 번성하도록 하는 데 열성을 덜 보이게 되었다. 게

다가 명나라의 지배자들은 자유무역의 옹호자와는 거리가 멀었다. 심지어 외부인의 침략을 두려워한 나머지 철, 무기, 거기다 직물의 육상 무역까지 제한했다. 그러한 물건들이 또다시 이웃의 미개인들을 강성하게 만들까 걱정했던 것이다. 미래의 역사학자들에게 포위 심리siege mentality의 멋진 상징을 제공하려고 마음이라도 먹은 듯 명의 황제들은 중국의 만리장성♣을 쌓았다.

그런데 육상 무역의 제한이 그 자체만으로 파괴적인 효과를 나타낼 이유는 없었다. 육상 무역로가 막혔다면 바닷길이 있다. 그러나 명나라 지배자들은 미개인들과의 접촉만을 꺼린 것이 아니라 좀 더 세련된 이방인들과의 접촉에 대해서도 역시 과민한 반응을 보였다. 예를 들어 14세기 말에는 ―다른 물품과 더불어― 수입된 향수의 사용이 금지되었다. 그 외에도 명은 다양한 시기에 다양한 방법으로 해상 무역 역시 어렵게 만들었다.

이 고립정책이 참으로 얄궂은 것이, 명 왕조 초기에 중국은 따라올 자 없는 바다의 지배자였다. 1405년 중국 황제는 유라시아 대륙 남쪽의 무역로를 탐험할 목적으로 스페인의 무적함대 규모의 거의 두 배에 이르는 317척의 선단을 급파했다. (어느 역사학자의 표현을 빌자면 "의욕적인 환관[宦官]들의 집단"이 이끄는 선단이었다.) 이 항해는 향후 30년 동안 일곱 차례에 걸쳐 인도, 아프리카, 페르시아 만 등을 아우르는 원정 가운데 첫 번째였다.♣¹ 이 여행을 기록한 〈성사승람星 勝覽, *Marvels Discovered by the Boat Bound for the Galaxy*〉, 〈서양번국지西洋番國志, *Treatise on the Barbarian Kingdoms*

만리장성 | 만리장성의 축조가 시작된 것은 춘추전국 시대로 거슬러 올라가고 진, 한 시대에도 계속 개축과 확장이 이어졌으나 현재의 규모를 갖추게 된 것은 명대에 이르러서였다―옮긴이

1. 환관 정화가 1405년부터 1433년까지 영락제의 명을 받아 전후 7회에 걸쳐 대선단을 이끌고 수행한 원정―옮긴이

of the Western Oceans〉 등과 같은 책들의 제목은 중국인들이 여행에서 느낀 생생한 흥분을 전달하고 있다. 그러나 1433년 명나라는 본격적인 대규모의 원정 항해로부터 물러나기 시작해서 결국에는 대규모 선박의 건조를 금지시켰다.

중국이 움츠러든 이유에 관해서는 많은 논란이 있어왔다. 관료들 중에서 환관에 반대하는 파벌이 어떤 역할을 했으리라는 주장도 있다. 그러나 대부분의 역사가들이 그보다는 더 큰 원인이 함께 작용했을 것이라는 데 동의한다. 역사학자인 존 킹 페어뱅크John King Fairbank는 단순히 "반상업주의와 외국인 혐오 정서가 우세하여 중국이 세계무대에서 내려오게 되었다"고 결론 내렸다. 다른 사람들은 좀 더 합리적인 동기를 내세운다. 역사학자인 피터 퍼듀는 중국이 의도적으로 자원을 하나의 방대한 프로젝트(별 이익이 되지 않은 것으로 판명된 원양 항해)에서 또 다른 방대한 프로젝트(미개인의 침략을 사전에 막기 위한 만리장성의 건설)로 돌렸던 것이라고 설명한다. 이 관점은 어처구니없을 정도의 외국인 혐오 정서(수세기 동안 미개인의 광란은 중국인들의 상상력으로 지어낸 허구가 아니다)나 반근대주의(만리장성은 당시로서는 첨단기술의 산물이었다)을 배제하고 있다.

중국이 물러난 원인이 무엇이었든 간에 그것은 시기적으로 무척 부적절한 결정이었다. 수세기 동안 중국은 훌륭한 아이디어의 거대한 수출국이었다. 그리고 서방의 유럽은 그 아이디어의 거대한 수입국이었다. 그 덕분에 유럽의 사회적 뇌가 제대로 활기를 띠기 시작했는데 바로 그 순간 중국이 갑자기 거래를 그만두기로 한 것이다.

시기가 나빴다는 데에는 두 번째 이유가 있다. 그 후 반세기 동안 유럽 국가들은 대규모 항해에 뛰어들었고 신세계를 발견했다. 어떤 학자들은 이 행운이 유럽에서 산업혁명이 일어난 이유를 설명해준다고 믿는다. 유럽이 어찌어찌 하다가 우연히 귀금속과 방대한 농지와 대농장에서 일할 수많은 인력 등 가만히 앉아서 이용당하기를 기다리고 있던 값진 보물들을 발견하게 되었다는 것이다. 그리고 그에 뒤따른 풍요가 폭발적인 기술적 성장의 연료가 되었으며 그것이 기술 진화의 결정적으로 중요한 단계에서 유럽을 선두 위치로 밀어 올렸다는 것이다. 이러한 관점의 주도적인 주창자 가운데 한 사람인 지리학자 블라우트J.M. Blaut는 이 외에 다른 방식으로 생각하는 것은, 특히 산업혁명이 유럽에 내재되어 있는 창의적 능력을 반영하는 것이고 그 능력은 그 이후에나 세계의 다른 곳으로 흘러 들어갔다는 시각은 이른바 유럽중심주의라는 '일련의 정신적 병폐'를 드러내는 것이라고 주장했다. 만일 블라우트가 옳다면 18, 19, 20세기에 서양이 세계적 주도권을 손에 넣게 된 것이 본질적으로 일종의 행운(개발되지 않은 새로운 반구에 지리적으로 가까이 위치한 점)에 기인하는 것이라는 의미이다.

자신의 주장을 보강하기 위해서 블라우트는 1491년까지 유럽은 분명히, 그리고 전면적으로 나머지 세계보다 앞서나가지 못했음을 지적한다. 그 무렵 세계는 이미 초기 자본주의 또는 '원시자본주의protocapitalism'에 충분히 젖어 있었다. 도시들은 "상품의 제조와 거래에 강한 관심을 보였고" 또한 "서유럽, 지중해, 동아프리카, 남아시아, 남동아시아, 동아시아의 모든 해안에" 뻗어 있었다.

이는 분명히 유럽이 세계를 산업화로 이끌지 않았다고 하더라도 시간만 충분히 주어진다면 다른 누군가가, 심지어 유아론(唯我論)적인 근대 이전의 중국이 그 일을 했을 것임을 보여주는 증거이다. 그러나 그렇다고 해서 유럽이 세계의 근대화를 주도한 것이 단순히 커다란 배 몇 척과 아메리카 대륙에 근접하게 위치한 것 때문이라는 것은 아니다. 중국이나 다른 어떤 제국에도 없었지만 유럽이 가지고 있었던 한 가지 다른 자산이 있다. 그것은 바로 통합 제국의 부재이다.

거대하고 통합된 정치 단위는 양날의 검과 같다. 먼저 좋은 면은 원활한 거래를 가능하게 해주는, 마찰이 별로 없는 광대한 영역을 제공한다는 점이다. 특히 국가의 국경 너머에 약탈자들이 출몰하던 고대에 이는 매우 가치 있는 측면이었다. 그러나 이런 단기적 이익에는 장기적 불이익이 상존한다. 제국적 통치는 대개 조류와 같이 차고 빠지는 기술의 흐름 속에서 지속적 성장을 위한 핵심 요소인 변화를 가로막는다. 우리는 이미 중세 유럽에서 이 논리가 성립되는 것을 살펴보았다. 봉건제도의 분열된 통치 상황은 여러 가지 단기적 단점이 있기는 하지만 다양한 경제적·정치적 알고리즘의 시험을 조장한다는 장점이 있다.

중세가 끝날 무렵 하나로 통제된 거대한 조직체인 중국은 점점 내부로 침잠하게 되었고 유럽은 민족국가nation-state로 굳어졌으나 경쟁적 활력은 여전히 지속되었다. 인간의 본성을 고려해 볼 때 유럽인 역시 명 왕조와 마찬가지로 자멸적인 정책을 만들어낼 가능성이 얼마든지 있었다. 그러나 좀 더 직접적인 경쟁이 존재하는 환경에서 다른 누군가가 그보다 나은 정책을 시도하게 마련이고, 그 경우 나쁜 정책은 결국 그 정책을 고수하는 사람의 발목을 잡게 된다. 그리고 일단 누군가가 좋은 아이디어를 실제로 시도한다면 그 아이디어는 모방에 의해 경쟁관계에 있는 정치 단위로 빠르게 퍼져 나가게 된다.

다름 아닌 콜럼부스가 그 좋은 예이다. 그는 포르투갈 왕에게 원정 항해의 자금을 청했으나 포르투갈 왕은 그 제안을 거절했다. 이는 마치 그로부터 반세기 전 중국 정부가 먼 서쪽을 향한 항해가 추구할만한 가치가 없다고 판단 내렸던 것과 비슷하다. 그러나 여기에 한 가지 차이가 있다. 포르투갈의 경우 중국과 달리 지척에 수많은 이웃들이 있었다. 스페인에 가서 원정 비용을 지원받았던 콜럼부스가 의기양양한 모습으로 신세계에서 돌아왔다. 그로부터 몇 년 되지 않아서 포르투갈 역시 아메리카 탐험이라는 게임에 뛰어들었다. '서쪽으로 항해하기'라는 밈이 그 가치를 입증하자 급격히 자가증식 되었던 것이다.

이 밈 자체가 결정적 중요성을 가지고 있지만, 이 책의 목적에 비추어 더욱 중요한 점은 일반적으로 전반적인 밈이 어떻게 유럽의 정치적 상황을 이용했는가 하는 것이다. 여러 국가들이 치열하게 경쟁하는 상황에서 에너지 기술, 재료 기술, 정보 기술 등 자본주의의 알고리즘과 정치적 통치 방식을 포함한 모든 기술은 계속해서 새로이 싹트고 퍼져 나갈 수밖에 없었던 것이다. 예를 들어서 창의성에 가치를 부여하는 특허권은 1474년 베니스에서 처음 발행된 이후로 그 다음 세기 중반 무렵에는 유럽 전역으로 퍼져 나갔다.

그렇게 본다면 단순히 유럽의 궁극적 승리가 문화 진화의 방향성 이론에 부합하는 것이 아니라 이 이론이 사실상 그와 같은 승리를 예측했다고 볼 수 있다. 결국 모든 진화 과정의 속도는 두 가지 요소에 크게 의존한다. 그 하나는 잠재적으로 풍요로운 결실을 가져올 새로운 아이디어가 얼마나 빨리 나타나는지이고, 나머지 하나는 명백하게 풍요로운 결실을 가져오는 새로운 고안물이 얼마나 빨리 퍼져 나가는지이다. 경쟁적이지만 상호 소통이 가능한 여러 정치 단위로 이루어진 15세기의 유럽은 이 두 항목에서 모두 유라시아의 다른 어떤 곳보다 높은 점수를 받을 만했다. 이와 같은 상황에서 '서쪽으로 항해하기'라는 밈과 이익을 가져다주는 다른 종류의 밈은 (a) 어느 하나의 혹은 그 이상의 정치 단위에 뿌리내리게 될 가능성이 높고 (b) 그 가치를 입증한 이상 널리 퍼져 나가게 될 가능성이 높다.

중국의 중앙 집권 통치 대 유럽의 분열이라는 이 단순하고 거의 피상적으로 보이는 차이를 가지고 대개 아시아 문화의 신비로운 전통주의 traditionalism의 심오한 기질 탓으로 설명되는 경제적 발달의 차이를 정말 설명할 수 있을까? 그 답을 찾기 위한 방법 중 하나는 중국의 문화적 유산의 상당 부분을 공유하지만 중국과 같은 거대한 단일 통치 형태를 띠지 않았던 근대 이전의 아시아의 일부, 일본을 살펴보는 것이다.

중국과 마찬가지로 일본은 ―중국을 통해서― 불교의 깊은 영향을 받았다. 그러나 명조의 중국과 달리 일본은 15세기 말에 중앙집중적 정권의 붕괴를 겪게 되었다. 쇼군의 권력은 지방의 봉건 영주들에게로 퍼져 나갔고 그 결과 중세 말기의 유럽을 연상시키는 무정형적이고 경쟁적인 환경이 만들어지게 되었다. 그 다음에는 우리에게 친숙한 패턴이 뒤따랐다. 시장이 번성하고, 읍락이 확장되었으며(일부 읍락에서는 상품의 교환이 이루어지기도 했다) 상인들의 권력이 신장되었다. 16세기에 일본을 방문한 어느 예수회 수사는 사카이라는 도시를 유럽의 중세의 '자유 도시'와 비교했다. 에드윈 라이샤우어Edwin O. Reischauer는 이 시기를 "엄청난 정치적 혼란과 거의 끊임없이 벌어지는 전쟁의 와중"에 ―어쩌면 혼란과 전쟁 덕분에― "매우 특별한 문화적 혁신, 제도의 발달, 심지어 경제적 성장"이 일어난 시기 중하나로 묘사했다. 16세기 말에 "고작 몇 세기 전만 하더라도 문명 세계의 가장자리에 머물던 뒤쳐진 민족이었던 일본인들이 중국, 유럽과 동등한 위치에서 경쟁할 수 있을 정도로 성장했다."

이 모든 것을 종합해볼 때 만일 '유럽의 기적'의 핵심이 지리적 상황에 있다면, 유럽과 중국의 아메리카 대륙에 대한 상대적 근접성이라는 지리적 상황의 차이가 아니라 유럽과 중국의 정치적 지형이라는 지리적 상황의 차이에 있다. 유럽은 밈들을 시험할 수많은 독립적인 실험실들로 이루어져 있는 반면 중국은 정치적 단일성을 지니고 있었다.# 이 단일성은 일상적 거래에 있어서는 좋은 자산이지만 기술적 우위를 놓고 벌이는 장기적 경주에서는 장애가 될 수 있다.

만남의 광장

수많은 학자들이 유럽의 빠른 발전에는 분열된 정치 상황이 일정 부분 역할을 했음을 시인한다. 그들 중 일부, 이를테면 데이비드 랜즈와 같은 학자는 바로 이 점을 중국을 가만히 놔두었을 경우 과연 스스로 산업 시대에 도달하게 되겠느냐고 의심할 이유 가운데 하나로 삼는다.

그런데 그들은 핵심적인 사실을 놓치고 있다. 경쟁적인 실험실로 이루어진 동네를 형성한 유럽의 이점은 단순히 정도에 있어서의 이점일 뿐이다. 모든 국가들은 어느 정도 거리 안에 어느 정도 강건한 이웃들을 가지고 있다. 중국에게는 다른 이웃과 더불어 일본이 있었다. 그것이 바로 어떤 정부도 아무런 위협 없이 정체 상태를 언제까지나 방치해둘 수 없는 이유이다. 심지어 욕을 많이 얻어먹는 명 왕조조차도 국제 무역에 다시 손을 대야 할 필요성을 주기적으로 느끼곤 했다. (사실 중국과 일본의 진취적인 밀수입 및 밀수출자들 덕분에 국제무역이 완전히 중단된 적은 없었다.) 그리고 비록 명조와 청조에 기술적 진보가 느리고 느려져서 기어가는 수준이 되었다고 하더라도 아무튼 진보 자체가 멈추지는 않았다. 그리고 경제는 계속해서 성장했다.

모든 국가들이 한 동네 이웃들 가운데에 경쟁자들을 두고 있을 뿐 아니라 경쟁자의 수는 가차 없이 늘어나게 되어 있다. 그 이유는 운송과 통신 수단이 발달함에 따라서 '동네'의 규모가 커지기 때문이다. 그것이 바로 중국과 일본이 16세기에 마주하기 시작했지만 결국 19세기 무장한 배를 타고 와서 아시아 시장에 대한 접근을 요구하며 위협하는 서양인들로부터 통렬하게 배우게 된 진실이다. 이제 유럽과 아시아는 한 동네가 되었던 것이다!

그와 같이 삐걱거리는 만남은 원주민 보호주의nativist 반응을 유발할 수 있다. 20세기에 들어서면서 중국의 의화단 사건Boxer Rebellion은 그와 같은 반응을 조장하는 망상에 대한 좋은 사례이다. 이 운동은 본래 서양의 총탄이 몸을 파고들지 못하게 만들어준다는 미신적 의식에서 비롯되었다. 그러나 그와 같은 믿음은 고통스러운 증거 앞에서 무너졌고, 그보다 더 광범위한 의미에서 서양의 영향력이 중국을 파고들지 못할 것이라는 믿음 역시 무너지게 되었다. 오늘날의 중국 그리고 아시아의 나머지 국가들을 보라.

물론 랜즈를 비롯한 유럽의 위대성을 옹호하는 사람들의 눈에는 오늘날 중국이 하는 일(서양의 기술과 경제 원리를 그대로 복제하기)은 시험 볼 때 부정행위를 하는 것과 비슷하게 보일 것이다. 그들이 던지고 싶어 하는 질문은 중국이 외부의 도움 없이 스스로의 힘으로 산업화를 이루어낼 수 있었을까 하는 것이다.

나는 곧 그렇다고 대답하고 싶은 유혹을 느끼지만, 따지고 보면 이 질문자체가 너무나 무의미하다. 프랑스가 영국이 만든 증기 기관 없이도 '스스로의 힘으로' 산업화를 이루어낼 수 있었을까? 영국은 증기가 피스톤을 움직일 수 있음을 보여주었던 프랑스인의 도움 없이 증기 기관을 개발할 수 있었을까? 프랑스나 영국 모두 일단 이탈리아로부터 자본주의의 알고리즘을 흡수하지 않은 채로 증기 기관의 근처에나 다가갈 수 있었을까? 물론 이탈리아는 그 알고리즘의 일부를 이슬람 문명에서 빌려온 것으로 보인다. 이 모든 질문들에 대한 대답은 '아니오'가 아니다. 답은 '그렇다'이다. 그러나 각국이 위에 예시한 각 지점에 도달하는 데 훨씬 길고 긴 시간이 걸렸을 것이다. 왜냐하면 그들은 바로 중국이 떠안고 있던 것과 똑같은 불리한 조건을 짊어진 채로 고군분투했어야 했기 때문이다.

결론은 서양의 경제사학자들이 부정한 속임수를 썼던 것이다. 그들은 계속해서 중국의 진보를 유럽의 진보와 비교했다. 중국은 하나의 정치 단위이고 유럽은 서로 상승작용을 나타내는 여러 국가들의 묶음이었는데도 말이다. 만일 가설적인 경제 발전이라는 게임에서 중국이 유럽과 맞붙으려면 하다못해 일본과라도 한 팀을 이루도록 해야 공평하지 않을까?

분명 아니다. 랜즈는 중국이 아니라 일본이 유럽과의 접촉이 없이도 '조만간 그들 스스로' 산업혁명을 이루어낼 것이라고 추측했다. 자, 이 문제에 관하여 사고 실험을 해보자. 만일 일본이 산업혁명을 일구어냈다면 중국은 자발적인 것이든 강제에 의한 것이든 일본의 산업 기술을 받아들였을 것이다. 실제로 첨단 기술로 무장한 일본의 침략이 결국 중국의 현대화에 박차를 가했다. 그러나 랜즈의 계산은 일본에 의해 촉발된 중국의 발달에 있어서 중국이 기여한 공은 조금도 고려하지 않고 있다. 그렇다면 일단 일본이 어떻게 산업화에 대한 공을 차지할 수 있을까? 일본이 그와 같은 위치에 이르게 된 것은 문자부터 시작해서 상당 부분이 중국에서 건너온 기술에 힘입은 것이었다.

그렇게 따지자면 애초에 유럽이 산업화를 이루는 위치에 선 것에 대해 어떻게 공을 차지할 수 있을까? 17세기 초에 산업혁명의 물결이 조금씩 수면으로 떠오르던 무렵 프랜시스 베이컨은 "온 세계의 모습과 상태를 바꾸어놓은" 세 가지 기술로 인쇄술, 화약, 자석 나침반을 꼽았다. 이제 우리는 이 세 가지가 모두 중국에서 가장 먼저 발명되었으며 어쩌면 중국에서 유럽으로 전파된 것일 수 있다는 사실을 잘 알고 있다. (그리고 유럽에서 종이가 널리 사용되게 된 것은 물레바퀴를 이용한 제지공장 덕분인데 이것은 맨처음 바그다드에서 나타났으며 이슬람 세계가 유럽에 선물한 것으로 보인다.)

전 역사를 통해서 문화의 진화는 정치적 경계를 뛰어넘어왔다. 혁신의 중심지가 이동함에 따라서 아이디어들은 대륙을 가로질러 휙휙 날아다녔다. 어느 한 국가가 '그들 스스로' 뭘 할 수 있느냐 하는 질문은 결국 무의미한 것이다. 그리고 경제사학자들이 많은 경우에 유럽의 국가들은 제쳐두고 아시아 국가에 대해 이 질문을 던지는 것도 질문의 유용성을 의심케 한다.

일단 우리가 중국과 일본을 더 넓은 동아시아의 뇌의 일부로 본다면, 종종 활기없던 시대로 지적받는 명왕조 시대 중국의 부주의forgetfulness 역시 그리 심각한 것이 아니다. 예를 들어 1637년에 쓰여진 중국의 백과사전 격인 천공개물(天工開物, Exploitation of the Work of Nature)이 —아마도 저자의 정치적 견해 때문에— 파괴되었지만 그 무렵 그 책의 일본어판이 존재해서 그것이 지금까지 보존되었다. 세계가 백업 카피본을 만들어둔다는 사실이 여기에서도 한번 드러나고 있다.

선(禪, Zen)과 상업적 착취의 기술

중국의 걸작이 자연을 '착취exploit' 하는 방법을 다루고 있다는 사실은 과거 아시아 문화에 대한 우리의 고정관념과 배치된다. 우리가 생각하는 동양 문화는 서양 문화와 달리 자연 속에서 조화롭게 머무는 것이었다. 이러한 관점의 어떤 지지자는 기술이 허락하는 한 인간이 '조작하고 즐기기 위해' 자연이 존재하는 것이라는 서양인들의 믿음은 "인간 역사에서 지극히 예외적인 것이며 유대-기독교의 인간중심적 철학에서 유래한 것"이라고 주장했다. 자, 이 이야기를 중세 초기 거주지를 조성하기 위해 중국 북부의 숲을 완전히 밀어버렸던 당나라 사람들에게 해주어 보라.

서양인들이 자연을 착취하는 반면 동양인들이 자연과 사이좋게 공존했다는 개념은 경제사 분야에서 오랫동안 맴돌던 좀 더 커다란 오류, 즉 종교적 결정론과 밀접하게 연결되어 있다. 표준적인 종교적 결정론은 ─ '유대-기독교 윤리'든 그보다 좁은 범위의 '프로테스탄트 직업 윤리'이든─ 서양의 종교가 왜 성숙한 수준의 자본주의와 산업화가 서양에서 먼저 일어났는지를 설명해준다고 믿는다. 즉 기독교도들이 하루 몫의 노동에 시간을 보내는 동안 불교도들은 나무 아래에서 명상이나 하고 앉아있다는 식이다.

부처가 제시한 불교의 교의가 물질적 성취의 추진력이 되었을 것이라고 보이지 않는 것은 사실이다. 그러나 예수 그리스도가 자본주의의 성명서manifesto를 설파한 것도 역시 아니다. 그런데 종교적 교의는 진화해나간다. 중국 최초의 전당포는 불교 승려들이 경영한 것이었다. 17세기 일본에서 어느 불교의 승려는 "모든 직업이 불교에 귀의하는 길이며 노동을 통해 불도에 이를 수 있다"고 주장했다. 프로테스탄트 직업윤리와 직접 비교할만한 발언이다. 한편 무굴Mughal 인도의 여러 도시에서 내세적 세계관으로 유명한 힌두교도들은 역사가 폴 케네디의 표현에 따르면 "베버의 프로테스탄트 윤리의 훌륭한 교범"이 될 만한 삶을 영위했다.

유교는 불교와 달리 중세에 이르도록 이윤 동기를 의심스러운 것으로 간주했다. 그러나 케네디가 지적한 것과 같이 이는 단지 중세 유럽에서 교황이 고리대금업을 비난한 것을 연상시킬 뿐이다. 그러나 유교나 교황의 교의나 결국은 상업의 긴박한 요구에 맞추어 조절되었다. 13세기에 유라시아에 전례 없이 높은 밀도의 상업적 그물망이 깔리게 되자 유교도든, 기독교도든, 이슬람교도든, 불교도든, 조로아스터교도든 모두 쌍수를 들어 상업의 발달을 부추겼다. 전 대륙을 아우르는 영적 전통이 세워진 셈이다. 이 모든 종교들은 한 가지 공통점을 가지고 있었으니 그 신도들이 모두 인간이었으며 따라서 상호 이익이 되는 거래를 좋아한다는 것이다. 경제적 초교파주의라고 할 수 있다.

종교가 언제나 경제적 성장의 요구에 순응한 것은 아니다. 단기적으로는 기술에 대한 종교의 태도(어떤 경우에는 공공연한 혐오)가 큰 영향을 미칠 수도 있다. 그러나 장기적으로(몇십 년이 아니라 몇 세기) 종교는 그 기반을 잠식해오는 경제적·기술적 현실과 평화로운 화해를 모색하든지 아니면 점점 눈에 띄지 않게 시들어버린다. 구(舊)암만파 교도들Old Older Amish♣은 현대 기술을 거부하겠노라는 그들의 원리에 있어서 감복할만한 면이 있

구(舊)암만파 교도들Old Older Amish | 암만파는 17세기 메노파의 장로였던 야콥 암만이 창시한 분파로 현재 북아메리카 일부지역에서 거주하며 문명의 이기를 받아들이지 않고 오래 전의 생활 방식을 고수하고 있다. 구암만파 교도들은 더욱 보수적이고 엄격한 원칙을 고수한다─옮긴이

다. 그러나 그들이 미래를 주도하는 물결은 아니다.

이슬람의 선물

산업혁명이 임박할 무렵 이슬람 국가들과 서아시아 및 동아시아 국가들이 이 다가올 혁명을 주도적으로 맞이할 가능성은 희박해보였다. 오스만 제국은 한동안 번성했다. 정복의 힘뿐만 아니라 국제 교역로를 안전하게 재건하고 그에 대한 대가를 거두어들인 것이 번영의 기초가 되었다. 그러나 오스만 정권은 점점 압제적으로 변해갔다. 정부에 대한 불만의 씨가 퍼져 나가는 것을 사전에 차단하기 위해 인쇄기의 사용을 금했고 사법체계는 뇌물로 얼룩졌다. 간단히 말해서 오스만 제국은 넌제로섬 상호작용에 걸림이 되는 두 가지 커다란 장벽인 소통 장벽과 신뢰 장벽을 낮춘 것이 아니라 오히려 더 높인 셈이다. 오스만 통치자들 중 일부는 서구에서 문화가 유입되는 것을 막음으로써 사태를 더욱 악화시켰다. 19세기에 이르러 그러한 정책을 180도 전환시켰으나 이미 때는 늦었다.

16세기에 탄생한 인도의 무굴 왕조는 탄탄한 상업적 기반과 발달된 은행 시스템으로 한동안 높은 전망을 보였다. 그리고 초기의 통치자 중 한 사람인 아크바Akbar는 수많은 힌두교도들을 통치하려는 의도로 모든 종교를 존중하는 것이 알라의 뜻이라고 선포했다. 그러나 무굴 제국은 후기에 이르자 제도화된 차별, 힌두교 사원의 파괴, 자만에 빠져 전횡을 일삼는 지배계층으로 점철되었다. 그 시대의 어느 관찰자의 말에 따르면 어느 지역의 제후가 하품을 하자 "그 자리에 있던 모든 사람들이 파리를 쫓기 위해 손가락으로 딱딱 소리를 냈다"고 한다.

경제적·기술적 성장에 자양분을 공급하지 못했던 이 두 이슬람 국가들은 결국 그 대가를 치러야 했다. 무굴 제국은 18세기에, 오스만 제국은 20세기에 멸망했다. 왜 이 제국들이 번성하지 못했을까? 그에 대한 이론은 많다. 그러나 우리는 분명히 여기에서도 친숙한 원인을 찾아볼 수 있다. 정부의 무임승차와 압제가 넌제로섬 원리의 상당 부분을 발현되지 못하게 막았던 것이다. 카스트 제도를 가진 인도가 특히 생생한 사례를 제공한다.

그렇다면 어쩌면 우리는 이 두 제국이 살아남아 다른 국가의 규범이 되는 사태가 일어나지 않은 것에 대해 감사해야 할지도 모른다. 인쇄기의 사용을 금지하고 차별을 강요하는 정권이 몰락하게 된 것에 대해 우리는 역사의 판단을 칭송해야 한다.

한편 그와 동시에 우리는 이 문명들이 세계의 밈의 풀에 많은 기여를 했음을 주지해야 한다. 우리는 이미 이슬람 세계가 내놓은 몇 가지 선물에 대해 이야기 했다. 그리고 터키와 인도는 이슬람 정권이 들어서기 훨씬 전에도 그들만의 유산을 남겼다. 약 4천 년 전의 터키(당시 아나톨리아Anatolia)는 유라시아에 훗날 산업혁명의 형태를 규정하게 되는 물질인 철을 제련하는 아이디어를 선물했던 것으로 보인다. 그리고 인도는 두 가지 지고한 정신적 세계, 바로 종교적 사상과 수학적 사고라는 영역에서 일어난 위대한 혁신의 진원지였다.

종교적 영역에서 인도는 우리에게 불교를 선사했다. 불교는 관용과 비폭력을 강조한 최초의 주요 종교이고, 정복이라는 수단 없이 멀리, 그리고 널리 퍼져 나간 유일한 주요 종교이며, 후세의 첨가에 의한 윤색을 거치지 않은 본질적인 교의가 현대 과학의 거침없는 수정의 손길로부터 가장 강건하게 버틸 수 있는 종교이다. 그리고 수학 분야에서 인도는 여러 가지 개념들 중에서 특히 0의 개념과 '아라비아'라는 오해의 소지가 있는 명칭으로 불리는 숫자를 포함한 10진법 체계를 유럽에 선물했다. (만일 이것이 대단한 선물이 아니라고 생각한다면 로마숫자를 가지고 곱셈을 한번 해보시라.)

인도인들은 20세기 후반에 이르러 수학에 관한 그들의 유산을 되찾기 시작했다. 이번에는 이론에 대한 심원한 기여가 아니라 소프트웨어 설계와 같은 실용적인 분야에서이다. 이 사실과 '일본의 기적'과 그보다 한발 늦게 나타난 아시아의 도약 등의 사례는 문화의 진화에서 주도적 위치를 차지하는 것이 덧없는 일임을 일깨워준다. 유라시아의 모든 지역들은 한때 전체 무리의 앞에 선 적도 있었고 뒤쪽에 더 가까웠던 적도 있었다. 그리고 이야기는 아직 끝나지 않았다.

만일 우리가 초점을 좀 더 넓혀 어떤 유라시아의 문화가 전체 무리를 이끌었는지 묻는 대신 전체 무리의 앞부분이 앞으로 나가고 있었는지, 유라시아 문화의 첨단, 즉 사회적 복잡성이 앞으로 나가고 있었는지를 묻는다면 일단 그리스도 기원 후 첫 세기 최초로 '유라시아의 에쿠메네'가 닫힌 이래로 그렇지 않았던 적이 거의 없었다고 말할 수 있다. 사람과 국가는 탄생하고 죽고 흥하고 망하지만 밈은 계속해서 위쪽으로, 위쪽으로 흘러간다.

문화의 진화는 본질적으로 커다란 도약의 국면을 가지고 있다. 어느 기술, 혹은 여러 기술들이 폭발적으로 나타나서 운 좋게 그 기술을 품게 된 문화가 갑자기 다른 문화들에 비해 몇 광년쯤 앞서나가는 것처럼 보이게 되는 것이다. 그리고 뒤쳐진 문화들은 너무나 한심해 보여서 두 문화 사이에 뭔가 질적인 차이가 있는 것이 아닐까, '주도적' 문화에는 그 문화를 남보다 앞서가도록 만드는 특별한 뭔가가 있는 것이 아닐까, 그리고 그 문화 혼자서 기술의 문턱을 넘어갈 수 있는 능력이 있는 것이 아닐까 하고 묻고 싶은 유혹을 느끼게 된다.

그러나 그와 같은 칭송은 만 년 전 농업사회와 수렵 · 채집사회의 차이를 마주했을 때에도 나왔었고, 5천 년 전 글을 읽고 쓰는 국가 수준의 사회와 문맹의 추장사회 사회를 마주했을 때도 나왔다. 이 사례들에 대해서 우리는 그와 같은 해석이 옳지 않으며 이러한 예외론exceptionalism은 자화자찬식 망상이라는 강력한 증거를 가지고 있다. 농업(그리고 추장사회)이나 문자(그리고 국가 수준의 사회)가 모두 독립적으로 여러 차례에 걸쳐 나타났었다는 사실을 우리는 모두 알고 있다.

산업혁명의 경우 이러한 종류의 증거를 댈 수 없다. 이미 세계적 뇌가 자리를 잡아서 새로운 소식이 몇 달 안에 전 세계로 퍼져 나갈 수 있게 된 후에 일어난 일이기 때문이다. 따라서 후발로 일어난 산업화, 예를 들어서 유럽에서 산업혁명이 일어난 지 1세기가 못되어 일어난 일본의 산업혁명은 필연적으로 유럽의 영향을 받은 파생적인 것일 수밖에 없다. 따라서 유럽의 예외론을 결정적으로 반증할 길이 없다. 그러나 수천, 수만 년에 걸쳐 이루어진 문화 진화가 산업혁명을 이끈 것이나 문화 진화의 모든 국면에서 나타나는 권력의 분산을 인식하고서, 위대한 기술적 변화를 창조하는 것은 위대한 문화가 아니라 문화 자체의 위대성이라는 사실을 깨닫고서는 이러한 논제를 심각하게 받아들일 수는 없다.

문화적 위대성은 국지적 정치 단위에 무관심하다. 명왕조의 중국은 송왕조가 보였던 밝은 전망을 실현하지 못했다. 그렇지만 괜찮다. 일본이 있지 않은가? 또 영국, 프랑스, 이탈리아, 인도, 이집트 등등이 있다. 이 모든 사회들은 각자의 흥망성쇠를 겪어왔다. 역사의 변덕, 지리적 운, 정치 지도자의 위대성 혹은 무능함 등 때문에 말이다. 그러나 역사가 이 모든 것을 넘어서서 진보할 가능성이 압도적으로 우세하다. 정체나 후퇴가 어느한 지역을 포위한다고 하더라도 언제나 그 외에 다른 지역들이 있다.

이사야 벌린은 〈역사적 필연성Historical Inevitability〉라는 책을 썼다. 이 책에서 그는 역사에 관한 모든 장대한 이론들의 허구를 폭로하는 데 전념했다. 그가 공격한 이론 중에는 역사의 방향성 이론도 포함된다. 그런데 벌린의 오류 중 하나는 그와 같은 이론들을 엄밀한 결정론, 즉 미래의 모든 세부적인 측면이 원리적으로 예측 가능하며 오늘날의 모든 세부적인 측면이 필연적으로 존재하는 것이라는 믿음으로 돌린 데 있다. 이 책을 읽으면 여러분은 역사에서 패턴을 보는 모든 사람들이 그의 표현을 따르자면 "우리가 행하고 겪는 모든 것들이 고정된 패턴의 일부"라고 믿는다고 생각할 것이다.

그런데 사실은 거의 정 반대이다. 역사의 패턴의 핵심은 사람들이 하는 모든 일이 고정되어 있다는 것이 아니다. 요지는 —역사의— 패턴이 장기적으로 고정성의 결여에 영향을 받지 않는다는 것이다. 명의 황제가 어쩌면 단순히 변덕에 의해서 중국의 해상 원정을 폐지해버리고 당시 세계에서 가장 복잡하고 세련된 국가를 내부로 침잠시켰을지도 모른다. 그러나 큰 그림은 여전히 변치 않고 남아있다. 세계화와 정보 시대, 그리고 그것이 미치는 모든 정치적 의미는 여전히 카드 패에 숨겨져 있다.

현대사회

신이 이 특별한 임무를 성취하기 위해 우리를 선택했다는 것을 입증하기라도 하듯
우리 땅에서 놀랍고 새로우며 창의적인 기술, 인쇄 기술이 발견되었다.
―요한 슬라이단Johann Sleidan(1542)

1600년대의 종교는 험상궂은 표정을 하고 있었다…….
신학자들은 서로 거의 만나지 않고 오직 같은 부류의 사람들이나 이해할 수 있는
글을 써댔고 그들 사이에서 성마르고 방어적이고 투쟁적인 논쟁이
거의 끊임없이 일어났다. 루터파, 칼뱅파, 카톨릭의 군대들은 몇 십 년 안에
중부 유럽의 전쟁터에서 상대방을 발기발기 찢어버릴 태세를 갖추고 있었다.
―유안 카메론Euan Cameron

18세기에 볼테르는 신성 로마 제국을 "신성하지도 않고, 로마적이지도
않으며, 제국도 아니다"라고 묘사했다. 제국이 그 이름에 걸맞은 삶을 살
지 못했던 것은 그 때가 처음이 아니었다. 800년 교황이 샤를마뉴에게 황
제의 관을 씌워준 이래로 황제들은 어느 쪽이 주도권을 쥐느냐를 두고 교
황과 여러 차례에 걸쳐 이견을 보였다. 그리고 그에 뒤따른 법석은 교황이
나 황제 양쪽 모두 그다지 신성하게 보이지 못하게 만들었다. 신성함은 그
렇다 치더라도 황제들은 도도한 봉건 영주들 때문에 명실상부한 황제의
권위를 행사하지 못했다. 볼테르가 살던 시대에 이르러 황제의 영향력이
미치는 범위는 사실상 독일 땅덩어리 안으로 한정되었다. 그 이후 세기 초
에 걸쳐서 제국은 차츰 무너져 내렸다.

이러한 사실은 한 가지 의문을 자아낸다. 왜 유럽이 중세 초기의 혼란으로부터 회복된 후에도 제국은 제대로 회복되지 못했을까? 뭐니뭐니해도 중세 말기의 번영은 규모가 큰 정부를 지지하는 논리를 회복시키지 않았던가? 상업이 다시 광대한 범위를 아우르게 됨에 따라 그만큼 광대한 통치 범위는 상업을 더욱 원활하고 안전하게 만들어줄 수 있었을 것이다. 게다가 그 어느 때보다 전쟁이 활발해진 만큼 이론적으로 보자면 큰 국가들이 작은 국가들을 신물이 나도록 꿀꺽꿀꺽 삼켜버리고도 남았을 것은 물론, 거대한 정치 단위를 선호하는 것은 역사의 영원한 힘, 지배자들의 본능이 아니던가? 그러나 모든 제국적 시도(합스부르크가라든지 나폴레옹)는 궁극적으로 실패로 돌아갔다. 그리고 지속적인 정복에 대한 저항이 커져가는 것은 비단 서유럽만의 일이 아니었다. 그 무렵 유럽의 남동부는 오랫동안 가공할만한 존재였던 오스만 제국의 손아귀에서 벗어났다. 더 나중에 일어난 일을 꼽자면 동유럽에 대한 러시아 제국의 통치 역시 고작 반세기 동안 지속되었을 뿐이다.

이전 장에서 암시했듯 최근 몇 세기 동안 오래 지속되는 제국이 존재하지 않았던 것에는 수많은 서로 다른 언어들로 이루어진 조각이불 같은 유럽의 상황도 한 몫 했을 것이다. 그러나 그것이 전부일 수는 없다. 로마 제국의 동쪽 지방 역시 상당히 다언어적인 상황이었지만 이 지역은 수세기에 걸쳐서 제국적 통치를 견뎌냈다. 볼테르의 시대에는 뭔가 변화가 일어나서 언어적 장벽이 더욱 견고해진 것이다. 서력 100년 유라시아 전역에 걸쳐 가장 우세했던 정치적 모델(대규모의 다언어 제국)은 이제 유럽에서 멸종 위기에 처한 종과 같은 신세가 되었다. 이러한 모델은 근동지방에서도 점차 쇠락하고 결국 아시아 대부분의 지역에서도 같은 신세가 되었다. 왜일까?

그와 같은 복잡하고 중대한 변화를 단 한 마디로 설명하고자 하는 시도는 무모한 일일 것이다. 그러나 어찌되었든 간에 한번 시도해보자면, 그 한 마디는 이것이다. 인쇄기. 적어도 다른 어떤 요소들보다 인쇄기가 방대한 다언어 제국을 통치하기 어렵게 만들어 결국 무너지게 하는 데 큰 역할을 했을 가능성이 있다. 이제 그 가능성에 대해 검토해보자.

그 외에도 한 장에 걸쳐 인쇄기에 대해 숙고할 다른 이유들도 있다. 일부 역사학자들이 구텐베르크가 최초의 활자 인쇄기를 만들어낸 1450년을 오늘날 우리의 삶을 형성한 활발한 변화가 일어난 500여년의 '근대modern era'의 공식적인 출발점으로 삼는 데에는 그럴만한 이유가 있다. 인쇄기는 종교적 사상을 철저히 조사하고 과학 혁명과 산업혁명이 불붙는 데 도움을 주었다. 그리고 이 과정에서 인쇄기는 세계를 바꾸어놓은 또 다른 정보 기술들(전신, 전화, 컴퓨터, 인터넷 등)의 도래를 재촉했다. 1450년 대부분의 유럽인들은 서로 뒤얽힌 하나의 지구촌 문명이라는 개념에 ―그리고 아마도 지구가 둥글다는 개념 자체에도 역시― 웃음을 터뜨렸을 것이다. 그러나 그들은 이미 그러한 세계를 창조할 기본적인 기구를 가지고 있었다.

인쇄기는 오늘날 우리의 삶에 혁명을 가져온 정보 기술을 위해 길을 닦아준 것 이상의 의미를 갖는다. 인쇄기는 그러한 혁명의 전조가 되었다. 독특하고 어떤 면에서 역설적인 결과에 의해 인쇄기의 혁명은 마이크로일렉트로닉스microelectronics✦ 혁명의 최종 국면과 유사하다. 실제로 인터넷이 우리의 정치적·사회적 삶을 어떻게 바꾸어 놓을지에 대해 생각하는 데

마이크로일렉트로닉스microelectronics | 고밀도 집적회로LSI, 초고밀도 집적회로VLSI 등으로 대표되는 초미세(超微細) 가공기술을 구사한 전자공학의 기술―옮긴이

있어서, 과거에 인쇄기가 사람들의 정치적·사회적 삶을 어떻게 바꾸어 놓았는지에 대해 생각하는 것은 그 무엇보다 훌륭한 역사적 통찰이 아닐 수 없다. 현대(오늘날)는 여러 가지 면에서 근대 초기를 닮았다. 그 정도가 더 클 뿐이다.

항의의 기술

역사책들이 인쇄기의 중요성을 언급할 때면 종종 순수하고 명확한 지식을 전파한 역할을 강조한다. 인쇄기의 계몽적 측면에 무게를 실음으로써 그들은 18세기에 우세했던 인간의 진보라는 개념(우연찮게도 계몽주의적 관점으로 알려진 개념)을 지지한다. 이 관점에 따르면 역사의 방향성의 원천은 지적 발달(과학적·기술적·정치적·도덕적 진보)이다. 시간이 흐름에 따라서 사람들은 더 나은 기계, 더 나은 정부, 더 나은 사회, 더 나은 도덕적 법률을 만들어낸다. 사람들은 합리적으로 선(善, 좋은 것)을 분별해내고 합리적으로 그것을 성취해낸다. 계몽 시대의 진보주의의 상징적 인물인 콩도르세Condorcet는 엘리트주의와 편견이 덕과 지혜의 바다에 녹아버리게 될 날을 꿈꾸었다. (그것이야말로 진보일 것이다.)

분명히 지적 진보, 심지어 도덕적 진보가 일어난다. 그리고 인쇄기는 그러한 진보에 일정 역할을 했다. 그러나 우리가 앞서 본대로 정보 기술은 계몽을 위한 도구일 뿐만 아니라 권력의 도구이기도 하다. 고대에 문자는 권력을 부여했다. 그런데 문자의 사용이 널리 퍼져 나가자 권력도 소수의 지배층의 경계 바깥으로 퍼져 나가기 시작했다. 인쇄기의 등장과 확산은 또 한 차례의 권력 분산을 가져왔다. 그리고 비록 이 권력이 이따금씩 계몽과 함께 가기도 하지만 이 둘 사이에 필연적인 연결고리는 존재하지 않는다.

그 둘을 구분하는 방법의 하나는 프로테스탄트 개혁에서 인쇄기가 맡았던 역할을 살펴보는 것이다. 인쇄기가 어떻게 프로테스탄트 개혁을 촉진했는지에 대해서는 두 가지 이야기가 있다. 첫째 인쇄기는 평신도들에게까지 성경이 보급되게 함으로써 사람들이 성경으로부터 직접 종교적 가르침을 얻어서 교회의 교의에 대해 교황의 지시 없이도 자신만의 의견을 형성할 수 있게 되었다는 것이다. 이 이야기는 특히 프로테스탄트 사이에서 인기가 있으며 어느 정도 진실을 품고 있다.

그러나 그보다 더 일반적으로 중요하게 여겨지는 이야기는 바로 '프로테스탄트'라는 단어 속에 숨겨져 있다. 인쇄기는 바로 항의protest를 원활하게 해주었다. 인쇄기는 대규모 청중에 다가서고 그들을 동원하는 비용을 크게 낮추었다. 인쇄기가 발명되기 전에는 필사자들로 가득한 수십 개의 수도원을 유지할 능력이 없는 한, 대규모 출판은 매우 어려운 일이었다. (15세기, 활자가 출현하기 직전에 롬바르디아의 한 학자의 말에 따르면 법학 책 한 권의 가격이 1년 생계비보다 더 비쌌다고 한다.) 이제 인쇄비용이 저렴해지면서 사람들의 주의를 끌만한 생각을 가진, 설득력 있는 선동가들이 무대의 중앙에 오르기 쉬워졌다.

그저 그런 명성을 지닌 신학자였던 마틴 루터가 1517년 10월 31일, 만성절 전날 카톨릭의 교의에 대한 그의 비판을 조목조목 담은 선언문을 비텐베르크Wittenberg의 교회 정문에 붙였다. 그러자 그로부터 3주 안에 세 도시에서 각기 별개의 판(版, edition)의 선언문이 인쇄되어 나왔다. 16세기의 한 작가의 묘사에 따르면 "마치 하늘의 천사들이 전령 역할을 맡아 사람들의

13장 현대사회
NONZERO 303

눈앞에 선언문을 펼쳐 보인 것과 같았다." 루터 자신도 자신의 생각이 그 토록 빠른 속도로 세상에 퍼져 나간 것에 대해 엄청난 충격을 받았고 이 새로운 기술이 성스러운 표지를 갖고 있다는 데 동의했다. 그는 인쇄기야 말로 "신의 복음이 전진해나가도록 하는 지고의, 그리고 궁극적인 신의 은혜"라고 말했다.

물론 교황은 복음이 전진해나가는 것인지 어떤지에 대해 루터와 크게 다른 관점을 가지고 있었다. 인쇄기의 '계몽적' 측면을 강조하는 것의 문제점이 바로 여기에 있다. 신학적 판단의 주관적 본질을 생각해볼 때 루터의 견해를 퍼뜨리는 인쇄기가 인간의 지식을 더욱 진척시키는 것인지 여부는 언제까지나 논란의 대상이 될 수 있다. 그러나 논란거리가 되지 않는 분명한 사실은 인쇄기가 같은 이해관계를 가진 사람들의 특정 공동체가 형성되도록 촉진하고 돕는 신호를 보냈다는 것이다.

그와 같은 구분은 오늘날에도 여전히 유효하다. 로비스트가 좀 더 근래의 기술 진보라고 할 수 있는 컴퓨터의 대량 메일mass mailing 기능을 통해 좁은 범위의 이해 집단에 초점을 맞추어 메일을 발송한다고 할 때 그 메일은 진실을 담고 있을 수도 있고 그렇지 않을 수도 있다. 실제로 그와 같은 메일들은 많은 경우에 수신자들에게 어떤 정책이 가지고 있는 문제점 또는 위협을 과장하는 경향이 있다. 그러나 어찌되었든 그 메일들은 수신자들의 마음을 움직여서 기부를 이끌어 내거나 국회의원들에게 전화를 하고 편지를 보내도록 만들 수 있다. 그 내용이 사실이든 주장이든, 진실이든 거짓이든 간에 이러한 대량 메일은 본래 아무런 형태도, 힘도 갖추지 못하고 있던 어떤 공동의 이해를 가진 공동체에 활력과 결속에 힘을 부여할 수 있다.

정보 기술은 어떤 사회적 유기체, 이를테면 성직자들의 조직, 또는 이단자들의 조직의 신경계를 구성한다. 그리고 발달한 신경계를 가진 생물일수록 더욱 민첩하고 날쌔게 움직인다. 어느 학자가 묘사한 것과 같이 루터 이전 수십 세기 동안 교회의 위계서열은 "서유럽에서 이단과 벌이는 모든 전쟁을 쉽게 이길 수 있었다. 왜냐하면 교회 조직은 그에 도전하는 이단 조직들보다 언제나 더 나은 내부 의사소통 체계를 갖추고 있었기 때문이다." 그런데 인쇄기가 교황의 종교적 권위의 토대를 침식해 들어가면서 그와 같은 상황을 바꾸어버렸다.

그와 같은 논리로 인쇄기는 세속적 권위의 토대 역시 침식해 들어갔다. 실제로 이 두 종류의 반항은 한데 융합되어 나타나기도 했다. 1524년 독일의 농민들이 농노제의 종식을 요구하며 반란을 일으켰다. 이때 반란의 주동자 중 일부는 근면하고 성실한 농민들을 이상적인 기독교인의 삶의 단순한 순수성의 상징으로 그렸던 루터의 선언문을 포함한 루터의 가르침에 고무되었다. 또한 농민들은 루터가 인쇄기를 이용한 것 역시 모방하여 12가지 불만 사항twelve grievances을 펴냈다.

종종 일어나는 일이지만 농민들의 영웅은 지배층의 편을 들며 농민들을 저버렸다. 루터는 농노제에 반대하는 것은 "신의 뜻을 정면으로 반박하는 것"이라고 썼다. 뭐니뭐니해도 "아브라함을 비롯한 이스라엘 민족의 조상들과 예언자들도 노예를 거느리지 않았던가?"

이처럼 루터가 자신의 급진주의적 성향을 신학의 범위 안에 가두어두려고 노력했음에도 종교개혁이 드러낸 기독교계 내부의 균열은 많은 경우에 정치적 단층과 일치했다. 16세기 말과 17세기 초 유럽을 괴롭혔던 '종교 전쟁'은 한편 정치 전쟁이기도 했다. 네덜란드에서 칼뱅파 교도들은 멀리서 압제의 올가미를 드리우고 있던 카톨릭 지배자인 합스부르크계의 스페인 왕, 필리프 2세의 속박에서 벗어나기 위해 싸웠다. 독일의 다양한 주에서 프로테스탄트들은 신성로마 제국에 맞서 주의 권리를 쟁취하기 위해 투쟁했다. 17세기 중반 무렵에 네덜란드는 합스부르크가의 지배에서 벗어났고 신성로마 제국은 사실상 사망한 상태였다. 이와 같은 변화의 가장 큰 원인은 바로 중앙의 권력을 바깥으로 분산시키는 인쇄기의 원심력이었다. 인쇄기는 종교적 반대자와 정치적 반대자를 선동했고 많은 경우에 이 두 종류의 반대자들은 서로 상승작용을 주고받으며 움직였다.

그러나 인쇄기를 전적으로 권력의 분열과 분권을 가져오는 도구로 보는 것은 지나치게 단순화된 시각이다. 효과적인 의사소통의 도구는 ―정치적 열망이든, 종교적 신념이든, 언어든 간에― 뭔가 공통점을 가지고 있는 사람들을 동원하는 도구가 될 수 있다. 만일 그 공통점이 루터의 추종자의 경우에서와 같이 중앙 집중적 권력에 대한 반대하는 양상을 띠고 있을 경우 그 결과는 분열, 아니면 적어도 권력의 분산이 된다. 그러나 만일 집단의 공동의 유대가 기존의 경계 안을 전부 아우르는 경우, 이 도구는 이전에 존재했던 틈을 메워주면서 분열을 통합하고 권력을 한데 모으는 효과를 발휘할 수도 있다.

그 좋은 예가 바로 근대의 축복이자 재앙이었던, 좀 더 강렬하고 의식적인 형태로서의 민족주의로 알려진 국민들 사이의 공동의 민족 정서이다.[#] 이 강력한 정서를 정치인들이 능란하게 이용할 경우 지방 권력자의 힘을 약화시키고 중앙의 권력을 확장할 수 있다. 그 결과 중앙집권적 정부가 통치하고 문화적으로 동질적이며 공동의 유산과 공동의 이익과 공동의 운명 인식을 가진 사람들로 결속된 민족국가nation-state가 탄생하게 된다. 우리는 오늘날 이 민족국가를 당연한 것으로 받아들인다. 그러나 민족국가가 과거에 항상 존재했던 것은 아니다. 인쇄기가 민족국가의 진화에서 담당한 역할을 이해하기 위해서 우리는 먼저 유럽이라는 무대에 인쇄기가 등장하기 훨씬 전 민족국가의 진화를 촉진해온 힘들을 이해해야 한다.

귀족들의 득세

유럽의 민족국가의 뿌리는 이르게는 12세기에 '암흑 시대'로부터 경제가 회복되는 과정에서 찾아볼 수 있다. 비록 읍락들이 지방의 지배에서 어느 정도 벗어나 국지적으로 상업의 자유를 얻기 시작했지만 장거리 거래에는 여전히 많은 장애물이 놓여 있었다. 가장 큰 문제는 제각기 따로 노는 각양각색의 봉건 정부였다. 법률과 규제는 이곳 다르고 저곳 달랐으며 사법권이 미치는 범위가 때로는 겹치기도 하고 이웃한 영주들, 혹은 읍락들, 혹은 국가들 사이에 분쟁, 심지어 전투가 빈발했다.

이러한 분위기에서 왕이 나서서 사법제도를 조화롭게 만들고 분쟁을 가라앉히는 공공 서비스를 수행하는 것만으로도 백성들로부터 많은 지지를 얻을 수 있었다. 실제로 시스템에 신뢰와 예측가능성을 부여함으로써 왕은 세금이라는 형태로 자신의 봉급을 거두어가도 충분할만한 경제적 넌제로섬 원리를 풀어놓을 수 있었다. 중세 말기와 근대 초기의 중앙집권화를 향한 일반적인 이동에 대해 존스E.L. Jones는 이렇게 묘사했다. "지배자는 약간의 생산성 향상에 대해 커다란 몫을 떼어가는 대신 정의를 가져다주었다." 이르게는 12세기 말 무렵에 왕과 지역 주민들 사이에 은연중에 맺어진 이러한 사회 계약은 영국의 현대적인 사법체계의 초석이 되었고, 프랑스에 새로운 화합과 동질성을 부여해주었으며, 13세기의 평화롭고 안정적인 번영에 이르는 길을 닦아주었다.

이러한 현상은 본질적으로 이 책에서 맨 처음부터 되풀이해온 이야기의 한 예이다. 상업이 확장되어 가면 통치제도가 그 뒤를 따라가면서 상업을 좀 더 원활하고 강력하게 만들기 위하여 길을 내는 것이다. 14세기는 흑사병과 같은 다양한 혼란으로 얼룩졌지만 15세기에 이르러 국가 형태의 정치 조직화의 경향이 재개되었다.

역사 교과서들은 15세기의 중앙집권적인 조직화가 급작스럽게 일어난 것처럼, 즉 갑자기 '새로운 왕정'이 출현한 것처럼 묘사하고 있으며, 이 변화가 대체로 한 가지 기술 발달 요인에 기인한 것으로 보고 있다. 그 기술은 바로 15세기에 나타난 커다란 철제 대포이다. 어느 한 권짜리 역사책의 묘사에 따르면 "이제 더 이상 야심에 찬 사람들이 지배자의 성벽 밖에서 지배자에게 도전장을 내밀 수 없게 되었다."

이 대포 이야기와 같이 많은 역사학자들이 되풀이해온 이야기에는 분명 어느 정도 진실이 들어 있다. 그러나 많은 경우에 그렇듯 이러한 이야기들은 진실을 밝히는 데 도움을 주는 만큼 한편으로 진실을 덮고 혼란스럽게 만드는 데도 일조한다. 특히 이 이야기는 애초에 어떻게 왕들이 그토록 많은 대포들과 그것을 끌고 다닐 병사들을 가질 수 있었는가 하는 질문을 경시하고 있다. 그 답은 왕이 읍락 사람들에게 세금을 거두어들였기 때문이다. 그렇다면 왜 읍락 사람들은 귀족들을 날려버리는 데 사용될 세금을 기꺼이 냈을까? 그 이유는 귀족들이 바로 앞서 언급한 상업의 장애물이었기 때문이다 귀족들은 서로 싸움질이나 벌이고 작은 전쟁을 일으키면서 먹고 사는 일에만 신경 쓰고 싶은 사람들의 삶을 복잡하게 만들었다.

역사가 팰머R.R. Palmer와 콜튼Joel Colton의 묘사에 따르면 "중산층은 평화를 대가로 기꺼이 세금을 바치고자 했다." 반동적 귀족층에 대항하여 전쟁을 벌임으로써 왕은 평화를 도모했다. 그리고 평화를 도모하는 일은 세금을 내는 도시 상인들과 왕 사이에 은연중에 맺어진 계약의 의무사항의 하나였다.

이것이 바로 15세기~16세기 중앙집권적 지배의 이면에 있는 진실이다. 상업이 국가 규모의 조화를 요구했고 그 조화를 이루는 길에 놓여 있는 걸림돌을 없애는 데 기꺼이 필요한 돈을 내놓았던 것이다. 걸림돌을 치우는 데 사용된 특정 도구(대포)는 요점에서 벗어난 요소이다. 만일 대포가 없었다고 하더라도 상인들의 돈은 성가신 귀족들을 처단하는 데 도움이 될 뭔가 다른 형태의 군사적 수단을 마련하는 일에 사용되었을 것이다. 역사교과서의 '대포 이야기'의 문제점은 이러한 교과서들이 왜 귀족들은 왕의 성을 날려버리기에 충분한 대포를 가질 수 없었을까 하는 질문을 던지지 않는다는 것이다. 이 질문의 가장 큰 답은 상업(넌제로섬 원리)이 귀족이 아닌 왕의 편에 있었기 때문이라는 것이다. 위대한 넌제로섬 게임의 역사에서 만일 당신이 문제의 일부라면 당신은 해결책의 희생물이 될 가능성이 높다는 것이다.

민족주의의 원동력

인쇄기는 두 가지 방법으로 국가 통치를 강화시켰다. 첫째, 인쇄기는 관습과 신화, 그리고 무엇보다 언어를 표준화함으로써 넓은 지역에 걸쳐 문화적 토대를 통일시켰다. 중세 말기에 학자인 애덤 왓슨의 말에 따르면

"어느 한 방언은 거의 구분할 수 없는 다른 방언으로 이어졌다. 저지국✦에서 포르투갈과 시실리에 이르기까지 로망스어Romance✦가, 네덜란드에서 빈에 이르기까지 게르만어Germanic✦가 펼쳐졌다." 그런데 인쇄기는 이러한 상황을 바꾸어버렸다. 방언들 사이의 차이점을 억누르고 상호 소통 가능한 거대한 언어의 영역을 창조했다. 정치과학자 베네딕트 앤더슨의 표현에 따르면 '거래와 의사소통의 통일장unified field'이 형성되었던 것이다.

둘째, 인쇄기는 매일매일 국가적 자각을 일깨우기 시작했다. 1500년대 초가 되자 전쟁이나 재난, 기념할만한 사건 등을 보고하는 단일 주제를 담은 '뉴스 팜플렛'이 영국인들의 정서를 조율했다. 1600년대에는 잡지나 명실상부한 신문이 등장함에 따라 인쇄기는 국가적 감정에 더욱 더 불을 지피게 되었다. 모든 국가들이 앤더슨의 용어를 빌자면 '상상의 공동체'가 되었던 것이다.

인쇄기와 민족 정서의 공생적 발달은 곳곳에 따라 차이를 보였다. 프랑스와 영국의 경우 이미 뚜렷하게 구분되고 점차로 성장해온 국가 조직의 맥락 안에서 인쇄기가 일정 역할을 담당했다. 중부 유럽 민족들(이탈리아, 독일 등) 사이에서는 19세기에나 이르러서 국가 통치가 나타났으므로 따라서 인쇄기와 강력한 민족 정서는 단순히 민족국가라는 조직을 강화시킨

저지국 | 네덜란드, 벨기에, 룩셈부르크를 일컫는다. 언어에 있어서 네덜란드는 게르만어로 분류된다. 벨기에는 북쪽은 네덜란드어와 비슷한 플라망어를 남쪽은 프랑스어와 비슷한 왈론어를 사용한다. 룩셈부르크는 게르만어 계통의 룩셈부르크어를 구어로 사용하지만 공식 언어로는 주로 프랑스어를 사용하고 일부 독어도 사용한다—옮긴이

로망스어Romance | 고대 로마 제국의 공통어였던 라틴어가 장기간에 걸쳐 변화되고 지역적인 분화를 이루어 8세기 무렵까지 형성된 여러 언어의 총칭—옮긴이

게르만어Germanic | 게르만 민족의 여러 방언을 포괄하는 어파로 현재는 영어, 독일어, 네덜란드어 및 북유럽의 여러 말이 여기에 속한다—옮긴이

것이 아니라 그 길을 닦았다고 할 수 있다.

심지어 중부유럽 안에서도 각기 다른 나라들은 어느 정도 서로 다른 길을 걸어갔다. 독일의 주들과 그 주의 지도자들은 지역의 주권에 굴복하지 않으려고 들었다. 그러다 결국 비스마르크가 전쟁과 위협을 동원해서 이 주들을 통일했다. 반면 이탈리아의 통일은 완전히 평화적이었다고는 할 수 없지만 자발적인 융합에 가까웠다. 그러나 그 경로(18세기 동안 널리 퍼진 '신문'과 마치니Joseph Mazzini의 〈젊은 이탈리아Young Italy〉와 같은 '논쟁적 잡지', 그림 형제의 민담집을 비롯한 '대중서적', 그 외 방대한 저서들)가 무엇이든 간에 인쇄기는 결정적으로 중요한 역할을 담당했다.

이러한 국가들에서 인쇄기가 국가 통치의 원인이 된 것은 아니다. 경제적 회복과 확장의 와중에서 논리적으로 볼 때 인쇄기가 존재하든 존재하지 않든 통치 범위가 확장되게 되어 있었다. 그러나 인쇄기는 그 논리를 더욱 강화시켰고 국가 정서에 특별한 색조, 즉 공통의 언어 · 문화 · 감정에 기초한 일체감을 더했다. 그리고 손에 잡힐까 말까 하는 이 통일성이 국가를 정복에 저항하는 더욱 강력한 단위로 만들었다. 어떤 면에서 보면 인쇄기는 중앙집권적 정부가 국가 수준에 도달하도록 하는 데 미친 영향보다 국가 수준에 도달한 정치 단위가 더 높은 수준, 즉 제국 수준으로 올라가지 못하도록 막는 데 기여한 몫이 더 크다고도 할 수 있다.

우리는 이미 이러한 동력의 선례를 마주했다. 16세기 말과 17세기 초에 네덜란드의 칼뱅파 교도들이 '지역연합the United Provinces'을 결성하여 '합스부르크가 치하의 스페인'의 지배에 성공적으로 저항한 것이 그 예이다. 합스부르크가에게나 그밖에 다른 야심찬 제국주의자들에게 있어서 이것은 마지막 예라고 할 수 없다. 1800년대 초 나폴레옹은 프랑스 혁명의 여파로 확고해진 프랑스의 민족주의를 제국 건설의 토대로 삼으려고 시도했다. 그의 시도는 한동안 효과가 있었으나 결국 좌초하고 말았다. 그 원인의 상당 부분은 바로 스페인이나 독일과 같은 곳에서 일어난 민족주의적 저항이었다.

인쇄기라는 유럽의 제국주의의 확장에 대한 기술적 걸림돌 외에도 —역사에서 종종 나타나듯— 역사적 요인도 작용했다. 합스부르크가가 거대 제국 건설이라는 야심을 불태우는 동안 근처의 오스만 제국이 경쟁 제국의 성장을 두려워하여 합스부르크가에 반항적인 주들을 지원했다. 그에 대해서라면 설사 지금 우리의 시야를 기술 영역에만 가두어둔다고 하더라도 인쇄기 혼자서 민족국가의 탄생을 촉진한 것은 아니다. 중세 말기에 급격히 성장한 도로망 역시, 비록 비공식적으로나마 뉴스와 데이터의 도관이 되었다. 그와 같은 도로망의 확충은 15세기와 16세기에 국가 차원의 우편 서비스가 출현함에 따라 더욱 유용하게 쓰이게 되었다.

그러나 민족국가의 성장을 북돋운 수많은 요인들을 열거한다고 하더라도 인쇄기는 그 중 두드러지게 우뚝 서 있다. 기본적으로 인쇄기는 여러 번에 걸쳐 지적되었던 서유럽 근대의 아이러니를 설명하는 데 다른 어떤 단일 요인들보다도 도움이 된다. 그 아이러니는 바로 정치 권력의 상향 이동과 하향 이동이 동시에 이루어졌다는 사실이다. 예전에 유럽의 통치 범위나 문화적 동질감은 지역에 국한되어 있었다. 그것은 봉건제도의 자취였다. 그리고 동맹이나 권력의 범위가 확장된다고 하더라도 교황이나 신성로마 제국의 경우와 같이 그 확장 방향은 주로 좀 더 광범위한 의미에서의 확장, 즉 대륙의 확장에 있었다. 그러나 근대에 이르면서 작은 정치 단위는 점점 경제적으로 효율이 떨어지게 되었고 거대한 단일체는 점점 더 지탱하기 어려워졌다. 그 와중에서 인쇄기는 결국 그 양쪽을 모두 희생시키면서 단일한 문화적 · 정치적 단위로서의 민족국가라는 형태를 고착시켰다.

역설의 논리

권력의 상향 이동과 하향 이동이 동시에 일어난 것은 종종 '역설 paradox'로 여겨진다. 그러나 자세히 들여다보면 이 두 가지 반대 방향의 이동이 반드시 모순적인 것만은 아니다. 기존의 상태를 갈라놓든 붙여놓든 인쇄기는 많은 경우에 결속을 높이는 쪽으로 작용했다.

인쇄기로 인해 멸망의 길로 들어섰던 제국들은 어떤 의미에서 —임의적으로— 억지스럽게 구성된 제국이었다.[#] 뚜렷이 차이를 보이는 문화와 언어를 억지로 한데 묶어놓은 꼴사나운 확장의 결과물이었던 것이다. 한편 인쇄기는 경제적 효율성을 가로막음으로써 인위적이고 —심지어— 역기능을 하는 기존의 경계를 지워버림으로써 작은 정치 단위들이 서로 융합하는 것을 도왔다. 만일 넌제로섬 원리의 두 가지 장벽(신뢰와 소통의 장벽)이 낮아지고 그 결과 원활한 교류와 집합이 가능했을 경우에 이 방해물들은 커다란 비용으로 작용하게 된다. 비스마르크가 독일을 통일한 후에 고삐 풀린 듯 독일 전역으로 퍼져 나갔던 어마어마한 경제적 잠재력을 기억하자.

민족국가 형성의 두 가지 효과, 즉 억지로 한데 묶여 있던 임의적 통합체를 깨뜨리고 비효율적으로 분열되어 있던 단위들을 융합시키는 효과는 한꺼번에 일어나기도 했다. 1800년대의 상당 부분 동안 어울리지 않게도 오스트리아 제국의 일부로 존재했던 —이탈리아의 주였던— 롬바르디아와 베네치아는 오스트리아 제국에서 떨어져나와 가까운 친족 뻘 되는 지역들과 융합되어 1800년대 후반 출현한 이탈리아의 일부가 되었다.

민족국가 형성 과정이 그 대장정을 완수하는 데는 상당한 시간이 걸렸다. 20세기가 끝날 무렵이 되어서야 전 세계에서 거대한 다민족 제국이라는 유령이 자취를 감추게 되었다 그러나 심지어 저 옛날 19세기 후반에도 제국들은 점점 착취의 대상을 인쇄기의 영향력에서 멀리 떨어진 지역에 국한하고 있었다는 사실을 유념해야 한다. 서유럽 국가들은 다양한 대륙에 있는 산업 시대 이전 수준의 문맹 상태의 민족들을 포함하는 식민 제국을 유지했다. 러시아 제국과 오스만 제국 역시 대개 문맹상태에 있던 백성들을 지배했다. 그리고 오스만 제국이 19세기에 장기간에 걸친 해체에 들어갔을 때 그리스나 세르비아와 같이 자치권과 독립을 가장 먼저 쟁취한 곳은 다름 아니라 인쇄 혁명에 가장 많이 노출되었던 곳들이다. (부크 카라지치Vuk Karadžić라는 세르비아인 단 한명이 세르비아 알파벳을 고안하고 문법책을 펴냈으며 신약성서를 번역하고 〈세르비아의 민요 및 서사시Popular Songs and Epics of the Serbs〉를 집대성함으로써 세르비아 민족주의의 길을 닦았다. 그리고 이 민족주의는 좋은 쪽으로든 나쁜 쪽으로든 오래도록 지속되고 있다.)

인쇄기의 도움으로 하나로 결속된 민족국가는 여전히 바깥쪽으로 떨어져나가려는 원심력의 작용을 받기는 했다. 비판을 담은 글을 유통시키는 비용이 점점 줄어듦에 따라서 정부에 불만을 품은 자들이 언제나 골칫거리가 될 수 있었다. 그래서 마치 교황이 금서 목록을 펴내듯 세속의 지배자들 역시 근대 초기에서부터 오늘날에 이르기까지 언론을 통제하기 위해 힘써왔다. 16세기 말에 영국의 성실법원Star Chamber✚은 출판권을 두 개의 대학과 21개의 런던 인쇄소에 제한함으로써 "다양하고 논쟁을 일으키기 좋아하며 사회 질서를 해치는 사람들이 출판물 인쇄와 판매의 기술과 비법을 손에 넣음으로써" 발생할 수 있는 '엄청난 무법상황과 남용'에 고삐를 죄고자 했다. 1789년 프랑스의 바스티유에는 습격당하기 직전 800명 이상의 저자, 출판업자, 서적 판매상 등이 투옥되어 있었다.

물론 이 모든 시도는 효과를 거두지 못했다. 영국과 프랑스 모두 점점 더 다원주의적으로 변화해나갔다. 이러한 이야기는 서유럽을 비롯, 세계의 많은 부분에서 흔히 찾아볼 수 있게 되었다. 정치적 자유는 비록 크고 작은 좌절을 겪어왔다고 하더라도 지금까지 수세기 동안 세계가 걸어온 기본적인 방향과 다름없는 곳을 향하고 있는 것으로 보인다. 지나친 단순화의 위험이 있기는 하지만, 세계가 정치적 자유를 향해 나아갈 수 있었던 가장 큰 이유는 인쇄기로 대변되는 점점 더 값싸고 강력해진 정보 기술이다. 대량 출판 비용을 더 낮은 수준으로 끌어내림으로써 인쇄기는 가진 것이 없는 이들의 집단을 움직여 압제에 저항하도록 만들었다.

인쇄와 다원주의

자유와 언론 사이의 연결 고리는 그렇게 단순하지만은 않다. 인쇄기가 언제나 대중들에게 독재자에 맞설 강력한 화력을 제공해주는 것만은 아니다. 정부의 손아귀에 들어간 인쇄기는 선전 도구로 사용되게 된다. (자신의 견해를 다른 이들에게 드러내는 데 주저함이 없었던 나폴레옹은 〈주르날 데

성실법원Star Chamber | 왕립형사재판소. 주로 검열 업무를 담당했다. 배심원을 두지 않았으며 불공정한 판결과 전횡을 일삼기로 유명했다. 1641년에 폐지됨—옮긴이

데바*Journal des débats*〉라는 신문을 몰수하여 〈주르날 드 랑피르*Journal de l'Empire*〉로 개명했다.) 실제로 아주 극단적인 정권이라면 비정부 언론의 입을 완전히 닫아버릴 수도 있다. 스탈린치하 러시아가 그랬듯이 말이다.

그런데 인쇄기가 궁극적인 정치적 자유를 내포하고 있는 이유는 정부가 언론의 입을 닫아버리는 것이 불가능하기 때문이 아니라 그렇게 하는 데 비용이 많이 들기 때문이다. 기술 혁신과 일상적 자본주의는 상호 간의 협력 속에서 발전하며 자유롭고 빠른 데이터의 송수신에 의존한다. 18세기에 온갖 신문들이 쏟아져나왔을 때 그 신문들은 앤더슨의 표현을 빌자면 '근본적으로 시장의 부속물 역할'을 했다. 사람들은 자신이 거래하는 상품의 가격을 확인하고, 선박의 출발과 도착 일정을 알기 위해 신문을 읽었다. 언론이 경제적 목적을 충실히 달성할 만큼의 자유를 주면서 동시에 언론이 정치적 불만을 선동할 가능성을 완전히 억누르는 일은 만만하게 볼 수 없는 도전이다. 중세 말기 봉건제도의 지배자들이 깨달았던 사실을 근대의 지도자들 역시 깨닫게 되었다. 부를 창출하기 위해서는 어느 정도 자유를 베풀어야 한다는 사실을.

그러나 근대에는 베풀어야 할 자유가 훨씬 더 커졌다. 정보를 주고받는 비용이 낮아질수록 사회의 보이지 않는 뇌는 단기적으로 일상의 경제 활동에 있어서든 장기적으로 기술 발달에 있어서든 더욱 광범위하고 복잡한 방식으로 생산성을 향상시킬 수 있다. 그러나 이러한 잠재력을 실현하는 것은 그만큼 더 광대한 인구를 보이지 않는 뇌의 교점node으로 활용하는 것을 의미하며, 따라서 사람들이 읽고 쓰는 능력을 촉진하고 또한 무엇을 읽고 쓸지에 대해 어느 정도 여지를 주어야 한다. 다양한 학자들은 1688년의 '명예혁명Glorious Revolution'♣ 이후의 자유에 있어서 유럽을 선도해온,

프랑스보다 70년이나 앞서서 일간 신문을 갖게 된 영국에서 산업혁명이 가장 먼저 임계질량에 도달한 것이 우연이 아님을 지적한다. 또는 독재에 대한 반감에 있어서 영국에 버금가기 서러워했으며 언론이 큰 활기를 띠었던 네덜란드가 16세기와 17세기 초 '황금 시대Golde Age' 동안 산업화의 길을 닦았던 것도 마찬가지이다.#

자유의 경제적 논리는 상당히 모호한 데가 있어서 근대 초기 수많은 유럽의 지배자들이 이 논리에서 제외된다. 실제로 전체적으로 볼 때 인쇄기가 발명된 이후 몇 세기 동안 유럽의 정부들은 점점 더 전제적으로 변해갔다. 그러나 그와 같은 경향은 결국 쇠퇴하게 되어 있었다. 경제학자인 브래드포드 드 롱J. Bradford De Long과 안드레이 쉴레이퍼Andrei Shleifer는 정부가 전제적이면 전제적일수록, 언론 통제가 심하면 심할수록 그 정치 단위는 번영하지 못한다는 것이 거의 예외 없는 사실임을 보여주었다. 심지어 절대주의적 스페인의 소위 '황금 시대'에도 스페인의 도시들은 부와 인구의 감소를 겪었다.

칸트는 18세기 말 다음과 같이 주장했다. "만일 시민들이 다른 이의 자유와 모순이 되지 않는 범위 내에서 어떤 식으로든 자신의 행복을 추구하는 것이 저지된다면 전반적인 사업과 사회 전체의 활기가 억제될 것이다. 그렇기 때문에 사적 활동에 부과되는 제한이 점점 느슨해지고 있다." 다만 칸트가 놓친 점은 인쇄기라는 형태의 정보 기술이 이러한 논리를 얼마나 강화시켰는가 하는 점이다. 이어지는 세기에서 정보 기술이 그 경향을

명예혁명Glorious Revolution | 제임스 2세가 카톨릭의 부활과 전제주의를 내세우자 의회가 신교도인 장녀 메리와 그녀의 남편 오렌지공 윌리엄을 내세워 제임스 2세를 몰아내고 대신 세운 메리 2세와 윌리엄 3세에게 '권리장전Bill of Right'의 승인을 받아내서 입헌군주제의 토대가 되었다―옮긴이

얼마나 강화시키게 될지는 차치하고 말이다.

　19세기 중반에 유럽의 반동적 세력은 문화 진화의 흐름에 두드러지게 대항했다. 그것은 서쪽으로는 프랑스에서 헝가리 제국의 동쪽의 슬라브 민족에 이르기까지 유럽 본토를 휩쓸었던 1848년의 반란에 대한 대응이었다. 각 지역에 따라 세부적인 요구사항은 달랐지만 정치적 자유와 대개 억압받던 민족의 자치권이 그 요구의 중심에 있었다. 이 두 가지는 모두 인쇄기가 가져온 핵심적인 결과물이라고 할 수 있다. 당시 반란에 '지식인의 혁명'이라는 별칭이 붙었던 것 역시 인쇄기의 역할을 강조하고 있다. 반란의 선봉에 선 사람들은 작가, 편집자, 학자들이었으며 실제로 수많은 문맹 상태의 농민들에게는 싸늘한 반응을 받았을 뿐이다.

　이 모든 소란이 가라앉고 혁명적 진보의 물결이 반혁명 세력에 굴복하고 난 후 유럽은 예전보다는 자유로워졌지만 전체적으로 볼 때는 실망스러울 만큼 이전의 구태의연한 모습으로 되돌아갔다. 그러나 세심한 독재자들은 마음속에 교훈을 새겨두었다. 러시아의 황제 알렉산드르 2세가 1850년대에 경제 개발 운동을 벌이기 시작하고 검열 제도를 완화하여 신문과 잡지들이 우후죽순처럼 번성하게 만들었다. 역시 비슷한 시기에 오스만 제국 역시 그와 유사한 개혁을 시도했다. 고문 제도를 폐지하고 법의 적용을 만인에게 평등하게 만들었으며 서유럽의 진보적 사상이 출간되는 것을 허용했다. (많은 경우에 그러하듯 전쟁이 계몽을 부추긴 측면도 있었다. 러시아 제국과 오스만 제국은 크림 전쟁으로 인하여 양쪽 모두 굴욕을 안게 되었다. 러시아는 서유럽에서 힘을 잃어버림으로써, 오스만은 서유럽의 힘에 절박하게 의존하는 모습을 보임으로써 말이다.)

　그 두 제국의 경우 모두 그 후 기적이 뒤따르지는 않았다. 계속해서 소동과 혼란이 반복되었고 마침내 대제국은 해체의 수순을 밟아갔으며, 제국의 중심부인 터키와 러시아는 어느 정도 정치적 자유를 얻게 되었다. 이 과정은 여전히 계속되고 있으나 변덕스럽고 단속적으로 이루어져 왔다. 세계 어느 곳에서든 개혁은 반격과 퇴보를 겪게 될 것이다. 그러나 개혁가들의 전제는 그 어느 때보다 뚜렷하다. 전체주의totalitarianism는 이미 죽었고 권위주의authoritarianism 역시 그다지 건강해 보이지 않는다. 인간 본성은 변화하지 않았다. 지금도 우주의 주인이 되고 싶어 하는 사람들이 많이 있다. 그러나 그들은 기술 발달로 인하여 그와 같은 욕망이 실현될 수 없음을 점점 깊이 깨닫게 된다. 거대한 중앙집권적 정부가 문자화된 정보의 흐름을 완전히 통제하고도 번영할 수 있는 시대는 이미 지나갔다. 그런 시대의 막을 내린 것은 바로 소통의 비용을 낮추고 그럼으로써 자유롭게 유통되는 정보의 경제적 가치를 드높인 정보 기술들이었다. 이러한 기술 중 최초의 기념비적 기술이 바로 인쇄기이다. 인쇄기는 어마어마한 상승작용의 잠재력을 창출해냈지만 그 잠재력을 실현하기 위해 지켜야 할 엄격한 규칙을 단서로 달았다. 이 새로운 넌제로섬 게임을 잘 해내기 위해서는 상당한 자유가 보장되어야 한다는 것이다.

다원주의와 무임승차

낙관주의에 빠져들지 않도록 정치적 다원주의의 함정에 대해서 몇 마디 덧붙일 필요가 있겠다. "정보는 계몽"이라는 명제를 채택할 경우 거의 눈에 띄지 않는 이 함정들은 "정보는 영향력"이라는 관점에서 볼 때 분명하게 눈에 들어오게 된다.

다원주의, 즉 다양한 집단이 권력을 나누어 갖는 것은 엘리트 지배 계층이 넌제로섬의 잉여 이익에서 가장 커다란 몫을 가져가는 것을 까다롭게 만드는 상당한 효과가 있다. 잉여 이익의 배분을 놓고 벌어지는 사회의 항구적이고 —그리고 많은 경우에— 암묵적인 협상에서 다원주의의 성장은 협상력이 더욱 광범위하게 사회 곳곳으로 퍼져 나감을 의미한다. 이는 분명 축하할만한 경향이다. 추장사회나 고대 국가에서 흔히 찾아볼 수 있었던 권력의 집중 양상에 대해 상기해본다면 그 점은 더욱 분명해진다.

비록 다원주의가 엘리트 지배 계층의 권력 남용을 방지한다고 하지만, 새로이 권력을 잡은 계층으로 하여금 권력을 남용하도록 할 여지를 가지고 있다. 중세 말기에 지방의 귀족들로부터 도시의 부르주아 계급으로의 권력 이동을 상기해보자. 새롭게 떠오르는 사회집단은 다름 아닌 상인들과 장인들의 길드였다. 경우에 따라서 이들의 권력은 사회적으로 선용되었다. 길드의 선택적 회원가입 정책, 즉 충분한 자격이 있고 정직한 상인 또는 장인들만을 회원으로 받아들이는 정책은 그들 직업과 상업 전반에 대한 신용을 떠받치는 역할을 했다. 그것은 좋은 일이다. 그러나 어떤 면에서 볼 때 길드가 입회를 까다롭게 만듦으로써 경쟁을 억제했다. 그리고 제 직업을 편하게 만들기 위해서 그들이 마련한 책략은 까다로운 회원가입제도뿐만이 아니었다. 인쇄기가 처음 나타났을 때 직업의 위협을 느낀 프랑스의 필사자들은 한데 뭉쳐서 인쇄기의 사용을 좌절시키고자 했다. 이는 필사자들에게는 좋은 일이나(그것도 한시적으로) 책의 구매자, 제지업자, 잠재적 인쇄업자들에게는 나쁜 일이다.

다시 말해서 이러한 이익집단들은 힘을 모아 공동의 목표를 추구함으로써 집단 내부적으로는 포지티브섬을 창출해냈다. 그러나 그와 같은 목표 중에는 더 넓은 범위의 사회에 해를 주는 것들이 있었다. 그리하여 집단 밖에서 볼 때 집단의 노력은 전반적인 넌제로섬 이익을 감소시키는 쪽으로 작용하게 된다.

정부의 기능 중 하나가 이러한 이익집단들이 공공의 선을 해치는 것을 막는 일이다. 어느 범위까지는 중세 말기에 중앙집권적 정부 구성을 선도했던 군왕들이 그런 역할을 수행했다. 그들은 길드로 하여금 혁신을 이루어내도록 유도하고 상업을 확장시키고 원활하게 하는 노력에 대해 보상했다. 그러나 근대에 이르러 중앙집권적 정부가 감당해야 할 부담은 더욱 많아지게 되었다. 인쇄기를 비롯한 새롭게 등장한 정보 기술이 권력을 쪼개고 쪼개서, 쉽게 한데 뭉쳐 움직일 수 있는 —더욱 더 널리 퍼진— 집단으로 나누어줌으로써 다원주의를 강화시켰기 때문이다. 다원주의는 독재주의를 무너뜨렸다. 그러나 그렇다고 해서 인류가 열반nirvana의 경지에 도달하게 된 것은 아니다. 다원주의는 무임승차자들에도 똑같은 기회를 줌으로써 사회 전체의 넌제로섬 이익을 굳건히 하는 데 새로운 도전을 안겨주었다.

중국과 역사의 법칙

이쯤에서 당연히 떠오를만한 질문이 하나 있다. 만일 인쇄기가 정말로 번영과 권력 확산을 촉진하는 경향이 있다면, 그렇다면 중국은 어땠을까? 뭐니뭐니해도 중국은 구텐베르크가 인쇄소를 차리기 몇 세기 전부터 인쇄기를 발명하고 사용해오지 않았던가? 그렇다면 왜 근대적 산업의 번영과 근대적 자유민주주의를 선도한 것이 유럽일까? 왜 인쇄기는 유럽에서와 같은 경제적·정치적 효과를 중국에서 발휘하지 않았을까?

　마지막 질문의 앞부분은 대답하기 쉽다. 인쇄기는 중국에서도 대체로 유럽에서와 같은 경제적 효과를 나타냈다. 천 년 전 송조의 중국에서 서적의 인쇄가 성행했다. 그리고 유럽에서와 마찬가지로 기술적 지식이 확산되면서 기존의 기술이 한층 더 생산적으로 이용되고 더욱 심층적인 혁신이 이루어지게 되었다. 그리고 그에 뒤따르는 활력이 송조의 중국을 르네상스기의 유럽과 비슷한 상태로 만들어주었다. 중국에서 인쇄 기술이 성숙했을 무렵은 번영의 시대였으며, 그들의 비결과 방식은 전 세계로 퍼져나갔다. 정보 기술을 선도하는 자가 세계를 선도한다.

　그렇다면 정치적 결과는? 왜 중국의 인쇄기는 유럽의 인쇄기와 같이 지층을 뒤흔들어놓는 정치적 변화를 가져오지 않았을까? 그 이유 중 하나는 일단 인쇄 방식에 있다. 중국이 활자를 발명하기는 했지만 그것을 그다지 많이 사용하지는 않았다. 그 이유는 부분적으로는 표음문자라고 할 수 있지만 여전히 상당부분에 있어서 표의문자인 중국 문자에서 찾아볼 수 있다. 유럽의 인쇄기의 활자상자job case를 채우는 데 필요한 문자가 대략 백여 개라고 한다면 중국의 경우 수천 개의 문자들을 구비해야 했다. 그에 따른 어마어마한 규모의 팔레트에서 문자를 하나하나 골라내 문서의 한 쪽을 구성하는 작업을 상상해보라. 그러면 우리는 중국의 인쇄업자들이 일반적으로 한 덩어리로 된 손으로 새긴 목판을 오래도록 고수한 이유를 이해할 수 있을 것이다. 설사 조각의 대가가 능숙한 솜씨로 목판을 파낸다고 하더라도 중국에서는 구텐베르크 이후의 수세기 동안 유럽에서 벌어진 것과 같이 인쇄비용이 곤두박질치면서 떨어질 수는 없었다. 따라서 시기적절하게 적은 부수로 유통시킬만한 소책자 따위를 인쇄하는 것이 그다지

용이하지 못했을 것이다.

그렇다고 하더라도 어느 정도의 효과는 있었다. 송나라 시대 동안 중국에서 서적 출판이 봇물을 이루었다는 사실은 인쇄가 훨씬 쉬워졌으며 사람들의 읽고 쓰는 능력도 신장되었음을 암시한다. 그렇다면 왜 중국의 역사에서는 마틴 루터의 사례와 비슷한 것도 찾아볼 수 없는 것일까?

실제로 이리저리 순회하는 설교자들이 곳곳에서 출몰하여 주류에서 벗어난 종교적 사상을 유통시키기도 했다. 그러나 피터 퍼듀가 지적한 것과 같이 중국의 대표적인 종교는 카톨릭 교의에 비해 덜 경직되어 있었고 따라서 금이 가거나 깨질 염려도 더 적었다. 비록 중국은 유교를 국가의 공식적 통치원리로 채택하고 관료 임용 시험의 기본으로 삼고 있지만 국민들이 사회 질서를 어지럽히지 않는 범위에서 어떤 신을 섬기든 신경 쓰지 않았다.

뿐만 아니라 중국은 유럽에 비해 민족주의적 반란의 분위기가 무르익지 않은 상태였다. 인쇄기가 발명될 무렵에 경제적 상호의존은 매우 튼튼한 구조를 형성하고 있었다. 7세기 이래로 대운하가 중국의 2대 주요 강이라 할 수 있는 황하와 양쯔강을 연결시켜주었다. 그리고 다양한 방언을 쓰는 사람들 사이에서 중국 문자가 모두 통용될 수 있다는 사실이 중국을 더욱 결속시켜주었다.

그러나 중국이 인쇄기에 의해 여러 나라로 분리되지 않은 가장 커다란 이유는 아마도 중국의 지배계층이 의도적이든 비의도적이든 일종의 제도화된 다원주의라는 수단을 통해 평화를 조성했기 때문일 것이다. 인쇄기가 만들어졌을 무렵 중국의 정부는 대중의 목소리에 귀를 열어놓았다. 중국 정부는 개별적인 세 기관을 두어 백성들이 정부에 보낸 불만과 제안 사항을 검토하도록 했는데 이 기관들은 갖은 어려움 속에서 황제의 간섭으로부터 자치권을 보장받아왔다. 당시 중국은 점점 성장하는 식자 계층에게 국정 운영에 참여한다는 의식을 심어주는 데 특히 중점을 두었다. 관료를 뽑는 시험은 과거 그 어느 때보다 실력에 따른 등용의 기회가 확대되면서 친족 등용이나 족벌 정치의 영향력이 줄어들게 되었다. 이제 똑똑하고, 근면하며, 지식이 풍부한 중국의 소년들은 교육을 통해서 고위 관료의 길에 오를 수 있게 되었다.

이 새롭고 공정한 체계는 문자 사용자 비율의 확대와 더불어 태어나면서부터 운명이 결정되었던 고대의 지위 체계를 침식해 들어갔다. 이러한 침식 작용에는 다른 요인도 기여했다. 예를 들어 시장에 기초한 번영은 천천히 신흥 부유층 상인들의 지위를 끌어올렸다. 그러나 여전히 역사학자인 찰스 허커의 주장대로 "사회를 평등하게 하는 데 있어서 인쇄기의 역할은 아무리 강조해도 지나치지 않는다."

냉소적인 관점에 따르면 중국의 관료들은 단지 교육받은 계층을 이용했던 셈이다. 그들은 별 볼일 없는 위신을 당근처럼 식자 계층의 눈앞에 매달아놓고, 의무를 중시하는 유교적 교육으로 당근을 얻으려고 애쓰는 이들을 세뇌시켰다는 것이다. 그러나 중국 정부가 시인하듯 점점 확대되는 식자 계층을 정부의 도구로 끌어들여 '통제'하는데도 불구하고 —인쇄기는— 권력의 확산을 가져오는 역할을 했다. 공직에 근무하는 것은 정부에 영향력을 행사하는 것을 의미한다. 송 왕조 동안 공무원들은 규모에 있어 점점 성장했고 권력을 갖게 되었다. 그 결과 상대적으로 환관과 왕족의 권력은 크게 약화되었다. "정부의 각료들에게 조명이 비추어지면서 황제 자신이 보조적 역할을 떠맡게 되었다"고 자크 제르너는 지적했다.

물론 이러한 상태는 근대 이후의 대표적인 민주주의와 거리가 멀다. 그리고 근대 초기 유럽의 권력 확산 역시 오늘날의 대표적인 민주주의와 전혀 다른 양상이었다. 그러나 중국과 유럽에서 모두 인쇄기가 등장함에 따라 정부에 영향력을 행사할 수 있는 사람의 수가 늘어나게 되었다. 다만 중국의 경우 그 영향력이 좀 더 질서와 규율의 틀 안에서 행사되었지만 말이다.

이러한 체계가 언제까지나 효과를 발휘하지는 못했다. 실제로 이러한 체계는 계속해서 유지될 수가 없다. 교육받은 계층이 확대되고 야심찬 관료의 수가 늘어남에 따라서 그 야심이 실현될 수 있는 몫이 점점 줄어들게 된다. 게다가 송 왕조 이후의 중국의 지배자들(원·명·청)은 능력 있는 지원자들로 구성된 공무원들이 자유로운 토론과 검토를 통해 의사를 결정하며 불만과 이의에 대해 귀를 열어놓는 정부를 구성하고자 하는 데 일관성 있는 관심을 보이지 않았다. 명나라 최초의 황제를 예로 들어보자. 어느 한 당파가 황제로 하여금 정부에 큰 영향을 주는 북쪽 지방에서 더 많은 시간을 보낼 것을 주청하자 황제는 그 당파에 속한 관료 146명을 숙청하고 11명을 죽였다. 바로 그 황제가 수만 명을 참수시키고 대신과 각료의 직책을 폐지함으로써 관료제 자체의 목을 베어 버렸다.

후대의 명나라 황제들은 그 정도로 두드러진 독재정치를 펴지는 않았지만 그들 역시 권력을 왕에게로 집중시키고자 했으며 송나라 시대에 강력한 관료제가 가져왔던 다원주의를 복원시키려고 하지 않았다. 그리고 많은 후대의 황제들이 무능력했거나 또는 귀뚜라미 기르기 따위의 여흥에 정신이 팔리곤 했다. 중국이 송나라의 대망을 실현하는 데 실패한 것은 그저 해상 원정 탐험을 그만두기로 한, 그 유명한 결정과 마찬가지로 명나라 황제들의 전반적인 범용(凡庸)과 압제 때문이었을지도 모른다.

역사의 법칙은 정부가 다원주의로부터 뒷걸음칠 수 없다고 말하지 않는다. 억압이나 쓸데없는 자기 권력 확대의 길로 빠져들 가능성도 언제든지 열려 있다. 그러나 역사의 법칙이 확실하게 이야기할 수 있는 것은 이러한 경로들은 장기적으로 볼 때 경제적 활력을 침식해 들어간다는 것이다. 좀 더 정확히 말해서 다른 모든 상황이 동일할 때 억압적이고 중앙집권적인 사회는 좀 더 자유로운 사회에 비해 장기적으로 볼 때 경제적 활력이 시들게 된다고 할 수 있다. 그리고 송나라 이후의 중국은 대체로 그 법칙을 따라갔다고 할 수 있다.[#]

산업혁명

경제사학자인 조엘 모키르Joel Mokyr 유럽의 산업혁명이 꼬리를 물고 이어진 '영감의 사슬'에 의한 것이라고 말했다. 어느 한 아이디어가 다른 아이디어를 이끌어냈다. 예를 들어 와트의 증기 기관과 같이 겉보기에는 다른 것과 뚝 떨어져나와 있는 것처럼 보이는 획기적 기술 도약의 경우에도 실제로는 광범위한 협력, 어떤 경우에는 서로 만나본 일도 없는 사람들 사이에 이루어진 협력의 산물이다. 그러나 '영감의 사슬'은 산업혁명뿐만 아니라 기술 진보의 역사 전체를 설명하는 데 사용될 수 있을 것이다. 기술 진보는 결국 집단적인 사회적 뇌에 의해 추진되는 것이니 말이다. 산업혁명의 특별한 점은 공간상으로 멀리 떨어져 있는 각 사슬들이 시간상으로 어떻게 그렇게 조밀하게 서로 연결될 수 있었는가 하는 점이다. 그 무렵 유럽은 매우 거대하지만 한편으로 빠르게 돌아가는 하나의 뇌가 되어갔다. 그러한 변화의 가장 커다란 원인은 인쇄기, 영감의 사슬들을 서로 연결시켜주는 새로운 수단, 새로운 기술을 만들어낼 새로운 기술이었다.

그밖에도 기술 진화를 유도해낸 수많은 다른 기술들과 메타테크놀로지들이 존재한다. 그 중 하나는 영국의 첨단 수준의 지적 재산의 관리 방식이었다. 1624년 특허법이 제정되어 어떤 기술의 세부적인 사항까지 공개하는 것이 촉진되었고 그 결과 인쇄기는 책과 잡지를 통해 퍼져 나갔다.

우리는 보통 산업화 기술에서 물질과 에너지, 철과 석탄을 연상한다. 그것은 어느 수준까지는 맞다. 확실히 산업혁명의 가장 핵심적인 결과는 종종 언급되듯 에너지의 원천을 생물(인간과 동물)에서 무생물로 전환시킨 것이었다. 그러나 심지어 '정보 시대'가 도래하기 훨씬 전이었던 산업혁명의 시기에도 물질과 에너지를 처리하는 과정은 정보를 처리하는 과정과 밀접하게 뒤얽혀 있었다. 기관차에 대해 생각해보자. 기관차의 엔진은 에너지 처리 기술의 첨단이었을 뿐만 아니라 기관차 자체의 상태에 관한 데이터를 처리하는 통제 장치(되먹임 고리)를 가지고 있었다. 뿐만 아니라 사회 차원에서도 기관차는 물질과 에너지와 더불어 정보 처리에도 기여했다. 기차는 강철과 석탄뿐만 아니라 우편과 신문 역시 수송했다. 1830년대 전신이 등장한 후에야 통신 기술이 운송 기술로부터 분기하기 시작했다.

기관차는 데이터를 빠르게 수송하는 다른 수단들과 더불어 인쇄기가 부각시킨 진실을 한층 더 강조해주었다. 그것은 데이터가 더 쉽게 이동할 수 있으면 있을수록 사회적 뇌는 더욱 크고 조밀해진다는 것이다. 정보 기술에 의해 가능해진, 방대하고 신속한 협력은 천천히 다국적 기술 공동체를 거의 일체화된 의식으로 변모시켰다. 산업화된 사회에서 좋은 아이디어는 점점 공기처럼 퍼져 나가게 되었다.

기본적으로 동일한 획기적 기술의 진보가 거의 동일한 시기에 서로 다른 곳에서, 서로 다른 사람들에 의해 이루어진 예들을 상기해보자. 그리고 얼마나 많은 경우에 이러한 독립적인 기술의 진보 사례들이 ―마치 통신 기술 발달의 이면에 있는 추진력에 대한 증거처럼― 정보 기술 자체에서 일어났는지 역시 상기해보자. 전신(찰스 휘트스톤과 새뮤얼 모르스, 1837), 컬러 사진(찰스 크로스와 루이 뒤코 뒤 오롱, 1868), 축음기(찰스 크로스와 토머스 에디슨, 1877), 전화(엘리샤 그레이와 알렉산더 그레이엄 벨, 1876) 등 이러한 사례는 무수히 거듭되면서 마이크로칩(잭 킬비와 로버트 노이스, 1958~1959)으로 이어진다.

이와 같이 동시다발적으로 일어난 독립적 진보 사례는 현대의 정보 기술의 획기적 돌파구의 다양한 사례들의 가능성을 대변해준다. 그리고 이러한 기술적 돌파구들은 음성에 의해서든, 인쇄에 의해서든, 영상에 의해서든 데이터 송수신을 더욱 원활하게 함으로써 추가적인 획기적 기술 진보의 가능성을 더욱 높여준다. 끝없이 이어지는 양의 되먹임을 통해 전지구적 뇌의 기술적 하부구조는 스스로를 구성해나간다.

그리고 이러한 하부구조는 이중 책임을 가지고 있다. 하부구조는 장기간에 걸친 발견과 발명뿐만 아니라 일상적으로 경제활동의 활성화라는 역할 역시 수행한다. 이것은 상품과 서비스를 할당하고 배치하는 신호를 보낸다. 이 과정이 점점 빨라질수록 ―예를 들어 전신 신호로 작동되는 기관차가 멋진 영상으로 꾸며진 시어즈의 우편 카탈로그를 미국의 작은 읍락까지 배송해주고 그 촌락에서 우편 주문서를 거두어 대도시로 실어 나르게 됨에 따라― 일상적인 경제활동은 점점 초유기체superorganic의 신체 대사와 비슷해진다. 그리고 이 초유기체는 점점 전지구적 범위로 확대되고 있다.

하나의 세계?

세계 경제가 단일 경제에 접어든 시점을 언제로 보아야 할지에 대해 역사학자들 사이에 의견이 분분하다. (이르게 본다면 1500년대로 거슬러 올라갈 수 있지 않을까? 신세계에 대한 유럽의 입장이 몹시 기생적인 것이기는 했지만. 아니면 일부 신세계 거주민들이 —비록 대부분 구세계에서 건너간 이주민들이었지만— 유럽과 좀 더 대등한 조건에서 거래하기 시작했던 1800년대? 아니면 그로부터 한 세기쯤 뒤 무역의 수준이 오늘날에 비교할만하게 된 시점?) 그런데 사실상 바로 이와 같은 의견의 불일치에 핵심이 숨어 있다. 상호의존성의 그물망이 세계적 수준으로 확장되어온 과정은 너무나 길고도 거침없는 과정이기 때문에 딱 꼬집어 어느 문턱을 가리키기 어렵다.

이러한 진보는 국제 교역의 양적 성장뿐만 아니라 그 질적 변화에서도 나타난다. 교통수단이 조악하고, 느리고, 값비쌌던 고대에는 대부분의 무역이 중량 대비 가격이 높은 상품, 이를테면 보석이나 태피스트리tapestry✤ 그밖에 이국적이고 불필요한 물건에 한정되었다. (기번Edward Gibbon✤이 1세기의 무역을 설명하면서 그 품목을 "멋지지만 쓸모없는 것"이라고 묘사했다.) 그러나 수세기가 지나면서 교통수단이 점점 값싸고 일상적인 것이 됨에 따라서 무게가 나가는 필수품들을 거래하는 것이 실용성을 띠게 되었다. 심지어 로마 제국 시대에도 수상 교통을 이용해 밀을 장거리에 걸쳐 교역하는 것이 경제적으로 수지가 맞았다. 근대에 이르러 그와 같은 물건을 육상으로 실어 나르는 것도 타산이 맞게 되었다.

태피스트리tapestry | 색색의 실로 수놓은 벽걸이나 실내장식용 비단—옮긴이
에드워드 기번Edward Gibbon | 〈로마 제국 흥망사〉의 저자인 영국의 역사가—옮긴이

그리하여 각 지역들이 각자 자신이 가장 잘 생산할 수 있는 품목을 특화하고 나머지 물건들은 수입하는 경향이 생겨나기 시작했다. 그러자 식품, 의류, 도구 등에 대한 상호의존성이 뒤따르게 되었다. 이제 한 국가 내부에서뿐만 아니라 국가 사이에서도 넌제로섬 원리가 꽃피게 되었다.

이러한 경제적 사실에는 정치적 영향이 얽혀 있다. 이제 전쟁은 '승자'조차도 고통을 겪게 되므로 상당부분 네거티브섬 게임이 되었다. 국가들 사이의 경제적 상호의존성이 점점 커감에 따라 전쟁은 과거보다 더욱 더 파괴적인 네거티브섬의 성격을 띠게 되었다. 그에 따라 자연히 평화가 환영받게 되었다. 1814년 미국과 영국이 적대관계에 종지부를 찍고 나서 3주도 되지 않아 사우디아라비아의 커피 값이 30퍼센트 떨어졌다. 이는 증기선과 철도가 나타나기도 전의 일이었다.

평화가 가져다주는 혜택이 늘어남에 따라 안정성은 국가들의 외교 정책에서 점점 더 의식적인 목표가 되어갔다.[#] 근대 초기에 상업에 몰두했던 이탈리아의 주들이 다른 주에 대사ambassador를 상주시키는 아이디어를 처음 내놓은 것은 우연이 아니었다. 19세기 초에 접어들어 산업혁명이 더욱 거대한 민족국가들을 가까운 이웃으로 만들어놓자 유럽의 열강들은 대사 파견을 영구적인 제도로 채택했다.

오늘날 우리는 격식을 차린 정중함으로 이루어진 국가들 간의 관계를 정상으로 당연하게 받아들인다. 그러나 이러한 개념이 확립된 지는 그리 오래되지 않았다. 중세 동안에 '국제 법'이라고 이름을 붙일만한 것이 있었다면 어느 학자가 요약한 다음과 같은 전제가 그 내용이 될 것이었다. "공해high sea는 누구의 땅도 아니며 누구든 원하는 것은 무엇이든 할 수 있다." 그 반대에 대한 합의가 없는 상태에서 "외국인에 대한 처분은 지배자의 자유재량에 절대적으로 맡겨져 있었고" 전쟁은 "국제 관계의 기본적 상태"였다.

인본주의humanity가 서서히 모습을 드러내고, 1625년 그로티우스Hugo Grotius가 그의 논문 「전쟁과 평화의 법칙」에서 지적한 것과 같이 전쟁을 벌이는 것은 —네거티브섬을 초래함으로써— 자멸적인 결과를 초래하는 경향이 있다는 것이 점점 분명해짐에 따라 이러한 통치방법은 점점 통하지 않게 되었다. 그로티우스의 견해는 시간이 흐름에 따라 널리 받아들여지게 되었다. 비록 세계가 지금까지 이러한 지혜에 걸맞은 행동을 하거나 전쟁을 극복하는 데 성공을 거두지 못했다고 해서 해상 관리나 외국인의 대우, 그 밖에 수많은 쟁점에 있어서 근대의 실질적인 성취를 얕잡아보아서는 안 된다.

근대의 수많은 다른 것들과 마찬가지로 이러한 경향 역시 인쇄기로부터 그 힘을 끌어냈다. 역사가인 브루스 마즈리쉬는 인쇄기가 비록 민족주의에 힘을 실어준 것은 사실이지만, 한편으로 인쇄기는 세계적 문학작품의 성장 또한 도왔다. 위대한 작품들은 여러 언어로 번역되어 해외 각국에서 출판되었다. 이러한 작품에는 그로티우스의 〈전쟁과 평화의 법칙〉을 비롯하여 수많은 저서와 에세이 등이 포함된다. 지식인들은 상인과 마찬가지로 점점 국경을 초월한 계층을 형성하면서 초국가적 의식을 조성하였고 이는 국제법이나 국제윤리의 진화에 밑거름이 되었다. 제국을 조각조각 부숴버리는 데 일조했던 인쇄기가 이번에는 조각들을 이어붙이는 풀과 같은 역할을 했다.

인쇄기는 또 다시 그 역설적 성격, 즉 해체자와 결합자로서의 역할을 보여주었다. 그리고 여기에서도 또 다시 인쇄기를 공동의 이익에 따라 개인을 헤쳐 모이도록 하는 결집제, 같은 목적을 가진 사람들이 협력된 행동을 통해 포지티브섬을 거두어들이는 데 이용하는 도구로 볼 때 그 역설을 이 해할 수 있게 된다. 우리는 다음 두 장에 걸쳐서 인쇄기 이후 정보 기술에 적용되는 위와 동일한 역설과, 그 역설을 풀어나가는 데 길잡이가 되는 위 와 동일한 실마리를 살펴보게 될 것이다.

Chapter 14

지금 우리 여기에

짜야 할 그물과 갈아야 할 곡식.
물건들이 안장 위에 앉아
인류를 타고 달린다.
– 랠프 왈도 에머슨Ralph Waldo Emerson

철학자인 카를 포퍼는 "역사적 운명에 대한 믿음은 완전히 미신이다"
라고 주장했다. 뿐만 아니라 그는 설사 운명이 존재한다고 하더라도 그것
을 알 길이 없다고 덧붙였다. "과학이든 그밖에 어떤 합리적 수단을 동원
해서든 인류의 역사의 경로를 예측하는 것은 불가능하다"는 것이다.

포퍼의 주장의 기초는 단순하다. 역사는 지식의 성장에 크게 영향을 받
는다. 그런데 우리는 미래의 지식의 성장을 미리 그려볼 수 없다. 만일 내
일 우리가 무엇을 알게 될지를 오늘 알 수 있다면 우리는 그것을 이미 알
고 있는 것이며 더 이상 새로운 내일의 지식이라고 부를 수 없다. 그렇지
않은가?

맞는 얘기다. 만일 우리가 현재의 개인용 컴퓨터보다 50배쯤 더 강력한
성능에 현재와 거의 비슷한 비용으로 생산할 수 있는 컴퓨터를 만드는 방
법을 지금 알 수 있다면 그 컴퓨터는 이미 우리 책상 위에 올라와 있어야

마땅할 것이다. 그렇지만 다른 한편으로 생각해본다면 우리가 언젠가 그런 컴퓨터를 갖게 될 것이라는 사실에 대해 의심을 품는 사람이 있을까? 예측의 목적에 비추어 볼 때는 언젠가 우리가 그와 같은 컴퓨터를 갖게 될 것이라는 사실이 그런 컴퓨터를 정확히 어떻게 만들어내는가 하는 문제보다 더 중요한 것이 아닐까?

그러나 포퍼에 따르면 과학과 기술의 진보의 바퀴가 어딘가에 걸려 멈추어버릴 가능성이 언제나 존재한다. "연구실을 폐쇄해버리거나 과학 저널을 포함한 과학자들 사이의 논의의 수단을 억제함으로써 … 서적과 언론, 말과 글을 통제함으로써" 이러한 가능성이 현실이 될 수 있다는 것이다. 글쎄, 그럴 수도 있을 것이다. 그러나 설사 어떤 정부가 그러한 일을 수행할 수 있다고 하더라도 그 정부는 자신이 통치하는 국가가 강성이나 번영과 거리가 먼 길을 걷고 있음을 깨닫게 될 것이다. 기술 진보를 멈추는 것은 역사의 쓰레기통 속의 한 자리를 예약해두는 일이나 다름없다.

이러한 사실은 몇 가지 경향들이 모든 인간 역사에 걸쳐서 나타나는 이유를 설명해준다. 물질의 처리와 운송의 발달, 에너지의 처리와 운송의 발달, 정보의 처리와 운송의 발달이 그 경향들이다. 우리는 이러한 경향들이 앞으로 계속될 것임을 알고 있다. 설사 그와 같은 경향을 떠받치는 세부적인 기술적 사항들에 대해서는 알지 못하더라도 말이다. 또는 적어도 우리는 이러한 경향이 앞으로도 지속될 확률이 99.99%라고 말할 수 있다. 그리고 나에게는 그 정도의 확률이면 충분하다.

물론 기술적 경향의 지속성을 예측하는 것과 그로 인한 사회적 영향을 예측하는 것 사이에는 커다란 간극이 놓여 있다. 후자로 넘어오면서 우리의 확신은 99.99%의 아래로 떨어지게 된다. 그러나 그렇다고 해서 그 확률이 0 근처에 있는 것은 아니다. 사회 및 정치 구조의 경향은 어느 정도 기술적 경향을 따라가고 있다.

경향에서 예측 가치를 발견하고자 하는 노력은 '역사결정론historicism' 이라는 비난을 면하기 어렵다. 포퍼에 따르면 역사결정론은 "역사의 진화 를 떠받치는 '리듬', '패턴', '법칙', '경향'"을 발견함으로써 미래에 대 한 통찰을 얻을 수 있다는 믿음과 관련되어 있다. 포퍼는 이러한 역사결정 론이 단순히 사람들을 오도할 뿐만 아니라 위험한 것이라고 여겼다. 예를 들어서 히틀러에게 박해받은 사람들은 "제3제국Third Reich이라는 역사결 정론적 미신"의 희생자라는 것이다. 그러나 그러한 정의에 따르자면 진보 주의적 역사관과 그에 따른 사명감을 가지고 미국의 민주주의의 토대를 건설한 계몽주의 시대의 사상가들 역시 '역사결정론적 미신'에 사로잡혀 있었다고밖에 말할 수 없다는 사실을 포퍼는 놓치고 있다.

물론 미래의 세계가 실제로 오늘날의 경향의 논리적인 귀결일지 여부 는 오늘날 정답을 확인할 수 없는 문제이다. 사실 다음 두 장에 걸쳐서 전 개될 모든 예측의 덧없는 아름다움은 일시적으로 반증할 수 없는 데 놓여 있다. 그러나 오늘날의 세계가 과거의 경향의 논리적 귀결인지 여부를 논 의하는 것은 우리가 오늘날 할 수 있는 일이다. 만일 그러하다면 실재하는 경향으로부터 미지의 사실을 추론하는 일은 포퍼가 단언하는 것처럼 혼란 만 가중시키는 가증스러운 행위라고 할 수 없을 것이다.

자, 그러면 사회과학 및 정치과학적 분석에서 많은 주목을 받아왔던 오 늘날 세계의 일곱 가지 기본적인 경향에 대해 살펴보자. 이 모든 경향은 본질적으로 중요하다(심지어 어떤 경우에는 분석가들이 주장하는 것만큼). 그러 나 이 특징들 가운데 새로운 것은 아무것도 없다. 이 모든 경향들은 실제로 매우 오래된 기본적인 문화 진화의 원동력에 뿌리를 두고 있다. 이 경향들이 과거에 굳게 뿌리내리고 있다는 사실은 이 경향들이 미래에도 지속될 것이라 예상할만한 확고한 근거가 된다.

별로 새로울 것이 없는 경향 #1: 상대적으로 축소되는 거리

1997년 출간된 책 중에 〈거리의 소멸 The Death of Distance〉이라는 제목의 책이 있다. 그러나 물론 거리는 소멸되지 않았다. 최근에 나온 또 다른 책의 뒷 표지에 쓰여진 추천사가 현실을 좀 더 가감없이 전달하고 있다. "지리적 제한이 점점 줄어들어 세계는 하나의 장소가 되어가고 있다." 맞는 말이다. 오늘날의 현실에 잘 들어맞는 말이다. 그러나 이 말은 증기선이 부지런히 대양을 건너다니고 전신선이 대륙과 대륙을 연결하고 철도가 종횡으로 뻗어나가며 대륙에 격자무늬를 수놓았던 한 세기 전에도 잘 들어맞았고, 콜럼버스가 대서양을 건너갔던 5세기 전에도 잘 들어맞았다. 또한 실크로드가 모습을 드러내던 2천 년 전에도 잘 들어맞았다. 사람들이 배를 띄우고 길을 닦기 시작할 때부터 거리는 사람들 사이의 접촉에서 점점 장애가 되지 않게 되었다. 교통과 통신이 더욱 원활해지고 값싸지면서 장거리 무역과 원거리 협력이 점점 수지맞는 일이 되어왔다.

별로 새로울 것이 없는 경향 #2: '아이디어'의 경제

미래학자인 조지 길더에 따르면 20세기 후반에 동튼 '소우주적 microcosmic' 시대는 "동시대의 기술, 그리고 그에 따라 경제 전반에서 정보와 마음에 관련된 분야가 상승한다"고 한다. 따라서 컴퓨터 하드웨어의 가치는 "물질적 구현물보다는 아이디어에 있다"는 것이다. 길더의 말에는 일리가 있다. 만일 컴퓨터를 고물 금속 덩어리로 팔아버린다면 원래 컴퓨터 가치의 거의 대부분을 잃어버리게 될 것이다. 그것은 정도는 조금 다르더라도 신형 뷰익에도 해당되었고 —정도에 있어 더욱 차이가 나겠지만— 1939년형 뷰익에도 해당된다. 씨아(cotton gin, 거핵기)의 경우에도 마찬가지로 그런 식으로 계속 거슬러 올라갈 수 있다. 이와 같이 점점 물건들에서 '설계'의 비중이 높아지는 것은 전반적인 기술적 진화의 부산물이지 마이크로일렉트로닉스 혁명의 산물인 것만은 아니다.

실제로 설계된 물건에 깃들어 있는 '아이디어'는 그러한 물건의 가치가 원재료의 가치를 넘어서는 원인 중 하나일 뿐이다. 다른 요인은 노동(복잡미묘한 설계에 종종 뒤따르는 꼼꼼한 일처리)이다. 이 둘이 합해져서 실용적인 물건에도 한때 오직 보석, 실크, 그밖의 이국적인 산물에만 주어졌던 특성을 부여하게 되었다. 그 특성은 바로 중량 대비 가치의 높은 비율이다. 운송비용의 꾸준한 감소와 더불어 중량에 대한 가치의 높은 비율은 근래 몇 세기 동안 무역을 활성화하는 기본적인 요인이 되었다.

별로 새로울 것이 없는 경향 #3: 새로운 무중량weightless 경제

다양한 사람들이 다음 두 가지 주장을 펴왔다. (1) 현대적인 정보의 구현물은 무게가 많이 나가지 않는다. (2)우리가 거래하는 품목 가운데 정보의 비중이 점점 더 커진다. 이 두 가지 주장은 모두 맞다. 그리고 두 주장이 서로 연결되어 있는 것도 사실이다. 정보의 거래가 활발한 이유 중 하나는 10,000달러 가치의 소프트웨어를 대서양 저편으로 보내는 데 드는 비용이 10,000달러 가치의 무쇠 덩어리를 보내는 데 드는 비용보다 훨씬 적기 때문이다. 그러나 이러한 논리는 위에 언급된 오래도록 지속되어온 경향, 즉 중량 대비 가치가 점점 더 높아진다는 것이 그 경향의 최근 사례일 뿐이다. 그리고 최근 들어 극적으로 나타나는 것뿐이다.[#] 순수한 정보 제품은 원재료 비중은 매우 낮고, 설계의 비중은 매우 높은 제품이다.

별로 새로울 것이 없는 경향 #4: 마이크로칩이 가져온 자유

우리는 갑자기 정보 기술이 자유의 편에 서 있다는 이야기를 자주 듣게 되었다. 이러한 주장은 20세기 말에 널리 퍼지기 시작해서 어느덧 미국 대통령 연설에 단골로 등장하는 상투어구의 자리에 올랐다. 빌 클린턴 전직 대통령은 1998년 중국 방문에 나서기 직전 "경제 성공이 아이디어의 토대 위에 세워지는 국제적 정보 시대에 개인의 자유 없이 부국강성을 꿈꿀 수 없다"고 말했다.

최근의 정보 기술이 역사적으로 압제적이었던 국가들로 하여금 번영을 위해서 국민들에게 좀 더 많은 자유를 부여하도록 만드는 것은 사실이다. 그러나 우리가 앞서 살펴보았듯 인쇄기 역시 그와 동일한 효과를 나타냈다. 그리고 그보다 더욱 앞서서 유럽의 중세 말기에 정보의 메타기술(자본주의의 초기적 알고리즘)이 번영을 위해 치러야 할 대가로서 국지적 자유를 요구했다. 심지어 고대에도 효과적인 정보 기술인 화폐의 도래가 어느 정도 개인의 자유를 요구했다. 왜냐하면 과거 그 어느 때보다 자유 시장이 더 큰 기능을 발휘할 수 있게 되었기 때문이다. 고대의 문자의 경우에도 마찬가지였다. 기원전 2천년기 후반 앗시리아 상인들이 스스로 개별적인 계약서를 쓸 수 있는 능력과 자유를 부인했더라면 앗시리아는 그보다 더 가난했을 것이다.

기본적인 경향은 이것이다. 새로운 정보 기술은 새로운 넌제로섬 원리의 길을 낸다. 그러나 넌제로섬을 포지티브섬으로 변환시키는 것은 대개 그 기술에 광범위한 접근 가능성과 효과적인 활용의 보장 여부에 달려있다. 그리고 장기적으로 볼 때 이러한 논리를 존중하지 않은 정부는 상대적 빈곤이라는 벌을 받게 된다. 다시 말해서 이러한 현상은 전혀 새롭다고 할 수 없으며 어느 정도까지는 역사의 일부라고 볼 수 있다.

새로운 것이 있다면 정부가 얼마나 빨리, 그리고 얼마나 생생하게 벌을 받느냐 하는 것이다. 오늘날 정치 지도자들은 시시각각 피부에 와 닿는 경쟁을 느끼고 있다. 그리고 기술 변화가 과거 어느 때보다 빠르게 일어남에 따라서 지금의 정체는 수백 년이 아니라 수십 년 안에 대재난으로 돌아온다.

또 다른 새로운 점은 오늘날 번영을 위한 필수 조건인 권력 분산의 정도이다. 인쇄기는 필사에 몰두하는 수도승으로 가득 찬 수도원보다는 비용 효율적인 수단이기는 하지만 대중적 소통masscommunication을 위해서는 여전히 비용이 꽤 드는 수단이다. ("잉크를 통으로 사들이는 사람과는 분쟁을 벌이지 말라"는 오래된 격언도 있다.) 그러나 오늘날 발달된 경제 체제 안에서는 인쇄기가 널리 사용되는 탁상용 장치의 형태를 하고 있다. 그리고 이 개인용 인쇄 장치는 예전의 인쇄기보다 더욱 강력한 성능을 지녔다. 거의 한 푼도 들이지 않고서 어떤 통렬한 비난이든 비방이든 전 세계 컴퓨터 사용자들에게 전달할 수 있다.

이러한 능력에 큰 열성을 보이지 않던 정부들(이를테면 중국)조차도 경제의 발목을 잡지 않으면서 이 기술들을 묶어두는 것이 쉽지 않았다. 1998년 개혁적 정신을 지닌 중국의 사상가 후 웨이시(胡偉希, Hu Weixi)가 국가의 번영과 데이터 처리의 국가적 분산 사이의 관계를 명확하게 표현했다. 그는 중국의 12억 국민이 "단순히 '노동력'이 아니라 세계 최대 규모의 생각의 저장창고이자 뇌"이며 "따라서 우리는 생각의 자유를 성공에 이르는 마술적 무기로 삼아야 한다"고 주장했다. (1998년 후 웨이시와 비슷한 경향을 가진 중국 사상가들이 자유주의자들의 영웅이자 최초로 경제를 정보 처리 시스템이라는 관점으로 바라본 사람 중 하나인 우익 경제학자 프리드리히 폰 하이에크Friedrich von Hayek에 대한 포럼을 개최했다. 공산주의가 붕괴되기 한참 전의 일이었다. 하이에크는 종종 간과되었던 공산주의의 단점을 꿰뚫어보았다. 공산주의는 열심히 일하고자 하는 동기를 유발하지 못할 뿐 아니라 수요와 공급을 연결해주는 신호가 중간에 왜곡되기 십상인 구불구불한 경로를 거치도록 한다.)

역사를 인간의 자유가 점점 펼쳐지는 과정으로 보는 시각은 '휘그Whig 역사학자'들이 보이는 특유의 증상이다. 이 조롱적인 어구를 만들어낸 허버트 버터필드에 따르면 휘그 역사학자들이란 "과거의 특정 진보 원리를 강조하면서 현재를 찬양하는, 적어도 정당화시키는 이야기를 만들어내는" 사람들이다. 그러나 사실은 그 반대로 돌아갈 수도 있다. 현재가 과거에 관한 특정 이야기를 정당화해줄 수도 있는 것이다. 1931년 버터필드는 다양한 역사학자들(예컨대 고전적인 19세기의 휘그 역사학자들)이 역사를 자유가 펼쳐지는 과정으로 그렸다고 주장했다. 그러나 그들은 자유가 역사 초기가 아니라 후기에 이르러 더욱 더 확대되게 된 정확한 이유를 설명하지 못했다고 꼬집었다. 지금 이 시대(정보 시대)는 그 이유를 실시간으로 우리 눈앞에 보여주고 있다. 해마다 정보 기술의 발달은 스탈린주의 경제를 점점 더 지탱하기 힘들게 만든다. (그리고 어떤 면에서 볼 때 중앙집권 구조적 계급 전반을 점점 더 유지하기 어렵게 만든다.)# 이처럼 엄청나게 빠른 속도로 전진해나가면서 뒤돌아보는 전망 속에서 우리는 과거에도 그와 동일한 원동력이 작용했으나 단지 그 속도가 느려서 몇 백 년, 심지어 몇 천 년에 걸쳐 일어났음을 깨달을 수 있다.

별로 새로울 것이 없는 경향 #5: 내로우캐스팅narrowcasting

갑자기 우리는 몇몇 TV 네트워크가 주류의 내용을 다루는 광범위한 "브로드캐스팅(broadcasting, 방송放送)"의 시대에서 수많은 특화된 채널들로 이루어진 좁은 범위의 "내로우캐스팅(narrowcasting, 협송協送)"의 시대로 접어들게 되었다. 이것은 분명 ―적어도 이 특정 매체에 있어서― 새로운 발달인 것은 분명하다. 그러나 15세기에 인쇄기에 의해 출판 비용이 크게 떨어지게 된 이후에도 이와 유사한 상황이 벌어졌다. 출판 비용이 낮아짐에 따라서 출판업자들은 좀 더 좁은 범위의 대중을 목표로 삼을 수 있게 되었다. 18세기 중반에 출간된 미국 최초의 두 잡지는 〈어메리칸 매거진 *American Magazine*〉과 〈제네럴 매거진*General Magazine*〉이었다. 이는 최초의 공중파 방송망의 이름이 '어메리칸 브로드캐스팅 컴퍼니American Broadcasting Company'였다는 사실을 상기시킨다. 19세기 말에 접어들자 〈대중과학*Popular Science*〉과 같은 잡지들이 출현하게 되었다. 이는 방송으로 치자면 〈디스커버리 채널〉에 해당된다.

거창한 미디어 이론화 노력들은 많은 경우에 이와 같은 매체간의 유사성을 놓쳐버린다. 그리고 대신 그들이 결정적이라고 생각하는 매체들 사이의 차이점만을 강조한다. 예를 들어 마셜 맥루한Marshall McLuhan은 "매체가 바로 메시지"이며 각기 다른 매체들은 본질적으로 각기 다른 문화를 형성하는 특징을 가지고 있다고 주장했다. 따라서 표음문자인 알파벳은

'뜨거운' 매체인 반면 표의 문자는 '차가운' 매체이고 한편 TV는 '차가운' 매체인데 영화는 '뜨거운' 매체라는 것이다.

맥루한이 말하는 '차가운' 매체와 '뜨거운' 매체가 대체 무엇일까? 알아듣기 힘든 암호 같은 맥루한의 말들을 해독하는 것으로 시간을 보내는 일은 비용효율적인 방법이라고 보기 어렵다. 게다가 그의 특정 분류체계의 가치를 논하는 것은 지금 우리의 요점과 거리가 멀다. 우리의 요점은 그와 같은 유형론typology 전반의 거품을 빼는 일이다. 다시 말해서 매체가 각 매체 특유의 독특한 감각적 특질을 통해서 문화와 역사의 모습을 규정한다는 생각에 이의를 제기하는 것이다. 비디오, 오디오, 각기 다른 문자들 사이에 어떤 차이가 있든지 간에(물론 중요한 차이가 존재하는 것은 사실이다) 그 매체들의 본질적인 잠재력은 동일하다. 그 잠재력은 바로 이 매체들이 모두 의사소통과 설득과 조정의 도구라는 것이다. 이 모든 매체들은 공동의 목표를 가진 집단을 동원하는 것을 용이하게 만든다. 원리적으로 생각할 때 프로테스탄트 개혁이 TV를 통해 이루어질 수도 있었다. (루터는 다름 아닌 설교자이다. 빌리 그레이엄Billy Graham✦과 같은 설교자!) 단지 그때 TV가 없었을 뿐이다.

뿐만 아니라 TV가 발명되었을 때 비디오와 문자 사이의 핵심적인 유사성이 뒤로 숨어버린 이유는 두 매체의 경제적 속성이 달랐기 때문이었다. 고대에 문자가 발명된 이후로 일련의 혁신(종이, 잉크, 대량 제지 기술, 인쇄기, 더 나은 인쇄기, 더 나은 우편 서비스)들이 문자를 이용한 신호 전달 수단을 점점 값싸게 만들어왔다. 그러나 TV든 영화든 간에 영상물을 생산하고 널리 유통하는 데에는 최근까지도 상당한 비용이 들었다. TV의 경우 방송의 전파 범위의 적합성에 의해 영상의 희소성은 더욱 높아졌다. 그리고 이와 같은 적합성은 정부로 하여금 방송권의 부여를 통해 매체를 통제할 수 있도록 만들어주었다. 굳이 분열된 각 파벌 집단들의 목소리를 담을 이유가 없는 것이다. (오지와 해리엇Ozzie and Harriet♣은 반문화적 경향을 지니고 있다고 볼 수 없다.) 그러나 케이블 TV가 상황을 조금 바꾸어놓았다. 그리고 월드와이드웹이 넓은 대역폭bandwodth을 도입함에 따라서 상황은 엄청나게 달라지게 되었다. 이제 원격 방송 비용이 거의 0에 가깝게 떨어졌다!

이러한 요인, 즉 각 매체의 온도(뜨거운지 차가운지)가 아닌 경제적 속성이 바로 그 매체의 사회적 영향, 나아가 역사의 기본적 방향의 핵심이다. 왜냐하면 장기적으로 볼 때 모든 정보 기술은 동일한 경제적 패턴을 따르기 때문이다. 정보 기술을 사용하는 비용이 점점 낮아짐에 따라서 내로우캐스팅이 모든 매체의 궁극적 운명이 된다.

따라서 매체의 유형type에 지나치게 초점을 맞추고 매체의 경제적 속성의 중요성을 간과하는 것은 이해할 수 없는 처사이다. 어느 주어진 시점에서 각기 다른 유형의 매체들은 각기 다른 진화 단계를 밟고 있고, 따라서 경제적 속성에 있어서 급격한 차이를 보일 수 있으며, 그에 따라 이러한 차이가 질적qualitative 차이로 보일 수 있다. 예를 들어 50년 전 비디오 제작과 전송 비용을 고려해보면 TV가 본질적으로 대량 전달 매체mass medium이며 종이와 같은 저비용 매체와 달리 권력자의 손에 의해 통제될 수밖에 없을 것이라고 생각될 것이다. (조지 오웰의 1984에서 빅 브라더Big Brother는 TV를 통해 소통했고 반면 불만을 품은 자들은 종이 위에 손으로 쓴 메시지를 들고 이리저리 돌아다녔다.)

빌리 그레이엄Billy Graham | 미국의 저명한 복음 전도가──옮긴이
오지와 해리엇Ozzie and Harriet | 1950년대에 방영되었던 전형적인 미국적 드라마──옮긴이

컴퓨터의 경우에도 마찬가지였다. 반세기 전 컴퓨터가 어마어마하게 크고 어마어마하게 비쌌을 때 이것은 단지 하향식으로 잘 통제된 정부를 위한 도구인 것으로 보였다. 실제로 일부 공산주의자들은 컴퓨터가 계획 경제를 위해서, 마치 돈이 시장 경제에서 수행하는 것과 같은 역할을 수행 해주기를 바랬다. 그들은 아마도 모스크바 도심에 위치한, 컴퓨터로 꽉꽉 들어찬 커다란 빌딩에서 소비에트 연방 전체의 경제를 조화롭게 지휘하는 모습을 꿈꾸었을 것이다. 1960년대 무렵에 인공두뇌학cybernetics은 소련의 공식적인 관심사가 되었다.

그러나 안타깝게도 마이크로일렉트로닉스 기술의 진보는 계획경제보 다 시장을 선호했다. 저렴한 컴퓨터의 계산능력은 곧 사회 전역으로 퍼져 나갔다. 비디오 역시 캠코더의 등장으로 인하여 대중의 도구가 되었다. 그 리고 이제 이 두 매체가 서로 상승작용을 주고받으며 진화해가고 있다. (탁 상편집desktop publishing 덕분에) 비디오 제작비용은 곤두박질치며 떨어지고, 인터넷은 손쉽게 제작된 비디오의 전송 비용을 급격히 낮춰주었다. 이제 불만을 품은 자들도 그들만의 TV쇼를 방영할 수 있게 되었다.

인터넷에서 중요한 점은 그것이 차가운지 뜨거운지 하는 문제가 아니 다. 인터넷은 차가울 수도 있고 뜨거울 수도 있다. 표음문자를 전달할 수 도 있고 표의문자를 전달할 수도 있으며, TV쇼를 보여줄 수도 있고 영화 를 보여줄 수도 있고 라디오를 들려줄 수도 있으니 말이다. 중요한 것은 인터넷이 이 모든 매체의 비용을 급격하게 내려준다는 것이다. 비록 의사 소통 비용의 감소가 케케묵은 고래적부터 지속되어온 이야기라고 하더라 도 오늘날의 급격한 감소는 충격적이다.

이 모든 사례는 장기적인 정치적 양상(수천 년에 걸친 자유와 다원주의의 성장)과 단기적 양상(수십 년 혹은 수백 년을 두고 전제주의와 다원주의 사이에서 오락가락하기)이 서로 다르게 보이는지를 설명해준다. 새로운 정보 기술(문자, 오디오, 비디오, 컴퓨터 등)이 처음 나타나면 이들은 대개 엘리트 계층에 더 우호적이다. 경제적 이유나 그밖에 다른 이유에 의해 새로운 기술의 보급에 대한 통제권이 널리 퍼지지 못한다. 따라서 기술적 진화는 주기적으로 권력의 집중화에 도움을 준다. 특히 완전히 새로운 종류의 정보 기술이 처음 나타났을 때 말이다.

장기적인 패턴을 더욱 혼란스럽게 만드는 것은 주어진 시간과 장소에서 기술이 전제주의를 이끌어내게 될지, 다원주의를 이끌어내게 될지, 또는 둘 다 실패할지에 대한 여부는 모두 배경 상황과 우연에 의존한다는 점이다. 라디오, TV, 인터넷 이전 기술들은 모두 미국에서 나타난 것과 같이 어느 정도 다원주의적인 방향으로 사용될 수도 있고 아니면 나치 치하의 독일이나 소련의 경우와 같이 전체주의적인 방향으로 사용될 수도 있다.

그러나 우리가 살펴본 것과 같이 장기적으로 볼 때 정부에게는 선택의 여지가 많지 않다. 심지어 권위주의 국가인 —한때 전체주의 국가였던— 중국조차도 1990년대에 인터넷이 필요하다는 것을 시인했다. 그리고 인터넷의 정보를 —경제적 이익만을 위해— 선별적으로 거르려던 중국의 시도는 순도 높은 성공을 거두었다고 볼 수 없었다. 중국은 공산주의 혁명 이래로 그 어느 때보다 외부의 정보를 쑥쑥 빨아들였다. 이런 상황에서 정부는 상황을 역전시키려고 시도할 수도 있을 것이다. 그러나 치러야 할 대가는 비참한 경제적 미래였다. 궁극적으로 전 세계에 걸쳐서 기술과 정치의 연합된 논리는 모든 종류의 매체를 더욱 싸고, 풍부하고, 다원주의적으로 이용하는 방향을 가리키고 있다.

별로 새로울 것이 없는 경향 #6: 지하드(Jihad, 성전[聖戰]) 대 맥월드McWorld

정치과학자 벤자민 바버Benjamin Barber의 같은 제목의 저서에 의해 유명해진 이 어구는 역설적 상황을 표현한다. 어떤 면에서 볼 때 세계는 인종, 종교, 언어에 따라 분열되면서 점점 '부족적tribal' 경향을 띠어 간다. 유고슬라비아가 파벌주의factionalism에 의해 분열되었고, 불어를 사용하는 캐나다인들이 퀘벡 주의 분리를 요구하며, 이슬람 근본주의자들이 터키의 세속주의자secularist들에 반발하고 있다. 그러나 다른 한편에서는 경제적·문화적 세계화globalism가 가속화되고 있다. 모스크바에 들어선 맥도날드 매장, 유럽에서 방영되는 MTV가 그 예이다. 따라서 바버의 말마따나 지구가 "산산조각 나면서" 동시에 "하나로 합체되고" 있다. 그리고 이 두 힘 사이의 긴장이 세계를 "통제할 수 없는 속도로 돌아가게" 만든다는 것이다. 또는 그보다 먼저 나온 다른 주장에 따르면, 지금 세계에서는 '분열(分裂, fragmentation)'과 '통합(統合, integration)'이 동시에 일어나는, 즉 '분합(分合, fragmegration)'이라는 과정이 일어나고 있다.

그런데 이러한 상황은 사실 그 핵심에 있어서는 새로운 것도 아니고 서로 깊은 모순 관계에 있는 것도 아니다. 이것은 인쇄기가 발명된 이래 근대의 이야기이다. 정보 기술은 데이터의 전달 비용을 낮춤으로써 공동의 이해관계를 가진 집단들이 서로 조율된 활동을 펼치는 것을 용이하게 만들었다.

때로 그 결과는 '맥월드'의 형태로 나타난다. 여러 나라의 TV 방송국들은 시청자, MTV 소유자, MTV에 출연하는 가수들과 공동의 이익을 가지고 있다. MTV라는 현상을 지속시키는 것이 그들의 공동의 이익이다. 그와 조금 다른 방식으로 정보 기술과 교통 기술을 비롯한 그밖의 다른 기술들은 맥도널드의 소유자와 관리자와 전 세계의 종업원들에게 그들의 고객과 공유하는 공동의 이익, 즉 맥도널드 현상을 지속시키는 데에서 창출되는 이익을 부여한다.

한편 바버의 역설적 이분법의 나머지 반쪽 지하드, 즉 '부족주의'의 '분열'을 가져오는 힘 역시 연합coalescence에 필요한 정보비용이 낮아짐에 따라 더욱 활성화된다. 그 점에 있어서는 현대의 부족주의는 좀 더 이전의, 인쇄기에 의해 촉발된 지하드, 즉 종교 개혁이나 19세기 세르비아 민족주의의 물결과 비슷하다. 퀘벡 독립주의의 첫 번째 큰 물결이 밀려온 것은 캐나다의 방송이 좀 더 세분화된 시청자 층을 파고들기 시작한 무렵, 즉 1952년 최초의 불어로 된 캐나다 TV 채널이 방송을 시작한 때이다. 오늘날 캐나다에는 다양한 불어 케이블 네트워크가 존재한다. 이들은 주권 옹호주의pro-sovereignty 정치인들의 대변인 역할을 할 뿐만 아니라 이중 언어 사용 기반을 약화시켰다. 국경을 넘어온 미국 방송이 그보다 나은 볼거리가 없던 청소년들의 뇌로 침투해 들어오던 과거에는 이중 언어 사용이 더욱 활기를 띠었다. (물론 정치가 이 모든 것의 시기에 영향을 주었다. 냉전의 종식은 유고슬라비아나 한때 후원자 격인 강대국들이 분열의 동력을 억제했던 아프리카 등에서 국가의 결속을 약화시켰다. 그러나 실상은 장기간에 걸쳐 진행되고 있었던 자연스러운 과정을 냉전이 동결시켜버렸다가 냉전이 끝나면서 그것이 다시 해동되는 것이었다. 그 자연스러운 과정은 바로 정보비용의 감소에 따라 형체를 잡아가는 민족주의적 융합이었다.)

따라서 지하드와 맥월드(분합의 양면)는 공동의 추진력에 바탕을 두고 있다. 정보 기술의 향상이 상호작용을 통해 이익을 볼 수 있는 사람들이 서로 상호작용 하는 것을 용이하게 만들어주었다. 그리고 바버의 역설을 구성하는 두 반쪽은 공통의 기원에 의해 묶여 있을 뿐만 아니라 두 현상이 불러일으키는 결과 역시 여러분이 생각하는 것만큼 모순적이거나 심지어 그다지 다르지 않다. 예컨대 퀘벡의 부족주의는 양방향 통행로이다. 불어 권 주민들을 대상으로 한 내로우캐스팅을 통해 캐나다를 분열시키는 위성과 지하 케이블은 한편으로 프랑스에서 만들어진 방송을 퀘벡에서 방영하는 수단으로 사용된다. 이와 같이 대양을 가로질러 이루어지는 문화의 수출은 그와 유사한 다른 수출과 더불어 맥월드의 사례로 보아야 할까? 아니면 캐나다를 분할하는 것을 돕는 만큼 지하드의 사례로 보아야 할까?

이 경우에도 수세기 전에 이와 유사한 사례를 찾아볼 수 있다. 분열과 통합을 동시에 일으켰던 19세기의 민족주의는 이탈리아를 하나로 통합시키면서 동시에 오스트리아 제국을 조각조각 나누어버렸다. 그리고 종교개혁이 일어나는 동안 유럽의 교회를 조각냈던 바로 그 인쇄기가 실제로 교회의 국제적 토대를 강화시켰다. 그 이전에는 카톨릭의 의식이 지역에 따라 달랐고 각 지역의 필사자들이 전례(典禮)✝ 문서를 베끼는 과정에서 돌연변이가 슬며시 끼어들곤 했다. 그리고 교황은 이러한 변화를 용인하는 수밖에 없었다. 그런데 인쇄기의 등장으로 전례가 표준화되었다. 전례의 맥월드적 통합이 실현된 것이다! 그 점에 있어서라면 인쇄기는 새로운 프로테스탄트의 교의에도 세계적으로 좀 더 일관적인 접근성을 부여했다. 학자인 엘리자베스 아이젠슈타인의 표현에 따르면 "카톨릭과 프로테스탄트 사이의 커다란 균열은 성경과 기도서와 더불어 모든 대륙으로 확장되어 나갔다." 역시 우리는 같은 질문을 던지게 된다. 지하드인가, 맥월드인가?

전례(典禮) | 교회의 공식적 예배 행위—옮긴이

분열인가, 통합인가?

세계가 "통제할 수 없는 속도로 돌아가게" 되었다는 바버의 인식은 이해할 만하다. 마르크스가 지적한 것과 같이 기술이 근본적으로 변화할 때 그 기술을 전제로 세워진 경제적·사회적·정치적 관계들 역시 조만간 변화하게 된다. 그리고 그에 뒤따르는 조정은 고통스러운 것이다. 그러나 혼란은 기본적인 역사의 힘의 정점이 아니다. 기본적인 역사의 힘은 시스템을 새로운 균형을 향하여 밀어붙인다. 그리고 그 균형 속에서 사회 구조는 기술과 양립할 수 있게 된다. 중요한 문제는 그 변이 과정이 얼마나 혼란스러운가 하는 것이다. 그것은 바로 인류가 결정할 문제이다. 이 문제에 대해 우리는 다음 두 장에서 논의할 것이다.

별로 새로울 것이 없는 경향 #7: 주권의 쇠퇴

이것은 민족국가의 자신의 운명에 대한 통제력을 침식해 들어가는 힘에 대하여 논의한 수많은 책 중 하나의 제목이다. 어떤 면에서 기본적인 아이디어는 "별로 새로울 것이 없는 경향 #6"의 자연스러운 결과이다. 맥월드(세계화)는 국가 통치를 무력화하는 거대한 요인이다. 이 국가에서 저 국가로 통화를 빨아들였다가 주입하는 세계화된 금융시장 덕분에 각국의 중앙은행의 영향력은 점점 쇠퇴하고 있다. 그리고 바로 그 금융 시장이 확고한 무역과 쌍을 이루게 될 때 세계 어느 한 쪽에서 일어난 경제 불안이 다른 곳으로 전염병처럼 퍼져 나가게 되어 각 국가들이 자신이 통제할 수 없는 힘에 희생될 수 있음을 의미한다.

맞는 말이다. 그러나 이 역시 완전히 새로운 사실은 아니다. 한 세기 쯤 전에도 경제의 산출량에서 차지하는 비율로 볼 때 무역의 수준은 거의 지금에 가까울 정도로 높았다. 그리고 오늘날만큼 빠른 속도는 아니라고 하더라도 돈은 국경을 넘나들며 옮겨 다녔다. 영국의 파운드는 일부 금융시장에 너무나 깊숙이 파고들어가서 "영국이 재채기를 하면 아르헨티나는 결핵에 걸린다"는 말이 돌 정도였다. 지금과 마찬가지로 그 당시에도 전염은 쌍방향으로 일어났다. 1890년 곡물 가격의 급락 때문에 아르헨티나가 베어링 브라더스 뱅크Baring Brother's Bank에 채무를 이행하지 못하게 되자 영국은 금융 위기에 직면했다. 그 당시에도 국제적 전염성은 새로운 것이 아니었다. 500년 전 영국이 백년전쟁을 치르기 위해 무모하게 국제적 채무를 진 것이 피렌체의 은행에 화를 입혔다.

오늘날의 국제 금융의 상호의존성이 전례를 찾아볼 수 없는 일인 것은 분명하다. 그러나 그 차이는 질적인 것이라기보다는 양적인 것이다.

넌제로섬 원리의 성장

별로 새로울 것이 없는 경향에 대해 이야기하는 김에 덧붙이자면, 새로운 것처럼 보이지만 따져보면 별로 새로울 것이 없는 수많은 사례들을 지적하는 것 역시 새로운 것이 아니다. 전문적 폭로자들이 이미 경제적 세계화가 20세기의 창조물이라는 개념을 공격해왔다. 그러나 지금 여기서 논의하는 것은 단순한 '상투어 무너뜨리기' 작업을 넘어선다. 나의 요지는 경향은 예측 가치를 갖는다는 것이다. 만일 한두 세기 전에 누군가가 주위를 둘러보고 "장기적으로 정보의 확산에 드는 비용이 점점 내려가고, 상품을 운송하는 데 드는 비용도 내려가고 있으며 따라서 세계는 점점 줄어들고 있다"고 관찰했다면, 그와 같은 시도에 관련된 까다로운 인식론적 문제에 대한 포퍼의 지적에도 불구하고 그는 과연 미래로 적절하게 외삽extrapolate할 수 있는 경향을 간파한 것이다.

사실 통일성unity은 한층 더 깊이 들어간다. 위에 논의한 일곱 가지의 별로 새로울 게 없는 경향들은 모두 결국 넌제로섬 원리의 성장으로 귀결된다. 그 항목들은 넌제로섬 원리를 유발하거나, 넌제로섬 원리에 의해 유발되었거나 혹은 넌제로섬 원리 그 자체이다. 따라서,

(1) 거리가 경제에 미치는 영향이 점점 축소되었다고 말하는 것은 더욱 더 넓은 범위에 걸쳐서 넌제로섬 관계가 실현될 수 있게 되었다는 말이다.

(2, 3) 상품의 중량 대비 가치가 증가했다는 말은 바로 위에 언급한, 거리의 영향이 줄어든 현상의 원인 중 하나이다. 이 역시 넌제로섬 원리의 그물망을 더욱 확장시킨다.

(4) 새로운 정보 기술이 궁극적으로 자유를 촉진한다는 말은 억압받던 집단, 이를테면 독재국가에서 정부에 불만을 품은 사람들이 자유를 추구하는 데 있어서 하나로 연합하여 그들 사이에서 정치적 포지티브섬을 실현하기가 더욱 쉬워졌다는 말이다. 이는 또한 새로운 정보 기술이 약속하는 경제적인 포지티브섬이 궁극적으로 정부로 하여금 그 정보 기술에 대한 더욱 광범위하고 자유로운 접근을 용인하도록 만든다는 의미이다.

(5) 브로드캐스팅이 점점 좁은 범위의 대상에 초점을 맞추는 내로우캐스팅으로 대치된다고 말하는 것은 이해관계가 같은 점점 더 작은 규모의 공동체들이 각자의 자원을 공동 출자하여 포지티브섬을 실현할 수 있도록 해준다. 총기광(狂)들이 잡지 〈건 앤 아모Gun and ammo〉의 발행을 후원하고 골프광들이 골프채널Golf Channel의 운영에 돈을 대도록 만들어주는 것이 바로 이 힘이다.

(6) 지하드와 맥월드 역설의 양쪽 측면 모두 넌제로섬 원리가 발현된 것이라고 볼 수 있다. 퀘벡 주의 '부족주의'는 서로 힘을 합쳐 조화롭게 행동할 경우에만 이룰 수 있는 공동의 목표를 추구하는 사람들로 이루어져 있다. 상호 이익의 유대는 또한 맥도날드의 직원 및 고객의 광범위한 그물망을 결합시켜준다.

(7) 보통 넌제로섬 원리와 관련된 활력에 찬 속성이 결여되어 있는 것처럼 느껴지는 '주권의 쇠퇴' 조차도 사실 넌제로섬 원리의 활력으로 넘친다고 할 수 있다. 주권을 약화시키는 주된 요인인 경제의 국제화를 생각해보자. 국경을 넘나드는 상품과 서비스의 흐름, 금융가와 외환 거래자에 의해 이곳저곳에서 차올랐다 빠지는 돈의 물결은 매일매일 일어나는 무수히 많은 수의 넌제로섬 상화작용의 결과물인 것이 분명하다. 그러나 아마도 더욱 흥미로운 점은 이러한 상업 활동의 혼란스러운 결과에서 기인하는 좀 더 큰 규모의 넌제로섬 게임일 것이다. 경제 하강이 예전 그 어느 때보다 강한 전염성을 띠고 있는 상황에서 모든 국가들은 지역적 경제 붕괴를 미리 앞질러 예방하고 혼란을 잠재우고자 하는 것을 공동의 목적으로 삼을 만하다.

진보의 도래

그렇다면 이 모든 것은 우리의 현재와 미래에 대해 어떤 이야기를 들려주는 것일까? 이 모든 넌제로섬 경향으로부터 우리는 무엇을 이끌어낼 수 있을까? 이러한 경향이 이전부터 꾸준히 작용해왔다는 점을 고려하면 다음과 같은 미온적인 예측을 대답으로 내놓을 수 있을 듯하다. 미래 역시 지금까지와 거의 비슷할 것이라고. 이 대답은 진실일 것이다. 적어도 위의 모든 경향이 앞으로도 계속될 것으로 보이니 말이다. 다른 한편으로, 오랫동안 지속되는 경향이라고 하더라도 천천히 진행될 때가 있고 빠르게 진행될 때가 있는데 지금이 바로 그 빨리 진행되는 시기일지도 모른다. TV, 컴퓨터, 소형 컴퓨터 및 관련 기술들이 도래함에 따라서 이 세기는 정보기술 분야에 있어서 문자, 화폐, 인쇄기의 발견 등 과거의 모든 획기적 도약에 맞먹을 만한 수준의 획기적 도약을 여러 차례 경험했다. 정보 기술이 넌제로섬 원리로 귀결되고 넌제로섬 원리가 사회 구조로 귀결되는 경향을 고려해볼 때 우리가 어떤 실질적인 문턱을 지나고 있다고 볼 수 있지 않을까? 수렵채집 촌락에서 추장사회로, 추장사회에서 고대 국가로 넘어가는 기본적인 전이과정에 비견되는 문턱을 말이다.

그리고 만일 그렇다면 문턱의 저편에는 무엇이 존재할까? 약속의 땅일까? 영겁의 시간에 걸친 압제의 시대가 가고 마침내 전 세계에서 자유가 꽃피게 된 것일까? 수천 년에 걸친 어리석은 다툼과 전쟁 끝에 이제 마침내 평화가 찾아오게 된 것일까? 아니면 더욱 해로운 형태의 부족주의나 더욱 변덕스러운 국제화의 측면이 혼동과 혼란의 미래를 예고하는 것일까? 이러한 것들은 우리가 다음 두 장에 걸쳐서 탐구해볼 질문들이다. 그때까지는 —그리고 아마도 그 이후에도— "우리는 하나의 세계We are the world"라고 소리 높여 노래하는 것은 시기상조일 것이다.

그러나 그럼에도 우리는 잠깐 멈추어 일종의 자축 비슷한 것을 할 이유가 있다. 왜냐하면 —넌제로섬 원리를 포지티브 섬으로 전환시키고, 더욱 더 많은 넌제로섬 원리를 창출해내는— 역사의 기본적인 방향이 확실히 일종의 도덕적 진보를 이끌어내기 때문이다. 그렇다고 해서 야만인들이 야만스럽고, 미개인들이 미개하며, 문명인들이 진정으로 문명화되었다고 말할 생각은 없다. 실제로 수렵·채집사회 단계에서 고대국가 단계로 넘어가면서 순수한 도덕적 발달이 일어났다고 보기는 어렵다. 이집트인들은 노예를 가지고 있었다. 어떤 알려진 수렵·채집사회에도 존재하지 않는 노예를 말이다. 뿐만 아니라 이집트의 병사들은 정복 전쟁에서 돌아올 때 그들이 죽인 적군의 시신에서 도려낸 음경을 자랑스레 머리 위에 올려 들고 왔다.

심지어 초기의 '서양' 문명 역시 대단한 도덕적 향상을 가져오지 못했다. 고전주의 시대의 아테네는 —예술과 과학, 평등주의적 정신에 있어서— 계몽된 사회로 유명하다. 그러나 다른 도시를 정복할 때 아테네의 병사들은 정복된 편의 모든 남자들을 다 죽여 버리는 관습을 지니고 있었다.

그러나 그럼에도 진보는 예정되어 있었다. 그 이유는 —그리스인이나 그밖에 모든 사람들에게 있어서— 상호의존성의 확대가 예정되어 있었기 때문이다. 그리고 상호의존성은 상호존중, 아니면 적어도 관용을 낳는 길이기 때문이다.

그리스의 경우에 상호의존성은 부분적으로 경제적인 측면도 있었으나 대개 군사적인 이유에 기인한 것이었다. 다양한 그리스 국가들이 페르시아를 싸워 물리쳐야 한다는 공동의 목표를 갖게 되자 아테네인들은 아테네 이외의 그리스인들에게도 근본적인 인간으로서의 존엄성을 인정하기 시작했다.

윤리철학에 있어서 이와 같은 진보가 확대되는 상호의존성의 그물망 바깥으로는 뻗어나가지 않는다는 점은 플루타르크의 기록에 나오는, 아리스토텔레스가 알렉산더 대왕에게 들려준 다음과 같은 말에서 입증된다. "그리스인들을 친구나 친족처럼 여기시오. 그러나 그 외의 다른 사람들은 식물이나 동물처럼 대하시오."

그 점에 있어서라면 심지어 오늘날에도 인간의 기본적인 존엄성을 인정하는 것(사람을 사람으로, 인간다운 대우를 받아야 할 존재로 간주하는 것)은 실용적인 고려사항이 요구하는 범위를 크게 넘어서지 않는다고 할 수 있다. 그러나 그 실용적인 고려사항이 오늘날에는 도덕의 대상 범위를 더 넓힐 것을 요구하고 있다. 단순히 우리는 이제 어느 지역의 모든 남자들을 다 죽이면서 그곳 사람들과 함께 거래할 수 없다. 그런데 우리는 이제 점점 세상 모든 곳의 사람들과 함께 거래하게 되었다. 넌제로섬 원리의 성장, 기술적 변화에 의해 추진되었지만 좀 더 근본적으로 인간 본성에 뿌리내리고 있는 그 성장은 이 기본적이고도 심원한 방식을 통해 인간의 행위를 향상시켜왔다. 완전히 현대적인 사회에서 이제 사람들은 적어도 원리적으로는 다른 사람들도 사람임을 인정하고 있다.

우리가 지금까지 살펴본 대로 넌제로섬 원리가 확대되어가는 과정에서 더 많은 사람들에 대한 더 많은 존중이 주어졌을 뿐만 아니라, 더 많은 사람들의 더 많은 자유 역시 실현되어왔다. 여기에서 중요한 것은 단지 —애덤 스미스와 같은 사상가들이 18세기 이후부터 주장해온 것과 같이— 자유시장이 자유로운 마음에 의해 가장 잘 운영된다는 것이 아니다. 내가 주장하고자 하는 요지는 계속 진행되는 정보 기술의 진화가 이러한 상승작용을 강조하고, 뒷받침해주며 지배자들이 이 상승작용을 점점 무시할 수 없게 된다는 것이다.[#]

이 세계는 거의 모든 사람들의 기준으로 볼 때 여전히 많은 측면에서 끔찍할 정도로 비도덕적인 상태로 남아있다. 그러나 오늘날 우리가 적용하는 기준 자체는 과거보다 훨씬 높아졌다. 이제 우리는 그 누구도 문자 그

대로 노예로 삼아서는 안 된다고 요구할 뿐만 아니라 근로자들에게 정당한 급료를 지불하고 위생적인 조건에서 일하도록 할 것을 요구하고 있다.[#] 또한 권위에 불만을 품은 자들을 떼로 잡아다 죽이지 않을 것은 물론, 그들이 누구에게든 하고픈 말을 할 수 있을 것을 요구한다. 그렇게 함으로써 우리가 추가적인 진보를 촉진하는 것은 좋은 일이다. 그리고 모든 증거로 미루어 이러한 촉진은 역사의 흐름과 함께 가고 있다. 그러나 오늘날 세계가 도덕적으로 절정에 도달해 있다는 생각을 떨쳐버리기 어렵다.

새로운 세계 질서

한때 아세안ASEAN 10개국이라고 불렸던 이 집단은
다음 세기에는 5억 인구로 구성된 역동적인 자유 시장이 될 것이다.
이미 아세안은 엄청난 외교적 영향력을 휘두르며 APEC, ARF, ASEM등을
혹은 이들과 함께 주도해나가고 있다.
– 월스트리트저널

기원전 1500년 지구상에는 약 600,000개의 자치적 정치 단위가 존재했다. 오늘날 수많은 인수합병의 결과로 지구상의 자치적 정치 단위의 수는 193개로 줄었다.[+] 이런 추세로 나가면 지구는 얼마 지나지 않아 단일 정부 체제로 들어가게 되지 않을까?

세계 정부? 전통적으로 세계 정부라는 개념은 좌파 평화운동가에게 환영을 받아왔다. 한편 반대편에서 이 개념은 다양한 종류의 멸시를 받아왔다. 그 중 두 가지 멸시가 특별히 흥미롭다. 한 유파는 세계 정부라는 개념이 구제할 도리가 없을 정도로 비현실적이라고 생각한다. 그리고 그들은 그 좌파 평화 운동가들에게 '얼빠진 세계정부주의자'라는 꼬리표를 붙인다. 한편 나머지 한 유파는 세계 정부라는 개념이 실현 가능하기는 하지만 그 결과에 두려움을 품고 있다. 그리고 불길한 어조로 '새로운 세계 질서'

국가 수를 정확하게 산출하는 데에는 기준의 문제 등 어려움이 따르는데, 2006년 말 기준으로 UN 가입국 수는 191개국, 세계 지도 정보의 통계로는 237개국이다─옮긴이

에 관해 이야기한다.

대략적으로 말해서 이 두 유파를 가르는 차이점은 그들이 '지하드 vs. 맥월드' 중 어느 쪽에서 출발해서 미래를 추론하는가에 있다. 첫 번째 유파에 속한 많은 사람들은 미래에 더욱 강력한 부족주의의 경향이 나타날 것이라고 예측한다. 새롭고 치명적인 기술에 의해 더욱 강력해지고, 인구 증가와 환경 문제라는 폭발성을 지닌 전후 배경 속에서 내전, 국경을 넘어선 인종 간 갈등, 테러리즘 등과 같은 부족주의가 기승을 부리게 된다는 것이다. 따라서 로버트 캐플란은 "민족국가의 격자판은 삐뚤빼뚤 울퉁불퉁한 도시국가, 작고 초라한 조각 국가, 애매모호하고 무정부주의적인 지역주의로 대체될 것"이라고 예측했다. 사병(私兵)과 마약밀매조직이 번성하고 '범죄적 무정부상태'가 '진정한 전략적 위험'으로 떠오르게 될 것이다.

두 번째 시나리오에서 문제는 혼란이 아니다. 오히려 무시무시한 형태의 질서이다. 이 질서는 부분적으로 맥월드를 살아 움직이도록 만드는 다국적 기업들과 전 세계를 훑고 돌아다니는 금융가들에게서 발산되고 있다. 그들은 그 어느 국가도 아닌 오직 이익 자체에만 충성을 맹세한다. 그리고 그들은 국제통화기금IMF이나 세계 무역 기구WTO와 같은 초국가적 조직에 그들의 가치를 불어넣는다. 그리고 이러한 조직들에서 뻗어 나온 덩굴손들은 슬금슬금 국가의 자결권을 감싼 다음 천천히 옥죄어 질식케 한다. 이러한 관점에서 볼 때 IMF, WTO, UN, NAFTA 등 다양한 알파벳 머리글자로 이루어진 이 초국가적 조직들은 앞으로 도래할, 국가 주권을 짓눌러 없애버리는 전지구적 권력의 전조인지도 모른다. 일부 과격한 기독교 근본주의 일파의 종말론적 관점에 따르면 그와 같은 조직들이야말로 문자 그대로 적그리스도Antichrist를 대리하는 존재이다.

혼란을 두려워하는 유파와 질서를 두려워하는 유파들 사이의 한 가지 차이점은 후자가 더욱 제정신이 아니라는 것이다. 그들은 이를테면 전혀 상관없는 거무튀튀한 헬리콥터가 상공을 떠도는 것을 보고 UN에서 보낸 공격용 전투기라고 호들갑을 떨어대는 경향이 있다.

우리는 미치광이들보다는 제정신을 가진 보통 사람들을 미래에 대한 좀 더 신뢰할만한 안내자로 삼아야 할 것이다. 그런데 상황은 오히려 정반대이다. 만일 역사가 어느 정도 정확한 안내자가 될 수 있다면 오늘날 민족국가에 집중되어 있는 권력 중 상당부분이 국제 조직으로 이전될 것이다. 세계 정부(government, 하나의 중앙집권적, 전지구적 권력기관)가 도래할 수도 있고, 그렇지 않을 수도 있다. 그러나 세계 통치governance라고 부를 만큼 확고한 무엇인가는 예정되어 있다. 우리는 세계 통치가 인류의 운명이라고, 사람들 사이에서 벌어진 수천 년에 걸친 넌제로섬 원리의 자연스러운 귀결이라고 말할 수 있다.

그렇다고 해서 '혼돈chaos'을 주장하는 유파가 완전히 틀렸다는 것은 아니다. 실제로 적어도 두 가지 측면에서 역사는 혼란을 보장하고 있다.

첫째, 혼돈 시나리오의 일부인 '분열'과 '부족주의'가 실제로 증대되고 있으며 앞으로도 역시 증대될 것이다. 사실상 지구상의 자치적 정치 단위의 어마어마한 순수 감소폭(600,000개에서 193개로 감소)은 최근 역전되고 있는 상황을 감추고 있다. 지난 세기 동안 정치 단위의 수는 실제로 증가했다. 그러나 이 사례 및 '부족주의'의 다른 사례들은 세계 통치라는 개념과 양립할 수 있을 뿐만 아니라 사실상 불가분의 관계이며 그 개념에 통합되어 있는 한 부분이다.

둘째, 혼돈 시나리오의 핵심부에 있는 혼돈은 누군가의 상상력의 소산인 허구가 아니다. 오히려 곧 살펴보게 되겠지만 이 세계를 정치 조직화의 최종 단계, 세계 수준에서의 조직화 단계로 밀어붙이는 것이 바로 이 혼돈이다.

통일성의 논리

궁극적으로 세계 정부가 승리를 거둘 것이라고 예상하는 이유는 다음과 같은 세 가지 관찰 결과에 기초하고 있다. (1) 통치의 지리적 범위는 언제나 시장이나 도덕 규칙만으로 풀 수 없는, 새롭게 떠오르는 넌제로섬 문제들을 해결하는 데 필요한 수준으로 확장되어 왔다. (2) 오늘날 대두되고 있는 수많은 넌제로섬 문제들은 초국가적 수준의 문제들로 수많은, 어떤 경우에는 모든 국가들이 관여되어 있다. (3) 이와 같이 점차로 중대되는 넌제로섬 원리의 범위 이면에는 기술이라는 힘이 도사리고 있으며 이 힘은 당연히 점점 강화될 것이다.

중세 중기의 유럽에서 상업 활동이 지역적 경계를 넘나듦에 따라서 오랜 시간에 걸쳐 천천히 일어났던 경제적 회복에 대해 생각해보자. 독일의 도시들 간 거래는 해적과 도적떼로부터 위협을 받게 되었다. 그러자 독일 도시의 상인들은 한자동맹을 결성함으로써 이 문제를 해결했다. 이는 완전히 성숙한 단계의 국가 정부라고 할 수는 없지만 그럼에도 일종의 통치 형태라고 볼 수 있다. 그동안 유럽의 다른 곳에서는 왕이 나서서 분쟁을 억제하고, 법을 조화롭게 만들고, 민족국가를 건설함으로써 상업의 경로를 원활하게 만들었다. 여기에 작용한 것은 바로 일반적인 법칙이다. 상업

360 **1부 인류의 역사**
NONZERO

이 확장되면서 더욱 더 많은 사람들을 그 그물 안으로 끌어들이고, 그 사람들에게 있어서 이 그물망을 마찰이나 분열로부터 보호하는 것이 공동의 이익이 되도록 만드는 것이다.

오늘날 상업이 민족국가의 국경을 범람함에 따라 잠재적 마찰과 분열의 요소들이 많이 생겨나게 되었다. 그 중 하나는 무역 분쟁으로, 이것은 무역 전쟁으로 비화될 수 있는 위협을 함축하고 있다. 또 다른 요소는 1990년대 아시아의 금융 위기에서 드러난 '투명성transparency'의 부족, 즉 겉보기에 건강해 보이는 국가에 관한 적절한 금융 자료의 부족이다. 이러한 단점은 결국 공황상태에 빠진 외국 자본의 파괴적인 유출을 가져올 수 있다.

이 두 문제는 모두 넌제로섬 이익에 대한 '신뢰' 장벽을 올리는 작용을 한다. 그리고 신뢰의 장벽은 일반적으로 통치governance에 의해 무너지게 된다. 떠오르는 세계 통치 조직 중에서 이러한 특정 신뢰 문제를 다루는 곳이 바로 WTO와 IMF이다. WTO는 마치 한 국가의 법원이 기업들 사이의 분쟁을 해결하는 것처럼 무역 분쟁을 다스린다. (비록 WTO의 경우 법원에 비해 구속력 있는 권위가 부족하지만.) IMF는 금융 위기에 직면한 국가에 돈을 빌려줌으로써 공황 상태를 막고(이는 국가의 예금 보험deposit insurance에 비할 수 있다) 그에 대한 대가로 건전한 금융 관리와 정직한 회계 관리, 즉 투명성을 요구한다.

이러한 조직들을 모든 자유 국가들에 대한 위협의 씨앗으로 보고 WTO를 '비밀 사법 재판소'로 매도하는 민족주의적 광신도들을 비웃기는 쉬운 일이다. 적어도 지금까지는 'IMF'나 'WTO' 배지를 단 관료들이 여러분의 집을 수색한 일이 없기 때문이다.

그러나 만일 이러한 조직들의 진정한 권위가 국가들 사이에서 증대되는 넌제로섬 관계에 대한 반응으로 생겨난 것이라면, 그리고 기술 발달이 이러한 경향을 계속 떠받칠 가능성이 높다면, 굳이 과격한 공상가가 아니더라도 점점 더 많은 권위가 이러한 지구 전체 수준의 조직으로 이동해갈 것이라고 예측할 수 있을 것이다. 실제로 아시아의 금융 위기는 세계의 상호의존성을 상기시켜줌으로써 과격한 공상가가 아닌 사람들, 이를테면 연방 준비제도 이사회의 의장과 같은 사람들로 하여금 더욱 강력한 국제적 권위를 요구하도록 만들었다. 〈뉴욕타임즈〉는 아시아 금융위기 이후의 일반 통념을 다음과 같이 요약했다. "오늘날 점점 통합되고 있는 세계 경제가 금융의 감시자나 훈계자, 중재자 그리고 '최후의 대부자the lender of last resort' 역할을 해줄 초국가적 조직 없이도 잘 굴러갈 것이라고 생각하는 자들은 오직 가장 독단적인 이론가들뿐이다."

감시자나 훈계자, 중재자, 최후의 대부자 등은 그리 큰 힘을 휘두르는 역할로 보이지 않는다. 그러나 '최후의 대부자'가 된다는 것은 사실상 보조금을 지급하는 것이고 이 보조금에는 권력이 뒤따른다. 실제로 미국 정부가 각 주에 발휘하는 권력 중 상당 부분은 법적인 강제 보다는 보조금에 따르는 부대조건에 기인한다. 아시아 금융 위기 이후 개혁에 대한 IMF의 주된 계획 역시 이러한 정부의 통제 모델을 뒤따른다. 그 모델에는 최후의 대부자로서의 더욱 강력한 역할과 더불어 더욱 엄격한 부대조건, 즉 금융 투명성의 확대, 더욱 엄격한 재정적 규율, 은행에 대한 더욱 밀접한 규제 등이 포함되었다.

아시아의 금융 위기가 잦아들자 이 계획의 더욱 야심찬 측면은 약간 기세가 꺾이기 시작했다. 그렇다고 하더라도 1999년 봄에 IMF는 투명성과 긴축에 대한 IMF의 기준을 충족하는 국가들이 위기 상황에 이용할 수 있는 영구적인 '긴급 자금 지원 제도contingent credit line'를 설립하는 데 합의를 이루었다. 이와 같은 구제 조치를 받을 자격을 갖춘 국가들은 외국 자본을 끌어들이기가 훨씬 쉬워질 것이므로 이는 국가들이 IMF의 검열을 통과하고자 노력할만한 충분한 동기를 부여할 수 있다. 따라서 '긴급 자금 지원 제도'는 비록 별것 아닌 것 같아도 IMF 권력의 체계적인 확장으로 이어질 수 있다.

그리고 초국가적 대부 제도가 비록 그 영향력이 임시적인 것이라고 하더라도 그 대출이 간절히 필요한 국가 입장에서는 매우 위압적인 것으로 느껴진다는 것을 기억해야 한다. 1998 발행된 아시아판 〈월스트리트저널〉의 대목을 되새겨보자. "곤경에 빠진 기업의 지배지분을 사들일 기금을 조성하고자 하는 한국 정부의 계획에 대한 세계은행의 반대 계획이 아마 이 문제의 향방을 결정할 것이다." 한국으로서는 이와 같은 영향력이 초국가적 권위로 느껴질 것이 틀림없다.

그리고 넌제로섬 문제를 해결하는 조직이 처음에는 느슨한 형태로 시작되지만 나중에는 더욱 단단하고 확고한 모습을 갖추어간다는 역사적 사례들을 기억하도록 하자. 19세기에 다양한 이탈리아의 주들은 관세 계획을 서로 조율함으로써 경제적 통합을 심화시켰다. 그리고 이 과정은 궁극적으로 국가 수준의 정치 단위로 나아가는 길의 초석이 되었다. WTO가 궁극적으로 무엇이 될지 누가 알겠는가?

이것은 어떤 면에서 볼 때 어리석은 비교일지도 모른다. 경제가 19세기 이탈리아의 통합에 독자적으로 영향을 미친 요소는 아니었다. 외부의 권력(오스트리아)에 대한 증오감 역시 넌제로섬 유대를 이루어내는 데 크게 기여했다. 그런데 세계 통치 조직의 진화에서는 바로 그런 증오의 요소를 기대하기는 어렵다. 지구를 침략할 가공할 외계인들이 다가올 기미를 보이지 않으니 말이다.

실제로 무대 배경으로 드리워진 위협이라는 형태든 무대 전면에 나선 실제 상황이든, 전쟁이라는 요소 없이 정치적 통합이 이루어진 경우는 이탈리아나 독일 역사는 물론 역사 전체를 놓고 보아도 찾기 힘들다. 아니, 선사시대라고 하더라도 마찬가지이다. 우리가 살펴본 바에 따르면 사회조직이 추장사회라는, 마을을 넘어선 수준으로 이동할 때 '항상'이라고 말할 수 없더라도 많은 경우에 전쟁이 관여했다. 어떤 경우에 그 전쟁은 국지적으로 일어났다. 어느 마을의 추장이 다른 마을을 정복하여 추장사회를 세우는 식이다. 그런데 —세계 통치 조직이 출현하는 방식으로서 우리가 희망할만한— 덜 고압적인 방식으로 합병이 이루어진 경우에는대개 추장사회의 울타리 바깥에 외부의 적이 나타난 경우였다.

미국이 느슨한 연합confederation 상태에서 진정한 국가로 변모한 것이 평화 시에 이루어졌던 것은 사실이다. 그러나 일단 연합의 문턱을 넘도록 밀어붙인 것은 바로 전쟁이었고 또한 미래의 전쟁이라는 위협이 〈연방주의자들의 논문집Federalist Papers〉에 기술된 것처럼 중앙집권에 대한 합의를 도출하도록 유도했다.

간단히 말해서 만일 외계인이 지구를 침공하지 않는데도 확고한 초국가적 통치 제도에 이르게 된다면 그와 같은 변화는 전례를 찾아볼 수 없는 일이다. 그러나 그럼에도 그와 같은 가능성을 배제할 수 없는 두 가지 중대한 이유가 있다.

한 곳으로 끌어당기기

먼저 오랫동안 전쟁 또는 전쟁의 위협이 없는 상태에서 거대하고 자발적인 정치적 통합이 이루어진 예가 거의 없는 것은 사실이다. 그러나 우리가 아는 한, 오랫동안 전쟁 또는 전쟁의 위협이 없었던 적이 거의 없다는 것 역시 사실이다. 경제적 논리가, 설사 집단적 반감이라는 지지물 없이도 독자적으로 통합을 이뤄낼 수 있을 만큼 강력한 것으로 입증될지 누가 알겠는가? 설사 공동의 적이 사람들을 한 곳으로 밀어주지 않더라도 어쩌면 사람들은 여유를 가지고 스스로 한 곳으로 서로를 끌어당겨 모이게 될 수도 있다. 시간은 더 걸리겠지만 확고한 방식으로 말이다.

오늘날의 유럽연합이 그 좋은 사례가 될 수 있다. 유럽연합은 처음에는 어떤 면에서 북미자유무역협정(NAFTA)과 비슷한 자유무역지대의 형태로 출범했다. 그런데 오늘날 유럽연합이 얼마나 큰 힘을 휘두르고 있는지 한번 보라. 1996년 광우병에 대한 공포가 야기되자 유럽연합은 영국의 쇠고기 수출을 금지했다. 단지 유럽연합의 회원국에 대한 수출뿐만 아니라 세계 모든 국가들에 대한 수출을 전면 금지했다! 유럽연합이 당연한 일로서 처리해온 다른 몇 가지 사례들을 살펴보자면, 회원국이 이란산 피스타치오(천연 발암물질을 높은 농도로 함유하고 있는 것으로 의심됨)의 수입하는 것을 금지했고, 회원국들이 발기불능치료제 비아그라의 판매를 허가하는 것을 용인했다(아니, 사실상 종용했다).

만일 어느 국가가 쇠고기를 어디로 수출할지, 어떤 피스타치오를 먹어야 되는지, 발기가 되지 않는 국민들에게 어떤 치료법을 권할지를 스스로 결정할 수 없다면 이미 그 국가는 예전의 관점에서 볼 때 완전한 주권국가라고 보기 어렵다. 어떻게 이런 일이 일어났을까? 어떻게 해서 단지 자유무역지대에 불과했던 것이 이렇게 단 시간에(적어도 반세기) 피스타치오를 수입해라 말아라 결정을 내리게 된 것일까? 어떻게 유럽석탄철강공동체 European Coal and Steel Community가 유럽공동체European Community로, 그 다음 유럽연합European Union으로 탈바꿈하게 되었을까? 사실 그 변환은 놀라울 정도로 논리적이다. 하나의 넌제로섬 게임이 다른 넌제로섬 게임을 이끌고 그것이 또 다른 넌제로섬 게임을, 또 다른 넌제로섬 게임을 이끌어내는 식으로 이루어졌던 것이다. 이 논리는 이렇듯 점점 불어날 만하다. WTO 역시 일부 측면에 있어서 EU의 전철을 밟아갈 조짐이 보이고 있으니 말이다.

첫째, 국가들이 서로 거래한다.(넌제로섬 게임 제1번) 그 다음 국가들은 쌍방이 관세를 내림으로써 서로 더 큰 이익을 볼 수 있음을 깨닫는다.(넌제로섬 게임 제2번) 그런 다음 어떤 행위가 이러한 합의를 어기는 것으로 간주될지를 놓고 벌어지는 분쟁을 억제하는 것이 모두에게 이익이 될 것이라고 판단하고, 그리하여 분쟁을 해결할 수 있는 수단을 마련한다.(게임 제3번) 이렇듯 미완성된 초기 단계의 사법 제도를 형성하면서 관세 및 무역에 관한 일반협정General Agreement on Tariffs and Trade이 WTO로 변모하게 되었다.

그런데 심판권adjudication은 다루기 힘든 문제를 수반한다. 예를 들어서 눈에 보이지 않는, 가려진 무역 장벽은 어떻게 다룰 것인가? 만일 어느 국가가 바다거북을 죽게 만드는 그물로 잡은 새우를 수입하는 것을 법으로 금지한다면 이것은 겉으로 내세우는 대로 진정 환경법일까? 아니면 그럴듯한 가면을 쓴 보호무역주의일까? EU와 WTO 둘 다 이러한 문제에 개입한다. 그리하여 WTO는 미국에게 몇몇 아시아 국가들로부터 새우 수입을 금지하는 법의 시행을 중단하라고 권고했다. 이론적으로 볼 때 미국은 그 지시를 무시해버릴 수 있다. 미국이 권고를 무시해버리면 WTO가 할 수 있는 일이라고는 피해를 입은 국가들이 미국에 보복 관세를 물리는 것을 승인하는 것뿐이다. 그러나 사실 그 국가들은 굳이 WTO의 축성을 받지 않더라도 보복 관세를 물릴 수 있다. 그러나 미국의 입장에서는 그동안 WTO의 관리에 의해 많은 혜택을 입었기 때문에 WTO의 권고를 존중하는 데 자신의 이익이 걸려있다. 바로 이것이야말로 세계 통치의 이면에 있는 아이디어이다. 개별적 참여자들이 자발적으로 권위에 복종하는 것이 넌제로섬 문제를 해결함으로써 예상되는 비용보다 더 큰 이익을 가져다주는 것이다. 이러한 순이익이 바로 WTO의 관리가 순수한 관행을 통해서든 아니면 새로운 법을 통해서든 더욱 구속력을 갖게 될 것이라고 내다보는 이유이다.

초국가적 통치가 국가간의 상업을 원활하게 만듦에 따라서 더욱 많은 문제들이 계속해서 발생한다. 만일 개별 국가들이 서로 다른 식품검사법 및 식품표기법을 가지고 있다면 이것은 범유럽 식품 가공업자들과 소비자들의 삶을 더욱 복잡하고 비용이 많이 들게 만드는 것이 아닐까? 뿐만 아니라 개별 국가들이 각기 다른 식품법을 가지고 있다면 이 법이 암암리에 무역장벽으로 작용하게 되지 않을까? 프랑스의 농부들은 포르투갈의 식품 제조 공정을 기준미달로 간주하고 '치즈'의 정의를 너무나 엄격하게 규정해서 일부 수입품에 치즈라는 꼬리표를 붙이지 못하도록 하는 법안을 지지하지 않을까? 그 모든 점을 고려할 때 균일한 식품법이 상품의 가격을 낮추고 모든 사람들의 업무를 간소화할 수 있지 않을까? "그렇다"라고 EU는 대답하고(게임 제4번) 그 결과 새로운 기능을 획득하였다. ("그렇다"

라고 미국 역시 20세기 초에 결론 내렸다. 주 사이의 거래량이 늘어나면서 그와 같은 규제 기능이 주에서 연방정부 수준으로 이관되었던 것이다.)

유럽이 이미 보여준 것과 같이 연쇄적으로 일어나는 넌제로섬 게임이 규제 및 사법권의 이전 단계에서 끝날 필요는 없다. 국가 간의 상업 활동이 증대됨에 따라 각 국가의 개별적인 통화가 거추장스러운 것이 되었다. 환전 비용이 있고, 환율의 불확실성이라는 성가신 문제도 있다. 유럽 전체가 하나의 통화를 사용한다면 모든 유럽 국가들이 이익을 볼 수 있지 않을까? "그렇다"고 EU는 결정했다. 그러나 단일 통화는 하나의 중앙은행을 의미한다. 따라서 각 국가들은 각자의 자치적인 중앙은행을 포기하고 좀 더 상징적인 의미에서 각자의 통화(또는 영국에서 적절히 표현한 것처럼 각자의 주권)을 포기하게 되었다. 이렇게 국가들이 화폐 정책에 대한 통제권을 넘겨주게 된 단계에서 국가들의 느슨한 연합체와 명백한 연합confederation 사이의 경계를 넘어선 것이라고 볼 수 있다.

그렇다고 그것이 전부는 아니다. 유럽의 통합은 처음부터 전적으로 경제적인 목적만 염두에 두고 진행된 것이 아니었다. 그것은 '평화를 도모'하는 방법의 하나로 간주되었다. 전쟁으로 발기발기 찢어진 대륙을 경제라는 접착제로 하나로 붙여서 전쟁을 생각할 수 없는 상태로 만드는 것이다. (이 계획은 지금까지 효과를 거둔 것으로 보인다.) 그러나 여전히 국가들의 연합 뒤에는 순수한 경제적 논리가 존재한다. 유럽의 기업들이 연합을 추진하고 주식 시장이 연합의 탄생에 갈채를 보낸 것도 그 이유 때문이다. 실제로 유럽이 화폐를 통일시키자마자 〈이코노미스트〉는 "하나의 세계, 하나의 화폐"라는 제목의 기사를 발표했다. 이 기사는 이와 유사한 강력한 경제적 논리가 세계적 화폐 통합의 이면에 자리 잡고 있음을 암시했다.

이 기사는 그와 같은 목적이 단기적으로 볼 때 정치적으로 불가능하며 일부 경제학자들은 이것이 순수하게 경제적인 측면에 있어서도 지혜로운 일인지 의심을 보였다. 그러나 아시아의 금융 위기 이후 환율이 요동을 침에 따라서 아르헨티나와 멕시코에서 미국 달러를 공식 통화로 채택하는 것에 관한 진지한 논의가 벌어졌다.

전체적으로 볼 때 EU의 교훈은 이것이다. 국제 거래는 자기재생적인 넌제로섬 원리를 통해 통치의 범위를 확장할 수 있다는 것이다. 외계의 침략자 따위는 없어도 좋다. 기술이 경제적 거리를 계속해서 좁혀감에 따라 초국가적 통치의 논리적 범위가 지구 전체를 아우르게 될 가능성을 고려해 볼 수 있다. 지금으로서는 세계의 문화적·언어적 다양성과 일부 민족들 사이의 들끓는 증오심을 생각할 때, 이런 가능성은 상상하기 힘들지도 모른다. 그러나 이 점을 기억하라. 만일 90년, 아니 60년쯤 전에 당신이 언젠가 프랑스와 독일이 같은 통화를 사용하게 될 것이라고 예언한다면 사람들의 반응은 이랬을 것이다. "그래? 어느 나라가 어느 나라를 정복한다는 거지?"

한 곳으로 밀어붙이기

잔악무도한 외계인들의 침략이 세계 통치global governance의 필요조건이 아니라고 하더라도 이들의 존재가 엄청난 시간을 절약해줄 수는 있을 것이다. 이론상 순수한 경제적 힘이 사람들로 하여금 그들 사이의 작은 차이를 —차이가 설사 크더라도— 밀쳐놓도록 할 수 있다고 하더라도 사람들을 뭉치게 하는 데에는 공통적으로 부과되는 생명의 위협만한 것이 없다.

흔히 그렇듯, 서력 2천년의 막바지에 이르러 적대적인 외계인에 버금가는 위험요소들이 고개를 내밀고 있다. 하나의 임박한 공격이 아니라 수많은 새로운 위협들이 합쳐져서 거대한 전지구적 안보 문제가 되고 있는 형편이다. 여기에는 테러리스트(이들은 나날이 더욱 가공할만한 무기로 무장하고 있다)에서 새로운 종류의 초국가적 범죄인(이들 중 상당수는 본질적으로 초국가적인 영역, 사이버스페이스에서 범죄를 저지르고 다닌다), 환경문제(지구온난화, 오존층 고갈, 그밖에 수많은 지역적이긴 하지만 역시 초국가적인 문제들)에서 보건문제(현대적 교통망을 타고 번개같이 돌아다니는 전염병들)에 이르기까지 다양한 문제들이 포함된다. 이들 중 어느 것도 외계의 침략자만큼 사람들을 전율시키지는 못하겠지만, 모두 매우 두려운 문제이며 어떤 면에서든 초국가적 통치 가능성을 암시하고 있다. 이들은 수많은 국가들에 오직 협력을 통해서 가장 잘 극복할 수 있는 공동의 위협을 부과하고 있다.

이러한 현상은 마침 시기적절하다. 경제적 조직화가 전지구적 수준에 이르고 통치 범위 역시 그 수준에 이를 것이라는 미약하나마 징후를 보이는 상황에서 역사적으로 통합과 통치의 주된 촉매(외부의 적)가 명백하게 사라졌다. 한편 수많은 넌제로섬 문제가 나타나 마치 외부의 적과 같은 역할을 수행하고 있다. 이 문제들은 사람들을 공동의 목표를 위해 한 곳으로 끌어 당긴다기 보다는 공동의 재앙을 피해 달아나도록 한 곳으로 밀어붙인다.

여러분은 이미 일부 새로운 통치 구조가 출현하는 것을 목격할 수 있다. 이들은 아직 빈약하고 보잘것없지만 그 미약함 속에 싹트고 있는 미래의 힘을 들여다볼 수 있다. 화학 무기 금지 협약(Chemical Weapons Convention, CWC)을 생각해보자. CWC는 국제기구에 어느 회원국의 명령에 따라 다른 어떤 회원국이든 예고 없이 사찰할 수 있는 권력을 부과했다. 1997년 미국 상원은 이 협정을 비준하기에 앞서 토론을 벌였다. 협정에 대한 비판자들은 미국의 주권 상실을 경고했다. 그에 대한 대응으로서 협정의 옹호자들이 협정안의 약점을 강조함으로써 스스로를 곤란한 입장에 빠뜨렸다. 만일 사찰관이 미국 국민의 차고를 수색하려고 한다면 미국 정부는 일단 그 활동을 지연시킬 수 있고 그 수색이 헌법을 위반하는 것으로 보일 경우 활동을 방해할 수 있다는 것이다. 이는 아마도 사실일 것이다. 그러나 만일 다른 나라들도 똑같은 방식으로 나온다면 CWC의 가치의 상당 부분을 차지하는 다른 국가에 대한 사찰을 요구할 수 있는 권리가 시궁창으로 내던져지게 된다. 그리고 만일 미국이 그 가치를 실현하고자 한다면, 즉 미국이 다른 나라들로 하여금 좀 더 주권을 양보하도록 하고 싶다면 먼저 자신의 주권을 좀 더 내놓아야 할 것이다. 그것이 바로 이 게임의 법칙이다.

그렇다면 문제는 더욱 강력한 시찰단이라는 가치가 주권을 일부 잃게 되는 값을 치를만한 가치인가 하는 것이다. 그리고 그 대답은 거의 확실하게 "그렇다"이다. 무기 제조 방법을 포함한 기술 정보의 확산은 언제나 '장기적'으로는 막을 수 없는 것으로 드러났다. 그리고 새로운 매체, 특히 인터넷은 '장기'를 '단기'로 만들고 있다.

사실 화학무기는 진짜 큰 문제가 아니다. 어마어마한 규모의 대량살상무기들 앞에서 화학무기들은 상대도 되지 않는다. 2020년쯤이면 두둑한 자금줄을 확보한 테러리스트 집단이라면 어느 도시에서든 5만 명 정도의 목숨을 가볍게 앗아갈 수 있는 방법을 손에 넣게 될 것이라는 예측을 낳게 하는 것은 바로 생물무기와 핵무기이다.

생물무기는 핵무기에 비해 만들기도, 숨기기도 훨씬 쉽다. 생물무기의 감시를 위해 필요한 주권의 침해 수준은 오늘날의 기준으로 볼 때 충격적이다. 모든 종류의 산업 및 의료 시설이 감시를 받게 될 것이다. 특정 장비를 개인이 소유하는 것 역시 금지될 것이다. 그리고 예고 없는 불시 사찰이 필요하게 될 것이다. 어떤 초국가적 기구의 요원이 당신의 지하실이나 부엌의 냉동고를 조사하겠다고 요구하는 상황은 오늘날 대부분의 미국인에게는 상상조차 할 수 없는 것으로 여겨진다. 설사 각 지역의 경찰이 따라와서 요원들이 권리를 남용하지 않도록 감시한다고 하더라도 말이다.

그러나 커다란 충격은 생각조차 할 수 없다고 여겨지던 것을 널리 생각하도록 만들어왔다. 제2차 세계대전 와중에 역사학자인 아놀드 토인비가 미국 뉴저지주의 프린스턴에서 몇몇 저명인사들을 만나서 전후 세계에 대해 논의했다. 회합이 끝날 무렵 토인비는 존 포스터 덜레스(나중에 공화당 정권에서 국무장관을 지낸 골수의 보수주의자)에게 세계 정부가 꼭 필요한 것임을 확신시켰다. 덜레스는 다음과 같은 그 모임의 결론에 서명했다. "기독교인으로서 우리는 이 세계가 다가가고 있는 상호의존성의 도덕적 중요성을 선언해야 한다. 세계는 점점 하나의 공동체가 되고 있으며, 이 공동체를 구성하는 국가들은 더 이상 '주권'이나 '독립'을 행사할 도덕적 권리를 갖지 못한다. 주권이나 독립은 이제 다른 이들에게 가해지는 피해를 고려하지 않고 행동할 법적 권리에 지나지 않는다."

그리고 제2차 세계대전은 보통의 미국인에게 있어서 생물학적 무기만큼 무서운 것이 아니었음을 기억하자. 1942년에는 미국의 모든 도시에서 아무런 예고 없이 시민들이 떼죽음을 당할 가능성은 없었다. 일단 이런 위협이 현실화되자 상당한 정도의 주권의 희생은 앞으로 제안될 다른 덜 극단적인 해결책들과 어깨를 나란히 하게 되었다. (덜 극단적일 뿐만 아니라 비교적 온화한 해결책일 수도 있다. 특정 집단, 이를테면 이슬람교도들을 박해하게 될 가능성은 지금으로서는 터무니없는 이야기처럼 들릴지 모른다. 그러나 제2차 세계대전 중에 일본계 미국인들을 억류했던 사실을 기억해보라. 차라리 초국가적 통치가 낫지 않을까?)

수많은 넌제로섬 문제들이 동일한 논리를 보여준다. 기본적인 기술 경향이 이 문제들이 갈수록 중대되는 것을 확실하게 만들어준다. 그리고 이 문제들의 궁극적 해결은 초국가적 통치의 실질적인 확대뿐이다. 항생제 처방에 대한 국제적 법률? 물론 가능하다. 항생제를 함부로 사용하는 것이 어떤 비행기든 잡아타고 세계 방방곡곡으로 퍼져 나갈 수 있는 슈퍼박테리아 변종을 만들어낸다면 말이다. 바다 생물의 남획을 제한하기 위해 어떤 어선이든 무작위적으로 조사하고 엄격한 벌금을 부과하기? 물론 가능하다. 고기의 씨가 말라가고 있지 않은가? IMF의 통제력을 오늘날 각국 정부가 가지고 있는 통제력 수준으로 확대하기? 세계적 불황이 닥친 후라면 얼마든지 생각해볼 문제이다.

그리고 물론 여기에는 국가 주권을 약화시키는 악명 높은 주범인 사이버스페이스가 있다. 사이버스페이스는 세금을 회피하고자 하는 역외 조세 피난자, 역외 정보테러리스트infoterrorist, 역외 저작권 침해자, 역외 진보주의자들에게 힘을 실어준다. (그리고 범인은 역내에 있으면서 단지 역외의 컴퓨터를 사용하는 경우도 많다.) 국가들은 점점 더 많은 법에 있어서 다른 국가들과 법의 집행, 심지어 법 그 자체를 조율하지 않고서는 시행하기 어려운 상황을 맞닥뜨리게 될 것이다.

하나하나 개별적으로 볼 때 초국가적 통치의 다양한 층들은 그다지 대단한 것처럼 보이지 않을지도 모른다. 그러나 이들이 한데 합쳐지면 얘기가 달라진다. 우리는 어떤 문제가 강력한 초국가적 해결책을 찾게 될지 확실히 예측할 수 없다. 그러나 좀 더 광범위한 예측은 가능하다. 기술의 진화가 지금까지 언제나 해왔던 넌제로섬 원리를 확장하고 심화시키는 일을 계속 해나감에 따라서 초국가적 통치가 자리잡아나가게 될 것이다.

결국 '혼돈'과 '질서' 시나리오는 일종의 화해에 도달하게 될 것이다. 완전히 새로운 종류의 혼돈이 생겨나겠지만 이 혼돈은 세계를 정치적 조직화의 새로운 수준으로 이끌 것이며 이 조직화가 제대로 되어간다면 결국 질서를 낳게 될 것이다. '혼돈' 이론가들이 깨닫지 못하는 점은 혼돈은 단지 넌제로섬 문제이며 사람들은 이 문제를 해결하는 데 능숙하다는 사실이다.

부족주의

일부 혼돈 이론가들은 현대의 '부족주의'에 대하여 왜곡된 시각을 가지고 있다. 그들은 혼란을 야기하는 '부족' 하나가 생겨나 힘을 발휘할 때마다 수십에 이르는 무해한 '부족'들이 출현하여 결국 이러한 부족들이 새로운 세계의 질서를 가져오게 될 것이라는 점을 깨닫지 못하고 파괴적 측면에 초점을 맞추어 야단을 떨어댄다.

그 이유를 알아보기 위한 첫 번째 단계는 부족주의의 주된 원동력이 통신 기술이라는 점을 상기하는 것이다. 자신이 아일랜드사람이라는 사실에 대한 긍지가 강한 아일랜드인을 위해서 아일랜드어 국영 텔레비전 방송국 Teilifís na Gaelige이 있다. 그리고 퀘벡의 분리주의자에서 북부 이탈리아, 프랑스 코르시카 섬의 분리주의자에서 스페인, 프랑스의 바스크Basque 분리주의자에 이르기까지 거의 모든 부족들은 인터넷을 이용해서 그들의 활동을 조율해나간다.

언어나 종교나 문화적 역사로 결속된 이처럼 오래된 '부족'들이 이용한 것과 동일한 정보 기술을 정치에서 여가활동에 이르기까지 공동의 이해 및 관심으로 결속된 새로운 종류의 '부족'들 역시 이용하고 있다. 이러한 경향은 인터넷이나 케이블 TV가 등장하기 훨씬 전부터 시작되었다. 1960년대 초부터 컴퓨터에 의한 대량 메일이 조직을 결성하는 비용을 크게 낮추자 미국 은퇴자 협회American Association of Retired Persons와 같이 한 때 두드러지지 않았던 집단이 정치적으로 큰 힘을 지닌 세력으로 떠오르게 되었다.

그 이후 탁상편집을 비롯한 소형 컴퓨터 기술이 조직화의 문턱을 어찌나 낮추었는지 조직화하지 못할 이해집단이 없을 지경이 되었다. 회원 자격이 네브래스카에 사는 베티라는 이름을 가진 여성으로 제한되는 네브래스카 오리지널 베티 클럽Nebraska's Original Betty Club은 유행에 뒤떨어져버린 이름에 대한 존중을 드높이고자 하는 단체이다. '타이타닉 기독교 청장년회Christian Boys and Men Titanic Society'는 "여성과 어린이를 먼저 구해야 한다는 개념에 헌신하는" 단체이다. '미국 비만자 수용 촉진 협회National Association for the Advancement of Fat Acceptance"는 무얼 하는 단체인지 이름만 들어도 알 수 있을 것이다.

장거리 접촉에 드는 비용이 낮아짐에 따라 점점 더 많은 '부족'들이 초국가적 형태를 띠게 된다. 〈월스트리트 저널〉에 따르면 1990년대에 "두통의 위상을 높이기 위해" 설립된 '유럽 두통 연맹European Headache Federation'은 "두통 관련 전화번호부Headache Yellow Pages"를 출판했다고 한다.

수많은 초국가적 집단들이 유럽 두통 연맹보다 더 넓은 지리적 범위를 아우르고 있고 또한 더욱 큰 중요성을 띠고 있다. '에코넷EcoNet'이나 '그린넷GreenNet', 또는 이와 유사한 사이버스페이스 경로를 이용하는 환경주의자 집단들은 인터넷을 통해서 세계적 규모의 조직화를 달성한 최초의 집단들에 속한다. 로버트 캐플런과 같은 혼돈 이론의 신봉자들은 흔히 부족주의와 환경 파괴를 교란 효과로 꼽는다. 그러나 일부 부족주의의 활성을 가져온 바로 그 기술이 환경 문제를 해결하는 데 도움을 주고 있다. 새롭게 힘을 얻은 초국가적 환경부족(실질적으로 '국제비정부기구non-government organization, NGO')들은 그 자체로 초국가적 조직이며, 초국가적 수준에서 정책을 형성하고 있다. 이들은 지구온난화에서 어류의 남획에 이르기까지 다양한 환경 문제에 실질적인 영향을 미치고 있으며, 세계 각곳의 기업의 본부들 역시 이들의 존재를 체감하고 있다. '열대우림 보호 운동 네트워크Rainforest Action Network'는 미츠비시의 벌목에 항의하기 위해 전 세계의 관심 있는 시민들로 하여금 이 조직의 웹사이트를 이용해서 미츠비시에 팩스를 넣도록 종용했다. 결국 팩스기가 어마어마한 양의(아마도 나무 한 그루 분?) 종이를 뱉어내는 것에 못 이겨 이 자동차 제조업체는 팩스 번호를 바꾸고 말았다. (한편 그동안 미츠비시는 초국가적 페미니즘 부족과도 마찰을 일으켰다. 일본의 여성 단체들은 미국 일리노이 주에 있는 미츠비시 공장에서의 성추행에 항의하여 이 회사의 주주총회가 열리는 회의장 앞에서 피켓 시위를 벌였다.)

초국가적 '부족'들은 오늘날 공장의 근무 조건과 같이 한때 전적으로 국가의 정책 영역이었던 사안 역시 쥐고 흔들고 있다. 그 과정에서 그들은 통치에 반드시 정부가 관여할 필요가 없음을 보여주었다. 국제노동권기금

International Labor Rights Fund이나 인권 변호사 위원회Lawyers Committee for Human Rights, 그밖에 비정부 조직들이 의류 제조 공장에서 임금, 작업 시간, 미성년자 노동 등을 결정하는 규약을 둘러싼 협상에서 거두었던 성공을 고려해보자. 나이키, 리즈 클레어본, 빈L. L. Bean을 비롯한 의류업체들은 규약을 이행하기로 약속하고 대신 그들의 제품에 인도적인 작업 조건을 입증하는 표시를 하기로 했다. 한편 나이키는 국제스포츠용품산업연맹Federation of Sporting Goods Industries의 일원으로서 유니세프Unicef나 옥스팜Oxfam, 기독교 후원회Christian Aid 등의 NGO와 스포츠용품 제조 공장의 작업 조건을 놓고 협상을 벌였다. 그리고 남아시아 어린이노동연맹South Asian Coalition on Child Servitude은 종교 단체, 노동 단체, 소비자 단체등과의 협력을 통해서 인도의 러그 제조업체들로 하여금 예고 없이 불시에 하는 공장 사찰을 허락하도록 만들었다. 그 대신 러그 제조업체들은 그 러그가 해당 지역의 최저 임금 이상의 급료를 받는 성인에 의해 만들어진 것임을 입증하는 '러그마크Rugmark'를 붙일 수 있게 하였다.

보시다시피 이것은 정부가 아니다. 선거로 뽑힌 관료도, 국민의 세금도 관여하지 않는다. 그러나 이러한 행위가 효력을 미치는 한도 내에서 이것은 통치이다. 상인들이 한데 뭉쳐 탄생시킨 한자동맹의 경우와 같이 말이다. 이것은 또한 전통적 사회의 급격한 산업화에서 기인한 문화적 단절과 같은 혼돈 이론의 문제 중 일부를 겨냥한 통치이다.

우리가 국제 노동권 기금이나 그와 유사한 활동의 주체에 대해 감상에 젖지 않도록 잠깐 멈춰서 냉소적인 측면도 고려해보자. 미국의 노동조합들은 해외 노동자들의 근무 조건에 대해 개탄하는 데 그다지 많은 시간을 보내지 않았다. 해외 노동자들이 그들의 일자리를 빼앗아가기 전까지는 말이다. 그러나 오늘날 해외 노동자들이 미국의 노조 회원들이 도저히 경쟁할 수 없을 정도로 낮은 임금을 받을 때마다 미국 노동조합의 지도자들은 그와 같은 조건에 깊은 우려를 보인다.

로비 활동은 언제나 이기적인 동기에 근거한 것이었다. 그것이 통치 본연의 모습이다. 좀 더 흥미로운 것은 로비 활동에서 새롭게 나타난 점이다. 그것은 바로 로비 활동이 초국가적인 성격을 띠게 되었다는 점이다. 카를 마르크스는 오늘날 별로 위대한 예언자로 간주되지 않는다. 그리고 "세계의 노동자들이여, 연합하라!"던 그의 제안은 이제 주의를 끌지 못하고 있다. (그러나 경제적 논리는 그의 예언을 어느 정도 충족시켜주고 있다.)

결국 일부 아시아인(이를테면 저임금을 받는 미성년 노동자)들을 실업 상태로 만들고자 노력하는 미국의 노동자들은 다른 아시아의 노동자들, 이를테면 초국가적 규제 아래에서 어린이들 대신 —더 높은 임금을 받으면서— 일자리를 얻게 될 사람들과 마음이 통할 것이다. 그리고 미국의 노동조합이 무역 협정을 맺는 데 있어서 노동 관련 협약을 강조할 때(미국의 노조들은 NAFTA로 하여금 멕시코의 노동자들이 노동조합을 결성할 권리를 보장하도록 요구했다) 그들은 대부분의 멕시코 노동자들과 목소리를 모아 조화로운 합창을 한다. 일반적으로 고임금 국가와 저임금 국가의 노동자들에게 있어서 저임금 국가의 임금을 올리는 것이 그들 공동의 이익이다. (저임금 국가의 대다수 노동자들이 임금 경쟁력에서 밀려 축출되는 상황이 벌어지지 않는 한 말이다. 또한 그와 같은 가능성은 그다지 임박한 위협은 아니다.)

NAFTA는 사실 그다지 의미 있는 노동 협약을 포함하지 않고 있다. NAFTA의 협약은 중도우파 연합이 장악한 미 의회를 통과했으며 따라서 구조적으로 보수적인 성격을 띠고 있다. 그러나 모든 무역 블록trade bloc이

NAFTA와 같은 성격을 띨 이유는 없다. 유럽연합은 작업 관련 규제에 깊이 관여하고 있다. 그리고 일반적으로 무역 블록은 좌파적 가치를 실현할 수 있다.

WTO가 유럽연합이 걸어간 전철을 밟게 될까? 나중에는 WTO의 회원국이 되기 위해서는 관세를 낮추는 것 이상의 것을 내놓아야만 하게 될까? 미성년자 노동법? 작업장 안전법? 노동조합 결성권 보장법? 그렇다면 환경법은? 국제 환경 조약을 준수하는 것이 WTO의 건실한 회원국으로 남기 위한 조건이 되지 않을까?

이들 중 어떤 것도 아예 생각할 수 없는 것은 아니다. 특히 미국의 좌파 세력을 비롯한 그 외 국가의 좌파들이 그와 같은 변화를 거대 기업들이 지지하는 WTO의 수정안의 조건으로 한다면 말이다. 우리는 언젠가 전 세계의 노동자들이 진정으로 연합하는 것을 보게 될지도 모른다. 마치 전 세계의 환경운동가들처럼 말이다. 경제적 평등과 경제적 효율 사이에서 어떻게 균형을 잡을 것인가와 같은 오래된 정치적 논쟁은 계속될 것이다. 그러나 이러한 논쟁은 지역적으로든 세계적으로든 초국가적 통치 주체에 의해 조정될 것이다.

실제로 우리는 1999년 누가 WTO의 차기 사무총장이 될 것인가를 놓고 벌어진 설전에서 그와 같은 가능성을 일별했다. 〈뉴욕타임즈〉가 지적하듯 —노동 단체 및 환경 단체의 지지를 등에 업은 중도 좌파 정부 치하의— 미국은 "환경 및 노동 문제를 옹호"할 가능성이 높은 후보를 선호했다. 프랑스 역시 마찬가지였다. 비록 프랑스의 농부들은 그 후보자가 농업에 대한 장려금에 엄격한 입장을 취할 것이라고 두려워했지만 말이다. 어느 유럽의 외교관은 이것을 "저임금 경쟁을 두려워하는 노동자 세력이 농업의 이해관계를 뛰어넘은 상황"이라고 묘사했다. 그와 같은 이익 집단들 사이의 투쟁은 새로운 것이 아니다. 그러나 예전에는 그와 같은 투쟁에 '세계 무역기구'와 같은 이름을 지닌 기구가 개입하지는 않았다.

의미 있는 수준의 세계 통치가 도래하고 있다는 또 다른 신호는 제네바에 있는 세계 무역 기구의 본부 주변의 호텔들이 로비스트들의 소굴이 되어가고 있다는 점이다. 에트나 생명보험Aetna, 씨티은행, 국제회계사연합International Federation of Accountants 등 온갖 조직을 대표하는 로비스트들이 이곳에 진을 치고 있다. 강력한 로비 활동은 1996년 UN의 세계 지적재산권기구World Intellectual Property Organization의 후원 하에 160개국(거의 전 세계라고 할 수 있다)사이에서 저작권 관련 협약을 이끌어냈다. 한편 국제소비자기구Consumers International를 위해 일하는 로비스트들은 UN의 코덱스 식품 표시분과위원회Codex Committee on Food Labelling로 하여금 유전자 조작 식품에 유전자 조작 표시를 하도록 촉구했다. 그 노력이 실패한 후 로비스트들은 EU와 일본이 속해있는 생물다양성협약Convention on Biodiversity이라는 초국가적 조직에 접근했다.✦

자, 이 패턴을 눈여겨보자. 초국가적 '부족'(환경 집단, 노동 집단, 인권 집단, 무역 집단, 다국적 기업)들은 혼란이 아니라 질서를 야기한다. 그들의 좁지만 오랜 영향력은 법과 규제를 전지구적 조화를 향해 움직이도록 한다. 수많은 종류의 서로 다른 세포들이 그들이 구성하는 좀 더 큰 유기체와 역설적 대조를 이루는 것이 아니듯, 이 서로 다른 부족들은 세계화와 역설적 대조를 이루지 않는다. 이 두 사례에서 모두 미세한 다양성들은 하나로 통

이 조직에서 마련한, 유전자 조작 여부를 표시하도록 하는 '생명안전성의정서'는 2000년 1월 29일 채택, 2003년 9월 11일 발효되었다──옮긴이

합된다. 이익 집단들이 관여하지 않는 한 국제적 정치 조직이 진정한 세계 수준에 도달할 수 없다. 사회적 복잡도가 깊이나 범위에 있어 증대한다고 말하는 것은 정치적 노동을 포함한 노동의 분화가 점점 더 미세하면서 동시에 광범위한 범위에 도달하는 것이라는 의미이다. 그런 의미에서 초국가적 '부족주의'는 인류 역사 전체의 자연적인 귀결이라고 할 수 있다.

악(惡)한 부족주의가 선(善)을 낳다

그렇다면 부족주의의 문자 그대로의 의미에 좀 더 충실한, 혼란을 야기하는 형태의 부족주의는 어떨까? 걸러지지 않은 강렬한 민족주의나 인종에 따른 국가의 분할은? 확실히 이런 현상들이 부활하고 있다. 냉전 상황의 종식이나 기술 발달과 같은 요소들을 고려해 볼 때 이는 그다지 놀랍지 않은 현상이다. 그런데 때에 따라서 이들은 새로운 형태의 초국가적 움직임에 휩쓸리고 있다. 1990년대에 섬의 지배권을 놓고 벌어진 국가들 사이의 분쟁이 결국 전쟁이 아니라 국제 사법재판소World Court에 의해 매듭지어진 사례가 두 건이나 있다. 그리고 1998년 르완다의 시장은 인종 학살을 부추긴 혐의로 무기징역을 선고받았다. 승리에 도취된 적의 손에 의해서가 아니라 UN 사법재판소에 의해서 말이다.

실제로 마이크로일렉트로닉스에 의해 촉발된 부족주의인 분열된 국가들조차도 새로운 세계 질서에 잘 맞아 들어가게 될 것이라고 믿을만한 충분한 이유가 있다. 퀘벡의 분리주의자들은 그들이 캐나다로부터 해방된다면 새로운 독립 국가는 즉각 NAFTA와 WTO에 가입할 것이라고 공언하고 있다. 이것은 현명한 정치적 행보가 아닐 수 없다. 퀘벡은 자신을 미국과 멕시코, 그밖의 더 큰 세계에 연결함으로써 캐나다에 대한 의존성을 희석하고자 하는 것이다. 그러나 그 동기가 무엇이었든 간에 결과는 퀘벡을 초국가적 정치조직에 더욱 단단하게 결속시키게 될 것이다.

이와 동일한 논리가 대서양의 다른 편에도 적용된다. 유럽의 화폐 통일이 이루어지기 전날 밤 발표된 투표 결과 그 어떤 나라보다도 EU를 강력하게 지지한 나라는 바로 아일랜드였다. EU의 회원국 자격은 아일랜드로 하여금 분개한 영국으로부터 어느 정도 경제적 거리를 둘 여지를 마련해주기 때문이다. 그와 동일한 이유로 유럽의 어떤 분리주의 운동이든(북부 이탈리아, 바스크, 코르시카) 만일 그들이 주권을 얻는다면 바로 그 다음날 EU의 대문 앞에 회원 가입 신청서를 가져다놓을 것이라고 예상할 수 있다.

이러한 현상을 마주하여 우리는 또 한 번 어느 쪽이 우세한 것인지 판단하는 데 어려움을 느낀다. 지하드냐, 맥월드냐? 세계는 점점 더 부족화 되어가고 있는 걸까? 아니면 더욱 더 세계화되고 있는 걸까? 아니면 이 장의 맨 앞부분으로 돌아가 보자. 자, 이 일련의 사건들을 회계장부의 차변과 대변 중 어느 쪽에 기입해야 할까? 만일 2025년에 이탈리아가 두 조각으로 갈라지되 두 쪽 모두 오늘날 존재하는 어떤 형태보다도 더욱 확고하고 강력한 초국가적 통치망에 연결된다면, 그리고 양쪽 모두 그와 같은 연결을 위해 상당한 정도의 주권을 양도하였다면, 세계의 주권을 가진 정치 단위의 수는 늘어난 것일까, 줄어든 것일까? 초국가적 통치가 강력해지다보면 오늘날 우리가 국가라고 부르는 것이 하나의 지방과 같이 느껴지게 되는 지점이 있을 것이다. 그 지점은 어디일까?

이 질문은 앞부분에서 지적된 예외적 현상을 올바로 바라보는 데 도움을 준다. 인간의 역사 대부분에 있어서 정치 단위의 수가 감소한 다음 20

세기에 이르러 다시 증가했다. 때는 제국이 마지막 숨을 거둘 무렵이었다. 이제 우리는 그와 같은 변화의 이면에 존재하는 연속성을 바라볼 수 있다. '주권'을 가진 정치 단위의 수는 증가했지만 그 주권의 정도는 점점 줄어들었던 것이다. 이제 국가들이 공해에서 무엇이든 자기 하고픈 대로 행동하고 다른 국가에서 온 방문자들을 마음 내키는 대로 대우하던 중세의 좋은 시절과는 모든 것이 판이하게 다르다. 19세기 무렵 국제법이라는 개념이 뿌리를 내리기 시작했으며 손에 잡히지 않았던 국제적 규범이라는 개념이 서서히 자라나고 있었다.

초국가적 지배에 대한 이와 같은 새로운 지지는 많은 부분에 있어서 점차로 증대되는 경제적 상호의존성에 기초하고 있다. 경제적 상호의존성은 점점 전쟁을 양쪽 다 지는lose-lose게임으로 만들고 있다. 실제로 전쟁은 단순히 양쪽만 지는 게임이 아니라 그 이상으로 지는lose-lose-lose 게임이다. 싸우는 당사자들에게 나쁠 뿐만 아니라 또한 점점 그 이웃들에게도 나쁜 일이 되고 있다. 칸트는 18세기 후반에 점차로 전개되는 이러한 논리를 간파했다. "어느 국가에서든 대격변이 일어나게 되면 그것이 무역에 의해 밀접하게 서로 연결된 우리 대륙의 다른 모든 국가들에 미치는 영향이 상당하기 때문에 이 다른 국가들은 자국의 불안정한 상황 때문에 비록 법적 권위는 없지만 중재자로 나설 수밖에 없게 된다. 따라서 국가들은 간접적으로 전례를 찾아볼 수 없는 미래의 거대한 정치 조직체를 준비한다."

칸트가 인간의 운명에 대한 힌트를 던지고 나서 얼마 되지 않아 나폴레옹이 그러한 운명은 아직 도래하지 않았음을 입증했다. 그러나 그가 초래한 파괴와 혼란에는 긍정적인 측면도 있었다. 1814년에서 1815년 사이에 빈 회의가 평화를 비준했다. 이것은 전례 없는 회합으로 유럽 국가들은 오래 지속되는 질서를 위한 구조를 세우려고 시도했다. 그런데 이 구조는 전쟁을 방지하는 데 사용되었을 뿐만 아니라 1848년 자유주의 운동을 억누르는 데에도 쓰였고 그리하여 빈 회의에는 종종 반동적이라는 딱지가 따라붙는다. 그러나 이 회합은 매우 중요한 선례가 되었다. 유럽 대륙의 안정성을 보장하기 위하여 차후에 주기적으로 회의를 열기로 합의함으로써 칸트가 마음속에 그렸던 '위대한 정치 조직체'의 근본적 씨앗이 되었던 것이다.

그리고 그것은 크게 도움이 되었던 것으로 보인다. 19세기의 대부분은 유럽에게 있어서 평화로운 시절이었다. 실제로 기술 발달이 국제 거래를 더욱 높은 수준으로 끌어 올리자 일부 사람들은 평화야말로 미래의 물결이라고 생각했다. 1910년 노먼 에인절은 여러 언어로 번역된 그의 유명한 저서 〈거대한 환상*The Great Illusion*〉에서 상호의존적인 세계에서 전쟁은 정책의 실행 도구로서 더 이상 유효하지 않다고 설명했다. 그러나 사실상 세계는 그의 말에 귀를 기울이지 않았다.

제1차 세계대전 이후에 평화를 유지하기 위하여 좀 더 향상된 '위대한 정치 조직체'인 국제연맹League of Nations이 결성되었다. 물론 이 시도는 결국 실패로 돌아갔지만, 또 한 번의 세계 대전을 겪고 난 오늘날 경제적 상호의존성은 전쟁을 과거 그 어느 때보다 더욱 비합리적인 것으로 만들고 있다. 그리고 핵무기는 그 비합리성을 한층 더 높이고 있다.

다행스럽게도 사람들은 이 모든 넌제로섬 논리를 파악한 듯하다. 핵무기의 위력은 국가들 간의 전쟁을 억제하는 것으로 보인다. 그리고 경제적 상호의존성 부분에 대해서라면 최근에 전쟁은 발칸 반도와 같이 역사적 요인이 풍부하고 미세한 상호의존성이 진화되는 것을 가로막고 있는 ─

"저세계화된underglobalized" 이라고 부를 수 있는— 지역에서만 일어나고 있다. 오래된 역사적 패턴으로부터 놀라울 정도로 벌어져서 이제 전쟁은 가난한 나라들이 벌이는 것으로 인식되고 있다. 부유한 국가들은 승리를 거두기 위해서가 아니라 전쟁을 중단시키기 위해 개입할 뿐이다. 오래된 경향의 역전이 기승을 부리지 않도록 가난한 국가들이 점점 부유해져서 지구상의 점점 더 넓은 부분에서 전쟁은 희미한 가능성이 되어가고 있다.

세 번째 '위대한 정치 조직체' 인 UN은 지금까지 나타난 조직 가운데 가장 야심찬 조직이다. UN이 이상주의자들이 마음에 그렸던 것과 같이 평화를 보존하는 데 큰 역할을 하지 못했다는 사실은 삼척동자도 알고 있다. 그러나 국제연합은 국제연맹보다는 좀 더 성공의 서광이 비추고 있으며 또한 국제연맹보다 두 배 이상 더 장수를 누리고 있다.

뿐만 아니라 넌제로섬 원리의 확장은 평화 유지를 훨씬 넘어서서 초국가적 통치의 근본 이유를 가져다준다. 세금 정책에서 회계 기준, 환경 정책에서 가격 결정에 이르는 모든 것들이 알게 모르게 초국가적 수준으로 뻗어나가고 있다.[#]

궁극적 결과가 얼빠진 세계주의자들이 오랫동안 꿈꾸어온 단일 '세계 정부' 라는 형태가 될지 여부는 누구도 알 수 없다. 또 다른 가능성, 아마도 좀 더 온화한 가능성은 부분적으로 서로 겹치는 —지역적 조직도 있고 세계적 조직도 있으며, 일부는 경제적 조직이고 일부는 환경 조직이며, 국가 정부도 포함하고, 비정부 단체도 포함하는— 수많은 조직체들이 그 역할을 하는 것이다. 그 중간 단계에 해당되는 가능성은 이러한 종류의 조직체들이 —오늘날의 많은 초기 단계의 조직들이 그러하듯— UN의 후원 하에 느슨하게 결속하는 것이다.

모든 종류의 시나리오를 상상해볼 수 있다. 상상하기 어려운 것은 민족

국가가 지방과 같은 것이 되기 전에 통치가 국가 수준을 넘어서 이동되고 있는 이 변화가 멈추어버리는 것이다. 이러한 변화는 명확한 기술적 경향에 의해 추진되는 것으로 이 경향은 수천 년의 역사를 지니고 있으며 오늘날 조금도 수그러들 기미를 보이지 않는다. 정보 기술, 교통 기술, 군사 기술 등의 발달은 정치 단위들 사이에 점점 더 많은 넌제로섬 관계를 형성한다. 이 논리는 오래된 질서로부터의 독립을 맹렬하게 외치고 있는 '부족'들을 새로운 세계 질서로 이끈다.

분명 일부 '부족' 들은 다른 부족들보다 세계화에 동참할 열의가 적을 수 있다. 그러나 어느 국가든, 그 근본에 있어서 얼마나 급진적이든 간에 언제까지나 세계화에 저항할 수는 없을 것으로 보인다. 아마도 오늘날 세계에서 가장 반근대적 정권은 아프가니스탄의 근본주의 이슬람 정부인 탈레반일 것이다. 그러나 1999년 탈레반은 아프가니스탄에서 20년 동안 최초의 대규모 서방의 투자를 유치했다. 그것은 마침내 직통 국제 전화를 가능하게 하는 새로운 전화 시스템이었다. 〈워싱턴포스트〉의 보고에 따르면 "탈레반 당국자들은… (이 새로운 전화 시스템이) 외국 "인의 거래 및 투자를 더욱 촉진하고 해외로 망명한 아프가니스탄의 전문가들과의 연결을 복구하며, 교육 시스템에 인터넷을 도입하고 아프가니스탄의 국제적 이미지를 제고하기를 희망한다"고 한다. 이것은 지하드를 계속 밀고 나가기 위한 처방이 아니다.❖

이 책은 2001년 9.11 테러사건 이전에 출간되었다. 한편 빈 라덴을 후원했던 탈레반은 2001년 11월 미국의 아프가니스탄 공격으로 축출되었다 ──옮긴이

운명의 확산

많은 선진국에서 세계 통치로의 진행은 비난의 포화를 맞고 있다. 민족 국가가 주권을 잃고 있다고 민족주의자들은 불평한다. 그것은 사실이다. 초국가적 통치 조직을 포함한 통치 조직은 언제나 그 조직의 구성원들의 자유를 감소시킨다. 그러나 동시에 자유를 확장한다. 만일 어느 도시의 정부가 제대로 기능한다면 그 도시의 시민들은 누군가에게 폭행당할 두려움 없이 거리를 활보할 자유를 누릴 수 있다. 그러나 그 거래의 일부로서 그들은 다른 시민을 폭행할 자유를 잃어야 한다. 만일 여러분이 정부라는 개념을 좋아한다면 그것은 여러분이 폭행당하지 않을 자유를 폭행할 자유보다 더 소중히 여긴다는 의미이다.

그것은 초국가적 통치에 있어서도 마찬가지이다. 당신은 세계적 불황으로부터 비교적 자유롭기를 원하는가? 아니면 당신의 조국이 마음대로 관세를 올릴 수 있는 자유, 또는 금융 기관들을 국제적 시야로부터 불투명하게 유지할 자유를 보존하기를 원하는가? 당신은 생물학 무기를 동원한 공격에 목숨을 잃게 될 공포 없이 살 자유를 원하는가? 아니면 여러 증거들이 당신을 용의자로 지목하는 있음직하지 않은 상황에서 국제 시찰단이 당신 집 냉장고에 탄저균이 숨겨져 있지 않은지 뒤져볼 가능성으로부터 자유롭기를 선호하는가?

아니면 이 질문을 다음과 같이 뒤집어 보자. 당신은 어떤 종류의 주권을 잃기를 원하는가? 냉장고에 대한 주권? 아니면 당신 생명에 대한 주권?

주권의 상실은 UN이나 WTO 관료들이 갑자기 생각해낸 새로운 개념이 아니다. 만일 주권을 좀 광범위하게 규정한다면, 즉 주권을 개인의 운명에 대한 최상의 통제권이라고 본다면 주권의 상실은 바로 역사의 현실, 모든 역사에 있어서 가장 근본적이고 확고한 현실이다. 실제로 역사가 거듭하고 거듭해서 주권을 침식해왔다고 주장하는 것은 이 책의 주제, 즉 역사가 거듭하고 거듭해서 넌제로섬 원리를 고양시켜왔다는 말을 다시 한 번 되풀이하는 것에 지나지 않는다. 왜냐하면 당신이 넌제로섬 상황에 던져졌다고 말하는 것은 당신이 당신의 미래에 대한 일방적 통제력을 잃게 되었다는 의미이기 때문이다. 즉 당신의 운명은 일정 범위에서 당신의 손아귀를 벗어나 다른 사람들의 수중으로 퍼져 나가게 된다. 그들의 운명의 일부가 당신 손바닥 위에 놓이게 되듯이 말이다. 당신과 그들은 그 통제의 수단, 잃어버린 주권의 일부를 되찾을 수도 있다. 그러나 그것은 오직 협력을 통해서만 가능하다. 그리고 협력이란 본질적으로 통제력의 희생, 주권의 희생을 담보로 한다. 우리가 던져야 할 질문은 우리가 우리의 주권을 모두 간직할 수 있느냐가 아니다. 역사는 그럴 수 없다고 말하고 있다. 인간이 각자의 운명을 점점 더 다른 이들과 나누어 갖게 되는 것은 인류의 운명이 되어왔다. 우리가 던질 질문은 어떤 형태로 주권을 잃기를 바라느냐 하는 것이다.

물론 이 질문에 대한 답을 얻는다고 해서 즉각 열반에 도달할 수 있는 것은 아니다. 일단 우리가 세계 통치의 필요성을 시인한다고 해도 거기에 도달하기까지는 갈 길이 멀다. 그리고 그 길은 위험스러운 길일 수 있다. 역사는 —그리고 선사 시대 역시— 어느 한 뚜렷한 정치 조직화 단계에서 또다른 정치 조직화 단계로의 진화가 종종 '일시적 불안정 상태'를 가져온다는 것을 증언하고 있다. 예를 들어 엘먼 서비스는 "신정주의적 추장사회가 국가로 변모할 때 완전한 내전상태까지는 아니더라도 보통 수준 이상의 격동을 겪는다"고 주장했다.

우리가 국가 수준의 조직화에서 초국가적 수준의 수준으로 이동을 혼란 없이 이루어낼 수 있을까? 그리고 그에 대해 대가를 치르게 될까? 거대한 격랑 속에서 질서를 유지하기 위해서는 프라이버시와 시민의 자유권의 커다란 희생이 뒤따를까? 이것이 다음 장에서 다룰 문제들이다.

Chapter 16

자유도(自由度)

모든 이들이 행복하지 않은 한 아무도 완벽하게 행복할 수 없다.
– 허버트 스펜서Herbert Spencer

　　일반적으로 역사는 특정 정치 지도자의 강점이나 약점에 대해서 적절한 무관심을 보여왔다. 세계 어느 구석에서 벌어진 엄청난 실책 또는 압제는 세계적으로 광범위한 피해를 가져오지 않았다. 대륙 전체에는 그 외에도 계몽된 정책을 펴서 건실함을 입증할 수 있는 정치 단위들이 얼마든지 널려 있었기 때문이다. 더욱 광범위하고 심원한 사회적 복잡도를 향한 문화 진화의 기본적인 경로는 사악하거나 무능한 이들의 파괴행위로부터 안전한 거리를 두고 있었다.

　　최근까지만 해도 어느 누군가가 이와 같은 안전한 분열 상태에 종지부를 찍을 수 있으리라는 가능성은 생각할 수도 없었다. 당시 첨단 기술인 당나귀 급송 서비스로 무장한 칭기즈칸이라고 하더라도 지구 전체를 지배하는 것은 꿈도 꿀 수 없었을 것이다. 전신이 발견되기 전 시대를 살았던 나폴레옹 역시 세계 정복이 달성하기도 어렵지만 유지하기는 더욱 어렵다는 것을 깨달았을 것이다.

그러나 전신과 전화의 시대에 등장한 히틀러는 이론적으로는 어쩌면 세계를 정복할 수도 있었을 것이다. 물론 그가 반란의 싹을 자르기 위해 정보 기술 발달을 억제함에 따라 경제적 정체 상태가 뒤따랐을 것이다. 그러나 지도자들은 그들을 정복하거나 곤경에 빠뜨릴 다른 활력 넘치는 사회가 존재하지 않는 한 그 정체 상태를 견뎌낼 수 있다.

제2차 세계 대전 무렵에는 '세계 구원saving the world'이라는 표현이 더이상 과장된 표현이 아니었다. 히틀러에 대한 저항 세력을 결집하는 과정에서 윈스턴 처칠은 한 세기 전만 하더라도 불가능했을 공적을 세웠다. 바로 이러한 상황, 2천년기의 말의 배경에서 지도자는 과거 그 어느 때보다 중대한 의미를 갖게 되었다.

그러나 세계 정복의 가설적 가능성이 지도력에 특별한 가치를 부여한 주된 요소는 아니다. 설사 통치권이 세계 수준으로 평화롭고 민주적으로 이동해간다고 하더라도 바로 그 통치의 지침은 새로운 방식으로 영향을 미치게 될 것이다. 어차피 지구는 하나밖에 없지 않은가? 금융 위기 이후에 IMF를 개혁할 수 있는 방안이 아무리 많다고 하더라도 이제 그 방안들을 차례로 하나씩 하나씩 시험해볼 수밖에 없다. 한꺼번에 병렬적으로 시험할 수는 없는 것이다. 그런데 만일 첫 번째 시도가 끔찍한 실패로 돌아간다면 그건 정말로 나쁜 소식이 될 것이다.[#]

뿐만 아니라 나쁜 소식의 잠재적 유해성은 점점 증대되고 있다. 세기가 바뀔 때마다 점점 더 많은 영혼이 지구에 자리 잡고 있는 상황에서 잠재적 고통의 순수한 무게는 점점 더 증가하고 있다. 히틀러나 스탈린이 이 점을 분명하게 보여주었고 수천기의 핵폭탄의 도래가 이 점을 더욱 강조하고 있다.

물론 만약 당신이 충분히 넓은 시야를 가지고 있다면 이러한 걱정쯤은 언제든 가볍게 떨쳐버릴 수 있을 것이다. 설사 우리가 지구상에서 인류를 싹 쓸어내버린다고 하더라도 다른 어떤 종이 살아남게 될 것이다. 이를테면 방사능에 저항성을 가진 것으로 유명한 바퀴벌레가 있지 않은가? 그리고 만일 생물의 진화가 방향성을 가지고 있다면(2부 참조) 언젠가 궁극적으로 문화 진화의 불씨를 다시 지펴낼 만큼 영리한 종이 탄생하게 되어 다시 한 번 전지구적 수준의 사회적 조직화를 추진해나가게 될 것이다. 따라서 전지구적 화합이라는 가능성은 두 번째 기회를 갖게 될 것이다.

그런데 개인적으로 나는 이러한 시나리오에서 위안을 얻을 만큼 바퀴벌레에게 친밀함을 느끼지 못한다. 사실 핵전쟁보다는 강도가 약하더라도 인류에 위협이 될 만한 재앙은 얼마든지 있다. 새로운 사회적 평형 상태를 향한 다루기 힘든 변이를 겪고 있는 상황에서, 인류가 단순히 살아남는 것뿐만 아니라 어느 정도 양호한 상태로 유지되는 것을 보장하기 위해서 위대한 지도자들이 어떤 종류의 일들을 해야 하는지를 탐구해보도록 하자.

세계 구원을 위한 조언 #1

세계를 구원하는 데에는 두 가지 기본적이고도 핵심적인 요소가 있다. 첫 번째 요소는 불가피한 것이 무엇인지 인식하고 그것을 감수하고 받아들이는 일이다. 물론 이것은 독창적인 조언이라고 할 수 없다. 그런데 비록 빤한 이야기처럼 들릴지 모르지만 세계는 종종 이 조언을 따르는 데 실패해왔다. 제1차 세계대전은 인쇄기의 시대에 민족주의를 억압하는 것이 필패의 게임이라는 사실을 받아들이기를 거부했던 오스트리아-헝가리 제국과 함께 시작되었다. 합스부르크가는 발칸 반도의 제국적 거점을 꽉 잡고 놓지 않으려 들었을 뿐 아니라 그것을 확장하려고 시도했다. 불 보듯 분명한 슬라브 민족주의를 눈앞에 두고도 말이다. 전쟁을 촉발했던 사건은 합스부르크가의 오만을 극명하게 보여준다. 프란시스 페르디난트 대공이 보스니아를 방문했을 때 어느 민족주의자 테러리스트가 그의 차에 폭탄을 던졌다. 폭탄은 터지기 전에 튀어나가 버렸다. 그 사건을 겪고서 잠깐 멈추어 이 사건의 의미에 대해 되새겨보는 대신, 대공은 자동차 퍼레이드를 재개하고 계획된 활동을 계속해서 진행했다. 그러다가 그는 결국 그날 암살당하고 만다.

그렇다면 오늘날의 세계가 불가피한 것으로 인식해야 할 것은 무엇일까? 먼저 합스부르크가가 무시했던 것에서 시작해보자. 현재의 정보 혁명은 그 영향에 있어서 인쇄기의 혁명에 비견되며 그와 동일한 기본적인 교훈을 담고 있다. 동질적이고 결의에 찬 집단의 자치권을 부정하는 것은 점점 더 어려운 일이 될 것이다. 그 집단이 코소보이든 코르시카이든 티베트이든 말이다.#

심지어 민족주의의 새로운 기술을 억압하는 데 분명한 성공을 거두었다고 하더라도 이것은 장기적으로 볼 때 실패로 드러나게 된다. 분쟁의 뇌관인 쿠르드족을 포함하고 있는 터키는 영국에 기지를 두고 있는 세계 유일의 쿠르드어 TV 채널인 메드Med TV의 방송을 방해하기 위해 위성방송 수신용 접시 안테나에 엄격한 조처를 취했다. 그러다가 1999년 터키와 동맹 관계에 있는 영국이 메드 TV의 방송권 허가를 철회해버렸다. 메드 TV의 한 이사는 새로운 기지를 찾겠노라고 맹세했고 그것은 실현가능성이 높은 일이었다. 그저 위성 업링크uplink를 할 수 있는 나라만 있으면 되는 일이었다. 더욱 중요한 것은 그로부터 5년에서 10년, 혹은 15년 쯤 지나 인터넷의 광대역 혁명이 터키까지 이르게 되면 이제 방송을 위해 위성에 업링크할 필요조차 없어지게 된다는 것이다. 그저 컴퓨터나 하나 있으면 된다. 그렇게 되면 쿠르드어 방송 채널은 수십 개가 생겨날 것이다. 그리고 그 방송을 방해하기 위한 유일한 방법은 모뎀 사용을 금지하는 것뿐이다. 모뎀을 사용하는 것은 수돗물을 사용하는 것과 같은 시대에 말이다. 이와 같이 부족주의의 기술이 여지 없이 전파되는 것을 '불가피한 현실 제1번'이라고 부르자.

앞 장에서 본 바와 같이 기술로 힘을 얻은 민족주의 및 소민족주의 micronationalism가 꼭 장기적 문제가 될 필요는 없다. 새롭게 주권을 획득한 정치 단위는 언젠가 더 오래된 주권을 가진 정치 단위와 더불어 초국가적 조직체에 안전하게 결합될 것이다. (이 경우 모두 '주권'은 예전의 '주권'과 많이 다르다.) 그러나 지금 이 단계에서 그 단계에 이르는 것이 손가락 까딱하는 것처럼 쉬운 노릇은 아니다. 분리주의secession 운동은 대개 저항을 불러일으킨다. 그리고 그 저항은 분리주의자 내부에 군사적 무장을 촉진한다. 따라서 많은 곳에서 상당히 빠른 속도로 사태가 복잡하게 돌아갈 수 있다. 바로 고전적인 '일시적 불안정' 상황이다.

일을 더욱 복잡하게 만드는 것은 치명적인 기술의 성능이 더욱 증대되고, 크기는 더욱 작아지며, 접근성은 더욱 용이해지고 있다는 '불가피한 현실 제2번'이다. 이러한 경향은 화약의 발명의 시대로 거슬러 올라가며 오늘날 화학의 영역을 넘어서 핵물리학과 생명공학의 영역으로 뻗어나가고 있다. 한편 이 새롭고 치명적인 힘을 다루는 데 필요한 지식은 그 어느 때보다 정확하고 신속한 정보 기술에 의해 그 어느 때보다 이용하기 간편해졌다. 그것은 마치 시간이 좀 흐르면 점점 더 많은 사람들이 더욱 더 가혹하고 통렬한 잔악행위를 저지를 수 있는 선택권을 갖게 되는 것과 같다.

　좌절감으로 가득한 민족주의자들도 이러한 사람들에 포함될 수 있다. 그러나 또한 수많은 종류의 다른 사람들, 즉 이런 저런 면에서 세계화가 가져온 문화적 단절로 고통 받은 사람들 역시 여기에 포함될 수 있다. 자신들의 가치가 근대화에 의해 위협 받는다고 생각하는 이슬람교를 비롯한 종교적 근본주의자들이 있다. 뿌리 깊은 러다이트 운동가들도 있다. 숲이 사라지는 속도만큼이나 급진적으로 변모해가는 환경운동가들이 있다. 이 모든 사람들은 '불가피한 현실 제2번' 덕분에 새로운 종류의 위협을 형성하고 있다. 그 위협은 바로 저널리스트인 토머스 프리드먼이 "강력한 힘을 얻은 성난 사람들superempowered angry man"이라고 부르는 것이다.

　강력한 힘을 얻은 성난 사람들에 더하여 "상당히 불만을 품은 사람들quite disgruntled man"이라고 부를 만한 이들이 있다. 이들은 월드 트레이드 센터 건물을 폭파시킬 만큼 화가 난 것은 아니지만 돌아가는 현실에 상당히 심기가 불편하며 부분적으로 정보 기술 덕분에 실질적인 정치적 영향력을 가질 수 있는 사람들이다. 저임금 외국인 노동자 덕분에 일자리를 잃어버린 미국인들, 해외의 첨단 기술 경쟁에 밀려난 프랑스의 농부들이 이 범주에 포함된다. 이들의 정치적으로 반동적 민족주의를 표방하고 있으며 그 아래에는 불쾌하고 국수주의적인 저류가 흐르고 있어서 경제적 하강 국면에 상당히 추악한 형태를 띨 수 있다. 이 불만을 품은 자들은 사라지지 않는다. 실제로 그들의 불만의 원천(자본과 기술의 광범위한 세계화)은 너무나 기초적인 것이어서 '불가피한 현실 제3번'을 구성한다.

　자 이제 이 세 가지 불가피한 현실이 우리 앞에 놓여 있다. 이들은 모두 세계화의 일부분이며 적어도 단기적으로 파괴적인 경향을 가지고 있다.

어떻게 해야 할까?

세계 구원을 위한 조언 #2

20세기 초 사회학자인 윌리엄 오그번은 세계의 문제점 중 상당수를 '문화적 지체cultural lag'라는 현상 때문인 것으로 돌렸다. 문화적 지체는 물질적 문화(기본적으로 기술)가 너무 빠르게 변화하는 나머지 비물질적 문화(통치나 사회 규범 포함)의 변화가 따라잡기 어렵기 때문에 발생한다. 간단히 말해서 문화의 혼란스러운 부분이 오그번이 문화의 '적응적' 부분이라고 부르는 것보다 더 앞서나가는 것이다. 오그번의 일반적인 처방은 후자의 속도를 진척시키는 것이다. 다시 말해 "문화의 적응을 가능한 한 빨리 이루어내는 것"이다. 그러나 그것 말고도 다른 선택 가능성이 있다. 그것은 전자의 속도를 늦추는 것이다. 즉 물질적 기술의 세계를 변혁시키는 속도를 늦추는 것이다. 불가피한 현실이 좀 더 침착하게 전개되어 나가도록 하는 것이다.

물론 그것은 쉬운 일이 아니다. 세계화에는 속도 조절 버튼이 달려있지 않다. 그리고 물질적 기술의 확산을 늦추기 위한 '관세 올리기'와 같은 오래된 접근 방법은 보복을 불러일으키고 그 결과 전면적인 무역 전쟁을 낳게 되며, 무역전쟁은 불황을 초래한다. 그러나 세계화를 약간이나마 늦출 수 있는 좀 더 안전한 접근방법이 있다. 바로 초국가적 접근방법이다.

그렇다고 해서 UN에 세계화감속사무국Bureau of Global Slowdown 따위를 설치하자는 얘기가 아니다. 단지 오늘날 모습을 갖추기 시작하는 다양한 초국가적 노력을 용인하는 것이다. 그러한 활동들이 자리를 잡게 되면 자연스럽게 진정 효과를 발휘하게 될 것이다. 제1세계first-world와 제3세계

third-world의 노동자들이 제3세계의 임금을 올려, 제1세계 노동자들의 임금이 낮춰지는 것을 막기 위해 연합하면, 기업가들은 이것이 진보의 속도를 늦추어 시장의 활력을 약화시킬 것이라고 불평한다. 그것은 사실이다. 그러나 그쯤은 괜찮다. 환경운동가들이 열대우림을 지키기 위해서, 혹은 화석 연료에 세금을 부과하기 위해서 연합하면 역시 같은 불평의 목소리가 들려온다. 그리고 여기에 대해서도 동일한 대답이 적용될 수 있다. '강력한 힘을 얻은 성난 사람들'과 '상당히 불만을 품은 사람들'의 시대에 불안하고 위태로운 변화의 속도를 늦추는 것은 비용이 아니라 이익이 된다. 왜냐하면 분노와 불만은 세계 수준의 문제이기 때문이다.

속도를 늦추는 두 가지 방법, 즉 초국가적 노동 정책 및 환경 정책은 분노와 불만의 원천을 직접 다룸으로써 더욱 가치를 더한다. 선진국에서 블루칼라 노동자의 일자리의 급격한 감소나 환경주의자들을 급진적으로 만들 수 있는 생태 파괴, 더욱 광범위하게는 멕시코시티나 방콕과 같이 이미 오염된 곳의 문화적 지체를 더욱 심화시키는 현상 등이 그 원천이다. 어떤 면에서 이러한 정책들은 '문화적 지체'의 양쪽 편에 모두 작용한다. '물질적' 변화를 늦추는 것과 '적응적' 변화를 가속화하는 것 사이에서 어느 한 쪽을 선택하는 것이 아니라 적응적 변화를 가속화함으로써 물질적 변화를 늦추는 것이다.[#]

어떤 면에서 이것을 세계화의 '감속'이라고 부르는 것은 잘못된 것이다. 왜냐하면 사실상 속도를 늦추는 원인 또는 주체(초국가적 노동 집단이나 환경 집단, 초국가적 통치 조직체)가 바로 세계화의 일부이기 때문이다. 그러니까 실제로 일어나는 일은 정치적 세계화의 추가적인 진화가 경제적 세계화의 진화를 약간 늦추는 것이다.

이러한 접근 방법은 이미 과거의 실적으로 입증되었다. 미국에서 20세기 초 동안 경제적 활동이 각 주의 수준에서 국가 수준으로 이동할 때 연방 정부는 이것을 규제하기에 충분할 만큼 강력하게 성장했다. 그리고 규제의 일부, 특히 노동법이 시장의 활력을 누그러뜨림으로써 자본주의를 약간 억제하는 효과를 나타냈다. 이것은 마르크스 혁명이라는 형태의 혼돈에 대한 선제공격이라고 할 수 있으며 성공적인 공격이었다.

그렇다고 해서 규제의 무게 때문에 경제적 세계화의 수레바퀴가 멈추어버릴 것을 걱정할 필요는 없다. 이를테면 강력한 형태의 초국가적 노동 집단과 같은, 실질적인 규제를 위한 정치적 선결조건은 천천히 형성될 것이고 세계화 이면에 있는 경제적 추진력은 그야말로 거대하기 때문이다. 사실 세계화를 어느 정도 기간 동안 멈추게 할 수 있는 가능성은 오히려 혼돈에서 비롯된 성난 자들과 불만을 품은 자들에 의한 반동이다. 그리고 변화의 속도를 늦추는 것은 그와 같은 반동을 피해갈 수 있는 길이 될 수 있다. 이상하게 들릴지 모르지만 경제적 세계화의 속도가 엄청나게 늦추어지는 것을 막는 가장 좋은 방법은 그 속도를 약간 늦추는 것이다.

세포의 삶

미래의 삶을 규정할 '불가피한 현실'이 하나 더 있으니 그것은 바로 사람들의 일상적 행동을 기록할 수 있는 능력의 성장이다. 웹브라우저의 풋프린트footprint나 신용 카드 사용 내역 그밖의 다른 형태의 디지털 데이터들이 사람들의 삶을 기록하고 있다. 이것이 좋은 일인지 나쁜 일인지는 여러분의 관점에 달려 있다.

이러한 기록의 긍정적인 측면은 '강력한 힘을 얻은 성난 사람들'에 대항하는 하나의 무기가 될 수 있는 것이다. 월드 트레이드 센터*의 폭파범들은 특히 은행의 컴퓨터와 그들 자신의 데스크탑 컴퓨터에 확고부동한 증거를 남겼다. 미래에는 이지패스EZ Pass 고속도로 통행요금 정산소나 빠르게 증식하는 보안 카메라에서 증거를 얻을 수 있게 될 것이다. (폭파 사건 이후 록펠러 센터를 비롯한 수많은 뉴욕의 유명 빌딩들이 주차장에 들어오는 모든 자동차의 등록판과 운전자의 얼굴을 포착하는 카메라를 설치했다.)

이 모든 것은 좋은 일이다. 단 한 가지 점만 빼놓고 말이다. 감시 카메라와 전자화된 요금정산소가 테러리스트의 움직임뿐만 아니라 바로 당신의 움직임을 기록하고 있다는 점이 바로 그것이다. 물론 우리는 언제든지 관련 법률을 통해 이러한 데이터 수집 활동을 억제할 수 있다. 그리고 당신은 보안 카메라가 설치된 장소에 가지 않음으로써 데이터 수집 그물의 일부를 피해갈 수 있을 것이다. 그러나 어쩌면 당신은 카메라가 설치된 주차장에 차를 세우는 것이 더 안전하다고 느낄 수도 있다. 그리고 요금 정산소가 당신의 통과 여부를 기록으로 남기는 것에 대해 만족할 수도 있다. 만일 당신이 지나갈 고속도로 터널에 폭탄을 설치하려고 하는 테러리스트를 잡는 데 그 기록들이 도움을 준다면 말이다. 바로 이런 경우와 같이 빅브라더의 원치 않은 침해가 아니라, 안전이라는 이름 아래서 사람들이 자발적으로 사생활권을 내놓는 상황이 미래의 사적 자유에 대한 위협의 핵심적인 형태일 가능성이 크다. 그리고 우리가 얼마나 불안하게 느끼는지

이 책이 미국에서 발간된 것은 2001년 9.11 테러사건이 벌어지기 전이므로 이것은 1993년 2월 26일 람지 유세프Ramzi Yousef와 공범들이 벌인 월드 트레이드 센터 지하주차장 폭파 사건을 가리키는 것으로 보인다—옮긴이

에 따라서 우리는 각 국가의 경찰, 혹은 국제 경찰들에게 그와 같은 데이터를 수색의 기초로 삼을 여지를 좀 더 많이 주게 될 것이다. 지금으로서는 이러한 이야기가 말도 안 되는 것으로 들릴 수 있다. 그러나 앞서 주장했듯 대도시에서 단 한 건의 생물 무기 테러가 벌어지는 것으로 말도 안 될 이야기가 말이 될 수 있을 것이다.

따라서 다가올 세계의 섬뜩한 아이러니는 이것이다. 최근 몇 세기 동안 정보 기술의 기본적인 흐름은 자유를 확장시켜왔지만 점점 더 많은 국가에 정치적 다원주의를 확산함으로써 또 다른 수준에서 자유를 축소시킬 수 있다. 세계가 광섬유 신경망을 지닌 거대한 초유기체와 비슷해짐에 따라서 우리는 오웰의 1984년에서 전체주의적 불한당에게 "각 개인은 단지 세포에 지나지 않는다는 사실을 이해 못하겠나?"라고 다그침을 받던 윈스턴 스미스와 우리 자신을 동일시하게 되었다. 그러나 스미스와 달리 우리는 세포의 삶을 선택하게 될 것이다.#

한 손에는 자유와 사생활을, 다른 손에는 질서와 안전을 놓고 애쓰는 상태는 질기고도 오래된 상황이다. 여기에서 새로운 것은 두 가지, 사생활을 쉽게 침해할 수 있는 기술적 수단의 증대와, 질서를 쉽게 어지럽힐 수 있는 기술적 수단의 증대이다. 이것은 양 손에 놓인 균형에 새롭고도 엄격한 조건을 부과하고 있다.

이러한 관점에서 볼 때 경제적 세계화를 늦추는 것은 그 어느 때보다 좋은 방안으로 보인다. 뭐니뭐니해도 이 균형에 부과된 조건을 완화하는, 자유를 포기하지 않고 좀 더 많은 질서를 얻는 한 가지 방법은 질서를 어지럽히고 싶어하는 사람들의 수를 줄이는 것이다. 즉, 성난 사람들의 공급을 줄이는 것이다.

정말로 이러한 공급을 줄임으로써 자유를 살 수 있다면, 우리는 이런 질문을 던지게 될 것이다. 공급을 줄일 수 있는 방안이 더 없을까? 열광적인 테러리스트나 그밖에 증오로 가득한 사람들의 수를 줄일 수 있는 추가적인 방법은 없을까? 지금까지 이용되지 않은 새로운 영향력의 경로는?

낙관주의

20세기 중반에 세계화를 예언했던 피에르 테이야르 드 샤르뎅이 그 목표에 이르는 방안을 살짝 내놓은 적이 있다. 인류의 통합이 '지구 전체'를 아우르는 수준, 즉 하나의 거대한 '초유기체'의 형태에 이르게 될 것이라고 예언한 테이야르는 그러한 가능성에 명백하게 드리워진 오웰주의적 공포, 즉 '세포의 삶' 시나리오에 대해서도 숙고했다. 그 결과 두려워하지 말라는 것이 그의 메시지였다. "'사랑'은 곧 '자유'이다. 자비심으로 충만한 세계에서 우리는 노예 상태나 쇠퇴를 걱정할 필요가 없다."

이런 이야기는 나의 정신을 비껴가도 한참 비껴가버린다. 대부분의 경우 테이야르의 낙관주의는 너무나 모호하고도 한량없어서 그의 말에 대한 신뢰감을 깎아내린다. 그렇지만 대부분의 경우 원대한 차원의 힘에 대한 그의 본능적 직감은 명민하고 날카로워서 깎아내렸던 신뢰감을 어느 정도 복구해준다. 그는 아마도 우리가 자유와 질서 사이의 줄다리기를 마주하고 있는 상황에서 우리가 움직일 수 있는 여지는 바로 영적 영역에 놓여 있는 아니, 좀 더 세속적으로 표현하자면 도덕성의 영역에 속하는 변수로부터 온다는 사실을 통찰한 듯하다. 우리에게 좀 더 필요한 것은 선한 의지의 공급을 확대하는 것이다.

물론 이 목표는 도덕적이기는 하지만 단지 도덕적인 수단만으로는 도달할 수 없다. 우리는 조금 전 선한 의지를 폭포처럼 쏟아지게 하기는 어려울 듯하지만, 적어도 악한 의지의 공급을 어느 정도 차단할 수 있는 정치적 움직임을 살펴보았다. 물론 그와 같은 정치 단위들은 더 있다. 그런데 어느 한 집단의 사람들이 다른 집단에, 이를테면 이슬람 근본주의자들이 서양인에 대해서 혹은 서양인이 이슬람 근본주의자에 대해서 경멸과 멸시의 감정을 품고 있다면 이것은 사실상 기초적인 수준에 있어서 도덕에 관한 문제이다. 내가 보기에 안전하면서도 자유로운 상태를 유지하는 데 있어서의 가장 큰 도전은 정치만큼이나 도덕과 관련된 과제가 될 것이다.

여러분은 어쩌면 이 과제가 모호하고 감상적으로 들린다고 비판할지도 모르겠다. 맞다. 바로 그렇기 때문에 이것을 예컨대 '토목공학' 같은 것이 아니라 '영적' 과제라고 부르는 것이다. 이것이 실행 가능한 과제인지 여부는 알 수 없다. 그러나 도덕적 지도력은 때때로 성공을 거둬왔다. 간디나 마틴 루터 킹 주니어는 그들이 바랐던 모든 목표를 달성하지는 못했다. 그러나 두 사람 모두 비교적 비폭력적으로 상당한 사회적 충격과 변혁을 가져왔다. 역사적으로 그 정도의 충격과 변혁에는 상당한 정도의 폭력이 뒤따르기 마련이었다. 그리고 두 사람 모두 어느 수준에서는 정치인이었지만 그들의 정치적 힘은 분명히 그들의 영적 힘에서 기인한 것이었다.

역사는 우리가 희망을 품을 만한 다른 이유를 제공한다. 중세 말기 유럽의 통치가 대체로 경제적 영향에 의해 각 지역에서 국가 수준으로 이동할 때, 민족국가는 어느 정도 단순한 정치적 조직이 아니라 특정한 선의로 충만한 도덕적 조직이 되었다. 종교도 일정 역할을 수행했지만(유럽의 제왕들은 기독교의 상징주의를 거부하지 않았다) 종교만큼 중요한 역할을 했던 것은 사람들의 문화에 대한 동질감과 공동운명체에 대한 의식이었다. 사람들은 자신들이 한 배를 타고 있다고 생각했다.

그런데 이제 세계의 모든 사람들이 점점 한 배를 탄 꼴이 되고 있다. 이런 관점에서 볼 때 테이야르의 낙관주의가 그토록 절망적으로 비현실적인 것일까? 영감에 찬 지도력에 의해 세계의 사람들이 형제애에 가까운 관계로 연결될 수 있지 않을까? 아니면 그 목표에 미치지 못하더라도 온건한 민족주의가 불러일으켰던 것보다 덜 강렬한 심리적 통일체에 도달할 수 있을까? 우리는 이 책의 말미에서 이 질문으로 되돌아가게 될 것이다. 지금으로서는 단지 수세기 전, 심지어 유럽인들에게 있어서 문화적·언어적 차이와 유서 깊은 증오감 덕분에 민족주의적 감정조차도 비현실적이라고 생각되던 시절이 있었음을 지적하고자 한다.

그리고 오늘날의 문제에 영적 해결책을 동원해야 한다고 볼만한 또 다른 작은 이유가 있다. 경제적 세계화와 그로 인한 문화적 지체의 속도를 늦추는 것은 단순한 정치적 과제가 아니다. 부유한 국가에서 사람들이 물질적 성취에 덜 몰두하게 되면 목이 부러질 듯 위험스러운 현대화의 속도를 늦출 수 있고 덤으로 환경의 파괴 역시 덜해질 것이다. 또 다른 덤으로써 우리는 수천 년 동안 현인들이 말해온 지혜를 깨닫게 될지도 모른다. 끝없는 성취는 어차피 충족으로 이어지는 길이 아니다.

뒤섞인 감정

이 책의 논지가 갑작스럽게 방향을 튼 것은 사실이다. 그러나 두 번의 급선회는 서로 맞물려 있다.

첫째, 나는 앞서 역사의 진행 속도를 억제할 것을 제안했다. 15개의 장에 걸쳐서 역사의 방향은 대체로 좋은 것이라고 거듭 주장한 다음에 말이다. 이상하게 들릴 것이라는 사실을 알고 있다. 그러나 좋은 것은 역사의 장기적인 경로이고 존 메이냐드 케인즈가 지적한 대로 우리에게 가장 중요한 것은 단기적인 현실(우리의 수명이 미치는 시간 범위)이다. 그리고 단기적으로는 역사의 '자연적' 경로가 이따금씩 많은 불쾌한 결과를 가져올 수 있다.

'문화적 지체'는 큰 문제가 되어온 것으로 보인다. 일부 역사학자들은 20세기 독일 민족주의의 폭력성이 19세기에 뿌리를 두고 있다고 주장한다. 중세를 갓 벗어난 땅에 밀려들어온 산업화의 물결이 문제의 씨앗이었다는 것이다. 러시아는 심지어 독일보다도 더 급격히 농노제 시대에서 산업혁명으로 떠밀려나가야 했다. 그리고 어떤 면에서 러시아는 한 번도 제대로 회복되지 못하였다. 그들에게 적합한 통치 체제를 발달시키지 못했던 것이다. 스탈린의 손에 처형되거나 굶어 죽은 수백만 명의 사람들이 바로 이 문화적 지체가 낳은 희생양들이다. 오늘날 이 정도 규모의 재난은 한 국가의 정치적 지도자의 후원 없이도 발생할 수 있다. 그것이 바로 핵무기를 지니고 있으며, 생명공학 기술이 널리 퍼져있고, 수많은 과격하고 성난 사람들을 포함하고 있는 세상의 삶인 것이다. 그러니 내가 성난 사람들의 숫자를 걱정하는 것이다.

이것은 우리를 두 번째 이상한 방향 전환으로 이끈다. 갑자기 내가 도덕적 감정에 북받쳐 선한 의지의 필요성과 탐욕의 사악함에 대해 핏대를 올리며 주장하게 된 계기가 바로 그것이다. 이전 장들은 칸트가 인간의 심리체계에서 발견했던 '비사회적 사회성'에 대한 냉정한 찬탄을 분명히 보여주었다. 무엇보다 인간 본성에 들어 있는 이 압박은 대체로 역사의 건전한 흐름을 지탱해왔다. 멈출 줄 모르는 사회적 지위에 대한 추구, 심지어 정복의 추구는 궁극적으로 인간 조건을 향상시켜서 전체적으로 볼 때 점점 더 많은 사람들이 더 나은 삶을 살 수 있게 만들었다. 그렇다면 우리를 오늘날 우리의 모습으로 데려다준 바로 그 요인(탐욕이나 증오와 같은 진보의 박차)에 어떻게 내가 등을 돌리게 되었을까?

냉정하다고 비난해도 좋다. 하지만 그 요인들은 이미 너무 오래 살아서 더 이상 쓸모가 없어져버렸다. 처음부터 그들의 가치에는 모순된 면이 있었다. 증오가 사회를 더욱 광범위한 우호의 길로 이끌었다. 탐욕과 지위에 대한 갈망, 다른 이를 지배하고자 하는 욕망이 기술적 진화를 추진하고 그것은 오히려 사람들에게 더 많은 자유를 주었다. 이 모든 점을 미루어 인간 본성의 어두운 면은 옹호할 만했다. 그 어두운 면이 스스로의 가치 체계를 부정하는 경향을 보이는 한에서 말이다. 한편 여기에는 종국에 만일 그 어두운 면의 부정적인 면이 점점 자라나고 긍정적인 면이 줄어든다면 어두운 면을 옹호하기가 어려워질 것임이 내포되어 있다.

지금 우리는 그 종국에 와 있다. 세계의 생태계가 이미 스트레스를 받고 있고, 수십억의 사람들이 그 길을 걸어가고 있을 때 무분별한 물질주의는 점점 불안한 것이 되어가고 있다.# 마침내 세계화에 도달한 사회에서 정치적 조직화를 위한 전쟁은 이제 더 이상 필요치 않게 되었다. 그리고 핵무기와 생물 무기가 손에 쥐어진 마당에 전면적인 전쟁이나 테러활동은 그 어느 때보다 구미가 당기지 않는 선택이 되었다. 오늘날의 증오는 예전의 증오가 아니다.

심지어 적대감의 생산적인 효과를 어느 정도 존중했던 허버트 스펜서조차도 반감의 미덕이 감소하고 있음을 발견했다. "우리는 전쟁으로부터 얻을 수 있는 것은 모두 다 얻었다"고 그는 썼다. "사회들 사이의 충돌을 통해 달성할 수 있는 사회적 진화는 이미 달성되었으며 이제 더 이상 어떤 이익도 찾아볼 수 없다"는 것이다. 그는 전쟁이 진보를 위한 필수적인 요소도 아니며 점점 '퇴보'의 원인이 되고 있다고 주장했다. 핵무기가 나오기도 전에 말이다.

전쟁은 처음부터 종식의 씨앗을 속에 품고 있었다. 제로섬 에너지의 가장 적나라한 형태인 전쟁은 비록 역사의 논리에 의해 추진되었지만 점점 더 네거티브섬이 커지게 되어서 결국 그 부정적인 측면이 무시할 수 없을 만큼 두드러지게 되어 있었다. 오늘에 이르러 되돌아볼 때 이것은 예정된 쇠퇴인 것처럼 보인다.

만일 정말로 전쟁이 유물이 되어버린다면 탐욕의 미덕은 한층 더 뒤로 물러나게 된다. 어느 주어진 사회의 기준으로 볼 때 터무니없는 물질적 성취의 가장 커다란 긍정적 측면은 전통적으로 물질적 성취가 기술적 진보의 원동력이 되었기 때문이다. 그리고 기술 진보는 사회를 강성하게 유지해주었다. 19세기에 러시아와 독일은 근대화 외에 별 대안이 없었다. 그 시절에 정체는 곧 정복을 불러들였다. 그러나 더 이상 정복당할 위험을 마주하고 있지 않은 사회에서 위험스러울 정도로 급격한 기술적 진보는 거부할 수 있는 선택이고, 검약은 그 사회의 구성원들이 누릴 수 있는 사치품이다.

탐욕이 사라지지 않을 것이라는 사실은 하늘도 알고 있다. 증오나 배타주의도 마찬가지이다. 인간 본성은 완고한 것이다. 그렇다고 해서 통제할 수 없는 것도 아니다. 우리 본성 깊은 곳의 충동을 없애버릴 수는 없더라도 그 충동을 길들이고 방향을 잡아줄 수는 있다.

좀 더 정확히 말하자면 어떤 충동은 다른 충동을 억제하는 데 이용될 수 있다. 사람들은 항상 사회적 지위를 추구한다. 그리고 동료들의 존경을 받기를 즐긴다. 그런데 바로 이러한 욕망이 다른 종류의 욕망을 누그러뜨리는 데 사용될 수 있다. 누군가가 다른 이의 존경을 얻기 위해서 어떤 행동을 하거나 하지 않아야 한다고 규정한다면 사회는 인간 본성이 표현되는 양식에 커다란 영향력을 행사할 수 있다. 사회적 지위를 얻기 위한 선결조건으로 삼을만한 —그리고 실제로 일부 사회에서는 이미 삼고 있는— 행동 중에는 지나치게 두드러지는 소비를 하지 않기, 특정 국가, 인종, 종교 집단 또는 다른 사람들에 대해 증오를 나타내는 말을 하지 않기 등이 있다.

프란츠 보아스는 —역사를 일반화하는 데 별 관심이 없었지만— 이런 말을 한 일이 있다. "인류의 발달을 가져온 근본적인 특성 가운데 하나는 무의식적으로 발달되어온 행동이 점차 추론의 대상이 되었다는 점이다." 그가 인용한 사례는 과학적 탐구 과정의 성숙이었지만 역사 자체의 성숙도 그 사례가 될 수 있다. 세계의 모든 사람들이 하나의 보이지 않는 뇌를 형성하게 된 지금, 우리는 의도적으로 우리가 나갈 길을 인도할 수 있고, 한때 맹목적이고 종종 고통스럽게 우리를 끌고 나갔던 목표들을 이제는 의식적으로 추구할 수 있다.

거듭 말하지만, 칸트는 편협한 인간의 이기심이 광대한 선을 가져오는 데 이바지한다는 사실에 너무나 경탄한 나머지 어느 정도 감사의 마음을 가져야 한다고 믿었다. 자연이 "사회적 배타성, 시기와 경쟁을 불러오는 허영심, 부와 권력에 대한 채워지지 않는 갈망을 품고 길러준 것에 대해 감사해야 한다"고 말했다. 글쎄…. 좋다. 고맙다, 자연nature아. 좀 더 정확

히 말하자면, 고맙다, 인간 본성human nature아. 자, 이제 너 자신의 덜미를
꽉 잡아라.

408 1부 인류의 역사
NONZERO

Part TWO

생명의 역사

Chapter 17

우주적 배경

원자는 패턴이다. 그리고 분자도 패턴이다. 또한 결정도 패턴이다.
그러나 돌은, 이러한 패턴들로 만들어졌음에도 그저 단순한 혼란일 뿐이다…….
– 올더스 헉슬리Aldus Huxley

20세기의 가장 영향력 있는 과학저서 중 하나는 물리학자 에르빈 슈레
딩거가 쓴 〈생명이란 무엇인가What is life〉라는 매우 얇은 책이다. 1944년
출판된 이 책은 많은 미래의 저명한 과학자들, 그 중 특히 제임스 왓슨과
프랜시스 크릭에게 영감을 주어 생물의 유전 물질을 탐구하도록 만들었
다.

그렇다면 대체 생명이란 무엇인가? 내가 이 책에서 대답하지 않을 질문
들이 몇 있는데 이 질문은 그들 중 하나이다. 그러나 이 질문에 대해 잠깐
생각해 보는 것은 이 책의 중심적인 질문들의 답을 얻는 데 도움을 줄 것
이다. 예를 들어보자. 이 책은 왜 두 권이 아니라 한 권으로 만들어졌을까?
생물의 진화와 인간 역사는 제각기 따로 다루어야 할 만큼 충분히 서로 다
른 것이 아닌가?

나는 이미 그에 대해 '아니오'라고 대답했다. 즉 생물의 진화와 인간의
역사는 본질적으로 하나의 이야기를 이루는 것이라고 말이다. 이와 같은

단일성에 대한 주장은 몇 가지 형태가 있다. 첫째, 두 과정이 동일한 동력을 가지고 있다는 것이다. '진화'는 단순히 문화적 변화에 대한 그럴듯한 메타포가 아니다. 몇몇 기본적인 수준에서 문화의 진화와 생물의 진화는 동일한 기작을 가지고 있다. 둘째, 문화의 진화와 생물의 진화는 동일한 연료를 이용한다. 즉 제로섬의 힘과 넌제로섬의 힘 사이의 활기찬 상호작용이 이 두 종류의 진화에 스며들어 있다. 셋째, 두 과정은 평행을 이루고 있어서 같은 방향, 즉 장기적으로 넌제로섬 원리가 증대되고 그 결과로 복잡성의 정도가 더 깊고 넓어지는 방향으로 나간다. 실제로 생물의 진화는 충분히 긴 시간이 주어지면 문화의 진화를 뒷받침할 수 있을 만큼 충분히 복잡하고 지적인 생물을 낳을 것으로 보인다. 그리고 문화의 진화는 본질적으로 진화의 총괄적인 경향을 더 심원하고 더 광대한 복잡성으로 이끈다.

이 모든 것들이 이 장과 다음 두 장에서 논의할 주제들이다. 즉 여러 가지 증거를 통하여 —생명이 탄생한— 최초의 늪으로부터 그 이후의 모든 역사를 창조적인 하나의 획으로 보는 것이 타당하다는 것을 보여줄 것이다. 그러나 일단 그와 같은 노정의 첫 걸음으로 애초에 그 최초의 늪이라는 것이 뭐가 그리 특별한지에 대해 명확히 —적어도 좀 더 명확히— 할 생각이다. 대체 생명이란 무엇일까?

열역학 제2법칙의 정신

슈뢰딩거는 열역학 제2법칙이라는 배경 안에서 생물을 바라보았다. 열역학 제2법칙은 정말이지 우울하고 맥 빠지는 개념이다. 엔트로피가 여지

없이 증대하며 구조는 점점 붕괴된다는 것이다. 논리적으로 따지자면 이러한 경향은 모든 분자들이 무작위적으로 고루 분포하게 되는 날 비로소 정점에 이르게 될 것이다. 행성도 없고 항성도 없고 모든 것이 똑같은 상태, 마치 전 우주가 특별히 거대한 믹서를 통과한 어마어마하게 방대한 퓌레◆가 된 상태가 될 때 말이다.

이러한 과정은 이 지구 위의 좀 더 작은 공간에서, 좀 더 짧은 시간 범위에서도 관찰할 수 있다. 예를 들어 커피에 크림을 살짝 부어보자. 그러면 처음 나타났던 색, 질감, 온도의 뚜렷한 차이가 점차 사라지고 크림을 붓는 과정에서 발생한 움직임 역시 점차로 잦아든다. 쉽게 말해서 슈뢰딩거의 주장은 어떤 시스템을 그냥 혼자 놓아두고 오랫동안 시간이 흐르면 이 시스템은 점점 움직임도 없고 온도도 균일한 상태가 된다는 것이다. 즉, 궁극적으로 "전 시스템이 죽은, 활성이 없는 물질의 덩어리로" 변환된다는 것이다.

생명이 그토록 신비한 것은 언뜻 보기에 생명현상이 이 법칙의 예외로 보인다는 것이다. 한 컵의 커피와 달리 생물은 신장과 위, 잎과 줄기의 차이를 보존한다. 슈뢰딩거의 저서에 따르면 "생물이 그토록 불가사의하게 느껴지는 것은 불활성 상태로 급격하게 분해되는 것을 피한다는 점이다."

그렇다면 그 비결은 무엇일까? 생명이 열역학 제2법칙에 도전하여 극복해내기라도 했단 말인가? 그렇지 않다. 생명의 과정은 다른 모든 과정과 마찬가지로 질서와 구조를 파괴하며 우주 안의 엔트로피의 총량을 증가시킨다. 다섯 접시가 차례로 나오는 풀코스 요리와 그 뒤에 여러분이 화

퓌레 | 야채 등 재료를 삶아서 으깨고 거른 음식—옮긴이

장실에서 내놓는 것의 상태를 비교해보자. 뭔가 잃는 게 있게 마련이다.

그렇다면 물론 얻는 것도 있다. 생물이 성장하면서 새로운 질서와 구조를 창조해낸다. 그러나 열역학 제2법칙은 전체적인 균형을 볼 때 생물은 자신이 창조해내는 질서보다 더 많은 질서를 소비한다고 말한다. 그리고 그것이 사실이다. 생명을 유지하는 비결은, (자, 밑줄을 치시라!) 질서를 꽉 붙들고 무질서를 멀리 쫓아버리는 것이다. 슈뢰딩거의 표현을 빌자면 "대사의 본질은 생물이 자신의 생명을 유지하는 동안 불가피하게 생산해내는 모든 엔트로피로부터 자신을 떼어놓는 것"이라고 말했다. 이처럼 우주 전체로 볼 때는 질서가 감소하지만 국지적으로는 질서가 증가하는 것이다.

그런데 생명은 열역학 제2법칙의 문자 그대로의 의미를 어기지 않는다 하더라도 법칙의 정신은 어기는 것이라 볼 수 있다. 제2법칙을 읽으면서 여러분은 이 국지적인 구조의 섬이 생겨나고 지속될 것이라고 예상하지는 않을 것이다. 그런데 이 섬들은 지속될 뿐만 아니라 성장하고 증대된다. 그것은 매우 교활한 무역 정책, 구조화된 것(풀코스 요리)을 수입하고 덜 구조화된 것을 수출하는 정책 덕분이다.

그렇다면 구조를 수입하는 것이 정확히 어떻게 생물이 자신의 구조를 유지하는 데 도움을 준다는 것일까? 생물이 추구하는 것은 일반적인 의미에서의 구조가 아니라 주로 구조화된 에너지를 말한다. 우리가 매일의 경험을 통해 생각해볼 때 에너지가 쓸모 있으려면 구조화되고 농축된 형태여야 한다. 모닥불의 장작개비에 있는 열은 물을 끓이는 데 사용될 수 있지만 단지 장작에 응축되어 있는 경우에 한한다. 일단 열역학 제2법칙이 그 효력을 발휘하고 나면, 즉 장작의 모든 열이 공기 중으로 흩어져버리고 나면 에너지는 여전히 주변에 존재하지만 아무런 쓸모가 없다. 에너지를 이용하는 핵심은 튼실하고 뚜렷한 에너지의 덩어리 근처에서, 그것이 더 엔트로피가 높고 덜 유용한 형태로 변해가는 과정에서 그 일부를 움켜잡는 것이다. 생물은 이 세계의 엔트로피의 흐름이 어떻게 되든 간에 이렇게 획득한 에너지를 이용해서 자신의 구조를 새롭게 만들고 유지 보수하며 물질을 뚜렷하게 질서 잡힌 형태로 배열하여 에너지를 거기에 저장한다.

따라서 햄버거를 먹을 때 우리는 구조화된, 그러므로 유용한 형태의 에너지를 받아들이게 된다. 이 구조화된 에너지는 소가 증여한 것이고, 소는 그것을 풀로부터 받았고, 풀은 그것을 햇빛으로부터 받았다. 햇빛은 태양에너지를 농축된 작은 다발packet의 형태로 지구로 전달한다. 이 사슬의 모든 고리에서 우주 전체의 엔트로피의 총량은 증가하고, 이용 가능한 에너지의 총량과 질서의 총량은 감소한다. 그러나 이 지구 위에서는 점점 더 많은 이용 가능한 에너지가 작은 유기적 공간에 빽빽이 채워지게 되고 질서의 총량이 증가하여 점점 더 복잡한 형태를 형성해나간다.[#]

에너지와 문화

일부 문화진화론자들은 문화의 진화에 있어서 에너지의 역할에 엄청난 중요성을 부여했다. 그것은 놀랄만한 일이 아니다. 일단 문화진화론에는 인간사회가 어떤 면에서 생물과 같다는 전제가 깔려 있기 때문이다. 그리고 방금 논의한 대로 생물의 본질이 바로 에너지를 획득하고 처리하는 것이다. 생물은 이 구조화된 에너지를 이용해서(다른 활동도 하지만) 구조화된 물질, 즉 손톱, 털, 뼈, 부리, 뇌와 같이 그 존재 자체가 열역학 제2법칙의 정신을 거스르는 물질들을 창조해낸다. 따라서 문화진화론자들이 "그렇다면 인간사회에 대해서도 같은 이야기를 할 수 있을까?"라고 묻는 것은 이해할만 하다.

상당 부분 인간사회도 마찬가지라고 할 수 있다. 각각의 생물 개체와 마찬가지로 인간사회 역시 에너지를 물질적 구조로 변환시킨다. 가장 단순한 수렵·채집사회라고 하더라도 음식의 형태로 에너지를 흡수하고 그것을 가지고 은신처를 만들어낸다. 사회가 점점 복잡해짐에 따라 에너지 기술도 변화한다. 인간 에너지의 원천으로 농업이 수렵과 채집을 대신하게 되었고 인간 외의 에너지(황소, 물레방아, 증기기관 등)가 인간 에너지를 보충하게 되었다. 그러나 한가지, 에너지는 여전히 구조에 투자되었다는 점은 동일했다. 비록 사원에서 공장으로, 제트기로 그 구조는 점점 더 복잡해졌지만 말이다. 실제로 이 모든 물질적 성취를 빼고도 사람들 자체가, 비록 눈에 보이는 구체물은 아니지만 실질적인 의미에서 구조를 형성한다. 행진하는 군대, 환호하는 군중, 심지어 이리저리 세계 각 곳에 흩어져있는 기업체들 역시 잘 조율되고 질서 있게 배열된 사람들의 모임이다. 이와 같은 인간의 구조들은 비인간 구조와 마찬가지로 에너지에 의존한다. 그리고 인간의 구조는 —역시 비인간 구조와 마찬가지로— 문화 진화가 전진함에 따라서 점점 더 복잡해진다.

생물의 다양한 신체구조가 엔트로피의 힘으로부터 생물을 보호하듯, 사회 구조의 적어도 일부는 사회를 해체로부터 보호한다. 아마도 지금까지 보존되어 있는 가장 오래된 농업의 생산성의 기념비라고 할 수 있는 제리코의 성벽의 경우도 그와 같은 역할을 수행했다. 심지어 추장사회의 사원들 또한 —그것이 압제의 수단이든 군중 통제의 수단이든, 온화한 조율의 수단이든 간에— 어떤 의미에서 통합의 수단이었다. 즉 큰 사회를 질서 있고 유기적으로 결속된 상태로 유지하는 데 기여했던 것이다. 그리고 사회에 먹을 것이나 입을 것을 제공하는 기업들과 사회를 보호하는 군대들도 사회의 쇠퇴나 혼란을 막아주는 역할을 수행한다.

사회를 생물에 비유하는 데에는 분명 어느 정도 한계를 그어놓을 필요가 있다. 예를 들어서 에너지는 사람의 사회에서보다는 생물체 안에서 더 일정하고 덜 경솔하게 사용된다. 그러나 생물과 사회를 비교하는 것은 나름대로 이로운 점이 있으며 그것은 문화진화론자들이 에너지 기술에 주목한 것을 정당화해준다.

그런데 이 책의 1부에서 나는 거의 모든 강조를 정보 기술에만 집중했다. 실제로 나는 흔히 최초의 에너지 혁명이라고 불리는 농업의 도래가 정보 혁명으로서의 중요성을 더 크게 가지고 있다고 주장했다. 농업에 의해 거주민의 밀도가 높아지면서 '보이지 않는 뇌'의 규모와 효율성에 있어서 획기적인 도약이 일어났다.

그렇다면 나는 왜 정보 기술에 이토록 집착할까? 부분적으로 아마도 우리가 정보 시대에 살고 있으며 나 역시 대부분의 사람들과 마찬가지로 현재라는 창을 통해 과거를 바라보기 때문일 것이다. 그러나 정보를 중요하게 여기는 데에는 다른 이유가 있다. 정보와 에너지 모두 근본적으로 중요한 기술이지만 정보가 주도권을 잡고 있다. 인간사회에서 정보는 에너지의 흐름을 안내한다. 그리고 그 반대의 경우는 일어나지 않는다.[#]

에너지와 정보

이 사실을 처음으로 강조한 문화진화론자 중 한 사람이 켄트 플래너리이다. 1972년 그는 상당히 단순한 수렵채집 무리라고 하더라도 종종 "어떤 숲에서 먹을 만한 견과류가 모조리 수확되었고, 어떤 계곡에 현재 사냥감이 많이 몰려있는지에 대한 지식을 수집하고 분배하는 비공식적 우두머리"가 존재했다고 보고했다.

사회의 복잡도가 더 높은 수준에서도 정보가 상황을 주도한다. 추장들은 인간의 에너지를 사원의 건축으로 돌리라는 신호를 보낸다. 또한 창을 몇 개나 만들고 언제 창을 전쟁터로 들고 나가야 할지를 알리는 신호를 보낸다. 그리고 추장들은 세상 사물의 상태에 대한 신호들을 받은 후에 그것을 토대로 이러한 신호들을 발신한다.

고대 국가들 역시 에너지와 물질을 처리하기 위해 —많은 경우에 관료제도의 형태로— 정보를 처리했다. 오늘날의 시장도 마찬가지이다. 우리가 앞서 논의한 대로 보이지 않는 손은 전적으로 보이지 않는 뇌, 즉 분산되어 있는 데이터 처리 시스템에 의존한다. 모든 것을 고려할 때 플래너리는 문화 진화의 "주요 경향 중 하나"가 "정보의 처리, 저장, 분석 능력의 점진적 증가"라고 주장했다.

생물과 사회를 비교하는 것이 여기에서도 유효할까? 식물과 동물도 에너지와 물질을 처리하기 위해 정보를 처리할까?

그렇다. 살아있는 모든 생물들이 그렇게 한다. 심지어 미천하기 짝이 없는 대장균 E. Coli도 그렇게 한다. 에너지가 희박한 환경에서 대장균은 사이클릭cyclic AMP라는 분자를 합성한다. 그러면 이 분자는 DNA에 달라붙어 DNA로 하여금 편모를 만들어내는 활동을 개시하도록 한다. 박테리아의 꼬리에 해당되는 이 편모가 빙빙 돌아가면서 박테리아가 에너지가 충만한 환경에 도달할 때까지 헤엄쳐 나가도록 한다. 이 사이클릭 AMP 분자는 일종의 상징으로 그 의미는 마치 수렵·채집사회에서 우두머리에게 보고되는 정보, 즉 어느 지역의 나무 열매가 이미 모조리 수확되었다는 정보에 해당된다. 그리고 그 상징에 반응하여 꼬리를 만드는 활동에 착수하는 DNA는 마치 숲에 먹을 것이 없다는 사실을 확인하고 무리가 다른 곳으로 이동할 것을 제안하는 우두머리와 같다.

이때 '의미'라는 단어의 뜻을 명확하게 할 필요가 있다. 실용주의 pragmatism 철학의 창시자인 찰스 피어스Charles S. Pierce는 어떤 메시지의 '의미'는 그 메시지가 이끌어내는 행동, 즉 메시지가 환경의 상태에 대해 전하는 정보에 적합한 행동이라고 믿었다. 이 경우에 사이클릭 AMP 분자는 진정한 의미를 지니고 있다. 이 분자는 전달된 정보(국지적으로 에너지가 부족한 환경)에 적합한 행동(이동)을 이끌어내니까 말이다.

현명하게 영양분이 많은 환경으로 이동해가는 대장균은 DNA가 단순히 생물체의 구성을 위한 '청사진'이라는 오래된 개념이 잘못된 것임을 보여준다. DNA는 단순히 데이터가 아니다. DNA는 데이터 프로세서이다. 인간이 '구성'되고나서 한참 후에도 각 세포의 DNA들은 계속해서 대장균의 DNA가 한 것과 똑같은 일을 한다. 환경(인체의 세포의 경우 환경은 대개 다른 세포들이다)으로부터 정보를 받아들이고 그에 따라 세포의 행동을 통제한다. 그리고 생물체를 구성하는 과정에서 DNA는 더 넓은 환경에 대한 정보를 처리하여 그에 따라 생물체의 형태를 결정해나간다. 햇빛의 강도에 따라 아이 피부의 색조를 조절하는 것이 하나의 예가 될 것이다. 생물체의 탄생에서 죽음까지 DNA는 청사진보다는 훨씬 더 영리하다.

데이터 처리는 좀 더 사소하게 보이는 생물의 기능에도 스며들어간다. 풀이 아래쪽이 아니라 위쪽으로 자라는 것은 풀의 세포 표면이 어느 방향에 더 빛과 열이 많은지 감지하고 그 데이터를 DNA에 전달하면 DNA가 그에 맞추어 성장을 조절하는 신호를 전개하기 때문이다. 부러진 뼈가 아무는 과정에서 일단 상처를 입었음을 알리는 신호가 전달되어야 하고 그다음 다른 신호들이 상처를 보호하기 위해 부어오르는 작용에서부터 뼈를 복구하는 작용에 이르기까지 다양한 재건 프로젝트를 이끌어 나간다.

심지어 각각의 분자 수준에서도 엔트로피에 맞서서 고유의 구조를 구성하고 유지하기 위해 일종의 정보 처리와 분별을 필요로 한다. 노벨상 수상자인 분자생물학자 자크 모노Jacques Monod는 단백질 분자가 모양을 가지고 "다른 분자를 '알아보는' 능력"을 가지고 있으며 그에 따라 자기 자신을 질서 있는 형태로 배열할 수 있다고 주장했다. "그 작업은 글자 그대로 — '인지cognitive' 라고 말하는 것이 무리가 된다면 적어도— 미세한 분별discriminative 기구"이며 또한 이 "선택권이 있는 분별"이 생물을 "열역학 제2법칙의 족쇄에서 풀려날 수 있도록 해주는 것으로 보인다"고 그는 주장했다. 모든 생물의 모든 수준에서 정보가 구조를 보존할 수 있는 방향으로 에너지와 물질을 이끈다. 이는 인간사회와 흡사하다.

생물과 사회 사이에는 또 하나의 유사점이 있다. 두 경우에서 모두 에너지는 구조를 지탱하고 보호하는 방식으로 배열된다. 그리고 중요한 것은 이러한 배열이 언제나 정보에 의해 유도된다는 것이 아니라, 배열을 유도하는 것이 바로 정보의 기능이라는 점이다. 이를테면 손톱이나 뼈를 형성하는 데 관여하는 세포 내부와 세포들 사이의 소통 체계는 그와 같은 형성을 유도하도록 진화되어 왔다. 그들이 자연선택에 의해 보존된 이유는 그들이 생명 구조의 핵심인 DNA를 보존하는 데 이바지했기 때문이다. 그리고 그것은 오두막이나 사원이나 고층빌딩의 건설이나 기업과 군대의 유지를 관장하는 정보 처리 시스템에도 똑같이 적용된다.

그렇다고 해서 사람들이 사원을 짓거나 군대를 운영하는 뇌의 프로그램을 유전적으로 타고났다고 말하는 것은 아니다. 내가 주장하는 바는 좀더 일반적으로 사람들은 이런 저런 건축물을 만들어내고 사회 조직을 조율하며 이러한 과제에 대해 다른 이들과 의사소통하고자 하는 경향을 유전적으로 타고났으며, 이와 같이 유전적으로 부여된 데이터 처리 경향이 자연선택에서 선호되었다는 것이다. 그 이유는 그러한 경향들이 DNA를 유지하고 사람들을 생존하게 하는 데 도움을 주었기 때문이다. 문화적 정보는 이전의 모든 생물 정보와 마찬가지로 유전 정보를 보존하고 보호하기 위해 창조되었다.

모든 생명을 배경으로 바라볼 때 문화는 어떤 의미에서 결코 새로운 것이 아니다. 단지 자연선택이 DNA를 보존하는 방식으로 에너지와 물질을 배열하기 위해 고안해낸 또 하나의 데이터 처리 시스템일 뿐이다. 그러나 이것은 전혀 새로운 종류의 진화를 개시하면서 스스로의 독자적인 삶을 펼쳐나가기 시작한 최초의 시스템이다. 자연선택은 오래 전에 만들어낸 뇌를 비롯해서 점점 더 영리한 형태의 DNA를 발명해내다가 마침내 우리 종에 이르러서 특히 인상적인 뇌, 완전히 새로운 종류의 자연선택을 뒷받침할 뇌를 만들어냈다.

기적의 접착제

에너지 기술을 강조한 최초의 문화진화론자 중 한 사람은 바로 레슬리 화이트이다. 실제로 일부 학자들은 20세기 중반 문화진화론에 대한 연구가 부활한 원인을 1943년 발표된 화이트의 「에너지와 문화의 진화」라는 논문 덕분으로 돌린다. 또한 화이트는 어느 정도 정보 기술을 무시했던 문화진화론자 중 한 사람으로 꼽힌다. 어떤 면에서 그것은 그다지 놀랄 일이 아니다. 그의 기념비적 논문은 슈뢰딩거의 책이 나타나기 1년 전, DNA가 발견되기 10년 전, 생물의 보전에 있어서 생물학적 정보의 엄청난 역할을 과학계가 진정으로 인식하게 된 시기로부터 수십 년 전에 탄생한 것이니 말이다. 따라서 생물학적 통찰을 사회과학 분야에 도입하고자 했던 그의 시도는 제한된 성공을 거둘 수밖에 없었다. 그는 "시스템을 하나로 묶어주는 것은 무엇인가?"라는 질문이 "생물학에서와 마찬가지로 사회학에서도 가장 근본적인 질문"이라고 주장했다. 그러나 그의 분석은 더 이상 나가지 못했다. 그는 아마도 시스템을 하나로 묶어주는 핵심적인 요소는 어떤 '힘'일 것이라고 추측했다. 그러나 사회과학에서는 "결속solidarity 외에 이와 같은 힘을 일컬을 마땅한 이름이 존재하지 않으며 생물학에서는 그것을 무엇이라고 불러야 할지 우리는 알지 못한다"고 말했다.

이제 우리는 알고 있다. 사회 안에서나 생물체 안에서나 세포 안에서나 이 마법의 접착제는 바로 정보이다. 정보는 전체의 부분들을 조화롭게 움직이도록 이끌고 서로 접촉하여 하나로 힘을 합쳐 분열이나 쇠퇴에 저항하도록 만든다. 정보는 생명으로 하여금 열역학 제2법칙의 정신에 대항하도록 해준다. 정보는 엔트로피의 물결이 끊임없이 부식해 들어가는 구조를 구성하고 보충하는 데 필요한 에너지를 배열한다. 그리고 이 정보는 어떤 신비스러운 '힘'이 아니라 오히려 물리적인 것이다. 정보는 당신의 귀를 향해 나가는 나의 목소리의 패턴화된 음파이며, 뇌에서 일어나는 신경세포의 발화이자 혈당을 조절하는 호르몬이고, 박테리아 내부에 있는 사이클릭 AMP 분자이다. 또한 구조를 유지하고 보호하는 기능을 가진 구조화된 형태의 물질 또는 에너지이다. 정보는 물질과 에너지를 필요한 곳으로 안내하여 엔트로피를 치워버리고, 그렇게 함으로써 우주 전체로는 질서가 감소하는 데도 국지적으로는 질서가 증가하는 상태로 만들어 결국 생명이 존재하도록 만든다.

'최초의 늪' 이래로 모든 이야기의 중심에 정보 기술이 있었다. DNA에서 뇌, 인터넷에 이르기까지 정보 처리장치는 계속해서 더욱 큰 용량의 정보 처리장치를 만들어내고 그 정보 처리 장치의 지원을 받아왔다. 생명은 계속해서 열역학 제2법칙의 정신을 더욱 더 큰 규모로 침해해왔다. 단지 지난 3만 년에 그치지 않고 그 이전의 수십억 년을 포함하여 이 놀라운 대서사시의 전체를 조망함으로써 이런 질문을 탐구해볼 수 있을 것이다. 이 서사시를 지은 누군가가 존재하는 것일까?

생물학적 넌제로섬 원리의 출현

벌집은 언뜻 보기보다 훨씬 더 많은 층으로 이루어진 공동 작품이다.
– 매트 리들리Matt Ridley

당신은 어쩌면 당신이 각각의 세포 안의 핵 속에 들어 있는 염색체를 따라 배열된 한 세트의 유전자를 가지고 있다고 생각할 것이다. 흔히 퍼져 있는 오해이다. 핵은 단지 세포소기관organelle이라고 불리는 수많은 세포의 하부 구조물 가운데 하나일 뿐이다. 그리고 세포소기관 중 하나인 에너지 대사를 담당한 미토콘드리아 역시 그 자체의 유전자를 가지고 있다. 그리고 이 유전자는 핵 속에 들어 있는 유전자와 완전히 별도로 전달되어온 것이다. 당신의 세포의 핵 속에 들어 있는 유전자는 어머니와 아버지로부터 똑같이 절반씩 물려받은 것이지만 당신의 세포의 미토콘드리아에 들어 있는 유전자는 오직 어머니로부터 물려받은 것이다. 그리고 만일 당신이 남성이라면 당신의 미토콘드리아 유전자를 이후 세대에 물려줄 기회는 없다.

그렇다면 왜 각각의 세포들이 두 세트의 DNA를 가지고 있는 것일까? 수십 년 동안의 저항 끝에 이제는 일반적으로 인정받고 있는 대답은 이것이다. 다세포생물이 살기 전에 당신의 미토콘드리아의 멀고 먼 조상은 자급자족하며 거칠 것 없이 자유롭게 살던 하나의 세포였다. 이를테면 한 마리의 단순한 박테리아처럼 말이다. 그리고 오늘날 당신의 미토콘드리아가 거주하고 있는 핵을 가진 세포의 먼 조상 역시 자급자족하며 거칠 것 없이 자유롭게 살던 하나의 세포였다. 그러던 어느 날 이 두 자유로운 세포들이 하나로 합쳐졌다. 그 후 미토콘드리아는 에너지를 처리하는 데 집중하기로 하고 더 큰 세포는 다른 일들, 이를테면 운동과 같은 활동을 처리했다. 둘은 그 이후 이 축복받을 노동의 분화 속에서 행복하게 잘 살았다…….

나는 언제나 상호 이익을 강조하는 로맨티스트이다. 일부 생물학자들은 지금 나의 이야기가 추악한 세부 사항을 그럴싸하게 덮어 포장한 것이라고 말할 것이다. 노벨상 수상자인 레나토 둘베코의 의견에 따르면 한때 자율적이었던 미토콘드리아가 이제 그들이 "들어가 거주하게 된 세포의 요구에 굴종하는" 상태가 되었다는 것이다. 〈진화의 주된 변천 *The Major Transitions in Evolution*〉의 저자인 존 메이나드 스미스John Maynard Smith와 외르시 사트마리Eörs Szathmáry가 보기에 미토콘드리아는 무자비한 "대사상의 metabolic 착취"를 받는 "포위된 노예"이다.

앞으로 보게 되겠지만 우리는 미토콘드리아가 딱한 입장에 처해있다는 이와 같은 냉소적인 해석에 대해 반론을 제기할 수 있다. 그러나 지금 여기에서 중요한 것은 생물학자들이 감각이나 지각력 따위가 있을 리 없는 한 점 얼룩에 지나지 않는 미토콘드리아가 곤경에 처했었다는 식으로 이야기하고 있다는 사실이다. 그것은 무슨 의미일까? 어떻게 어떤 세포소기관이 '노예'가 되어 '착취'될 수 있다는 말일까? 여러분은 아마 이런 얘기를 들으면 미토콘드리아도 사람과 마찬가지로 추구할 이익이 있는 존재라고 생각하게 될 것이다. 이러한 생각을 참으로 만들어줄 관점이 있을까?

그렇다. 바로 다윈주의적 관점이다. 다윈주의 용어에 따르면 살아있는 생물은 —자연선택에 의해— 자신의 유전자를 차후 세대에 물려주도록 '설계'되어 있다. 이러한 유전자의 증식에 이바지하는 것이 바로 생물의 '이익'을 추구하는 것이다. 그 이익을 좌절시키는 것, 이를테면 생물을 '착취'하는 것은 그 생물의 유전적 유산을 감소시키는 것이다.

이러한 정의를 마음에 새기고서 우리는 게임이론을 생물의 진화에 적용할 수 있다. 두 생물 개체가 서로의 생존과 번식의 전망을 강화시켜줄 수 있다면 그들은 넌제로섬 상황을 직면하고 있는 것이다. 한편 그들의 이익이 배타적인 정도에 따라 그 동력은 제로섬을 가리킨다. 이러한 관점에서 볼 때 우리는 생물의 진화가 문화의 진화와 마찬가지로 넌제로섬 동력의 구현 과정이라고 볼 수 있다. 알파에서 오메가까지 최초의 원시적 염색체에서 최초의 인간에 이르기까지 자연선택은 넌제로섬 원리가 확산되는 쪽에 미소를 보내왔다.

원시 수프 속의 연합

생명이 어떻게 시작되었을까? 그걸 내가 어찌 알랴? 그러나 맨 처음 시작부터 생명 현상의 추진력은 넌제로섬 논리였음은 확실하다.

서로 연결되어 세계 최초의 염색체를 형성하게 된 두 유전자에 대해 생각해보자. (여기서 '염색체'는 좀 느슨한 의미, 즉 식물이나 동물을 구성하는 세포 안에서 진화된, 깔끔하게 포장된 유전자 가닥들뿐만 아니라 모든 종류의 유전자 가닥을 가리킨다.) 그 유전자의 기능은 무엇이었을까? 역시 나는 알 수 없다. (단지 스스로를 복제할 수 있었다는 사실을 빼고는 말이다.) 그러나 이 점만은 확실하다. 이 두 유전자는 이제 한 배를 타게 됨으로써 고도로 넌제로섬 성격을 지닌 관계를 맺게 되었다는 것이다. 대체로 어느 한 유전자의 생존과 복제에 유리한 상황은 다른 유전자의 생존과 복제에도 유리하게 되었다. 따라서 그들이 수행하는 기능이 예를 들어 세포를 보호하는 껍데기를 만드는 일이든 무엇이었든 간에 그들의 공동의 목표를 추구하는 데 있어서 서로 협동하고 노동 분화를 통해 상승작용을 꾀하는 것이 유리할 것이라는 게 그들에게 들려줄 조언일 것이다.

그러나 물론 유전자들이 어디서 조언을 구해서 행동하지는 않는다. 그리고 그들의 '협동' 방식은 사람들이 협동하는 방식(상대방을 어림하고 평가한 후 협동이 가장 분별 있는 선택이라고 판단하는 것)과는 크게 다르다. 사실상 두 유전자가 서로 연결되고 나면 이제 선택의 여지는 존재하지 않는다. 두 유전자의 특성은 이미 고정되어 있다. 이들은 이제 그 새로운 특성에 의해 협동하여 각자 따로 존재할 때보다 더 많은 것을 성취하든지 아니면 그 특성에 의해 그와 같은 기회를 놓쳐버리게 될 것이다. 후자의 경우 그 계통은 번성할 기회가 상대적으로 적어질 것이다. 그 계통의 전망을 갑자기 밝게 만들어줄 유전적 돌연변이가 나타나지 않는 한, 이 계통에 있어서 유전자의 협동에 대한 실험은 실패로 돌아가게 될 것이다. 세계 최초의 염색체를 발명해냈던 두 유전자들은 후손을 남기지 못해서 생물의 역사의 쓰레기통으로 들어가 버리고 말았다.

그것이 생명이다. 대부분의 실험은 실패한다. 그러나 어쩌면 세계의 두 번째 염색체, 혹은 세 번째든 네 번째든 어떤 염색체를 구성한 유전자 쌍이 좀 더 건설적인 방식으로 상호작용했을 것이다. 이 계통은 다른 계통보다 더 밝은 전망을 갖게 되어 결국 결실을 맺고 증식되었다.

유전자들은 이와 같이 어둠 속에서 이리저리 더듬어 나가는 식으로 목표를 염두에 두지 않고 '전략을 추구'한다. 시간이 흐름에 따라서 자연선택은 이러한 게임에 능숙한 유전자들을 보존하게 되었다.

그리고 유전자들이 같은 염색체상에 놓이게 되면 그들의 게임은 다름 아닌 협동이 된다. 개구리가 성숙하는 과정은 엄청나게 복잡한 조화를 요구하는 건설 작업이어서 그에 비하자면 오늘날의 초고층 건물의 건설 과정이 조악하고 혼란스럽게 느껴질 따름이다. 곰의 경우도 ─정도의 차이일 뿐─ 마찬가지이다. 시간이 흐름에 따라서 점점 더 복잡한 생물이 진화해 왔다는 이야기는 시간이 흐름에 따라서 유전자들이 더욱 방대하고 더욱 정교한 넌제로섬 상호작용에 관여하게 되었다는 이야기이다. 박테리아에서 사람에 이르기까지 생물의 진화는 근본적으로 문화의 진화와 같은 방향으로 움직여왔다.

생명의 이야기가 그토록 단순하다는 말인가? 단순히 점점 더 많은 넌제로섬 원칙이 축적되어가는 것이 전부라는 말일까? 그렇지는 않다. 첫째 잘 설계된 박테리아와 호모 사피엔스 사이 어디쯤에는 넘기에 만만치 않은 진화적 문턱이 몇 군데 존재하고 있다. 그러나 이 문턱을 넘어설지 여부는 대개 넌제로섬 논리를 얼마나 심도 있게 이용하지 여부에 의존한다. 넌제로섬 논리를 이용하는 능력을 판별하는 것은 자연선택이 무엇보다도 탁월한 강점을 보이는 일이다.

세포는 어떻게 복잡해졌을까?

가장 큰 문턱 중 하나는 '진핵세포eukaryotic cell'의 출현이었다. 생명의 역사 초기의 대부분 동안 가장 복잡한 생명은 원핵세포prokaryotic cell였다. 원핵세포는 박테리아와 같은 형태를 통해서 오늘날까지도 존속되고 있다. 원핵세포는 약간 엉성하다. 예를 들어서 DNA는 얼룩같이 보이며 그들이 구성하고 있는 것은 느슨한 의미에서나 염색체라고 부를 수 있는 것이다. 식물과 동물의 구성단위가 된 진핵세포는 좀 더 말쑥하고 관료적인 체계를 갖추고 있다. 진핵세포의 DNA는 뚜렷이 구분되는 염색체 위에 배열되어 있으며 이 염색체는 세포핵 안에 자리 잡고서 바깥쪽으로 명령을 내보낸다. 진핵세포는 많은 세포소기관을 가지고 있기 때문에 노동의 분화가 훨씬 더 잘 이루어진다. 세포소기관에는 위에서 언급한 미토콘드리아, 식물의 경우 미토콘드리아와 마찬가지로 독자적으로 살아가다가 다른 세포에 합병된 조상으로부터 비롯된, 광합성을 담당하는 초록색의 엽록체 등이 포함된다.

많은 생물학자들이 미토콘드리아와 엽록체의 자율적 기원에 대해 의심을 보낼 무렵 이러한 시나리오를 선구적으로 주창했던 학자는 바로 린 마굴리스였다. 마굴리스는 다른 다양한 세포소기관 역시 자유롭고 독자적으로 살았던 조상으로부터 비롯되었다고 주장한다. 어쩌면 세포핵 자체가 그 예가 될 수도 있을 것이다. 대부분의 주류 생물학자들은 마굴리스의 이러한 견해에 의심을 보낸다. 그러나 얼마 전까지만 해도 그들은 미토콘드리아나 엽록체에 대한 그녀의 견해에도 의심을 보내지 않았던가?

왜 모든 주류 학자들은 회의를 보이는 것일까? 마굴리스는 그 이유 중 하나는 대개 남성인 생물학자들이 협동보다는 경쟁을 진화를 형성하는 힘으로 보는 성향이 있기 때문이라고 믿는다. 그녀는 아마도 앞서 인용한, '착취'나 '굴종'을 이야기하는 생물학자를 그와 같은 판단을 입증하는 대표적인 사례로 삼을 것이다. 설사 그들이 미토콘드리아가 합병을 통해 유입된 것이라는 그녀의 주장을 받아들인다고 하더라도 그들은 여전히 미토콘드리아가 지배적인 상대로부터 잔인하게 정복당했다고 주장한다. 아니면 그들의 주장을 생물학적으로 표현하자면 서로 다른 두 개체가 '공생(symbiosis, 단순히 '함께 삶'을 의미)'을 통해 하나로 뭉쳤지만 그 공생은 '상호적'인 것이 아니라 '기생적'이라는 것이다. 또는 게임이론의 용어로 표현하자면 이것은 전적으로 주권을 가진 두 존재의 관계에서 시작된 것인데 그 관계의 중심적 동력은 넌제로섬이 아니라 제로섬 원리를 따른다는 것이다.

이 전형적인 남성 생물학자들의 견해가 옳은 것일까? 그렇지 않음이 입증되었다. 미토콘드리아의 '요구'가 더 큰 진핵세포의 요구에 '굴종'하게 되었다는 둘베코의 주장에 대해 생각해보자. 그의 주장은 미토콘드리아의 활동이 대개 그것이 들어앉아 있는 세포의 핵의 지배를 받는다는 관찰에 근거한 것이다. 세포핵에 있는 권력자가 명령을 내리고 미토콘드리아는 고분고분 그 명령을 따르는 것이다. 이것이야말로 노예상태의 정의가 아닌가?

미토콘드리아를 운용하는 지침의 상당수가 세포핵에서 나오는 것은 사실이다. 실제로 다른 생물학자들이 지적한 대로 애초에는 미토콘드리아 안에서 미토콘드리아의 활동을 조절했던 유전자들의 일부가 세포핵으로 건너가 그곳에서 미토콘드리아를 원격조종하는 것으로 보인다. 그러나 역시 그 생물학자들 중 일부가 지적한 바와 같이 이와 같은 유전자의 이동은 세포 활동 전반의 효율을 높여줌으로써 자연선택에 의해 선호되었을 것이다. 만일 그렇다면 유전자의 이동은 세포핵 속의 유전자의 전망만큼이나 미토콘드리아 속의 유전자의 전망 역시 더 밝게 해준 셈이다. 왜냐하면 세포핵 속의 유전자나 미토콘드리아 속의 유전자는 전체 세포라는 같은 배를 타고 있기 때문이다.

둘베코는 미토콘드리아를 의인화하여anthropomorphize 바라보고 있다. 인간은 자율을 좋아하며 종종 통제에 맞선다. 그러나 미토콘드리아가 자율이나 통제에 대해 그토록 강력한 감정을 품고 있을 것이라는 증거는 찾아볼 수 없다. 우리가 미토콘드리아에 대해 이야기할 수 있는 것은 오직 다윈주의적 의미에서의 '요구'나 '이익' 뿐이다. 그리고 다윈주의적 관점에서 볼 때 미토콘드리아 DNA는 핵 속의 DNA만큼이나 전체 세포의 효율에 관심을 두고 있다. 핵 DNA든 미토콘드리아 DNA든 전체 세포는 이들 모두의 집이기 때문이다. 이 둘은 고도의 넌제로섬 관계로 한데 묶여 있다.

존 메이나드 스미스와 외르시 사트마리의 치우친 견해 역시 의인화된 함축적 의미를 담고 있지만 종류는 다르다. 미토콘드리아가 노예라는 그들의 견해를 뒷받침하기 위해서 그들은 오래 전 공생이 시작될 무렵 핵을 가진 세포가 미토콘드리아를 둘러싸고 "마치 인간이 돼지를 기르듯 통제된 착취를" 가했다는 이론을 내세웠다. 다시 말해서 핵을 가진 세포들이 미토콘드리아를 포획한 후 그 상태에서 번식하도록 하고 번식된 개체 중 일부를 먹고 나머지는 계속 번식하도록 했다는 것이다. 이 시나리오에 따르면 세포가 오늘날 미토콘드리아를 다루는 방식('도관과 같은 단백질'을 미토콘드리아에 들여보내 에너지를 뽑아내는 것)은 단지 애초의 노예제도의 기술적으로 고도화된 형태, 즉 '더욱 정교한 대사적 착취'라는 것이다.

그러나 미토콘드리아가 애초에 우리에 갇힌 돼지와 같은 신세에서 출발했다고 하더라도 과연 이것이 진정 착취일까? (내 말을 오해하지 말기 바란다. 나는 물론 돼지보다는 사람이고 싶으며 인간과 돼지의 관계에서 돼지가 부당한 입장에 있다고 믿는다. 그러나 그것은 사람 입장에서의 이익에 대해 생각할 때, 그리고 어떤 면에서는 돼지 입장에서의 이익에 대해 생각할 때의 일이다.) 나는 행복에 대해 생각한다. 그리고 사람이나 돼지 모두 어느 정도의 자유는 분명 행복을 촉진시킬 것이다. 그러나 우리가 세포핵과 세포소기관에 대해 이야기할 때 우리는 단지 다윈주의적 이익, 즉 유전자의 증식에 대해 이야기할 뿐이다. 그리고 다윈주의적 관점에서 길들여진 집짐승들의 이익은 상당하다. 오늘날 지구상에는 돼지의 DNA가 길들여지지 않은 친족 뻘인 멧돼지의 DNA보다 훨씬 많다. 그런 다윈주의적 의미에서 돼지고기로서는 사람에게 먹히는 것이 최고의 행운이었던 셈이다. 그와 비슷한 방식으로 원시세포소기관proto-organelle 역시 '통제된 착취'를 통해 그들의 유산을 증대할 수 있었다. 사실 이 경우 그것은 착취가 아니었다. 분명 그들은 오늘날 엄청난 수의 자손을 두고 있다. 지구상 어느 정도 크기의 동물 한 마리당 수십 억 개씩 들어 있으니 말이다.

세포내 넌제로섬 원리에 대해 거듭해서 주장하고 있지만 그렇다고 해서 세포소기관의 DNA와 핵 DNA의 이익이 전적으로 겹친다는 말은 아니다. 두 DNA는 생의 대부분을 같은 배를 타고 지내지만 다음 세대로 가면서는 서로 다른 배로 갈아탄다. 왜냐하면 미토콘드리아의 DNA는 오직 어머니를 통해서만 전달되기 때문이다. 그렇기 때문에 미토콘드리아 DNA의 경우 여성의 번식에 치우치도록 하는 것이 다윈주의적 이익을 실현하는 길이 될 것이다. 즉 미토콘드리아 입장에서는 딸이 정상적 경로이고 아들은 예외적 일탈인 것이다. 설사 이러한 성적 불균형이 전체 생물 종의 전반적인 번식의 성공을 어느 정도 갉아먹는다고 하더라도 여전히 미토콘드리아 입장에서는 추구할만한 가치가 있는 전략이다. 그러나 세포핵은 그와 다른 입장을 가지고 있다. 왜냐하면 세포핵으로서는 아들보다 딸을 더 많이 생산함으로써 얻는 것이 아무것도 없기 때문이다.

이러한 논리는 지나치게 가설적인 이야기처럼 들리겠지만 그것이 현실 속에 구현되는 사례를 찾아볼 수 있다. 적어도 식물에서 말이다. 다양한 식물 종에서 미토콘드리아는 —수컷에 해당되는— 꽃가루가 퇴화되도록 함으로써 식물이 —암컷에 해당되는— 씨의 번식에 치중하도록 하는 유전자를 가지고 있다. 그런데 세포핵이 이러한 현상에 대한 대응책을 가지고 있는 것으로 보아 이 현상이 세포핵 DNA의 이익에 배치되는 것이 분명하다. 일부 사례에서 세포핵은 꽃가루의 생산을 촉진함으로써 미토콘드리아 DNA의 영향을 중화하도록 진화된 '복구 장치'를 가지고 있다.

이러한 현상은 넌제로섬 관계가 거의 항상 자연적인 긴장, 즉 순수하게 제로섬적인 측면을 내포하고 있음을 상기시킨다. 이러한 현상은 또한 미토콘드리아와 세포핵 사이에 긴장이 존재한다는 둘베코와 같은 생물학자들의 주장이 틀린 것이 아님을 보여준다. 그러나 그들은 종종 긴장의 증거 제시에 실패했고, 그 긴장이 사실은 전체 중 작은 일부임에도 전체인 것처럼 비약한다는 점에서 틀렸다.[#]

미토콘드리아와 세포핵의 관계의 시초에는 제로섬 원리가 주된 줄거리였음이 확실하다. 분명 맨 처음 원시미토콘드리아proto-mitochondria가 다른 세포 속으로 편입된 것은 빗나간 착취행위의 결과였을 것이다. 큰 세포가 작은 세포를 먹으려고 집어삼켰는데 소화시키지 못했다든지 아니면 작은 세포가 큰 세포로 침입했다가 숙주를 죽이는 데 실패한 상황이었을 것이다. 그러나 넌제로섬 관계가 이처럼 저열한 기원을 가지고 있다는 것은 별로 놀랄 일이 아니다. 이 책의 주된 테마는 생물의 진화에서든 문화적 진화에서든 넌제로섬 원리가 출현하는 경향이 있다는 것이다. 그리고 넌제로섬 원리는 종종 압도적으로 제로섬에 가까운 관계를 맺고 있던 개체(촌락이나 도시, 국가)들 사이에서 출현한다는 것이다. 설사 미토콘드리아와 더 큰 세포 사이의 관계가 처음에는 투쟁과 보복으로 얼룩져 있다고 하더라도 오늘날 그들은 근본적으로 넌제로섬 게임으로 한데 묶여져 있으며 둘 다 게임을 잘 해서 서로 이익을 얻고 있다.

결국 넌제로섬 게임이 잘 이루어지게 되는 현상의 근간에 놓여 있는 이유는 문화의 진화에서나 생물의 진화에서나 동일하다. 한 무리의 유전자든 한 무리의 밈이든, 일단 한 배에 타게 되면 생산적인 조화와 협동에 이바지하지 않을 경우 결국 소멸의 길을 걷게 된다. 유전자의 경우의 배는 하나의 세포나 다세포생물체, 혹은 곧 살펴보겠지만 좀 더 느슨한 집단으로서 한 가족이 될 수 있다. 밈의 경우는 대개 좀 더 큰 사회적 집단(촌락이나 추장사회, 국가, 종교적 교파, 보이스카우트 등)이다. 따라서 유전적 진화는 균열 없이 매끈하게 통합된 생물체를 생성하는 경향이 있고 문화의 진화는 균열 없이 매끈하게 통합된 생물체들의 집단을 형성하는 경향을 띤다.

여럿으로 이루어진 하나

진핵세포의 출현 이후에 놓여 있는, 단세포 생물과 다세포생물을 가로

지르는 또 하나의 커다란 문턱을 넘어서는 데 있어서 자연선택은 또다시 넌제로섬 논리를 따랐다. 그러나 이번에는 그 논리가 다른 기반 위에 세워 져 있다.

수많은 단세포 형태의 생물은 무성적으로, 즉 복제cloning를 통해 번식한 다. 하나의 세포가 단순히 둘로 갈라져 자신과 완벽하게 동일한 새로운 개 체를 만들어낸다. 그 결과 중 하나는 어느 세포에 인접해있는 세포들이 많 은 경우에 완전히 동일한 다원주의적 이익을 가지고 있다는 것이다. 이런 상황은 이 세포들이 서로 합쳐져서 하나의 다세포생물을 형성하는 것을 더욱 그럴듯하게 만들어준다. 만일 이 생각이 여러분에게 즉각 이해가 된 다면 축하할 일이다. 그렇지 않다고 하더라도 유감스러워할 필요는 없다. 진화생물학자들도 〈종의 기원〉이 나온 지 한 세기가 넘도록, 1960년대에 윌리엄 해밀턴이 친족 선택 이론을 내놓기 전까지 그 생각을 이해하지 못 했으니 말이다.

생물 개체의 '다원주의적 이익'은 그 유전 정보를 후세에 물려주는 데 도움을 주는 것에 있다는 점을 상기하자. 따라서 만일 한 무리의 세포가 정확히 동일한 유전정보를 가지고 있다면 그 정의에 입각하여 그들의 다 원주의적 이익은 완전히 동일하다. 예를 들어서 두 세포가 굶어죽을 위기 에 처해있는데 '갑'이라는 세포가 자살을 택함으로써 '을'이라는 세포를 구할 수 있다고 하자. 그렇다면 '갑'이라는 세포의 '희생'의 순수한 효과 는 그 자신의 유전 정보가 후세에 도달하게 될 확률을 높이게 된다. 왜냐 하면 '갑' 자신의 유전 정보가 '을'에 의해 전달되기 때문이다. 다원주의 적 수학에 따르면 모든 세포는 그 자신의 안위만큼이나 자신의 클론의 안 위에도 동일한 이해관계를 가지고 있다.

물론 세포들이 수학 문제를 푼다든가 의식적으로 계산을 하는 것은 아니다. 그렇다면 어떻게 해서 세포가 우회적인 방법, 즉 '친족 선택적 이타주의'를 통해서 다윈주의적 이익을 추구하게 되었을까? 세포로 하여금 인접한 세포를 위해 자신을 희생하도록 만드는 돌연변이 유전자가 생겨났다고 상상해보자. 몇 차례의 세포 분열 끝에 이러한 유전자를 가진 세포는 역시 그와 같은 유전자를 가진 세포들로 둘러싸이게 될 것이다. 그리하여 위험에 처한 인접한 세포를 위해 '이타적' 유전자가 활동을 개시할만한 상황이 발생했을 때 그 유전자는 사실상 자신과 동일한, 자신의 복사본을 구하는 셈이 된다. 물론 이 유전자는 그와 같은 영웅적 행동을 수행하는 과정에서 스스로 소멸될 가능성이 높다. (그렇기 때문에 그 유전자를 '이타적'이라고 부르는 것이다.) 그러나 전체적으로 볼 때 그 유전자의 복사본은 소멸되기보다는 보존되는 경우가 더 많을 것이며 그 결과 유전자는 개체군으로 퍼져 나가게 될 것이다. (그것이 바로 사람들이 '이타적'이라는 단어를 강조하는 이유이다.) 이 유전자는 곁에 있는 자신의 클론들이 떼로 죽어나가도 빈둥거리고 가만히 있거나, 혼자만 위험을 회피하고자 하는 유전자보다 더 많이 증식하게 될 것이다.

세포 수준의 이타주의의 실제 사례를 살펴보자. 점균이 좋은 예이다. 점균은 써트Cert가 박하사탕인지 구취제거제인지를 놓고 왈가왈부하던 오래된 TV 광고를 떠올리게 한다. ("둘 다예요! 두 가지 기능이 하나에!") 점균은 세포들의 집단일까, 하나의 다세포생물일까? "둘 다 아니거나 둘 다예요!" 점균은 세포의 덩어리와 다세포생물의 경계에 서서 어느 쪽에도 확실히 발을 딛지 않고 있다. 점균의 세포들은 대부분의 시간을 따로따로, 홀로 지내면서 영양분을 찾아 숲의 땅바닥 위를 돌아다니다가 이따금씩 둘로 쪼개진다. 그러나 영양분이 부족해지면, 부족을 감지한 첫 번째 세포가 아크라신acrasin이라는 화학물질로 된 일종의 경계 신호를 발한다. 그리하여 다른 세포들이 그 신호에 반응하면 형태의 변화가 일어나기 시작한다. 세포들은 한데 뭉쳐서 작은 덩어리를 형성하고 한 몸이 되어 기어 다닌다.

마침내 형편이 좋은 지점에 도달하면 그들은 점균 세포의 새로운 세대를 형성할 차비를 갖춘다. 덩어리는 한쪽 끝을 딛고 일어서서 세포 수준의 노동 분화가 뚜렷하게 나타나는 '자실체fruiting body'를 형성한다. 일부 세포는 덩어리를 형성할 때 어느 위치에 놓이게 되었느냐에 따라서 단단한 줄기를 구성하는 지지단위가 되고, 번식을 담당하는 포자spore가 된다. 이 포자는 꼭대기로 올라가서 널리 분산된 다음 새로운 장소에 정착해 점균의 유산을 후대에 물려준다. 줄기를 형성하던 세포들은 이제 마지막 헌신을 다 하고 죽어버린다. 그들은 번식의 기회를 이웃 세포들에게 양보하고 스스로를 '희생'한 셈이다. 그러나 사실상 이것은 '희생'이 아니다. 줄기 세포는 이웃 세포들과 유전적으로 동일할 가능성이 매우 높으며 따라서 그들은 포자가 퍼져 나가는 것에 대하여 강력한 다윈주의적 이해관계를 갖는다.

다시 강조하건대 줄기를 구성하게 된 세포와 포자가 된 세포가 협동하는 것은 그들이 한 배를 타고 있기 때문이다. 그런데 이 경우 "한 배를 타고 있다"는 것은 같은 염색체를 구성하는 유전자들의 경우와 같이 "물리적으로 같은 배를 타고 있다"는 의미가 아니다. 세포의 생명 주기 가운데 상당 시간 동안 그들은 각자 살아가고 자율적으로 번식한다. 따라서 그들이 공동의 운반체를 형성하는 데(같은 배를 타는 데) 협동을 선택한다는 것은 그들에게 사전적인prior 넌제로섬 논리가 존재함을 암시한다. 즉 그들은 어떤 면에서 이미 한 배를 타고 있었던 것이다. 그렇다. 그들은 공동의 다윈주의적 이해관계를 가지고 있다는 점에서, 그러니까 다음 세대에 전해줄 같은 유전정보 세트를 가지고 있다는 점에서 한 배를 타고 있다.

이러한 점균의 현상은 1930년대에 너무나 마술같이 보여서 최초로 이 현상을 필름에 담았던 독일의 생물학자는 이 현상을 베르그송적인 용어로 설명했다. 즉 이것이 비(非)물질적인 '생명력vital force'의 결과라는 것이었다. (베르그송은 이러한 힘을 엘랑 비탈이라고 불렀다.) 그러나 실제로 이 현상은 구체적인 수준에서 설명할 수 있다. 즉 어떤 세포가 아크라신이라는 화합물을 내보내면 세포들이 한데 뭉치기 시작하는 것이다.

이와 같이 신호를 보내는 행위는 넌제로섬 관계에서 상당히 표준적인 관행이다. 인간의 경우 그 신호는 몸짓을 전달하는 빛의 파동일 수도 있고, 단어를 전달하는 음파일 수도 있고, 잉크의 패턴일 수도 있고 혹은 삑삑거리는 전자음일 수도 있다. 세포 내 의사소통의 경우 신호는 대개 단백질이다. 예를 들어서 세포핵은 미토콘드리아에 단백질을 보냄으로써 세포의 에너지 대사 과정을 조절한다. 조직화의 모든 수준에서 개체들이 그들의 행동을 상호 이익을 위해 조율할 때 정보가 처리되는 경향이 있다.

앞 장에서 언급했던 대장균의 경우로 되돌아가보자. 대장균은 저탄소 환경을 벗어나기 위해 추진력을 가진 꼬리를 만들어낸다. 이 능숙한 장치는 사실은 박테리아의 DNA의 두 종류의 유전자 사이의 협동에 의해 만들어진 작품이다. 탄소의 부족을 감지하는 역할을 담당한 유전자와 꼬리를 만드는 역할을 담당한 유전자가 그 둘이다. 그와 같은 협동은 자연스럽게 두 유전자 사이의 소통을 요구한다. 그리고 그 소통에는 사이클릭 AMP 분자라는 '상징'이 관여한다. 탄소가 부족해지면 그것을 감지한 유전자가 이 분자를 꼬리의 형성을 개시하는 유전자로 보내는 것이다.[#]

제1부에서 살펴보았듯 의사소통(정보 장벽 부수기)은 포지티브섬을 낳기 위해 일어나야 할 두 가지 일 중 하나일 뿐이다. 극복해야 할 장벽에는 그 외에도 '신뢰' 장벽이 있다. 다시 말해서 '속임수cheating'를 막는 조치가 있어야 한다. 적어도 사람들 사이에서 벌어지는 넌제로섬 게임의 경우에는 그랬다. 그렇지만 아마도 세포들 사이에서 '신뢰'가 문제가 될까 싶다. 그렇지 않은가?

그렇지 않다. 적어도 어떤 면에서는 말이다. 생물의 진화는 문화의 진화와 마찬가지로 배신자들(내버려두면 기생충과 같이 공공의 선을 해치고 파괴할 해적이나 불한당들)을 위한 기회를 창조해낸다. 따라서 자연선택은 '신뢰' 기술(부정 방지 메커니즘)을 설계해왔다.

예를 들어서 우리는 우리 몸 속의 세포 대부분이 놀라울 정도로 서로 잘 지내고 있음을 알고 있다. 그들이 유전적으로 동일하기 때문이다. 그런데 만일 당신이 태어난 후 세포들이 분열을 하다가 돌연변이가 발생했다고 하자. 유전적으로 다른 세포들과 구분되는 새로운 세포가 탄생한 것이다! 그렇다면 이 세포는 더 높은 수준의 유기체의 요구에 부응하기 보다는 자기 자신을 광적으로 복제할 것이다. 그러다가 당신이 자라서 생식 활동에 들어갈 무렵이 되면 이 돌연변이 세포의 수가 너무 많아져서 그들이 다음 세대에 자신의 DNA를 물려줄 확률이 평균보다 높아지게 될 것이다.

이론적으로는 그와 같은 세포가 자연선택에서 선호될 것이다. 적어도 단기간에는 말이다. 그러나 현실에서 이러한 종류의 기생적 행위는 일어날 수 없다. 그 이유는 당신이 아주, 아주, 아주 어릴 때 당신의 '생식세포'

가 '격리' 되기 때문이다. 다시 말해서 당신의 난자 또는 정자를 형성할 세포들은 따로 안전하게 보관되고 있다는 것이다. 그렇기 때문에 돌연변이가 일어난 피부 세포가 아무리 노력해도 다음 세대에 자신의 DNA를 불려줄 가능성이 없어지게 된다. 아무리 증식력이 강하다고 하더라도 말이다.

왜 동물들은 이런 식으로 생식세포를 따로 격리해두는 것일까? 일부 생물학자들의 견해에 따르면 이것은 기생충과도 같은 무임승차자들의 반란을 피하기 위한 조치이다. 즉 생식세포 격리는 부정 방지 장치, 즉 신뢰 기술의 기능적 대응물인 셈이다.[#] 이와 같은 기작을 갖추지 못한 생물들이 마구 퍼져 나가는 ―유전자들의― 배신행위로 인해 본래의 모습을 보전하지 못하고 죽어버림에 따라 이와 같은 장치가 진화하게 되었을 것이다. 마치 인간 본성에 잠재되어 있는 기생행위를 억제하는 데 실패한 인간의 문화가 소멸해버리는 것과 마찬가지로.

모두에게 내재된 점균세포적 속성

우리 인간 계통이 점균이 서 있는 모호한, 단세포들의 군집과 다세포생물체 사이의 경계를 거쳐 왔다고 하더라도 그 결과는 점균의 경우와 꽤 다르게 보였을 것이다. (첫째, 인간으로 이어진 계통의 초기의 다세포 조상은 아마도 땅바닥을 기어 다니기보다는 물속을 떠다녔을 것이다. 왜냐하면 우리의 조상은 바다 속에서 진화되었기 때문이다. 여러분은 왜 우리 몸에 그토록 높은 함량의 소금이 들어 있는지 생각해본 일이 있는가?) 그러나 우리의 세포들 사이의 조화를 이루어낸 진화론적 논리는 점균 세포들 사이에 조화를 이루어낸 진화론적 논리와 동일하다. 그것은 주위의 세포들이 자신과 동일한 클론이라는 사실에 한층 고무된 친족 선택이라는 넌제로섬 논리이다. 바로 여러분의 몸의 모든 세포들이 서로 클론이라는 사실 때문에 피부 세포가 죽어서 떨어져나가면서도 한 마디 불평조차 하지 않는 것이다. 그들로서는 여러분의 정자 혹은 난자 세포의 안전을 위해서라면 제 한목숨 버리는 것이 조금도 아깝지 않은 것이다.

이러한 논리는 다세포생물체 내부의 조화뿐만 아니라 다세포생물 사이의 조화도 촉진한다. 그 이유는 친족 선택이 —조금 희석된 형태이기는 하지만— 유전적으로 완전히 동일하지 않은 생물 개체들 사이에서도 작용할 수 있기 때문이다. 예를 들어서 인간의 형제자매들은 모든 유전자들을 공유하지는 않지만 상당한 유전자를 공통으로 가지고 있다. 따라서 형제자매 사이의 일부 이타적 행동은 다윈주의적으로 이치에 맞는 행위이다. 단지 이것은 클론들 사이의 이타주의보다 좀 더 신중한 이타주의이다. 여러분은 형제자매를 위해 위험을 무릅쓸 수도, 심지어 그를 구하기 위해 불이 난 건물에 뛰어 들어갈 수도 있을 것이다. 그러나 그렇다고 해서 보통 그의 안위가 여러분의 안위와 동일한 것처럼 행동하지는 않을 것이다. 그 이유는 여러분이 형제자매와 100%가 아니라 50%의 친족관계를 맺고 있기 때문이다. 다윈주의 이론에 따르면 일반적으로 친족선택적 이타주의가 진화될 때 이타주의의 정도는 대개 친족관계의 정도에 비례한다.

예를 들어보자. 개미는 특이한 번식 양식 때문에 형제자매들 사이에 75%의 친족관계를 나타낸다. 그리고 일부 생물학자들은 개미들이 남다른 협동을 보이는 이유가 바로 그 때문이라고 생각한다. 대부분의 개미들은 심지어 우리의 피부 세포와 마찬가지로 번식 기능을 완전히 포기해버리고 그 대신 친족들의 삶을 원활하게 만들어주기 위하여 좀 더 먹고사는 것과 밀접하게 관련된 일에 자신의 삶을 바친다. 그 일 가운데에는 기근이 닥칠 때 몸을 부풀린 채 천장에 매달려 다른 개미들의 먹이가 되기를 기다리는 일도 포함된다.

우리는 이 부풀어 올라 천장에 매달려 있는 개미가 어떤 감정을 느낄지 알지 못한다. 그런 수치스러운 자세를 취하도록 명령한 자신의 유전자에 분노를 느낄까? 소중한 친족들에게 도움이 될 수 있다는 사실에 기쁨을 느낄까? 아니면 아무것도 느끼지 않을까? 그러나 우리는 인간의 경우에 친족선택적 이타주의에 수반되는 감정이 어떤 것인지는 알고 있다. 실제로 친족 선택은 바로 사랑의 기원이다. 인간 계통에서 거의 가장 확실한 최초의 사랑의 형태는 자식에 대한 어머니의 사랑이었다. 사랑을 부여하는 유전자 그리고 사랑에 수반되는 이타적인 행동이 번성하게 된 것은 자식들이 어머니의 유전자를 공유하고 있기 때문이다. 따라서 친족선택은 생물이 조직화의 중요한 문턱들을 넘어서는 원동력이 되었을 뿐만 아니라 커다란 영적 중요성의 문턱을 넘어서는 원동력이 되었다.

생물을 넌제로섬 원리의 그물망으로 얽어매는 다원주의적 동력에는 친족선택만 있는 것이 아니다. 그 외에 친족관계에 있지 않은 개체들 사이에 작용하는 호혜적 이타주의가 있다. 한밤의 흡혈 원정에서 빈손으로 돌아온 흡혈박쥐는 친구가 토해낸 피를 얻어먹을 수 있다. 그런 후에 나중에 언젠가 서로의 운이 반대인 상황에서 친구에게 호의를 되갚는다. 이 경우 장기적으로 두 박쥐 모두 이익을 얻는다. 물론 그들은 이러한 상호이익win-win 동력을 깨달을 만큼 영리하지 못하다. 그러나 여전히 넌제로섬 논리는 자연선택으로 하여금 박쥐가 마치 그와 같은 논리를 이해하고 있는 것처럼 보이도록 프로그래밍한다.

이와 동일한 일이 침팬지나 돌고래, 심지어 인간 등과 같은 다른 종에서도 나타난다. 2장에서 지적한 것과 같이, 사람들은 특별히 유전자에 의해 촉발되지 않고서도 넌제로섬 게임을 추구할 만큼 영리하지만 사실 사람들의 행동 역시 유전자에 의해 촉발된 것이다. 너그러움, 감사하는 마음, 감사할 줄 모르는 이에 대한 분노 등은 유전자에 기반을 둔 감정으로 우리를 상호 이익을 가져다주는 관계를 향하도록, 그리고 이익이 되지 않는 관계를 피하도록 이끈다. 또한 우리로 하여금 이익이 되는 관계 속에 머물도록 하는 충동도 있다. 애착이 그것이다. 그리고 가장 뿌리 깊은 우정 속에 있는 애착은 순수한 사랑에 접근하게 한다. 만일 애착을 발명한 공을 친족선택으로 돌릴 수 있다면 그 애착을 친족의 범위 너머로 확대한 공은 호혜적 이타주의로 돌릴 수 있을 것이다. 그리고 그 두 가지 공적에 모두 기여한 공은 바로 이 두 가지 진화론적 동력에 공통으로 작용하는 넌제로섬 원리에 돌아가야 할 것이다. 넌제로섬 원리는 생물의 복잡성이 존재하는 이유이고 의사소통 수단이 발명된 이유일뿐만 아니라 사랑이 존재하는 이유이기도 하다.

호혜적 이타주의의 진화는 그 이전의 친족선택적 이타주의와 더불어 기업(혹은 시장)이라든지 수상(또는 대인) 따위가 생겨나기 오래 전부터 인간의 사회에 구조를 부여해왔다. 생물의 진화는 문화의 진화가 상당한 정도의 추진력을 얻기 전에 사회적 복잡성의 사다리 위로 우리를 밀어 올렸다. 그리고 생물의 진화를 밀어올린 것은 바로 넌제로섬 논리이다.

이것은 같은 염색체 위에 놓이게 된 유전자들이 서로 협동하기 시작할 때부터 존재해온 현상이다. 자연선택은 맹목적인 과정이다. 그러나 눈먼 장님이 더듬어나가듯 시간이 흐름에 따라서 게임이론의 논리를 이용하게 되었다. 마치 문화적 진화가 수렵채집인의 무리가 세계화된 문명에 이르기까지 그 논리를 따랐듯이 유전적 진화 역시 따로 따로 돌아다니던 작은 DNA 조각이 수렵채집인을 형성하기까지 그 논리를 따랐다. 이 논리는 유전자를 작은 원시적 세포로 조직화했고, 작은 원시적 세포를 복잡한 진핵세포로 조직화했고, 세포를 생물체로, 생물체를 사회로 조직화했다.

그렇다면 이 모든 것의 이면에 있는 충동은 얼마나 강력한 것일까? 이 놀라운 넌제로섬 논리의 잠재력이 실현될 확률은 어느 정도 되는 것일까? 더욱 더 풍부한 넌제로섬 원리에 따라 복잡한 생물의 진화가 이루어지게 될 확률은? 이것은 어려운 문제이다. 분명 이 장에서 묘사되었던 다양한 문턱을 넘어서는 일은 내가 지금까지 열거한 사항을 넘어서는 풀기 힘든 기술적 문제들의 해결이 요구되었을 것이다. 그러나 그럼에도 그럴 확률이 '매우 높다'고 믿을만한 이유가 있다. 그에 대해서 우리는 다음 장에서 논의하게 될 것이다. 일단은 자연선택의 무의식적 통찰, 즉 결국 동일한 지점으로 이어진 다양한 경로를 추구하는 자연선택의 능력에 경탄하도록 하자. 그 동일한 지점은 바로 생물 개체들의 협동적 통합이다.

그러나 무조건 경탄만 할 일은 아니다. 진핵세포의 진화에 관여한 공생과 상호주의mutualism의 역할의 발견은 자연의 조화에 대한 다소 미심쩍은 감탄을 자아냈다. 어느 저자는 복잡한 세포의 공생적 기원에 대하여 다루는 장의 제목을 "자연은 어머니다운가?Is Nature Motherly?"로 붙였다. 만일 '어머니답다'는 말의 의미가 '자애로운'이라면 그 답은 '아니오'이다. 생물의 진화가 창조해낸 조화는 불협화음 속에서 울려 퍼진다. 그 이유는 자연선택이 각 모델들을 치열한 경쟁의 장으로 내몰아 넌제로섬 논리를 가장 자신에게 유리하도록 잘 이용하는 모델이 규범이 되도록 하기 때문이다.

청백돌고래bottle-nosed dolphin의 경우에 대해 생각해보자. 윈윈 게임을 수행하도록 프로그램된 수컷 돌고래들은 다른 수컷 돌고래들과 팀을 이루어 일종의 동맹을 결성한다. 이 동맹은 경쟁관계에 있는 동맹으로부터 암컷 돌고래를 납치해온 다음 강제로 꼼짝 못하게 가두어두고 차례로 돌아가며 암컷 돌고래를 욕보인다. 심지어 이 동맹은 다른 동맹과 넌제로섬 게임을 펼치기도 한다. 'A' 라는 동맹이 'B' 라는 동맹의 암컷을 훔쳐오는 일을 'C' 라는 동맹이 돕는 식이다. 그런 다음 A가 C에게 나중에 그 신세를 갚는다.

이것은 협동의 좋은 본보기이다. 협동 위에 협동이 겹쳐진다. 그리고 자연선택의 또 다른 천재성에 대한 본보기이기도 하다. 그러나 이것은 자연선택의 친절함에 대한 찬사도 아니요, 어머니인 자연Mother Nature에 대한 감상을 자아내는 본보기도 아니다. 생물의 진화에서는 문화의 진화와 마찬가지로 칸트의 '비사회적 사회성' 이 끝없이 재현된다.

실제로 '비사회성' 은 자연선택의 중심에 놓여 있다. 생물은 유한한 자원을 놓고 경쟁한다. 그리고 경쟁에서 진 자는 역사의 페이지에서 미끄러져 나간다. 그리고 이 '미끄러짐' 은 굶주림, 질병, 포식 등의 형태를 취한다. 자연선택은 버리는 과정이며 버려도 부드럽게 버리는 것이 아니다. 다윈의 부인이었던 엠마가 좋아했던 테니슨의 시는 어머니인 자연이 "더없이 세심한careful 듯 보이지만 / 하나하나의 생명에는 더없이 무관심한careless" 성정을 지녔다고 노래한다. 문화의 진화에서와 마찬가지로 생물의 진화에서 놀라운 창조에는 끔찍한 대가가 따른다.

Chapter 19

생명, 그 경이로움에 대하여

우리는 모두 최초의 생물이 박테리아와 비슷한 것이었고
생물 가운데 가장 복잡한 생물이 바로 우리 인간이라는 사실은 선뜻 받아들이면서도
이것을 어떤 형태로든 진보의 일종으로 보는 것은 나쁜 것이라고 생각한다……
만일 내가 벌레는 하등동물이고 척추동물은 고등동물이라고
말한다면 내 무덤을 파는 일이나 다름없을 것이다.
그 동물들의 화석 기록이 각각 더 낮은 층과 더 높은 층에 나타났음에도 말이다.
– 존 타일러 보너John Tyler Bonner

20세기의 기술적 위업 가운데 하나는 '이원화binary' 화학 무기를 발명한 것이다. 따로 따로 존재할 때는 전혀 무해한 두 화학물질이 한데 섞이면 독성을 나타낼 수 있다. 이러한 화학물질을 이용하는 무기는 운반할 때는 안전하지만 공격에 사용할 때는 치명적인 힘을 발휘한다.

그런데 이것은 완전히 독창적인 아이디어는 아니다. 이미 수백만 년 전 폭격수 딱정벌레bombardier beetle의 형태로 나타난 일이 있다. 폭격수 딱정벌레는 한쪽 탱크에는 무해한 화학물질의 혼합물을 담아 다니고 다른 쪽 탱크에는 촉매를 넣고 다닌다. 그러다가 근처에 자신을 괴롭히는 대상이 있으면 촉매를 화학물질 탱크에 넣고 꽁무니에 있는 유연한 노즐을 통해 분사해서 적에게 화상을 입힌다.

폭격수 딱정벌레는 복잡성이 진화되어온 한 가지 사례이다. 군수물자

를 따로따로 싣고 다닐 수 있는 두 개의 분리된 구획과 고성능 분사 노즐을 갖춘 딱정벌레는 그런 장비를 갖추지 못한 딱정벌레보다 분명히 더 복잡한 동물이라고 말할 수 있을 것이다.

그리고 이것은 단순히 케케묵은 생물학적 복잡성이 아니다. 딱정벌레의 병기고에는 행동적 복잡성이 관여하고 있다. 독을 뿜어내는 노즐이 있다고 해도 그것을 적에게 겨누고 뿜어대는 능력이 없다면 아무 소용이 없을 것이다.

적에게 노즐을 겨누고 분사하는 행위는 다른 모든 인상적인 행동과 마찬가지로 정보 처리, 명령 및 통제 시스템과 관련되어 있다. 어떤 면에서 볼 때 진화가 딱정벌레를 폭격수 딱정벌레의 위치로 밀어올린 것은 지능의 성장과 관계되어 있다. 물론 다른 계통에서도 지능(행동의 복잡성)의 진화가 계속해서 진행되었다. 그리하여 오늘날 우리 인간은 다른 많은 놀라운 특성과 더불어 '이원화' 화학 무기를 선보이고 있다.

이 모든 것들이 예정되어 있던 것일까? 아, 그렇다고 해서 이 모든 것들이 이원화 화학무기나 폭격수 딱정벌레, 인간이나 그밖에 이 지구상의 어떤 특정 사물이나 생물을 지칭하는 것이 아니다. 내가 말하고자 하는 것은 복잡성과 지능의 진화이다. 자연선택의 기본적인 속성 속에는 언젠가 기가 막히게 멋진 장치 따위를 만들어낼 만큼, 혹은 지구가 태양 둘레를 돈다는 사실을 알아내고 심신문제에 대해 숙고할 만큼 영리한 동물이 나타날 가능성이 숨겨져 있었을까? 생물의 진화는 본질적으로 생물의 복잡성(행동의 융통성과 그것의 지지기반인 지능)의 성장을 선호할까? 이러한 생물의 '진보'가 어느 정도 자연적인 것일까?

지금까지 오랫동안 이 질문에 '그렇다'라고 대답하는 것은 환영받지 못했다. 그 커다란 이유 중 하나는 문화의 진화가 방향성을 가지고 있다는 믿음이 그토록 인기가 없었던 것과 같은 이유였다. 바로 과거의 정치적 오용이 그 이유이다.

20세기 초에 생물학적 진보주의biological progressivism는 '사회다윈주의자 social Darwinist'들의 마음에 쏙 드는 개념이었다. 그들은 이 개념을 인종주의, 제국주의, 약자를 배려하지 않는 자유방임주의laissez-faire를 정당화하는 데 이용했다. 사회다윈주의 이면에 있는 논리는 —굳이 일관된 논리를 찾아본다면— 대략 다음과 같은 것이었다. 강자에 의한 약자들의 고통, 심지어 죽음은 '적자생존'의 본보기이며 '적자생존'은 신의 축복을 받은 개념이다. '적자생존'이 신의 축복을 받았는지 어떻게 아느냐고? 왜냐하면 신이 그의 위대한 창조의 원리인 자연선택에 이 '적자생존'이라는 동력을 불어넣었으니까. 그렇다면 자연선택이 신의 작품인지 어떻게 아느냐고? 왜냐하면 자연선택의 가차 없는 경향이 우리 인간과 같이 장엄한 존재를, 천국에 들어갈 가치가 있는 생물을 창조해냈으니까. 간단히 말해서 생물학적 진보주의는 자연의 모든 속성을 신격화하는 데 이용되었고 그와 같이 신격화된 자연은 압제를 정당화하는 데 이용되었다.

사회다윈주의의 기초가 되는 철학의 혼란에 대해서는 많은 분석이 이루어졌고 여기에서 그것을 반복할 필요는 없을 것이다.# 그리고 자연이 '선'한가 아니면 '악'한가 하는 질문에 대해서 곰곰이 숙고할 필요도 없을 것이다. 적어도 몇 장 뒤에 나오는 영적인spiritual 사색의 영역에 들어가기 전까지는 말이다. 지금으로서 우리는 그저 단순하고 당연한 사실, 학문적 입장이 오용되었다고 해서 그것이 반드시 진실이 아닌 것은 아니라는 사실에 대해 논의해보도록 하자.

19장 생명, 그 경이로움에 대하여
NONZERO **447**

생물의 진화는 과연 방향성을 가지고 있을까? 자연선택의 기본적 경향이 ―행동의 복잡성과 함께, 충분한 시간이 주어질 경우 높은 수준의 지능의 출현을 포함하는― 복잡성의 진화를 상당한 정도로 보장하고 있을까? 어떤 사람들은 그렇다고 말한다. 그리고 어떤 사람들은 ―대다수가 작은 목소리로― 아니라고 말한다. '아니'라고 가장 소리 높여 집요하고 열정적으로 외쳐온 사람은 바로 저명한 고생물학자 스티븐 제이 굴드이다. 그는 "진보가 생명 역사를 규정하거나 또는 적어도 생명의 역사의 일반적인 경향으로서 존재한다"는 명제를 부정하기 위해서 두 권의 책을 썼다. 진화에서 진보를 보는 것은 '인간의 오만'과 절박한 '희망', 즉 인간이 자연의 손으로 왕좌에 앉혀졌으며 인간은 "자연에 내재되어 있는 진보적 과정의 예상할 수 있는 결과물"이라는 희망에 기초한 '망상'에 집착하는 것이라고 그는 주장했다. 굴드는 꿈에서 깨어나 커피를 한 잔 마시고 "우리의 영광과 성취가 그 아무리 대단하다고 하더라도 우리는 단지 우주의 덧없는 우연에 지나지 않으며 만일 생명의 나무가 씨앗부터 다시 심어져서 지금까지와 비슷한 조건에서 자라게 된다면 이와 같은 우연은 다시 발생하지 않을 것"이라는 가혹한 전망을 마주하라고 권고한다. 그리고 그가 말하는 '우리'는 좁은 범위의 우리(단지 호모 사피엔스)만을 지칭하는 것이 아니다. 만일 지구상의 진화를 재현한다면 자기 자신에 대해 숙고할 만큼 영리한 종이 생겨날 가능성은 "극도로 낮다"는 것이 그의 생각이다.

되는대로 걷기

굴드의 주장에서 무엇이 잘못되었는지 살펴보기 전에 먼저 그의 주장이 언뜻 들리는 것만큼 전면적이지는 않다는 것을 염두에 두어야 한다. 진보가 진화의 일반적인 경향이 아니라는 굴드의 주장은 진화가 점점 더 복잡한 생명의 형태를 만들어내는 경향을 가지고 있지 않다는 말처럼 들린다. 그러나 그런 의미가 아니다. 그 역시 생명의 복잡성을 둘러싼 껍데기는 시간이 흐름에 따라 점점 더 상승하는 경향이 있음을 인정했다. "가장 복잡한 생물은 시간이 흐름에 따라서 더욱 정교해진다"고 굴드는 언급했다. 또한 굴드는 모든 종의 평균적인 복잡도가 아무런 경향을 보이지 않는다고 주장하지도 않았다. 그는 "생명의 평균적 복잡도는 증가했을 수도 있다"고 시인했다.

그렇다면 도대체 어떤 의미에서 자연선택을 통해서 복잡성이 증가하지 않는다는 것일까?

먼저 몇몇 종은 진화 과정에서 오히려 복잡도가 감소했다. 그리고 많은 종들이 오랜 기간 동안 전혀 복잡도의 증가를 보이지 않았다. 박테리아는 수십억 년 전에 출현했으나 오늘날에도 엄청난 수로 존재한다. 그것은 그들이 생명의 나무tree of life✝의 위쪽으로 기어 올라가려는 야심 따위는 조금도 없음을 분명하게 보여준다. 이러한 관점은 수많은 생물학자들에게 널리 받아들여지고 있다. 생물학자들은 또한 즉 정향진화(orthogenesis, 복잡성의 수준이 더 높아지는 쪽으로 나가려는 일종의 신비스러운 내재된 충동이 모든 생명체에 깃들어 있다는 개념)는 존재하지 않는다는 결론을 지지하고 있다. 그렇다면 굴드는 이것보다 더 나간 것일까?

그렇다. 굴드는 박테리아가 매우 단순한 생물이라고 말했을 뿐 아니라,

생명의 나무tree of life | 계통수라고도 한다. 공통의 조상으로부터 지구상의 생물들이 갈라져 나온 것을 나뭇가지 형태로 나타낸 그림—옮긴이

박테리아가 수적으로 우리보다 우세하다는 점을 강조한다. 또는 그의 표현을 따르자면 '최빈값mode'을 기준으로 볼 때 복잡성의 증가 경향이 나타나지 않는다고 주장했다. 지구상에 가장 수적으로 많이 거주하는 생물(최빈값)의 복잡성의 수준은 지난 20억 년 동안 눈에 띄게 증가하지 않았다는 것이다. 20억 년 전에는 대부분의 생물체의 복잡성은 박테리아 정도를 넘어서지 못했고 10억 년 전에도 그러하였고 지금도 그러하다는 것이다.

그렇다. 박테리아는 수적으로 우리를 압도할 뿐만 아니라 무게로도 우리를 압도하고도 남는다. 사실 박테리아의 총 중량은 우리 인간뿐만 아니라 그 어떤 것도 압도한다. 땅속에 사는 박테리아를 모두 더한다면 말이다. 또한 그들은 별의별 희한한 조건에서도 생존할 수 있다. "모든 가능성을 열어 합리적이고 공정한 기준으로 볼 때 박테리아야말로 —시작부터 지금까지— 지구상의 지배적인 생명의 형태이다."

그런데 사실상 자기 자신이 합리적이고 공정하다고 생각하는 사람들 중에서 상당수는 지배적이라는 말의 정의를 다르게 볼 것이다. 예를 들어 그들은 '지구를 날려버릴 수 있는 능력'이나 '모든 생명 형태가 어떻게 창조되었는지 알아내는 능력', '완전히 새로운 생명 형태를 창조할 수 있는 능력' 또는 단순히 '박테리아를 현미경 아래 놓고 관찰할 수 있는 능력'을 지배적인 것이라고 말할 것이다. 굴드는 결코 이렇게 이야기하지 않을 것이다. 지구상의 가장 복잡한 생명의 형태를 진보적 경향의 선도자로 삼는 것은 '오직 극단적인 값에 근시안적으로 초점을 맞추는' 일이라는 것이다.

그럴 수도 있을 것이다. 그러나 다른 한편에서 볼 때 그 '극단적인 값'이야말로 대부분의 사람들이 애초에 생물학적 진보 문제에 관심을 갖게 되는 유일한 이유가 아닐까? 우리와 같이 복잡한 어떤 생물, 우리와 같이 행동적 융통성을 보이는 어떤 생물, 우리와 같이 영리한 어떤 생물('극단적인 값'을 가진 어떤 생물)이 진화하게 될 가능성이 있을까? 만약 이 질문을 아예 제쳐두어야 한다면 생물학적 복잡성의 진화에 대한 책들은 오직 대학 출판부에서나 나오게 될 것이다. 사실 이 질문을 제쳐놓는다면 굴드 그 자신도 아마 이 주제에 대해 그토록 엄청난 관심을 갖지도 않았을 것이다. 그의 글이 분명히 밝히고 있듯 생물학적 진보주의에 대한 특별한 적대감은 사회다윈주의에서 두드러지게 나타난 과거의 정치적 색채 때문이었다.

간단히 말해서 애초에 우리가 이러한 논의를 하고 있는 유일한 이유가 바로 '극단적인 값'의 문제, 즉 우리 종이 위치하고 있는, 생물학적 복잡성의 가장 바깥층에서 어떤 일이 일어났는가 하는 문제인 것이다. 굴드 역시 이 점을 이해하고 있는 것으로 보인다. 왜냐하면 그의 논의를 단순히 '최빈값' 기준의 복잡성의 정체에 대해서만 한정하고 있지 않기 때문이다. 또한 그는 극단적인 값이라는 그가 볼 때 별로 중요치 않은 문제에 대해서도 상당한 지면을 할애하고 있으니 말이다. 생물의 복잡성의 가장 바깥층이 성장할 수 있다는 사실을 시인하고 나서도 그는 이 성장이 진정으로 '방향성을 가진' 것이 아니라 '무작위적인' 것이라고 주장했다. 이 주장은 복잡성을 반추한 그의 두 저서 중 한 권, 〈풀하우스Full House〉의 핵심이다.

그가 무작위적이라고 하는 것은 무슨 의미일까? 술 취한 사람이 동에서 서로 난 보도를 걸어가고 있는 상황을 상상해보자. 보도의 남쪽은 벽돌로 쌓은 담으로 가로막혀 있고 보도의 북쪽에는 차도가 있다. 그렇다면 이 술 주정뱅이는 결국 보도를 벗어나 차도로 들어가게 될까? 아마도 그럴 것이다. 그렇다면 이것을 가지고 그가 "북쪽으로 향하는 방향성을 가지고 있다"고 말할 수 있을까? 아니다. 그는 북쪽으로 비틀거리며 나간 것만큼 남쪽으로도 비틀거리며 걸어갔다. 단지 남쪽을 향했을 때는 벽에 부딪혀 다시 북쪽으로 튕겨나갔을 뿐이다. 그는 마치 특정 방향에 대한 경향을 가진 것처럼 보이지만 사실은 '되는대로 걷기random walk'의 결과일 뿐이다.

만일 여러분이 술을 충분히 마시고 충분히 오랜 시간 동안 그 길을 걷는다면 언젠가 차도를 쭉 가로질러 그 너머까지 나가게 될 것이다. (비록 운이 나쁜 주정뱅이들은 차에 치일 수도 있지만) 차도를 넘어간 경우가 바로 우리 인간이다. 수백만 년 동안 이리저리 비틀거리는 대로 내딛은 끝에 북쪽으로 한참 멀리 나간 운 좋은 주정뱅이인 것이다. 그러나 우리는 북쪽이 본질적으로 가치 있는 곳이기 때문에 북쪽으로 나간 것이 아니다. 만일 남쪽에 세워진 벽이 없었더라면 보도의 북쪽으로 간 주정뱅이의 수만큼 많은 수의 주정뱅이들이 보도의 남쪽으로 걸어갔을 것이다. 그리고 모든 경로의 무작위성이 분명하게 드러났을 것이다. 다시 말해서 만일 어떤 종도 그 복잡도가 0보다 낮게 떨어질 수는 없다는 사실이 아니었더라면 생명의 역사는 자연의 진보처럼 보이지 않았을 것이다. 굴드는 다음과 같이 썼다. "그 자랑스러운 생명의 진보는 사실상 단순한 출발점으로부터의 무작위적인 움직임일 뿐 본질적으로 스스로에게 유리한 복잡성에 대한 방향성을 가진 충동이 아니다."

다시 말하지만 정체된 '최빈값'의 복잡성에 대한 굴드의 강조에 대해서 우리는 이 주장이 철학적 목적에 비추어 얼마나 중요성을 갖는지 의문을 던지게 된다. 이 모든 논의의 배후에 있는 질문은 바로 우리 인간과 같이 영리하고 복잡한 생물이 진화될 가능성이 있는지 여부였음을 기억하

자. 만일 '되는대로 걷기'와 '복잡도 0의 벽'의 조합이 사람들로 하여금 그 질문에 "그렇다"라고 대답하게 한다면 그렇다면 그 답은 "그렇다"이다. 설사 굴드가 두려워한 대로 사람들이 "그렇다"라는 대답을 더 높은 의도higher purpose의 증거로 보는 경향이 있다고 하더라도, 아마 사람들은 "그렇다"라는 대답이 정확히 어떤 종류의 "그렇다"인지에 대해 그다지 신경 쓰지 않을 것이다. 그저 사람들은 신의 섭리가 기묘하고도 놀라운 방식으로 작용한다고 말할 것이다.

그러나 복잡성의 진화를 선호하는 요소들이 많으면 많을수록 "그렇다"라는 대답은 더욱 당연하게 느껴질 것이다. 즉 궁극적으로 인간과 같은 수준의 지능이 진화될 가능성이 더욱 높아질 것이다. 따라서 굴드가 복잡성에 이바지하는 '비임의적인non-random' 요소들을 간과하지는 않았는지 살펴보는 것이 의미 있을 것이다. 그가 간과한 것은 바로 '양의 되먹임positive feedback' 항목에 속하는 것이다. 복잡성의 진화는 복잡성의 진화 이면의 논리를 강화시키고 그것은 또다시 복잡성의 진화 이면의 논리를 강화시키고 그것이 또 다시 복잡성의 진화의 논리를 강화시키고……. 이런 식으로 계속 되풀이되어온 것이다.

되는대로가 아닌 걷기

폭격수 딱정벌레의 이야기로 되돌아가보자. 딱정벌레가 존재하지 않았던 시기가 있었으니만큼 어떤 동물도 특별히 딱정벌레를 잡아먹는 일에 적응되지 않았던 시기도 있었을 것이다. 그러다가 어느 시점에 딱정벌레가 나타났다. 그러자 다양한 종류의 동물들이 자연선택에 의해 딱정벌레를 잡아먹는 기술을 획득하게 되었다. 이처럼 동물 행동의 레퍼토리가 확장되는 것은 그 자체로도 복잡성의 성장의 한 예라고 할 수 있으며 한편 딱정벌레의 반작용을 촉진하게 된다. 그 반작용으로 나타난 것이 바로 폭격수 딱정벌레의 폭격수적 특성이다. 이것은 복잡성의 대응적 성장counter-growth이라고 할 수 있다. 이런 식으로 복잡성은 복잡성을 조장한다.

우리는 오랜 시간이 주어지면 딱정벌레의 포식자들이 복잡성의 대응에 대한 대응적 성장counter-counter-growth, 즉 어떤 식으로든 딱정벌레의 유독한 분사물을 중화시킬 수 있는 방법을 발달시킬 것이라고 추측할 수 있다. 그런데 그런 일이 실제로 일어났다. 스컹크와 일부 생쥐의 종에게서 "무해한 방식으로 폭격수 딱정벌레의 유독물질을 빼내고 나서 딱정벌레를 잡아먹는 선천적인 행동 패턴이 진화되었다"고 생물학자인 제임스 굴드(스티븐 제이 굴드와 관계없음)와 윌리엄 키튼이 보고했다. 이제 폭격수 딱정벌레 쪽에서 새로운 혁신을 이루어내기 전까지 스컹크와 생쥐의 전략은 유효할 것이다.

이러한 동력을 지칭하는 학술적 전문 용어는 일반 시사분야의 용어와 동일하다. 바로 '군비경쟁arms race'이 그것이다. 지난 20년 동안 수많은 저명한 생물학자(리처드 도킨스, 존 타일러 보너)들이 군비경쟁이 복잡성의 진화를 선호해왔음을 지적했다. 굴드는 복잡성의 진화에 대한 두 권 분량의 논의에서 단 한 번도 이 현상을 언급하지 않았다.

화석 기록에서 군비경쟁의 증거를 찾아내는 것은 매우 까다로운 일이다. 그러나 어느 진취적인 과학자가 수천만 년 동안 다양한 포유류 계통의 유해를 조직적으로 측정한 끝에 그로부터 의미 있는 패턴을 찾아냈다. 북아메리카 대륙의 육식동물의 '상대적 뇌용량'(신체 부피 대비 뇌의 부피)는 시간이 흐름에 따라 점점 커지는 강력한 경향을 보여주었다. 또한 그 육식동물의 먹이가 되었던 초식동물들의 상대적 뇌용량 역시 점점 커졌다. 그런데 그에 대응하는 남아메리카 대륙의 초식동물들은 같은 기간 동안 상대적 뇌용량에 있어서 거의 아무런 변화를 보이지 않았다. 남아메리카의 초식동물에게는 북아메리카와 같은 포식자가 없었기 때문이다. 이것은 종대 종의 끊임없는 투쟁이 진보를 유도했음을 분명히 보여준다.

군비경쟁은 서로 다른 종 사이에서뿐만 아니라 한 종 안에서도 일어날 수 있다. 여러분은 몇 달씩 침팬지 무리 주변에서 그들의 시시콜콜한 세부 사항까지 자세히 관찰해본 일이 있는가? 몇몇 영장류 연구가들은 바로 그런 일을 했다. 그들의 보고에 따르면 수컷 침팬지들은 다른 수컷을 밟고 올라가려고 획책하는 데 대부분의 시간을 보낸다. 그들은 정치적 지배권을 획득하기 위해 연합을 형성한다. 일단 지배권을 획득하면 배란기의 암컷에 대한 특별한 성적 접근 기회를 독점할 수 있는데 그것은 상대편 수컷들에게 있어서 엄청난 다윈주의적 비용이 아닐 수 없다. 따라서 대개 정치적 능수능란함을 부여하는 유전자를 가진 수컷이 다음 세대에 가장 많은 유전자를 물려줄 수 있고 이것은 결과적으로 정치적 능숙함의 수준을 계속해서 높여주게 된다. 그리고 침팬지의 정치적 능숙함의 수준이 평균적으로 높아지게 되면 정치적 수완이 뛰어난 침팬지가 그 와중에서 더 빛이 나기 위해서는 그 능력이 더 한층 높아져야 할 것이다. 이것이 바로 행동적 유연성의 군비경쟁이다. 이러한 동력이 침팬지를 오늘날과 같이 영리하게 만들어주었을 것이라는 사실에는 의심의 여지가 없으며 그 과정이 지금 이 수준에서 멈추어야 할 아무런 이유도 없다.

한편 암컷 침팬지들 역시 —종류는 조금 다르지만— 새끼들의 생존 가망을 높여주는 데 필요한 정치적 기술을 보여준다. 암컷의 경우에도 이론적으로 그와 같은 수완이 유전자 풀에서 우세하고 점점 퍼져 나갈 것이라 예상할 수 있다. 실제로 암컷 사이에서 정치적 기술이 널리 보급되어 한층 더 높은 수완에 대한 선택압selective pressure을 형성해왔다. 평균보다 영리한 암컷 침팬지는 언제나 그 영리함에 대한 보상을 받는다. 그리고 바로 그 이유 때문에 영리한 수준의 평균이 계속해서 상승하게 되고 여기에는 양의 되먹임이 작용한다.

굴드가 설명한 것과 같이 자연선택에는 이와 같이 특정 방향으로 향하는 동력을 위한 여지가 없다. "자연선택은 단지 '변화하는 국지적 환경에 대한 적응'에 대해서 이야기할 뿐"이라고 그는 썼다. 그리고 "그 어느 곳에서든지 국지적 환경의 변화는 지질학적 시간을 통해서 사실상 무작위적으로 나타날 것이다. 바다가 밀려왔다가 밀려가고, 날씨가 추워졌다가 더워지고……. 만일 생물이 자연선택에 의해 국지적 환경의 변화를 뒤쫓아간다면 생물의 진화의 역사 역시 사실상 무작위적이어야 할 것이다." 이것은 훌륭한 논리이다. 만약 환경이 오직 바다와 공기로만 이루어져 있다면 말이다. 그러나 실제 세계에서 살아있는 생물의 환경은 대체로 ─거의 대부분─ 다른 살아있는 생물로 이루어져 있다. 서로 경쟁을 벌이거나 함께 협동하는 같은 종의 생물은 말할 것도 없고 어떤 생물이 먹는 것도 다른 생물이요, 그 생물을 잡아먹는 것도 역시 다른 생물이다.# 그리고 이 생물적 환경을 구성하는 모든 종의 평균적인 복잡성이 증가하는 경향이 있다는 것에 대해서는 아무도 ─심지어 굴드도─ 부정하지 않는다. 따라서 환경의 변화는 긴 시간에 걸쳐서 '사실상 무작위적'이지 않다. 환경이 점점 복잡해지는 경향이 분명히 존재한다.

그리고 설사 우리가 굴드가 주장한 대로 생명의 시초에 평균적인 복잡성의 성장이 주정뱅이가 걸어가는 경로와 같이 전적으로 무작위적이라고 추정한다고 해도 아무 상관없다. 그렇다고 해도 여전히 그 이유가 무엇이든 간에 환경의 복잡성이 점점 성장하고 있다는 사실은 변함없다. 이 복잡성의 성장을 '뒤쫓아가는tracking' 종들은 무작위적으로 이리 비틀, 저리 비틀 걸어간다고 볼 수 없다. 그들의 환경의 변화는 굴드 자신의 정의에 의해 방향성을 가지고 있다. 그리고 생물들 자신이 다른 종들에 대한 환경의 일부이기 때문에 이 과정은 스스로 강화되어 나간다.

수많은 진화론자들이 ─우리의 가장 가까운 친족 뻘인─ 침팬지 무리를 관찰한다면, 인간의 조상이었던 유인원들을 오늘날의 우리와 같은 방향으로, 즉 뛰어난 지능을 갖게끔 하는 방향으로 밀어붙였던 동력이 침팬지들에게도 작용하고 있음을 깨달을 수 있다고 주장해왔다. 아마 그럴 것이다. 어찌되었든 그 모든 현상 뒤에는 어떤 비임의적 힘이 작용하고 있는 것으로 보인다. 불완전하나마 화석 기록으로부터 판단할 수 있는 ─오스트랄로피테쿠스 아프리카누스에서 호모 하빌리스, 호모 에렉투스, 초기의 호모 사피엔스, 오늘날의 호모 사피엔스에까지 이르는─ 뇌 크기의 증가는 후퇴나 멈춤의 흔적을 찾아볼 수 없는 뚜렷한 경향을 보여준다. 전 세계, 3백만 년에 걸쳐서 끈질기고 건실한 뇌 크기의 증대가 나타났다. 굴드는 이러한 경향을 어떻게 설명했을까?

설명하지 않았다. 그의 세계관이 허락할 수 있는 유일한 설명은 운 좋게 동전의 같은 면이 계속 나오는 우연이 아주 오랫동안 지속되었다는 설명일 것이다. 이는 음주의 역사에서 전무후무할 억세게 운 좋은 음주보행의 사례가 아닐 수 없다.# 실제로 이런 믿기 어려울 정도의 행운을 마주한다면 연속적으로 계속해서 동전의 같은 면이 나온 것은 신의 인도에 의한 것이 아닌가하는 의심이 들 것이다. 창조론자들이 굴드의 글을 호감을 가지고 인용하고 있는 것도 놀라울 일이 아니다. 만일 자연선택에 대한 굴드의 관점이 옳다면, 나를 창조론자라고 불러도 좋다. (굴드의 관점에 따른) 자연선택은 인간 창조의 그럴듯한 수단이 될 수 없다. 적어도 이렇게 빠른 시간 내에 말이다.

그리고 굴드의 관점에서 보자면 단지 우리 인간의 조상들만 운이 억세게 좋았던 것이 아니다. 광범위한 포유류 계통이 영리해지는 쪽으로 진화되었음을 보여주었다. 그렇다. 각각의 좋은 아주 오랜 시간에 걸쳐서 눈에 띄게 영리해지지 않을 수도 있다. 그러나 포유류나 다세포생물 전반의 경우 덜 영리한 쪽으로 진화한 사례는 극히 드물다. 이 얼마나 엄청난 수의 억세게 운 좋은 주정뱅이들이란 말인가!

좋은 유전자에 나쁜 일이 일어날 때

또 다른 의미로 진화에서 운이 중요한 역할을 할 수 있는데 이것은 굴드의 생물학적 진보주의에 대한 공격의 첫 번째 포문을 연 저작 〈생명, 그 경이로움에 대하여*Wonderful Life*〉의 중심적 주제이다. 이 책은 버지스 혈암 Burgess Shale의 화석에 대한 책이다. 버지스 혈암은 약 5억 7천만 년 전 캄브리아기가 시작될 무렵 갑자기 생물학적 다양성이 폭발적으로 확장된 결과로 생겨났다. 이 '캄브리아기 대폭발Cambrian explosion'은 다세포 생명체의 번성을 보여주는 가장 오래된 증거이다. 버지스 혈암을 연구한 영국의 고생물학자들의 업적에 기대어 굴드는 이 화석들을 '우연contingency'이 진화에서 결정적인 역할을 한다는 주장에 대한 사례로 삼았다.

굴드의 주장은 간단하다. 이 화석 중 일부는 아주 이상하게 생겼으며 오늘날 지구상에서 찾아볼 수 있는 그 어떤 동물의 유형에도 들어맞지 않는 것처럼 보였다. 이 희한한 종과 그 후손들은 절멸해버린 것이 분명하다. 그리고 그 절멸이 그 생물의 결점 때문이라는 증거는 찾아볼 수 없다. 그들은 분명히 어떤 불운, 즉 갑작스럽고 예측할 수 없으며 따라서 과거 그 생물의 진화가 그 생물로 하여금 준비시키지 않았던 생태계의 변화에 의해 희생되었음이 분명하다. 만일 이러한 무작위적인 변화가 일어나지 않았더라면, 이 괴상한 생물들은 오랜 기간에 걸쳐 번식하고 번성했을 것이며 오늘날의 생명의 나무는 매우 다른 모습을 띠게 되었을 것이다. 그와 같이 우주적 주사위 굴리기cosmic dice는 진화의 미래를 근본적으로 뒤바꾸어놓을 수 있는 것이다.

굴드의 이 저서가 출간된 이후로 이 화석들에 대한 그의 해석은 많은 고생물학자들로부터 도전을 받아왔다. 오늘날 버지스 혈암의 동물들은 굴드나 다른 연구자들이 처음 생각했던 것만큼 그렇게 이상하게 보이지 않는다. 왜냐하면 대부분의 경우 동물들은 표준적인 분류학적 계통수에 잘 맞아 들어가며 그 후손들 역시 오늘날까지 존재하고 있다. 예를 들어서 너무나 특이하게 생겨서 할루시제니아Hallucigenia라는 이름을 얻게 된 화석의 경우 굴드는 ―당시 우세했던 해석을 쫓아― 이 화석의 위아래를 뒤집어놓고 바라보았다. 몸의 '아래back'에 달려있는, 무엇에 쓰는 물건인지 알 수 없어 당혹스러웠던 꼬불꼬불한 것은 사실 다리였다. 그리고 이상하게 뾰족뾰족한 '다리'는 사실 가시(spike, 아마도 군비경쟁의 결과로 생겨난 것으로 보이는 방호기관armor)였다.

이처럼 수정이 이루어지기는 했지만 굴드의 주장 가운데 일부는 분명히 유효하다. 버지스 혈암의 동물들이 그 사례든 아니든 간에 생물 종들은 우주적 주사위 굴리기 때문에 절멸한다. 커다란 운석이 지구를 향해 날아오고 그 다음 ―펑!― 공룡이 사라져버렸다. 이와 같이 갑작스럽고 예측할 수 없는 방식으로 생태적 지위niche가 비워지는 사건은 의심할 여지없이 미래의 진화의 모습을 규정한다.

특별히 관심을 끌만한 예를 들어, 만일 우리의 조상들이 불운에 의해 모두 몰살되어버렸다고 하자. 그렇다면 굴드가 거듭해서 주장한 것과 같이 인류는 결코 진화되지 못했을 것이다. 이 점(어떤 의미에서 〈생명, 그 경이로움에 대하여〉의 중심 논점)은 너무나 지당하기 때문에 지금까지 내가 아는 한, 단 한 번도 반론을 마주하지 않았다. 제정신을 가진 생물학자 중에서 인간이라는 종(여러분도 알다시피 키가 1.5미터에서 2미터 사이이고… 팔이 붙은 곳에 겨드랑이가 있고… 지저분한 농담을 즐기는 동물) 자체의 진화가 반드시 예정된 불가피한 사건이라고 주장하는 사람은 없을 것이다. 유일하게 진지한 질문은 어떤 형태든 높은 지능을 가진 생명체, 이를테면 자기 자신을 자각할 수 있을 정도로 영리한 어떤 동물이 진화될 수 있는가 하는 것이다.

굴드는 〈생명, 그 경이로움에 대하여〉에서 이 질문을 피해갔다. 그러나 그는 나중에 〈풀하우스〉에서 그 답은 "아니다"라고 못 박았다. 만일 생명의 역사가 술주정뱅이의 비틀거리는 걸음과 같다는 굴드의 주장이 옳다면 이 "아니다"라는 굴드의 대답에 동의하고 싶어질 것이다. 그러나 생물들 사이의 군비경쟁이 명백하게 존재한다는 사실, 그리고 그 경쟁이 행동적 유연성에 특별한 보상을 준다는 사실, 그리고 캄브리아기 대폭발보다 조금 이르게 동물들이 진화의 무대에 등장한 이래로 행동적 유연성이 증가해왔다는 사실을 고려해볼 때 굴드에게 동의하고 싶은 마음은 사그라들 것이다.

게다가 —자연을 의인화할 우려가 있기는 하지만— 자연선택의 천재성이라 고밖에 부를 수 없는 특성을 고려한다면 굴드의 손을 들어주고 싶은 마음을 더욱 쉽게 털어낼 수 있을 것이다. 자연선택은 —무작위적인— 시행착오에 의해 이루어지는 맹목적인 과정이기는 하나, 비어 있는 생태적 지위를 발견하고 채워나가는 과정에서 놀라운 발명의 재주를 보여왔다. 자연선택은 동물들로 하여금 지상과 지하, 물속과 나무 위, 공중에서 살도록 적응시켰다.

이와 같이 생태적 지위를 채워나가는 과정에서 자연선택은 단순히 놀라운 기술들을 발명했을 뿐만 아니라 그 기술을 반복해서 발명했다. 비행 flight과 시각eyesight은 너무나 놀라운 것이어서 —자연선택에 의해 진화되었다고— 믿기 어려운 것으로 창조론자들이 종종 인용하는 동물의 두 가지 능력이다. 그러나 하늘을 나는 능력은 적어도 세 차례에 걸쳐서 각기 독립적으로 진화되었고 시각은 수십 차례에 걸쳐서 독립적으로 발명되었다.

왜 자연선택은 눈을 그토록 선호했을까? 그것은 빛이 엄청나게 훌륭한 지각을 위한 매질이기 때문이다. 빛은 직선으로 이동하며, 고체 표면에서 되튀어 반사되고, 우주 안에서 알려진 그 어떤 물질보다 빠르게 이동한다.

그렇다고 해서 자연선택이 오로지 빛에만 집착했다는 것은 아니다. 다른 익숙한 감각(후각·청각·촉각·미각)들은 모두 동물계에서 풍부하게 나타나고 있으며 이들은 단지 생물의 데이터 수집 기술의 길고 긴 목록의 처음 몇 항목일 뿐이다. 사실 인류가 자랑하는 20세기의 감각 기술의 발달은 바퀴가 여러 번에 걸쳐 재발견되었던 역사와 흡사하다. 이제 우리는 어둠

속에서 사물을 분별하게 해주는 적외선 센서를 가지고 있다! 방울뱀은 고래적부터 가졌던 것이다. 우리는 이제 음파탐지기를 사용하게 되었다! 박쥐나 돌고래에게는 숨 쉬듯 자연스러운 일이다. 일부 주거 침입 경보 장치는 전기장electric field을 형성하고 그 전기장의 교란을 통해 침입자를 감지한다. (아프리카의 코끼리주둥이고기elephant-snout fish와 남아메리카의 줄무늬칼고기[banded knifefish, 아프리카에 사는 450볼트의 전기메기나 남아메리카에 사는 650볼트의 전기뱀장어] 등 전기를 이용해 상대방에게 충격을 주는 몇몇 물고기들과 헷갈리지 말 것.) 물론 사람들은 20세기에 이르기 훨씬 전부터 지구 자기장의 정보적 가치를 꿰뚫어보았다. 나침반이 그 증거이다. 그러나 자연선택은 그보다 훨씬 전에 이미 그와 같은 통찰에 도달했다. 일부 박테리아 그리고 박테리아보다 복잡한 다양한 종류의 생물들의 정위(定位, orientation) 능력은 나침반과 동일한 원리를 이용한다.

왜 자연선택은 그토록 감각과 관련된 기술에 주의를 기울였을까?# 왜냐하면 감각과 관련된 기술은 적응에 유리한 유연한 행동을 촉진하기 때문이다. 그렇다면 적응에 유리한 유연한 행동을 촉진하는 것에는 그밖에 무엇이 있을까? 이 모든 감각 데이터를 처리process하여 그에 맞게 행동을 수정하는 능력이다. 달리 말하자면 바로 '뇌'이다. 이 뇌는 꼭 우리 인간의 뇌나 기술적 용어로서의 '뇌'를 말하는 것이 아니라 추상적 절차process로서의 지능을 말하는 것이다. 바로 이 특정 속성에 대한 자연선택의 친화력(수없이 많은 종에서 독립적으로 그 속성을 발명해내고 발달시켜나가는 자연선택의 경향)이야말로 우연한 불운이 어느 종이든 —또는 종들의 집단이든— 간에 깡그리 쓸어내버릴 수 있다는 굴드의 자명한 주장을 별 의미 없는 것으로 만들어준다. 적어도 우리가 지능을 가진 특정 종의 진화 가능성이 아니라 뛰어난 지능이라는 속성의 진화 가능성에 대해 논의하는 한, 굴드의 주장은 별 의미가 없을 수밖에 없다.

굴드가 〈생명, 그 경이로움에 대하여〉를 쓰면서 가장 크게 의존했던 버지스 혈암의 연구에 참여했던 고생물학자 중 한 사람인 사이먼 콘웨이 모리스는 혈암의 화석에 대한 굴드의 해석에 맹렬한 공격을 퍼부었는데 그의 일반적인 요지는 다음과 같다. "개별적인 역사에서 '우연'이 수행하는 역할은 특정 생물학적 속성의 출현 가능성에 거의 아무런 영향도 주지 않는다"고 그는 쓰고 있다. 각 종의 운명은 운에 달려있을지도 모른다. 그러나 종들이 구현하는 속성은 예정되어 있는 것이다. 적어도 높은 가능성이라는 형태로나마 예정되어 있다.

시각의 속성에 대해 다시 한 번 생각해보자. 자연선택이 시각을 수십 차례에 걸쳐 발명해냈다는 사실은 눈을 가진 동물의 커다란 집단이 절멸해버리는 우발적 사건이 일어난다고 하더라도 큰 그림, 즉 시각이라는 속성이 발명되고 재발명될 운명에는 별 영향을 주지 않을 것이다. 그렇다면 우리는 지능에 대해서도 같은 주장을 할 수 있을까? 똑같이 말할 수는 없을 것이다. 왜냐하면 지능은 다른 종류의 속성이기 때문이다. 만일 지능을 충분히 광범위하게 정의한다면, 즉 적응에 유리한 유연한 행동들을 조율하기 위해정보를 처리하는 능력이라고 본다면 지능은 너무나 일찍, 생명의 나무 기저부에서부터 나타나서 나무의 가지에 이르러 계속해서 재발명되었다고 볼 수 있다. (심지어 대장균조차도 자신을 둘러싼 환경의 탄소 농도가 낮으면 새로운 환경을 찾아 나설 줄 "알고 있다.") 뿐만 아니라 한층 더 뛰어난 지능의 진화 역시 수십억 번에 걸쳐 재발명되었다. 모든 동물 계통(포유류, 어류, 파충류, 곤충, 조류)에서엄청난 정도의 행동적 유연성의 성장이 일어났고, 그 성장은 많은 경우에 아주 작은 증가가 축적되어 일어난 것이다. 이 모든 증가분을 더하여 우리는 무엇을 얻을 수 있을까? 패턴이다.

굴드는 이렇게 썼다. "인간은 단지 제비뽑기의 행운으로 지금 이 곳에 이르렀다" 맞는 말이다. 그러나 인간과 같은 수준의 지능의 경우 그렇지 않다. 충분히 긴 시간이 주어진다면 높은 수준의 지능은 진화될 가능성이 아주, 아주 높다. 적어도 그것이 내가 진화를 읽는 방식이다. 그것은 또한 윌리엄 해밀턴이나 에드워드 윌슨과 같은 일부 저명한 진화생물학자들이 진화를 읽는 방식이기도 하다. 한편 그것은 에른스트 마이어와 같은 다른 저명한 진화론자들은 동의하지 않는 방식이다.

왜 그렇게 오래 걸렸을까?

어떤 경우에 ─굴드를 포함한─ 사람들은 회의적인 어조로 만약 지능의 진화가 그토록 일어날 가능성이 높은 사건이라면 왜 그다지도 오랜 시간이 걸린 후에야 진화되었는지 묻는다. 정당한 질문이다. 전 장에서 논의한 커다란 진화론적 문턱들(원핵생물에서 진핵생물이 생겨난 일, [단세포] 진핵생물에서 완전한 다세포생물이 생겨난 일 등) 을 상기해보자. 한 문장으로 간단히 이야기해놓고 보니 상당히 박력 있는 진보의 행진처럼 들린다. 그러나 사실 1단계에서 2단계에 이르는 데 길게는 20억 년이나 걸렸을지도 모른다. 그리고 진핵세포 가운데에서 캄브리아기 대폭발 이전의 화석 기록에 나타난 흐물흐물한 작은 점과 같은 다세포동물이 생겨나기까지는 또 7억 년 정도가 걸렸다. 그 다음부터는 일이 제대로 굴러가기 시작했다. 흐물흐물한 점에서 인간이 생겨나는 데는 6억 년 정도가 걸렸다. 왜 생물의 진화는 빈둥

빈둥거리면서 캄브리아기 대폭발 이전에서 그토록 많은 시간을 보냈을까?

우리는 문화의 진화에 대해서도 그와 동일한 질문을 던져볼 수 있다. 만일 문화의 진화 경향이 그토록 강력한 것이라면 왜 이륙하는 데 그토록 많은 시간이 걸렸을까? 중기 구석기 시대 사람들은 그토록 오랫동안 무엇을 기다렸던 것일까? 이 두 가지 형태의 —문화의 진화와 생물의 진화에서 나타난 —'초기의 부진함'은 넓게 보자면 사실상 같은 것이다.

최초의 세포가 이 땅 위에 나타난 '최초의 늪'의 시대로 되돌아가보자. 각각의 세포들은 잠재적인 혁신의 원천이었다. 유전자의 돌연변이를 통해서 세포들은 생물의 설계design에 대한 새로운 '아이디어'를 공급할 수 있다. 만일 그것이 좋은 아이디어일 경우 그것은 확산되어 나갈 수 있다. 어떤 의미에서 이 세포들은 집단적으로 자연선택의 '뇌'를 구성한다고 볼 수 있다.

그러나 돌연변이(새로운 '아이디어')는 그렇게 자주 일어나지 않으며 게다가 대부분의 돌연변이들은 좋은 쪽보다는 나쁜 쪽이 많다. 따라서 좋은 아이디어를 자주 떠올릴 수 있을 만큼 충분히 큰 '뇌'를 구성하기 위해서는 아주 많은 수의 박테리아가 필요할 것이다. 그런 만큼 생명의 역사 초기에 상당한 시간이 천천히, 그러나 가차 없이 이 뇌의 크기를 증가시키는 일에 투여되었을 것이라는 데는 의심의 여지가 없다. 이 과정은 인류가 수만 년의 시간 동안 천천히 그 수를 늘려서 보이지 않는 뇌가 마침내 —지금으로부터 15,000년쯤 전에— 부진을 약간 벗어난 속도로 혁신을 생성시키기에 알맞을 정도로 커지게 되었던 것과 유사하다.

물론 인구가 희박했던 구석기 시대에 인간의 혁신이 완전히 결여되어 있었던 것은 아니다. 사실상 인구가 천천히 성장함에 따라서 혁신의 속도도 천천히 성장해나갔다. 그리고 생명의 역사 초기에 대해서도 그와 비슷한 이야기를 할 수 있다. 진핵세포가 나타나기 전 20억 년 동안 중요한 일들이 이루어졌다. 예를 들어서 모호하게 들리지만 사실상 매우 중요한 일련의 에너지 기술들이 나타났다. 첫째 '독립영양autotrophy'이, 그 다음으로 '광인산화(photophosphorylation, 빛으로부터 에너지를 얻는 한 방법)'가 마지막으로 완전한 단계의 '광합성'이 나타났다. 광합성은 광인산화를 통합한 것이다. 그런 만큼 자연선택은 1단계의 기간 동안 그저 가만히 앉아 빈둥거리고 있었던 것이 아니었다. 사실은 심지어 세포들 사이의 공생적 노동 분화마저도 나타났다. 바다를 뒤덮은 끈적끈적한 박테리아들은 두 종류의 세포로 이루어져 있던 것으로 보인다. 위층에 자리 잡은 한 종류의 세포들은 광합성을 했고 아래층에 자리 잡은 세포들은 광합성을 하는 세포들이 남긴 찌꺼기를 발효시켜 먹고 살았던 것이다.

이 끈적끈적한 양탄자는 핵심을 드러내는 사례이다. 자연선택의 '뇌'의 증가는 단순히 생물 개체의 수가 늘어나는 것으로 이루어진 것이 아니며, 종의 수가 늘어나는 것 역시 적어도 그만큼 중요한 역할을 한다는 것이다. 발효를 하는 박테리아는 돌연변이를 통해서 광합성을 하는 박테리아가 떠올릴 수 없는 완전히 새로운 종류의 '아이디어', 이를테면 발효에 대한 새로운 접근 방식을 생성할 수 있다. 각각의 새로운 종은 새로운 '설계 공간design space'을 열어젖힘으로써 단순히 좋은 아이디어가 생성될 기회를 확장하는 것이 아니라 가능한 아이디어의 범위 자체를 확장시킨다.

새로운 각각의 종은 또 다른 의미에서 설계 공간을 확장한다. 각 종은 이를테면 광합성을 하는 세포와 같이 잠재적인 에너지의 원천으로 이들의 존재 자체가 자연선택으로 하여금 그 원천을 이용하도록 맞춤 설계된 종을 생성하라고 부추기는 꼴이다. 위에서 언급한, 발효하는 세포가 광합성을 하는 세포를 이용하는 사례는 무해한 경우이다. 새로운 종이 단순히 기존 종이 버리는 부산물을 재활용할 뿐이다. 사실 많은 경우에 이러한 이용 형태는 약탈에 가깝다. 아무튼 그 형태가 무해하든, 약탈적이든, 기생적이든, 상호적이든 무엇이든지 간에 이러한 이용이 조만간에 나타나는 것으로 보인다. 각각의 새로운 종은 잠재적 생태적 지위를 열어젖히고 자연선택은 이 생태적 지위를 채우는 데 뛰어난 기량을 보여준다.

꽃의 꿀에 의해 열린 기술적 기회들을 생각해보자. 꽃의 꿀은 벌새의 긴 부리와 공중의 한 곳에 정지한 채로 부드럽게 날개 짓을 하는 비행 방식, 벌집의 놀라운 집단적 지능, 그밖에 놀라운 꽃을 이용하는 많은 기술들을 유도했다. 그리고 꽃의 입장에서는 이 동물들이 꽃가루를 운반해주는 역할을 하기 때문에 꽃들은 이 운반을 장려하는 다양한 방법들을 진화시켰다. 어떤 꽃들은 잠깐 동안 벌을 꽃잎 속에 가두어 벌의 몸 전체를 꽃가루로 뒤덮은 다음에 놓아준다. 애리조나 주에 있는 스칼렛 길리아Scarlet gilia라는 식물은 벌새를 끌어들이는 빨간색 꽃을 피우다가 늦여름에 벌새들이 떠나버리면 나방을 끌어들이는 흰색 꽃을 피운다. 어떤 난초는 벌이나 장수말벌, 파리와 비슷하게 생겨서 수컷 벌이나 장수말벌, 파리를 꾀어 들인다. 이 수컷 곤충들은 암컷으로 착각한 꽃과 짝짓기를 시도하고 덕분에 꽃가루를 온몸에 묻혀가지고 떠난다. 얄궂게도 때로는 정자sperm를 남겨놓고서 말이다.

꽃의 다양성이 증가함에 따라서 공생관계에 있는 동물들의 다양성도 커진다. 각기 다른 종의 벌새는 즐겨 이용하는 꽃의 모양에 따라 부리의 길이가 각기 다르다. 마찬가지로 벌 역시 종에 따라서 주둥이의 길이가 다르다.

이런 식으로 계속해서 나간다. 일단 지구가 광대하고도 이질적이라는 사실이 종의 수가 증가하는 것을 보장한다. 이리저리 흩어지고 확산해나가는 종들이 산이나 강, 사막이나 초원, 또는 바다로 갈라지게 되고, 그 다음 갈라진 각 부분들이 각 지역의 생태계의 독특한 형세에 적응해나간다. 그리고 이 각 종 자체가 잠재적으로 다른 종들에 대한 새로운 생태적 지위를 규정하기 때문에 종의 수가 많아질수록 새로운 생태적 지위 역시 증가하게 된다. 여기에서 또다시 양의 되먹임을 통하여 복잡성이 복잡성을 낳는 상황이 벌어진다. 그러나 이 경우 증대되는 것은 생태계 전체이다. 이런 식으로 자연선택의 뇌의 크기와 생산력은 증대하게 되어 있다. 이 경향은 처음에는 느리지만 가차 없이 진행된다.

진핵생물이 출현했을 무렵에는 뇌의 크기와 생산력이 상당히 성장한 상태였음이 분명하다. 왜냐하면 진핵생물의 출현으로부터 그 다음의 거대한 문턱인 다세포동물의 출현에 이르는 기간은 단지 원핵생물이 존재했던 기간의 3분의1에 지나지 않기 때문이다. 그리고 지금으로부터 약 6억 년 전에 동물의 다양성의 '대폭발explosion'이 일어났다.

왜 이런 폭발이 일어났을까? 개인적으로 나는 캄브리아기의 왕성한 창조력이 급작스럽게 도래했다는 개념이 불완전한 화석 기록에 의해 과장되지 않았을까 의심을 보낸다. 그리고 주된 이야기는 과거 발명의 숫자가 증가함에 따라 발명의 재능이 점점 증대되는 과정을 통해 창조력의 가속화가 계속해서 이루어진 것이라고 볼 수 있다. 그러나 분명 어느 정도의 급작스러움은 존재했을 수도 있다. 그리고 그 이유에 대해 숙고해보는 것도 도움이 될 것이다. 가장 흔히 이야기되는 원인은 다세포생물들 사이에서 포식행위의 출현이다. 문화 진화의 바퀴가 굴러가기 시작할 무렵에 사람들 사이에서 전쟁이 벌어졌다는 증거가 풍부하게 존재하는 것과 마찬가지로 캄브리아기의 시작 무렵에 이르러 포식행위의 증거가 나타났다. 지금은 멸종된 삼엽충이 지나간 흔적이 남아있는 화석이 있다. 이 화석에서 삼엽충의 궤적은 캄브리아기의 벌레의 궤적을 향해 다가가다가 두 궤적이 교차하는 곳부터는 오직 삼엽충의 궤적만이 계속되었다.

위와 같은 우화적인 포식의 증거 외에도 캄브리아기에 이르러 갑작스럽게 동물들이 방호기관을 발달시키는 경향이 나타나기 시작했다. 생물들의 군비경쟁의 제1라운드가 포식이었다면 외골격이나 껍질의 형성이 제2라운드에 해당된다. 그리고 물론 군비 가운데 일부는 단순히 신체 방호기관이나 날카로운 이빨을 뛰어넘는 한층 발달된 첨단무기였다. 자신의 범죄 현장의 기록을 후세에 남긴 최초의 포식자였던 삼엽충은 눈을 가졌던 것으로 알려진 최초의 동물이기도 하다. 움직이는 먹잇감을 사냥하는 동물에게 기민한 감각은 확실히 도움이 될 것이다. 기민한 감각은 사냥당하는 쪽에도 도움이 될 것이 분명하다. 그런데 신속한 데이터 처리 과정이 없다면 기민한 감각도 아무 소용이 없다.

생물학적 진화의 추진력은 문화적 진화에서도 나타난 두 가지 힘에서 비롯되었다. 첫째 거대한 '뇌'가 성장함에 따라 혁신이 일어날 가능성이 점차로 높아지게 되었다. 그 다음 선택압을 높이는 격렬한 경쟁이 벌어진다. 생물의 진화나 문화의 진화에서 모두 제로섬 원리는 넌제로섬 원리를 부추긴다. 왜 삼엽충의 다리를 만드는 유전자가 나중에 더해진 눈을 만드는 유전자와 시각 데이터를 처리하고 적용하는 유전자와 넌제로섬 게임을 벌이게 되었을까? 답은 간단하다. 바깥세상이 치열한 정글이었기 때문이다.

체험을 통한 학습

우리는 진화가 왜 처음에 그다지도 느렸는지에 대해 좀 더 논의해볼 수 있을 것이다. 특히 생물의 조직화의 더 높은 수준으로 올라가는 문턱 중 일부가 언뜻 보아서는 단순하게 느껴지지만 실제로는 얼마나 커다란 도전이었는지에 대해 숙고해볼 필요가 있다. 진핵세포와 다세포생물의 출현은 실로 엄청나게 풀기 어려운 기술적 문제들을 수반한다. 이는 자연선택의 놀라운 천재성에 다시 한 번 경외감을 느끼게 만든다.

동시에 이러한 문제들은 복잡성이 여지 없이 증대된다고 너무 쉽게 단언하는 나와 같은 생물학적 진보주의자들에게 경고를 보낸다. 비록 어떤 면에서 볼 때는 생물의 진화가 인간의 역사보다 좀 더 매끈하고 질서정연한 과정이지만 다른 면에서 볼 때 생물의 진화는 문화의 진화보다 더욱 헤아리기 어려운 과정이다. 그리고 나는 인간과 같은 수준의 뇌가 생물학적으로 진화될 확률을 가늠하는 것에는, 일단 그 뇌가 존재한 다음에 문화적 진화에 의해 오늘날 출현하고 있는 것과 같은 수준의 전지구적 뇌global brain의 출현 가능성을 가늠하는 것보다 자신감이 덜하다.

그러나 추장사회와 문명이 독립적으로 여러 차례에 걸쳐서 일어났던 것이 문화 진화의 방향성에 대한 다른 주장들을 확증해주듯, 생물이 특정 조직화의 문턱을 여러 차례에 걸쳐서 넘어섰다는 사실은 중대한 무게를 부여한다. 다세포생물의 진화는 여러 차례(어느 추정에 따르면 10회 이상)에 걸쳐 독립적으로 일어났다. 그렇다면 캄브리아기의 '대폭발'이 있든 없든 간에 다세포생물의 번성은 예정되었던 사건이라고 볼 수 있다.

그보다 앞서 일어난, 진핵생물이라는 문턱을 넘어서는 일은 좀 더 애매모호한 문제이다. 진핵세포의 —미토콘드리아나 엽록체와 같은 에너지 처리 단위를 포함한— 다양한 세포소기관 중에서 가장 중심적인 요소는 세포핵이다. 그런데 세포핵이 여러 차례에 걸쳐서 발명되었는지는 분명하지 않다. 그러나 이런 저런 종류의 세포소기관들은 각기 다른 여러 상황에서 —어떤 경우에는 앞 장에서 소개한 공생관계를 통해서, 어떤 경우에는 다른 방법을 통해서— '발명'되었다. 이런 관점에서 볼 때 단순한 세포의 복잡화 과정 이면에 놓여 있는 논리는 강력한 것이었다고 볼 수 있다.

1951년 영국의 동물학자인 프링글J.W.S. Pringle은 〈학습과 진화의 유사점에 관하여On the parallel between learning and evolution〉라는 논문을 발표했다. 이는 의미 있는 비교였다. 자연선택은 단지 새로운 기술, 이를테면 눈과 같은 것을 '발명'하는 과정일 뿐만 아니라 은연중에 물리적 세계의 성질, 이를테면 빛의 반사와 같은 성질을 '발견'하는 과정이라는 것이다. 자연선택에 의한 진화의 가장 본질적이고 예측 가능한 부분이 바로 이 계속적인 발명과 그에 수반하는 은연 중의 발견이다. '학습'을 구현하는 특정 종은 지식의 임시 저장소와 같이 부수적인 존재인 셈이다. 마치 어느 한 교과서가 절판되어도 그 내용은 다른 책에 실리는 것과 마찬가지이다.

자연선택으로부터 가장 많은 주목을 받고 자연선택에 의해 가장 많이 다듬어진 기술은 다름 아닌 지능이다. 우리 주위의 어느 곳을 보아도 진화를 통해 지능이 증대되는 경향에 대한 증거를 찾아볼 수 있다. 가장 뚜렷한 예는 —겸손하게 말한다고 하더라도— 바로 우리 인간이다. 인간의 뇌는 더 크고, 구석구석 진동하며, 무한한 창의력을 보이는 '뇌', 즉 생물권 biosphere이 지금까지 만들어낸 최고의 작품이다.

물론 지능은 1차원적인 것이 아니다. 우리는 단순히 공룡보다 10배 더 영리하거나 폭격수 딱정벌레보다 1,000배 더 영리하다고 말할 수 없다. 우리의 지능은 그들의 지능과 질적으로 다르다. 우리의 지능은 한데 합쳐져서 문화(그것도 그 자체로 진화의 추진력을 갖출 만큼 풍부한 문화)를 창조해낼 수 있는 수많은 속성을 가지고 있다.

그런 의미에서 이 장에서 논의된 용어들 중 일부는 좀 느슨하게 정의되어 있다. 나는 진화가 인간 '수준'의 지능에 도달할 가능성에 대해 이야기했다. 마치 아래에서부터 타고 올라가면 맨 꼭대기에서 '자기자각self-awareness'에 도달하게 되는 동물의 지능 사다리라는 것이 존재하기라도 하는 듯 말이다. 굳이 변명하자면 굴드를 포함한 생물학자들도 종종 이런 식으로 표현한다. 뿐만 아니라 이런 식으로 이야기하는 것이 일부 목적에 있어서는 아무런 무리가 없다. 그러나 이 책의 목적에 비추어 우리는 지능이라는 개념에 대하여 좀 더 정교하게 다룰 필요가 있다. 만일 문화의 진화가 도래할 가능성이 어느 정도인지 알고 싶다면 자연선택이 생명을 점점 더 영리하게 만드는 경향이 있다는 설명만으로는 부족하다. 문화적 진화가 완전히 성숙한 단계에 진입하게 되기 위해서 생물은 몇몇 특정 방식으로 영리해져야 한다. 이런 종류의 영리함은 예정되어 있었던 것일까?

최후의 적응

수억 년 동안의 진화의 결과 우주는 스스로 의식을 갖기 시작했다.
— 줄리안 헉슬리Julian Huxley

인간 계통에서 문화에 대한 최초의 확고한 증거는 2백 만 년 이전에 모습을 드러낸 조악한 형태의 석기이다. 우리 조상들로 하여금 돌로 만든 도구를 사용하도록 한 것은 무엇이었을까? 어느 고고학자의 말을 빌자면 조상들을 둘러싼 환경이 "더 메마르고, 숲이 적어지고, 더욱 위험해졌기 때문"이라는 것이 학계의 합의라고 한다. 이와 같은 "생존에 대한 환경의 압력"이 초기의 호미니드hominid⁺로 하여금 혁신을 이루어내도록 몰아붙였다는 것이다.

우리는 또 다시 지긋지긋한 '평형 오류equilibrium fallacy', 즉 오직 외부의 힘에 의해서만 삶이 변화하게 된다는 개념과 직면하게 되었다. 내가 처음으로 이러한 개념에 비웃음을 보냈을 때(6장에서 농업의 기원에 대해 논의할 때) 나의 주된 불만은 이러한 개념이 문화의 진화에 대한 우리의 관점을 왜

호미니드hominid ┃ 사람과(科)의 동물. 원인(原人) 등으로 번역되기도 함—옮긴이

곡시켜 문화의 진화 과정을 실제보다 우연성이 더 크고 일관성은 더 적게 보이도록 만든다는 것이었다. 그런데 우리는 —겨우 몇 페이지 앞에서— 어떻게 평형 오류의 한 종류가 그와 유사하게 생물학적 진화에 대한 관점을 왜곡시킬 수 있는지 확인했다. 한 종이 오직 —서식지의 거주자들 사이의 치열한 '군비경쟁'에 의해서가 아니라— 서식지의 변화에 대한 반응으로서만 변화할 수 있다는 가정은 자연선택의 복잡화 경향을 과소평가하도록 만든다. 여기, 생물의 진화와 문화의 진화에 대한 관점을 모두 왜곡시켜 마땅히 이중으로 분노를 살만한 평형 오류의 사례가 있다.

최초의 석기가 등장한 이래로 2백만 년 이상 우리 조상들은 유전자와 밈의 공진화co-evolution의 상황에 놓여 있었다. 한동안 뇌는 생물학적 진화에 의해 성장했다. 그러나 언제부터인가 문화적 진화 역시 작동되기 시작했다. 최초의 석기가 나타나기 전에도 그보다 내구성이 약해서 오늘날까지 남겨지지 못한 다른 도구들을 사용했음이 분명하다. 그리고 어찌되었든 오늘날 문화가 물질적인 기술의 범위를 넘어서듯 그 옛날에도 마찬가지였을 것이다. 도구 외에도 새로운 재주(짐승을 사냥하거나 맹수가 먹다 남은 먹이를 얻어오거나 식물을 채집하거나 적과 싸우는 기술)는 도움이 되었을 것이다. 너무나 도움이 되었기 때문에 사실상 생물학적 진화는 이러한 종류의 문화적 진화를 부추겨왔다. 유용한 밈은 유전자의 증식을 돕고 자연선택이 그와 같은 밈을 관장하는 유전자를 선호하기 때문에 다윈주의적 관점에서 보상을 받는다. 그러한 유전자가 바로 혁신하고 관찰하고 모방하고 소통하고 학습하는 유전자, 문화를 위한 유전자이다.

이러한 종류의 공진화는 스스로 되먹이는 과정이 될 수 있다. 동물이 점점 더 영리해질수록 가치 있는 밈을 창조하고 흡수하는 데 능숙해진다. 그리고 가치 있는 밈들이 주위에 많으면 많아질수록 그것을 이해하는 능력에 대한 다윈주의적 가치가 더 높아지고 그 결과 동물은 더욱 영리해진다. 모든 면을 고려해볼 때 최초로 석기를 사용한 호미니드는 이미 이러한 공진화의 에스컬레이터를 올라타고 있었다. 그것은 최근 멍청했던 오스트랄로피테쿠스 아파렌시스로부터 이들을 구별시켜주는 현격히 차이가 나는 뇌의 크기 및 그 이후 긴 시간에 걸친 급속한 두뇌 크기의 성장(3백만 년 동안 두개골 용량이 세 배 늘어났다)을 설명해준다.

두 가지 진화들이 주고받는 양의 되먹임에 의해 추진되는 이 에스컬레이터에 일단 올라타게 되면 그 진행을 멈출 이유가 없다. 종 전체에 불어닥치는 비극적인 불운(이를테면 운석의 충돌)을 겪지 않는 한 에스컬레이터에 올라탄 생물은 아마도 큰 뇌와 번성한 문화를 향해 나아가게 될 것이다. 그리고 그 길 어딘가에서 석기가 발명될 가능성이 아주 높다. 이것은 특별한 '설명'을 요구하는 사건이 아니다. 이것은 단지 에스컬레이터가 올라가면서 거쳐가는 한 단계(비록 환경의 변화가 에스컬레이터가 이 지점에 얼마나 빨리 도착할지 여부에 영향을 주기는 하겠지만)일 뿐이다.

따라서 운명을 염두에 두는 관찰자들에게 돌로 만든 도구가 출현할 가능성은 어느 정도일까 하는 것은 중요한 문제가 아니다. 공진화의 에스컬레이터를 고려해본다면 석기는 자동적으로 생겨나게 되어 있다. 중요한 질문은 이것이다. 일단 그 에스컬레이터가 가동될 가능성은 어느 정도일까? 나의 견해는 (……기대하시라!) 그 가능성이 상당히 높다는 것이다. 에스컬레이터 꼭대기의 문화적 성취가 아무리 눈부시다고 하더라도 어느 종이 애초에 그 에스컬레이터를 가동시키는 데 필요한 유전자에 기초한 다양한 자산들은 그다지 특별한 것이 아니다.

그렇다고 해서 우리의 특정 조상들이 에스컬레이터를 가동시킬 운명을 타고났다는 말은 아니다. 실제로 우리 인간 계통이 핵심적인 생물학적 자산의 포트폴리오를 갖추게 된 것은 전적으로 행운에 의한 것이었다. 그러나 어떤 게임에서 당신이 우승자가 되는 데 엄청난 행운이 필요하다고 말하는 것과 게임에서 우승자가 생기는 데 엄청난 행운이 필요하다고 말하는 것은 분명 차이가 있다. 이 차이를 먹고 사는 사람들이 바로 복권관계자, 카지노 경영자, 사행성 오락실 주인들이다. 진화라는 게임에서 어떤 종이든 간에 한 손을 —또는 적어도 앞다리나 촉수 따위를— 번쩍 들고 '빙고'라고 말하는 것은 시간문제일 뿐이라고 주장하는 바이다.

에스컬레이터의 엔진

공진화의 에스컬레이터에 올라탈 자격을 부여하는 생물학적 자산의 목록을 훑어보기 전에 잠깐 멈추어 일단 작동하게 된 에스컬레이터를 계속 움직이도록 하는 추진력에 대해 숙고해보도록 하자. 이 특정 상황에 비추어 지긋지긋한 평형의 오류가 무엇이 잘못되었는지 한번 살펴보자. 초기의 호미니드들이 환경이 갑자기 적대적으로 변하지 않는 한 그들의 생존 기술을 굳이 향상시키려고 들지 않았을 것이라는 생각이 어떤 면에서 그렇게 어리석은 것일까?

먼저, 환경은 이미 충분히 적대적이었다. 만일 여러분이 오늘날 인간 뇌 크기의 절반밖에 되지 않는 뇌에 보잘 것 없는 도구 몇 개를 가지고 불을 피우는 지식도 없이 맹수들이 어슬렁거리는 땅에 남겨졌다면 생존 자체가 엄청난 모험이 될 것이다. 만일 조악한 석기가 동물을 죽이는 데 도움을 주었다면, 또는 다른 맹수가 죽인 동물의 살점을 베어내는 데 —아마도 밤에 덮고 잘 수 있도록 가죽도 벗겨내는 데— 도움을 주었다면 그것은 확실히 커다란 보탬이 되었을 것이다.

그러나 평형 오류는 생물이 단순히 생존하도록 설계되지 않았다는 데에서 더 큰 문제를 드러낸다. 생물은 생존할 뿐만 아니라 번식한다. 예를 들어서 '일부다처적' 종에서 수컷들은 가능한 한 많은 수의 암컷과 짝짓기를 하기 위해 경쟁한다. 우리의 먼 조상들이 일부다처적이었을까? 그렇다. 초기의 호미니드 남성의 체구는 여성보다 엄청나게 더 컸다. 이 뚜렷한 '성적이형성sexual dimorphism'은 일부다처제를 확실하게 나타내는 표지이다. 다시 말해서 체격이 크고 힘이 센 남성이 많은 여성을 통해서 수많은 자손을 두었던 데 반해서 작고 약한 남성은 굴욕적인 삶을 살면서 적은 수의 자손을 두거나 아예 두지 못하게 되었던 것이다.

이러한 동력(성선택)은 앞장에서 논의한 한 종 안에서 벌어지는 '군비경쟁'의 예이다. 이것은 숫양이 왜 커다란 뿔을 가지고 있는지(작은 뿔을 가진 숫양은 성선택의 투기장에서 밀려나버렸을 것이다) 왜 수컷 공작새가 그토록 휘황찬란한 꼬리를 가지고 있는지(암컷 공작새는 보잘 것 없는 꼬리를 가진 수컷에게 비웃음을 던지고 돌아섰을 것이다) 왜 우리의 다양한 영장류 친족(고릴라, 침팬지, 개코원숭이)들이 일부다처제의 정도에 비례하는 성적이형성을 보이는지를 설명해준다. 이는 또한 왜 초기의 호미니드 남성들이 새로운 석기 기술에 열광했는지도 설명해준다. 남성은 좀 더 많은 여성의 호의를 얻을수록 더 많은 자손을 남길 수 있었다.[#] 그리고 여성 내지는 암컷 영장류의 호의를 살 수 있는 한 가지 방법은 고기를 가져다주는 것이다. 고기는 과일과 야채가 주가 된 식사에서 드물게 맛보는 특별한 음식이다. 민망한 이야기이지만 다양한 영장류 집단에서 고기와 섹스를 맞바꾸는 관행이 흔히 발견되었다. 인간 역시 예외가 아니다. 자연의 거주지, 그러니까 수렵·채집사회에 사는 사람들을 관찰해보면 그와 같은 양상을 발견할 수 있다. 물론 뛰어난 사냥 능력은 좀 더 미묘한 방식으로(사회적 지위를 높여주고 그것이 여성에 대한 성적 접근 기회를 높여주는 식으로) 남성의 다윈주의적 전망에 도움을 주기도 하지만 말이다.

간단히 말해서 꼭 갑작스럽게 악화된 기후 따위 때문에 남성들이 동물을 죽이거나 도살하는데 도움을 주는 기술에 관심을 갖게 된 것은 아니라는 것이다. 특히 그 기술이 경쟁 상대인 다른 남성들을 죽이거나 접주는데 도움을 주는 이중 기능을 발휘한다면 말이다! 동물학자들이 지적한 것과 같이 손도끼가 발명될 무렵에 인간의 두개골이 한층 두꺼워졌던 것은 우연이 아닐지도 모른다.

한편 여성의 유전자 역시 자신과 자식들이 충분한 영양을 섭취할 수 있도록 만들어주는 문화적 혁신으로부터 이익을 얻을 것이다. 그러나 우리는 얘기를 너무 앞서나가고 있다. 우리의 조상들이 의도한 대로 도구를 만들고 사용했다고 가정하는 것은 애초에 조상들이 어떻게 문화 진화의 에스컬레이터에 올라타게 되었는지에 대한 논의를 건너뛴 셈이다. 공진화의 에스컬레이터에 올라타기 위해서는 어떤 특정 생물학적 자산이 필요했던 것일까? 문화의 진화가 상당한 추진력을 얻게 되기까지 우리 조상들이 유전적 진화를 통해 무엇을 획득했어야만 했을까?

도구 사용

문화는 그 가장 밑바닥에서 보자면 마땅한 대가를 치르지 않고서 다른 이들이 학습한 것을 학습하는 일이라고 말할 수 있다. 당신이 코끼리라고 상상해보자. 그리고 근처의 사람들이 총을 들고 당신을 죽이려고 한다고 상상해보자. 치명적인 총상을 입는 위험을 대가로 치르지 않고서 총의 위협을 깨달을 수 있다면 좋지 않을까?

20세기 초 아프리카 남부에서 100마리 남짓한 코끼리 개체군이 바로 이와 같은 상황을 직면했다. 감귤 농장의 농장주들이 사냥꾼을 고용해서 코끼리를 소탕하려고 했다. 처음에는 코끼리 잡기가 식은 죽 먹기였다. 총을 무서워할 줄 몰랐기 때문이다. 그러나 일부 동료들이 총에 맞아 죽는 것을 목격하고 나서 코끼리들은 점차로 사람들을 피하기 시작했고 오직 밤에만 수풀에서 나왔다. 이 자체로는 그다지 놀라운 사례는 아니다. 그리고 이것을 문화라고 부르기도 어렵다. 이것은 단지 직접적인 학습일 뿐이다. 놀라운 것은 이 경향이 다음 세대까지 지속되었다는 점이다. 코끼리 사냥이 끝난 지 한참 후에도 말이다. 이는 나이 든 코끼리들이 사람을 피하는 것을 어린 코끼리들이 모방한 것이 분명하다. 그런 식으로 새로운 세대의 코끼리들이, 이전 세대의 코끼리들이 값비싼 희생을 치루고 얻은 지적 자산을 물려받은 것이다. 이것이 바로 문화이다. 문화는 이처럼 정보가 비유전적 수단에 의해서 한 개인에게서 다른 개인에게로 전달되는 것이다.

이 기본적인 의미에서의 문화는 엄청난 지적 능력을 요구하지 않는다. 그저 남이 하는 것을 바라보고 따라하면 된다. 지능이 낮은 조류도 할 수 있는 일이다. 영국에서 병에 든 우유를 집으로 배달하던 시절에 박새

20장 최후의 적응
NONZERO 479

titmouse 중 한마리가 우유병의 알루미늄 호일 뚜껑을 쪼아 구멍을 내면 우유 위에 뜬 맛있는 크림(지방층)을 맛볼 수 있다는 사실을 발견했다. 이 아이디어는 곧 유행을 타게 되었다. 오래지 않아 영국 전체에서 우유병이란 우유병은 모두 안전하지 못하게 되었다.

분명 모방은 강력한 힘을 발휘할 수 있다. 그러나 교육(능동적으로 가르침을 주는 일)은 일을 더욱 가속화할 수 있다. 동물들은 많은 경우에 자식이나 가까운 친척들과 가까이 살기 때문에 핵심적인 지식을 능동적으로 나누어 주는 것이 친족선택의 논리에 의해 그 생물 자신의 유전자에 이로울 수 있다. 따라서 지식을 나누어주고 가르치고자 하는 유전적 경향이 진화할 수 있게 되었다. 연구자들이 개코원숭이에게 상한 과일을 주자 나이든 원숭이들이 맛을 보고는 집어던져버렸다. 그러고 나서는 그 과일에 관심을 보이는 어린 원숭이들도 위협해서 쫓아버렸다. 대부분의 개코원숭이들이 그 과일을 맛보지 않았음에도 그 과일에 대한 혐오감은 곧 집단 전체로 퍼져나갔다.

인간 수준의 문화를 이루기 위한 이 두 가지 선결조건, 즉 모방에 의한 학습과 능동적인 교육 자체만으로 인간 수준의 문화를 이루어낼 수는 없다. 그렇다면 우리 조상들을 공진화의 에스컬레이터로 밀어 올려준 다른 생물학적 자산들은 무엇일까? 그 중 하나는 의심의 여지 없이 도구 사용이다.

도구 사용 그 자체는 인간의 독점품목이 아니다. 해달도 전복 껍데기를 깨는 데 돌을 이용한다. 갈라파고스 군도의 핀치는 굼벵이 벌레의 맛이 간절할 때면 가시를 부리에 물고 나무껍질을 파고들어 벌레를 빼낸다.

그렇지만 나는 해달이 조만간에 유전자와 밈의 공진화의 길에 들어서 전력질주하게 될 것이라고 생각하지 않는다. 지느러미발flipper을 가지고 도달할 수 있는 기술 수준에는 한계가 있다. 설사 1, 2백만 년 쯤 자연선택에 시간을 주어 지느러미발을 좀 더 유연하게 만들도록 한다고 해도 말이다. 실제로 이를테면 모형 비행기를 만들 수 있는 정도의 정교한 손재주를 가진 종은 인간이 유일하다. 그러나 인간이라고 해서 처음부터 그랬던 것은 아니다. 수백만 년 전 우리의 조상들이 막대기로 도리깨질을 하고 돌을 던지기 시작하기 전 그들의 손은 훨씬 더 거칠었다. 그러나 그들의 손은 적어도 쥐는 속성을 가지고 있었다. 그것은 도구의 사용이 가능했다는 의미이다. 그리고 도구의 수가 늘어남에 따라서, 즉 문화가 진화함에 따라 생물학적 진화 역시 발맞추어 나아가면서 조상들의 손을 정교한 도구로 빚어냈다.

수많은 동물들이 적어도 초보적인 방식으로나마 물건을 쥘 수 있다. 캥거루도, 또 그에 질세라 캥거루쥐도 앞발을 상당히 잘 쓸 수 있다. 다람쥐도 뒷발을 딛고 서서 앞발로 견과류를 만지작거린다. 그러나 확실한 것은 이들 중 어떤 동물도 그 잘난 마주보는 엄지opposible thumb를 갖고 있지 않다. 그러나 상당히 영리한 동물인 너구리의 놀라울 정도로 사람 손과 비슷한 앞발은 마주보는 엄지에 꽤 가깝다. (이러한 비교 결과를 보강하는 사실로서 너구리는 음식을 씻은 후에 먹는다.) 곰 역시 '손'으로 음식을 먹는다. 그리고 물론 다양한 영장류 동물들이 기초적인 도구 사용이 가능할 정도로 솜씨 좋은 손을 가지고 있다.

침팬지는 특히 손사용이 능숙하다. 침팬지에게서 표범에게 돌을 던지기, 막대기를 가지고 가짜 표범을 공격하기, 나무의 잔가지를 잘라내기, 잔가지에서 잎을 떼어내기, 그 가지를 흰개미 굴에 찔러 넣은 다음 다시 빼서 가지에 매달린 흰개미를 잡아먹기, 막대기와 돌을 가지고 견과류 껍데기를 벗겨 먹기 등의 행동이 관찰되었다. 침팬지는 심지어 가느다란 막대기를 가지고 서로의 이를 닦아주기도 한다.

일부 침팬지들은 나뭇잎을 손으로 구겨서 스폰지처럼 만들어 나무 구멍에 고여 있는 귀중한 물을 빨아들여 먹는 데 사용한다. 침팬지들은 또한 갓 죽인 개코원숭이의 두개골에 들어 있는 맛있는 뇌의 마지막 한두 점까지 훑어먹는 데 나뭇잎을 사용하기도 한다. 나뭇잎은 또한 침팬지의 휴대용 티슈로 사용된다. 침팬지는 나뭇잎을 가지고 똥이나 그밖에 배설물을 몸에서 닦아낸다. 제인구달이 침팬지를 관찰하러 숲에 갔을 때 그녀의 머리 위의 나뭇가지에 대롱대롱 매달려있던 어린 암컷 침팬지 한 마리가 구달의 머리카락에 잠깐 발을 대보더니 "그 발을 나뭇잎에 벅벅 문질러 닦았다"는 일화를 전했다.

이런 종류의 도구 사용은 유전자에 정밀하게 프로그램 되어 있는 것은 아닌 것으로 보인다. 혁신이 일어나고 또한 관찰에 의해 문화적으로 전달되기도 한다. 구달이 관찰한 곰베 강 공원Gombe Stream Park의 침팬지들은 막대기를 지레처럼 사용해서 바나나가 가득 든 나무상자를 열었다. 여키스 영장류 연구소에서 한 침팬지가 급수대를 사용하는 방법을 알아내자 곧 모든 침팬지들이 급수대를 사용하게 되었다.

물론 급수대를 사용하는 것과 그것을 발명하는 것 사이에는 차이가 있다. 그러나 일단 동물이 도구 사용의 세계에 완전히 발을 들여놓게 되면 자연선택이 창의적인 발명 능력 쪽으로 밀어붙인다. 특히 도움이 되는 다른 무언가가 있을 때는 더욱 그러하다. 그것이 무엇일까? 신속한 유전자와 밈의 공진화의 생물학적 선결조건의 목록의 다음 항목으로 넘어갈 차례이다.

의사소통

관찰을 통한 학습, 위협을 통한 교육, 막대기나 돌의 사용 등은 문화에 큰 도움을 줄 수 있다. 그러나 어떤 종이 오페라나 인류학 강의에 참석하는 수준에 이르기 위해서는 언어를 위한 생물학적 하부구조가 필수적이다.# 그렇다면 언어를 가진 종은 몇 종이나 될까? 글쎄, 만일 언어를 이를테면 스페인어와 같은 것이라고 정의한다면 그 답은 단 한 종이다. 그러나 만일 언어를 좀 더 포괄적으로 어느 한 생물 개체에서 다른 생물 개체로 정보를 전달하는 상징체계라고 정의한다면 언어를 가진 종은 도처에 존재한다. 벌은 그 유명한 엉덩이를 흔드는 춤을 통해서 꽃의 위치를 다른 벌에게 전한다. 들다람쥐는 포식자를 보면 경고의 외침을 내지른다. 많은 종류의 새들도 마찬가지이다. 개미들은 "침입자"에서 "먹을 것"에 이르기까지 별의별 의미를 가진 화학물질을 방출한다. 어떤 개미는 덫에 빠졌을 때 "도와줘!"라고 외치기도 한다. (여기에 그다지 많은 단어가 필요하지는 않다.) 그러면 이 소리를 들은 동료들이 그를 구하러 온다. 동아프리카의 버빗원숭이vervet monkey는 포식자의 종류에 따라 몇 가지 구분되는 경고음을 가지고 있다. 어떤 소리는 '뱀'을 의미하고, 어떤 소리는 '독수리'를, 또 다른 소리는 '표범'을 의미하며 각 소리들은 그에 따라 각기 다른 반응(아래를 내려다보거나, 위를 올려다보거나, 풀숲으로 뛰어가거나)을 이끌어낸다. 이 언어를 숙달하는 데에는 문화적 미세조정이 필요하다. 어린 버빗원숭이들은 하늘을 보다가 비둘기를 보고서 '독수리'를 의미하는 경고음을 외칠 수도 있다. 그러면 성숙한 원숭이가 하늘을 바라보고 어린 원숭이의 실수를 알아채고 훈계의 질책을 가한다.

왜 동물계에는 그토록 많은 의사소통이 존재할까? 왜냐하면 수많은 넌제로섬 관계가 존재하기 때문이다. 위에 제시된 모든 예는 그들이 공유하고 있는 유전자를 다음 세대에 전달하고자 하는 공동의 다원주의적 이해관계를 가지고 있는 생물들 사이의 의사소통 사례였다. 지금까지 살펴본 것과 같이 넌제로섬 원리의 논리는 문자 그대로 의사소통이 존재하는 이유이다. 그리고 넌제로섬 원리의 풍요성은 의사소통이 생물의 삶에 그토록 만연하고 있는 이유이다.

분명 위의 종 가운데 어떤 종도 우리 인간을 석기 시대로부터 정교한 기술의 정보 시대로 이끌어준 것과 같은 종류의 문화적 진화를 개시할 단계에 가까이 오지는 못했다. 이들 중 어떤 종도 '어디 한 번 스위치를 껐다가 다시 켜서 고장이 났는지 확인해볼래?'정도의 복잡한 메시지를 만들어내지 못한다. 그러나 중요한 점은 어떤 종이 일단 어떤 종류이든 의사소통 체계를 위한 생물학적 하부구조를 갖게 되면 자연선택이 필요에 따라 그 하부구조를 풍부하게 만들어줄 수 있다는 것이다. 실제로 자연선택은 그와 같은 경향을 보인다. 만일 모든 조류의 시·청각적, 화학적 신호 등을 고려한다면 어류에서 영장류에 이르기까지 척추동물은 대개 10가지에서 40가지 사이의 메시지의 레퍼토리를 가지고 있다. 이 정도면 시작하기에 충분하고도 남을 것이다.

왜 이러한 '어휘' 가 증가하는 경향을 보일까? 아마도 의사소통을 하는 동물들이 동종간 군비경쟁을 벌이기 때문일 수도 있다. 만일 의사소통이 어떤 개체를 다른 개체보다 더 성공적으로 번식하도록 도왔다면 자연선택은 언어에 대한 생물학적 하드웨어의 발달을 선호하게 될 것이다. 그리고 개체들의 하드웨어가 평균적으로 향상하게 된다면 어느 한 개체가 다른 경쟁자들보다 더 번식에 성공하기 위해서는 더욱 더 뛰어난 하드웨어를 가져야 할 것이다. 이런 식으로 계속되는 것이다.

그런데 애초에 정교한 언어가 개체의 다윈주의적 전망을 높여주는 것은 정확히 어떤 까닭에서일까? 어떤 범위까지는 그 답은 너무나 당연하다. 친족들 사이에 서로 주고받을 정보로서 '포식자' 보다는 '뱀' 이라는 정보가 더 높은 가치를 보일 것이다. 그러나 우리 인간 종의 경우에 언어의 정교함은 단순히 명사의 수를 늘리는 데 그치지 않았다. 그 이유는 무엇일까? 그에 대한 논의는 한 종을 공진화의 에스컬레이터로 밀어 올리는 또 다른 생물학적 자산으로 우리를 이끈다. 좀 더 광범위한 언어 능력과 지적 능력을 선호하는 풍부한 사회적 삶이 바로 그것이다.

사회적 사다리 올라가기

커다란 사회 집단을 이루고 살아가는 영장류는 커다란 신피질(우리 인간 종의 경우 언어나 추상적 사고 등이 자리 잡고 있는 곳)을 갖고 있는 경향을 보인다. 지난 몇 십 년 동안 영장류 심리학(인간 심리학을 포함하여)을 연구하는 학자들은 정확히 왜 사회적 기술과 그에 수반하는 사회적으로 능숙한 뇌가 다윈주의적 관점에서 보상을 받는지에 대해 숙고하기 시작했다.

사회적 삶의 두 가지 차원이 특히 지능의 진화를 유인하는 것으로 보인다. 하나는 계급이다. 많은 종의 경우에 높은 사회적 지위는 동물들이 주로 먹을 것과 짝짓기 상대에 대한 접근을 용이하게 함으로써 자신의 유전자를 다음 세대에 물려주는 데 도움을 준다. 따라서 자연선택은 동물로 하여금 높은 지위에 도달할 수 있도록 해주는 속성을 선호할 것이다.

그렇다면 지능이 어떻게 동물로 하여금 높은 지위에 도달할 수 있도록 도움을 주는 것일까? 어떤 경우에는 별로 도움이 되지 않을 수도 있다. '쪼기순서pecking order'이라는 용어는 닭에서 비롯되었는데 여러분도 잘 아시다시피 닭은 별로 지능적인 동물은 아니다. 닭 입장에서 널리 공경 받는 위치에 오르는 길은 다른 닭을 힘차게 쪼아대서 복종시키는 것이다. 그리고 심지어 영리한 영장류의 경우에도 많은 경우에 육체적 싸움이 사회적 계급을 가르는 데 커다란 역할을 한다. 그러나 일부 영장류의 경우에는 다른 자산, 이를테면 사회적 분별력과 같은 능력이 사회적 지위를 얻는 데 한 역할을 차지하기도 한다. 이와 같은 속성들은 사회적 삶에 지능을 촉진하는 두 번째 요인, 호혜적 이타주의가 관여할 때 특히 빛을 발하게 된다.

호혜적 이타주의는 2장에서 살펴본 것과 같이 넌제로섬 이익을 도모하도록 하는 본능이며 우정을 키우고 친구들 사이에 호의를 주고받도록 하는, 유전적 기초를 가진 경향이다. 바로 이 본능 때문에 흡혈 박쥐가 굶주린 친구에게 피를 나누어주고 나중에 상황이 역전되었을 때는 도움을 받았던 박쥐가 은혜를 갚는 것이다. 이러한 기초적인 형태의 호혜적 이타주의조차도 어느 정도의 뇌를 필요로 한다. 나를 도와준 이가 누구이고 도와주지 않은 이가 누구인지 기억하고 그에 따라 다른 이들을 적절하게 대우해야 하기 때문이다. 흡혈 박쥐는 다른 박쥐들에 비해서 훨씬 큰 전뇌 forebrain♣를 가지고 있다. 그러나 호혜적 이타주의는 사회적 위계질서라는

전뇌forebrain | 중추신경계를 세 부분으로 나누었을 때 가장 앞부분으로 대뇌와 간뇌로 이루어짐—옮긴이

배경 안에서, 즉 우정이 동맹이 되고 서로 주고받는 호의에 사회적 지지가 포함되게 되는 상황에서는 완전히 새로운 종류의 지적 능력을 요구할 수 있다.

신체 대비 뇌의 크기가 가장 큰 두 영장류 개코원숭이와 침팬지에게서 그와 같은 사례를 찾아볼 수 있다. 수많은 우두머리 수컷들이 혼자 힘으로 경쟁자들을 모두 때려눕히며 그 자리에 오른 것은 아니다. 자신 휘하의 충성스러운 부하 한 둘의 도움을 받아서 경쟁자들을 위협했던 것이다. 그 대가로 부하들은 자기 자신이 다툼에 휘말렸을 때 우두머리의 가치 있는 지지를 받을 수 있다. (심지어 우두머리의 아량에 따라 배란기의 암컷에 쉽게 접근하는 혜택마저도 누릴 수 있다.) 영장류연구가 프란스 드 발이 이러한 역학 관계를 처음으로 심층적으로 보고했다. 그의 저서의 제목인 〈침팬지 정치학Chimpanzee Politics〉을 보고 어떤 사람들은 침팬지를 지나치게 의인화했다고 비판하지만 그런 말을 하는 사람들은 대개 책을 읽지 않은 사람들이다. 침팬지 사회는 복잡하고 경쟁적인 사회적 환경이 다양한 지적 능력을 선호하는지 보여준다. 단순히 누가 나를 도와주었는지 또는 나에게 위해를 가했는지를 기억하는 것이 아니라 동맹자나 적의 변덕스러운 성격적 특징까지도 세세히 입력해두고 사회적 역학을 감시하고 동맹관계의 변화를 감지해야 한다. '마키아벨리적 지능'은 일종의 예술 용어이다. ('마키아벨리적' 지능에는 반드시 속임수가 포함되는 것은 아니다. 그러나 속임수를 포함할 수도 있다. 진화심리학자인 스티븐 핑커에 따르면 음식이 들어 있는 상자 여러 개와 뱀이 들어 있는 상자 하나를 어느 침팬지에게 보여주자 그 침팬지는 동료 침팬지들을 뱀이 들어 있는 상자 쪽으로 데려가 보여주고 "동료들이 소리를 지르며 도망가버린 다음에 혼자서 만찬을 즐겼다"고 한다.)

우리는 인간 지능이 사회적으로 깊숙이 뿌리내리고 있다는 사실을 종종 간과한다. 간과하는 이유는 그 뿌리가 너무나 깊기 때문이다. 그러나 그 사회적 뿌리가 갑자기 사라져버린다면 그 뿌리를 구성하고 있는 심적 장치의 커다란 힘을 생생하게 느낄 수 있을 것이다. 자폐아는 다른 사람의 입장을 헤아리는 데 어려움을 느끼는 아이이다. 정상적인 네 살짜리 아이는 상자 안을 들여다보지 않은 사람이 상자 안에 뭐가 들어 있는지 모를 것이라는 사실을 안다. 그런데 자폐아는 이와 같은 정신적 통찰을 사람들에게 적용하고자 하는 본능이 결여되어 있다. 그들은 '심맹(心盲, mind blind)'인 것이다. 자폐아는 매우 똑똑할 수도 있다. 초인적인 수학 능력을 가지고 있는 경우도 있다. 그러나 그들은 인간에게서 진화된 사회적 지능의 핵심적인 부분이 결여되어 있다.[#]

공진화의 에스컬레이터에 올라타는 데 있어서 편을 갈라 싸움을 벌이는 경향이 갖는 중요성은 바로 의사소통에 있다. 만일 당신의 팀이 지배자인 남성을 전복시키고자 한다면 행동을 개시하기에 앞서 미리 계획을 세우는 편이 유리할 것이다. 그 일환으로서 당신의 팀이 사냥을 나가서 커다란 고기 덩어리를 가지고 와서 여성들의 갑작스러운 호감과 지배 위치에 있는 팀의 남성들에게서 질투심을 이끌어내고자 한다면 이때 의사소통은 큰 도움이 될 것이다. 침팬지는 협력해서 사냥을 하는 것으로 알려져 있다. 일부는 원숭이를 뒤쫓고 다른 일부는 매복하고 있는 식이다. 만일 그들이 좀 더 정교한 방식으로 소통할 수 있다면, 그들의 협력 계획을 미세하게 조절함으로써 얼마나 큰 이익을 얻을 수 있을지 상상해보라!

여기에서도 또 다시 동종간 군비경쟁이 적용된다. 개체들이 의사소통을 잘 하면 할수록 그들의 연합은 더욱 결속력 있고 민첩하게 행동할 수 있을 것이다. 각 연합들의 결속력과 민첩함이 평균적으로 향상됨에 따라서 그 중에서 우위를 차지하기 위해서는 더욱 뛰어난 소통자가 되어야 할 것이다.

복잡한 언어를 사용하지 못하는 침팬지는 그가 가진 것을 최대한으로 이용할 수밖에 없다. 드 발이 마주한 사례에 따르면 루이트라는 이름의 수컷 침팬지가 경쟁자인 니키라는 수컷을 쫓아낼 때 푸이스트라는 이름의 암컷 침팬지가 루이트를 도왔다. 나중에 니키가 푸이스트를 위협하자 그녀는 루이트에게 다가가 도움을 요청하듯 손을 내밀었다. 루이트가 왜 나에게 도움을 청하냐는 듯 거부하는 몸짓을 보이자 푸이스트는 "우리를 가로질러 루이트를 쫓아가서 심지어 루이트를 때리기도 했다."

루이트는 아마도 메시지를 알아들은 듯(넌제로섬 거래의 자기 몫을 이행하지 않은 데 대한 벌이라는 것)했다. 그리고 그 메시지는 루이트로 하여금 자신의 행동을 반성하고 장기적으로 루이트 자신과 푸이스트에게 모두 도움이 될 수 있는 동맹관계를 회복하도록 만들었다. 그러나 이 메시지에서 모호함을 제거할 수 있는, 불만을 명확하게 표현할 수 있는 유전적으로 진화된 수단이 있었더라면 그와 같은 관계의 회복을 훨씬 더 쉽게 이룰 수 있었을 것이며 그것은 두 침팬지 모두에게 좋은 일이 될 것이다. 언제나 그렇듯 명확한 의사소통은 넌제로섬 이익을 유도한다. 그리고 우리가 앞서 살펴본 것과 같이 자연선택은 넌제로섬 이익에 주의를 기울인다.

판다의 엄지

자, 이제 우리는 어떤 종이 공진화의 에스컬레이터에 올라타기 위해 필요한 기초적인 장비가 무엇인지 알게 되었다. 학습, 모방에 의한 학습, 교육, 어느 정도의 도구 사용과 기초적인 수준의 물건을 쥐는 능력, 어느 정도 확고한 상징적 의사소통 수단, 특히 계급과 호혜적 이타주의(이 둘의 조합은 어느 정도 확고한 의사소통 수단을 완전히 성숙한 단계의 언어로 변환시킬 수 있다)를 특징으로 하는 풍부한 사회적 환경이 그것이다.

모두 알다시피 우리 조상들은 이 기초 장비들을 꾸러미 째 손에 넣게 된 최초의 종이다. 만일 그들이 모두 죽어 없어져 버렸다면, 공진화의 에스컬레이터에 올라탄 종의 역사는 그것으로 끝나게 되었을까? 이런 종류의 '만약에' 놀이는 분석의 형태로는 모호하고 감상적이다. 그러나 이것이 지능의 진화가 불가능하다고 말하는 사람들이 즐기는 놀이인 만큼 그저 몇 문단에 걸쳐서 이 놀이를 한 번 해보자.

스티븐 제이 굴드는 수만 년 전 우리 호모 사피엔스 종이 번성할 무렵에 우리의 가까운 친족이었던 네안데르탈인이 멸종되었다는 사실을 지적했다. 그는 묻는다. 만일 네안데르탈인의 운명이 우리에게도 닥쳐왔다면? 그렇다면 그것으로 지능을 가진 영장류의 역사는 끝나게 되지 않았을까?

일단 굴드는 다름 아닌 우리의 조상들이 네안데르탈인의 소멸을 가져왔을 높은 가능성(네안데르탈인들을 그들의 생태적 지위에서 완전히 몰아내거나, 좀 더 노골적으로 말해서 네안데르탈인의 머리를 내려친 후 잡아먹어버렸을 가능성)에 대해 언급하지 않고 있다. 다시 말해서 네안데르탈인의 소멸은, 심지어 이 세계가 자신의 밥이라고 여기던 상당히 영리한 영장류조차도 한창 때에 어떤 불운에 의해 갑자기 사라져버리는 일이 얼마나 쉽게 일어날 수 있는지를 보여주는 일화가 아니다. 네안데르탈인의 소멸은 영리한 영장류가 그와 엇비슷하게 영리한 다른 영장류의 손에 의해 사라져버리는 일이 얼마나 쉽게 일어날 수 있는지를 보여주는 사건이다. 만일 우리의 조상들이 그 무렵에 죽어 없어져버렸다면 그것은 아마도 네안데르탈인의 손에 의해서였을 것이다. 그리고 바로 그 네안데르탈인들이 우리와 같은 종의 방해를 받지 않고 유유히 공진화의 에스컬레이터를 타고 위로 올라갔을 것이다.

그렇지만 만약에 호모속(屬)에 속하는 모든 구성원들이 깡그리 사라져버렸다면 어떨까? 그렇다면 나는 침팬지에게 내 돈을 걸겠다. 사실 나는 침팬지들이 이미 어느 정도의 공진화의 압력을 느끼고 있지 않을까 추측한다. 설사 침팬지들이 공진화의 에스컬레이터에 올라타지 않았다고 하더라도 그 근처까지는 다가왔음이 분명하다. 그 점에 있어서는 침팬지의 ―또한 우리의― 가까운 친족인 보노보 역시 침팬지들이 가지고 있는 것과 같은 공진화에 필요한 요소들을 갖추고 있다. 좀 더 약한 형태라고 하더라도 말이다. 일부 동물학자들은 침팬지와 보노보가 오래 전에 인간 존재 때문에 ―정글에서 초원으로 나오지 못하고, 또는 인간이 차지하고 있는 생태적 지위를 채우지 못하고― 정글에 '숨어' 살았던 것이라고 주장한다. 만일 인간이 멸종한다면 그들이 더 이상 숨어 살 이유가 없어질 것이 분명하다.

그렇다면 모든 유인원(침팬지, 보노보, 심지어 고릴라와 오랑우탄)들이 몰살당했다면 어떨까? 글쎄, 비록 유인원보다는 우리와 먼 친족관계에 있지만 원숭이들 역시 상당히 인상적인 행보를 보여줄 수 있을 것이다. 개코원숭이는 교묘하게 서로 연합하여 경쟁하고 짧은꼬리원숭이는 상당히 창의적인 면모를 보인다. 일본의 연구자들은 짧은꼬리원숭이 집단들을 각기 다른 섬에 살게 한 후 각 집단의 문화적 진화 양상을 살펴보았다. 그 중에서 매우 영리한 원숭이 이모는 특히 언급할 만하다. 이모는 두 살이 되었을 때 고구마를 씻어 먹는 방법을 발견하고 널리 전파시켰다. 나중에 이모는 모래가 잔뜩 섞여 있는 밀에서 밀만 분리시키는 방법을 발견해냈다. 밀과 모래의 혼합물을 물에 던진 다음 물 위에 떠오르는 밀을 건져먹는 것이었다. 이 아이디어 역시 널리 유행되었다.

만일 어떤 일이 일어나서 생명의 나무에서 영장류 가지 전체가 잘려나갔다면 어떨까? 혹은 포유류 계통 전체가 다시는 제대로 번성하지 못하게 되었다면? 예를 들어서 만일 공룡이 불의의 죽음을 당하지 않았다면 모든 포유류들은 지금까지도 쥐 만한 크기로 공룡의 발밑을 돌아다니며 기생충 같은 삶을 영위하는 존재이지 않을까? 사실 나는 그런 가능성에 회의를 품고 있지만 어쨌든 지금은 '만약에' 놀이를 하는 중이니까 그렇다고 해 두자. 그래서 어떻다는 건가? 공룡 시대가 막을 내릴 무렵에 상당수의 진보된 종이 출현했으며 그들의 신체 대 뇌의 비율은 오늘날의 일부 포유류 정도로 높았다. 이 무렵에는 상대적으로 영리한 공룡들이 뒷발로 서서 앞발을 이용해 물건을 움켜쥘 수 있었던 것으로 보인다. 그리고 일부 공룡들은 온혈동물로 진화했고 또한 새끼를 돌보기도 했다. 만일 공룡들에게 백만 년쯤 시간을 주면 그들의 후손이 점보제트기를 타고 다닐지 누가 알랴?

다시 강조하지만 나는 '만약에' 놀이를 그다지 즐기는 편은 아니다. 생물의 진화는 문화의 진화와 마찬가지로 너무나 미묘하고 복잡하기 때문에 '만약 ~하면 ~로if-then' 식의 칸으로 이루어진 플로차트flow chart처럼 예측할 수가 없다. 생물의 역사는 실제로 굴드의 말처럼 절묘하게 우연적인 측면이 있기 때문에 과거의 세부적 사건 중 하나만 바꾸어도 오늘날 살아있는 어느 종이든 완전히 사라져버릴 수가 있다. 그러나 오늘날 살아있는 어느 속성의 경우 얘기는 달라진다. 과거를 추적해서 어떤 가치 있는 자산, 이를테면 시각이라든지 물건을 쥐는 능력을 가지고 있는 모든 종들을 말살시켜 버린다고 하더라도 만일 그것이 진정으로 가치 있는 자산이었다면 그 속성은 조만간 다시 나타날 것이다.

굴드가 좋아하던 동물 중 하나인 판다에 대해 생각해보자. 과거 어느 시점에 판다의 조상은 주류 곰의 조상들로부터 갈라져 나와서 대나무가 빽빽이 들어찬 땅에 자리 잡게 되었다. 오늘날의 판다는 하루에 10~12시간을 대나무 줄기를 씹어 먹으며 보낸다. 대나무 줄기에서 잎을 떼어낼 때 판다는 주류 곰들이 갖고 있지 않은, 놀라울 정도로 사람의 엄지손가락과 비슷해서 손으로 물건을 잘 잡을 수 있도록 해주는 엄지를 도구삼아 사용한다. 그러나 판다의 엄지는 사람의 엄지와 다른 점이 하나 있다. 사람의 경우 엄지 하나와 나머지 손가락이 네 개 있지만 판다의 경우 엄지 하나와 나머지 손가락이 다섯 개 있다. 그러니까 판다의 '엄지'는 사실 손의 여섯 번째 손가락인 셈이다. 자연선택은 작은 손목뼈의 모양을 변경하고 주변의 근육들을 재배치함으로써 판다의 여섯 번째 손가락을 만들어냈다. 왜 자연선택은 인간 계통에 했던 것과 같이 다섯 번째 손가락을 엄지로 만들지 않았을까? 굴드는 그 이유를 "판다의 진짜 엄지는 다른 역할을 하고 있기 때문에, 즉 다른 기능에 너무 특화되어 있기 때문에 다른 손가락들과 마주보고 물건을 잡는 데 유용한 엄지가 될 수 없었다"고 설명했다. 자연선택은 장애물을 만나자 임시변통으로 길을 에둘러갔던 것이다. 굴드는 이 사례가 너무나 교훈적이라고 여긴 나머지 책 전체의 제목을 〈판다의 엄지The Panda's Thumb〉라고 붙였다.

그렇다면 이 이야기의 교훈은 무엇일까? 자연에 '더 높은 목적higher

purpose' 따위는 없다는 것이다. "만일 신이 그의 지혜와 능력을 반영하는 아름다운 기계를 설계한다면 그가 다른 목적을 위해 만들어진 부품들을 주워다 사용하려고 하지 않을 것이다." 그럴 수도 있다. 그러나 만일 신이 다른 기계를 설계하는 기계(자연선택)를 설계한다면 그는 그 창조적 과정에 바로 판다의 엄지에 구현되어 있는 것과 같은 임기응변resourcefulness을 부여했을 것이다. 두 번째의 위대한 창조 과정(완전한 단계의 문화적 진화)의 궁극적 실현을 가져온 것도 바로 이 임기응변 능력이다. 판다의 엄지는 우리 종의 운명이 무엇이든 간에 우리 종의 핵심적인 속성 가운데 하나인 물건을 쥐는 능력이 널리 퍼져 나갈 가능성이 높다는 것이다. 왜냐하면 물건을 쥐는 것은 유용한 기술이기 때문이다. 비유적으로 말해서 자연선택은 기술적 기회를 찾아다니다가 포착한 기회를 한껏 이용한다. 그리고 그 기술이 너무나 창의적이어서 필요한 경우에는 불가능해 보이는 재료마저도 얼마든지 사용한다. 굴드 자신이 말했듯 판다의 엄지에서 놀라운 점은 "그처럼 불가능해 보이는 기반 위에서 형성되었다"는 사실이다.

물건을 쥐는 능력에 적용되는 사실은 내가 앞서 유전자와 밈의 공진화의 생물학적 선결요건으로 꼽았던 다른 속성들에도 마찬가지로 적용된다. 인간이나 유인원, 심지어 영장류 전체를 말살시킨다 하더라도 이 모든 속성들은 여전히 존재할 것이다 왜냐하면 이 모든 속성들은 수차례에 걸쳐서 독립적으로 발명되었기 때문이다. 심지어 그 속성들 가운데 가장 희귀한 것으로 보이는 호혜적 이타주의 역시 포유류 계통(영장류, 돌고래, 박쥐, 임팔라(아프리카산 영양의 일종))과 어류 등 다른 계통에서도 여러 차례에 걸쳐서 발명되었다. 만일 진화에 충분한 시간을 준다면 호혜적 이타주의는 다시, 또 다시, 거듭해서 나타났을 것이다. (제1부에서 호혜적 이타주의는 지위추구와 더불어 이 두 속성에서 유도된 연합을 맺고자 하는 충동과 함께 당순히 동물이 공진화의 에스컬레이터에 올라타는 데만 도움을 주는 것이 아니라는 점을 상기하자. 일단 에스컬레이터의 꼭대기에 오르고 문화의 진화가 빠르게 가동되기 시작하면 이 속성들은 해당 동물의 종을 더욱 커다란 사회적 복잡도를 향해 밀어붙인다.)

생물의 진화가 진행되고 점점 더 많은 종들이 공진화의 에스컬레이터에 올라타기 위한 몇가지 생물학적 선결조건 중 한두 개 이상을 소유하게 됨에 따라서 이 모든 속성들이 어느 한 종으로 귀결되는 것은 단지 시간문제일 뿐이다. 물론 나중에 뒤돌아볼 때 그 종을 에스컬레이터 쪽으로 인도해준 일련의 행운들이 놀랍게 느껴질 수도 있다. 우리 조상들이 한동안 나무에 대롱대롱 매달려 지내다가 그 능수능란한 손으로 물건을 쥐는 능력을 다른 핵심적인 용도로 사용하게 될 것이라고 누가 추측할 수 있었겠는가? 우리 조상들의 이력서에 포함된 '나무에 매달리기' 경력이 얼마나 경이로울 정도로 큰 행운이었던가!

그렇다. 우리는 엄청나게 운이 좋은 존재이다. 빙고 게임의 우승자가 엄청난 행운의 주인공인 것은 사실이다. 그러나 언제나 우승자는 나오게 마련이다.

물론 지금까지는 문화를 위한 모든 선결조건들이 한 종에 모두 결집된 것이 결정적으로 단 한번 뿐이었다. 오직 우리 인간만이 공진화의 에스컬레이터를 타고 위로 올라왔다. 그러나 다시 강조하지만 이것은 다세포동물이 화석 기록에 처음으로 나타난 이래로 단지 6억 년 만에 일어난 일이다. 그리고 조악하고 조그마한 쥐와 같은 포유류에서 영리하고 사회적으로 복잡한 수준에 이른 포유류가 진화되어 그들 중 몇몇은 공진화의 사다리에 매우 가까이 다가서게 —설사 첫 발을 내딛지 않았더라도— 되기까지 1억 년이 걸렸다. 천문학자들은 태양이 사라지기 전까지 지구에는 수십억 년이 남아있다고 말한다. 만일 우리 종이 갑자기 지구에서 사라진다면, 진화가 핵심적인 속성들을 하나의 종에 결집시키지 않은 채 그 정도의 긴 시간을 그냥 지나쳐버리게 될 가능성은 어느 정도 될까?

만일 진화에 대한 굴드의 관점을 받아들인다면 그 대답은 "적어도 어느 정도 가능성이 있다"가 될 것이다. 굴드의 관점에서 볼 때 무작위적으로 변동하는 환경은 복잡성이 일관적으로 증대될 이유를 제공하지 않는다. 그러나 생물의 핵심적인 진화적 환경은 다른 생물이며 다세포생물 전반은 좀 더 복잡성이 커지는 쪽으로 움직여나가면서 생물권을 경쟁적 혁신과 계속해서 가지쳐나가는 복잡성의 온상으로 만드는 경향이 있음을 깨닫는다면 그 답은 "전혀 그럴 가능성이 없다"가 될 것이다.

진화론적 서사시

공진화의 에스컬레이터에 거의 올라탈 만큼 가까이 다가갔으나 결국 올라타지 못한 한 종에 대해 생각해보자. 돌고래는 아마 인간의 가장 먼 포유류 친족일 것이다. 다람쥐나 토끼나 박쥐보다도 더 멀다. 그러나 그들은 높은 지능을 갖추었고, 편을 나누어 경쟁을 벌이는 복잡한 사회적 삶을 영위하고 있으며, 그 의미가 지금까지도 완전히 밝혀지지 않았으나 상당한 중요성을 띠고 있는 언어를 가지고 있다. 그들은 어쩌면 지금이라도 공진화의 에스컬레이터에 올라탈 수 있을지도 모른다. 오직 그 빌어먹을 지느러미만 아니라면 말이다! 지느러미와 같은 불리한 조건을 가진 돌고래의 문화가 얼마나 확고한지 살펴보자. 하와이에 있는 돌고래의 개체군 중 하나는 새로운 형태의 창의적인 표현 방법, 공기 예술을 고안해냈다.

다양한 돌고래와 일부 흰돌고래beluga whale까지도 숨구멍으로부터 공기의 고리를 내보낼 수 있다. 이 공기의 고리는 마치 담배연기로 만드는 고리처럼 위로 떠오른다. 그런데 이 하와이의 돌고래들은 전혀 새로운 접근 방법을 취했다. 그들은 일단 지느러미를 가지고 물 속에서 소용돌이를 일으킨다. 그런 다음 빙 돌면서 그 소용돌이 속으로 공기를 불어넣는다. 그 결과 만들어진 고리는 크고 투명하고 아름답다. 어떤 돌고래들은 자신이 만든 고리를 통과해 헤엄친다. 또 어떤 돌고래들은 두 개의 작은 고리를 만든 다음 그 둘이 합쳐져서 하나의 커다란 고리가 되도록 만든다. 각 예술가마다 고유의 스타일을 가지고 있다!

그리고 이 돌고래 예술가 중 어느 누구도 인간으로부터 훈련을 받지 않았다. 비록 이 돌고래들은 인간에게 잡혀 있는 상태였지만 그 공기방울 예술에 대해 사람들에게 전혀 보상을 받지 않았다. 돌고래들은 천성적으로 창의력이 넘치며 문화를 형성하는 동물이다. 그들은 또한 한데 어울려서 사회적 뇌를 형성한다. 서로를 관찰하고 자신이 관찰한 것보다 더 향상시키고자 노력하며 그들은 집단적으로 우연히 만들어진 최초의 조악한 공기 예술을 일련의 다양한 밈의 집합체로 발전시켰다.

아마 가장 놀라운 밈은 팅커벨이라는 이름의 돌고래의 창조물일 것이다. 팅커벨은 구불구불한 경로를 그리며 헤엄치면서 연달아 작은 공기방울을 내보낸 다음 그 방울을 등 쪽의 지느러미로 살짝 살짝 건드려서 와인의 코르크 마개를 따는 타래송곳 또는 어떤 연구자의 묘사에 따르면 '나선'과 같은 패턴을 만들어냈다.

이것은 이중 나선은 아니다. 그러나 상징적으로 잘 맞아 떨어지는 비유이다. 왜냐하면 밈은 —적어도 어떤 종이 공진화의 에스컬레이터에 올라탄 다음에는— 진정한 유전자의 정신spirit이기 때문이다. 문화의 진화는 생물의 진화와 마찬가지로 생명을 점점 더 높은 수준의 조직화로 이끈다. 그리고 이끄는 방식 역시 생물의 진화와 동일하다. 제로섬 동력이 넌제로섬 동력을 강화시키는 것이다. 개체들 사이의 경쟁이 개체들의 통합을 부추긴다. 두 가지 진화에서 모두 개체들은 넌제로섬 원리에 대한 두 가지 커다란 장벽(정보와 신뢰)을 맞닥뜨리고 창의적인 기술을 통해서 그것을 극복해낸다.

앞으로 수십억 년 정도가 주어질 때 또 다른 종이 우리 인간과 같은 정도의 문화를 이루어낼지 여부는 결코 알 수 없을 것이다. 왜냐하면 일단 유전자와 밈의 공진화가 한층 더 높은 수준으로 이동하면 자연선택은 사실상 그 효력을 다하게 되기 때문이다. 에스컬레이터의 맨 꼭대기에 있는 종에게 자연선택은 확실히 종말을 고했다. 이미 오래 전에 문화적 진화가 유전적 진화를 밀어내고 우리의 핵심적인 적응 메커니즘으로 자리 잡았다. 그리고 오늘날 문화 진화는 우리로 하여금 자연선택을 인공적인 시험관 선택으로 대치하게 함으로써 우리를 우리 자신의 유전적 진화를 통제할 수 있는 수준으로 끌어 올렸다. 또한 우리는 점점 다른 종의 진화의 방향에도 간섭하게 될 것이다. 우리는 이미 느리고 서툰 솜씨로 그와 같은 일을 해왔다. (소나 돼지, 감자를 보라!) 그러나 이제 우리는 번개처럼 신속한 속도로 그와 같은 일을 할 수 있게 되었다. (유기 농약 성분을 함유한 감자를 보라!) 모든 측면에서 볼 때 지구상의 생명 형태는 지금 문화적 진화를 통해 너무나 빠르게 움직이고 있어서 자연선택에 의한 진화는 실질적으로 멈추어 있는 것이나 마찬가지이다.

우리를 공진화의 에스컬레이터로 데려다준 다양한 생물학적 적응(모방에 의한 학습, 언어 등)은 모두 합쳐서 하나의 커다란 생물학적 적응으로 묘사할 수 있다. 바로 진보된 문화로의 적응이다. 그리고 이 적응은 마지막 적응, 적어도 자연선택이 우리 종에게 선사할 수 있는 마지막 생물학적 적응이라고 부를 수 있다. 그러나 이것이 길의 끝은 아니며 반드시 마지막 적응일 필요도 없다.

에드워드 윌슨은 '진화론적 서사시'가 현대 과학 시대의 구속력 있는 신화라고 주장했다. 허구라는 의미에서의 신화가 아니라 우리 존재를 설명해주는 이야기이며 세상 속에서 우리 자신을 자리매김하는 데 도움을 주는 이야기라는 의미에서의 신화라는 말이다. 윌슨은 "모든 서사시는 영웅을 필요로 한다"고 썼다. 그리고 이어서 그는 "(인간의) 마음이 그 역할을 할 것이다"라고 제시했다. 인간의 마음은 우리 인간 계통이 온갖 고난을 헤치고 얻어낸 승리를 반영한다. 인간은 셀 수 없이 많은 종들이 소멸해간 가운데 용기와 운을 가지고 생존해왔으며, 인간 자신과 그 창조자인 자연선택에 대한 이해에 점점 다가가고 있다. 동시에 우리가 찬사를 바쳐야 할 또 다른 마음이 있으니 그것은 바로 자연선택의 매개자인 '마음'이다. 우리에게 승리의 초석이 되는 것은 바로 여지 없이 싹트는 이 창조적 생물권, 즉 스스로 가속화하는 혁신이다. 이 거대한 마음은 인간이라는 종이 마침내 반성적 지능에 도달하게 되든 그렇지 않든 간에 어떤 종은 그 지점에 도달할 것임을 보증한다.

따라서 우리는 보편적이며 동시에 특수하다. 우리는 어떤 본질적인 방식, 지능을 향한 자연적 충동(또한 충돌과 통합, 제로섬 논리와 넌제로섬 논리 사이의 자연적 긴장)을 구현하고 있다. 그러나 한편으로 우리는 우리 자신의 독특한 역사의 뚜렷한 궤적을 지니고 있다.

　이제 하나의 거대한 전지구적 마음에서 비롯된 우리 인류는 지금 현대에 이르러 또 다른 거대한 전지구적 마음을 탄생시키려고 하고 있다. 우리 인간이라는 종은 생물권과 피에르 테이야르 드 샤르댕이 '인지권noospher'이라고 부른, 20세기 말에 모습을 갖추게 된, 전자적 기술을 매개로 한 생각의 그물망 사이의 연결고리이다. 이것은 인간 종 전체가 기여할 수 있고 그 작용이 인간 종 전체에 영향을 줄 수 있는 마음이며 이것이야말로 바로 대서사시적 결말이다.

Chapter 21
인류는 거대한 전지구적인 '뇌'

결국 과학은 우리 자신의 무지에 대한 무지를 나타내는 한 가지 표현 방법일 뿐이다.
– 새뮤얼 버틀러Samuel Butler

피에르 테이야르 드 샤르댕은 20세기 중반 그의 저작을 통해서 당시 갓 생겨난 원격통신 하부구조를 일컬어 인류에게 '유기적 일체성'을 부여하는 '포괄적인 신경계'라고 단언했다. 인류는 점점 '슈퍼브레인super-brain' 또는 '뇌의 뇌brain of brains'를 구성하게 된다는 것이다. 사람들이 더욱 더 촘촘하게 이 대뇌 조직을 구성하면 할수록 그들은 성스러운 인류의 예정된 운명인 '오메가 포인트'에 더욱 더 가까이 다가서게 된다.

대체 이 오메가 포인트라는 것이 정확하게 무엇일까? 설명하기 어렵다. 테이야르의 철학적 저작들은 시적이면서도 의미가 모호하기로 유명하다. 인류가 오메가 포인트에 이르게 되면 형제애로 유기적으로 결합된 거대한 덩어리와 같은 것을 형성하게 될 것이라는 게 나의 최선의 추측일 뿐이다.

카톨릭 교회의 테이야르의 상급자들은 전통적인 신학의 테두리를 벗어나지 않았다. 그들은 고생물학을 공부한 테이야르로 하여금 발표하는 논문의 주제를 오직 화석 분야에 한정할 것을 요구했다.

1955년 테이야르가 죽은 후 마침내 가장 우주적인, 광대한 주제를 다루는 저작들이 발표되었다. 이 글들은 일부 전위avant-garde 집단 사이에서 소란을 불러일으키기는 했지만 교회 안에서든 밖에서든 한 번도 주류의 인정을 받지 못했다. 그 이유는 무엇일까? 부분적으로 진화가 어떤 방식으로 일어나는지에 대한 그의 개념이 감상적이고 신비주의적이었기 때문에 결코 과학계의 주류로부터 인정받지 못했다. 오메가 포인트가 현존하는 신학과 너무나 아귀가 맞지 않기 때문이었다. 아마도 사회를 생물에 비교하는 것이 그다지 멀지 않은 과거에 초생물체superorganism라는 개념에 대한 열성으로 살인과 압제를 정당화했던 유럽의 파시스트들이 즐겨 찾던 이론이기 때문이기도 했을 것이다.#

어떤 관점이 얼마나 빨리 급진적인 것에서 진부한 것으로 변해버리는지를 보면 놀라울 따름이다. 파시즘이 고대의 유물과 같이 느껴지고 인터넷이 놀라울 정도로 신경망과 비슷하게 느껴지는 오늘날 거대한 전지구적 뇌라는 개념은 흔해빠진 것이 되어버렸다. 그러나 여기에는 차이가 있다. 오늘날 전지구적 뇌에 대해 이야기하는 사람들은 느슨한 의미로 이야기한다. 예를 들어서 월드와이드웹을 발명한 팀 버너스리Tim Berners-Lee는 웹과 뇌 구조의 유사점에 대해 지적했으나 그는 '전지구적 뇌'는 단순히 메타포임을 분명히 했다. 반면 테이야르 드 샤르댕은 문자 그대로의 의미로 말했던 것으로 보인다. 인류가 실제로 하나의 실질적인 뇌(바로 당신의 머릿속에 있는 것과 같으나 단지 크기만 좀 더 큰 뇌)를 구성하게 된다고 말이다.

분명 오늘날에는 테이야르의 시대보다 전지구적 뇌라는 개념을 글자 그대로 받아들이는 사람의 수가 더 늘어났다. 그러나 그들은 여전히 테이야르가 머물렀던 곳과 같은 자리, 주류를 일탈한 주변부에 머물러있을 뿐이다.

그들은 미친 것일까? 테이야르는 미쳤던 것일까? 여러분이 생각하는 것만큼 미치지는 않았다. 그리고 여러분이 일단 인류를 하나의 거대한 뇌라고 부르는 것이 생각만큼 미친 짓이 아니라는 것을 이해하게 된다면 테이야르의 세계관의 다른 측면들 역시 덜 미친것처럼 느껴지게 될 것이다. 예를 들어서 이 모든 현상에는 의미가 있다는 생각, 지구상의 생명은 목적을 가지고 있다는 생각, 그리고 그 목적이 점점 더 분명해진다는 생각들이 말이다.

나는 이런 것들이 사실이라고 주장할 생각은 없다. 적어도 나는 생명의 역사나 인류의 역사가 방향성을 가지고 있다고 주장해온 것만큼 확신을 가지고 이러한 주장에 동의할 수는 없다. 단지 이런 주장들을 단숨에 손을 저어 부정해버릴 것들은 아니라고 말하고자 한다. 이 이야기들은 과학적 사고의 토대를 침해하지 않는다. 오히려 현대 과학의 이곳저곳에서 일종의 지지를 얻고 있다.

우리는 하나의 생물일까?

언뜻 보아서는 이 거대한 전지구적 뇌라는 개념에 회의를 보낼만한 다양한 이유가 있다. 첫째, 글자 그대로의 진짜 뇌는 진짜 생물에 속하는 것이기 때문이다. 그런데 인류라는 것은 하나의 생물이 아니다. 그러나 한 무리의 생물들이 모여서 하나의 생물을 구성한다는 가능성을 내던져버리기 전에 우리는 적어도 생물이라는 개념을 분명히 할 필요가 있다. 이것은 보기보다 힘든 작업으로 드러났다.

'군집성 무척추동물'의 경우를 고려해보자. 에드워드 월슨이 지적한 대로 일부는 '완벽한 사회'라고 부를 정도에 근접했는데 사실상 "군체 colony를 하나의 생물이라고 부를 수 있을 정도"이다. 예를 들어서 길이가 거의 20미터에 이르는 놀라운 모습을 한 고깔해파리Portuguese man-of-war는 확실히 하나의 생물처럼 —하나의 거대한 형형색색의 해파리처럼— 보이며 실제로 대개 하나의 생물로 불리고 있다. 그러나 이것은 뚜렷이 구분되는 다세포생물들의 합체에 의해서 형성된 것이다. 이 다세포생물들의 상호의존성이 증가할수록 각각의 생물들 사이의 기능적 분화 역시 심화된다. 일부는 물고기를 기절시키고 일부는 물고기를 먹고 영양분을 다른 구성원들에게 나누어준다. 생물과 군체 사이의 애매한 경계에 자리 잡은 다른 군집성 무척추동물 중에는 —독립적인 세포들과 하나로 통합된 괄태충 사이를 오가고 있는— 우리의 오랜 친구 점균과 —논의에 잘 어울리는 이름의 '뇌산호(腦珊瑚, brain coral)'를 포함한— 산호가 있다.

그렇게 따지고 보면 심지어 우리 모두 생물이라는 데 한 점 의심을 보내지 않는 대상들(예를 들어 우리 자신) 역시 군체적 속성을 가지고 있다. 과거에 별개의 개체였다가 한데 뭉쳐 하나로 융합된 우리의 세포와 세포소기관에 대한 논의를 기억하라. 우리 모두의 몸에는 작은 고깔해파리가 들어 있는 셈이다.

실제로 우리가 살펴본 것과 같이 세포들과 세포소기관들은 서로 구별되는 뿌리를 가지고 있을 뿐만 아니라 각각의 유전자를 다음 세대에 물려주는 데 있어서 서로 구별되는 경로를 가지고 있다. 따라서 다윈주의적 이익에 있어서 다소 차이를 보이게 된다. 모계의 전달에 의존하는 세포소기관의 DNA는 번식을 여성, 혹은 암컷 개체를 많이 생산하는 쪽으로 치우치도록 함으로써 이익을 얻을 수 있다. 그리고 일부 식물 종은 정확히 그와 같은 시도를 한다. 따라서 생물과 군체를 구분하는 명확한 경계 중 하나라고 여겼던 사항, 즉 생물의 구성요소들 사이의 목적의 합일성은 더 이상 유효하지 않게 된다.

사실 세포소기관은 그렇다 치고 세포핵에 들어 있는 —유전체를 구성하는 염색체상— 유전자에만 초점을 맞춘다고 하더라도 완벽한 평화와 사랑과 이해만을 찾아볼 수 있는 것은 아니다. 그 이유는 유전체 안의 유전자들이 대체로 한 배를 타고 있는 것처럼 보이는 것은 사실이지만, 짧지만 중요한 어떤 순간에서 이들은 한 배를 타고 있는 상황이 아니다. 배를 다음 세대로 띄워 보내야 할 때가 되면 —이를테면 난자 세포가 만들어져서 스스로의 항해를 시작할 때가 되면— 유전자 가운데 절반은 배에 타지 않고 남아있어야 한다. 정자로부터 올 유전자들을 위한 자리를 마련해두어야 하기 때문이다. 마찬가지로 남성의 유전자 중에서도 오직 절반만이 정자에 올라타서 수정이라는 절차를 통해서 난자로 들어가게 된다. 어떤 유전자가 형성되는 난자 또는 정자에 포함되느냐는 공평하게 결정된다. 그리하여 남성에서 비롯된 유전자든 여성에서 비롯된 유전자든 다음 세대로 항해를 떠나는 보트에 올라탈 확률은 50대 50이 된다. 그러나 만일 어떤 유전자가 이 배에 타는 과정을 어느 쪽으로든 약간 치우치게 만들어서 그 자신이 배에 올라탈 확률을 높일 수 있다면 그 유전자는 자연선택에 의해 널리 퍼지게 될 것이다.

이런 일이 실제로 일어났다. 생쥐와 초파리의 경우에서 입증되었으며 연구되지 않은 다른 종에서도 같은 현상이 이루어질 것이 분명하다. '분리 왜곡 인자segregation distorter'라고 불리는 어떤 종류의 유전자는 언뜻 보기에 단 하나의 기능, 즉 분리 과정을 한쪽으로 치우치게 만드는 기능만을 가지고 있는 것으로 보인다. 즉 유전자를 가르는 과정을 한쪽으로 약간 기울어지게 만들어서 후대로 전달되는 배에 거듭해서 올라탈 수 있도록 하는 것이다. 전문적인 밀항 유전자라고 할 수 있다.

한편 더 큰 규모의 유전적 밀항 사례가 있다. 사람을 비롯한 많은 생물에 존재하는 B 염색체라고 하는 염색체 전체가 밀항을 시도하는 것이다. 밀항자가 밤마다 몰래 선원들의 음식을 훔쳐 먹듯 이 염색체도 기생 생활을 한다. 이 염색체는 여성(또는 암컷)의 생식 가능한 시기의 도래를 늦춤으로써 ―숙주의― 생식 기회를 낮춘다. 그러나 B 염색체 안의 유전자들 입장에서 볼 때 이것은 그다지 문제가 되지 않는다. 설사 항해를 떠나는 배의 수가 조금 줄어든다고 하더라도 그 배에 모두 숨어들어갈 수만 있다면 규칙을 지키며 배에 타는 ―그럼으로써 배의 절반은 놓치게 되는― 다른 유전자들에 비해서 훨씬 유리한 입장이다. 전체 선단에서 그 수가 줄어드는 곤경을 겪는 것은 다름 아닌 규칙을 잘 지키는 유전자들이다.

일반적으로 규칙을 지키는 유전자들은 이러한 문제를 해결하는 능력을 갖추고 있다. 이를테면 밀항을 시도하는 유전자를 다양한 방법을 통해 식별할 수 있도록 함으로써 규칙을 보존하고자 한다. 그 이유는 만일 다른 유전자들이 이런 종류의 문제를 해결하지 못한다면 기생행위는 마구 퍼져나가게 되고 자연선택은 이들 기생 유전자와 규칙을 잘 지키는 유전자 모두를 배제시키고 좀 더 엄격하게 선박을 운영하는 생물의 손을 들어준다. (마찬가지로 문화 진화의 경우에도 '신뢰' 문제를 해결하지 못하는 사회, 만연한 기생행위를 통제하지 못하는 사회는 그 문제를 제대로 해결하고 통제하는 사회로 인해 무너지게 마련이다.) 이처럼 유전자 수준의 선택에 우선하는 생물 수준의 선택 능력 때문에 어느 한 생물 안에서 벌어지는 이해관계의 충돌이 비교적 미미한 영향을 나타내게 된다. 심지어 기생적인 B 염색체를 가진 사람들(우리가 대하는 사람들 50명 중 한 명) 역시 겉보기에는 멀쩡한 유기적 일체감을 보인다.

그러나 여전히 여러분이 명확하게 밝혀지기 바라는 사실 가운데 하나인 사회와 생물을 구분하는 경계, 즉 내부 구성요소들 사이의 목적의 합일성은 전혀 뚜렷하지 못하다. 동물학자인 매트 리들리의 표현대로 "생물organism이 무엇이냐고? 그런 것은 존재하지 않는다." 이른바 생물이라고 불리는 개체들은 사실상 '집합체a collective'라는 것이다. 그리고 명백하게 완전한 조화를 이룬 집합체라고 보기도 어렵다.

만일 생물과 사회를 가르는 선이 목적의 합일성이 완전한지 불완전한지를 가르는 선과 일치하지 않는다면 생물과 사회를 가르는 선은 무엇일까? 그것이 바로 문제이다. 명확한 경계가 존재하지 않기 때문에 생물학자들은 제각기 다른 의견을 보인다. 1911년 위대한 곤충학자 윌리엄 모튼 휠러는 「하나의 생물로서의 개미 군체The ant colony as an organism」라는 제목의 논문을 발표했다. 그는 이 제목이 단순한 비유가 아님을 강조했다. 그가 보기에 개미 군체는 일종의 생물, '초생물superorganism'이었다. 이러한 견해는 한동안 관심을 끌다가 유행에 뒤쳐져버렸으나 최근 일종의 부활을 맞이하고 있다. 부활의 원인 중 하나는 생물체 내의 갈등과 충돌 사례가 점점 더 알려지게 되었기 때문일 것이다. 즉 어떤 면에서는 모든 생물이 일종의 사회라는 생각이 조금씩 커졌던 것이다.

물론 여러분은 윌리엄 모튼 휠러나 그와 같은 시대에 살았던 동조자들의 견해에 동의하지 않을 수도 있다. 여러분은 뚜렷이 구분되는 개체들로 이루어진 사회는 그 자체로 하나의 생물이 될 수 없다고 주장할 수 있다. 그러나 초생물체라는 개념이 그와 같은 개념에 대해 생각하는 것을 업으로 삼은 사람에 의해 진지하게 숙고되었다면 우리는 그 개념을 완전히 정신 나간 소리라고 치부해버릴 수는 없다.

일단 논의의 전개를 위해서 휠러가 했던 —개미 군체가 생물이라는— 주장이 옳다고 가정해보자. 그렇다면 인간사회를 생물이라고 주장하지 못할 이유가 있을까? 개미 군체와 인간사회의 결정적인 차이는 어디에 있을까? '개미의 계급 중 일부는 식량을 조달하는 계급 없이 생존할 수 없다'고 하는 개미들 사이의 극단적인 상호의존성일까? 그러나 오늘날 사람들 사이의 엄청난 상호의존성을 고려해볼 때 그 구분은 별로 명확하지 않아 보인다. 나는 내가 얼굴도 보지 못한 수많은 사람들의 노동력에 영양 공급을 의존하고 있다. 만일 나를 다른 이들이 만든 물건(주머니칼이나 옷) 하나 없이 로키산맥의 야생 지역에 뚝 떨어뜨려 놓는다면 나는 필경 곰의 먹이가 되고 말았을 것이다.

한편 '거대한 전지구적 뇌' 라는 문구를 글자 그대로 받아들이는 것을 가로막는 두드러지는 반론이 또 하나 있다. 뇌는 의식을 가지고 있다는 주장이 그것이다. 뇌는 단순히 정보를 처리할 뿐만 아니라 정보를 처리하는 것을 주관적으로 경험한다는 것이다. 뇌는 쾌락과 고통을 느낄 수 있고 직관적인 통찰에 이를 수도 있다. 과연 우리는 인터넷이 수십억 인간의 마음을 좀 더 깊은 수준의 협력의 장으로 이끌어냄에 따라서 집단적이고, 전지구적인 의식이 출현하게 될 것이라고 믿어야만 할까? (아니면 전지구적이 아니라 부분, 부분 나누어진 집단의식이 출현한다든지, 제네럴모터스가 포드에 미움을 느낄 수 있게 될까?)

그렇게 믿어야 한다고 주장할 생각은 추호도 없다. 나의 목적은 좀 더 소박하다. 설사 내가 그와 같은 주장을 내놓는다고 하더라도 그렇다고 해서 내가 미쳤다는 신호는 아님을 여러분에게 확신시키고자 하는 것이다. 초월적인 전지구적 의식이 가능한가 하는 문제는 그 답이 무엇이든 간에 정신 나간 질문은 아니다.

그런데 이 질문에 그와 같은 정당성을 부여하기 위한 핵심적 전제는 온전하게 분별 있는 과학적 통찰을 준수하는 것이다. 사실 의식을 숙고하는 일에 있어서 과학적 입장을 취하고자 하면 할수록 점점 더 과학의 한계에 눈을 뜨게 된다. 또한 우주적 차원의 질문에 근접하면 할수록 겸손해지지 않을 수 없다.

거대한 전지구적 뇌가 의식을 가질 수 있을까?

1963년 아서 클라크의 공상과학소설 〈프랑켄슈타인을 부르는 다이얼 F Dial F For Frankenstein〉에서 세계의 원격통신시스템이 생명을 갖게 되었다. 인공위성의 전지구적 네트워크가 지구의 전화 교환 시스템을 하나로 연결시키자 갑자기 모든 전화들이 동시에 울리기 시작했다. 자율적이고 스스로 사고하는 초(超)마음supermind이 탄생한 것이다.

대학생들이 늦은 밤에 둘러앉아서 거대한 전지구적 뇌가 의식을 가질 수 있게 될지에 대해 토론을 벌일 때 그들이 떠올리는 시나리오는 대개 이런 것이었다. 어떤 사물이 의식적인 상태에 도달한다면 그것이 우리가 알고 있는 다른 의식적인 대상과 비슷하게 —이 경우 변덕스럽게— 행동할 것이라는 것이다. 그런데 사실 우리가 알고 있는 모든 것을 고려할 때 거대한 전지구적 뇌(전 대륙에 걸쳐서 사람들의 마음을 하나로 엮어주는 웹, 컴퓨터와 전자 기기의 연결)는 이미 의식적이다. 적어도 오늘날의 주류 행동과학의 근간이 되는 의식에 대한 관점에 따르면 그와 같은 가능성이 활짝 열려있다. 왜냐 하면 이 관점에 따르면 우리는 어떤 주어진 사물이 의식을 가지고 있는지 여부를 결코 알 수 없기 때문이다.[#]

지금 나는 여기에서 내가 당신이 아닌 이상 당신의 머릿속이 어떠한지 결코 알 수 없다는 이야기를 하고자 하는 것이 아니다. 내가 의미하는 것 은 이 주류 과학의 관점에 따르면 의식(주관적 경험, 지각력sentience)은 행동 으로 표현되지 않는다. 다시 말해서 의식은 아무것도 하지 않는다는 것이 다.

물론 여러분은 여러분의 느낌이 뭔가를 하고 있다고 느낄 수 있다. 뜨거 운 난로에서 손을 황급히 떼도록 만드는 것은 다름 아닌 열에 대한 지각력 이 아닌가? 현대 행동 과학의 전제에 따르면, 그에 대한 답은 "아니다"이 다. 열에 대한 주관적인 감각에 상응하는 객관적이고 물리적인 생물학적 정보의 흐름이 있다. 열이라는 물리적 자극은 여러분의 팔을 따라 위로 올 라가 역시 물리적인 뇌에 의해 처리된다. 그 결과는 바로 여러분의 근육으 로 하여금 손을 황급히 거두어들이도록 하는 물리적 신호이다. 바로 이 순 수하게 물리적인 수준이 여러분의 실질적인 행동이 이루어지는 곳이다. 한편 고통에 대한 감각이 실질적인 행동과 맺고 있는 관계는 대략 여러분 의 그림자가 여러분과 맺고 있는 관계와 같다. 전문적으로 말해서 의식이 나 주관적 경험은 '부수현상epiphenomenon'이다. 이것은 언제나 결과일 뿐 결코 원인이 되지 못한다.

여러분은 어쩌면 동의하지 않을지도 모른다. 의식은 손에 잡히지 않는 무형의 속성을 가지고 있으나 능동적인 실체라고 생각할지도 모른다. 그러나 만일 여러분이 그런 관점을 가지고 있다면 아마도 테이야르의 주장과 같은 해괴한 시나리오들을 이미 수용할 수 있었을 것이다. 어쩌면 이미 우리가 사는 우주는 신비스럽고 기묘한 우주이며, 과학은 이 우주의 모든 차원을 밝혀낼 수 없고 따라서 더 높은 목적과 더 높은 의식에 대한 추측의 여지가 남아있다고 결론 내렸을 지도 모른다.

흥미로운 ─그리고 제대로 인정받지 못한─ 사실은 여러분이 의식은 실질적인 영향을 주지 못하는 단지 부수현상일 뿐이라는 강경한 과학적 관점을 받아들인다고 하더라도 같은 결론에 도달하게 된다는 것이다. 이러니저러니 해도 의식이 아무런 일도 하지 않는다면 의식의 존재는 깊이를 가늠할 수 없는 미스터리가 되고 만다. 만일 주관적인 경험이 먹고 살며 유전자를 후대에 물려주는 우리의 일상적 삶에 영향을 주지 않는 여분의 것이라면, 이것이 끊임없는 자연선택 과정 중에서 도대체 왜, 어떻게 생겨나게 되었던 것일까? 왜 생명은 아무런 기능이 없는 중요한 속성을 획득하게 되었을까?

이에 대한 과학적 해답을 가지고 있다고 주장하는 사람들은 대개 질문을 잘못 이해한 것으로 드러났다. 예를 들어서 어떤 사람들은 사람들로 하여금 언어를 처리하도록 하기 위해서 의식이 생겨났다고 주장한다. 그리고 우리가 언어를 의식한다는 것은 물론 사실이다. 우리가 말을 할 때 우리는 생각이 말로 변환되는 것을 주관적으로 경험한다. 심지어 우리는 마치 우리 내부의 의식적인 자아가 말이 형성되도록 만드는 것을 느낄 수도 있다. 그러나 그 느낌이 어떤 것이든 간에 현대의 행동 과학의 ─종종 말로

21장 인류는 거대한 전지구적인 '뇌'
NONZERO 511

표명되지 않은— 전제는 우리가 누군가와 대화를 나눌 때, 그 행위의 모든 인과관계는 물리적 수준에서 일어난다는 것이다.# 즉 누군가가 그의 혀를 놀려서 물리적인 음파를 생성시키고 그것이 여러분의 귀에 들어와 여러분의 뇌에 일련의 물리적 작용을 일으켜 궁극적으로 여러분의 혀를 움직이도록 한다는 식이다. 간단히 말해서 누군가의 말을 받아들이고 그에 대한 대답을 만들어내는 과정을 경험하는 것은 불필요한 여분의 사건이며 두 과정은 단지 복잡한 기계적 절차일 뿐이라는 것이다.

게다가 만일 의식적 경험이 인간의 언어 형성을 촉진해왔다면 우리 손가락이 돌멩이에 짓이겨졌을 때와 같은 상황(인간의 언어가 생겨나기 훨씬 전부터 존재해온 사건)에도 의식이 수반하는 것일까? 의식에 관한 질문(적어도 내가 지금 여기에서 정의하는 질문)은 왜 우리가 말을 할 때 생각을 하는가 라든지 왜 우리가 자의식self-awareness을 가지고 있을까 하는 문제가 아니다. 의식에 관한 질문은 고통이나 불안, 직관적 깨달음과 같은 주관적 경험 전반에 대한 질문이며 지각력에 관한 질문이다. 철학자인 토마스 네이글에 의해 유명해진 문구를 빌어 말하자면 "살아있다는 느낌은 어떠한 것인가?"♣

여러분은 어쩌면 많은 주목을 받은 철학자 대니얼 데닛Daniel Dannett의 〈설명된 의식Conscious Explained〉과 같은 방대한 분량의 역작에서 이러한 질문에 대한 답을 얻을 수 있을 것이라고 생각할지도 모른다. 그러나 데닛과 같은 부류의 사람들이 의식을 '설명'하고자 할 때 그들은 대개 우리가 여기에서 논의하는 것과 같은 방식으로 문제에 접근하지 않는다. 그들은

토마스 네이글의 저서 〈박쥐가 된다는 느낌은 어떠한 것인가〉에 빗댄 표현—옮긴이

뇌가 어떻게 의식을 생성하는지 설명하고자 한다. 그들이 설명에 성공했는지 여부는 논란의 여지가 있다. 그러나 어찌되었든 간에 지금 여기에서 천착하고 있는 질문은 뇌가 어떻게 의식을 생성하느냐가 아니라 도대체 왜 아무런 기능이 없는 생명의 한 측면이 애당초 생명의 한 측면이 되었느냐 하는 것이다.[#]

의식의 신비는 최근 컴퓨터 과학에서 강조되었다. 인공지능이 깜짝 놀랄만한 속도로 발달해오지는 않았지만 감각 및 인지 작용을 자동화하는 데 전진이 있어왔다. 사물을 '감지'하고 뒤로 물러날 줄 아는 로봇, 물체를 '보고' 무엇인지 식별해낼 수 있는 로봇, 체스 전략을 '분석'할 줄 아는 컴퓨터 등이 등장했다. 그리고 분명 이 로봇들이 하는 모든 행위들은 삑삑대는 전자음과 같은 물리적 용어로 설명될 수 있다. 이 기계들은 '감지하기'나 '보기'나 '분석하기'에 지각력이 결부될 필요가 없음을 암시해준다. 그러나 사실은 결부되어 있다. 적어도 우리 인간 종에서는 그러하다.

의식의 신비를 마주하고 어떤 사람들(《의식적 마음The Conscious Mind》의 저자인 데이비드 챠머스David Chalmers와 같은 철학자)은 그 해답이 일종의 형이상학적 법칙에 놓여 있을 것이라고 제안한다. 즉 의식이란 특정 종류의 정보처리 과정을 수반한다는 것이다. 그러나 어떤 특정 종류의 정보처리과정이란 말인가? 그것이 바로 문제이다. 그렇지 않은가? 그러나 널리 알려진 견해에 따르면 정보 처리 과정은 꼭 유기적일 필요가 없다. 어쩌면 컴퓨터나 컴퓨터의 네트워크, 심지어 컴퓨터와 사람의 네트워크에도 의식이 깃들 수 있다. 이러한 견해를 지닌 철학자들은 흐리멍텅한 정신을 가진 뉴에이지 신봉자나 반동적인 ─심신이원론을 지지하는─ 데카르트주의자나 아니면 테이야르와 같은 신비주의적 시인이 아니다. 그들은 현대의 행동 과학의 기본적인 전, 즉 모든 인과관계가 물리적 세계에서 일어난다는 전제를 받아들이고 또한 이 전제를 계속해서 숙고해나갈 때 거기에서 비롯되는 기묘한 속성을 이해하는 사람들이다. 기본적으로 "거대한 전지구적 뇌가 의식을 가질 수 있을까?"라는 질문에 대한 그들의 답은 이러하다. 설사 의식을 갖더라도 우리는 알 수 없다. 그리고 우리가 아는 모든 측면에 따르면 가질 수 있다.

테이야르는 전지구적 의식이라는 개념이 단지 생각해볼 수 있는 것이 아니라 피할 수 없는 숙명이라고 믿었다. 그 이유는 부분적으로 진화에 대한 그의 광범위한 정의에 놓여 있다. 비록 그는 생물의 진화와 우리가 문화의 진화라고 부르는 것 사이의 차이를 이해하기는 했지만, 대체로 이 두 가지 진화를 하나의 연속적인 창조적 활동으로 보았다. 두 가지 진화 모두 요지는 '복잡화complexification'였다. 그리고 만일 문화의 진화가 실제로 생물의 진화로부터 이음새 없이 매끄럽게 연결되는 부산물이라고 한다면 우리는 문화의 진화가 생물의 진화와 동일한 기본적 속성을 가지고 있을 것이라고 생각할 수 있다. 그리고 테이야르가 추측하는 그 속성 가운데 하나는 복잡성의 성장과 발맞추어 나가는 의식의 성장이다.

그는 어떻게 이런 결론에 도달했을까? 신비스러운 계시에 의한 것이라는 가능성을 제쳐둔다면 가능한 답은 짐작과 추측뿐이다. 뭐니뭐니해도 주관적 경험은 단지 그 경험자만이 접근할 수 있는 것이기 때문에 우리는 사실 나 자신 이외에 다른 누군가(침팬지는 말할 것도 없고 옆집에 사는 이웃)가 의식을 가지고 있는지 여부를 결코 알 수 없다. 한편 대부분의 사람들은 엄청난 고난을 당한 침팬지가 고통스러워하는 것을 보고서 침팬지가 고통이나 배고픔이나 흥분과 같은 것을 경험할 수 있다는 것을 알 수 있다. 개역시 고통과 배고픔과 흥분(부끄러움은 말할 것도 없고)을 느낄 줄 아는 것처럼 보인다. 고양이도 마찬가지이다(부끄러움만 빼고). 그렇게 본다면 도마뱀과 뱀도 열을 접하고 뒤로 물러난다. 그렇다면 우리는 박테리아가 극미량의, 미숙한 수준의 고통을 느낄 가능성을 정말로 배제해버릴 수 있을까? 박테리아들은 분명히 전기쇼크를 피하고자 물러난다. 그리고 박테리아 역시 뇌를 가지고 있다. 적어도 박테리아의 행동을 통제하는 탑재된 컴퓨터인 그들의 DNA라는 형태의 '뇌'를 말이다.

여러분은 박테리아가 지각력을 가지고 있다고 생각할지 그렇지 않다고 생각할지 모르지만 테이야르는 그렇다고 생각했다. 그리고 그의 관점에서 볼 때 어느 정도 지각력을 가진 각각의 세포들이 합쳐져 다세포생물을 이루고 집단적인 뇌를 획득할 때 의식은 엄청난 도약을 하게 된다는 것이다. 그리고 발달된 뇌를 가진 생물(인간)가 하나로 합쳐져서 사고하는 거대한 그물망을 형성하고 또 하나의 집단적인 뇌를 구성한다면 역시 그에 상응하는 거대한 도약이 일어나게 될 것이다. 만일 여러분이 생물학적 진화와 기술적 진화가 동일한 창조적 절차를 이루는 부분이라고 생각한다면 그 결합조직이 끈적끈적한 생물학적 재료 대신 전자 재료로 이루어져있다는 사실은 그다지 문제가 되지 않을 것이다. 1947년 테이야르는 컴퓨터에 경탄하면서 라디오와 TV가 "이미 우리를 온갖 종류의 '무감각한etherized' 우주적 의식으로 연결시키고 있다"고 주장했다. 그러나 이것은 사람들의 마음이 점점 더 조밀하고 진정 전지구적 수준으로 연결되어 '인지권noosphere'이 성숙하게 될 미래와 비교할 때 아무것도 아니다. 테이야르는 물었다. "그 회로가 완성되는 순간 어떤 전류current가 생성될 것인가? 지금까지 알려진 적 없는 어떤 새로운 영토가 우리 앞에 펼쳐지게 될까?"

진화의 목적

생물의 진화와 문화 진화가 하나의 창조적인 절차라는 사실에 대한 테이야르의 확신은 그의 선험적a priori 믿음으로부터 그 힘을 얻었음이 분명하다. 만일 여러분이 지구의 역사(사실상 우주의 역사)에 점차로 전개되는 목적이 있다는 가정에서 출발한다면 여러분은 자연히 그 전개 과정에서 연속성을 보게 될 것이다. 그러나 우리가 그 반대 방향으로 나간다고 가정해보자. 우리가 아무런 선험적 가정 없이 진화(생물의 진화든 문화의 진화든 둘 다이든)의 역학을 조사하고자 하며 또한 다음과 같은 질문을 던져본다고 가정해보자. 진화에 목적이 있다는 징후가 보이는가? 철학자들은 이러한 질문(어떤 시스템이 목적telos 내지는 목표를 가지고 있는가 하는 문제)을 목적론 teleology이라고 부른다.

물론 우리는 이미 생물의 진화나 문화의 진화가 방향을 가지고 —더욱 광대하고 더욱 심원한 복잡성을 향해— 움직인다는 사실을 확인했다(적어도 나는 그렇게 주장했다). 그러나 그렇다고 해서 그것이 생물의 진화나 문화의 진화가 어떤 목적 또는 목표를 향해 움직인다는 의미는 아니다. 오직 진화가 특정 방향을 향해 움직이도록 설계되었다면 그 방향이 목적으로 간주될 수 있을 것이다.

역사적으로 가장 유명한 목적론적 분석의 오류는 영국의 성직자 윌리엄 팰리william Paley가 시도한 것이었다. 찰스 다윈이 태어나기 직전에 쓴 글에서 팰리는 식물과 동물에서 분명히 나타나는 기능성을 이들을 만든 위대한 설계자, 즉 신의 존재의 증거로 내세웠다. 만일 여러분이 길에서 돌을 발견한다면 이 돌이 어떤 목적을 위해 만들어졌을 것이라고 결론 내릴만한 아무런 이유도 찾지 못할 것이다. 그러나 만일 길에서 시계를 하나 발견한다면 여러분은 이것이 시간을 나타내는 목적에 따라 시계공에 의해 만들어졌음을 알 수 있다. 그런데 살아있는 생물은 분명히 바위보다는 시계를 비롯한 인공물에 더 가깝다. 동물들은 먹고, 숨쉬고, 그밖에 다른 활동을 하도록 설계되었음이 분명하다. "눈이 시각을 위해 만들어졌을 것이라는 사실에는 망원경이 그와 같은 눈의 기능을 돕도록 만들어졌다는 사실과 정확히 동일한 증거가 존재한다"고 팰리는 주장했다.

물론 다윈 이후에 팰리의 주장은 무너져 내렸다. 그러나 그 이유에 대해 분명히 해둘 필요가 있다. 생명이 분명 기능을 지니고 있다는 팰리의 주장은 틀리지 않았다. 그리고 이 기능성이 설계자의 존재를 강력하게 암시한다는 팰리의 주장 역시 틀리지 않았다. 다만 그는 그 설계자를 어떤 절차가 아니라 어떤 존재로 가정한 데에서 오류를 범했던 것이다. 눈은 분명히 시각을 위해서 만들어졌다. 단지 신의 손으로 빚어지지 않았을 뿐이다.

물론 여러분은 과연 눈이 시각을 위해 만들어졌느냐 하는 문제를 놓고 말꼬리를 잡을 수도 있다. 왜냐하면 자연선택은 시각을 염두에 두고서 눈이 미리 생각해둔 기능을 수행하도록 만들었던 것이 아니기 때문이다. 그러나 눈은 망원경과 마찬가지로 시각에 대한 기여 덕분에 존재하게 되었다. 만일 눈이 시각을 촉진하지 않는다면 눈은 지금처럼 존재하지 않았을 것이다. 그렇다면 눈을 담장을 쌓는 데 사용되는 돌덩이와 비교해보자. 물론 돌은 결국 기능과 목적을 갖게 되었다. 그러나 돌은 그 기능에 대한 기여 덕분에 존재하게 된 것은 아니다. 돌은 분명히 어떤 일을 하도록 설계되지 않았다. 반면 눈은 망원경과 마찬가지로 어떤 일을 하도록 설계되었다. 실제로 진화생물학자들은 종종 생물과 생물의 기관에 대해 이야기할 때 '설계'나 '목적'이라는 용어를 사용한다. 이를테면 "외부 환경의 시각 정보를 처리하는 목적을 수행하도록 자연선택에 의해 설계되었다"와 같은 식으로 말이다.

진화심리학자들이 일반적으로 하지 않는 일은 바로 자연선택 자체가 '목적'을 가지고 있다거나 '설계'의 산물이라고 말하는 일이다. 그와 같은 철학적 추측은 진화심리학자들의 업무 영역을 넘어서는 일이다. 그러나 원칙적으로 자연선택에 목적의 징후가 있는지 조사해봐선 안될 까닭은 없다.

그 조사에 들어가기 전에 우리는 먼저 우리가 매우 불리한 조건을 안고 있다는 점을 고려해야 한다. 생물학자들이 그토록 확신에 차서 동물(또는 식물)이 목적을 가지고 있다고 말할 수 있는 이유는 그들이 동물과 식물을 창조해내는 과정이 무엇인지 알고 있기 때문이다. 생물학자들이 그저 한두 종의 동물을 조사한 후에 "음, 이 동물들은 모두 번식하는 경향이 있는 것으로 보이는 군. 따라서 유전 물질을 후세에 전달하는 것이 동물의 가장 중요한 궁극적 목적일 것이야. 그리고 눈의 기능을 통해 명확한 시각을 갖는 것은 궁극적 목적에 기여하는 하부 목표라고 볼 수 있지"라고 말하는 것이 아니다. 유전물질의 전달이 생물이 추구하도록 설계된 목표라는 사실을 생물학자들이 아는 것은 그들이 자연선택에 대해 알기 때문이다.

반면 우리가 진화 자체에서 목적에 대한 징후를 찾아내려고 조사할 때 우리는 어떤 존재 또는 과정이 진화를 창조해냈는지 알지 못한다. 이것은 애초에 우리의 조사의 동기가 되었던 미스터리이다. 다시 말해서 우리는 윌리엄 팰리와 같은 입장에 놓여 있는 셈이다. 우리는 어떤 대상이 무엇에 의해 설계되었는지 알지 못한 채 그 대상에서 목적의 징후를 조사하고자 하고 있다. 사실 우리는 팰리보다도 더 못한 처지에 놓여 있다. 팰리에게는 조사해볼 생물이 무궁무진하게 많았다. 사례 A, 사례 B, 사례 C……, 이런 식으로 무한히 나갈 수 있었다. 그러나 우리가 자연선택에 대해 조사하고자 할 때 우리에게 주어진 사례는 단 하나 뿐이다.

이제 우리를 압도하는 이 작업의 어려움과 그에 따라 개략의 결론만을 얻을 수밖에 없는 상황을 충분히 염두에 둔 후에야 진화에서 궁극적 목적, 즉 설계를 찾아볼 수 있는지 여부에 대한 조사에 들어갈 수 있다.

자, 어떻게 조사를 전개해나갈까? 일단 목적의 증거가 될 수 있는 것이 무엇인지에 대해 명확히 정리해보자. 그리고 그 작업을 위해서 윌리엄 팰리의 문제점, 생명이 있는 어떤 대상(세포, 동물, 식물)에서 설계의 징후를 찾는 데 따르는 문제점을 고찰해보자. 자, 여러분이 행성에 목적론적 대상이 있는지, 어떤 목표를 추구하는 존재가 있는지 여부를 살펴보기 위해 외계에서 지구로 파견된 윌리엄 팰리라고 가정해보자. 그리고 여러분이 온실에 착륙했다고 가정해보자. 몇 주가 지나고 나서 여러분은 여러분을 둘러싸고 있는 초록색 물건이 점점 더 키가 커지는 것을 알아차리게 될 것이다. 그렇다면 여러분은 이 초록색 물건이 적어도 하나의 목적(자라난다는 목적)을 가지고 있다고 결론 내릴 수 있을까?

그렇지 않다. 가장 좁은 의미에서 방향성은 목적의 증거가 될 수 없다. 물은 높은 곳에서 낮은 곳으로 흐른다. 그러나 그렇다고 해서 우리는 물에 목적이 깃들어 있다고 보지 않는다.

그러나 식물은 단순히 방향성을 가지고 움직이는 것 이상을 한다. 여러분이 온실 속에 있는 동안 엄청난 외계의 초능력을 발휘해서 태양의 위치를 바꾸어 놓아보자. 그러면 며칠 안에 식물들의 잎이 태양을 향하도록 방향을 바꾸어 자라나는 것을 보게 될 것이다. 또 다른 실험을 해보자. 만약에 가지 끝을 꺾어낸다면 새로운 잔가지가 솟아날 것이다. 이 식물이라는 놈들은 필사적으로 위로, 특히 빛을 향해 자라는 경향을 보인다. 이 모든 사례를 종합해볼 때 여러분은 식물이 철학자인 리처드 브라이스웨이트가 제시한 목적론적 행동을 구분하는 대략적인 기준, 즉 "다양한 조건에서 끈질기고 완고하게 (가설적) 목표를 향해 나가고자 하는 속성"에 맞아떨어진다고 결론내릴 수 있다.

한편 그 기준에 의하면 강물 역시 목적론적으로 행동한다고 볼 수 있다. 강이 흐르는 경로에 언덕을 솟아나게 해 보자. 강물은 언덕 주위를 빙 둘러서 흘러갈 것이다. 그렇다면 목적론적 징후를 진단해낼 다른 기준(동물이나 식물은 해당되지만 강물은 해당되지 않는 기준)이 마련되어야 할 것이다. 어떤 기준이 있을까? 철학자들은 적절한 기준으로 선발될 영예를 얻기 위해 수많은 후보자들을 제시했다. 내가 생각하기에 가장 유력한 후보는 20세기 중반 사이버네틱스의 흥분이 고조될 무렵 피드백 시스템 연구 분야에서 출현했다. 그 기준은 다음과 같다. 식물은 정보를 처리함으로써 다양한 환경에 적응한다. 식물은 이를테면 빛이 어느 쪽에서 오는가 하는 환경의 상태를 반영하는 정보, 흡수할 수 있는 센서를 가지고 있으며 이 정보는 식물의 성장에 지침이 된다. 그리고 이것은 다양한 조건(달리 말해서 다른 모든 생명 형태) 속에서 목표를 추구하는 다른 모든 생명 형태에도 그대로 적용된다. 모든 식물과 동물은 정보를 처리함으로써 환경의 변화를 감지하고 이 정보는 식물과 동물에서 적절한 변화를 유도해낸다. 심지어 대장균

(17장에서 대장균이 영양분의 농도가 희박해지면 다른 곳으로 이동한다는 것을 논의했다)조차도 이런 관점에서 볼 때 목적론적이다.

그렇다면 진화 자체는 이 시험을 통과할 수 있을까? 정보를 처리함으로써 다양한 조건에서 끈질기고 완고하게 (가설적) 목표를 향해 나가고자 하는 속성을 가지고 있다고 볼 수 있을까? 이 질문에 대답하기 위해서 이번에는 또 다른 외계의 방문자가 되어보자. 여러분은 어마어마하게 수명이 긴 외계인이다. 지구상의 10억 년은 여러분에게 있어서 일주일에 해당된다. 여러분은 약 10억 년 전에 지구에 도착했으며 여러분의 임무는 생물의 진화가 목표를 추구하는 과정인지 여부를 알아보는 것이다. 여러분은 즉시 진화의 목표가 될 만한 좋은 후보를 찾아낸다. 그것은 바로 여러 가지 측면에서 유기적 복잡성의 창조이다. 그것은 종의 다양성을 증대하고, 각 종의 평균적인 복잡성을 드높이고, 복잡성의 가장 바깥쪽 한계를 확장하고, 행동적 유연성(다른 말로 지능)의 가장 바깥쪽 한계를 확장하는 등의 형태로 나타난다.

뿐만 아니라 이 복잡성을 향한 움직임을 관찰하다 보면 여러분은 좀 전에 등장했던 외계인 과학자가 관찰한 것과 같은 종류의 완고함을 발견할 수 있다. 만일 여러분이 생명의 나무에서 한 가지를 잘라내버린다고 하더라도 진화는 그 가지를 다시 돋아나게 할 것이다. 그 가지는 잘라진 가지와 완전히 똑같지는 않을지 모른다(진짜 나무의 경우에도 실제로 자세히 들여다보면 새로 돋아난 가지가 그 전에 제거된 가지와 완전히 똑같지 않다). 그러나 분명히 새로 돋아난 가지는 이전에 그 자리에 있었던 가지를 떠올리게 만들어준다. 만일 여러분이 어느 섬의 모든 생명을 몰살시킴으로써 생명의 나무의 가지 하나를 꺾어버린다고 하더라도 시간이 흐름에 따라서 예전에 생물로 채워져 있던 생태적 지위는 다시금 생물들로 채워지게 될 것이다. 설사 이전에 그 자리를 채웠던 생물과 동일한 종이 아니라고 하더라도 말이다. 만일 여러분이 가장 복잡한 생명을 몰살시킴으로써 생명의 가지를 꺾어버린다고 하더라도 곧 그 자리를 대신할 새로운 가지가 나타나게 될 것이다.

그리고 마치 태양이 움직임에 따라 식물이 제 몸의 방향을 바꾸어 자라나듯 진화는 생물을 좀 더 온화한 환경을 향하도록 조절한다. 만일 식물상과 동물상으로 빽빽하게 들어찼던 풍요로운 땅이 메말라버린다면 생물량의 균형은 그 땅이 다시 축축해질 때까지 그에 맞추어 움직이게 된다.

물론 일부 생물은 메말라가는 땅에 남아서 적응하여 황폐한 환경에서 번성하는 법을 배우게 된다. 실제로 진화는 일반적으로 놀라울 정도로 다양한 조건 아래에서 복잡한 생물을 창조해낸다.

모든 것을 고려할 때 자연선택에 의한 진화가 목표를 지향하는 행동에 대한 대략적인 기준, "다양한 조건에서 끈질기고 완고하게 목표를 향해 나가고자 하는 속성"을 가지고 있다고 볼 수 있다. 그렇다면 살아있는 생물과 강을 갈라놓는 또 하나의 조건에 대해서는 어떨까? 자연선택이 정보를 처리함으로써 다양한 조건에 적응한다고 볼 수 있을까?

그렇다. 자연선택은 방대한 양의 정보(유전자)를 세상으로 내보낸다. 만일 그 유전자가 널리 퍼져나가게 되면 이 양의 되먹임positive feedback은 바깥세상이 유전자에게 있어서 적응적 적합성이 높은 환경임을 의미한다. (실제로 유전자의 증식은 유전자의 환경에 대한 적응을 구성한다. 이 양의 되먹임을 통해서 생물은 환경 변화를 '감지'하고 그에 맞추어 반응한다.) 물론 어떤 경우에 새로운 유전자가 증식되지 않는 경우도 있다. 이 음의 되먹임은 유전자와 환경 사이에 적응적 적합성이 부족함을 의미한다. 이러한 시행착오야말로 정보 처리 시스템이라고 볼 수 있다. 비록 그 시도가 무작위적인 방식으로 나타나기는 하지만 말이다.

테이야르 드 샤르댕은 진화를 변화하는 환경에 따라 손으로 더듬어가며 앞으로 나아가는 것이라고 묘사했다. 테이야르를 진화가 나아갈 길의 안내자로 삼는 것은 꿈도 꿀 수 없는 일이다.# 그의 신비주의가 종종 그의 과학적 시야를 가려버리기 때문이다. 그러나 '더듬어 나가기' 라는 비유에 있어서 그는 저명한 유전학자 테오도시우스 도브잰스키Theodosius Dobzhansky와 같은 이의 지지를 얻을 수 있었다. 자연선택은 실제로 눈을 감은 채 촉수를 뻗어 '더듬어 나가는' 과정이다. 자연선택은 되먹임 정보를 받아들여 그것을 설계의 변경에 포함시킴으로써 다양한 조건 속에서 계속해서 복잡성을 창조해낼 수 있도록 한다.

17장에서 박테리아의 사이클릭 AMP가 탄소 농도가 낮은 환경을 감지하고 탄소 부족 상태에 걸맞는 행동을 유발시킨다는 점에서 의미 있는 상징을 구성한다고 주장했다. 적어도 퍼스 학파의 실용주의적 철학이 정의하는 '의미' 를 따르자면 그러하다.♣ 여러분은 어쩌면 자연선택에 의해 유전자 역시 같은 맥락에서 '의미' 를 가지고 있다고 말할 수 있다. 예를 들어 우리 모두가 지니고 있는 것으로 보이는 단 것을 좋아하도록 만드는 유전자는 인간 진화의 환경 속에서 달콤한 과일이 영양분을 지니고 있었다는 사실을 암시한다. 그리고 유전자는 환경에 대한 이와 같은 사실을 반영할 뿐만 아니라 그에 적절한 행동(아니면 적어도 사탕 따위가 나타나기 전까지

실용주의pragmatism 철학의 창시자로 간주되는 퍼스Charles Sanders Peirce는, '개념' 이란 그 개념으로부터 나오는 실제적인 결과에 지나지 않는다고 보았다──옮긴이

적절했던 행동)을 유발시킨다. 도브잰스키가 주장했던 것과 같이 "자연선택은 환경의 상태에 대한 '정보'를 그 환경 속에서 살고 있는 유전자형genotype에 전달하는 과정"이다.

자연선택이 국지적 환경을 '감지' 한다는 것은 자연선택이 주관적 경험을 갖고 있다는 의미는 아니다. 다시 예를 들자면 자동적으로 목표물을 추적해 탄환을 발사하는 레이더 유도포radar-guided gun는 —우리가 아는 한— 주관적 경험을 가지고 있지 않다. 그러나 우리는 일반적으로 그와 같은 유도포가 움직임을 '감지' 한다고 말한다. 실제로 이러한 종류의 '서보기구servomechanism'는 일부 철학자들이 목적론적 형태와 목적이 없는 형태를 구분하는 기준을 찾고자 할 때 즐겨 사용해온 '목표추구goal-seeking' 내지는 '합목적적purposive' 장치의 전형적인 사례이다. 그들은 서보기구를 식물과 동물과 한 편에 놓고 다른 편에는 바위와 강을 놓는다. 나는 자연선택에 의한 진화가 첫 번째 항목에 속한다고 주장하는 바이다.

여기에서 다시 한 번 나의 야심이 소박한 것임을 강조하고 싶다. 나는 생물의 진화가 목적을 가지고 있으며 설계의 산물이라고 말하는 것이 아니다. 단지 그렇게 믿는 것이 정신 나간 짓은 아니라고 말하는 것이다. 생물의 진화는 동물이나 로봇과 같은 합목적적 사물에서는 찾아볼 수 있지만 바위나 강물과 같은 명백하게 목적이 없는 사물에서는 발견할 수 없는 일련의 속성을 가지고 있다. 이것이 목적론의 확증적 증거는 될 수 없으나 유력한 단서는 될 수 있다.

아니면 다른 방식으로 이야기해보자. 어쩌면 진화는 목적론적 현상이 아닐 지도 모른다. 그러나 만일 그럴 경우 진화는 내가 생각해낼 수 있는 범위에서 정보 처리를 통해서 유연한 방향성을 나타내면서 동시에 목적론적이지 않은 유일한 것이다.

자연선택이 낳은 자연선택

설사 진화가 목적론적인 것(설계의 산물이며 목적을 가진 절차)이라고 입증
된다고 하더라도 신과 해피엔딩으로 완성되는 테이야르 드 샤르댕의 세계
관에 다가가기에는 아직도 멀었다. 윌리엄 팰리의 주장이 주는 교훈은 설
계되고 목적을 가진 것이라고 하더라도 그것이 어떤 존재, 더군다나 신과
같은 존재에 의해 설계되었을 필요는 없다는 것이다. 실제로 어쩌면 생물
의 진화 자체에도 —각 생물의 진화와 마찬가지로— 다윈주의적 과정에 의해
목적이 부여되었을 수도 있다.(그럴 가능성이 높은 것은 아니지만 없지도 않다)
꽃이 만개하는 것이 자연선택의 산물이듯 지구라는 행성에서 생물의 그물
망이 만개하는 것 역시 일종의 고차원적 자연선택의 산물일 수도 있다.

미친 소리처럼 들리는가? DNA의 발견자 중 한 사람으로 온전한 정신
을 가진 것으로 생각되는 프랜시스 크릭Francis Crick이 제안한 '정향적 범종
설(定向的 汎種說, directed panspermia)'이라는 가설을 고려해보자. 크릭의 추측
은 멀리 떨어진 곳에 있는, 역시 생물학적 진화와 문화적 진화의 산물인
어떤 문명이 진화의 씨앗, 이를테면 박테리아를 우리가 사는 태양계로 보
내왔다는 것이다. 크릭에게 —노벨상 수상자에게 주어지는 특권으로서— 이러
한 환상 비행을 허락하자. 그리고 이것을 두 번째의 환상 비행과 결부시키
자. 그동안 어딘가 멀리 떨어진 곳에서 일어나는 진화는 그다지 풍요로운
결과를 낳지 못했다고 하자. 이 진화 과정은 생명의 씨앗을 외부로 전파시
킬 우주선을 만들만큼 영리한 동물을 생성해내는 데 실패했다.

만일 이 두 가지 환상 비행을 결합한다면 우리는 일종의 메타자연선택이라는 개념에 도달하게 된다. 진화의 씨앗(박테리아)이 여러 행성에 뿌려진다. 그리고 이 씨앗은 잘 자라나 완전히 번성하거나 —높은 수준의 기술과 단세포 생물을 가득 실은 로켓을 다른 태양계에 보내 생명을 전파시키고자 하는 경향을 지닌 매우 영리한 생물을 생성하거나— 아니면 그러지 못할 수도 있을 것이다. 이처럼 비옥한 문명을 창조하는 씨앗은 '적자fittest'이다. 이들은 퍼져나간다. 따라서 30억 년이라는 세대가 지나 그 다음 30억 년이 되면 적자에 해당되는 —영리하고 모험심이 가득하며— 종의 진화를 이루어내는 씨앗이 진화, 아니 메타-진화하게 된다. 그리고 우리 문명은 바로 이 새로운 세대로 이어지는 길목에 서 있다. 다시 말해서 수 년, 수십 년 안에 박테리아를 가득 실은 로켓을 쏘아 올릴 태세를 갖추게 되었다. (왜 박테리아 대신 사람을 태우지 않느냐고? 크릭의 견해에 따르면 복잡한 형태의 생물보다는 원시적 형태의 생명을 실은 로켓이 더 오랫동안 여행할 수 있을 것이다.)

나는 독자들에게 이 메타자연선택의 시나리오에 대해 오래 숙고하는 것을 별로 권하고 싶지 않다. 왜냐하면 곧 혼란이 끼어들기 때문이다. 그리고 그 혼란 중 일부는 계속적인 숙고를 통해 해소될 수 있지만# 해소할 수 없는 것도 있다. 예를 들어 진화가 대개 우리 행성에서 일어났던 것만큼의 시간이 걸린다면 120억 년이라는 우주의 역사 속에서 메타생명주기는 고작 몇 번밖에 일어나지 못했을 것이다. 이는 아주 정교한 설계를 허락하기엔 너무 제한된 시간이다.

비록 메타자연선택이라는 시나리오에 돈을 걸 생각이 없더라도 이 시나리오 자체는 곰곰이 생각해볼 만한 가치가 있다. 특히 이는 지구상의 생명에 대한 흥미로운 개념의 재정립을 함축한다. 이 관점에 따르면 30억 년에 걸친 동물과 식물의 진화 전체는 하나의 생물이 점차로 성장해나가는 후성설(後成說, epigenesis)✝의 과정이라고 볼 수 있다. 그리고 이 하나의 생물은 사실상 인간이 아니라 모든 종을 아우르는 생물권 전체라고 볼 수 있다. 인간이라는 종은 ─이 과정에서 폄훼되지 않고─ 이 생물권의 성숙해가는 뇌일 뿐이다(테이야르는 '생물권'을 염두에 두고 '인지권noosphere'이라는 단어를 만들어냈다). 동물의 뇌가 성숙해감에 따라 신체에 대한 관리 책임을 맡듯, 인류 역시 ─좋든 싫든─ 생물권에 대한 관리 책임을 맡게 되었다.

이 관점은 처음에는 괴상하게 여겨질 수 있다 그러나 만일 여러분이 가설적인 외계인의 관점으로 바라본다면, 즉 지구상의 진화를 충분히 먼 거리, 충분히 긴 시간 속에서 바라본다면 그다지 이상하게 여겨지지 않을 것이다. 생물권의 끈질긴 성장과 인류에 의한 전체적인 경치의 변형은 마치 생명의 꽃과 같이 여지 없이 방향성을 드러낸다. 그리고 만일 여러분이 이 책의 1부와 2부에서 논의된 방향성을 받아들인다면 여러분은 초생물체(생물권+인지권)가 실질적으로 강력한 추진력을 지니고 있음을 인정해야 한다. 마치 주어진 환경이 비옥하며 어떤 외부의 힘에 의한 대재앙이 벌어지지 않는다고 가정할 때 양귀비 씨앗이 자라나서 꽃을 피우는 것과 같이 초생물의 도래는 일어날 가능성이 매우 높은 사건이다. 이 엄밀하고 확률적인 의미에서 양귀비 씨앗의 운명이 양귀비꽃을 피우는 것이라고 말할 수 있듯 원시적 DNA의 운명은 슈퍼브레인이라고 불릴 만큼 충분한 지능과 기술을 갖춘 종의 출현으로 완성되는 전지구적 '초생물체'가 되는 것이라고 말할 수 있다.

후성설(後成說, epigenesis) | 점차적인 분화에 의해 생물의 발생이 이루어진다는 이론─옮긴이

만일 여러분이 앞의 장들에서 제시된 주장을 받아들일 뿐만 아니라 이 장의 주제까지 받아들인다면 우리는 좀 덜 엄밀한 의미에서의 운명에 대해 이야기해볼 수 있을 것이다. 우리는 진화가 단순히 방향성을 가지고 있을 가능성이 높을 뿐만 아니라 목적의 증거를 가지고 있다고 말할 수 있다. 양귀비 씨나 지구상의 생명은 모두 단지 방향성만을 강조하는 것이 아니라 이들이 추구하도록 설계된 방향을 강조하고 있다.

기억하라. 양귀비가 추구하도록 '설계'된 방향(꽃 피우기)은 그렇게 압도적이라고 할 수 없는 '더 높은' 목적, 즉 유전자를 전달하는 목적에 종속되어 있다. 물론 전지구적 초생물체의 '더 높은' 목적이 이에 상응하는 것이라고 볼 수는 없다. 우리의 궁극적 목적이 유전정보를 이 은하, 저 은하계로 퍼뜨리는 것이라는 확신을 갖기에 메타자연선택 시나리오는 그 기반이 너무나 취약하다. 그러나 좀 더 광범위한 요지는 유효하다. '더 높은' 목적은 반드시 그렇게 높을 필요는 없다는 것이다. 진화가 실제로 목적을 가지고 있다고 하더라도 —우리가 아는 모든 것을 종합해볼 때— 그 목적은 반드시 신성한 존재에 의해 부여될 필요는 없다. 그 목적은 어쩌면 도덕과 관계없이, 단순히 창조적 과정에 의해 부여될 수도 있다.

간단히 말해서 이 장의 요지는 —설사 여러분이 이 논리를 받아들인다고 하더라도— 우리를 윌리엄 팰리의 입장으로 몰아넣는다. 분명한 설계의 증거를 찾았으나 한치의 영적 확신이나마 제공해줄만한 설계자에 대한 순수한 증거를 찾아내지 못했다. 그러나 여전히 가느다란 희망의 끈은 남아있으니 우리 앞에 놓여 있는 다음 장으로 건너가 보자.

신의 진화

이게 대체 무엇인지 알 수가 없다.
단지 매우 크고 목적을 가지고 있다는 사실밖에는.
– 영화 〈2010〉♣의 헤이우드 플로이드 박사Dr. Heywood Floyd in the movie

'진화'라는 단어의 원래의 의미는 '전개unfolding' 내지는 '펼침unrolling' 이었다. 그러니까 이야기의 맨 끝을 확인하기 위해 둘둘 말린 고대의 두루마리 문서를 펼칠 때의 그 펼친다는 의미와 같다. 오랫동안 잊혀졌던 이 단어의 의미에 대해 좀 이야기해볼 필요가 있다. 생물학적 진화나 문화의 진화는 모두 문서화된 대본을 가지고 있지 않지만 마치 결말이 정해져 있는 문서화된 이야기와 마찬가지로 생물학적 진화나 문화의 진화 역시 움직일 수 없는 집요하고 완고한 특성을 보이고 있으니 그것이 바로 방향성이다. 심지어 내가 앞서 주장한 것과 같이 이 방향성은 목적telos을 암시한다. 지구라는 행성에서 이루어진 생명의 전개는 어쩌면 어떤 의미point를 가지고 있는 것일지도 모른다.

　물론 그 의미는 좋은 것일 수도 있고 나쁜 것일 수도 있다. 방향성에 목

〈2010〉 | 2001 스페이스 오딧세이의 속편—옮긴이

적이 더해진 것이 반드시 선(善)을 의미하지는 않는다. 폴 포트Pol Pot♣ 역시 분명히 일정한 방향성과 강렬한 목적의식을 가지고 있었다. 그렇다면 생물학적 진화와 문화의 진화에서 그 방향성이 선, 또는 자비로운 목적을 향하고 있다고 믿을만한 근거가 있을까? 아니면 이 질문을 좀 더 일상적인 언어로 바꾸어보자. 진화에는 단순한 설계가 아니라 성스러운divine 설계가 깃들어 있다는 증거가 있을까? 무언가 '신'이라는 꼬리표를 붙일만한 가치가 있는 존재의 징후를 찾아볼 수 있을까?

역사적으로 방향성을 열렬히 부르짖어온 사람들은 어떤 의미에서든 이 질문에 "그렇다"라고 답하는 경향을 보였다. 헤겔은 역사의 변증법이 결국에는 신의 현현(顯現, manifestation)에 도달하게 된다고 말했다. 베르그송은 엘랑 비탈을 성스러운 것으로 간주할 수 있으며, 진화는 신이 "창조자를 창조하고자 하는 작업"이며 "신은 자신 이외에 그가 사랑할만한 가치가 있는 존재를 갖고자" 했으리라고 추측했다. 테이야르 드 샤르댕에게 있어서 오메가 포인트는 신의 사랑이 구현된 형태의 절정이었다.

나는 과연 신이 이 맥락에 맞아 들어가는지, 아니면 하다못해 일종의 성스러운 존재가 이 맥락에 적합한 것인지 그들과 같은 확신을 가지고 단언할 수 없다. 그러나 나는 과학적 관점으로 사물의 상태를 평가한 결과가 여러분이 예상하는 것보다 더 신성(神性, divinity)의 증거를 내보인다고 생각한다. Nonzero, 다시 말해서 제로가 아니다!

그렇다면 '과학적'이라는 것은 무슨 의미일까? 내가 위에서 과학적으로 평가한다고 말한 것은 위성에 기반을 둔 감지 장치를 이용해서 영적인

폴 포트Pol Pot | 1970년대 말 4년간 집권하면서 공포정치로 200만 명의 국민을 학살한 캄보디아의 독재자―옮긴이

530　2부　생명의 역사
NONZERO

라디오파를 검출해냈다는 이야기가 아니다. 단지 특별한 계시나 명상, 약물, 그밖에 다른 수단을 통해 도달하는 신비스러운 통찰(이와 같은 경험에 기반을 둔 시도를 '자연신학natural theology'이라고 부르기도 한다) 대신에 모든 사람들이 볼 수 있는 증거를 사용해서 영적인 시나리오를 검토한다는 것을 의미한다. 단지 논의 전개를 위해서 생물학적 진화나 문화의 진화가 설계의 징후를 가지고 있다는 앞장의 결론을 받아들여보자. 그렇다면 이 설계는 사람들이 흔히 신과 결부시키는 가치를 구현하고 있는 것일까?

어떤 면에서 그 답은 '아니다'가 될 수밖에 없다. 가장 증거를 찾기 어려운 종류의 신이 바로 대부분의 사람들이 믿는 것으로 보이는 신이다. 무한한 능력을 가지고 있고 무한히 선한 존재로서의 신이 그것이다. 그러나 사실 그와 같은 신이라면 폴 포트와 같은 인물이 나타나지 않도록 했어야 할 것이다. 그리고 그밖에 다른, 다양한 형태의 잔인함과 고통을 이 세상에(생물 진화에 내재된 형태로든 인간의 창조물 형태로든) 허락하지 않았어야 마땅하다. 물론 이것은 특별히 이 책의 논의에서 도출된 통찰은 아니다. 악의 문제는 매우 오래된 통찰로 매일 매일의 세계를 슬쩍 바라보기만 해도 누구나 떠올릴 수 있는 생각이다. 왜 자비롭고 전능한 신이 착한 사람들에게 ─아니면 사람들 전체에─ 나쁜 일이 일어나도록 만들었을까?

일부 사상가들은 정공법을 써서 신에 대한 전제를 부정함으로써 악의 문제를 해결하고자 했다. 고대의 조로아스터교도들은 신이 전능하지 않으며 오히려 사악한 정신과의 정정당당한 싸움을 벌이고 있다고 생각했다. 그러나 종종 신학자들은 이 문제를 교묘하게 에둘러 처리하고자 한다. 신은 선하고 전능하며 따라서 신이 관용하고 있는 겉보기에 나쁘게 느껴지는 모든 것들은 그것을 보충할만한 특성을 가지고 있으며 궁극적으로는 선한 것이라고 그들은 주장한다. 예를 들어서 고통은 '영혼의 건축soul building'을 위한 필요조건이라는 것이다.

이 주장은 빤한 반박을 불러일으킨다. 만일 신이 전능하다면 왜 그는 '영혼의 건축'을 위해 고통이 필요하지 않도록 우주를 재설계하지 않았을까? 조립식 영혼♦이 존재해서는 안 될 법이라도 있나?

개인적으로 나는 조로아스터교의 시나리오를 선호한다. 아니면 선한 신이 설사 능동적이고 사악한 힘과 맞서고 있지 않다고 하더라도 다른 면으로 제한된 능력을 가지고 있다는 시나리오가 마음에 든다. 어쩌면 우주를 창조하는 데 있어서 신은 형이상학적으로 부과된 설계상의 제한점을 갖고 있었을지도 모른다.

신이 어떠하다든지 신의 방식이 어떠하다고 설명하는 것이 이 장의 목적은 아니다. 그와 같은 일은 나의 업무 영역을 넘어서는 사안이다. 내가 여기에서 사용하는 '신'이라는 용어는 일반적으로 이 단어가 내포하는 의미보다 훨씬 더 막연하고 애매한 개념이다. 중요한 질문은 이것이다. 우리 눈앞에 놓여 있는 증거에서 우리는 어떤 신성이 부여된 의미의 징후를 찾아볼 수 있을까? 점점 더 복잡성이 증대된다는 의미에서 방향성을 찾아볼 수 있다면 우리는 영적이거나 종교적인 차원에서 어떤 방향성을 찾아볼 수 없을까? 아니, 우리가 영적이거나 종교적인 차원이라고 부를만한 것이 존재할까?

조립식 영혼 | 미리 구성요소가 만들어져 짜 맞추기만 하면 된다는 의미―옮긴이

의미의 원천

물질적 진보가 가져온 이상한 결과 중 하나는 사람들이 삶에 의미가 없다고 생각하는 경향이 증가하는 것이었다. 기대수명이 30세 전후였고 부른 배를 안고 잠자리에 드는 호사를 누릴 기회가 드물었던 중세 초기에만 하더라도 사람들은 삶에 의미가 있다는 데 굳은 확신을 가졌다. 그런데 근대 후기에 이르러 사람들은 존재에 아무런 의미가 없다고 생각하기 시작했다. 뿐만 아니라 이러한 관점을 고수하는 사람들은 그들이 굳건한 과학적 토대에 발을 딛고 서있다고 생각하는 경향이 있다. 즉 현대과학이 기나긴 과거 동안 종교적으로 설명되었던 삶의 미스터리를 풀어냄으로써 더 높은 목적의 부재를 강조했다는 것이다.

이 사람들에게 필요한 것은 다음과 같은 엄격한 사고실험이다. 어떤 행성에서 생명이 진화해나갔다고 상상해보자. 자기복제를 하는 약간의 물질(유전자라고 하자)이 그들 스스로를 ―우리가 자연선택이라고 부를만한 절차에 의해서― 행동의 유연성을 보이는 보호 장구로 감싸게 되었다. 그런데 그 중 어느 ―영리하고 두 발로 걷는― 한 종이 수많은 행동의 유연성을 보여주게 되었다. 이 생물은 엄청난 위업을 달성하는 능력을 보여준다. 매우 정교한 방식으로 의사소통을 하고 예술을 창조하며 TV를 보기도 한다.

어디서 많이 듣던 이야기라고? 잠깐, 너무 성급하게 나가지 마시라. 이 생물은 또 다른 특징을 가지고 있는데 그것은 의식이 없다는 것이다. 즉 지각력의 자취를 찾아볼 수가 없다. 다시 말해서 그들의 입장이 된다는 것은 아무 것과도, 어떠한 느낌과도 같지 않다. 그들은 손을 불에 데면 손을 황급히 불에서 멀리하도록 설계되었다. 그러나 그들은 고통을 느끼지 못한다. 뿐만 아니라 행복도 아무것도 느끼지 못한다. 이 생물들은 인간과 지극히 똑같이 생겼고 똑같이 행동한다. 단지 열정과 긍지가 없다는 점만 빼고서. 이들은 그저 특별히 멋진 피부를 가진 로봇일 뿐이다.

분명히 이러한 세상에는 많은 사람들이 삶의 의미의 으뜸가는 원천이라고 꼽는 것들, 이를테면 불멸의 사랑, 열렬한 충성심, 누그러지지 않는 승리감 등이 결여되어 있을 것이다. 그런데 결여되어 있는 것이 또 있다. 이러한 세상에는 도덕적 의미가 존재하지 않는다. 결국 이 생물이라고 불리는 존재들은 마치 컴퓨터와 같이 —아니면 적어도 우리가 컴퓨터를 가지고 가정하는 것과 같이— 감정이 결여되어 있는 일종의 기계에 지나지 않는다. 컴퓨터에서 영원히 플러그를 빼버리는 것이 비도덕적인 행위일까? 만일 그렇지 않다면 이 정서적으로 황폐한 행성에 사는 지각력 없는 생물을 죽여버린다고 해서 그것이 비도덕적인 것이라 할 수 있을까? 애초에 어떤 —도덕적— 성취의 잠재력이 전혀 존재하지 않았던 곳에서 말이다. 이것이 바로 아무런 의미가 없는 세상의 모습이다. 이런 세상은 '옳다'거나 '그르다'라는 말이 의미를 가질만한 배경을 제공하지 않는다.[#]

아마 이 좀비들이 살고 있는 상상 속의 행성에서 가장 이상한 점은 좀비야말로 여러분이 바로 이 행성에서 진화할 것이라고 예상하는 생명의 형태라는 것이다. 실제로 지구상의 생명이 이러한 좀비들로 채워지지 않았다는 사실이야말로 가장 큰, 그리고 아마도 끊임없이 지속될 혼란일 것이다. 왜냐하면 앞 장에서 지적한 대로 현대의 행동 과학적 전제에 따르면 주관적 경험은 아무런 기능도 주어지지 않았기 때문이다. 주관적 경험은 그저 불필요한 여분의 것일 뿐이다.

이처럼 의식이 불필요한 여분의 것으로 보인다는 점은 철학자인 데이빗 챠머스로 하여금 다음과 같은 말을 하도록 만들었다. "신은 어쩌면 원자 하나하나에 이르기까지 물리적으로 우리가 사는 세계와 정확히 동일하지만 의식이 전혀 없는 세계를 창조할 수 있었을 것이다. 그리고 그 세계도 이 세계만큼 잘 돌아갈 것이다. 그러나 우리의 우주는 그와 같지 않다. 우리의 우주는 의식을 가지고 있다." 그 이유는 알 수 없지만 신은 '의식을 불어넣기' 위해서 '여분의 일을 하기로' 결정했던 것이다. 그리고 이 여분의 일의 핵심은 일부, 어쩌면 모든 종류의 정보 처리 과정에 의식을 할당하는 법칙을 입안하는 것이라고 할 수 있다.

챠머스가 '신' 이라고 말할 때 하얀 수염이 난 남자를 의미하는 것은 아니다. 대부분의 철학자들은 신이라는 용어를 적어도 내가 사용하는 것만큼 막연한 의미로 사용한다. 이 신이란 우주의 법칙을 지정하는 어떤 존재이든 또는 어떤 절차를 말한다. 그러나 인간 존재의 속성 가운데에서 신비스럽고 심지어 그 기원을 설명할 수 없는 어떤 속성이 생명(또는 삶)이 의미의 중심적인 원천이라는 사실이 꼭 성스러운 존재나 더 높은 목적에 대한 추측을 방해하지는 않는다. 그리고 생명(삶)이 무의미하다고 확신한 사람들이 그와 같은 확신의 지지대로서 과학이 생명(삶)의 신비를 "설명해버렸다"고 인용하는 것이야말로 이상하게 보인다. 누가 뭐래도 과학은 의식의 신비를 풀어내지 못한 형편이다. 어떤 면에서 과학은 의식의 신비를 창조해냈다. 신비는 행동과 인과율이라는 콧대 센 과학적 관점에서 출현했다.

의미의 성장

물론 복잡한 데이터 처리 과정에 지각력을 할당하는 법칙은 복잡한 데이터 처리 과정이 진행되지 않는 한 아무런 소용이 없을 것이다. 그런데 다행히도 ―우리가 이 책의 2부에서 확인한 것과 같이― 생물의 진화는 복잡한 데이터 처리 과정의 출현 역시 보장하고 있다. 시간이 흐름에 따라서 우리는 점점 더 복잡한 동물이 점점 더 정교하게 정보를 처리하는 것을 볼 수 있다.

이것은 단지 자연선택이 행동의 복잡성과 그에 따른 기민한 데이터 처리를 선호하기 때문만은 아니다. 애초부터 생물학적 구조 자체의 복잡성이 정보 처리를 수반했다. 아, 휴가 계획을 세우는 여러분의 뇌의 능력에 대해서는 잠시 잊어버리자. (물론 그것은 놀라운 능력이지만.) 단지 여러분의 폐와 신장의 호흡하고 소변을 배출하는 능력에 대해 생각해보자. 이러한 기관들 역시 풍부한 데이터를 다룬다. 신경계와의 관련성 외에도 호르몬에 의한 조절, 온갖 종류의 세포들 사이의 긴밀한 소통에도 다량의 데이터가 관여한다. 따지고 보면 하나의 세포들도 그 안에 결코 만만치 않게 복잡한 DNA라는 정보 처리장치를 지니고 있다.

그런데 신장이나 박테리아는 가장 숭고하고 가장 의미 있는 순간(사랑과 공감, 기쁨이나 직관적 깨달음, 심지어 비참하지만 심원한 가책을 느끼는 순간)들에 도달할 수가 없다. 행동이 있는 곳에 뇌가 있다. 따라서 상당히 복잡한 행동을 보이는 커다란 다세포동물이 진화의 역사에 예정되어 있었다는 사실은 다행스러운 일이다. 나의 요지는 이 뇌들은 바로 생명의 가장 깊은 곳에 자리 잡은 정수, 정보를 처리하고자 하는 근본적인 충동의 자연스러운 결과물이라는 것이다. 정보처리, 지각력, 의미 사이의 명백한 연결성을 고려해볼 때 자연선택에 의한 진화는 처음부터 의미를 만들어내는 기계였다고 할 수 있다.

지금까지 살펴본 것과 같이 복잡성과 데이터 처리, 의미가 점점 성장하게 된다는 논리는 다름 아닌 넌제로섬 논리이다. 한 가닥의 DNA 위에 놓인 유전자들은 서로 넌제로섬 관계를 갖는다. 하나의 세포 안에 들어 있는 세포소기관들, 하나의 신체 안에 들어 있는 세포들도 마찬가지이다. 이 모든 사례에서 넌제로섬 원리를 형성하는 원인은 구성요소들 사이의 다윈주의적 이익(한 배를 타고 있는 상황)이며 결과는 정보의 전달이다. 왜냐하면 8장에서 지적한 것과 같이 넌제로섬 게임을 성공적으로 수행하는 것(협동적 조절)은 일반적으로 의사소통에 의존하기 때문이다.

  어떤 생물이 보편적인 엔트로피의 증가, 글자 그대로의 열역학 제2법칙이 아니라 열역학 제2법칙의 정신에 맞서서 자신의 생명을 유지하도록 하는 것은 바로 이 훌륭하게 수행된 넌제로섬 게임과 그에 따른 유연한 결집성이다. 정보 처리를 요구하는 이 게임이 엔트로피와의 전쟁의 최전선에 있다는 것은 완벽하게 이치에 닿는 이야기이다. 자크 모노가 주장한 대로 (17장 참조) 모든 사물을 골고루 섞어버리는 열역학 제2법칙에 맞서서 물질을 질서 있는 형태로 배열하고 그 상태를 유지하기 위해서는 '식별' 내지는 '인지' 능력이 필요하다. 생명이 최초로 열역학 제2법칙에 맞서기 시작한 이래로 정보처리는 생물의 결집성의 논리에 따라, 즉 넌제로섬 원리의 논리에 따라 점점 더 높은 수준으로 올라갔다.

  생물학적 진화가 화살표를 가지고 있다는 사실, 즉 점점 더 구조적으로나 정보적으로 복잡한 생명 형태를 발명해낸다는 사실과 이 화살표가 의미를 향하고 있다는 사실을 신의 증거로 삼을 수는 없다. 그러나 이는 진화에 아무런 방향성이 없거나 아니면 방향성이 있더라도 의식이 없는 세상에 비해서 훨씬 더 신성divinity을 암시해준다. 만일 좀 더 많은 과학자들이 의식의 기묘함을 이해하게 된다면, 즉 지각력이 없고, 따라서 의미가 없는 세계가 바로 현대의 행동 과학자들이 존재한다고 믿는 세계라는 점을 이해한다면 우리의 현실은 지금보다 더 많은 경외감을 불러일으킬 것이다.[#]

선의 기원

의식에서 비롯된 의미는 그 자체로 내재적으로 선한 것은 아니라고 주장할 수도 있다. 실제로 지각력은 기쁨을 낳을 수 있는 능력과 더불어 고통을 낳을 수 있는 능력을 가지고 있다. 즉 좋은 것일 수도 있고 동시에 나쁜 것일 수도 있다. 폴 포트가 그와 같은 행동을 한 것도 지각력, 의미가 존재했기 때문이다. 의미가 결여된 좀비들이 사는 상상 속의 행성에서는 폴 포트든 히틀러든 스탈린이든 악을 행사할 능력이 없다. 그들이 아무리 파괴적이라고 하더라도 사람들에게 어떤 고통도 줄 수 없고 어떤 행복도 가로막을 수 없으며 어떤 신성함도 욕보일 수 없다.

간단히 말해서 의미의 존재는 도덕적으로 중립적이다. 의미는 잠재적으로 선을 창조할 수 있지만 그 자체로 저울을 선 쪽으로 기울게 만들지는 못한다. 이렇게 놓고 볼 때 우리는 단순한 의미, 단지 선에 대한 잠재력보다는 성스러운 건축가divine architect에 더 많은 희망을 품을 수 있을 것이다. 우리는 선의 실현에 —적어도 이따금씩, 그리고 더 잦으면 잦을수록 좋겠지만— 희망을 품을 수 있을 것이다.

그렇지만 다른 한편에서 볼 때 자연선택을 설계에 포함시킨 건축가에게 선을 요구하는 것은 좀 어리석고도 순진한 생각이 아닐까? 자연선택의 핵심에는 피 튀기는 잔혹성이 놓여 있다. 그것은 유한한 자원을 놓고 벌어지는 제로섬 투쟁이며 여기에는 어떤 법칙도 없다. 그렇다면 여기에서 과연 얼마만큼의 선이 출현할 수 있을까?

여러분이 생각하는 것보다 많은 선이 출현할 수 있다. 우리가 지켜본 것과 같이 이 동력은 한 가닥의 DNA로부터 다세포동물들의 사회에 이르기까지 점점 더 큰 넌제로섬의 그물망을 짜내는 역설적인 효과를 가지고 있다. 중요한 것은 단순히 그에 수반하는 데이터 처리나 지각력, 그에 따라 의미가 성장한다는 것에 있지 않다. 왜냐하면 넌제로섬 원리의 충동은 궁극적으로 동물의 사회에 이르기 때문이다. 이것은 ―우리가 18장에서 본 것과 같이― 사랑의 발견과 확산을 가져온다.

사실 사랑의 발견과 확산을 가져온다는 말은 조금 강한 표현일지도 모른다. 넌제로섬 충동이 가져오는 것은 사랑 그 자체가 아니라 가까운 친족 사이의 이타적 행동의 진화이다. 그리고 이 이타적 행동은 아마도 ―의식의 좀 더 일반적인 신비에 가려진 이유들로 인하여― 사랑이라는 주관적인 경험을 가져오는 것으로 보인다. (적어도 우리 인간 종에 있어서 사랑이란 부모가 자식들을 보살피고 보호할 때 느끼는 감정이며 침팬지나 개라고 해서 이와 다를 것이라고 생각할 이유가 없다.) 어찌되었든 중요한 점은 이타주의가 도래함에 따라서 동물들은 서로 잡아먹는 일 이상의 무언가를 하게 되었다. 동물들은 서로 돕고 그런 행동을 기분 좋게 느끼게 되었다.

가족 내의 이타주의는 자연 상태에서 여러 차례에 걸쳐서 진화되었다. 서로 가까운 친족관계에 있는 개체들이 서로 가까운 곳에서 살아가기 시작하자 그들 사이에는 점점 다원주의적 공통의 이해관계가 두텁게 싸여가면서 친족선택이라는 논리에 의해 이용되기만을 기다리는 상태가 되어갔다. 비록 친족선택적 사랑의 원형은 어머니(또는 어미)의 헌신이라고 추측되지만(심지어 많은 종류의 곤충들마저도 헌신적 모성을 보여준다) 다른 형태의 헌신이 곧 뒤따랐다. 형제자매들 간의 사랑, 그리고 인간과 일부 다른 종의 동물들에서 보이는 아버지의 사랑이 그것이다.

일단 가정이라는 울타리 안에서 교두보를 마련한 이타주의는 궁극적으로 가까운 친족이라는 범위 바깥으로 뻗어나가게 되었다. 우리가 지금까지 살펴본 것과 같이 인류를 비롯한 수많은 종에서 자연선택은 호혜적 이타주의를 만들어냈다. 그 근간에 냉정한 계산이 깔려있는 이 호혜적 이타주의는 가슴에서 우러난 의리, 심지어 애정으로 발전해나갔다. 가족의 테두리를 넘어서서 유대를 형성하는 이와 같은 인간의 경향은 문화의 진화가 넌제로섬 원리의 길고 오래된 지리적 확산을 시작함에 따라서 결정적인 중요성을 띠게 되었다. 이타주의를 발명해냄으로써 선을 창조했던 생물학적 진화는 이제 다른 주인공에게 무대를 양보하고 뒤로 물러났다. 이제 선의 확신에 대한 모든 희망은 이 주인공, 바로 이 두 번째의 위대한 진화의 힘에 놓여 있게 되었다.

그러나 이러한 유대관계에 대해 지나치게 열광하기 전에 흔히 간과되고 있는 애정의 어두운 측면에 대해 짚고 넘어갈 필요가 있다. 여러분은 혹시 '텍사스 치어리더 어머니'에 대해 들어본 일이 있는지? 그녀는 고교 치어리더 경합에 출전한 딸의 경쟁자를 죽인 죄목으로 유죄판결을 받았다. 이 사건과 관련된 희소식은 이 여자가 분명 텍사스의 —또는 세상 다른 어떤 곳에서든— 전형적인 어머니상은 아니라는 것이다. 한편 나쁜 소식은 그녀가 비록 기괴한 비율로나마 어느 곳에든 편재하는 한 가지 진실을 구현하고 있다는 점이다. 그것은 바로 사랑이 애초에 설계되기를 다른 이들에게 불편하고 비위를 거스르게 할 수 있는 감정이라는 사실이다. 문제는 단지 사랑이 선택적으로 확장되며 종종 가족의 경계를 넘어서면서 급정지한다는 사실이 아니다. 문제는 사랑이 많은 경우에 가족의 경계 바깥에 있는 사람들에게 적극적인 손해를 입히면서 전개된다는 사실이다. 결국 대문 밖 세상은 치열한 정글이며, 우리는 사랑하는 가족이 승리를 거두기를 바라는 것이다.

친화력의 이 꼴사나운 측면은 단지 가족 내의 친화력에만 국한되지 않는다. 영장류의 세계에서 호혜적 이타주의의 공통적인 목적 가운데 하나는 내가 속한 동맹 관계를 공고히 해서 다른 연합한 무리들과의 경쟁에서 승리를 거두는 것이다. 그리고 그 경쟁은 많은 경우 폭력적인 경쟁이다. 일반적으로 생물학자인 리처드 알렉젠더가 주장한 것과 같이 '집단 내 우호within-group amity'의 다른 쪽 면은 '집단 간 증오between-group enmity'인 것이다.

이 음울한 등식은 인류의 역사에서 거의 불변하는 것처럼 보였다. 오래 지속되는 강한 유대는 대개 깊은 균열의 주변에서 이루어지곤 했다. 전시에 대한 사람들의 향수에 젖은 추억담을 생각해보자. 군인들은 지워지지 않는 깊은 전우애에 대해 이야기한다. 그리고 민간인들은 온 나라를 뒤덮고 있던 국민들의 형제애에 대해 추억한다. 멋진 이야기처럼 들린다. 그런데 사실은 이러한 우호적이고 친밀한 감정이 국가라는 경계선까지 확장되는 동안 일상의 자잘한 증오감들이 지워지거나 추방된 것이 아니다. 그 증오감의 덩어리가 국경을 따라 산처럼 높이 쌓였을 뿐이다. 이번에는 단지 서로 다른 민족들 사이의 적대감이라는 형태를 띠고 있을 뿐이다. 마치 '증오 보존의 법칙'이 우주의 기본적인 법칙 가운데 하나로서 '질량 보존의 법칙'이나 '에너지 보존 법칙' 옆에 놓여 마땅한 것처럼 보인다.

우리는 여기에서 또다시 악의 문제를 마주하게 된다. 여러분은 자비롭고 전능한 신이 그와 같은 법칙을 우주에 끼워 넣었을 것이라고 예상하지 않을 것이다. 그러나 그 법칙은 확실히 근본적인 것으로 보인다. 이 법칙은 창조의 기본적인 역설에 뿌리 내리고 있는 듯 보인다. 넌제로섬 원리는 그 자체로 신기하게 보이지만 애초에 제로섬 원리에 의해, 제로섬 원리를 위해 창조되었으며 따라서 자연적으로 악용될 가능성을 품고 있다. 칸트의 '비사회적 사회성'이 자연선택의 근본적인 논리에 놓여 있는 것이다.

선의 성장

이 '증오 보존의 법칙'에 관련된 논의는 이 책의 앞부분에서 들떠오른 우리의 마음에 찬물을 끼얹을 것처럼 보인다. 조금 전 우리는 사람들의 도덕적 고려가 미치는 경계가 점점 확장되어 나가는 것에 대해 열광하지 않았던가? 고대 그리스인들은 어떻게 먼 도시에 있는 그리스인들을 같은 인간으로 대우하게 되었을까? 어떻게 도덕의 테두리가 넌제로섬 원리가 미치는 범위에 발맞추어 점점 커져서 사람들이 다른 나라에 살고, 다른 언어를 사용하고, 다른 믿음을 가진 사람들도 역시 나와 같은 사람이라는 사실을 깨닫게 되었을까? 물론 한 치의 진보에도 후퇴가 뒤따르는 것으로 드러난다면 우리의 열광은 다소 식게 될 것이다. '증오 보존의 법칙'은 정말로 자연의 법칙일까? 아니면 적어도 도덕적 진보의 전망을 어둡게 만들만큼 인간 역사에 깊이 뿌리 내리고 있는 것일까?

두 가지 이유에서 그렇지 않다. 첫째, 전쟁의 열기가 사회적 유대의 유일한 원천은 아니기 때문이다. 만일 내가 이웃이 여행을 간 동안 그의 정원의 식물에 물을 주고 그 역시 나중에 나의 호의를 되갚는다면 우리 두 사람 사이의 친목이 한층 성장하게 될 것이다. 굳이 제삼자에 대한 공통의 증오감 따위 없이도 말이다. 그리고 지난 몇 천 년 동안 이루어진 넌제로섬 원리의 성장의 상당 부분이 이런 방식에 의한 것이었다. 사람들이 공동의 적에 의해 '떠밀려서'가 아니라 공동의 이익에 '이끌려서' 하나로 뭉치게 되었던 것이다.

사람들을 하나로 끌어당기는 주된 힘 가운데 하나는 경제적인 것이었다. 물론 상업은 냉정한 것이며 많은 경우에 애정의 그물망을 확장시키는 데 무력하지만 관용의 그물망을 확장시키는 데에는 효과가 있다. 여러분은 동네 식품가게 주인을 사랑할 필요는 없지만 그를 폭행해서는 안 된다. 여러분은 자신이 타는 도요다 자동차를 만든 사람들을 사랑할 필요는 없지만 그들에게 폭탄을 투하하는 것은 현명한 일이 아닐 것이다. 여러분이 만든 물건들을 구매하는 해외에 있는 사람들에게 폭탄을 투하하는 것이 현명한 일이 아니듯 말이다.

소위 '증오 보존의 법칙'이 도덕적 진보의 전망을 흐리지 않는 두 번째 이유는 사람들을 '끌어당기는' 경제의 힘과 관련된 것이 아니라 공동의 위협이 사람들을 '밀어붙이는' 힘과 관련되어 있다. 비록 그와 같은 힘의 대표적인 사례는 전통적으로 전쟁이었지만 우리는 앞서 15장에서 사회적 조직화가 전지구적 수준에 접근함에 따라서 상황이 어떻게 달라질 수 있는지에 대해 논의했다. 사회적 조직화가 지구라는 행성 전체를 아우르는 수준에 이르면, 외계인의 침략을 제외하고는 정복은 더 이상 사람들을 하나로 뭉치게 하는 위협이 되지 못한다. 오히려 사람들은 테러리즘, 국제 범죄, 환경 재앙, 경제 붕괴 등과 같은 일들을 피하기 위해 서로 협동한다. 이제 과거 그 어느 때 보다도 넌제로섬 원리는 제로섬 원리를 궁극적 원천으로 삼지 않고서도 번성하게 되었다. 설사 과거에 '증오 보존의 법칙'이 일반적인 역사 법칙과 같은 자리를 차지했다고 하더라도 이제 그것은 조만간 폐지될 법칙으로 보인다.

물론 제로섬 원리는 사라지지 않았다. 기업들은 기업들끼리, 정치인들은 정치인들끼리, 축구팀은 축구팀끼리 치열한 경쟁을 벌인다. 뿐만 아니라 공동의 위협의 새로운 원천 중 일부인 테러리스트와 국제 범죄자들은 절대적인 넌제로섬 게임을 벌이고 있다. 그들의 이익은 상당부분 사회 전체의 이익의 반대편에 있으며 그에 따라 정당한 뭇의 반감을 불러일으키게 되어 있다. 그러나 넌제로섬 원리가 점차로 자라나서 마침내 전지구적 범위에 이르게 됨에 따라서 특정 종류의 제로섬 동력은 약화일로에 접어들었다. 그리고 그것은 가장 유독한 종류의 제로섬 동력, 바로 지리적으로 분리되어 있는 집단들 사이에 벌어지는 격심하고 가혹한 투쟁, 민족들 사이의 맹목적인 증오감을 수반하는 전쟁이다. 바로 이 공간적 차원의 제로섬 원리, 역사적으로 가장 끔찍한 형태의 제로섬 원리는 점차로 쇠락하기 시작했다. 이런 제한적이지만 결코 사소하지 않은 의미에서 우리는 넌제로섬 원리가 마침내 '승리'를 거두려 한다고 말할 수 있다.

이처럼 문화의 진화가 이와 같은 도덕적 문턱을 향해 다가왔다는 사실은 생물학적 진화가 의미를 확장시켜 오고 선을 발명해냈다는 사실들과 마찬가지로 우주가 선하게 설계되었다는 증거는 될 수 없다. 그러나 이러한 생물학적 진보와 마찬가지로 문화적 진보 역시 신성(神性, divinity)이 존재하지 않는다기보다는 존재한다는 증거에 더 가깝다. 일단 여러분이 어떤 이유에서든 악이 인간(사실상 생물 전체)의 경험의 구조에 포함되어 있다는 사실을 받아들인다면 이 기본적인 경향은 그다지 나쁘게 보이지 않을 것이다.

선의 미래

전 세계 사람들이 평화롭게, 서로를 존중하면서 함께 공존한다는 전망은 그 자체로 누구든 만족시키기에 충분할 것이다. 그러나 테이야르 드 샤르댕이 바랐던 것은 그 이상이었다. 만일 평화와 관용이 단지 넌제로섬 계산에서 우러난 것이라면, 즉 단지 합리적인 이해관계에서 비롯된 것이라면 이 모든 것은 너무나 냉정하고 기계적으로 느껴질 것이다. 그리고 테이야르는 좀 더 따뜻하고 모호한 것을 선호했다. 인류가 세계화를 통해서 오메가 포인트에 도달한다는 주장을 펴면서 그는 이렇게 말했다. "인류는 내가 앞서 말한 것과 같이 자신의 눈 아래에 인류 전체의 복합적인 뇌를 형성해나가고 있다. 비록 내일 당장은 아닐지라도 ─사람들을 하나로─ 끌어당기는 힘이 논리적으로, 생물학적으로 점점 깊어감에 따라서 결국 이 힘은 그 자신의 심장heart을 갖게 될 것이다. 이 심장 없는 통일화의 힘은 궁극적 완전함에 도달하지 못할 것이다."

테이야르의 글들이 그렇듯 이 문구 역시 정확한 의미는 분명하지 않다. 그러나 최소한 그는 기독교적 박애에서 우러난 형제애가 지구 전체의 차원으로 확장되는 것을 염두에 두었을 것이다. 우리는 그와 같은 일에 희망을 품을 수 있을까? 그것은 여러 가지 측면에서 좋은 소식이 될 것이다. 특히 16장에서 지적한 것과 같이 널리 퍼진 동료의식은 개인의 자유를 상당한 정도로 침해하지 않고서도 세계를 안전한 곳으로 만드는데 도움을 준다.

상호의존성을 빚어내는 새로운 기술들은 이따금씩 단순한 관용 이상의 무언가를 창조해낸다. 지구 곳곳을 돌며 날아다니는 이메일은 경우에 따라서 진정한 공감을 낳기도 한다. 때때로 TV를 보다가 겉보기에는 나와 다른 생소한 문화 속에서 살아가는 외국인들이 고통을 겪는 것을 발견하고 모든 인간은 똑같다는 생각을 새삼 깨닫기도 한다. 또한 물질적인 의미에서의 박애(도움이 절실한 사람들에 대한 기부)의 범위 역시 전례 없이 확장되고 있다.

물론 전쟁만큼 사람들을 가슴에서 가슴으로 가깝게 뭉치게 하는 것은 없다는 사실은 영원히 진실로 남을지도 모른다. 그리고 전지구적 수준에서 일어날 수 있는 그와 같은 종류의 유대감은 다행히도 존재하지 않는다. 그러나 다른 종류의 공동의 도전(이를테면 환경 문제)들 역시 사람들 사이의 유대를 강화시키는 힘을 가지고 있다.

실제로 집단 사이의 단결에 대한 어느 고전적인 실험의 결과가 사람 이외의 위협 역시 집단 사이의 유대를 강화시킨다는 사실을 보여주었다. 몇십 년 전에 심리학자인 무자퍼 셰리프Muzafer Sherif는 여름 캠프에 참가한 소년들을 대상으로 ―그들에게 알리지 않고서― 인간 본성에 대한 실험을 수행했다. 그는 소년들을 두 집단으로 나눠 일련의 제로섬 게임에 투입시켰다. 게임에서 이기는 팀에게는 아이들이 좋아할만한 선물이 주어졌다. 그러자 소년들 사이에서 호전적 경쟁심이 타오르고, 한번은 전면적인 수준의 소동이 일어났으며 제로섬 게임이 끝난 후에도 두 집단의 소년들이 서로 접촉할 때마다 비난과 욕설, 주먹의 다짐이 일어나곤 했다. 그런 다음 셰리

프는 소년들을 일련의 넌제로섬 상황에 집어넣었다. 모든 소년들이 어느 정도 공동의 위협을 마주하는 상황이었다. 당연한 이야기겠지만 결국 두 집단 사이의 반감이 점차로 수그러들어서 마침내 예전의 적이 오랜 친구가 되었다. 그리고 소년들을 하나로 묶어준 공동의 위협은 이웃 캠프의 소년들의 공격이 아니라 모든 캠프 참여자들에게 꼭 필요한 트럭이라든지 캠프로 물을 공급하는 상수관의 고장과 같은 종류의 문제였다.

그렇다고 해서 지구 온난화 문제와 싸우는 것이 초국가적 사랑의 물결을 만들어낼 것이라는 말은 아니다. 그러나 세계적 상호의존성이 두터워짐에 따라서 외부의 적이라는 존재 없이도 거리를 뛰어넘은 우호와 친목이 가능하다는 것이다. 기술의 지속적인 진보가 무엇을 의미하게 될지에 대해 말할 수 없다. 월드와이드웹이 광대역으로 나아감에 따라서 세계 어느 곳에 있는 사람과도 서로 모습을 보면서 이야기를 나눌 수 있게 된다. (아마 언젠가는 필요한 경우라면 정확한 자동 번역 기술이 도움을 받을 수 있을 것이다.) 우리는 인터넷이 공동의 관심과 우정에 기반을 둔 공동체들을 점점 더 많이 길러냄에 따라서 가장 위험스러운 균열(종교, 국가, 인종, 문화의 경계)을 건너게 할 수 있을 것이라고 상상할 수 있다.#

이러한 우정의 기반이 되는 공동의 관심사는 반드시 엄숙한 것일 필요가 없다. 공동의 관심사는 오존층 파괴를 막기 위한 노력에서 아일랜드 민속 문화의 보존, 우표 수집, 온라인 체스 게임일 수도 있다. 중요한 것은 이러한 관심사들이 널리 퍼지고 상호 교차된다는 사실이다. 어쩌면 이것이야말로 미래의 우호의 확장에 대한 가장 현실적이면서도 야심찬 희망일지도 모른다. 거의 모든 사람들이 자신과 충분히 다른 집단, 충분히 다른 종류의 사람들에 대하여 신의를 품게 되어 구태의연한 편협함이 당혹스러울 정도로 불쾌한 인지적 불협화음을 일으키게 되는 세상 말이다. 다시 말해서 모든 사람들이 모든 사람들을 사랑하게 된다는 의미가 아니라 특정 종류의 사람들을 증오하는 것을 문제 삼을 정도로 모든 사람들이 자신과 다른 종류의 사람들에 대해 충분히 호감을 품게 되는 것이다. 어쩌면 테이야르의 실수는 '인지권noosphere'이라는 용어를 언제나 복수가 아니라 단수로 사용했다는 것일지도 모른다. 어쩌면 미래의 세계는 증오의 지리학적 경계를 흐려지게 하기에 충분할 만큼 여러 겹으로 서로 겹쳐지는 다수의 인지권들의 콜라쥬collage일지도 모른다. 그것은 설사 오메가 포인트가 아닐지라도 진보인 것은 분명하다.

신의 미래

어떤 사람들은 한층 더 진화해나가는 세계의 영적 전통이 도덕적 진보의 추진력이 되기를 희망할 지도 모른다. 분명 과거에는 종교적 교의가 기술에 의해 유도된 넌제로섬 원리의 확장에 따른 영적 기반의 확장을 제공해왔다. 천 년도 더 전에 이슬람교 경전은 이슬람교도 상인들 사이에 신뢰의 그물망을 창조해냈을 뿐만 아니라 기독교인과 유대인(경전의 민족)에 대한 관용을 설파함으로써 무역로를 한층 더 확대했다.

유대-그리스도교의 교의 역시 점차로 실리적인 쪽으로 진화해왔다. 우리는 구약성서에 나오는 곧잘 진노하곤 하는 부족적인 수준의 신과 신약성서에 나오는 보편적인 사랑으로 충만한 신 사이의 연속성에 의심을 보내게 된다. 실제로 초기 기독교 역사에서 일부 사상가, 예를 들어 2세기의 마르키온Marcion은 이 이분법을 가지고 악의 문제를 풀고자 했다. 구약성서의 신은 생명의 창조자로 악한 신이었고 신약성서 속의 신은 사랑의 신으로 우리가 우리에게 주어진 나쁜 상황을 최선으로 만들어나가는 것을 돕기 위해 우리에게 온 신이라는 것이다. 그러나 진실은 심지어 구약성서 속에서도 신은 점차로 착해지는 것을 볼 수 있다. 그리스도가 나타나기 천년 전 상업이 멀리 떨어진 땅과의 접촉을 한층 심화시키자 —부분적으로 동전의 출현에 힘입어— 신의 공감sympathy의 범위가 점차로 자라났다. 기원전 1천년기의 후반부에 쓰여진 두 책 요나서와 룻기에서 신의 사랑은 부족의 경계를 넘어서 이방인gentile에게까지 미치는 것을 볼 수 있다.

요나서는 특히 교훈적이다. 신은 유대민족의 예언가인 요나에게 니느웨Nineveh라는 도시에 가서 그들의 죄로 물든 삶의 방식이 엄청난 신의 격노를 불러일으킬 것임을 경고하라고 말한다. 그런데 니느웨는 어차피 경멸해 마지않을 이교도의 도시였다. 무엇 하러 그런 사람들에게 경고 따위를 한단 말인가? 요나는 이 임무를 저버리고 배를 타고 도망가려고 시도했으나 결국 거대한 물고기의 뱃속에 들어가 앉아서 신의 뜻을 재고해볼 기회를 갖게 된다. 세상 밖으로 나온 요나는 마지못해 신의 명령을 따른다. 이제 니느웨의 사람들은 경고를 받고 그들의 사악한 생활방식을 교정하여 신의 구원을 받게 되어 요나의 마음을 실망으로 가득 채우게 되었다. 마지막 구절에서 신은 불만에 찬 요나에게 묻는다. "12만 명이 넘는 사람들이 살고 있는 거대한 도시 니느웨를 내가 구하지 말아야 한다는 것이냐?"

그에 앞서 이교도들이 직면한 죽음으로부터 탈출하게 된다는 사실에 화가 난 요나를 신이 꾸짖는 대목의 번역에 애매한 점이 있다. 킹제임스판 성경에서 신은 이렇게 묻는다. "네가 화를 내는 것이 잘하는 일이냐?"

(Does thou well to be angry?) 그런데 개정판 성경에서 신은 이렇게 묻는다. "네가 화를 내는 것이 옳은 일이냐?"(Is it right for you to be angry?) 어느 쪽이 원본의 의도에 가까운 번역인지 나는 알지 못한다. 그러나 이 두 가지 번역의 병치juxtaposition는 심원한 의미를 갖는다. 요나서가 강조하고 있는 공감 범위의 확장의 열쇠야말로 바로 이 '잘 한 일(좋은 일)'과 '옳은 일'을 이어주는 연결고리이기 때문이다. 넌제로섬 영역이 점차로 커감에 따라서 물질적 번영은 인간 종의 점점 더 많은 부분이 진정한 인격을 가진 인간임을 깨닫게 해주었다. 요나는 그와 같은 경향의 첨단에 서 있던 인물이었다. 점점 더 서로 연결되어가는 세계에서 '옳은 일(그가 만나본 적도 없는 사람들의 집단 전체에 대한 분노를 누그러뜨린 것)'이 결국 '잘 한 일(좋은 일)'이 되었다.

사실상 문화 진화가 진행되어 나감에 따라서 사회의 규모, 다시 말해서 나와 운명이 서로 얽혀 있는 사람들, 바르게 대하는 편이 잘 한 일이 되는 대상의 수는 대대로 커진다. 그리고 항상 종교적 교의가 수행했던 역할 가운데 하나는 사회를 통합시키는 것이었다. ('종교'라는 단어는 라틴어 'ligare' 즉 '하나로 묶는다to bind'에서 왔다.) 에밀 뒤르켐은 그와 같은 생각에서 더 나아가 "사회라는 개념은 종교의 영혼이다"라고 주장했다. 이러한 생각은 표현하기에 따라서 다소 낙담을 가져오는 것일 수도 있다. 이를테면 뒤르켐은 이렇게 주장했다. "최근의 분석에 따르면 사람들이 숭배해온 것은 다름 아닌 그들이 속한 사회였을 뿐이다.' 그러나 만일 자신이 속한 사회를 숭배하는 것이, 세계화 시대에 이르러 다른 사람들을 모욕하지 않고 세상 어느 곳에 사는 사람들이든 그들에 대한 도덕적 가치를 인식하는 일과 관련되어 있다면, 자신이 속한 사회를 숭배하는 것은 분명 의미 있는 일이다. 좋은 일과 옳은 일 사이의 등식은 지나친 비약으로 들릴 지도 모른다. 그러나 수백, 수천 만 년의 문화의 진화가 마침내 도덕적 계몽을 가져왔다면 나는 여기에 경의를 표하고자 한다.

오늘날의 설교

새롭고 향상된 종교가 세계를 통합하는 데 도움을 주는 것이 가능할까? 만일 가능하다면 그 중심적 교의는 무엇일까? 그것은 오래고 오랜 종교의 교의(보편적 형제애)와 동일하다. 새로운 것은 이번에는 진심이 담겨져 있다는 것이다. 또한 낡아빠진 상투적 문구에서 얼마든지 찾아볼 수 있는 탐욕에 대한 훈계들, 이를테면 지구가 쓰레기 더미, 녹아내리는 빙산, 메르세데스-벤츠의 SUV 따위가 뒤섞여 끓어오르는 거대한 가마솥이 되어가는 것을 늦추고자 하는 노력이 그것이다……

물론 종교에 희망을 거는 것에 대한 어려움 중 하나는 과학이 종교의 기반을 침식해왔고 계속해서 침식하고 있다는 사실이다. 그리고 그와 같은 침식은 현대 및 포스트모던 시대의 허무주의와 권태의 원천이라고 이야기한다. 그러나 이 책의 목표 가운데 하나는 과학이 정말로 심오한 신비와 목적purpose의 존재에 대한 모든 증거들을 일소해버렸다는 통념에 도전하는 것이다.

신비에 대한 과학의 공격에 대해 생각해보자. 참된 과학적 관점은 의식(살아있는 것을 느낀다는 사실)이 어쩌면 영영 풀지 못할 심원한 미스터리, 그리고 적어도 무엇인가를 암시하는 것임을 보여준다. 그리고 그것이 암시하는 것에는 신성(神性, divinity)만 있는 것이 아니다. 의식에 대한 풀지 못한 수수께끼들은 본질적으로 다양한 다른 질문들, 이를테면 자유의지와 같은 개념에 대한 의문들의 불가해성을 강조한다.

그 다음 목적에 대한 과학적 공격에 대해 생각해보자. 생물의 진화와 문화의 진화 두 경우 모두에 대한 엄밀한 경험적 분석은 세계가 방향성을 가지고 있음을 드러낸다고 주장하고자 한다. 그리고 그 방향은 목적, —심지어— 선한 목적을 암시하고 있다. 지구상의 생명은 처음부터 의미를 생성해내고 그 다음 그 의미를 더욱 심화시키는 기구였다. 그 기구는 선의 잠재력을 창조해냈고 그 잠재력을 실현시키기 시작했다. 그 기구는 한편 악에 대한 잠재력 역시 가지고 있고 그 잠재력 역시 무수히 실현시켜왔다. 그러나 마침내 악에 대한 선의 비율이 점차로 커지는 조짐을 보이고 있다. 혹은 적어도 인류에게 그와 같은 방향으로 움직일 수 있는 선택권이 주어졌다고 말할 수 있다. 그리고 우리에게는 그와 같은 선택에 대한 엄청난 동기 유발원이 존재한다고 할 수 있다.

생명이 창조된 후 수십억 년이 지나서야 나타난 최근의 이와 같은 도덕의 상승 기류는 어떤 사람들에게는 실망스럽게 느껴질지도 모른다. 여러분이 생물학적 진화와 문화의 진화에 의해 유발된 —아니, 사실상 그 두 진화 과정에 내재되어 있는— 그 모든 고통들에 대해 찬찬히 숙고해본다면 우주의 설계자에 대한 감사의 마음을 그러모으는 것이 대단히 힘든 일임을 느낄 수 있을 것이다.

혹은 그 반대의 생각이 들 수도 있을 것이다. 어쩌면 나도 그 경우였을지도 모르겠다. 인류의 과거 역사에 내재되어 있던 그 끔찍한 측면들에 대해 그토록 오랫동안 숙고한 다음에 나는 작은 일에도 감사하게 되었다. 나는 전능하고 자비로운 신에 대해서는 오래 전에 이미 포기했다. 따라서 나는 그저 몇 차례의 윤회karma라는 개념을 받아들이고 그것이 더 큰 차원의 존재에 의미를 부여하기를 희망할 뿐이다.

신성divinity을 찾고자 하는 나의 노력에 무리가 있는지 여부와 관계없이 의미를 찾고자 하는 나의 시도에는 조금도 무리가 없다고 생각한다. 극도로 헤아리기 어려운 이유들로 인하여 우리가 의식을 갖게 되었고 그에 따라 진정한 도덕적 내기를 벌이게 되었다. 그런데 정말로 중요한 것은 우리가 지금 역사상 가장 높은 판돈이 걸린 내기를 벌이고 있다는 사실이다. 과거 그 어느 때보다 많은 수의 영혼이 지상에 빽빽하게 들어찼으며 그에 비례하는 커다란 위험에 대한 전망이 실재하고 있다. 동시에 지구 전체의 지속적인 조화를 위한 하부구조를 건설할 전망이 우리 손에 주어져 있다.

그리고 만일 우리가 그 전망을 실현한다면, 즉 우리가 세계 전체의 평화와 성취를 위한 기반을 닦을 수 있다면 그로 인하여 혜택을 맛볼 수 있는 사람들의 수를 고려해볼 때, 그것은 과거의 수많은 악을 상쇄할 수 있을 것이다. 전망의 실현 여부는 글자 그대로 자연의 도덕적 저울의 눈금을 결정적으로 선을 향하도록 만드는 인류의 능력에 달려있다. 또한 미래에 신성divinity의 증거를 좀 더 뚜렷하게 만들어나가는 어쩌면 애매모호하기 이를 데 없는 신의 존재만을 물려받은 우리에게 달려 있는 것일지도 모른다. 어쩌면 역사는 다양한 사상가들이 주장했던 것처럼 신의 생산물이 아니라 신을 실현해나가는 과정일지도 모른다. 우리 인간 종이 그 도전에 직면하고 있다고 가정한다면 과연 일리 있는 말이다. 어느 신학자는 테이야르의 말을 부연해서 "신은 우리를 위해 알파이기보다는 오메가여야 한다"✦고

성서[요한계시록 1:8]에 신은 "나는 알파와 오메가요, 처음과 마지막이라"라는 구절이 나온다──옮긴이

말했다.

세계의 조화를 이룩하기 위한 실현 가능한 하부구조가 출현할 가능성이 매우 높다는 나의 믿음이 오늘날의 극적인 요소를 제거하는 것은 아니다. 왜냐하면 장기적 성공에 이르는 가능성이 높은 길 중 하나는 단기적 재앙이기 때문이다. 장기적으로는 안정적인 세계 정부라는 전망이 얼마나 가깝게 실현되든지 간에 여기 이곳에서 우리는 과거 그 어느 때보다 판돈이 큰 내기를 벌이고 있다. 그리고 그 내기의 승리는 지속적인 도덕적 성장에 상당 부분 의존하고 있다. 다시 말해서 다른 이들이 지는 것을 바라지 않는 데 우리의 승리가 걸려있다는 말이다.

이 모든 것에 반응하는 방법은 여러 가지가 있다. 그러나 내가 보기에 허무주의와 권태는 결코 논리적인 방법이 아니다.

태초의 말씀

신약성서의 요한복음은 이렇게 시작된다. "태초에 말씀이 계시니라 이 말씀이 하나님과 함께 계셨으니 이 말씀은 곧 하나님이시니라······. 그 안에 생명이 있었으니······." 우주적 관념을 추구하는 과학 저술가들 가운데 몇몇이 이 구절을 생물 진화에 대한 현대 과학적 관점과 병치시켜왔다. 태초에 설사 말씀은 아니라고 하더라도 적어도 일련의 암호화된 정보의 일종이 있었다.

맞는 말이다. 그러나 우리는 단지 우주적 암시로 가득 찬 두 개념의 병치에서 멈출 필요는 없다. 왜냐하면 성서의 '말씀word'이라는 단어는 사실 보기보다 훨씬 더 풍부한 단어이기 때문이다. 이 단어는 그리스어 로고스logos를 번역한 것이다. 로고스는 실제로 '말씀(단어)'을 의미할 수도 있지만 그밖에 다른 많은 의미들을 가지고 있으며 '이성reason'도 여기에 포함된다. 그리고 어쩌면 우리는 일단 자기복제를 하는 유전 정보가 존재하게 되면 일련의 추론 과정reasoning, 즉 논리의 사슬이 생겨나기 시작했을 것이라고 말할 수 있다. 수십억 년에 걸친 게임이론의 실행이 개시된 것이다.

로고스는 또한 '논쟁argument'을 의미한다. 그리고 인간의 역사는 길고 긴 논쟁이라는 헤겔의 관점을 생물의 진화와 문화 진화에 적용하고자 하는 유혹을 느낀다. 이 두 진화 과정에서 유기적 존재를 어떻게 조직화하느냐에 대한 서로 경쟁하는 아이디어들이 끊임없이 충돌해왔다. 그리고 결국 넌제로섬 원리가 승리를 거두게 되었다.

어느 학자는 로고스를 '의미' 또는 '목적(사람들이 마음에 품은 궁극적 종말)'으로 보았다. 그리고 실제로 종교적 성향을 가진 사람들은 넌제로섬 원리의 승리에 대한 종교적 추론 결과(인류의 도덕적 한계의 확장)를 역사의 게임이론적 논쟁의 목적으로 볼 것이다. 태초에 종말이 있었으며 그 종말은 기본적인 진실(모든 인간 존재의 동등한 도덕적 지위)이었다고 말할 수 있을 것이다.

일종의 로고스가 역사의 방향을 안내하는 힘이라는 생각은 결코 새로운 것이 아니다. 사실상 이것은 알렉산드리아의 필로Philo의 이론이었다. 그는 고대 한 철학 학파의 일원이었는데 일부 학자들은 이 학파가 로고스를 기독교 문헌에 전달해준 도관 역할을 했을 것이라고 추측한다. 필로는 인간의 역사에 '성스러운 로고스'가 스며들어 있다고 말했다. 그 성스러운 로고스는 인간 세계에 내재하는 합리적인 원리이지만 동시에 신의 초월적인 마음이라고 그는 말했다. 그렇다면 이 로고스는 인간의 역사를 어떤 방향으로 움직인다는 것일까? 필로는 "전 세계가 마치 하나의 도시와 같으며 정치 체제가 주는 최선의 혜택, 민주주의를 향유하는 상태"라고 말했다. 2천 년 된 예언 치고 나쁘지 않다.

게임이론에 접근할 길이 없었던 필로로서는 넌제로섬 원리에 대해 이야기할 수 없었다. 그러나 다시 강조하지만 상호의존성의 논리를 깨달았던 것이 게임이론가들이 처음이 아니었으며 필로는 분명히 그 원리를 깨달았던 것으로 보인다. 그는 상호적 필요성이 신의 다양한 피조물 전체(사람, 식물, 동물들)를 한데 엮어주는 요소라고 믿었다.

신은 "이 특정 피조물 중 그 어느 것도 그 자체로 완전해서 다른 존재를 필요로 하지 않도록 만들지 않았다"고 그는 말했다. "따라서 필요한 것을 얻고자 하는 욕망 때문에 피조물들은 부득이하게 그 요구를 충족시켜줄 수 있는 대상에 접근해야 하는데 그 접근은 상호적이고 호혜적이어야 한다. 따라서 호혜주의와 조화를 통해서 서로 다른 음조들로 이루어진 칠현금lyre이 협동과 조화를 통해 하나의 화음을 만들어내듯, 보편적인 주고받음의 원리가 신의 피조물들을 지배하며 전 세계의 완성으로 이끌도록 한다." 아멘Amen✤

물론 실제 세계의 이야기는 필로의 이야기보다 훨씬 복잡해진다. 어떤 면에서 실제 세계의 이야기는 더 나은 이야기였다. 도덕적 의미에서 더 낫다는 것이 아니라 극적, 문학적 의미에서 더 나은 이야기라는 것이다. 그 이야기는 최초의 박테리아가 생겨난 이래로 지식의 증가를 그려왔다. 그

아멘Amen | 그리스도교에서 기도 끝에 하는 말, '그리되게 해주시옵소서So be it' ─옮긴이

리고 인간이 도래함에 따라서 자기지식self-knowledge의 증가를 그려왔다. 또한 이는 또한 우호와 투쟁, 선과 악, 끊임없이 서로 경쟁하지만 또한 떼어놓을 수도 없는 두 힘의 이야기이다. 그리고 이제, 지난 세기 동안 지식이 지수적으로 증가함에 따라서 내기에 걸린 판돈 역시 엄청나게 늘어났다. 선이나 악 둘 중 한 쪽이 실제로 세계라는 저울을 한 쪽으로 기울도록 만들 가능성이 그 어느 때보다도 커졌다. 우리는 어쩌면 전쟁이나 그밖에 다른 형태의 대량 살육, 집단적 증오의 표현에 종지부를 찍을 수도 있다. 또는 한편으로 전쟁이나 살육이 전례 없는 인명살상과 파괴의 신기록을 세울 수도 있다. 이러한 상황은 어쩌면 우리 존재에 종지부를 찍을 수도 있다. 그리고 그 결과는 지식의 추가적인 확산에 달려있을 것이다. 단지 경험적 지식뿐만 아니라 도덕적 지식의 확산에.

어쩌면 결국 이것이야말로 '더 높은 목적'을 주장할 근거일지도 모른다. 지구상의 생명의 이야기는 쓰여지지 않은 이야기라기에는 너무 훌륭한 이야기이다. 그러나 여러분이 이 이야기를 쓴 우주적 저자의 존재를 믿든 믿지 않든 간에 한 가지 점은 분명하다. 이것은 우리의 이야기이다. 이 이야기의 주인공으로서 우리는 이야기의 결말로부터 자유로울 수 없다.

Appendix 1
넌제로섬 원리에 대해서

　나는 이 책의 제목을 'Non-zero-sumness'로 붙일 것을 진지하게 고려했었다. 그러나 내가 신뢰하는 조언자 중 여러 사람이 non-zero-sumness는 매우 추한 단어라고 말해주었다. 어떤 사람들은 이 단어를 발음하는 소리가 글자 그대로 듣기에 괴로울 정도라고 했다. 그 중 한 사람이 "그 '-umness'라는 부분에 뭔가가 있다"고 말했다.✦ 그래서 나는 한 발 물러났다.

　그러나 나는 이 책을 이 단어(non-zero-sumness)로 —또한 '넌제로섬'이나 '네거티브섬'과 같은 관련 단어들로— 문자 그대로 범벅을 했다. 뿐만 아니라 나는 결국 책의 제목도 '넌제로'로 정했다.

　왜 내가 그토록 게임이론 용어에 집착을 보이는 것일까? 좀 더 친숙한 다른 용어들로 대치할 수는 없을까? 이를테면 제로섬은 경쟁적이라고, 그리고 넌제로섬은 협력적이라고 표현할 수는 없을까? 몇 가지 이유 때문에

번역자로서 그 의견에 전적으로 동의한다. 핵심적인 개념어이면서 마땅한 우리말 번역 용례가 없는 경우 영어 원문을 소리 나는 대로 표기해서 쓰는 것이 추세이고, 제로섬과 같은 용어가 이미 널리 자리 잡고 있어서 주요 어휘를 영어발음대로 살려서 쓰기로 결정했다. 그런데 '넌제로섬니스Non-zero-sumness'는 도저히 수용할 수 없을 만큼 어색하기 때문에 궁여지책으로 '넌제로섬 원리'로 옮겼다— 옮긴이

우리 인류의 역사를 바라보는 방식으로서 게임이론을 대치할 수 있는 것은 없다고 나는 생각한다.

먼저 사람들이 넌제로섬 논리를 따르지만 '협동적'이라는 표현으로 묘사하기에 부적절한 수많은 사례들이 있다. 나는 내가 타는 혼다 미니밴을 만든 일본 사람들과 넌제로섬 관계에 있다. 그러나 그들이나 나 자신이나 서로 협력하기로 선택한 것은 아니다.

내 염색체에 존재하는 각각의 유전자들 역시 넌제로섬 논리에 맞게 행동하지만 그렇다고 해서 전혀 서로 협력적이라고 볼 수 없다. 이 책의 주장 중 일부는 생물학적 통합과 사회적 통합의 논리가 하나의 분석적 틀 안에 함께 포함될 수 있다는 것이다. 그리고 내가 보기에 사람뿐만 아니라 유전자에도 적용될 수 있는 용어를 찾는다면 '협동적'이라든지 하는 애매모호한 용어의 사용을 최소화 하고 '넌제로섬'과 같이 냉정하고 엄밀한 용어를 고수해야 한다. (생물학에 게임이론을 적용하는 사례 가운데 인기있는 예는 다윈주의 이론에서 유전자의 확산과 관련된 '보상payoff'이라는 용어가 명확하고 양적으로 규정되어 있다는 사실이다. 따라서 인위적인 가정 없이 넌제로섬을 추가하는 것 역시 이론적으로 가능하다.)

게임이론의 용어는 인간의 역사나 생물의 역사를 통합하는 데에만 유용한 것이 아니다. 이 용어들은 인간의 역사와 생물의 역사 각각의 영역 안에서도 통합을 가져오는 효과를 발휘한다. 예를 들어서 호혜적 이타주의와 친족 선택(사회의 통합에 이르는 두 가지 기본적인 생물학적 힘) 사이의 공통점이 무엇인지 생각해보자. 그 답은 넌제로섬 논리이다. 그리고 나는 문화 진화에 관련된 문헌에서 열거된 사회 통합을 유인하는 여러 가지 다양한 요소들을 살펴보면서 이 모든 요소들에 공통적으로 내재되어 있는 것이 바로 넌제로섬 논리라는 것을 깨닫곤 했다. (예를 들자면 위험을 분산하고자 하는 요구, 관개 사업이 가져다주는 혜택, 노동 분화의 효율성, 군사적 방어의 필요성, 어류 개체군을 남획하는 것을 피해야 할 필요성 등이다.)

게임이론의 분석 틀을 사용하는 것의 또 다른 이점은 이 이론이 이 책의 주제에 적용할 수 있는 제대로 확립된 원리라는 것이다. 이 이론의 가장 중요한 논제는 자신의 이익을 추구하는 개체들이 넌제로섬 상황에서 상호 이익을 실현하기 위해서는 대개 두 가지 문제점을 해결해야 한다는 것이다. 그것은 바로 소통의 문제와 신뢰의 문제이다. 나는 이 원리가 인간의 역사에 적용할 때 아주 강력한 힘을 발휘한다는 것을 깨달았다.(특히 2, 8, 13, 15장을 참조) 그리고 놀랍게도 생물의 역사에서도 가치를 발휘하는 것을 발견했다.(18장 참조)

그러나 아마도 '넌제로섬'이라는 용어를 사용하는 궁극적인 근거는 우리가 '협력'이라는 단어의 의미를 아무리 잡아 늘여도 —설사 여러분이 이 용어를 기꺼이 유전자나 나와 혼다 직원의 관계에 적용하고자 한다고 하더라도— 여전히 '협력'이라는 용어가 '넌제로섬'이라는 용어를 따라잡을 수 없다. 넌제로섬 관계는 반드시 협력이 일어나는 관계가 아니다. 넌제로섬 관계는 —대개— 협력이 일어날 경우 양 편에 모두 이익을 가져다줄 수 있는 관계를 말한다. 실제로 협력이 일어나는지, 즉 양 편이 포지티브섬을 실현하는지의 여부는 또 다른 문제이다. 그리고 나는 '넌제로섬'을 제외하고서 이와 같은 관계를 묘사할 수 있는 용어를 떠올릴 수가 없다. '합리적으로 자신의 이익을 추구하는 것이 협력에 이를 수 있는' 관계라고 표현하는 것은 너무나 비경제적인 방법이다. 심지어 '협력을 유인하는' 관계라는 표현도 그다지 경제적이지 못하며 뿐만 아니라 모호하고 심지어 오도하는 측면을 가지고 있다.

이 모든 것은 우리를 다시 '넌제로섬 원리' 로 이끈다.

넌제로섬 원리는 일종의 잠재력이다. 물리학자들이 '잠재적 에너지 potential energy' 라고 말하는 것과 같이 넌제로섬 원리는 사람들이 어떻게 행동하느냐에 따라서 이용될 수도 있고 그렇지 않을 수도 있다. 그러나 물리학의 잠재적 에너지와 다른 점이 있다. 우리가 잠재적 에너지를 이용했을 때(예를 들어 볼링공을 절벽 아래로 떨어뜨렸을 때)우리는 세상 전체의 잠재적 에너지의 양을 감소시킨다. 반면 넌제로섬 원리는 스스로 재생된다. 넌제로섬 원리를 실현하는 것은, 즉 잠재력을 포지티브섬으로 변환시키는 것은 많은 경우에 더욱 큰 잠재력, 더욱 큰 넌제로섬 원리를 생성한다. 그것이 바로 한때 한줌이나 될까 하는 박테리아밖에 가진 것이 없던 세계가 오늘날 IBM이니, 코카콜라니, 세계연합이니 하는 것들을 갖게 된 이유이다.

'넌제로섬' 을 대체할만한 표현이 잘 해야 어색할 뿐이라면 '넌제로섬 원리' 를 대체할 표현의 경우도 크게 다를 것이 없다. 아마 가장 유력한 후보로 삼을만한 표현은 '잠재적 상승작용 potential synergy' 정도가 될 터인데 '잠재적 상승작용' 은 '넌제로섬 원리' 만큼 우리가 이야기하는 대상이 어떤 실체임을 암시하지 못한다. 이때 이 실체라는 것이 어떤 물리적 실체라는 말은 아니다. 그러나 내가 의미하고자 하는 것은 그 실체가 정말로 실재하며 매우 중요한 것이어서 하나의 명사로 지칭할만한 그런 대상이라는 것이다.

'잠재적 상승작용' 이라는 표현에는 또 다른 문제가 있다. 이 표현은 마치 제로섬을 실현하는 것과 포지티브섬을 실현하는 것 가운데 어느 한 쪽을 선택하는 문제인 것 같은 인상을 준다. 그리고 많은 경우에 그것이 바로 선택의 대상인 것은 사실이다. (내가 이 책에서 '잠재적 상승작용'이라는 표현을 몇 번 사용한 것도 그 이유이다.) 우리는 신문에서 기업들이 상승작용을 실현하기 위해 합병한다는 기사를 종종 읽는다. 그러나 넌제로섬 상황 중에는 게임의 목표가 포지티브섬을 거두어들이는 것이 아니라 단지 네거티브섬을 회피하기 위한 경우도 있다. 그리고 이 경우 '상승작용'이라는 표현은 이상하게 들린다. 우리는 신문에서 두 핵보유국이 상승작용을 거두기 위해서 무기 감축 조약에 서명했다는 기사는 찾아보기 힘들다. 이 조약이 넌제로섬 게임의 성공적인 결과물인데도 말이다.

장기적으로(아마 향후 수십 년 정도) 나는 게임이론의 용어들이 생물의 진화와 문화 진화를 묘사하는 데 가장 적합하다는 사실을 인정하는 것이 현실적이라고 믿는다. 생물학자들과 사회과학자들은 최근 컴퓨터를 이용해서 진화 과정을 시뮬레이션하고 있다. 언젠가 그들의 컴퓨터 모델이 점점 더 정교해져서 이를테면 몇몇 촌락의 네트워크가 완전히 성숙한 단계의 추장사회로 진화해나가는 과정을 컴퓨터 스크린을 통해서 볼 수 있게 되리라고 믿는다. 그리고 현재 이루어지는 진화의 컴퓨터 시뮬레이션 시도들을 통해 판단하건대 이 프로그램들의 핵심에는 게임이론이 자리 잡고 있을 것이다. 특정 종류의 상호작용에 대해서 특정 종류의 보상이 주어지고 이러한 보상들이 진화의 방향을 형성해나갈 것이다.

컴퓨터 시뮬레이션을 이용한 진화 연구의 초기 과정들이 로버트 액셀로드의 고전적 저서 〈협동의 진화The Evolution of Cooperation〉에 소개되어 있다. 이 저서는 가장 유명한 넌제로섬 게임, '죄수의 딜레마'를 다루고 있다.

'죄수의 딜레마'가 그토록 유명세를 얻은 것은 어떤 면에서 볼 때 약간 불운한 일이다. 왜냐하면 죄수의 딜레마는 직관적 이해를 가로막는 몇 가지 장애물들을 가지고 있기 때문이다. 첫째, 게임의 목표가 가장 낮은 점수를 얻는 것이다. 왜냐하면 그 점수는 게임의 참여자들이 각각 수감되는 햇수이기 때문이다. 두 번째 반직관적 특성은 이 게임에서는 진실을 말하는 것이 '배신(cheat, 속이기)' 하는 것이고 진실을 말하지 않는 것이 '협동' 하는 것이라는 점이다. 그러나 어찌되었든 죄수의 딜레마는 넌제로섬 게임의 교과서와 같은 사례이다. 따라서 우리는 여기에서 어떻게 게임이론의 도움으로 컴퓨터 시뮬레이션을 통해 진화를 연구할 수 있는지 알아보는 사례로 죄수의 딜레마를 이용하고자 한다.

죄수의 딜레마에서 두 공범이 각기 따로 따로 심문을 받는다. 현재 두 사람이 저지른 주요 범죄에 대하여 유죄를 입증할만한 증거가 부족하지만 그보다 좀 더 가벼운 형량(이를테면 각각 1년 형씩)을 선고할만한 다른 범죄사실을 입증할 수 있는 상태이다. 그러나 검사는 이 둘이 좀 더 무거운 형량을 받기 바란다. 그리하여 두 사람 각각에게 자백을 해서 다른 공범을 연루시키고자 한다. 검사는 이렇게 말한다. "만일 네가 자백을 하고 너의 친구가 자백을 하지 않는다면 나는 너를 풀어줄 것이다. 그런데 만일 네가 자백을 하지 않고 너의 친구가 자백을 한다면 너는 감옥에서 10년을 썩게 될 거다. 만일 너도 자백하고, 너의 친구도 자백한다면 너희는 둘 다 감옥에 가지만 단지 3년만 살게 해주겠다." 문제는 이것이다. 두 공범은 서로 협력해서 입을 다물 것인가? 아니면 둘 중 하나, 또는 둘 다 변절(배신)해버릴까?

8장에서 지적한 것과 같이 죄수의 딜레마는 인간의 역사에서 넌제로섬 원리가 전개되는 양상을 규정해온 일부 핵심적 특징을 가지고 있다.

첫째, 죄수의 딜레마는 의사소통의 중요성을 보여주고 있다. 만일 두 죄수가 서로 소통할 수 없고 둘 다 논리적으로 행동한다면 그들은 그 결과 둘 다 고통을 받게 될 것이 확실하다. 그것을 확인하기 위해서 당신 자신이 죄수가 되었다고 가정하고 주어진 선택권을 하나 하나 검토해보라. 일단 당신의 친구가 당신을 배신하고 자기 살 길을 택해 자백을 했다고 가정해보자. 그렇다면 당신 역시 그를 배신하고 자백하는 편이 유리하다. 그렇다면 당신은 자백하지 않았을 때 10년 형을 받을 것을 3년형만 받으면 된다. (아래의 보수행렬에서 윗줄의 왼쪽과 오른쪽의 결과를 비교해보면 그 점이 확실하게 드러난다.) 이제 당신의 친구가 여러분을 배신하지 않는다고 가정해보자. 당신은 이번에도 역시 배신하는 편이 유리하다. 왜냐하면 그렇다면 당신은 감옥에 가지 않고 자유의 몸이 될 수 있다. 반면 당신과 친구 모두 자백하지 않을 경우 두 사람 다 1년을 감옥에서 보내야 한다. 따라서 이 경우 저항할 수 없는 논리가 다음과 같이 속삭인다. 친구와 협력하지 말라! 그를 배신하라!

		그의 전략	
		자백(배신)	입다물기(협력)
당신의 전략	자백(배신)	당신: 3년 │ 친구: 3년	당신: 0년 │ 친구: 10년
	입 다물기(협력)	당신: 10년 │ 친구: 0년	당신: 1년 │ 친구: 1년

그러나 만일 당신과 친구가 둘 다 이 논리를 따라서 배신을 택한다면 두 사람 모두 3년 형을 선고받게 될 것이다. (즉 당신과 친구 모두 위, 왼쪽의 상황에 해당되게 된다.) 그리고 만일 두 사람이 모두 서로 배신하지 않는다

면 두 사람 모두 단지 1년만 감옥에서 지내게 된다. 따라서 이 경우 둘 다 입을 다무는 쪽이 상대적으로 두 사람 모두 이기는 결과를 가져온다고 할 수 있다. 그러나 두 사람 모두 상대방이 입을 다물 것이라는 확신이 없다면 자신이 입을 다무는 것이 아무런 의미가 없게 된다. 바로 그렇기 때문에 의사소통이 결정적으로 중요한 것이다.

죄수의 딜레마의 두 번째 특성은 신뢰의 중요성이다. 당신과 당신의 친구가 서로 입을 다물기로 약속할 때 결정적으로 중요한 것은 두 사람이 서로를 믿을 수 있어야 한다는 것이다. 만일 당신이, 친구가 당신의 뒤통수를 칠지도 모른다는 생각이 든다면 차라리 당신이 먼저 자백을 해서 배신을 배신으로 응징하는 편이 낳을 것이다. 그 경우 10년 대신 3년만 감옥에서 썩으면 된다. 뿐만 아니라 당신의 의심은 그리 비합리적인 것이라고 볼 수 없다. 왜냐하면 당신의 친구 역시 배신하고 싶은 유혹을 느낄 것이 분명하기 때문이다. 만일 당신이 약속을 지키기 위해 입을 다물고 있는 동안 당신의 친구가 자백을 한다면 그는 유유히 자유의 몸이 될 것이다. (당신은 뭘 어떻게 하겠는가? 고소라도 할 것인가?)

액셀로드는 생물학적 진화의 시뮬레이션에 해당되는 토너먼트를 조직했다. 수십 명의 사람들이 죄수의 딜레마 게임에 임하는 특정 전략을 구현하는 프로그램들을 제출했다. 그런 다음 프로그램들이 서로 상호작용할 수 있도록 했다. 마치 프로그램들이 일종의 사회를 구성하는 것처럼 말이다. 두 프로그램이 상호작용할 때마다 각 프로그램들은 —각기 고유의 알고리듬에 따라서— 협력할지 배신할지를 '결정'해야 한다. (많은 경우에 그와 같은 결정을 내릴 때 프로그램들은 다른 프로그램이 예전에 만났을 때 어떻게 행동했는지에 대한 기억에 의존한다.) 그리하여 각 프로그램의 결정에 따라서 그 만남의 결과를 반영하는 점수를 얻게 된다.

그런 다음 각각의 프로그램은 또 다른 프로그램과 새로운 만남을 갖게 된다. 각 판마다 충분한 만남의 기회가 주어져서 각 프로그램들은 다른 모든 프로그램과 200회씩 만나게 된다. 그리하여 각 판이 끝날 때마다 각 프로그램, 즉 게임 '참여자'의 점수가 모두 합산된다. 그 다음 프로그램들은 자신이 얻는 점수에 비례하여 '번식'할 수 있게 된다. 따라서 어느 프로그램이 첫 판(첫 번째 '세대')에서 좋은 점수를 얻을수록 다음 세대에는 그 프로그램의 사본이 더욱 많이 존재하게 된다.

이 게임에서 승리한 프로그램은 아나톨 라파포트Anatol Rapaport(그가 1960년에 내놓은 〈싸움, 게임, 논쟁Fights, Games, and Debates〉은 게임이론에 대한 매우 훌륭한 개론서이다)가 제출한 "팃포탯(Tit for Tat, '눈에는 눈, 이에는 이' 또는 '받은 대로 돌려주기')"라는 프로그램이었다. 팃포탯의 전략은 매우 간단하다. 어떤 프로그램과 처음 만났을 때 팃포탯은 일단 협력한다. 그 다음 만났을 때 팃포탯은 상대 프로그램이 이전에 한 행동과 똑같이 행동한다. 다시 말해서 팃포탯은 상대 프로그램의 과거 협동에 대해 현재의 협동으로 보상하고 과거 배신에 대해 현재의 배신으로 벌을 주는 셈이다. 세대가 지날수록 팃포탯은 점점 불어나서 전체 개체수를 지배하는 상황이 되었다. 그리하여 팃포탯은 점점 더 다른 팃포탯과 상호작용하면서 시간을 보내게 되었다. 그와 같은 상호작용은 항상 안정적이고 협동적인 관계를 꽃피우게 된다. 시간이 흐름에 따라서 액셀로드의 컴퓨터는 점점 더 우호와 질서를 보여주게 되었다.

여기에서 놀라운 사실 하나는 게임 참가자들이 서로 소통하도록 허락되지 않은 상태에서 협동의 진화가 일어났다는 것이다. 일반적인 넌제로섬 상황에서 소통은 신뢰할 수 있는 긍정적 결과를 위한 필요조건임에도 불구하고 이러한 일이 일어날 수 있는 이유는 이 게임에서 동일한 참가자들이 계속해서 다시 만나기 때문이다. (이것을 '반복되는iterated' 죄수의 딜레마라고 부른다.) 따라서 어느 참가자가 지난번에 만났을 때 어떻게 행동했는지를 관찰함으로써 다른 참가자는 그 참가자의 미래의 행동을 예측할 수 있게 된다. (이것은 어떤 의미에서 사실상의de facto 의사소통, 그리고 분명히 정보 전달의 한 형태라고 할 수 있다.) 뿐만 아니라 참가자들은 과거의 배신에 대해 상대를 처벌하고 과거의 협력에 대해 상대를 보상할 수 있다.

공식적인 의사소통 없이 어떻게 협력이 진화될 수 있었는지를 보여줌으로써 액셀로드는 거의 말을 할 줄 모르는 —침팬지나 흡혈박쥐를 포함한— 동물들 사이에서 어떻게 호혜적 이타주의가 싹틀 수 있는지를 보여준 셈이었다.(자세한 내용은 Wright(1994, chapter 9) 참조) 그는 또한 매우 작은 규모의 인간사회에서 어떻게 명백한 논의 없이 안정적이고 협동적 관계들이 탄생할 수 있는지를 보여주었다. 동일한 게임 참여자가 계속해서 서로 마주치게 되는 상황이라면 —작은 수렵·채집사회의 경우와 같이— 명백한 의사소통이 거의 없이도 신뢰가 싹틀 수 있다.

물론 문화 진화를 통해서 넌제로섬 게임이 일어나는 배경은 수렵·채집사회보다 훨씬 친밀함이 덜한 곳으로 변하게 되었다. 여러분은 자신이 신고 있는 구두를 만든 사람을 결코 만날 일이 없을 가능성이 높다. 사실 당신의 구두를 만드는 데 관여한 사람들끼리도 서로 만날 가능성이 별로 없다. 문화 진화의 중요한 특징은 그와 같은 넌제로섬 게임이 머나먼 거리를 두고, 많은 수의 사람들 사이에서 벌어지는 것을 가능하게 해주었다는 것이다. 그리고 이러한 종류의 상황에서는 전형적으로 명백한 의사소통

(비록 간접적인 것이더라도)이 필요하고 신뢰를 뒷받침할 명백한 수단이 필요하다. 그렇기 때문에 사회 조직화의 범위와 복잡도가 확장하는 데 있어서 정보 기술이 그토록 중요한 것이다. 또한 그렇기 때문에 새로운 정보 기술(및 기타 기술)이 창조해내는 넌제로섬 잠재력을 실현하는 데 있어서 ―항상 그런 것은 아니지만 대개의 경우 정부에 의해 집행되는 법이라는 형태로 나타나는― '신뢰 기술'의 진화가 중요한 것이다.

액셀로드는 나중에 컴퓨터와 게임이론을 이용해서 규범norm의 문화적 진화에 대한 시뮬레이션을 시도했다.(Axelrod, 1987) 내 생각에 컴퓨터의 계산 능력이 엄청나게 저렴해지고 오래된 주제를 새로운 각도로 들여다보는 것에 흥미를 느끼는 대학원생들이 우글우글한 상황에서 우리는 문화의 진화(꼭 죄수의 딜레마가 아니더라도 제로섬이나 넌제로섬과 관련된 사례)의 컴퓨터 시뮬레이션을 점점 더 많이 볼 수 있게 될 것이다. 사실 그와 같은 노력이 이미 진행되고 있지 않다면 오히려 놀랄 일이다. 만일 그와 같은 시도들이 효과적인 것으로 드러난다면 문화 진화의 동력에 대한 논의에서 게임이론의 용어를 사용하는 것의 유용성을 입증하는 것이라고 할 수 있다.

사회적 복잡도란 무엇인가?

레슬리 화이트는1943년 〈미국 인류학회지〉에 실은 논문 다음과 같은 문구로 시작한다. "우주의 모든 것은 에너지와 관련된 용어로 표현될 수 있다." 이 논문의 제목은 〈에너지와 문화의 진화〉이다. 그것은 문화의 진화를 프란츠 보아스와 그의 추종자들의 손에 의해 오명을 뒤집어쓰고 수의에 덮이기 전, 19세기의 상태로 재건하기 위한 화이트의 십자군 운동의 시작이었다.

화이트의 논지는 논문의 첫 구절의 장대함에 어울릴만한 것이었다. 문화의 진화는 하나의 척도로 측정될 수 있으며 에너지와 관련된 용어로 묘사될 수 있다고 그는 단언했다. "매년 인구 1인당 길들일 수 있는 에너지의 양이 증가하게" 되거나 "이 에너지를 일work에 투입하는 기술의 효율이 증가하면" 문화가 발달하게 된다고 그는 주장했다. 간단히 말해서 "인간 노동의 생산성이 증가하면 문화가 진화하는 것"이다.

문화진화론자 가운데 에너지 기술이 매우 중요하다는 사실을 부인할 사람은 거의 없을 것이다. 그러나 화이트는 에너지 기술이 문화 진화에서 중요하다고 말하는 데에서 그치지 않고 더 나갔다. 그는 사실상 문화의 진화를 에너지 기술의 진화와 동일시했다. 에너지를 포획하고 이용하는 효율성이 단순히 문화 진화의 한 원인 또는 하나의 척도가 아니라 문화 진화의 유일한 원인이자 유일한 척도라고 주장했던 것이다.

이 주장이 호소력이 있는 것도 사실이다. 문화진화론자들은 보통 인간 사회가 더 큰 '복잡도' 또는 더 높은 '조직화' 수준을 향해 나간다고 주장한다. 그런데 복잡도나 조직화 수준을 정확하게 규정하는 것은 너무나도 어려운 일이기 때문에 많은 사람들이 이 일을 포기해버리고 직관적인 정의로 되돌아가버린다. 마치 대법관 포터 스튜어트의 포르노그래피에 대한 유명한 정의처럼 "척 보면 알 수 있다"는 것이다. 반면 에너지와 에너지의 소모는 원리적으로 정확하게 측정할 수 있다.

그러나 수량화가 가능하다는 이유만으로 에너지를 분석의 중심에 두는 것은 마치 열쇠를 잃어버린 사람에 대한 오래된 우스개 이야기에 나오는 것과 같은 상황이다. 어떤 사람이 가로등 아래에서 열쇠를 찾고 있었다. 아내가 그에게 왜 열쇠를 떨어뜨린 곳에서 멀리 떨어진 곳에 와서 열쇠를 찾고 있느냐고 묻자 그 남자는 이렇게 대답했다. "여기가 더 잘 보이거든."

가로등 아래에서 열쇠를 찾는 행위에 대해 강력한 도전장을 내민 학자가 바로 화이트의 제자인 로버트 카네이로였다. 1960년대 초반에 카네이로는 실제로 사회적 복잡도를 수량화하고 그 다음 그 복잡도가 점차로 증가한다는 것을 입증하고자 시도했다. 그는 일단 인류학 문헌이나 역사학 문헌에 상세히 기술된 100가지 다양한 사회(수렵·채집사회, 농업사회, 문자사용 사회, 문자사용 이전 사회)들을 가지고 이 작업을 시작했다. 그는 이 사회들의 두드러진 특색 중 일부를 목록으로 만들었다. 특별히 종교적 책무를 담당한 사람(사제)이 있는가? 종교적 사원이 있는가? 수공업의 분화가 이루어졌는가? 거래를 위한 수공업의 분화가 이루어졌는가?

그와 같은 특징들을 불현듯 발명해낸 것만으로는 충분하지 않다. 구트만 척도Guttman scale이라고 하는 분석 기법을 통해서 이 특징들이 논리적으로 상호 연결되어 있음을 입증할 수 있을 때 비로소 그 특징들은 중요성을 갖는다. 특히 어떤 특징들은 다른 특징이 존재할 것이라는 사실을 높은 확률로 암시해준다. 어떤 경우에 그 암시는 당연한 것이다. 예를 들어서 사원을 가지고 있는 사회들은 모두 사제를 가지고 있다. 그러나 어떤 경우에 암시는 그렇게 당연하지만은 않다. 공식적인 법률을 가지고 있는 사회들은 모두 인구 수 2,000명이 넘는 읍락을 가지고 있었다. 당연한 이야기겠지만 그 역은 항상 성립하지는 않았다. 사제가 있는 모든 사회들이 사원을 가지고 있지는 않았으며 인구 수 2,000명 이상의 읍락을 가진 모든 사회들이 법률을 가지고 있지는 않았다.

카네이로는 이 특징들을 서열화했다. 가장 흔히 보이는 특징, 예컨대 공동체 사이에 거래가 이루어지는지 여부를 가장 아래쪽에 놓고 덜 흔히 나타나는 특징(달력의 사용, 인구 수 100,000명 이상의 도시)을 가장 위쪽에 놓았다. 일반적으로 어느 주어진 특징을 가지고 있는 사회는 그 특징보다 아래쪽에 위치한 특징들을 모두 가지고 있는 경향이 있다. 나는 이 경향이라는 말을 강조하고 싶다. '더 높은' 서열의 특징을 가지고 있다는 것이 그보다 낮은 서열의 특징을 가지고 있음을 100%의 확실성을 가지고 보장하지는 않는다. 그리고 특히 비슷한 서열의 특징들 사이에서는 더욱 더 확실성을 보장할 수 없다. 예를 들어서 명확하게 구분되는 사회적 서열을 가진(7번 특징) 사회가 항상 공식적인 정치적 지도체제(3번 특징)를 가지고 있지는 않다. 그러나 시장을 가지고 있는(26번 특징) 사회는 모두 공식적인 정치적 지도체제를 가지고 있다.

결론적으로 카네이로의 50가지 특징들을 모두 번호를 매겨 차례로 늘어놓았을 때 이것은 상당한 예측 능력을 갖는다. 만일 사회가 어떤 주어진 특징을 가지고 있다면 그 사회가 무작위로 선택한 —그 특징보다 하위에 있는 — 다른 특징을 가지고 있을 확률이 90%가 넘는다.

물론 그 숫자가 100%라면 얼마나 좋을까? 그리고 좀 더 일반적으로 말해서 사회과학의 법칙들이 마치 '경성hard' 과학✦ 법칙들과 같이 물샐 틈 없이 완벽하게 맞아떨어진다면 얼마나 좋을까? 그러나 안타깝게도 인간사회는 우리가 알고 있는 우주에서 가장 복잡한 현상이며 따라서 인간사회의 동력을 식별해내는 것은 매우 어렵고 번잡한 일이다. 사회과학 분야에서 마치 화학의 경우와 같이 깨끗하게 딱 떨어지는 어떤 척도나 이론을 발견하고자 한다면 아마 가로등 아래에 가서 열쇠를 찾아야 할 것이다.

이 결과가 의미하는 것은 무엇일까? 카네이로는 이 특징들의 목록이 일종의 사다리, 일반적인 진화론적 순서라고 생각했다. 만일 우리가 각기 다른 이 사회들을 통계적 시각으로 바라보는 대신에 제각기 진화해온 과정을 살펴볼 수 있다면, 그러니까 하나 하나의 스냅사진 대신 한 편의 영화를 볼 수 있다면 우리는 그 모든 사회들이 이 특징들을 맨 아래에서 맨 위까지 모두 같은 순서로 획득하게 되었음을 확인할 수 있을 것이다. 일반적인 문화들이 대도시를 갖기 전에 사원과 법률을 갖고, 공동체 사이에서 거래가 일어나고, 특별한 종교적 책무를 지닌 사람들이 나타나며, 수공업의

경성hard 과학 | 일반적으로 수학적 확실성을 추구하는 자연과학, 경제학 등의 분야—옮긴이

분화가 일어나는 경향을 보인다.

그로부터 몇 년이 지난 후 카네이로는 자신의 모델을 시험하기 위해서 5세기에서 11세기에 이르는 앵글로색슨 잉글랜드의 진화를 살펴보았다. 그는 역사 문헌에서 출현 순서를 그가 입증할 수 있는 300가지 문화적 특징을 발견했으며 그 중 33가지 특징은 앞서 그가 만든 100가지 특징의 사다리와 겹치고 있었다. 카네이로는 이 33가지 특징 중 두 가지를 뽑은 모든 쌍(모두 528개의 조합)을 대상으로 쌍을 이룬 두 특징이 실제로 그가 가정한 사다리의 순서에 들어맞게 나타나는지 조사했다. 그 결과 86.5%가 들어맞는 것으로 나타났다. 뿐만 아니라 그 13.5%에 해당되는 예외들은 그의 사다리에서 매우 가깝게 위치한 특징들, 예를 들어서 '인구 2,000명 이상'(27번 특징)과 '정부 또는 교회가 장인을 고용'(28), '세금과 비슷한 제도'(24), '징병제도'(25) 등을 비교한 경우였다. 다시 말해서 이 특징들은 그 상대적인 순서가 각각의 문화 진화 사례에서 제각기 다르게 나타날 것이라고 예상할 수 있는 것들이다.

이 모든 사실들은 카네이로로 하여금 그가 누적되는 문화적 특징의 의미 있는 목록을 발견했다고 확신하게 만들었다. 그 특징들은 특정 순서에 따라 나타나는 경향이 있으며 일단 나타난 다음에는 없어지지 않고 지속되는 경향을 보인다. 그에 따라서 카네이로는 문화적 복잡도의 대략적 척도를 제안했다. 어떤 사회가 가지고 있는 이 특징들의 점수를 합해서 그에 따라 순위를 부여하는 것이다. 한편 또 다른 학자인 라울 나롤Raoul Naroll은 그에 앞서 사회적 복잡도를 측정하는 상당히 다른 종류의 척도를 개발해냈다. 예를 들어서 전문화된 장인의 수라든지 '집단team'의 종류의 수 등이 그가 고안한 척도 중 일부이다. 그런데 복잡도를 측정하는 이 두 가지

방법이 각 사회들을 거의 동일한 순서로 나열했다. 카네이로는 1969년 이 발견이 "문화적 복잡도가 실재하며, 객관적이고, 측정 가능한 것이라는 나의 확신을 더욱 강화시켜주었다"고 말했다.

카네이로는 이처럼 자신감을 보였지만 오늘날 사회적 복잡도를 측정하는 방법에 대해 합의는 이루어지지 않았다. 일부 분석가들은 사회 조직의 '통제력을 행사하는 계급 수준'의 수를 강조한다.# 그리고 나롤을 비롯한 많은 학자들은 노동의 분화 정도를 적절한 척도라고 생각한다. (마치 일부 생물학자들이 '세포의 종류'의 수를 생물의 복잡성의 척도로 삼듯이 말이다.) 그러나 포터 스튜어트의 방법("척 보면 알 수 있다") 역시 여전히 어느 정도의 호소력을 지니고 있다.

문화진화론을 옹호하기 위해서 지적하고 싶은 사실이 있다. '경성' 과학 역시 복잡도를 정의하는 데 있어서는 별반 다를 것이 없다는 점이다. 물리학자들이나 화학자들은 '질서'와 '엔트로피'에 대해서 엄격한 정의를 가지고 있다. (궁극적 질서는 수많은 동일한 분자들이 깔끔하게 배열되어 있는 순수한 물질이며, 궁극적인 엔트로피는 수많은 서로 다른 종류의 분자들이 무작위적으로 놓여 있는 균일하지 않은 물질이다.) 그리고 복잡도란 이 두 가지 상태의 중간쯤에 놓여 있는 ―질서의 여지를 가지고 있지만 순수한 질서는 아닌― 무엇이다. 그러나 복잡도의 정수가 정확히 무엇인지, 또는 복잡도를 어떻게 수량화하는지에 대해서는 합의가 이루어지지 않은 상태이다.

서론

p. 10 인용문: Teilhard de Chardin (1996), p. 85

10 "무의미한" 우주: Weinberg (1979).

11 "시공간의 바깥에" 존재 : Wright(1988), p. 271에 인용.

13 "우리가 생명의 비밀을 발견했다." : Watson (1969)

15 #새로운 기술이 출현함에 따라서 새롭고 더욱 풍요로운 형태의 넌제로섬 상호작용
이 가능 : 이 일반적인 예상은 '파레토 최적(Pareto optimum, 자원배분이 가장 효율적으로 이
루어진 상태—옮긴이)'과 관련된 확고한 경제 이론 및 데이터로 이루어져 있다. 어떤
사회에서 누군가 다른 사람이 손해를 보지 않고서 어느 누구도 이익을 보는 것이
불가능한 상태가 될 때 그 사회가 파레토 최적에 이르렀다고 한다. 만일 나와 내
이웃이 서로 이익을 볼 수 있는 거래가 있는데 그 거래를 아직 맺지 않았다면 아직
파레토 최적에 이르지 못한 상태이다. 따라서 파레토 최적에 도달했다는 것은 아
직 수행하지 않은 윈-윈win-win 게임이 남아있지 않거나 또는 경제학자들이 전형적
으로 표현하는 대로 거래로부터 창출되는 이익이 모두 소진되었음을 의미한다.
(정확하게 말하자면 이것은 가능한 모든 넌제로섬 게임이 수행되었다는 것과는 조금 다르
다. 왜냐하면 모든 넌제로섬 게임이 단순한 윈-윈 게임인 것은 아니기 때문이다. 그러나 지금
이 논의의 목적에 비추어 우리는 파레토 최적을 느슨하게 말해서 서론의 뒷부분에서 정의된
모든 '넌제로섬 원리'가 실현된 상태라고 볼 수 있다.) 그런데 기술적 혁신이 많은 경우
에 파레토 최적을 높여준다는 사실이 널리 받아들여지고 있다. 다시 말해서 기술

진화는 새로운 윈-윈 게임을 창출한다는 것이다. (비록 이 게임이 생산적으로 이루어질지 여부에 사회 조직이 크고 작은 영향을 미치겠지만 말이다.) 경제 산출량의 성장이 단순히 자본과 노동력의 투입만으로 설명될 수 없음을 —그에 따라 기술 변화가 어떤 역할을 할 것임을— 보여준 Robert M. Solow의 논문(1957)이 이러한 생각을 뚜렷하게 나타냈다. Solow의 개념을 이어받아 확장한 것이 오늘날의 '신성장이론new growth theory'이다. Romer(1990) 참조.

1장. 문화 진화의 사다리

26 인용문 : Mackay (1981), p.102.

27 "확실한 증거에 근거해서……단언할 수 있다." : 루이스 헨리 모건Lewis Henry Morgan (1877), p.vi.

27 "세 가지 구분되는 상태" : Morgan(1877), p.3. 모건이 문화에 진화론적 관점을 취한 최초의 인물은 아니다. 영국의 인류학자 에드워드 버넷 타일러Edward Burnett Tylor는 1871년 출간한 저서 〈Primitive Culture〉에서 야만-미개-문명savagery-barbarism-civilization이라는 일종의 유형론을 주창했다. 일부 학자들은 타일러와 모건이 1859년 다윈의 〈종의 기원〉이 출간되기도 전에 진화론 용어를 생각해냈다고 주장한다.(Nisbet[1969] 참조.) 확실히 허버트 스펜서는 1859년 이전에 사회 변화에 대한 진화론적 관점을 가지고 있었다. 그리고 다윈에 앞서 여러 종류의 생물학적 진화론이 등장했다.(허버트의 진화론 포함) 따라서 생물학적 진화라는 개념이 다윈 이전에 나타난 문화 진화론에 영향을 주었을 수도 있다.

27 시팅불: Hays(1958), p.45.

27 "민주적 정부, 형제애로 충만한 사회" : Engels (1884), p.759.; 마르크스와 엥겔스와 모건의 개념들 사이의 관계에 대해서는 다음 문헌을 참조한다. Service (1975), p.33 그리고 Farb (1969), pp. 131-32

28 존 스튜어트 밀: Mill (1872)

28 "우리는 각 문화들을 등급으로 나누어 서열화 시키는 것에 반대한다." :

Wright(1987), p.108에 인용.

29 "가장 공허하고, 진부하며, 유해한 것" :Wright(1987), p.100에 인용.

29 벌린 : Berlin(1954), p.24.

29 포퍼 : Popper(1957).

29 "메타역사metahistory"는 거의 멸종 지경에 이른 생물의 신세기 : Dray(1967), p.253.
역사학자들이 '메타역사'에 반감을 보이는 경향에 대해 주목할 만한 예외가 있다
면 바로 윌리엄 맥닐William McNeill이다. 상찬을 받은 그의 1963년작 〈The Rise of
the West〉는 인간의 역사 전체를 새로운 이론적 전망에서 다루었다. 또한 임마뉴엘
월러슈타인Immanuel Eallerstein는 종종 '세계 시스템World-system 이론'이라고 불리는
역사학파를 생성시켰다. 이 학파는 세계화를 매우 오래되었으며 자본주의 국가들
이 가난한 국가를 지배하는 착취적 과정으로 본다.

30 레슬리 화이트: 20세기 중반에 문화진화론을 부활시키는 데 일조한 다른 사상가에
는 인류학자인 줄리언 스튜어드와 고고학자인 고든 차일드V. Gordon Childe가 있다.
그보다 조금 나중에 사회학 울타리 안에서 또 다른 다양한 진화론이 활기를 띄게 되
었다. '현대화modernization 이론'도 그 중 하나이다. 그러나 1993년 한 역사학자는
지난 10년 동안 '현대화 이론'이라는 용어는 "오직 비난과 공격의 대상으로 가장
빈번하게 인용되었다"고 보고했다.(Grew, 1993, p.229) 또한 다음 문헌을 참조한다.
Fukuyma(1993), p.69.

31 대부분의 고고학자들은 지지하지 않는다.: 고고학계 안에서 최근에 나타난 문화진
화론에 대한 회의적 시각에 대해서는 다음 문헌을 참조한다. Stein(1998)

2장. 그 옛날 우리의 모습

33 인용문: Morgan (1877), p.562. 모건은 인종들 사이에 어느 정도 타고난 심적 차이가
있을 것이라고 믿었다. 그런데 그 시대의 거의 모든 사람들이 사실상 그렇게 믿고
있었다.

33 "가장 형편없는 인종" : Farb (1969), p. 36

33 "이 끔찍한 야만인들의 목소리만 들어도 구역질이 날 것 같다." : Wright(1994), p.181

34 "우리가 우리 자신의 문명 형태를" : Hays (1958), pp. 266-67

34 "인류 전체의 심적 동질성psychic unity" : Morris(1987), p.99. 보편적 인간 본성에 대한 현대적인 개념에 대해서는 다음 문헌들을 참조한다. Wright(1994), Pinker(1997), Tooby and Cosmides(1990)

36 "더 이상 축소할 수 없는 최소한의 인간 사회" : Farb(1969), p.43. '쇼숀족' 이라는 용어는 다양한 사회집단을 일컫는데 그 중 일부 집단은 다른 집단보다 좀 더 복잡하다.(알렌 존슨Allen Johnson과 티모시 얼Timothy Earle, 1987, p.31) 여기에서 묘사된 쇼숀족은 줄리언 스튜어드(1938)가 보고한, 가장 단순한 형태의 집단이다. 서비스(1975, p.68)는 사회적 복잡도가 낮은 쇼숀족 집단의 사회적 분열 상태가 말을 타고 다니는 다른 쇼숀족 집단의 강탈에 의한 것이라고 설명했지만 그보다 앞서 쇼숀족을 연구했던 스튜어드는 그 이유를 황폐한 거주지에 돌렸다.

36 "유일한 정치 조직이며" : Farb(1969), p.44.

37 쇼숀족, 쿵족 : 이 비교를 좀 더 깊이 들어가고자 한다면 알렌 존슨Allen Johnson과 티모시 얼Timothy Earle(1987)의 저서의 2장을 살펴본다. 많은 경우에 쿵족의 집단은 중심에 형제 또는 자매를 중심으로 한 친족들이 자리 잡고 있다. 그러나 그 형제 또는 자매들은 각자의 배우자가 있고 그 배우자의 형제자매와 또 그들의 배우자들까지 같은 집단에서 살아가기도 한다. 따라서 쿵족 집단이 가까운 친족으로 이루어진 단일 가족에 기초하고 있다고 하더라도 집단은 다수의 가족들과 생물학적으로 친척 관계에 있지 않은 수많은 개인들을 포함하게 된다.(Lee, 1979, pp.54-76) 그러나 존슨과 얼은 쿵족을 가족 단위의 채집인으로 구분했다.

37 잘 상하는 기린 고기 : Lee(1979) 참조. 쿵족은 조야한 수준이나마 고기 저장 기술을 지니고 있었다. 일종의 육포와 비슷한 상태로 고기를 말리는 것이었다. 그러나 이 과정은 힘이 많이 들었고 또 비가 오기 시작하면 육포가 상해버렸다.

37 "바로 다른 이의 위장" : Farb(1969), p.66

38 수렵 자체가 채집에 비해 그 결과를 믿기 어려운 활동 : Ridley(1996), p.102

38 큰 동물을 사냥하는 부족의 사회적 복잡성 : Johnson and Earle (1987), p.59

38 "토끼 대장" : Johnson and Earle (1987), pp.34-35

39 "도박, 춤, 남녀 간의 수작" : Thomas(1972), p. 145.

40 무도회의 기능 : Johnson and Earle (1987), p.36

41 호혜적 이타주의 : Trivers(1971) and Wright(1994), 9장.

42 "일반화된 호혜주의" : Lee(1997), p.437 참조. Sahlins(1972), pp. 193-94의 견해는
   미묘한 차이를 보인다.

42 "일반화된 가족과 같은" 방식 : Lee(1979), p.460.

43 "공정하지 못한 고기 분배" : Lee(1979), p.372

44 #생물학적 진화와 문화적 진화를 통한 속임수 방지 기술 발달 : Ridley(1996)는 이에
   대한 뛰어난 논의를 제공한다.

45 넌제로섬 게임 안에 있는 제로섬 차원 : 제로섬을 넌제로섬 동력으로부터 분리시킨
   후 이 두 가지 문제를 차례로 다룬 다음 전체 게임의 문제를 푸는 방식에 대해서
   Rapaport(1960)의 11장 참조한다.

48 사회적 지위의 추구 : Wright(1994)의 12장과 Williams(1966) 참조.

50 "명예, 권력, 부에 대한 욕망은" : Kant(1784), p.44

50 "아카디아와 같은, 목가적 환경 속에서" : Kant(1784), p.45

51 "자연의 숨겨진 계획" : Kant(1784), pp.50, 52

3장. 5천 년 동안의 기술 진보

52 인용문: Smith(1937), p.13; Marx(1846), p.136

53 에스키모의 배 : deluge 이후에 에스키모 인이 배를 타고 베링 해협을 건너왔을 가
   능성이 있다. (치아의 형상을 조사한 한 연구 결과에 따르면 에스키모-알류트[Aleut] 집단이
   대홍수 무렵에 아메리카 대륙으로 들어온 것으로 나타났다. 브라이언 패이건Brian Fagan,
   1995, p.181.) 어찌되었든 시베리아와 알래스카의 토착 언어는 전적으로 다른 어족에

속한다는 점(Ruhlen, 1987)은 지난 수천 년 동안 본질적으로 별개의 문화진화의 길을 걸어왔음을 암시한다. 누나뮤트족과 타레우뮤트족에 대한 이 장의 분석의 요점은 독특한 에스키모 문화-카야크(Kayak, 에스키모인이 타는 배), 고래잡이용 작살, 그밖에 거대 바다 포유류를 사냥하는 데 사용하는 여러 도구들은 지난 2천년 동안 신세계에서 진화했다는 사실이다. Fagan(1995), p.201 참조. (기원후 1000년 무렵 바이킹이 원정항해를 통해 북아메리카 거주민들과 짧은 접촉을 가진 일이 있었지만 이는 분명히 별다른 영향을 주지 않았다.)

53 #문화적 변화의 거대하고 독립적인 두 사례라고 할 수 있다. : 최근 언론은 신세계와 아시아 이외의 땅 사이에 훨씬 일찍, 그리고 잠재적으로 커다란 중요성을 갖는 접촉이 있었을 것이라고 보도했다. 이러한 보도의 대부분은 북아메리카에서 '케네윅인Kennewick Man'의 유해가 발견된 사건에 기초하고 있다. 그는 유럽 출신의 백인인 것으로 보였다. 그러나 이후에 이루어진 분석에 따르면 케네윅인은 "아이누Ainu 사람과 폴리네시아 사람 사이의 혼혈"에 더 가까운 것으로 드러났다. (Newsweek, 1999년 4월 26일) 아이누 사람(일본의 토착민)와의 관계는 아메리카의 토착민이 베링 해협을 건너 이주해왔다는 개념을 뒤집지 못한다. 폴리네시아인과의 관계 역시 마찬가지이다. 왜냐하면 폴리네시아 사람들 역시 궁극적으로 아시아의 조상으로부터 갈라져 나왔기 때문이다. 그리고 케네윅인이 폴리네시아에서 배를 타고 태평양을 건너오는 것은 불가능했을 것이다. 왜냐하면 폴리네시아인들의 이주 범위는 약 400년 경 하와이에 이른 것이 고작이었기 때문이다. 그것은 케네윅인이 죽은 지 몇 천 년 후의 일이다. 같은 이유로 이른 시기에 폴리네시아인이 바다를 건너 아메리카 대륙에 도달했다는 주장들은 모두 근거가 없어 보인다. 폴리네시아인의 배가 외견상 간신히나마 아메리카 대륙에 도달할 수 있을 정도의 모습을 갖추었을 무렵에 아메리카 대륙의 토착민들의 문화는 이미 문화 진화의 국가 단계에 도달했을 때이다.

일반적으로 아메리카 대륙에서 최근 발견된 아주 오래된 인간의 유해 가운데 아메리카 대륙 토착민과 해부학적으로 닮지 않은 것으로 보이는 몇 건의 유해는 케네윅인의 사례와 마찬가지로 아메리카 대륙의 문화 진화가 본질적으로 독립적으로 일어났다는 개념을 흔들지 못한다. 그 유해의 골격은 폴리네시아 사람, 아이누 사람, 또는 다른 동아시아 사람들의 골격과 닮았다. 따라서 그 사실은 아시아인들이 베링의 땅 덩어리를 건너서 아메리카로 이주해왔다는 개념에 부합한다. (앞서 언급한 〈뉴스위크〉의 기사를 살펴보면 현재의 개념에 대한 급진적인 수정의 시도는 기사 자체의 내용에 의해 어긋나고 있음을 알 수 있다.)

53 #신대륙에서 전례 없이 다양한 종류의 문화들, 다양한 기술과 사회 조직들이 관찰되고 기록되었다. : 물론 이 모든 문화 중 어떤 것도 문자 그대로 순수하다고 말할 수는 없다. 왜냐하면 관찰이라는 행위 자체가 영향을 줄 수 있기 때문이다. 뿐만 아니라 유럽의 관찰자가 마주하기 전에 유럽의 영향력이 어떤 식으로든 특정 토착 아메리카 문화에 녹아들어갔다. 인종학적ethnographic 기록의 이와 같은 불완전성을 염두에 두어야 하겠지만 그렇다고 하더라도 이 기록은 여전히 독특한 가치를 지닌다.

55 "우리는 부족 사람들이 굶어죽게 내버려두지 않습니다." : Johnson and Earle (1987), pp.137, 198

56 확장된 가족으로 볼 수 있는 쿵족 사회 : Lee(1979), pp. 54-76

57 "연어 등을 밟고 강을 건널 수 있다." : Farb(1969), p.169

57 누트카족의 기술 : Coon (1971) pp. 35-37, 66-67, 126-29, 134-35, 143-46, 271

57 칠캣족의 옷감 생산 : Coon(1971) pp. 271-73

58 가족 안에서 전해지는 수공예 : Farb(1969), pp. 180-181

58 물고기 잡이 트랩 : Coon(1971) pp. 143-46

59 # 공공재 : Johnson and Earle (1987), pp.166-68 '공공재'는 그 혜택을 본질적으로 모든 사람들이 누릴 수 있는 물건을 말한다. 등대가 고전적인 예이다. 등대 옆으로 지나가는 배들은 그 등대를 짓는 데 필요한 돈을 냈든 내지 않았든 상관없이 모두 등대의 안내를 받을 수 있다. 공공재는 자연스럽게 공공부문의 몫으로 여겨지고 있으며 정부가 제공해야할 혜택 가운데 하나로 간주된다. 그 정확한 이유는 어떤 개인 또는 사기업이 특정 수혜자들에게 요금을 부과하는 식으로 필요한 재원을 충당하는데 어려움을 느끼기 때문이다. 그러나 기술 변화는 공공재의 정의를 바꾸어놓을

수 있다. 현대의 전자 정보 기술은 예를 들어서 어느 개인 또는 사기업이 등대를 지은 다음에 그것을 이용하는 배들에게 요금을 부과하는 것을 적어도 어느 정도 실현 가능하게 만들어주었다. 심지어 —북서해안 인디언들에게는 없었던— 돈의 발명만 해도 특정 상품과 서비스의 공급을 민간 부문이 맡는 것을 좀 더 실현 가능하게 만들어주었다.

60 "어로 관리자fishing warden" : Douglas Deur과의 개인적 대화. 이 '어로관리자' 는 콰콰카와쿠(Kwakwaka'wakw, 콰키우틀족의 다른 명칭—옮긴이) 와 일부 다른 북서해안 인디언들 사이에서 발견되었다. 비록 '어로관리자' 와 대인이 동일한 개념은 아니었지만 대인은 거의 확실히 감시자의 권위에 지지물이 되어주었다. 물고기들이 허락하는 범위에서 물고기를 잡음으로서 물고기들을 '달래고자appease' 하는 의도 역시 어로관리자의 권위를 지지해주었다. 일반적으로 사회들은 물고기와 같은 자원의 지나친 남용을 제한하기 위한 수단을 고안해낸다. Acheson(1989), p.358 참조.

60 불운을 경감: Johnson and Earle (1987), pp.170. 부의 축적 형태에 대해서는 다음 문서 참조. Murdock(1934), pp.239-40

61 "심지어 '부족' 의 경계나 언어의 경계를 넘어서" : Johnson and Earle (1987), p. 198

61 '사회안전보장제도social security', '생명보험제도' '상호저축 계좌saving account' : Johnson and Earle (1987), p. 170

62 단일한 중앙의 권위 : 권위의 경계는 복잡할 수 있다. 그리하여 어느 한 마을은 거로 분리된 두 씨족(씨족은 공동의 조상의 후계자라고 자처하는 가족들의 집단)으로 이루어질 수 있고 각 씨족들은 서로 다른 대인을 가질 수 있다.

63 "지나치게 원기왕성하고 뽐내는" : Benedict(1959), p.173

63 나중에 고래 기름을 주겠다는 징표 : Johnson and Earle (1987), pp.170, 198

63 포트래치의 부패 : Farb(1969), p. 188, Coon(1971), p.282

64 포트래치 원래의 모습 : Johnson and Earle (1987), pp. 322-23; Murdock(1934), p244.

64 채무 발생을 기록하는 포트래치의 기능 : Boas(1899), p.681

64 "신용에 기반을 두고 있었다." : Boas(1899), p.681

64 진화의 단계를 너무나 기술적 용어에 엄격하게 결부시킨 모건 : Morgan(1877), pp. 10-11

65 복잡한 단계들 : 전체적인 복잡도에 있어서 서로 비슷한 사회들이 구조적으로는 서로 차이를 보일 수 있음을 유념한 일부 진화론자들은 19세기 모건이 사용한 사다리와 같은 '단선적unilinear' 체계 대신 '다선적multilinear' 체계를 내세웠다. 이 용어는 줄리언 스튜워드(1955)에서 비롯되었다. 그러나 스튜어드조차도 다양한 문화들이 마치 사다리와 같은 순서를 통과하는 것으로 묘사했다. 예를 들어서 p.190의 표5를 참조한다. 진화적 '단계' 의 일반적인 모호함에 대해서는 Rothman(1994)과 Yoffee(1993) 진화론에 대한 회의주의자의 시각을 참조한다.

66 서비스의 구분에 대한 이견 : Carneiro(1991), p. 168

66 "내가 이겼소." : Johnson(1989), p.65 또한 거의 제도화되었던 대인의 경쟁적 잔치에 대해서는 브라이언 해이든Brian Hayden(1993), pp.244-47을 참조한다.

66 사회적 지위와 그에 대한 보상 : Wright(1994), chapter 12.

67 "우리가 먹는 것은 소니의 명성입니다." : Harris (1991), p.106

68 "청중들에게 확신을 주는 훌륭한 연설가" : Johnson(1989), p.65

69 "뼛속까지 형제" : Hays(1958). 더 높은 수준의 사회적 복잡도를 향해 진행되어 나가는 것을 방해할 수 있는 자연적인 사람들 사이의 긴장을 해소하는 문화적 진화의 다양한 방법에 대해서는 다음 문헌을 참조한다. Richerson and Boyd(1999)

70 플로리다와 캘리포니아의 사회적 복잡도: 예를 들어서 캘리포니아의 츄마쉬는 여러 공동체를 아우르는 통치 제도를 가지고 있었다. Arnold(1996) 플로리다 주의 Calusa의 경우와 같이 7장에서 논의하게 될 것이다.

70 복잡한 수렵채집 사회에 대한 고고학적 증거 : Fagan(1995), pp.167-69와 Hayden(1993), pp.200-206 참조. '위세품 관련 기술' 이라는 용어에 대해서는 Hayden(1998) 참조. 또한 다음 문헌들을 참조한다. Brown and Price(1985), pp. 437-38, Arnold(1996), pp.103-114, Price and Brown(1985), p.16

71 "점점 더 복잡도가 증가하는 쪽으로 변모해온 보편적인 경향을 보인다.": Fagan(1995), p. 167

72 상부 구식기와 중식기의 기술: Hayden(1993), chapter 6, Hayden(1995), chapter 4 and 5. 일부 학자들은 상부 구석기시대에 거친 수준의 덫이나 함정 등이 존재했을 것이라고 추측한다. 이 덫이나 함정등은 나무로 만들어져서 지금까지 보존되지 못하였을 것이다.

74 오스트레일리아 원주민의 기술 : Lourandos(1985), esp. pp. 392, 408. 부메랑은 유럽에서 발명되었을 지도 모른다. 그렇다고 하더라도 오스트레일리아의 부메랑의 발명은 독립적으로 이루어진 것이다.

74 "전통적으로 정체된 것으로 여겨지던 오스트레일리아의 선사시대의 모델": Lourandos(1985), p.412.

75 쿵족의 기술 : Lee(1979), pp. 124-34. 오늘날 —화살대는 여전히 뼈로 만들어지지만— 화살촉은 금속으로 만들어지고 있다. 그러나 그것은 현대적인 문화와의 접촉 때문이다.

75 다양한 수렵 채집 기술: Coon(1971), pp. 16-20

75 "턱수염 들것": Murdock (1934), p.164

76 "우리 인간은 모두 물질적이다.": Hayden(1993), p.269

77 쇼숀족과 나후아틀족의 언어: Farb(1969), p. xviii, Ruhlen(1987).

78 북서해안 인디언 사이의 유전적 차이 : Cavalli-Sforza(1994)

4장. 보이지 않는 뇌

79 인용문: Braudel(1981), p.401

81 쿠이쿠루족과 잉여 생산 : Johnson and Earle (1987), p.72

81 "대성당을 설계한다든지 그밖에 일반적으로 그들이 사는 터를 개선하는데 쓰는 법이 거의 없다.": Wenke(1984), p.186

82 노동 분화에 이바지 하는 두 가지 요소 : Smith (1937). 또한 Ridley(1996), p. 46 참

조. 스미스는 또한 노동 분화를 유인하는 요소로 시장의 규모를 들었다. 그러나 물론 이것과 다른 두 가지 요소들 사이에는 겹치는 부분이 있을 수 있다. 만일 인구가 늘어남에 따라 시장의 규모가 커진다면 1인당 운송 및 통신비용은 낮아지게 될 것이다.

83 #자연 자원의 다양성: 자원의 다양성은 북서부의 지리적 다양성에 의해 더욱 강화되었다. 바다 근처에 산이 있는 지형이기 때문에 해안에 사는 사람들이 높은 고도로 올라가 융모빙어 기름을 해안 지방에서 귀하게 여겨지는 동물 가죽과 같은 물건과 교환할 수 있었다. 이와 같은 '미소 환경 변수micro-environmental variation'는 각 지방의 사람들 사이의 사회적 복잡도의 차이를 설명해줄 수 있는 요인으로 인용되어 왔다.(Allen Johnson과의 개인적 대화. 또한 다음 문헌을 참조한다. Johnson and Earle, 1987) 예를 들어서 아마존 유역 사람들의 경우 문화 진화가 국가 수준까지 도달했던 남아메리카의 다른 부분에 비해서 그와 같은 변이가 비교적 적다. 또 다른 유력한 요소는 미소 환경 변수와 마찬가지로 북서해안 인디언들에게 적용되는 극적인 계절 변화가 연중 일정 기간 동안 생존을 불안정하게 만들기 때문에 대규모 집단으로 위험을 분산시키는 통치 구조의 가치가 높아진다는 것이다. 이 두 요인(근처 부족 사람들 사이의 자원의 다양성과 근처 부족 사람들을 대면하도록 만드는 기근의 위험성)은 사람들 사이의 관계를 더욱 넌제로섬을 지향하도록 만든다. 존슨이 지적한 것과 같이 그와 같은 요인을 고려하는 것은 왜 어떤 지역은 —이를테면 뉴기니— 상당히 높은 인구 밀도를 보이면서도 사회적 복잡성의 수준은 상대적으로 낮은지를 설명하는데 도움을 준다.

84 마니오크 생산량의 폭발적으로 증가 : Carneiro(1970), p. 734. 카네이로는 쿠이쿠루족이 아니라 그들과 비슷한 마니오크를 생산하는 다양한 아마존의 부족들을 대상으로 잉여 생산을 입증했다.

85 집단의 규모와 혁신 : Kremer(1993) 참조. 새로운 성장 이론 전반에 대해서는 Romer(1990)을 참조한다. 인구 성장의 효과와 인구 밀도의 상승의 효과 사이에는 명확하지 않은 경계가 존재한다. 인구 성장은 개인들 사이의 의사소통이 실질적인

경우에만 중요성을 갖는다. 그렇지 않은 경우에는 개인의 혁신이 전체 집단으로 퍼져나갈 수가 없다. 그리고 인구 밀도가 높으면 높을수록 의사소통이 더욱 원활해진다. 한편 인구 증가가 문화 혁신의 속도를 높인다는 사실을 최초로 지적한 학자들 중 한 사람이 윌리엄 오그번이다. Ogburn(1950), pp. 110-11.

85 #북서해안 인디언들은 보이지 않는 뇌이다.: 물론 중앙계획 경제체제 냉전시대 소련의 경제나 북서해안 인디언의 대인 경제 에서 이 뇌는 그다지 확산되어 있지 않으며 따라서 그다지 눈에 보이지 않는다고 할 수 없다. 경제는 눈에 잘 보이는 중심 본부를 가지고 있다. 그렇다고 하더라도 이 뇌는 사회적 '신경계'를 통해서 신호를 주고받아야 하며 신경세포들이 조밀하게 놓여 있을때 가장 빠르게 신호를 전달할 수 있다. 게다가 북서해안 인디언들은 다소나마 물물교환을 했다. 특히 마을들 사이, 부족들 사이의 거래에는 중심적 통치자가 존재하지 않았으므로 인접한 마을과 부족들 사이의 네트워크는 좀 더 확산된, 스미스주의적 보이지 않는 뇌에 가까운 것이라고 할 수 있다.

85 인류학자들은 윤활 효과를 무시했다. : Maschner(1991), p.931 참조. 그는 북서해안 인디언 사회를 복잡화로 밀어붙인 이유들을 세 종류의 이론으로 정리했다. 이 이론 중 어느 것도 이 책에서 제시하는 주장과 같은 맥락에 있지 않다. 그러나 일부 문화 진화론자들은 인구밀도가 정보비용을 낮춘 효과를 강조했다. 아놀드(1996, p. 95)는 복잡한 수렵 채집 조직화의 조건 중 하나로 "특정 종류의 사회적 상호작용과 의사소통이 일어나기에 충분한 인구 밀도를 갖추기"라고 지적했다.

86 "저항할 수 없는 번식 압력" Harris(1991), p. xii. Johnson과 Earle(1987)은 해리스의 패러다임을 지지하고 정교화해서 각기 다른 수준의 사회 조직화 압력과 고도화가 새로운 형태의 사회 조직화를 가져올 수 있는지 보여주었다.

87 꾸준한 인구 증가: 마이클 크레머Michael Kremer(1993), table I, p. 683. 수십만 년 전 우리의 조상이 호모 사피엔스의 문턱을 넘어선 이래로 인구는 비록 낮지만 계속해서 양의 성장률을 보였다.

87 폴리네시아 섬의 복잡도 : Diamond(1997), p. 62 상관관계에 대한 Diamond의 설

명은 나의 설명과 다르다. 또한 Kirch(1989)와 Sahlins(1963)을 참조한다.

87 중기 구석기 인구와 기술: 인구 증가에 대해서는 Kremer(1993), table I 참조. 기술 혁신에 대해서는 다음 문헌을 참조한다. Lenski et al.(1995), table 5.1, Hayden(1993), figure 6.1

88 구세계를 뒤덮는 인구 수 : Price and Brown(1985), p. 13

88 후기 구석기시대 기술: Klein(1989), p. 360, and Lenski et al.(1995), table 5.1

88 중석기 인구와 기술: Kremer(1993), table I, and Lenski et al.(1995), table 5.1

89 상호적 양의 되먹임: 해리스 학파에 속하며 따라서 인구 증가의 '어두운 면'을 강조했던 Johnson과 Earle(1987)은 한편으로 다음과 같이 썼다. (pp. 324-25): "생활 경제에 일어나는 변화의 일차적 원동력은 인구 증가와 기술 사이에 존재하는 양의 되먹임 관계이다."

89 구멍을 뚫어 줄에 꿴 조개껍데기의 이동 : Ridley (1996)

90 눈에 보이지 않는 사회적 뇌들이 서로 연결되고 : 수렵 채집 부족들 사이에 지위 상징 제품을 교환하는 사례는 오스트레일리아(Lourandos, 1985)나 콜럼부스 이전의 아메리카(Bender, 1985, p.56)에서 보고되었다. Arnold(1996, p.111)가 지적하듯 장거리 무역이 감소되었던 시기도 있다. 그와 같은 시기는 남서 캘리포니아의 고고학적 기록에서도 나타나고 있다. 그러나 같은 시기에 좀 더 가까운 거리 안에서 지위 상징물들과 식품의 광범위한 교환이 이루어졌던 것으로 나타났다. 또한 이 시기에 해당 문화의 전체적인 복잡도 역시 상승했던 것으로 나타났다. 간단히 말해서 멀리 떨어져 있는 지위 상징물의 원천에 대한 의존은 여러 가지 이유에 의해 감소할 수 있다. 그리고 그 이유에는 좀 더 가까운 곳에서 나는 자원을 이용해서 기존의 지위 상징물의 원천을 대체하거나 지위 상징물의 제작 역시 가까이에 사는 사람들의 노동력으로 대체하는 것 등이 포함될 수 있다. 그렇다고 하더라도 그에 따라 문화가 번성하게 되고 인구 증가 역시 뒤따르게 되면 멀리 떨어진 문화와의 접촉 역시 확실하게 성장하게 된다. 좀 더 일반적으로 말하자면 중석기-아케익 시기는 후기 구석기에 비해 장거리 무역이 감소했지만(Price and Brown, 1985, p. 6) 같은 시기에 각 지역 내에

서는 문화적 복잡도가 증대되었고 각 지역 간의 문화적 전통의 다양성이 확대되었으며 이러한 다양성의 증대는 나중에 다시 장거리 무역 활동을 자극하게 된다.

90 신세계는 인구 증가에 있어서 유라시아보다 몇 천 년 뒤떨어져 있다. : Kremer (1993), table I and 7 참조. 1500년 구세계 인구가 약 4억에 이르렀을 때 신세계의 인구는 1400만 명 정도였다. 기원전 3000년 전세계 인구가 1400명이었을 때 이 인구의 대부분은 분명히 구세계에 거주했다.

90 신세계의 농업시대 이후 사회 진화 : 카네이로와의 개인적 대화.

90 태즈매니아와 오스트레일리아: 태즈매니아가 오스트레일리아에 비해서 사회적 복잡도 수준이 낮다는 사실에 대해서는 Kremer(1993, p.709)와 Lourandos(1985, pp. 410-11) 참조. Kremer는 이 데이터를 인구 밀도와 그에 따른 정보 비용의 절감에 대한 사례로 사용하지 않았다. 그는 연속적인 인구의 전체적인 규모를 강조하는 새로운 성장 이론가들이 강조하는 측면을 지지하는 데 이 데이터를 이용했다. 그러나 그렇다고 하더라도 데이터는 두 가지 주장에 모두 적용될 수 있으며 두 주장은 양립 가능 하다. Kremer는 또한 인구 즈가의 속도가 전체 인구의 함수로 나타난다는 사실을 지적했다. 이는 절대 인구 규모가 기술적 혁신을 가속화하고 그에 따른 기술 진화가 인구 성장을 더욱 높은 속도로 끌어올리기 때문이라고 설명할 수 있다.

92 지위에 대한 현대적인 다원주의 이론: Wright(1994), chapter 12, Willams(1966)

5장. 전쟁, 무슨 쓸모가 있을까?

94 인용문: Carneiro, ed. (1967), p. xlv.

94 "그가 죽인 적의 시신을 전투용 방망이로 납작하게 " : Keeley (1996), pp. 7, 99.

94 "온화한 타사다이Tasaday족" : New York Times, May 8, 1997

95 쿵족의 살인율: Keeley (1996), p. 29.

95 에스키모족의 살인율: Keeley (1996), p. 29.

95 아이누족의 전쟁: Murdock (1934), p. 176

96 야노마모족의 전쟁: Chagnon(1968). 야노마모 족은 순수한 수렵 채집인은 아니고

약간의 원예 재배 단계에 들어선 민족이다. 그러나 인류학자들이 이들을 처음 연구하기 시작했을 때 이들은 인류학 문헌에 기록된 다른 많은 수렵 채집인들과 비교할 때 현대 사회와의 접촉에 의한 변화가 매우 적었기 때문에 선사시대의 전쟁에 대한 특별히 가치 있는 정보를 제공해준다.

96 "바구니 속에 든 계란" : Keeley (1996), p. 38.

96 복잡한 수렵채집 사회에서의 살인 : Price and Brown (1985), p. 12.

96 나가족 전사의 결혼 자격 : Davie(1968), p.44.

96 멋진 청동 쟁반에 담아 : Davie(1968), p.42.

96 "완전히 박살내기" : Carneiro (1990), p. 197.

96 불쾌할 정도로 호전적인: Keeley (1996), p. 183.

98 #전우들 사이의 넌제로섬 원리: 전우들은 순수한 넌제로섬 관계에 있지는 않다. 비록 많은 경우에 그들은 그들이 넌제로섬 관계에 놓여있다고 생각하고 또한 많은 경우에 이러한 생각이 유효하기는 하지만 표면 아래에는 제로섬 동력에 대한 민감성이 잠복해 있으며 그 결과 탈영이나 하극상, 모반 따위가 일어날 수 있다.

98 "오직 전쟁에 의해 촉구된, 급박한 연합에 대한 필요성만이" : Service(1975), p. 40.

99 북서해안의 바이킹 하이다족 : Murdock (1934), p. 241.

99 "각 부분의 활동을 즉각 연합시킬 필요성" : Carneiro, ed. (1967), p. xlix.

99 "가장 순종적인 민족이 가장 강한 민족" : Service(1975), p. 41.

99 # "죄수의 딜레마" : 자세한 내용에 대해서는 부록 1 참조.

100 "우리는 렝얀을 상대로 싸운다." Evans-Pritchard(1969), p. 142. '분절segmentary' 사회는 이러한 동력을 특히 분명하게 보여주는 종류의 사회(이를테면 누어Nuer 족의 사례)이다. 그러나 일부 추상화 수준에서 모든 사회들이 이러한 동력을 특징으로 보여준다.

100 델로스 동맹 : Starr(1991), p. 292.

100 이러쿼이 동맹 : Farb (1969), pp. 129-30

101 "이스라엘 보병 3만 명의 목숨을 앗아간 대학살을" : I Samuel 4:10. Revised

Standard Version.

102 "우리는 왕을 가질 것이다." : I Samuel 4:10. Revised Standard Version. 일부 학자들은 이와 유사하게 활과 화살의 도입도 알래스카 북서 해안의 사회들을 통합하는 데 도움을 주었다고 주장한다. Arnold(1996), p. 104.

102 #밀기와 당기기의 모호함 : 전쟁에 의해 유도된 '밀기'에 의한 결과로 특징화하는 데 따르는 첫 번째 문제점은 공격하는 사회의 논리가 공격을 받는 사회의 논리와 다르기 때문이다. 공격자들은 협동에 의한 상호 이익의 전망을 가지고 하나로 뭉친다. 반면 방어자들은 협동에 의한 상호 손실의 회피라는 전망을 가지고 하나로 뭉친다. 다시 말해서 공격자들의 게임은 포지티브섬 게임이며 방어자들의 게임은 네거티브섬 게임인 셈이다. (이 구분에 대한 논의는 이 장의 후반을 참조한다.) 따라서 우리는 논의의 대상인 사람들이 공격을 받는 입장일 경우에는 전쟁이 사람들을 하나로 '밀어 준다'고 말할 수 있지만 논의의 대상인 사람들이 공격을 감행하는 쪽이라면 전쟁이 사람들을 하나로 '끌어 당긴다'고 말할 수 있다.

전쟁에 의한 조직화를 미는 힘으로, 그리고 경제적 조직화를 당기는 힘으로 규정하는데 따르는 두 번째 어려움은 이전 장에서 이미 제시되었다. '집약화intensification'나 '압력stress'을 강조하는 진화론자들은 사실상 ―연어 트랩을 관장하는 조직화와 같은― 경제적 조직화를 네거티브섬 또는 '밀기'에 의한 것으로 보는 셈이다. 그들은 조직화의 목적을 사람들이 공동의 재앙을 피하고자 하는 노력으로 본다.

이런 어려움들을 마주하고 우리는 또 다른 분기점을 설정하고자 하는 유혹을 느낀다. 다시 말해서 '제로섬에 의존적인' 넌제로섬 동력과 그렇지 않은 넌제로섬 동력으로 나누는 것이다. 이런 관점으로 볼 때 전쟁에 의해 생성된 모든 논제러섬 원리 ―공격자에게 있어서든, 방어자에게 있어서든― 는 제로섬에 의존적인 넌제로섬 원리라고 할 수 있을 것이다. 이러한 구분(제로섬 의존 대 비의존)은 분석적으로 가장 생산적인 도구일 수도 있다. 그러나 글자 그대로 가장 편리한 도구라고는 할 수 없다. 이 책의 목적에 비추어 나는 단지 '밀기'와 '당기기' 개념을 고수하고자 한다.

103 "인간 집단이 자신의 주권을 포기하지 않으려고 하는 보편적인 성향" : Carneiro

(1990), p. 191.

104 "전체 네트워크에 참여하는데 따르는 이익" : Service(1962), p. 15. 안타깝게도 Service는 사례를 제시하지 않았다. 그는 어쩌면 지도자에게 불만을 품고서 다른 새로운 대인Big Man에게 충성을 맹세한 북서해안 인디언들의 작은 무리들을 마음에 떠올렸을지도 모르겠다. Johnson과 Earle(1987) 참조. (Service는 다른 진화론자들과 달리 북서해안 인디언들이 추장사회 수준의 사회적 조직화에 도달했다고 보았다.)

104 "스스로의 이익에 대한 자각이 아니라 무력이" : Carneiro (1970), p. 734.

104 서비스 조건과 카네이로 조건: Insko et al. (1983), pp. 977-99.

104 #침입을 막아내기 위한 결속 : 많이 거론되는 사례는 16세기 북아메리카에서 서로 전쟁을 벌이던 다섯 부족이 이러쿼이 동맹을 맺은 사례이다. 이러쿼이 사람들은 동맹의 시초를 동정녀 어머니에게서 태어난 한 예언가의 공으로 돌린다. 그는 거대하고 영원한 '지고의 삶의 땅'에 이르기를 꿈꾸었으며 그 뿌리를 이러쿼이의 다섯 부족으로 보았다. 이 예언가에게 고무된 모하크족의 히아와타Hiawatha는 열성적인 외교 활동을 펼쳐서 다른 네 부족의 지도자들에게 '위대한 평화'를 이루어낼 때라고 설득했다.

역사학자들은 히아와타의 주장이 점점 더 커져가는 백인들의 위협에 의해 더욱 강화되었다고 생각한다. 백인 중 일부는 엄청나게 큰 배를 타고 나타났다. 그러나 이러한 적대적인 외부의 힘에 의해 자극을 받았음에도 이러쿼이 동맹은 근본적으로 단순한 동맹 내지는 연합의 단계에 머물렀다. 동맹의 통치 위원회는 만장일치 결의에 의해서만 활동을 집행할 수 있었고 그 활동은 오직 군사적 영역에 국한되었다. 각 부족의 내부의 일은 순수하게 자율적 통치에 맡겨졌다. 따라서 이러쿼이는 자발적인 통합의 사례이기는 하지만 자발적인 주권의 양도의 명확한 사례로 보기는 어렵다. Farb(1969), pp. 129-30

105 전쟁의 흔적이 별로 없는 : Drennan(1991); 조너선 해스Jonathan Haas와의 개인적 대화. 그에 대한 반박으로 카네이로는 고고학적 유물에는 언제나 전쟁의 흔적이 반영되어 있다고 주장했다.

100 #네거티브 및 포지티브섬 게임: 토머스 셸링Thomas Schelling을 비롯한 일부 게임 이론가들은 '네거티브섬/포지티브섬' 이라는 구분에 거부감을 보인다. 그 이유는 일단 그들이 '제로섬/넌제로섬' 이라는 용어 자체에 거부감을 보이기 때문이다. 흔히 '제로섬' 게임이라고 불리는 것을 그들은 '고정합fixed-game' 게임이라고 부르고자 한다. 예를 들어서 테니스 시합에서 이기는 선수가 100달러를 얻고 지는 선수가 50달러를 얻는다면 이것은 엄밀히 말해서 '제로섬' 상황이 아니다. 그러나 이 상황은 근본적으로 우리가 흔히 '제로섬' 이라는 용어로 지칭하는 성격을 띄고 있다. 두 선수의 이익은 완전히 서로 극을 이루고 있으며 어느 한 쪽에 좋은 일은 상대편에게 나쁜 일이다. 그리고 이러한 성격의 원천은 그들이 게임을 하는데서 얻는 이익의 합이 제로인데 있는 것이 아니라 그 합은 과연 제로가 아니다. 그 이익의 합이 '고정되어' 있는데 있다. 이 경우 그 합은 150달러이다. 같은 맥락으로 우리가 흔히 '넌제로섬' 게임이라고 부르는 것을 Schelling은 '변동합variable-sum' 게임이라고 부른다. (예를 들어서 이긴 팀에 100달러를, 진 팀에 50달러를 주는 테니스 복식 경기를 생각해보자.) 제로섬 게임이 단지 고정합 게임의 특별한 사례의 하나 이 경우 고정된 합이 0이다. 일 뿐이라는 Schelling의 주장은 분명히 맞다. 따라서 사실상 '고정합/변동합' 이라는 용어가 실생활에는 더욱 잘 맞아 들어간다고 할 수 있다. 그러나 '제로섬/넌제로섬' 은 게임 이론의 창시자인 존 폰 노이만과 오스카 모르겐슈테른이 사용한 용어이며 오늘날까지도 흔히 사용되고 있는 용어이다. 또한 이 용어들이 함축하는 네거티브섬과 포지티브섬이라는 개념도 비록 자세히 살펴보면 약간 불명확한 면이 있지만 지금 이 책의 목적에 비추어 유용하게 쓰인다.

106 Sun Tsu's advice: Cotterell (1995), p. 243.

106 #heedlessly launching war: 그 이유는 복잡하고 다양하다. 그러나 분명한 것은 주어진 사회 안에서도 개인들의 전망은 각기 다르다. 전쟁은 서로 대치하고 있는 보병들에게는 네거티브섬이 될 수 있으나 서로 교전중인 양편이 지도자들에게는 제로섬이 될 수 있다. 왜냐하면 둘 중 한 쪽은 살아남아 전리품을 얻어갈 수 있으니 말이다. (심지어 양쪽의 지도자들에게 전쟁은 포지티브섬이 될 수도 있다. 왜냐하면 외부의

위협은 지도자들에 대한 지지를 강화시켜주기 때문이다.) 그리고 지도자들은 자신이 지도자인 만큼 많은 경우에 지도자의 전망을 염두에 두고 일을 진행시킨다. 그러나 많은 경우에 수많은 대중들이 전쟁을 지지한다. 제1차 세계대전이 발발하자 독일의 군중들은 적어도 빌헬름2세만큼이나 열렬하게 전쟁을 지지했다. 임박한 현실이 무엇이든 간에 독일인들은 대체로 전쟁을 제로섬으로 인식했다고 할 수 있다. (그러나 독일 군인들은 결국 넌제로섬 원리를 이해하게 되었다. 참호전이 벌어지는 동안 서로 대치한 보병들은 장기간에 걸친 사실상의 휴전상태를 도모했다.) Axelrod, 1984, chapter 4.

107 점점 더 넓은 사회 범위에서 평화를 '도모' : Service(1975), p. 61

107 "전쟁은 나쁩니다." : Keeley (1996), p. 145.

107 "피난처 역할을 해준다." : Murdock (1934), p. 240.

108 "본질적으로 위험한 세계에서" : Johnson (1989), p. 71. 한편 Lourandos (1985, p. 407)은 오스트레일리아 원주민들 사이에서 발견되는 이와 유사한 동력에 대해 설명했다.

108 야노마모족 사이의 전쟁 : Chagnon(1973) and Carneiro(1970), p. 737. 인구밀도의 증가는 단순히 밀집한 사람들 사이에 일어나는 문제를 해결하기 위해서라도 정치적 복잡성의 발달에 이바지한다. 다양한 연구들은 복잡하지 않은 사회들은 군집의 규모가 커짐에 따라서 사람들 사이의 긴장이 심각한 상태에 이르게 되었음을 보여준다. Cohen(1985, p. 105) 참조. 비록 이러한 문제는 많은 경우에 단순히 이주에 의해 해결되지만 수렵·채집사회나 원예 사회는 힘에 부칠 만큼 규모가 커지면 '분열fissioning'에 의해 가지 쳐 나가게 된다. 경우에 따라 이런 해결 방법이 불가능할 때가 있다. 거주지를 둘러싼 땅이 황폐하거나 적들이 거주하고 있는 경우가 그 예이다. 이런 경우에는 사람들 사이의 조화를 보장하는 정치적 메커니즘이 진화할 수 있다. 이러한 동력은 국가의 시초에 대한 카네이로의 '경계선 이론circumscription theory'에 나타나 있다. Carneiro(1970)

108 더 큰 규모의 마을과 더 확고한 리더쉽: Carneiro (1970), p. 737.

108 "전쟁 가능성을 감소시키기 위해" : Chagnon (1973), p. 136.

108 거짓 거래: Chagnon (1968)

109 #전쟁이 치열한 곳에서는: Chagnon (1973), p. 136.Chagnon이 보는 사회 조직의 확장에 대한 카네이로와 서비스의 해석의 차이는 다음과 같이 설명할 수 있다. 카네이로는 사회의 조직화를 외부의 제로섬 동력에서 발산되는 넌제로섬 원리의 인식에 근거하고 있다고 다시 말해서 외부의 위협에 대항하여 두 마을이 하나로 합쳐진다고 보았다. 한편 서비스는 사회의 조직화를 내부적으로 비롯된 넌제로섬 원리의 인식에 의한 것이라고 다시 말해 두 마을 사이에 일어날 수 있는 잠재적 전쟁의 네거티브섬에 대한 인식에 의한 것이라고 보았다. 어느 쪽이든 사회 조직화의 확산은 넌제로섬 원리와 일치한다.

110 아침에 오줌을...: Keeley (1996), pp. 145-46.

110 산산이 조각나버린 : Johnson and Earle(1987, p.164)에 인용.

110 사랑을 나누거나 싸우기 위한 : Irvin DeVore가 한 말로 들었다.

6장. 농업의 필연성

112 더워진 기후, 멸종 : Harries(1991), pp. 29-31

113 "이야기를 복잡하게 할 필요가 없다." : Braidwood(1996), p. 134.

113 "아직 만족스럽게 설명되지 않았다." : Wenke(1981), p. 114. 14년 후 어느 인류학 교과서 역시 같은 말을 반복했다. "인류학자들의 문제점은 사람들이 왜 농업을 시작했을 지를 설명하는 것뿐만 아니라 왜 그토록 많은 수의 사람들이 그토록 짧은 시간 동안 초기 위험이 뒤따르는 이 새로운 경제적 변이에 동참했을 지를 설명하는 것이다." (Fagan, 1995, p. 233.)

114 "풍요로운 사회의 원형" : Sahlins (1972), pp. I, 37. 또한 농업이 수렵 채집 활동보다 더욱 노동 집약적인 활동이라는 주장에 대해서는 Fagan(1995, p. 235)을 참조한다.

115 수명이 짧고 충치가 더 많다는: Diamond (1997), p. 105: Bruce Smith(개인적 대화)

115 쿠메야이Kumeyaay족 : Smith (1995), p. 17

116 #더 즙이 많은 포도: 일부 인류학자들은 적어도 일부 식물 종의 경우 단순히 옮겨 심는 것만으로도 일종의 자동적인 길들이기 효과가 나타난다고 주장해왔다. 왜냐 하면 여러 가지 이유로 인하여 옮겨 심은 식물의 씨앗은 단순히 땅에 떨어진 씨앗 보다 높은 품질을 가지고 있기 때문이다. Smith(1955) 참조.

116 오스트레일리아 원주민들과 얌 : Smith(1955), p. 17.

116 쇼숀: Keeley (1995), pp. 259-62.

116 수렵 채집인들은 농사짓는 법에 대해 충분히 알고 있다. : Cohen (1977), p. 9 그는 다음과 같이 주장했다. "동식물을 길들이는 원리는 사람들 사이에 보편적으로 이 해되고 있었다. 농업 방법의 교육보다 더 필요한 것은 농업을 시도하고자 하는 동 기 부여였다." 코헨은 그런 주장을 편 다른 많은 학자들과 달리 '평형'이라는 개념 에 반론을 제기했다. 단 내가 반대하는 것과는 다른 이류로 반대했다.

117 "결코 어떤 변화의 패턴을 보이지 않는다.": Hayden (1993), p. 148. 평형이라는 가정이 인류학적 사고에 얼마나 뿌리 깊게, 그리고 교묘하게 자리 잡고 있는지 보 여주는 좋은 사례이다. 평형 이론과 배치되는 '경쟁적 연회 개최' 이론(이 장의 뒷 부분에서 언급됨)의 주창자 헤이든 마저도 이러한 주장을 내놓고 있으니 말이다. 몇 십 년 전 전성기에 루이스 빈포드Lewis Binford의 '인구 밀도 평형' 모델이라는 기초 위에 이 이론이 수립되었다. 빈포드의 모델은 나중에 반박된 어느 생물학 이론에 뿌리를 두고 있다. 그것은 개체수 과잉이 식량 공급에 위협을 가져오므로 동물 개 체군이 자연적으로 그 규모를 조절한다는 이론이다.

118 "수렵 채집인들이 농업으로 전환하지 않도록 만든 것은": Harris (1991), p. 26.

118 집단적 요구에 부응: 사회를 단일화된 집단으로 보는 경향을 교정하는 데 도움이 되는 좋은 문헌으로 Brumfiel(1992) 참조. 비록 국가 수준의 사회에 초점을 맞추고 있지만 Brumfiel의 분석은 농업의 기원에도 적용될 수 있다. 그녀는 사회 전체와 환경에 대한 사회 전체의 적응적 관계에만 초점을 맞추는 것은 "변화의 내부적 원 인보다는 외부적 원인을 과대평가하도록" 우리를 오도할 수 있다고 주장했다. (p.

553)

119 더글라스 듀어Douglas Deur의 연구 : Deur (1999), Deur and Turner, eds. (in press).

120 #농업을 향한 진화의 단계상 그보다 한 걸음 더 나아간 '문화적 화석' 사회들 : 이것은 북서해안 인디언의 사회에 개입하지 않고 천 년 쯤 흐른다면 그들 스스로 오늘날 알려진 원예사회의 모습에 이르게 될 것이라는 말이 아니다. 문화진화론은 그토록 '단선적uni-linear' 이지 않다. 사실상 알려진 원예사회는 일부 복잡한 원시농경 수렵ㆍ채집사회에 비하여 대규모 건축 공사들을 수행하는 사례가 적은 경우가 많다. (Johnson, 1989, p. 75, 그리고 개인적 대화.) 그리고 이것은 두 사회가 복잡성에 이르는 서로 다른 '경로' 를 택한 것이라고 해석할 수 있다. 이러한 추측에 기여하는 또 다른 사실은 이 두 종류의 사회가 많은 경우에 서로 다른 종류의 환경에서 발견된다는 것이다. (지금까지 관찰된 원예사회는 많은 경우에 적도 부근의 정글 지대에 존재한다. 이들은 과거의 원예 사회의 전형적인 모습이 아닐 수 있다. 마치 그리 풍요롭지 못한 땅에 자리 잡은 오늘날 관찰되는 수렵ㆍ채집사회가 과거의 수렵ㆍ채집사회의 전형적인 모습과 다른 것과 마찬가지로 말이다.) 한편 수렵ㆍ채집사회가 천천히 원예 사회로 진화함에 따라 곡물창고와 같은 공공 건축 공사가 불필요한 것이 되었을 수도 있다. 왜냐하면 이제 각 가족들이 주기적인 기근에 덜 노출되고 좀 더 안전하게 자급자족 하는 경향을 띠게 되었으니 말이다. 그러나 동시에 사회의 조직화를 위한 다른 넌제로섬 관계들이 성장하게 된다. 즉 높은 인구 밀도와 정복할 가치가 있는 땅으로 이루어진 환경에서 군사적 조직화의 중요성이 대두되는 것이다. (아래 '농업에 의해 강화되는 충돌' 에 대한 주석 참조.) Johnson과 Earle(1987, pp. 158-59)은 농업사회에서 "고도의 조직화가 이루어진 일차적 원인은 방어적 필요성" 이었으며 "수렵과 어로 경제 및 목축 경제에서는 집단의 형성과 지역적 네트워크 형성에 있어서 경제적 목적이 더욱 두드러졌다." 고 지적한다.

120 야노마모족의 정원 : Chagnon (1968), p. 37

121 #대인과 우두머리: '대인' 이라는 용어는 경우에 따라서ㆍ비교적 느슨하게 사용되는데 내가 이 책에서 사용하는 '대인' 역시 느슨한 의미에서의 대인이다. 이렇게

느슨하게 사용되는 '대인' 사회가 모두 Johnson과 Earle(1987)이 정의한 대인사회에 들어맞는 것은 아니다. 그들은 야노마모족과 그밖에 이른바 뉴기니의 '대인' 사회들을 '지도자가 없는 지역 집단'이라고 불렀다. 비록 이 사회들이 북서해안 인디언의 사회만큼 계급화된 구조를 갖지 못했다고는 하나 그들의 대인은 기능적으로 북서해안 인디언 사회의 대인과 맞먹는다고 볼 수 있다.

121 #지위에 대한 갈망 : 진화 과정에서 여성에게 있어서도 높은 지위가 유전자를 확산하는 데 도움을 주었지만 남성만큼은 아니었다. 그리고 그 결과 대부분의 여성이 남성만큼 강렬하게 지위를 추구하지 않는다. Wright(1994, chapter 12) 참조. 이러한 현상은 왜 인간의 문화적 역사에서 그토록 많은 남성 '대인'이 있음에도 '여성' 대인의 수가 그토록 적었는지를 설명해준다.

122 다섯 명의 아내 : Oliver(1955), p. 223.

122 '신부 값' : Deur, 개인적 대화.

122 "많은 아내가 많은 식량을 생산한다." : Hayden (1993), p. 242. 그리고 p. 247.

122 "경쟁자의 부러움" : Johnson(1989), p. 73. Bronislaw Malinowski의 말을 옮겨 적음.

124 엄격한 평등주의의 속박을 약간이나마 걷어낸 사례 : Cashdan (1980), pp. 119-20. 또한 Wright (1994), Chagnon (1979) 참조.

125 사회 불평등이 두드러지는 양상 : 로렌스 킬리Lawrence Keeley (1995) 킬리의 데이터 표에 따르면 96개의 수렵·채집사회 중 46 퍼센트가 부와 혈통에 따라 어느 정도의 뚜렷한 계급화 양상을 보여주었다고 한다. 그런데 식물을 심거나 씨를 뿌리거나 야생종의 식물을 경작하는 30개 사회 가운데에서는 73%가 계급화 양상을 보였다. 그런데 이상하게도 킬리는 이러한 계산을 해보지 않은 듯하다. 그의 분석은 오직 아래에 소개될 브라이언 해이든의 '경쟁적 연회 개최' 가설을 공격하는 데 초점을 맞추고 있다. 그러한 목적을 추구함에 따라서 킬리는 다양한 사회적·문화적 복잡도의 지표를 한데 모았는데 어떤 경우에는 상당히 납득하기 어려운 방식으로 이루어졌다. 한편으로 그는 해이든의 가설을 지지하는 이토록 단순하고 뚜

렷하게 드러나는 계산은 무시해버렸다.

126 "제국의 건설자" : Hayden (1993), p. 241 그리고 개인적 대화.

126 수렵·채집 노동 시간 계산의 수정 : Hill et al. (1985), p. 44. Hawkes and O'
    Connell (1981).

127 "귀중한 이차적 주식" : Keeley (1995), p. 260. 북서해안 인디언들 역시 식물을 심
    고자 하는 비슷한 동기를 가지고 있었던 것 같다. 그들은 과거 세대가 겪었던 재앙
    에 대한 이야기를 되풀이해서 암송한다. (Deur, 개인적 대화)

127 "식품 에너지의 안전한 원천" Johnson (1989), p. 51.

127 전쟁과 인력 manpower : Diamond (1992), pp. 189-90.

128 제리코 : Smith (1995), pp. 2-3. 80.

128 제리코의 성벽 : Wenke (1984), p. 175; Fagan (1995), pp. 252-53; Smith (1995), pp.
    2-3. 제리코 성벽은 제리코에서 농업이 최초로 출현하고 나서 몇 세기가 지나서 지
    어졌다. 그러나 그렇다고 해서 시초부터 전쟁이 문제가 되지 않았다는 것은 아니
    다. 거대한 성벽과 같이 새롭고 엄청나게 노동집약적인 것이 필요가 대두하자마자
    생겨났으리라고 보기는 어렵다. Ofer Bar-Yosef는 성벽이 방어용이 아니라 홍수를
    막기 위한 것이라고 주장했지만 이 주장은 논란의 대상이 되고 있다.

128 #농업에 의해 강화된 충돌 : 중석기 시대에 수렵·채집사회가 점점 더 복잡하고 풍
    요로워짐에 따라서 전쟁에서 거두어드릴 몫이 더욱 커져갔다. 비축된 식량, 정교
    한 도구, 이국적인 부의 상징물 등은 정복의 전리품의 가치를 드높여주었고 이는
    공격을 불러일으키는 유인물이 되었다. 그 외의 추가적인 유인물은 점점 더 가치
    가 높아지는 부동산이었다. 인구가 증가함에 따라서 땅은 점점 귀중한 자산이 되
    었다. 특히 너무나 비옥한 나머지 과거 떠돌아다니던 수렵채집인들이 정착하여 머
    무르는 보금자리로 삼고자 했던 땅들은 말이다.

128 중석기 시대의 전쟁 : Hayden (1993), pp. 207-8.

128 두드러진 지위 경쟁 : Hayden (1993), pp. 200-6.

128 포모Pomo족 : Sahlins (1972), p. 129. 또한 Bender (1985) 참조. 비록 원예사회와 수

렵·채집사회가 기본적인 식량의 요구를 충족하는 데 있어서 똑같이 효율적이라고 하더라도 잉여 식량을 생산하고자 할 때가 되면(거래 등의 목적으로) 원예 사회가 훨씬 더 효율적이라는 사실을 상기하라. 그 이유는 수렵 채집인들은 가까이에 있는 식량 급원부터 먼저 이용했다. 그래서 그들은 좀 더 많은 식량을 얻기 위해서는 더 많이 걸어 나가야 했다. 그런데 원예사회의 구성원들은 잉여 식량을 생산하는 데 필요한 일은 근처에 있는 야생 식물이 자라는 땅을 개간하는 것이다. 그런데 이 경우 처음 심은 작물이나 나중에 심은 작물이나 땅을 개간하는 데 드는 노력은 동일하다.

129 무역의 중심지인 제리코 : Hayden (1993), p. 373.

129 국가의 풍요의 뿔의 고갈 : 이 동력은 특히 Cohen(1977)과 Cohen(1985)에 강조되어 있다. 이러한 종류의 인구 과잉이 선호되는 사냥감을 멸종시켜버릴 수 있음을 주지해야 한다. 실제로 일부 학자들은 사람들의 사냥감이었던 다양한 동물 종의 멸종이 과도한 사냥에 의한 것이라고 믿고 있다. 기원전 13000년에 멸종한 매머드가 그 예이다.(Harris, 1991, p. 21.) 따라서 그와 같은 멸종을 농업의 한 '원인'으로 지목하는 것이 옳을지도 모른다. 그러나 이것을 우발적인 사건이 미치는 영향의 한 예로 보는 것은 옳지 않다. 인간에 의해 유도된 모든 멸종은 단순히 인구 성장을 따라잡게 마련인 식량 조달에 따르는 긴장의 한 예일 뿐이다.

129 후기 구석기와 중석기 기술 진화: Hayden (1993), chapter 6, Fagan (1995), chapter 4 and 5.

130 157개의 식물 종 : Diamond (1997), pp. 144-45. 일부 식물들은 식품이 아니라 염료나 약품 등으로 사용되었다.

130 정착생활과 동식물의 재배 : 메소아메리카는 정착생활이 농업화보다 앞서서 일어남으로써 오랫동안 이 법칙의 예외로 여겨져 왔다. 그러나 최근 그 반대의 상황을 가리키는 증거들이 나타났다. Price and Brown (1995), p. 9.

130 "획득하는 데에도, 가공하는 데에도 더욱 비용이 많이 드는" : Price and Brown (1985), p. 11.

130 "아무런 개념적 단절을 보이지 않는다." : Cohen(1977), pp. 15, 285. Cohen의 모델은 내가 인용한 세 가지 요소 가운데 한 가지, 즉 결핍에 대한 투쟁만 강조하고 있다.

131 건축 공사와 거래: Cohen (1985), pp. 100, 104-5. 어떤 면에서 농업은 확실히 넌제로섬 원리를 축소시킬 수 있다. (위의 #농업을 향한 진화의 단계상 그보다 한 걸음 더 나아간 "문화적 화석" 사회들'에 대한 주 다음 몇 장에서 살펴보게 되겠지만 농업은 궁극적으로 상당한 정도로 넌제로섬 원리를 증가시킨다. 그리고 이 잠재력 중 상당 부분은 새로운 형태의 사회 조직을 통하여 실현된다.)

132 농업은 다섯 번에서 일곱 번에 걸쳐서 출현했다. : Diamond(1997), p. 100와 Smith (1995), chapter I 참조. Smith는 근동 지방, 북중국, 남중국, 사하라 이남 아프리카, 남중앙 안데스, 중앙 멕시코, 동북 아메리카 지역을 농업 발달의 7대 중심지로 꼽는다.

132 쉽게 길들일 수 있는 종 : Diamond (1997), Steward (1955), p. 192.

7장. 추장사회 시대

134 인용문 : 다음 문헌에 인용되어 있다. Aron (1967), vol. 2, p. 45-46.

134 나체즈 : Farb (1969), pp. 193-95.

135 그 지도력은 뚜렷하게 제도화되어 있었다. : 마셜 살린스Marshal Sahlins(1963)은 멜라네시아의 대인들이 전적으로 설득 역량에 의존해야했는데 반해서 폴리네시아의 추장들이 직책이 부여하는 권력을 가지고 있었음을 지적했다.

135 국가 수준의 사회들이 하나같이 그 이전에 추장사회 단계를 거쳐 왔음을 : 카네이로와의 개인적 대화. 추장사회에서 국가로의 변이가 보편적이라는 생각에 대한 반론에 대해서는 Yoffee(1993)를 참조한다.

135 성스러운 힘에 접근할 수 있는 특별한 권한 : Service (1975), p. 16.

136 아내들을 억지로 먹여 비만으로 만들어서 : Hayden (1993), p. 301.

136 문신을 새기는 것과 비슷한 : Hayden (1993), p. 289.

136 타히티 : Fagan (1995), p. 308; Kirch (1989), p. 167. 지구라트: Johnson and Earle (1987), p.207

136 이스터섬: Fagan (1995), p. 308. Kirch (1989)에 따르면 이 석상들은 각각 파벌 내지는 씨족, 그러니까 최고 추장이 아니라 그 아래의 소추장minor chief을 나타낸다. 그렇다고 하더라도 석상의 엄청난 수(수백 개)와 석상들의 균일함은 그 사회가 풍부한 씨족으로 구성된 고도로 통합된 사회였음을 보여준다. 이는 일반적으로 추장사회를 의미한다. 어찌되었든 우리는 민속지학적 기록으로부터 폴리네시아의 섬의 전형적인 토착 사회 족직은 추장사회였다고 볼 수 있다.

136 #또 다른 추장 사회의 특징 : 일부 지역에서 기념비적 건축물의 양상이 다른 지역에 비해 추장사회(그리고 국가사회)의 특질을 덜 나타내기도 한다. 그러나 분별 있게 고려할만한 다른 고고학적 징표들이 있다. 작은 부락들 사이에 자리 잡은 거대한 부락(최고추장이 사는 부락), 중앙 집중적 식량 저장창고, 다양한 기술들, 인구 규모, 뚜렷한 지위 차이의 표식 등이 그 징표들이다. 특히 추장사회임을 암시해주는 것은 왜냐하면 추장사회에서 지위는 세습되었기 때문에 어린아이의 성대한 매장 풍습이다. 중동지방에서 보이는 것과 같이 설화석고로 만든 석상이 세워진 무덤이라든지 메소아메리카 지방에서 보이는 것과 같이 옥으로 가득 찬 무덤 등이 그 사례이다. 소아매장 사례에 대해서는 Flannery (1972, p.403)를 참조한다.

136 칼루사 :Carneiro (1992), p. 27.

137 거석(巨石, megalith) : Hayden (1993), pp. 313-14.

137 갈리아의 카이사르 : Widmer (1994), p. 125.

137 거대한 메소아메리카의 두상 : Fagan (1995), p. 481-83; Hayden (1993), pp. 266.

137 "가장 흔한 형태의 사회였다." : 랜돌프 비드머Randolph Widmer (1994), p. 126. Widmer는 오늘날 일부 학자들이 선호하는 것보다 느슨한 의미로 추장사회라는 용어를 사용했던 것 같다. 멜라네시아의 대부분의 토착 사회들은 가장 엄밀하게 정의된 추장사회보다 바로 아래 수준의 복잡도에 도달해 있었다. 그러나 피지섬이나 트로브리안드Trobriand섬에 있는 사회와 같은 일부 멜라네시아 사회들은 대개

추장사회로 간주된다.

138 노동의 분화 : Sahlins (1963), p. 296. 폴리네시아의 추장들이 근처의 멜라네이사의 대인 사회에서 따라오지 못할 수준으로 공예품 제작을 지원해서 기술적 노농 분화를 이루어냈는지에 대해 나와 있다.

138 심지어 댐과 같은: Hayden (1993), p. 304.

139 "부들부들 떨었다." : Carneiro (1992), p. 33. 반신반인의 지위 : Carneiro (1991).

140 "추장들이 자신의 이익을 위해 종교적 지도자들을 이용했다." : Hayden (1993), p. 292. 고고학계 내에서 이러한 종류의 견해에 대해서는 다음 문헌을 참조한다. Stein (1998), pp. 8-10.

140 추장사회가 만개했으며 : Kirch (1989), pp. 13-15.

140 신력manu과 터부tapu: Kirch (1989), pp. 37-40, 68.

140 대변인 : Service (1978), p. 271.

140 "대중들 앞에 신으로 군림" : Kirch (1989), p. 166. 에 인용.

141 기근을 대비해 비축해두는 녹말 반죽 덩어리 : Kirch (1989), pp. 134-35.

141 관개 시설을 건설하는 인부들을 먹이는 데 사용 : Johnson and Earle (1987), p.236.

141 400여개의 염수 저수지 : Kirch (1989), p. 180.

141 카누 : Kirch (1989), p. 181.

141 #"재분배" 의식 : Service (1978), p. 269. 추장들의 '재분배' 기능은 오늘날 예전만큼 그다지 강조되지 않고 있다. (Earle, 1997, pp. 68-70) 그러나 이 기능은 사실상 추장에 의해 수행되었다. 그리고 Johnson and Earle (1987, p.216)이 주장하듯 재분배 기능이 추장사회 안에서의 거래에 의해 수행되며 추장이 직접 그 과정을 조율하지 않는다고 하더라도 그는 내부적 평화를 유지함으로써 이와 같은 거래를 촉진한다. 뿐만 아니라 추장들은 다른 추장사회들 사이의 거래도 조율할 수 있다. 왜냐하면 많은 경우에 정치적 협상이 추장사회들 사이의 거래의 필요조건이기 때문이다. 그 경우에 추장은 대규모의 넌제로섬 재분배를 원활하게 한다고 말할 수 있다. Johnson and Earle (1987), pp.210-11, 221-22.

141 부하와 친족들에 대한 장려금 : Kirch (1989), pp. 167, 260. 심한 동족 등용 정책은 추장사회의 특징이다.

141 족장의 무덤을 만드는 데 대부분의 시간을 바친다. : Kirch (1989), p. 181.

142 그 사회의 본질의 일부인 듯하다. : Service (1962), p. 152.

143 "만성적인 전쟁 상태" : Murdock (1934), p.63.

143 "거의 끊임없는 전쟁……계속되는 전투와 전쟁" : Kirch (1989), p. 195.

143 "어디서나 일어나고, 매우 격심하며" : Carneiro (1990), p. 193.

143 지위 추구 본성 : Wright (1994), chapter 12.; Williams (1966).

143 "정부의 권력을 너무 많이 집어삼킨" : Sahlins (1963), pp. 297-98. 대중의 반감에 대한 두려움은 폴리네시아의 추장들이 이따금씩 '대변인'을 이용해서 자신이 구상한 정책에 대한 대중의 의견을 모으는 이유를 설명해준다.(de Sola Pool, 1983, p. 12)

144 #사람들이 참여하고자 하지 않는 종류의 넌제로섬 게임 : 여기에서 사람들이 받아들이지 않으려고 하는 것이 완전한 기생행위에 해당되지 않는다는 점을 주목하자. 실험에서 '추장'에 해당되는 사람은 상승적 협동으로부터 얻어지는 잉여 이익의 전부를 가져가려고 시도하지 않았다. 단지 사람들은 그들이 불공정한 흥정이라고 생각하는 것을 제안 받았을 뿐이다. 왜 사람들은 여기에서와 마찬가지로 불공정한 흥정을 거절하는 쪽이 오히려 자신에게 더 나쁜 결과를 가져오는 상황에서도 불공정한 흥정을 거절하는 것일까? 그에 대하여 대부분의 진화심리학자들이 선호해온 답은 인간의 진화 과정에서 누군가가 다른 사람들에게 이용당하기 쉽다는 명성을 얻게 된다면 그 사람은 거듭해서 이용을 당하여 생존과 번식의 전망을 감소시키는 사태에 이르게 될 수 있기 때문이라는 것이다. 따라서 '자존심'을 나타내는 유전자 100달러 중에서 20달러를 주겠다는 제안을 단호히 거부하도록 만드는 종류의 자존심 은 장기적으로 이용당하는 것을 용인하는 유전자에 비하여 번성하게 된다.

144 다양한 문화에 걸쳐서 공통적으로 나타났다. : Camerer (1997), p. 169; Camerer

and Thaler (1995), pp. 210-11.

145 #내쉬와 협상에서의 불공정한 입장 : Davis (1989), Nascar (1998), Nash (1950). 위에서 언급된 게임이론의 실험에서 상당한 정도의 협상력의 불균형이 분명하게 존재한다는 점을 주지하라. 첫 번째 참가자는 조건을 결정할 권한을 지녔는데 두 번째 참가자는 단지 그 조건을 받아들이든지 거부할 권한만을 지니고 있다. 이러한 권한의 불균형은 우리가 불공정하다고 말할 수 있는 결과를 가져오게 된다. 예를 들어서 두 참가자가 돈을 70-30으로 나누는 것은 불공정해 보인다. 왜냐하면 두 사람 모두 사실상 아무런 일도 하지 않았으니 말이다. 그러나 적은 권한을 지닌 위치에 배정받은 대부분의 사람들은 30퍼센트를 제안 받으면 받아들인다.

145 "발에 의한 투표" : Johnson and Earle (1987)

145 쉽지 않은 일이다. : Allen Johnson, 개인적 대화.

145 나체즈 : Widmer (1994), p. 136

146 합법적인 무력 사용의 독점 여부 : 각기 다른 사회의 조직화 수준을 구분하는 다른 많은 기준들과 마찬가지로 이 기준 역시 절대적인 것은 아니다. 예를 들어 앵글로 색슨 왕국을 비롯해서 국가 수준이라고 간주되지만 특정 범죄에 대하여 희생자의 개인적인 보복을 허용하는 사회들이 몇 있다. (Robert Carneiro, 개인적 대화.)

146 과거의 적의 해골을 줄에 꿰어 매달아 : Carneiro (1991), p. 173

147 "반항의 원인을 불러 일으켰다." : Kirch (1989), p. 167. Sahlins (1963, p. 297)은 "가장 위대한" 폴리네시아의 추장들조차도 "관대함이 도덕적 책무로 부과되었음"을 알고 있다고 보고했다.

147 "쥐는 식료품 저장소를 저버리지 않는다." : Service (1975), p. 95

147 "사람들의 손에 목숨을 잃었는데" : Kirch (1989),p. 261

147 "제한된 접근" : Hayden (1993), p. 311.

148 "물에 대한 지배" : Hayden (1993), p. 300.

148 #하와이의 댐 : 나는 이 특정 넌제로섬 문제에 있어서 추장이 댐 건설을 관리하는 것이 가장 효율적인 해결방안이라고 주장하는 것이 아니다. Earle (1997, pp. 75-

82)이 지적한 것과 같이 하와이의 관개 시스템은 대개 규모가 작았다. 많은 경우에 기껏해야 다섯 농가의 밭에 물을 댈 수 있는 정도였으며 한 공동체의 범위를 벗어나는 경우가 없었다. 따라서 좀 더 지역적인 수준의 통치, 즉 임시적 협동에 의해서도 이루어질 수 있는 일이었다. 추장이 이러한 국지적인 넌제로섬 문제에 개입하는 것은 자신의 권력을 증대하기 위한 방편이었다는 Earle의 주장은 분명히 옳은 것이다. 그러나 사실 추장이 권력을 증대하기 위해서는 문제를 해결해야 했다. 추장의 개입이 얼마나 많은 비효율과 불공정을 가져왔는지 농부들이 추장 없이 스스로 관개 시스템을 만드는 경우보다 추장이 개입했을 때 얼마나 더 많은 '비용'이 드는지 는 어려운 경험적 문제이다. (그리고 추장이 노동의 대가로 물을 댈 수 있는 땅 조각을 나누어 주고 그들의 노동이 끝난 후에도 오랫동안 세금을 거두어갔다는 사실은 그 자체로 결정적인 것은 아니다. 왜냐하면 추장은 그밖에 다른 공공 기능을 수행했으며 적어도 세금의 일부는 그러한 활동에 쓰였으리라 생각할 수 있기 때문이다.) 나의 요지는 비효율과 불공정이 상당한 정도로 존재했던 것은 사실이지만 그것이 이야기의 전부는 아니라는 것이다. 위에서 인용한 교과서에서도 나타나듯 추장의 스스로의 지위 강화에 마치 아무런 공공 서비스가 수반되지 않는 것처럼 이야기하는 것이 유행이다. 그러나 분명히 그것은 사실이 아니다.

148 "사회정치적 피라미드의 정점에 있는" Kirch (1989), p. 39.

148 "재분배 시스템의 살아있는 문맥 안에서 볼 때" : Harris (1991), pp. 112-13

150 "낮은 마나라는 불명예" : Kirch (1989), pp. 68, 196-97. 트로브리안드섬의 단순한 추장사회에서는 또 다른 되먹임 체계가 무능력한 추장에게 벌을 주었다. 추장의 지위는 공공 의식의 수행 능력에 따라 높아지기도 하고 낮아지기도 했다.(Johnson and Earle, 1989, pp. 222-23.) 그런데 이러한 의식은 물질적 조건-그가 다스리는 백성들이 최근에 보인 생산성-에 의존하므로 이것은 어떤 의미에서 그의 통치의 질을 나타내는 좋은 지표라고 할 수 있다.

150 "초자연적인 제재수단을 발명해낸 것" : Hayden (1993), p. 292.

151 마르크스의 주장의 영예 : "하부구조"는 20세기 말 마르크스주의자들이 마르크스

가 "생산의 물질적 힘"이라고 부르든 것과 "생산의 관계들"이라고 부르던 것을 아우르는 의미로 사용한 것이다.

151 비유전적 정보 밈 : 문화적 정보란 사람에서 사람으로 비유전석 방법으로 전달되는 모든 정보라고 깔끔하게 정의된다. Bonner (1980)

154 해로운 밈을 적극적으로 거부 : Pinker (1997), p. 210. 확실히 문화진화가 인간의 진화가 일어났던 환경으로부터 점점 더 먼 환경을 창조해냄에 따라서 밈이 우리의 뇌를 '속이기'가 더 쉬워졌다. Blackmore(1999) 참조. 헤로인 중독이 그 예이다. 만일 이 위협이 인간이 진화되던 과정에 존재했더라면 사람들은 헤로인에 좀 더 잘 저항할 수 있게 되었을 것이다.

154 "종교적 밈이……제 이익에 맞게 이용한다." : Dennet (1997). p. 41.

155 신에 대한 믿음을 바이러스에 비유 : Dawkins (1976).

155 밈은 자연선택에 의해 성공자의 밈으로 교체된다. : 모방에 의한 문화 전파에 대한 수학적 분석은 Boyd and Richerson(1985) 참조.

157 인도유럽어족 : Wright (1991).

157 항해와 관련된 단어들 : Kirch (1989), p.53.

157 마나와 타푸 : Kirch (1989), p.63.

157 티브Tiv족과 이러쿼이(Iroquois) 족 : Emile Durkheim은 mana와 같은 개념을 이러쿼이족에서도 발견했다. Aron(1967, vol. 2, p. 50) 참조., Elman Service (1975, p. 92)는 티브족에서 그와 같은 개념을 발견했다. tapu라는 개념은 지배자 또는 성직자와 일반 대중들 사이에 경외감을 자아내는 거리를 두도록 하는 것으로 이러한 개념은 널리 퍼져있다.

158 두 개의 거주 집단으로 분열: Cohen (1985), p. 105; Farb (1969), p. 191; Wilmer (1994), p. 140.

158 물을 공평하다고 생각되는 방식으로 사람들에게 할당 : Kirch (1989), p. 175; Johnson and Earle (1987), p. 175.

158 하와이어로 "법"은 : Kirch (1989), p. 175.

159 추장사회에서 국가로: Hayden(1993), p. 367. Carneiro(1970, p. 736)는 부락의 자치적 삶에서 "거대한 제국의 출현" 사이에는 "2~3천년"의 간극이 존재한다고 말했다.

8장. 두 번째 정보 혁명

161 인용문: 뉴욕타임즈, 1998년 2월 20일.

161 사원의 영수증 : 뉴욕타임즈, 1997년 11월 11일.

164 아틀란티스 : Coe (1992).

164 롱고롱고 : Kirch (1980), p. 273.

165 수메리아와 메소아메리카의 문자 : 다음과 같은 문헌들을 참조한다. Lamberg-Karlovsky and Sabloff (1995), p. 360; Adams (1997), pp. 57-58. 중국의 문자에 대해서는 Adams (1997), p.22.

165 "왕은 후 하오로 하여금": Keightley (1983a), p. 548.

165 "재앙은 없을 것이다.":Keightley (1983a), p. 527.

165 내구성이 더 약한 재질: Ho (1975), 또한 Keightley (1983a) 참조. Ho는 예언의 뼈보다 시기적으로 앞서는, 숫자인 것으로 보이는 사금파리 파편에 새겨진 상징을 발견했다. 그리고 Keightley 역시 초기의 초보적인 수준의 문자에 대한 증거를 발견했다.

166 수메르 문자에 대한 이론 : Schmandt-Besserat (1989).

168 노동의 분화 및 공공사업을 조율: Saggs (1989), pp.62-68 등의 문헌 참고.

169 지배자의 권위를 뒷받침 : 폴리네시아 제도의 일부인 이스터섬에서 그림 문자 표기법이 진화되기 시작했는데 이 문자는 왕족의 혈통이나 성스러운 주문을 기록하기 위해 사용되었던 것으로 보인다. Kirch (1989), p. 273.

171 "태양신의 이자를 지불해야" : White (1959), p344; Norman Yoffee와의 개인적인 대화로부터.

172 밭의 곡물을 수확하는 일을 하는 대가로 은 1셰켈을 지불: Saggs (1989), p. 163.

172 코를 물어뜯어 버린다면: Saggs (1989), p. 164-65

174 메소포타미아의 인장: Lamberg-Karlovsky and Sabloff (1995), p.358.

174 운하를 파는 일: Oates (1979), p. 44.

174 "함무라비는 백성의 번영이다.": Norman Yoffee와의 개인적인 대화로부터.

175 "지키지 않는 자가 있다면": Goody (1986), p. 98.

175 혼인을 통해 동맹을 견고히 하는 관행: Flannery (1972), p. 421.

176 "그대는 나의 형제요.": Lamberg-Karlovsky and Sabloff (1995), p. 166.

176 "왕들 사이에는 형제애, 우정, 동맹, 우호적 관계가 흘러 넘친다.": Lamberg-
    Karlovsky and Sabloff (1995), p. 166.

176 "시체 더미": Lamberg-Karlovsky and Sabloff (1995), p. 165.

177 "당나귀 급송": Lamberg-Karlovsky and Sabloff (1995), p. 168. 여기에서도 정보가
    넌제로섬 목적을 위해 사용되었음을 숙지하라. 왕과 먼 곳에 떨어진 영지를 다스
    리는 제후의 관계는 넌제로섬 관계이다. 양쪽 모두 현재의 정권을 유지하는 것으
    로부터 이익을 얻는다.

177 아즈텍의 릴레이 주자들: Bray (1991), p. 88.

177 다호메이의 정보 기술: Herskovits (1938), vol. 2, pp. 70-81

178 퀴푸quipu가 숫자뿐만 아니라 역사적 사건을 기록: Lloyd Anderson과의 개인적인
    대화로부터. 그리고 Larsen (1998), p. 185 참조. 퀴푸는 완전히 비수량적 데이터를
    나타내기 보다는 '기억 전문가memory experts' 완전히 발달한 문자를 가지고 있지
    않은 복잡한 사회에서 흔히 보이는 직업 가 기억을 되살리는데 도움을 주는 단서
    들을 전달하는 것일지도 모른다. 사실상 이스터섬에서 발견되는 부분적으로 진화
    된 문자를 가리키는 말 롱고롱고rongorongo 는 기억 전문가를 가리키는 말에서 파
    생된 것으로 보인다. Kirch (1989) 참고.

178 잉카의 도로: Adams (1997), p. 123.

178 오류가 발생하는 것을 막았다. : Adams (1997), p. 124.

178 잉카의 데이터 송달 속도: Encyclopedia Britannica (1989), vol. 6, p. 277.

178 '토킹드럼' : Service (1978), pp. 356-57

178 청동 시대: 청동은 또한 태국과 발칸반도의 도시 이전 단계 민족들 사이에서도 사용되었다. 일반적으로 고고학자들은 과거에 비해서 '청동 시대' 나 '석기 시대' 에 그리 큰 중요성을 부여하지 않는다.

180 양모와 무역: Goody (1986), pp. 69-71.

181 맥주 35단지: Nissen, Damerow and Englund (1993), p. 46.

181 메소포타미아에서 글을 읽고 쓸 줄 아는 사람들의 비율 : Stein (1994a), p. 12. 문자가 출현하기 시작할 무렵이었던 기원전 3100년 무렵 메소포타미아 경제 및 사회의 위계적 특성에 대한 증거는 다음 문헌을 참조한다. Nissen (1985), 특히 pp. 358-60.

182 비옥함의 여신: Nissen, Damerow and Englund (1993), p. 106.

182 글쓰기 선생에게 음식과 옷과 반지를 주었다.: Nissen, Damerow and Englund (1993), p. 109. 문자와 사회적 지위에 대한 일반적인 사실에 대해서는 다음 문헌을 참조한다. Lenski, Nolan, and Lenski (1995), pp. 181-83

182 가축처럼 몰아대야 한다고 : Lenski, Nolan, and Lenski (1995), pp. 185. 또한 다음 문헌도 참조. Goody(1986), p. 117

182 #사실상 하층 사람들에게 결여된 것이 있다면 : 메소포타미아의 실 잣는 사람들에게 문자가 있었더라면 독점적인 중개인들의 손을 벗어나 그들이 만든 상품을 직접 그것을 필요로 하는 외국인들에게 판매했을 것이다. 아니면 글을 읽고 쓰는 능력이 좀 더 널리 퍼졌다면 적어도 좀 더 많은 사람들이 중개인의 역할을 하려고 들도록 만들어 실 잣는 사람들이 협상의 지렛대를 가질 수 있게 되었을 것이다.

182 노예의 반란: Herskovits (1938), vol. 2, p. 319.

182 "너는 나를 체포하고" : Baines (1988), p. 203

183 문자와 통치력의 집중 : Baines (1988). Baines는 문자사용 능력의 집중화가 그 주범이라고 명백하게 주장했다.

184 황소를 통화 수단으로 사용: Smith (1937), p. 23. 사실 그것은 생각만큼 나쁜 방법은 아니다. 황소는 회계 임금 계산 의 표준 단위였으나 임금 자체는 다른 상품으로

지급될 수 있었다.

185 정치적 경제적 다원주의 : Yoffee (1995), 특히 p. 295. Stein (1994a), 특히 p. 15. Brumfiel (1992) 참조.

9장. 문명의 탄생

186 인용문 : McNeill (1980), p. 37.

188 "원초적pristine" 국가와 이차적 국가: Fried (1983), p. 470 등 참조.

188 서아프리카: Diamond (1997), pp. 282-83 등 참조.

188 남아메리카와 중앙아메리카를 연결하는 끈: Lamberg-Karlovsky and Sabloff (1995), p. 267 참조.

190 "하나의 사례로부터 일반화를 이끌어 내는 것" : Dray (1967), p. 255

191 메소포타미아의 국가 이전 단계의 진화: Lamberg-Karlovsky and Sabloff (1995), p. 110-11, 114; Stein (1994b);Fagan (1995), pp. 367-68. Stein이 지적한 것과 같이 일부 고고학자들은 우바이드Ubaid 문화에 '추장사회' 라는 꼬리표를 붙이는 데 거부감을 보인다. 왜냐하면 몇몇 고전적인 추장사회의 특징들, 그러니까 명백한 지위의 차이와 정치적 불안정 등이 도시가 출현하기 직전인 기원전 5천년기의 말에 이르러서야 명백하게 나타났기 때문이다. 그러나 분명히 나타난 것은 사실이다. 뿐만 아니라 Stein은 그보다 앞서 "우바이드의 메소포타미아가 주된 재정 기반에 근거한 일련의 작고 국지적인 추장사회로 이루어져 있다."는 증거를 발견했다.

191 기원전 3500년의 정보 기술: Lamberg-Karlovsky and Sabloff (1995), p. 358.

192 메소포타미아의 도시화: Lamberg-Karlovsky and Sabloff (1995), p. 108, 139. 기원전 2800년의 Uruk: Fagan (1995), p. 368.

193 정복당한 지역의 왕의 목을 드높이 내걸었다. : Saggs (1989), p. 41.

193 사르곤의 딸을 사제로 삼다: Flannery (1972), p. 420.

193 "사방의 왕King of the Four Quarters" : Lamberg-Karlovsky and Sabloff (1995), p. 162.

193 이집트의 느린 도시화 : 오랫동안 이집트의 발달은 메소포타미아와 매우 다른 양

상을 보여서 초기 이집트의 '도시' 라는 표현 자체가 잘못된 것으로 여겨졌다. 초기 이집트의 정치를 구성하는 것은 도시가 아니라 행정적, 혹은 종교적 특징을 가진 읍락들이었다는 것이다. 그러나 최근 발견된 증거들은 기원전 3천년기의 초기에 이집트의 주거 구조는 예전에 생각되었던 것보다 메소포타미아의 주거 구조와 비슷한 것을 보여준다. Lamberg-Karlovsky and Sabloff (1995), p. 128-29.

193 기원전 3100년의 상형문자: Lamberg-Karlovsky and Sabloff (1995), p. 134.

193 이집트의 관료제도 : Saggs (1989), p. 27. 이집트의 관료제도의 권력과 효율성에 대해서는 다음 문헌을 참조한다. Berlev (1997), pp. 87-89. 해마다 변화하는 나일강의 수위에 맞추어 수로를 통해 식량을 보급하는데 있어서 관료제도는 특히 중요성을 발휘했다.

194 동아시아의 추장사회: Fagan (1995), pp. 432-22; Chang (1983), pp. 512-14. (Chang의 "제2수준level 2" 사회는 추장사회에 해당된다.) 또한 다음 문헌을 참조한다. Service (1975), pp. 263-64.

194 13,000명의 병사: Bagley (1999)

194 10,000 명의 노동자들이 18년 동안 일해야: Fagan (1995), p. 435, chapter 18.

194 중국 왕족의 무덤: Keightley (1989b), Fagan (1995), p. 436.

194 분열된 상(商)왕조 : Robert Bagley와의 개인적 대화.

195 상(商)왕조의 중국은 추장사회일까? 국가일까? : Keightley (1983) 참조.

195 진나라의 법률: Hsu (1989), p. 74. 또한 다음 문헌 참조. Fairbank (1992), pp. 54-56.

196 중국의 하부구조: Gernet (1996), p. 106; Fairbank (1992), p. 56.

196 진시황이 책을 태운 사건: Gernet (1996), p. 109.

196 테라코타 병사들: Fairbank (1992), p. 56.

196 진시황의 변덕, 서거: Starr (1990), p. 637; Gernet (1996), p. 108.

196 "드넓고 위대한 땅의 왕" : Starr (1990), p. 277.

196 "세계 전체의 통치자 및 중재자" : Hammond (1989), pp. 270-73.

197 "인류의 구원자" : Starr (1990), p. 557.

197 몬테 알반과 우르크 : Lamberg-Karlovsky and Sabloff (1995), pp. 347-48, 351-52

197 몬테 알빈의 우르크에서 국가 이진 단계의 진화: Lamberg-Karlovsky and Sabloff (1995), p. 348; Fagan (1995), p. 486; Stein (1994b); Stein과의 개인적 대화.

198 몬테 알반의 인구 : Fagan (1995), p. 487; Adams (1997), pp. 50-51.

198 테오티우아칸의 인구: Adams (1997), pp. 43, 49.

198 테노치티틀란 : 1519년 이 지역의 넓이는 80,000제곱마일이었다. 인구는 약 150,000명에서 300,000명 사이였다. Farb (1995), p. 211; Bray (1991), p. 98. Lamberg-Karlovsky and Sabloff (1995), p. 324.

198 "가장 아름다운 도시" : Farb (1995), p. 211.

198 카누들: Adams (1997), p. 84.

198 테노치티틀란의 코르테즈: Bray (1991), p. 111.

198 136,000개의 해골: Bray (1991), pp. 171-73.

199 지방에서 발견된 이국적 수입품 : Smith (1997), pp. 76-83.

199 정부의 감독관의 시장 감시: Bray (1991), pp. 111-12.

199 "아메리카 인디언들이 유럽의 정복자들보다 더 좋게 보이는 이유" : Bray (1991), p. 84.

201 테노치티틀란의 수로 시스템 : Bray (1991), p. 98.

201 도로: Johnson and Earle (1987), p. 269; Adams (1997), p. 103.

201 리마콩: Adams (1997), p. 106.

202 목을 베는 의식, 금속 잔 : Adams (1997), pp. 106-7; Fagan (1995), p. 529.

202 치무와 우아리의 도로들 : Adams (1997), pp. 112-17.

202 잉카의 정복자들: Johnson and Earle (1987), pp. 263-64.

202 '사방세계' : Adams (1997), p. 118

202 팍스 로마나와 같은 생산성 : Johnson and Earle (1987), p. 269.

202 길들일 수 있는 동물: Diamond (1997); Steward (1955).

203 바퀴 달린 동물 장난감 : Bray (1991), p. 87.

203 야마llama : Adams (1997), p.103.

204 "시장의 요구나 금전적 동기" : McNeill (1990), p.34.

205 "정상적이고 예측 가능한" : McNeill (1990), p. 13.

205 밀, 고기, 생선 : Lenski, Nolan, and Lenski (1995), p. 194

205 천천히 지배계층 아래까지 흘러가기 시작했다. : 그러나 오랫동안 무역의 혜택은
주로 상류 계층에 축적된 것이 사실이었다. Drummond (1995), p. 111.

206 #역사는 앞으로, 위로 전진해 나갔다. : 무역과 기술 변화에 의한 경제적 진보를 평
가하는 데 있어서 두 가지 문제를 혼동하기 쉽다. 어떤 사람들은 진보의 의미를 축
소하면서 근대 이전에 생활수준 일인당 경제 산출량 은 늘어나지 않았음을 지적한
다. 맞는 말이다. 그러나 그렇다고 해서 생산성 노동자 일인당 경제적 산출량 이
증가하지 않은 것은 아니다. 지난 몇 천 년간의 경우에 그랬듯 인구가 급속도로 증
가하면 각각의 노동자의 생산성은 크게 증가하지만 생활수준은 별로 높아지지 않
는다. 왜냐하면 노동자 일인당 먹여야 할 입의 수가 늘어나기 때문이다. 이것이 산
업혁명 이전의 천년 동안의 상황 장기간에 걸친 생산성의 향상이 장기간에 걸친
인구 증가에 의해 희석된 점 을 설명하는 유력한 이론이다. 또한 인구 증가는 사람
들로 하여금 전보다 못한 땅에서 농사를 짓도록 만든다. 따라서 단순히 생산성이
떨어지지 않도록 유지하는 것만도 상당한 기술의 진보라고 할 수 있다.

206 이집트와 중국 : 고대 국가들 사이의 차이점 전반에 대해서는 Trigger(1993) 등의
문헌을 참조하라. 그는 '지방적 국가territorial states' (이집트, 중국의 상왕조, 잉카 등)과
좀 더 도시화된 국가들(메소포타미아, 아즈텍 등)의 차이를 강조했다.

207 교회와 국가 : Lenski, Nolan, and Lenski (1995), p. 212

208 피타고라스의 정리 : Goody (1986), p. 80. 사실 그리스에서 피타고라스의 정리는
피타고라스 자신이 아니라 훗날 피타고라스 철학의 추종자들이 발견해낸 것일지
도 모른다.

209 모음을 추가함으로써 : Craig et al. (1990), p. 81

209 화폐 주조 : Hooker (1995), p. 30.

209 그리스와 계약서 : Martin (1994), p. 76

209 경제적으로 활기차고 민주적인 아테네 : Hooker (1995), pp. 4-9. 일부 시민들 사이에서 상업 활동을 강제로 억제했던 스파르타는 아테네에 비하여 민주적이지 못했다.

209 메소포타미아의 시민회합 : Yoffee (1995), p. 302; Goody (1986), p. 120.

210 공동체 회의, 시청 : Yoffee (1995), p. 302; Yoffee와의 개인적 대화. Gil Stein과의 개인적 대화.

212 달마티아 해안 : Starr (1991), p. 482

212 고대에 상업은……정치적 경계 너머를 탐험 : McNeill (1990), p. 12.

10장. 우리의 친구 미개인들

215 인용문 : Toynbee (1947), vol. I, p. 420.

215 "세상에 안전한 것이 무엇이 있을까?" : Friedrich (1986), p. 27.

215 "전세계가 멸망하는 구나." : Jones (1986), vol. 2, p. 1025.

216 굽타제국의 멸망 : McNeill (1963), p. 384.

216 페르시아와 훈족 : McNeill (1963), p. 386; Starr (1991), p. 705.

217 오이쿠메네oikoumene : Starr (1991), p. 581. 그리스어에서 유래한 단어.

217 한니발의 동생 : Starr (1991), p. 486.

217 고트족 아이들 : Friedrich (1986), p. 36.

217 기독교인의 몸에 불을 붙여 정원을 밝힌 사례 : A. N. Wilson (1997), p. 9.

218 티투스의 살육 : Friedrich (1986), p. 32.

218 "흉포한 미개인들이" : Augustine (1958), p. 44.

219 미개인의 쟁기 : Singer et al. (1956), pp. 87-89.

219 미개인의 등자 : McNeill (1963), p. 384; Gies and Gies (1995), p. 55.

219 미개인들이 말을 타고 활을 쏘는 것 : McNeill (1963), p. 238.

219 비누 : Gies and Gies (1995), p. 31.

220 아틸라를 달래기 : McNeill (1963), p. 392.

220 훈족의 쇼핑 품목 : Thompson (1948), pp. 170-73

220 독일의 문자 사용 : McNeill (1963), p. 392.

220 "방랑성을 가지고 있고, 허풍을 잘 떨며" : Hayden, p. 354.

220 소금, 금속, 와인 : Starr (1991), p. 535.

220 그리스의 예술을 북쪽으로 : Fagan (1995), p. 474.

221 말발굽, 자물쇠 : Hayden (1993), p. 354.

221 '단검' : Fagan (1995), p. 475.

221 화폐와 알파벳 : Starr (1991), pp. 535-36.

222 "안정적이고 지속적인" : Goffart (1980), p. 28.

222 "그들은 점점 문명화되어" : Starr (1991), p. 700

223 "어느 하나라도 모르는 것이 있다면" : Elvin (1973), p. 41.

223 진나라의 수도를 침략했으니 : Elvin (1973), p. 41. 이 미개인들은 아래에 언급된
토바족과 다르다.

223 훈족의 '제국' : McNeill (1963), p. 388.

223 토바 : Gernet (1982), pp. 190-192; McNeill (1963), p. 386.

224 노동에 비하여 높은 수익 : Goffart (1980), p. 102.

224 "새로운 통치 아래에" : Goffart (1980), p. 3.

225 유클리드의 업적을 칭송했다. : Riché (1976), pp. 69, 각주 114

225 디오니시우스 : Riché (1976), pp. 68-70.

225 로마의 법률을 채택 : Riché (1976), pp. 71-72; Robinson (1997).

225 유스티니아누스Justinian 황제 시절 로마의 '교화reclamation' : Hollister (1974), p. 38.

226 기원전 2천년기의 미개인의 물결 : McNeill (1963), pp. 117-19.

226 아즈텍과 톨텍 : Lamberg-Karlovsky and Sabloff (1995), p. 345; Farb (1969), p. 208.

227 로마를 경멸하는 그리스인 : Starr (1991), p. 488.

227 "사로잡힌 그리스가 정복자를 사로잡았다." : McNeill (1963), p. 294.

227 문명 파괴자로서의 그리스: Tainnter (1990), p. 63; Starr (1991), p. 193; Brogan (1989), p. 190.

227 "도시의 노략자" : Hayden (1993), p. 347.

228 "자신보다 우월하다고 생각되는 삶의 양식" : McNeill (1963), p. 391.

228 군사 전략과 무기 : Elvin (1973), p. 18.

229 제철기술과 몽골족: Elvin (1973), p. 18.

229 "조속하게 발달한 사회" : Service (1975), p. 321.

230 "그 자신의 사악한 본성에 의해서" : Shelton, ed. (1988), p. 182.

231 로마와 노동력을 절감하는 혁신 : Drummond (1995), p. 110. 수확 기계와 같은 기술이 빠르게 확산되지 않은 이유에 대한 다른 관점은 다음 문헌을 참조한다. Mokyr (1992), p. 167

231 노예제도의 쇠퇴 : Drummond (1995), p. 120. 그와 다른 의견에 대해서는 다음 문헌을 참조한다. MacMullen (1988), pp. 17-18.

231 농부들이 점점 더 자유를 잃고 : Jones (1986), p. 795; Starr (1991), p. 676

231 직업을 바꾸지 못하는 규칙 : Jones (1986), p. 861

231 "카스트 제도에 가까웠던 무렵" : Starr (1991), p. 676.

231 "그들은 불모지를 만들어놓고" : Friedrich (1986), p. 28.

232 더 부패하고 압제적이 되고 : MacMullen (1988); Drummond (1995), p. 110.

232 황제의 가운 가장자리에 입을 맞추기 : Drummond (1995), p. 106.

234 수세기에 걸친 경직화 : Starr (1991), pp. 123-24.

235 정부가 물건을 사들일 때 쓰기 위해 동전 주조 : Drummond (1995), p. 112.

235 노예들 : Treadgold와의 개인적 대화. 이것은 완전히 확립된 것은 아니지만 대체로 합의된 견해이다.

235 동쪽의 로마는……좀 더 자유로웠다. : Jones (1986), p. 861

235 좀 더 통합된 경제 : Treadgold와의 개인적 대화. Treadgold (1997)

236 "새로운 개념이 기회를 갖기 위해서는": Starr (1991), pp. 124.

11장. 암흑기

238 인용문 : Bowersock (1988), p. 174.

239 야만인 코난 : 실제로 현실 속의 칭기즈칸이 이와 비슷한 말을 한 것으로 알려져
있다. (Jones, 1987, p. 299) 그러나 칭기즈칸이 속한 몽골조차도 일반적으로 미개
인들이 문명을 파괴해버리기보다는 이용하기를 선호하는 경향을 보여준다.

239 로마 근처는 엄청나게 파괴되었다.: Nef (1964), p. 7

241 서구 문명 : Clark (1969), p. 18 : "732년 Charles Martel이 포이티에Poitiers에서 무어
인에게 승리를 거두지 않았다면 서구 문명은 아예 존재하지 않았을 것이다."

241 어떤 문명이 붕괴되었는지 여부를 판단 : 로마제국이 언제 몰락했는지 또는 어떤
의미에서 과연 몰락하기나 한 것인지 판단하는데 따르는 일반적인 어려움에 대해
서는 Bowersock(1988) 참조.

242 마야 문명의 보존 : William Sanders와의 개인적 대화.

242 인더스 계곡 : Kenoyer (1998).

243 "알프스 산맥 너머의 유럽": Harris (1991), p. 254.

244 봉건주의와 추장사회 : Service (1975), pp. 80-83; Johnson and Earle (1987), p. 249.
많은 역사학자들이 봉건주의의 뿌리를 오랫동안 지속되었던 게르만족의 사회 조
직과 서로마 제국이 해체될 때 가시화되었던 로마의 사회 조직의 기본 요소에서
찾는다. Cantor (1993), pp. 197-98

244 "정의와 공평함을 가지고": Roberts (1993), p. 335.

244 #단순화와 도식화 : '봉건주의'의 의미 자체에 대해 많은 논란이 있었다. 어떤 학
자들은 매우 의존적인 농노와 영주간의 관계는 '장원제도manorialism'라는 명칭으
로 불러야 한다고 주장하지만 일부 학자들은 농노와 영주의 관계도 단지 봉신과
영주들 사이의 자발적 관계와 마찬가지로 유럽의 봉건주의의 한 측면이라고 주장
한다. 한편 Gernet(1996, p. 53)을 비롯한 또 다른 학자들은 봉건주의적feudal이라는

표현은 그동안 "너무나 자주 오용되어서 모든 의미를 상실해버렸으며 차라리 폐지해버리는 편이 낫다"고 단언한다. 이 논의에 대해서는 다음 문헌을 참조한다. Cantor (1993), pp. 195-97; Service (1975), pp. 81-83. 나는 봉건주의라는 용어를 '장원제도'를 포함하는 광범위한 의미로 사용했다. 왜냐하면 좁은 범위의 봉건주의 역시 핵심적인 특징인 장원주의와 공유하고 있기 때문이다. 화폐가 없는 상황에서 필요한 경우에 어느 정도 경제적, 정치적, 심지어 군사적으로 지역적 자급자족을 가능하게 해주는 상호 의무의 관계가 그 특징이다. 이러한 특징들은 집합적으로 전체 시스템에 복원력을 준다. 이 시스템에는 부수적으로 많은 다른 복잡성이 존재하지만 나는 신경 쓰지 않고자 한다. 예를 들어서 마을의 경계와 영주의 장원의 경계가 일치하지 않는 경우도 있다. 또한 어떤 경우에 봉신은 ―두 영주로부터 제각기 땅을 받고서― 둘 이상의 영주를 받드는 경우도 있는데 이 경우 복잡한 이익의 충돌이 일어날 수 있다.

245 10단계를 넘어서기도 : Hollister (1974), p. 119.

247 백작들과 왕들 : Strayer (1955), p. 62.

247 바이킹들이 봉건사회 조직으로 편입 : Hollister (1974), p. 119.

247 붕괴 후의 재구성 : Service (1975), p. 82.

248 "봉건적" 요소들 : 4세기 중국이 하나의 예이다. Elvin (1973), p. 42. 어쩌면 일본은 유럽의 봉건제도와 가장 흡사한 사례를 제공해줄 수도 있다. Duus (1993).

249 그리스의 재구성 : Ferguson (1991). Ferguson이 지적한 바와 같이 많은 학자들이 오직 미케네만이 초기 상태의 국가 수준의 사회로서 '상당히 관료적인 국가'라고 간주한다.

249 중국의 재건 : Elvin (1973), pp. 42-43.

250 "만일 파괴가 완전하게 이루어졌다면" : Cahill (1995), p. 58.

250 농업 기술: Gies and Gies (1995), pp. 44-47.

251 물레 : Pacey (1990), pp. 23-24.

252 항해기술 : Robert (1993), pp. 428-29, Gies and Gies (1995), pp. 23, 159

254 로마의 물레바퀴 : 로마가 제재소를 가지고 있었는지 여부는 불확실하다. White (1964), pp. 82-83

254 물레의 새로운 사용 : White (1964), p. 89; Cipolla (1994), pp. 140-43.

254 프랑스의 축융공들 : Cipolla (1994), pp. 140-43.

254 풍차 : Cipolla (1994), pp. 143-33; White (1964), p. 88.

255 목화의 씨 빼는 기계 : Gies and Gies (1995), pp. 123.

255 "반지와 벨트와 핀을" : Gies and Gies (1995), pp. 123.

255 기도하는 사람이 있고, 싸우는 사람이 있고, 밭에서 일하는 사람이 있었다. : Cipolla (1994), pp. 118; Graig et al. (1990), p. 372.

256 주판 : Gies and Gies (1995), pp. 159.

257 "신이 허락한" : Cipolla (1994), pp. 161-62.

257 새로운 보조적 메타기술 : Cipolla (1994), pp. 160, 163.

258 주식 거래 : 17세기에 시작된 암스텔담의 주식거래는 종종 세계에서 가장 오래된 것으로 일컬어진다. 그러나 앤트워프에서 좀 덜 현대적이기는 하나 이미 16세기에 주식거래가 시작되었으며 좀 더 원시적인 형태의 거래는 그 이전에도 존재했다.

259 읍락의 자치권 : Hollister (1974), pp. 148-50; Cipolla (1994), pp. 117-22.

260 읍락을 세우기까지 했다. : Hollister (1974), p. 149.

260 봉건제도의 분산적 성격 : Landes (1998), pp. 36-37. Landes는 "아이러니하게도 유럽의 커다란 행운은 로마의 멸망과 그에 따른 취약성과 분열에 있다."고 썼다. (1998, pp. 36-37) 그는 또한 "유럽은 제국의 통치에 압도당하지 않고 그 구성요소들 사이의 끊임없는 경쟁을 통해 전진해나갔다.……유럽은 고대 제국을 유지하는 데 실패했다. 그런데 만약 유럽이 성공했더라면 아마 지금까지도 산업사회 이전 상태로 머물러 있을 것이다." 라는 Pre-Industrial Societies (1989, Basil Blackwell)의 저자 Patricia Crone의 말을 인용했다. 이와 같이 서유럽의 생산적인 분권화를 강조하는 학자들은 국가들 사이의 경쟁이 치열했던 근대 초기에 초점을 맞춘다. Kennedy (1987), p. 20; E. L. Jones (1987); Roberts (1993), p. 415. 그러나 기본적

논리 정치단위들 사이의 경쟁의 창조적 힘 는 중세의 분권화에도 똑같이 적용된다.

260 "상인에 의한, 상인을 위한, 상인의" : Robert S. Lopez, Landes(1998, p. 36)에 인용됨.

260 "영예로운 지위" : Cipolla (1994), p. 121.

261 "양질의 가축" : Cipolla (1994), p. 122.

261 그 재를 티버강에 뿌렸다. : Cantor (1993), p. 404.

261 굴복하자 : Cantor (1993), p. 405; Strayer (1955), pp. 110-11. 롬바르디아 동맹의 군사적 성공은 단지 부에 기인한 것만은 아니다. 이탈리아는 독일과 달리 봉건 귀족들이 도시 성곽 안에서 거주했다. 따라서 롬바르디아 동맹은 커다란 군사적 경험에 의존할 수 있었다. 또한 동맹은 이탈리아에 대한 프리드리히의 야심을 경계하고 있던 교황의 지원을 받았다.

261 "도시의 공기는" : Cipolla (1994), p. 119.

261 화폐 경제가 농촌에까지 퍼져나가자 : Cantor (1993), pp. 472-73; Hollister (1974), pp. 152-53.

263 "흥미로운 문제" : Strayer (1955), p. 224.

263 #마르크스 : 마르크스는 정보 기술의 중요성을 제대로 인식하지 못했다는 비판을 받아왔다. 또한 그것은 정보 전반에 대한 인식의 부족에 기인한 것이었다. 그의 "가치의 노동 이론"은 다양한 사람들 투자자, 도매업자, 소매업자 들이 상품과 원료와 서비스의 수요와 공급에 대한 정보를 처리하며 그것이 소비자의 시간과 노력을 절약해주고 그에 따라 보상을 받는다는 점을 간과하고 있다. 간단히 말해서 소매가격에는 상품을 제조하는데 들어간 노동의 가치만큼이나 정보 처리의 가치가 정당하게 포함된다는 것이다.

265 귀족들과 상의하는 전통 : 왕의 위원회에 해당되는 기구는 최소한 앵글로색슨족의 민회witenagemot로 거슬러 올라간다. Hollister (1974), pp. 241, 242. 유럽 중세의 대표자들의 조직은 이따금씩 로마의 영향 덕분으로 일컬어지는데 Cantor(1993, p.

457)는 국가 수준의 대표자로 구성된 통치 조직이 로마의 영향을 거의 받지 못했던 잉글랜드에서 가장 발전했음을 지적했다.

265 의원의 범위가 확대 : Hollister (1974), pp. 244-45.

265 #유럽의 민주주의가 그리스 전통과 별개라는 사실 : 이데올로기의 성문화가 아무런 의미가 없다는 이야기가 아니다. 언어는 사람들에게 영감을 줄 수 있고 사회적, 종교적, 경제적 움직임에 힘을 부여할 수 있으며 따라서 수십년, 수세기의 시간에 걸쳐서 역사를 형성해나갈 수 있다. 그러나 장기적으로 볼 때는 기술의 기초적인 궤적이 어떤 형태의 사회 조직은 무력화시키고 어떤 형태의 사회조직은 필연적으로 도래하도록 만든다.

266 마야의 "상업 중심적 실용주의" : Sabloff and Rathje (1975).

12장. 불가사의한 동양

268 인용문 : Gernet (1996), Introduction.

268 "신비주의적 전통" : Weber (1961), p. 128; Blaut (1993), p. 103.

268 "동양적 전제주의" : 이 이론은 Karl Wittfogel이 1957년 저서 〈Oriental Despotism〉에서 개진한 것이다. 자세한 논의에 대해서는 다음 문헌을 참조한다. Adams (1966), pp. 66-68; Blaut (1993), pp. 83-87; Jones (1987), p. 10. 이 이론에 대하여 자주 거론되는 비판 중 하나는 중국을 포함한 다양한 사회에서 관개 시스템은 국지적으로 관리되었으며 따라서 국가 수준의 권력 집중 현상을 설명해줄 수 없다는 것이다. 그러나 Landes (1998, pp. 27-28)는 이 이론을 옹호했다.

269 "참으로 이상하다" : Landes (1998), p. 57.

269 "운명의 변덕" : Jones (1987), p. 202.

269 "최선의 경우 불황" : Jones (1987), p. 231.

269 "어마어마하게 기적적인" : Jones (1987), p. 238.

270 "정복의 노획물" : Landes (1998), p. 393.

271 코멘다 : Udovitch (1970), pp. 38, 48.

271 #하나피 학파 : 수세기가 지난 후 이슬람 문명 가운데 하나피 학파가 주도권을 잡았던 곳 예를 들어 터키 들은 상업에 대한 배려가 적은 이슬람의 법 전통이 우세했던 다른 시역 예를 들어 아라비아 보다 상업에 더 우호적이었다.(Timur Kuran과의 개인적 대화.) 11세기의 어느 하나피파 학자는 코멘다의 목적을 멋지게 간파했다. 그와 같은 계약이 없이는 "자본을 가진 자가 이익이 될 만한 거래 활동에 관여할 방법을 찾지 못할 수 있고 그와 같은 거래 활동을 찾을 수 있는 사람이 자본을 얻을 수 없을 수도 있다."(Udovitch, 1970, p. 49.) Jones(1987, p. 187)는 중세의 이슬람 정부들이 개인의 재산이 임의로 몰수되는 일 없도록 보호함으로써 전반적으로 상업을 육성했다고 설명했다.

271 바그다드의 수표: Hollister (1974), p. 67.

271 "무역의 필요성" : Udovitch (1970), p. 40.

271 "신의 과업을 완수" : Landes (1998), p. 398.

271 카바 : Armstrong (1994), p. 135.

272 #공통의 종교와 언어 : '공통의 종교' 는 보편적이지 않다. 이슬람 인들은 기독교인 정복자들과 같이 개종을 요구하지 않았다. 따라서 이슬람이 지배하는 땅에는 종교적 다양성이 유지되었다. 그러나 지역의 상인들은 대개 이슬람교도였고 그것이 거래의 윤활제로 작용했다. 마찬가지로 아랍어가 전체 이슬람 제국의 보편적 언어가 되지는 못했지만 거래를 활성화하기에는 충분할 정도로 확산되었다.

272 노획 대신 세금이 제국의 재정 기반으로 자리 잡게 되었다. : Waldman (1989), p. 108.

272 이슬람인들이 충돌을 더욱 완화시켜주는 정보 기술을 보유 : Roberts (1993), p. 270.

272 알콰리즈미 : Encyclopedia Britannica (1989), vol. 23, p. 605.

272 이슬람의 알고리즘과 중세 전성기 : Abu-Lughod (1989), pp. 15-17, 177.

273 "비전(飛錢)" : Gernet (1996, p. 265)은 이 혁신이 9세기에 일어난 것이라고 하고 Elvin(1973, p. 155)은 8세기라고 밝히고 있다. 이 예금 증서는 정부의 후원 하에 세

금을 거두는 시스템의 일환으로 시작된 것으로 보인다. 그러다가 상인들이 그들 고유의 수표를 발행하기 시작한 것으로 보인다. 11세기에 이 아이디어는 정부에서 발행하는 지폐로 발전해 나갔다.

273 중국의 은행 제도 : Elvin (1973), p. 157. 송 왕조 시대의 이 관행에 대해서는 그로부터 1세기 정도 지나서 기록되었다. 그 기록에 따르면 수표를 발행하는 상인들은 "동전을 주조하는 것만큼 민첩하게 수표를 찍어냈다."고 한다. 이 수표는 "엄청난 양의 상품을 사들이는데" 사용되었다고 한다. 사실상 은행가라고 할 수 있는 이 상인들은 "엄청난 양의 여관, 상점, 저택, 정원, 밭, 귀중품" 등을 소유하게 되었다. 이러한 관행 새로운 수표를 발행해서 그것을 투자에 이용하는 관행 은 예금한 돈을 찾아서 사용하는 것(일반적으로 생각되는 은행 제도의 본질)과 다른 것처럼 생각될 수 있지만 기능적으로는 서로 다를 것이 없다. 두 경우 모두 투자액과 현금의 합이 발행된 수표의 합과 같으며 두 경우 모두 수표를 가진 사람들이 모두 한꺼번에 자신의 계좌에서 돈을 찾아가지는 않을 것이라는 사실을 전제로 하고 있다.

273 60명의 상인들 : Elvin (1973), p. 144. 상인들은 선단의 절반 정도를 일종의 세금으로 중국 정부에 바쳐야 하는데도 이 사업에 착수했다. 이익의 유혹의 엄청난 힘을 증언해주는 사례이다.

273 원정 무역에 투자 : Elvin (1973), pp. 143-44.

273 "내 말을 믿어주게나." : Elvin (1973), pp. 144-45.

274 "세계에서 가장 방대하고 다양한 배들이" : Gernet (1996), p. 321

274 "인색한 사업가" : Elvin (1973), p. 167.

274 상인들의 조합 결성 : Elvin (1973), p. 172.

274 판매세 : Gernet (1996), p. 322.

275 실크 공장과 제철 공장 : Elvin (1973), pp. 174-75.

275 150,000톤의 철 : Jones (1987), p. 202.

275 〈경직도시〉, 〈일용산법〉, 〈화제국방〉 : Elvin (1973), pp. 116, 181, 191.

275 〈귤록〉, 〈해보〉 : Gernet (1996), p. 338.

275 "자연을 지배하기 위해서는 먼저 자연에 복종해야 한다.": Adams (1996), p. 54.

276 "증기기관 건조자": Encyclopedia Britannica (1989), vol. 2, p. 884. 어떤 사람들은 제2법칙이 Carnot의 업적으로부디 Kelvin과 Clausius에 의해 '유도' 되었다고 주장한다. 그러나 이 '유도' 라는 의미는 논리적으로 연역된 것이다. Clausius 자신이 Carnot의 주장은 기초적인 가설로 제2법칙과 동등한 것이라고 밝혔다.

276 극성, 자기유도 : Gernet (1996), p. 460.

276 "실험적인 연구로 진입하는 문턱" : Elvin (1973), p. 179.

276 "하늘을 뒤흔드는 천둥" : Elvin (1973), p. 66.

276 "몇 배나 더 싸게" : Elvin (1973), p. 195.

276 300년 : Jones (1987), p. 202.

277 "위대한 두 문명" : Gernet (1996), p. 347.

277 나란히 놓을 수 있겠느냐 : 많은 학자들이 농업 기술에 있어서는 중국과 인도가 13세기에 세계를 주도했다고 말한다. Elvin (1973), p. 129.

277 "중국이 보였던 발전 양상이" : Elvin(1973), p. 198. 심지어 1987년 작 〈The European Miracle〉에서 중국 자체의 산업혁명은 사실상 불가능하다고 주장했던 E.L. Jones조차도 어떤 경우에 "14세기 무렵 중국은 폭발적인 기술적, 경제적 성장을 이루었으며 이 사실은 산업혁명이 역사적으로 불가능하게 보이는 과정이라는 종래의 믿음에 의심을 가하게 한다." (p. 202) 그가 훗날 펴낸 책 〈Growth Recurring〉(1998)에서는 좀 더 적극적으로 이 의심을 다루었으며 진지하게 숙고하기도 했다.

277 "불가사의한 점은" : Landes (1998), p. 55.

278 몽골인의 말 다루는 기술 : Elvin (1973), pp. 85-90.

279 부가가치세 : Morgan (1990), pp. 101-2.

279 "위험이 덜하고 보호세는 낮은" : Abu Lughod (1989), pp. 154, 158. Morgan (1990, p. 102)은 몽골의 세금의 목적이 대체로 "상상할 수 있는 최고 수준의 착취" 였다고 말한다. 그러나 그는 또한 몽골인들이 "가능한 한 최대의 상업 활동을 이끌어내는

것이 그들에게 이익이 된다는 점"을 곧 깨달았다고 덧붙였다. 후자의 목표가 전자의 추구를 어느 정도 제한하게 되었을 것이 분명하다. 그리고 그 결과 어느 정도 적정한 수준의 세금을 걷어가게 되었고 그 세금의 적어도 일부는 무역로를 안전하게 유지하는 대가로 간주될 수 있었다.

279 "전 세계를 휩쓰는 번영을 구가하는": Abu Lughod (1989), p. 356.

279 실크 나무 : Abu Lughod (1989), pp. 159-160.

279 "개개의 괴물들" : Morgan (1990), p. 177.

280 흑사병 : McNeill (1977), pp. 144-50.

280 20세기 대공황 : Brad De Long과의 개인적 대화. 서양의 경제적 침체가 일본에 악영향을 미친 것은 분명하게 드러나지만 중국에 미친 영향에 대해서는 논란이 될 수 있다.

281 진실은 좀 더 복잡하다. : Abu Lughod (1989), pp. 343-45.

282 육상 무역 제한 : Gernet (1996), p. 403; Elvin (1973), p. 217.

282 향수 : Elvin (1973), pp. 217-18.

282 중국 선단의 규모 : Fairbank (1992), p. 138. 스페인 무적함대는 유명한 패배 직전 185대의 배를 보유했다.

282 "의욕적인 집단" : Fairbank (1992), p. 137.

282 성사승람, 서양번국지 : Gernet (1996), p. 402.

283 원정 항해에서 물러나기 시작 : Mokyr (1992), p. 220; Fairbank (1992), pp. 138-39; Elvin (1973), pp. 220-21.

283 "세계무대에서 내려오게 되었다." : Fairbank (1992), p. 139.

284 "정신적 병폐" : Blaut (1993), p. 215

284 "원시자본주의" : Blaut (1993), p. 167.

285 제국의 부재 : Chirot(1985, p. 185)는 "중국의 명조와 청조가 중국을 통일하는데 실패했다면 최초의 자본가, 산업화된 사회는 아마 중국에서 태어났을 것이다."

286 특허권 : Mokyr (1992), p. 79.

287 "자유 도시" : Toyoda (1989), pp. 314-15.

287 "매우 풍부한 문화적 혁신" : Reischauer (1981), p. 73. 그는 1333년에서 1573년에
   이르는 Ashikaga period 전체를 일컬은 것이지만 문맥상 후반부를 좀 더 강조하는
   듯하다.

287 "동등한 위치에서 경쟁" : Reischauer (1981), p. 73. 일본의 통일 이후에도 중국에
   비해서 권력이 분산되어 있었다. 1603년부터 도쿠가와 막부의 시대가 시작되었지
   만 근본적으로 사회는 봉건적이었다. 처음에는 확고한 중앙의 통제가 시도되었으
   나 시간이 흐를 수록 점점 지역의 자치가 확대되었다.(Reischauer, pp. 74-86) 다른
   면에 있어서 도쿠가와 막부 시대의 일본과 중국은 서로 비슷한 점이 많았다. 두 국
   가 모두 고의로 문을 잠그고 바깥 세계로부터 자신을 가두었고 그 결과 떠오르던
   유라시아의 뇌로부터 자신을 단절시켰다. 그리고 두 국가 모두 기술 측면에 있어
   서 서양에 뒤떨어지게 되었다. Landes(1998, pp. 354-65)는 일본에서의 권력 분산
   과 번영 사이의 상관관계에 주목했다. 그러나 이 경우에도 순수하게 문화적인 요
   인이 아니라 사회조직의 차이로 국가의 역사의 차이를 설명할 수 있다는 그의 생
   각은 거기에서 그쳤을 뿐 순수하게 문화적인 요인의 중요성을 강조하는 입장에서
   후퇴하지는 않았다. 따라서 그는 "일본 사람들은 우수한 학습 능력을 가지고 있다.
   왜냐하면 그들은 무한한 열망을 지니고 있기 때문이다. 일본인의 신화에 따르면
   그들의 지배자는 태양의 여신의 후손이고 그들의 땅은 천지창조의 중심이라고 한
   다." 그런데 물론 거의 모든 민족들이 자신이 우주의 중심이라는 신화를 지니고 있
   다. 실제로 Landes 자신이 명나라의 황제들이 자신의 제국을 세계의 중심으로 여
   겼음을 지적했다. 이 경우에는 반대로 이 일화를 중국인들이 외부 세계에 관심이
   없는 근거로 삼았다.

288 유럽과 중국의 정치적 지형이라는 지리적 상황 : 다양한 학자들(예를 들어 Kennedy,
   1987, p. 71)가 이와 같은 정치적 지형의 차이를 물리적 지형의 차이에 의한 것으로
   보았다. 즉 비교적 연속적인 중국의 지리적 상황이 자연적으로 정치적 통합에 유
   리하다는 것이다. 그러나 Peter Perdue는 —개인적 대화에서— 중국의 지리 역시 산

맥에 의해 상당히 분열되어 있으며 그 결과로 커다란 언어의 다양성을 보이게 되었다고 주장한다. 중국의 정치적 단일성은 그보다는 국가의 고대로 거슬러 올라가는 국가의 기민한 수완, 즉 영토 통합을 위해 운하와 도로를 건설하고 제각기 다른 방언을 쓰는 사람들이 모두 이해할 수 있는 표준화된 문자를 사용한 것에 기인할지도 모른다.

288 #밈을 시험할 수많은 독립적인 실험실들 : 중국의 '황금기' 인 송 왕조 시대에 앞서서 약 반세기 동안 정치적 분열기 '5대 10국' 시대 가 존재했던 것은 우연이 아니다. 뿐만 아니라 송 왕조 시대의 동아시아는 매우 경쟁적인 상황이었다. 잘 조직되고 막강한 비록 미개하다고는 하나 정치단위들이 국경을 접하고 있었다. 송나라는 역사학자인 Morris Rossabi(1983)가 지적한 것과 같이(p. 11) 중국의 다른 왕조들과 달리 진정한 '다국가 시스템' 안에서 운영되었다. 비록 이 아시아 국가들이 훗날 서유럽의 국가들처럼 '소통적' 이지 못하였다고 하더라도 그만큼 혁신의 확산을 가져오는 가치 있는 원천이 되지 못했다고 하더라도 아시아의 국가들은 적어도 유럽의 국가들만큼 경쟁적이었다. 따라서 기술적 침체에 대한 강력한 반론을 제공한다.

289 명과 청의 기술 : Kenneth Pomeranz와의 개인적 대화. 명조와 청조 시대의 중국에서는 점진적이지만 상당한 정도의 기술 진보와 확산이 일어났다. 이러한 혁신에는 대두(메주콩)를 으께서 비료로 사용한다든지 습도가 높은 지하실에서 면을 방적한다든지(그 전에는 지연적으로 습도가 높은 지역에서 방적을 해야 했다) 따라서 일부 학자들이 주장하는 것처럼 명조와 청조의 경제 성장을 단순히 인구 성장에 의한 것으로 돌리는 것은 지나친 단순화의 위험이 있다.

290 유럽의 기술적 상호의존성 : Palmer and Colton (1965), p. 271; Mokyr (1992), pp. 84, 107.

290 "조만간 그들 스스로" : Landes (1998), p. 368, 그리고 그가 이러한 판단을 일본에 적용하는 것과 중국에 대한 견해와의 대조에 대해서는 p. 360을 참조한다.

291 "모습과 상태를 바꾸어놓은" : Eisenstein (1993), p. 12.

291 바그다드의 제지공장 : Pacey (1990), pp. 42-43.

291 천공개물 : Mokyr (1992), pp. 222-23. Roger Hart의 박사 논문에 따르면, 중국이 대수학에서 경쟁력을 잃었다는 흔히 세기되는 주장은 옳지 않은 것으로 드러났다. (Peter Perdue와의 개인적 대화.) 어찌되었든 중국이 대수학을 잃어버렸다고 추정될 무렵에 대수학은 일본으로 확산되어 굳건하게 그 자리를 지켰다. Elvin (1973), p. 194.

292 "인간 역사에서 지극히 예외적" : Mokyr (1992), p. 17.

292 거주지 : Elvin (1973), p. 85.

292 불교 승려들의 전당포 : Gernet (1962), p. 69.

293 "불도에 이를 수 있다." : Landes (1998), p. 363. 흥미롭게도 랜즈는 이와 같은 주장과 유럽의 경제적 성공을 설명하는 데 있어서 그가 보통 강조해온 유대그리스도교의 유산 칼뱅파가 표명해온 입장을 포함하여 과의 갈등에 대해 깨닫지 못하는 듯하다.(불교 교의가 경제적 생산성에 이바지한 다른 사례에 대해서는 Fukuyama(1993, p. 227) 참조.)

293 "훌륭한 교범" : Kennedy (1987), p. 13

293 교황이 고리대금업을 비난 : Kennedy (1987), p. 19. 비록 교황의 고리대금업 금지가 사실상 효력을 발휘했지만 사람들은 돈을 빌리는 다양한 방법을 발견해냈다.

293 경제적 초교파주의 : Abu-Lughod (1989), p. 354.

294 이슬람 세계는 산업혁명 가능성이 희박하였음: 이슬람 문명이 오랜 시간에 걸쳐서 경제 발달에 있어서 상대적으로 불리했던 원인에 대한 주된 이론들을 검토한 문헌으로 Kuran (1997) 참조.

294 오스만 제국 붕괴 : Jones (1987), pp. 178, 184, 187-88.

294 아크바의 개혁 : 이슬람의 교의는 이미 '경전의 민족' 기독교인과 유대인 을 관용으로 대했다.

294 "파리를 쫓기 위해" : Jones (1987), p. 197. Embree(1981; p. 631)과 같은 사람들은 정부의 압제가 영토 확장의 비용보다 덜 심각하다고 생각한다.

298 "우리가 행하고 겪는 모든 것" : Berlin (1954), p. 30.

13장. 현대사회

299 인용문 : Eisensein (1993), p. 152; Cameron (1999), p. 101.

299 "신성하지도 않고" : Encyclopaedia Britannica (1989), vol. 6. p. 22.

303 롬바르디아의 법학책 : Cipolla (1994), p. 148.

303 세 가지 별개의 판 : Eisensein (1993), p. 152.

304 "펼쳐 보인 것과 같았다." : Eisensein (1993), p. 150.

304 "복음이 전진해 나가도록" : Eisensein (1993), p. 150.

305 "더 나은 내부 의사소통 체계" : Anderson (1991), p. 39.

305 독일 농민 반란 : Craig et al. (1990), p. 467.

305 "아브라함을 비롯한 이스라엘 민족의 조상들도" : Rice (1981b), p. 532.

305 종교전쟁 : Palmer and Colton (1965), pp. 104-31. 142.

306 네덜란드의 칼뱅파 교도들과 필립 2세의 싸움 : Robert (1993), pp. 465-66. 칼뱅파 교도들은 한때 왕에 반대하는 카톨릭 교도들과 연합했다. 한편 합스부르크가가 유럽 지배를 추구해나가는 과정에서 다양한 다른 정치 집단들이 걸림돌이 되었는데 영국을 포함하여 이 정치집단들은 이미 오래전부터 민족주의적 정서로 뭉쳐왔다.

306 #민족주의 : '민족주의' 라는 용어는 다양한 의미를 가진다. 일부 학자들은 단순히 통일성 있는 민족 감정을 가리키는 데 이 용어를 사용한다. 영국이나 프랑스와 같은 곳에서 15세기에 접어들면서 공동의 소속감, 공동의 이해관계, 공동의 운명 인식과 같은 감정이 싹텄다. 한편 다른 학자들은 민족주의라는 용어를 좀 더 자각적이며 명백하게 의도가 담긴 민족 정서로 본다. 이 경우 많은 경우에 정복당한 민족들의 독립에 대한 열망에 수반되며 또한 대개의 경우 그 열망을 정당화하는 명시된 이데올로기에 의해 촉발되는 감정이다. 이러한 종류의 민족주의는 18세기 말 이래로 커다란 힘을 갖추게 되었다. 그런데 내가 보기에 이 두 가지 민족주의 모두 인쇄기가 없었더라면 지금과 같은 힘을 갖출 수 없었을 것으로 생각된다. 민족주

의의 정의에 대해서는 Hutchinson and Smith, eds. (1994)를 참조한다. 후자의 민족주의가 취한 다른 형태에 대해서는 Kohn (1994)를 참조한다.

307 "정의를 가져다주었다." : Jones (1987), p. 128.; Mundy (1981), p. 404

307 12세기의 영국과 프랑스 : Strayer (1955), pp. 106-26, 143-46.

308 "성벽 밖에서 지배자에게" : Roberts (1993), p. 402. 그리고 Kennedy(1987, p. 21)와 Jones(1987, pp. 130-131) 참조. 비록 철제 대포는 14세기 초에도 존재했지만 강력한 철제 대포는 15세기에 이르러서 나타났다.

309 "평화를 대가로" : Palmer and Colton (1965), p. 61. 물론 세금을 걷는데 동의를 구하는 절차는 현대의 민주주의 사회에서만큼 공식적이지는 않았다. 프랑스에서 1500년대 초에 왕은 새로운 세금 부과의 승인을 얻기 위해 삼부회Estates General를 소집할 필요가 없었다. 그러나 왕은 읍락의 위원회나 그밖에 다른 기관들과 협상을 벌여야 했다. Ranum(1981c), p. 570.

310 "한 방언은 거의 구분할 수 없는 다른 방언으로 이어졌다." : Watson (1992), p. 144.

310 "거래와 의사소통의 통일장" : Anderson (1991), p. 44.

310 "뉴스 팜플렛" : Encyclopaedia Britannica (1989), vol. 8, p. 661 프랑스와 독일에서 상당한 기능을 발휘했던 occasionnel에 대해서는 Martin (1994, p. 295) 참조.

310 "상상의 공동체" : Anderson (1991)

311 신문, 잡지, 책 : Palmer and Colton (1965), pp. 402-6, 438, 439.

312 스페인과 독일의 민족주의 : Palmer and Colton (1965), pp. 401, 402-6.

312 오스만의 지원 : Watson (1992), p. 177.

312 우편 서비스 : Thomas (1979), pp. 331-32. 또 다른 요인 : 인쇄기가 나오기 전에도 물레바퀴에 의한 제지공장의 등장에 따라 종이 값이 크게 떨어져서 소통의 비용을 낮추었다. de Sola Pool (1983), p. 12.

312 권력의 상향 이동과 하향 이동: Palmer and Colton (1965), pp. 452-53; McNeill (1963), p. 578.

313 #임의적 제국 : 물론 이러한 제국들이 '임의적'이라고 판단하는 것 역시 어떤 면에
　서는 임의적이다. 다시 말해서 민족 집단들 사이의 경계, 즉 거대 제국을 이리 저
　리 뒤섞인 여러 집단의 임의적 묶음으로 보는 것 역시 역사의 우연의 결과물로 그
　기원이 무엇이든 간에 어느 정도 비합리적이다. 다시 말해서 오스만 제국 안의 그
　리스 정교회 소속 기독교인들이 이슬람교도들과 거래하기 보다는 기독교인들과
　거래하고 싶어 할 순수하게 경제적인 이유가 존재하지 않는다. 그러나 물론 그와
　같은 문화적 간극은 부분적으로 넌제로섬의 흐름을 가로막는 '신뢰' 장벽을 세움
　으로써 거래에 걸림돌이 되었다. 또한 그와 같은 문화적 장벽이 언어의 장벽일 경
　우에 민족 국가들 사이에 대개 그러하듯 '정보' 장벽 역시 커다란 걸림돌이 된다.

313 역기능을 하는 기존의 경계 : McNeill (1963), p. 583.

313 통일 이후의 독일 : Palmer and Colton (1965), p. 661.; 독일의 통일이 외국의 자본
　을 이끌어 들이게 된 사례에 대해서는 Kindle berger (1993, chapter 7) 참조. 이탈
　리아의 통일 이후에도 같은 일이 벌어졌다. (chapter 8) 비록 새로 통일된 이탈리아
　는 여러 가지 이유로 인하여 독일과 같은 급속한 경제 발전을 이루지 못했지만 말
　이다.

314 러시아와 오스만 제국 : Kohn (1973), pp. 327-28. 1840년 무렵 동유럽과 중부 유럽
　에서 대부분의 사람들은 "민족주의에 물들지 않았으며 사람들의 관심은 좁은 지
　역적 전망에 한정되어 있었다. 의사소통은 여전히 느렸고 여행은 거의 드물었으며
　읽고 쓰는 인구의 비율도 매우 낮았다."

314 부크 카라지치 : Palmer and Colton (1965), pp. 87, 292; Roberts (1993), p. 538.

315 "무법 상황과 남용": de Sola Pool (1983), p. 15.

315 800명 이상이 투옥 : de Sola Pool (1983), p. 15. 프랑스의 검열 제도는 1750년 이래
　로 매우 가벼워졌다. Palmer and Colton (1965), p. 292.

315 〈주르날 데 데바〉: Martin (1994), p. 418.

316 "근본적으로 시장의 부속물 역할" : Anderson (1991), p. 62. 그는 북아메리카와 남
　아메리카의 신문에 대해 언급했지만 서유럽에도 거의 동일하게 적용된다.

317 #영국과 네덜란드 : Roberts (1993), p. 538; Chirot (1085), p. 186; De Long and Shleifer (1993), p. 672. 영국이 프랑스와 같은 다른 강력한 유럽 국가들보다 먼저 산업혁명에 진입한 데에는 다른 이유들도 존재한다. 흔히 거론되는 이유에는 대내 관세internal tariff가 낮았고, 길드의 힘이 약했으며, 귀족과 돈 많은 중산층 사이의 사회적 교류가 더욱 활발했고, 전쟁을 덜 벌였고, 지리학적 특성이 여러 가지 면에서 상업에 이바지했다. Childers(1998)와 Mokyr(1992, chapter 10) 참조. 어떤 학자들은 영국의 재산권 보장이 산업혁명의 발달에 기여했다고 하지만 또 다른 학자들 (Clark, 1996)은 근거 없는 얘기라고 말한다.

317 브래드포드 드 롱J. Bradford De Long과 안드레이 쉴레이퍼Andrei Shleifer : De Long and Shleifer (1993) 절대주의의 급격한 성장이 경제적으로 아무런 이득이 없었다는 말은 아니다. 17세기와 18세기 초 프랑스의 루이 14세는 중세의 잔재였던 내부 관세의 장벽을 철거해버렸다. Palmer and Colton (1965), pp. 156-63. 그러나 그 후에는 프랑스는 자유로운 기업 활동을 장려하는 분위기가 결여되어 있었기 때문에 영국이 유럽의 산업 사회를 이끌어나가게 되었다.

317 스페인의 황금시대 : Ranum (1981b), p. 729; De Long and Shleifer (1993), p. 672

317 "만일 시민들이……저지된다면" : Kant (1784), p. 50.

318 1848 : Palmer and Colton (1965), pp. 470, 481, 492 and chapter 12.; Albrecht-Carrie (1981), p. 804.

318 알렉산드르 2세 : Palmer and Colton (1965), pp. 534-36.

318 오스만의 개혁 : Palmer and Colton (1965), p. 629.

320 프랑스의 필사자들 : Jones (1987), pp. 60-61.

321 길드로 하여금 혁신을 이루어내도록 유도 : McNeill (1963), p. 583.

322 송나라의 인쇄 혁명 : Gernet (1996), pp. 332-37; Hucker (1975), p. 336. 인쇄된 문서의 연대는 적어도 9세기까지 거슬러 올라간다.

322 송나라와 유럽의 르네상스 : Fairbank (1992), p. 88.

322 수천 개의 문자 : Hucker (1975), p. 336; Martin (1994), p. 22; Peter Purdue (개인적

대화)

323 종교적 유연성 : Peter Purdue와의 개인적 대화.

323 경제적 통합 : Peter Purdue와의 개인적 대화. Hucker (1975), p. 138.

324 피드백 메커니즘 : Gernet (1996), p. 303.

324 "사회를 평등하게 하는 데 있어서 인쇄기의 역할" : Hucker (1975), p. 336.

324 "정부의 각료들에게 조명이 비추어지면서" : Gernet (1996), p. 305. 이 새롭게 분
권화된 상황에서 전체 지역의 불균형을 해소하기 위해서 지역 할당 제도를 운영하
였다. 그리하여 시험의 성적이 일정 수준에 이르지 못하는 지역이라고 하더라도
그 지역을 대표하는 관료로 선발하였다.

325 명나라와 청나라 : Gernet (1996), p. 304. 만일 가난하고 교육받지 못한 배경의 사
람이 관료로 진출한 정도를 가지고 능력위주의 등용정책 여부를 판별한다면 명나
라 시대에 능력위주 등용의 원칙은 조금 감소된 정도였지만 청나라 시대에는 급격
하게 퇴색했다고 Hucker(1975, p. 339)는 말한다.

325 명나라 최초의 황제 : Fairbank (1992), p. 130.

326 명나라 황제들의 전반적인 범용 : Peter Perdue와의 개인적 대화; Fairbank (1992),
pp. 129-30; Gernet (1996), p. 396: "송나라의 정치 시스템이 서로 견제하는 독립적
인 기관들과 다양한 정보의 출처로 이루어졌으며 서로 반대되는 의견이 자유롭게
표명될 수 있는 논의를 통하여 의사 결정이 이루어졌던 것에 반하여, 명나라 정부
는 14세기 말부터 황제의 권위를 격려하고 행정부의 다양한 수준을 감시하는 비밀
경찰과 같은 제도를 통해 모든 권력이 황제의 손아귀에 집중되고, 정부가 제한된
비밀 위원회에 의해 운영되는 경향을 보였다." 명나라 초대 황제가 중국에 번영을
가져왔다는 점을 상기할 필요가 있다. 그러나 그 번영은 전쟁을 위한 독재적 동원
에서 흔히 볼 수 있는 단기적인 번영이었다. 그 후 16세기 '르네상스' 를 맞을 때까
지 오랫동안 침체가 계속되었다.

326 #중국은 그 법칙을 따라갔다고 할 수 있다. : 원, 명, 청조는 송조가 이루었던 기술
발전의 속도를 따라가지 못했다. 뿐만 아니라 16세기의 경제적 소생(1560년 이후

반 세기동안 정점을 이루었다. Gernet[1996, p. 429])은 부분적으로 명 왕조 가운데에서 상대적으로 공평하고 계몽된 시대였던 Lung-ch'ing(1567-1573)의 치하와 Wan-li 치하의 초기와 겹친다.(Gernet, 1996, p. 430; Spence, 1990, p. 16) 그러나 17세기 초반에는 대개 환관 Wei Chung-hsien의 독단적이고 압제적인 폭정 때문에 (Gernet, 1996, p. 433; Fairbank, 1992, p. 131; Spence, 1990, pp. 17-18) 중국은 장기간에 걸친 경제적 하강 국면에 접어들게 되었다.(Spence, 1990, p. 20.) 명조의 경제적 부활을 공평하고 관용적인 정치 덕분으로 보고 그 이후 경제의 쇠퇴를 독재적 정치의 탓으로 돌리는 것은 지나치게 단순화된 관점일지도 모른다. (16세기 말 칭송을 받은 정권이 들어서기 전에도 경제적 소생의 기미가 눈에 띄게 나타나기 시작했다. 또한 Wei Chung-hsien가 상황을 악화시키기 전에도 경제 하강의 조짐이 나타났다.) 그러나 근대 중국의 경제적 역사는 광범위하게 바라볼 때 자유, 정치적 다원주의, 공평한 사법제도의 일관적 시행 등이 그 반대보다 경제적 번영에 도움이 된다는 일반적인 기대를 거의 충족시킨다고 볼 수 있다.

물론 근대에 이르러 유럽 국가들이 누렸던 가장 큰 이점은 이러한 기본적인 역사의 법칙이 매우 자주 적용되어왔다는 것이다. 앞 장에서 보았듯 비슷비슷한 다른 국가들이 밀집한 곳에서 살아간다는 것은 많은 장점을 부여해준다. 그 중 하나는 약간의 자유가 가져올 수 있는 부(富)에 대한 사례를 근처에서 접할 수 있다는 것이다. 이 가까이에 위치한 경쟁자들 덕분에 유럽 국가들이 저지른 실수는 많은 경우에 곧 교훈적인 형태로 되돌아온다. 산업혁명이 일어나기 전에 프랑스가 신교도들을 박해하자 프랑스의 가장 솜씨 좋은 장인들 중 일부가 무리를 지어 영국으로 건너갔다. 신교도들에게 동등한 고용 기회를 제공해주었던 영국은 곧 시계제조 등의 분야에서 지배력을 쟁취하게 되었다. Mokyr (1992), p. 241.

326 "영감의 사슬" : Mokyr (1992), p. 255.

327 지적 재산권 : Mokyr (1992), p. 247; Jones (1987), p. 60; Clough (1981a), p. 836.

327 기관차 엔진의 되먹임 고리 : Kelly (1995).

327 독립적 발견 사례 : Ogburn and Thomas (1922).

327 기차와 전신 : Beniger (1986), e.g. pp. 19, 230.

329 세계화의 시기 : Waters (1995), pp. 23-25. 단일 세계 시스템의 시작 연대에 대한 다양한 학자들의 견해에 대해서는 다음 문헌 참조. Spybey (1996), pp. 25-27

329 고대의 이국적 물품 거래 : McNeill (1963), p. 584.

329 "멋지지만 쓸모없는 것" : Jones (1987), p. 87.

329 로마의 밀 : Jones (1986), pp. 841-45. 반면 밀을 육로로 장거리 수송하는 것은 경제적으로 수지타산이 맞지 않았다.

330 커피 값 : Clough (1981b), p. 848.

330 #평화와 안정성의 혜택: 뿐만 아니라 서로에게 이익이 되는 넌제로섬이 착취적 관계인 제로섬 보다 더 쉬운 길이라는 것에 대한 인식이 차츰 자라나고 있다. 수천 년 동안 제국 건설의 주된 동기는 원재료에 대한 접근을 획득하기 위해서였다. 어떤 장소를 정복하면 그 장소는 믿을 수 있는 공급처가 된다. 그러나 정복 없이도 지속적인 교환을 이루어낼 수 있다는 개념이 천천히 자리 잡게 되었고, 18세기 말에 이르러 특히 현저한 경향으로 자리잡게 되었다. 미국 혁명 이후에 사람들은 무엇인가를 깨닫게 되었다. 미국이 더 이상 영국의 식민지가 아님에도 미국은 영국과 거래를 계속 한다는 것이다.(Palmer and Colton, 1965, p. 331) 이제 어떤 국가를 지배하지 않더라도 정기적이고 신뢰할 수 있는 방식으로 그 국가와 거래를 주고받을 수 있게 되었다. 사실, 지배에 따르는 비용을 고려한다면 아마도 이것이 더 나은 방법일 것이다!

330 상주하는 대사 : Roberts (1993), p. 476; Rice (1981a), p. 489.

330 "공해는" : Schwarzenberger (1989), p. 725.

331 그로티우스 : Palmer and Colton (1965), p. 283; Schwarzenberger (1989), p. 725.

331 브루스 마즈리쉬 : Mazlish (1993), p. 16

14장. 지금 우리 여기에

333 인용문 : "W. H. Channing에 대한 송시"

333 "역사의 경로를 예측하는 것은 불가능하다." : Popper (1957), p. vii.

334 "연구실을 폐쇄해버리거나……통제함으로써" : Popper (1957), p. 154.

334 "역사를 떠받치는 '리듬' 또는 '패턴'" : Popper (1957), p. 3.

335 "역사결정론적 미신" : Popper (1957), p.vii.

336 "지리적 제한이 점점 줄어들어" : Waters (1995).

337 "아이디어에 있다." : Gilder (1989); Wright (1989b).

337 #중량 대비 가치의 높은 비율 : 뿐만 아니라 그와 같은 경향의 이 특정 구현물은 정
보 시대의 산물이라고 보기 어렵다. 책은 장거리를 걸쳐서도 운반되고 판매되어왔
다. 그리고 오늘날 광섬유를 통해 데이터를 송수신하는 데 거의 비용이 들지 않는
데 비하여 이러한 책들이 부피가 나가고 운반하는 비용이 높았다고 말하는 것도
요지를 벗어난 이야기이다. 미국의 책을 영국에서 판매하기 위해 몽땅 배에 선적
해 나를 필요는 없다. 영국에서 인쇄를 하면 그만이니까 말이다.

338 "국제적 정보 시대에" : 라디오 연설, 1998년 6월 27일.

338 "세계 최대 규모의 생각의 저장창고" : Washington Post, April 19, 1998, p. A26.

338 "현재를 찬양" : Butterfield (1965), p. v.

340 중앙집권적 구조적 계급 전반 : 일부 경영 이론가들에 따르면 우리는 "평평한 조
직"과 "네트워크"의 시대에 들어서고 있다고 한다. 물론 이러한 선언이 크게 과장
된 것일 수도 있다. 그러나 그와 같은 경향은 분명히 역사적 선례를 가지고 있다.
고대에 화폐와 문자의 발명의 효과를 설명하는 한 가지 견해는 문자와 화폐가 국
가통제 하의 경제적 위계 계급의 논리를 부식해 들어갔다는 것이다.

341 미국 잡지의 역사 : Encyclopedia Britannica (1989), vol. 26. pp. 483-85.

341 매체들 사이의 차이점만을 강조 : Ithiel de Sola Pool (1983). 맥루한이나 다른 많은
학자들과 달리 그는 각기 다른 정보 기술들의 사회적 효과들 사이의 공통점을 강
조하고 날카롭게 평가했다. 그는 다음과 같이 주장했다. (p. 5) "인쇄기나 소형컴
퓨터의 경우와 같이 의사소통의 수단이 분산되고, 분권화되며, 쉽게 접근 가능해
지면 자유가 촉진된다. 반면 거대 텔레비전 방송망의 경우와 같이 의사소통의 수

단이 중앙집중화되고, 독점되며, 부족한 상황에서는 중앙의 통제가 나타나기 쉽
다." 또한 Huber(1994)와 Wright(1985)를 참조한다.

346 "통제할 수 없는 속도로 돌아가게" : Barber (1995), pp. 4-5.

346 "분합(分合, fragmegration)" : Rosenau (1983); Rosenau (1990).

346 새로운 것도 아니고 모순 관계에 있는 것도 아니다. : Barber(1995)는 "지하드나 맥
월드 모두 그 자체로 새로운 것이 아니다."라고 인정했다. 그러나 그는 내가 지적
한 것과 같은 종류의 선례를 가리키는 것은 아니었다. 그는 단지 세계가 혼돈 속에
와해되거나(지하드) 무시무시한 합리적 질서에 도달할 것(맥월드)이라는 개념이 새
로운 것이 아니라는 의미라고 설명하고 있다.

346 정보기술에 의해 활성화된 부족주의 : Barber(1995, p. 17)는 비록 맥월드가 비디오
나 그밖에 매체를 통해서 자신의 문화를 전파하지만 "정보 혁명의 수단은 또한 지
하드가 선호하는 무기이기도 하다."고 주장했다. 그러나 그는 정보 혁명을 원인으
로 보지는 않는 듯 하다. 그리고 그는 이 아이러니가 과거에 선례를 가지고 있다고
생각하지도 않는 것으로 보인다. 뿐만 아니라 그는 이 아이러니가 일시적인 것으
로 지하드나 맥월드 중 하나가 궁극적으로 "승리"하게 될 것이라고 상상하고 있
다. 따라서 다음 장에 내가 전개하는 시나리오, 그러니까 세계화와 부족주의가 같
은 동전의 양 면이라는 생각은 그의 세계관과 일치하는 것은 아니다.

348 "커다란 균열은" : Eisenstein (1993), p. 155.

350 "영국이 재채기를 하면" : Bradford De Long과의 개인적 대화.

350 베어링 브라더스 : Kindleberger (1993), p. 219.

350 백년전쟁 : Kindleberger (1993), p. 45.

354 죽인 적군의 시신에서 : Starr (1991), p. 276; McNeill (1963), p. 287.

354 "다른 사람들은 마치 식물이나 동물처럼 대하십시오." : Starr (1991), p. 403.

355 #지배자들이 무시해버릴 수 없는 시너지 : 수천 년에 걸친 권력 기반의 확산이 장
기적이고 세계적인 경향을 설명해줄 수 있을 것이다. 권력을 가진 남성들이 여성
을 독점하는 것이 점점 더 힘들어진다는 경향이 그것이다. 주나라의 어느 황제는

37명의 부인과 81명의 첩을 두었다. 잉카의 귀족들은 '처녀의 집'을 두었는데 그 집마다 수백 명의 여자들이 거주했다. 그리고 만일 어떤 평민이 그 중 하나를 유혹하려고 든다면 그와 그 가족이 몰살당했다. 로라 벳식Betzig(1993, p. 37.)은 6개의 원초적 문명에 대하여 이렇게 기술했다: "이 모든 문명 고대 메소포타미아, 이집트, 멕시코의 아즈텍과 페루의 잉카, 인도와 중국의 제국들 에서 권력을 지닌 남성은 수백 명의 여성을 배우자로 두었고 그의 권력을 적법한 부인으로부터 얻은 단한 명의 아들에게 물려주었으며 여기에 걸림돌이 되는 남자들을 죽여 버렸다." Betzig은 이와 같이 여성을 독점하는 것은 권위주의적 정부와 커다란 상관관계를 보였으며 세계가 일부다처제에서 일부일처제로 접어드는 경향은 권력 기반이 중앙의 엘리트 수준을 넘어서서 확산되고 있음을 반영하는 것이라고 주장했다. 또한 다음 문헌을 참조한다. Wright (1994).

356 #도덕에 대한 기준 자체는 높아졌다. : 현재가 과거에 비해 도덕적으로 우월하다는 또 다른 실례는 다음과 같다. 지금까지 알려진 모든 농업사회 중 45%가 노예제도를 관행으로 삼고 있었다. 한편 지금까지 알려진 모든 '발달된 원예사회' 중 83%가 노예제도를 가지고 있었다.(Lenski, Nolan, and Lenski, 1995, p. 166) 16세기에 당시 가장 발달한 문명사회 중 하나였던 포르투갈은 상업적 목적으로 인도를 침략해 굴복시켰는데 여기에 저항한 인도인들의 손과 귀와 코를 잘랐다.(Palmer and Colton, 1965, p. 91.) Palmer와 Colton이 지적한 것과 같이 (p. 556) "고문은 1800년 무렵에 심지어 반자유주의적인 유럽 국가에서조차 사용되지 않았고 법적 신분제와 노예제 역시 19세기에 들어서서 사라져갔다."

15장. 새로운 세계 질서

357 인용문 : Wall Street Journal, January 31, 1997.

357 600,000개의 자치적 정치단위 : Carneiro (1978).

359 '민족국가의 격자판' : Kaplan (1994). 그는 궁극적으로 이러한 문제에 대한 해결책이 발견될 것이라고 인정했다. 그러나 그는 앞으로 수십 년간은 분명히 혼돈으

로 가득할 것이며 역사 전체를 걸쳐서 평화와 고요의 시대는 매우 적고 드물었다고 생각했다.

359 적그리스도 : 뉴욕타임즈 1997년 10월 14일자에 실린 한 광고의 일부는 다음과 같다. "새로운 세계 질서. 세계 금융 및 정치권력의 중앙집중화의 증가는 '적그리스도'의 손아귀에 들어간 세계 권력 시스템의 전조이다. 적그리스도는 사탄의 화신으로 세계 대부분의 사람들을 속일 것이다.(Daniel 7-12, Matthew 24:15, Revelation 13)

359 정부 대 통치 : Rosenau and Czempiel, eds. (1992).

360 초국가적 넌제로섬 문제의 출현 : 이 주제에 대한 고전적 텍스트 중 하나는 Keohane and Nye(1989)이다.

362 과격한 공상가가 아닌 사람들 : New York Times, May 11, 1998.

362 "오직 가장 독단적인 이론가" : New York Times, February 12, 1998, p. D2.

362 개혁에 대한 IMF의 주된 계획 : Soros (1999) 등.

363 "긴급 자금 지원 제도contingent credit line" : Wall Street Journal, April 26, 1999. 이 IMF의 기능은 일부 사람들이 바라는 것만큼 강력하지 못하다. 각 국가들은 미리 지원 대상 자격을 갖추어야 하기는 하지만 긴급 상황이 도래했을 때 최종 검토를 통과해야 한다. 따라서 국가들이 자동적으로 '자격이 갖추어지는pre-qualified' 것은 아니다. 이러한 조건은 국가들의 참여 동기를 약화시킬 수 있다.(Barry Eichengreen과의 개인적 대화.) 이 책이 출간되는 동안에도 IMF 계획의 구체적인 세부사항이 도출되고 있다.

363 "이 문제의 향방을 결정할 것이다." : Wall Street Journal, Asian online edition, April 17, 1998.

363 이탈리아 주들의 관세 조율 : 독일의 주들도 19세기에 같은 과정을 거쳐 통일을 향해 다가갔다. Kindleberger (1993), pp. 120, 137.

365 비아그라 : New York Times, September 24, 1998.

366 WTO 통제에 대한 미국의 존중 : 미국이 WTO의 결정 사항에 대해 상고했지만

WTO의 결정이 다시 한 번 확인되었다. (비록 미국의 환경법 자체는 합법적인 것으로 판단되었으나 미국이 이 법을 모든 나라에 똑같이 적용하지 않은 것으로 드러났다.) 1998년 기준으로 미국은 WTO의 결정을 따라서 문제가 되었던 아시아 국가로부터의 새우 수입을 재개하기로 했다. The Statesman (India), December 27, 1998.

367 식품법과 무역장벽 : 식품에 대한 규제가 초국가적 수준에 이르게 되더라도 각국의 이해집단들은 이것을 전복시키기 위해 끊임없이 노력한다. (예를 들어) 프랑스의 농부들은 여전히 포르투갈의 식품이 기준 미달이라고 생각하고 프랑스산이 아닌 치즈를 치즈가 아니라고 간주한다. 그러나 그와 같은 책략은 궁극적으로 승리하기 어렵다. 그리고 심지어 국가적으로 보호주의적인 법률이 초국가적 수준에서 통과한다고 하더라도 범유럽적 기업의 입장에서는 제각기 다른 국가의 법률을 준수하기 보다는 이 법률을 준수하는 것이 비용이 덜 들게 될 것이다.

368 명백한 연합 : Elazar (1998), p. 14. 이 문헌은 EU를 연맹으로 간주하며 WTO를 "연방 기관"으로 간주한다.

368 세계적 통화 통합 : '하나의 세계, 하나의 화폐' : The Economist, September 26-October 2, 1998. 초국가적 통화 단일화에 대한 회의적 시각에 대해서는 Krugman(1999) 참조. 낙관론에 대해서는 Beddoes(1999) 참조.

370 재앙을 피해 달아나도록 : 실제로 경제적 넌제로섬 원리의 형태 중 일부는 이와 동일한 '밀어붙이기'의 성격을 가지고 있다. IMF가 국제적 경제 붕괴의 확산을 막기 위해서 각국에 긴급자금을 대부해주는 것도 그와 같은 예이다. 앞서 지적한 것과 같이 자세히 들여다보면 '밀어붙이기'와 '끌어당기기' 사이의 구분이 애매모호하지만 이와 같은 구분은 설명하는데 유용한 가치를 지니고 있다.

370 미래의 더욱 엄격한 CWC : 그렇다고 해서 헤이그에 자리 잡은 국제기구의 관료들의 명령으로 모든 미국인들의 집이 수색대상이 되어버린다는 것은 아니다. 이와 같은 검사관들은 실질적인 권력을 가질 수 있지만 한편 다양한 방법을 통해 그 권력이 제한될 것이다. 예를 들어서 증거가 조작되지 않는 것을 보장하기 위해서 미

국의 관리가 검사활동에 참관할 수 있을 것이다. 그리고 해마다 특정 국가에 예고 없는 사찰을 수행할 수 있는 횟수에 대해서도 제한이 있을 수 있다. 그밖에 많은 조건들을 생각해볼 수 있다.

372 "기독교인으로서" : McNeill (1989), pp. 183-84.

374 아일랜드어 국영 텔레비전 방송국 : New York Times, October 21, 1996.

375 네브래스카 오리지널 베티 클럽 : New York Times, April 28, 1998.

375 유럽 두통 연맹 : Wall Street Journal, June 17, 1996.

376 NGO들 : Mathews (1997)

376 열대우림 보호 네트워크 : New York Times, May 24, 1997.

377 '부족' 과 통치 : Mathews (1997), Right (1997), Rosenau and Czempil (1992)

377 의류 제조 공장의 규약 : New York Times, November 5, 1998.

377 스포츠 용품 제조 공장 : New York Times, December 25, 1996.

377 '러그마크' : Washington Post, December 8, 1996.

378 "이해를 뛰어넘은 상황" : New York Times, May 15, 1999.

378 WTO에 로비 : New York Times, December 13, 1997.

380 세계 지적재산권 기구 : New York Times, December 21, 1996.

381 섬의 지배권을 놓고 벌어진 분쟁 : Wall Street Journal, October 18, 1996.

381 르완다의 시장 : Associated Press, August 2, 1998.

382 아일랜드의 EU   지지 : Wall Street Journal, online edition, Semtember 18, 1998.

383 "미래의 거대한 정치 조직체" : Kant (1784), p. 51.

383 빈 회의 : Palmer and Colton (1965), pp. 447-48.

385 UN의 성공의 서광 : 페르시아 걸프만 사건은 어떤 면에서 UN 헌장에 명시된 집단 적 안보의 교과서적 사례라고 할 수 있다. 이라크가 국경을 넘어 침공한 것에 대해 서 UN의 안보 분과 위원회는 강력한 반격을 승인했고 그 결과 UN의 승인을 받은 다국적군이 반격을 수행했다. 또한 보스니아 전쟁에서 분쟁 당사자들을 데이턴 Dayton 협상으로 이끌어낸 UN의 개입 역시 위의 사례보다는 그 정도가 약하지만

주 641
NONZERO

국경 침공을 저지하는 UN의 개입 사례라고 할 수 있다. (보스니아는 주권을 가진 국가로 인정받아왔다.)

385 #초국가적 수준으로 뻗어나가고 있다. : 다국적 기업이 각기 다른 국가의 세법을 이용해서 탈세하는 관행은 오래 전부터 국가간 세법의 조율에 대한 필요성을 불러일으켜왔는데 그것은 유럽 연합 안에서 시작되고 있다. 사이버스페이스가 탈세를 더 쉽게 해줌으로서 그 논리를 부추겼다. 한편 세계은행은 세계 5대 회계 법인에 세계화된 회계 기준을 따르지 않는 기업에 대해 회계 감사를 통과시키지 않도록 요청함으로써 통일된 회계 기준의 채택을 장려하고 있다.(Friedman, 1999) 정책에 있어서는 화학 무기 금지 협약의 경우와 같이 초국가적 정책 도출에 한 걸음씩 다가가고 있을 뿐만 아니라 각국 경찰 기관의 데이터 공유 및 활동의 조율 노력이 인터폴INTERPOL에 의해 효력이 나타나고 있다. 그리고 환경 관련 협약의 수가 늘어나고 있으며 국제적 환경법에 의해 그 협약의 시행에 따르는 제재규약의 필요성이 대두되고 있다.

386 탈레반의 전화 : Washington Post, May 8, 1999, p. A13.

389 "완전한 내전상태까지는 아니더라도" : Service (1975), p. 158.

16장. 자유도(自由度)

390 인용문 : Spencer (1851), p. 456.

391 #직렬적으로 이루어지는 통치 실험 : 세계가 점점 취약해지는 것은 세계 통치의 결과가 아니라 세계의 상호의존성의 산물이다. 상호 의존적인 세계에서 어느 한 국가의 실수는 전세계를 침체의 늪으로 가라앉힐 수 있다. 이 상호의존성은 점진적으로 커나가며 어떤 면에서 볼 때 세계 역사는 어느 한 지도자의 잘못으로부터 점점 덜 격리되는 방향으로 진행되어 왔다고 할 수 있다. (12장에서 소개했던 어느 학자는 유라시아 지역이 심지어 몽골의 지배 시대에도 상당히 상호의존적이었다고 믿는다.) 그러나 이 문제가 상당한 정도로 대두된 것은 20세기에 이르러서였다.

393 #자치권을 부정하는 것 : 이 모든 집단들이 주권을 원한다는 말은 아니다. "맥월

드"의 힘이 그와 같은 집단의 일부를 좀 더 큰 경제 및 문화의 수준으로 통합해서 민족주의적 정서를 희석시킬 수 있다. 나의 요점은 이 동질적인 구성원으로 이루어진 집단들은 커다란 걸림돌을 마주하기 전까지는 주권을 원할 것이라는 점이다.

393 Med TV : New York Times, April 29, 1999. 방송 허가를 취소하게 된 계기는 터키에 대한 폭력적 반란을 주동하는 사람들의 인터뷰였다.

396 "가능한 한 빨리" : Ogburn (1950), p. 201.

397 #적응적 변화를 가속화함으로써 물질적 변화를 늦추는 것이다. : 이것은 언뜻 보면 한 가지 효과를 이중으로 계산에 넣는 것처럼 보일 지도 모른다. 그러나 사실상 이 것은 두 가지 별개의 효과이다. 초국가적 노동 협정이 멕시코의 마이크로프로세서 제조 공장 노동자의 임금을 상승시켰다고 가정해보자. 이것은 (1)보다 선진화된 사회에서 일자리가 외국으로 빠져나가는 물결을 늦추고, (2)마이크로프로세서 가격이 떨어지는 속도를 늦추어 컴퓨터 기술이 전세계로 확산되는 속도를 늦춘다. (1)번 효과는 적응적 변화의 범주에 포함되며 (2)번 효과는 물질적 변화를 늦추는 사례로 볼 수 있다. (물론 물질적 변화가 늦추어짐에 따라 한 국가에서 다른 국가로 일자리가 이동해나가는 속도가 한층 더 늦추어질 수 있다. 왜냐하면 일자리의 이동은 궁극적으로 기술의 세계적 확산에 의해 추진되기 때문이다.)

400 #세포의 삶 : 사실 우리는 여러 가지 길을 통해 세포의 삶을 선택할 수 있다. 예컨대 자유가 제한되는 직업을 선택할 수도 있다. 상사들이 자신의 부하 직원들의 활동을 세세히 감시할 수 있는 능력이 점점 더 커지고 있다. 뿐만 아니라 상사의 손아귀를 벗어날 길이 없다. 그러니까 단순히 비행기를 탈 수 없다거나 당신이 멀리 떨어진 섬에서 아무런 연락 도 주고받을 수 없는 것이 아니다. 물론 사람들이 그와 같은 상사 아래서 일할 것을 '선택' 할 때는 그럴 수밖에 없는 제한점이 존재할 것이다. 사람들은 일자리가 필요하고 점점 그와 같은 형태의 압력이 없는 일자리를 찾기 힘들어질 수 있다.

401 "'사랑' 은 곧 '자유' 이다." : Teilhard de Chardin (1969), p. 140.

402 간디와 마틴 루터 킹 : 간디의 경우 상대적으로 비폭력적 '변혁' 은 대영제국으로

부터의 독립 운동을 가리키는 것이다. 그 이후 —간디가 반대했던— 인도와 파키스 탄의 분할 과정에서는 상당한 폭력이 관여했다.

405 #무분별한 물질주의 : 여기서 우리의 대상은 '유한한 자원' 그 자체가 아니다. 21 세기에는 개발도상국들이 선진국에 도입하면서 아이를 덜 낳는 부르주아적 가치 를 채택함에 따라서 지구의 인구 증가가 정체에 접어들 것으로 보인다. 그렇다고 하더라도 먹고 살아가야할 인구가 수십억 있겠지만 어떻게든 해내갈 수 있을 것으 로 보인다. 오히려 정말 우려가 되는 사항은 대규모의 환경 파괴의 예측 불가능하 고 위험한 결과이다. 오존층 고갈, 지구 온난화, 해양 생태계 파괴를 비롯한 다양 한 종류의 두려운 결과들이 잠복하고 있다.

405 "더 이상 어떤 이익도 찾아볼 수 없다." : Carneiro (1992), p. 133.

405 검약은 구성원들이 누릴 수 있는 사치로 : 무분별한 물질적 추구를 제재해야할 다 양한 이유에 대해서는 Frank(1999)를 참조하라.

407 "점차로 추론의 대상이 되었다는 점" : Boas (1940), p. 288.

17장. 우주적 배경

410 인용문 : Mackay, ed. (1981), p. 77.

412 "활성이 없는 물질의 덩어리" : Schrödinger (1967), p. 74.

412 "생물이 그토록 불가사의하게 느껴지는 것은" : Schrödinger (1967), p. 75.

413 "대사의 본질은" : Schrödinger(1967), p. 76.

414 #점점 더 복잡한 형태를 형성해나간다. : 질서와 복잡도는 같은 개념이 아니다. 부 록 2와 Wright (1988)의 18장을 참조.

416 #그 반대가 아니라 : 정보가 절대로 물질이나 에너지에 의존하지 않는다는 말이 아 니다. 무엇보다 정보는 언제나 물질(이를테면 잉크)이거나 에너지(이를테면 전파)의 형태를 취하고 있다. 둘째, 정보가(그와 같은 맥락에서라면 물질도) 어디론가 전달되 기 위해서는 에너지의 추진을 받아야 한다. 그러나 단순한 추진과 안내는 구분되 어야 하며 살아있는 시스템 안에서 에너지나 물질이 어디론가 안내될 때면 그 안

내를 하는 것이 바로 정보이다. 정보는 사물을 제자리에 가져다놓는 임무를 가지고 있다.

417 "비공식적 우두머리" : Flannery (1972), p. 411.

417 "주요 경향 중 하나" : Flannery (1972), p. 411.

417 상징으로서의 사이클릭 AMP : Tomkins (1975)

418 "의미"의 실용적 개념 : Wright (1988, chapter 10)과 Peirce (1878)

419 "미세한 분별 기구" : Monod (1971), p. 46.

419 "그 족쇄에서 풀려날 수 있도록 해 주는 것" : Monod (1971), p. 59.

421 "우리는 알지 못한다." : White (1959), p. 206. 분명 White는 1950년대 분자생물학의 탄생에 발맞추어 자신의 생각을 업데이트하지 못했다.

18장. 생물학적 넌제로섬 원리의 출현

423 인용문: Ridley (1996), p. 17

424 "세포의 요구에 굴종하는" : Dulbecco (1987), p. 54.

424 "포위된 노예" : 메이나드 스미스Maynard Smith and 스재트메리Szathmáry (1995), p. 141.

428 마굴리스 : Margulis의 이론을 음미해보려면 Margulis and Sagan (1995, chapter 5) 참조. 이 주제에 대한 마굴리스의 이론은 '세포 진화의 공생Symbiosis in Cell Evolution'이라고 한다.

430 세포 활동 전반의 효율을 높임으로써 : 이것은 메이나드 스미스와 스재트메리 (1995, p 138)의 추측이다. 일부 생물학자들은 유전자의 이동이 미토콘드리아보다는 세포핵의 다원주의적 이익에 부합한다고 생각할 것이다. (이 장의 뒷부분에서 살펴보게 되겠지만 세포핵과 미토콘드리아의 이해관계 사이에는 약간의 차이가 있다.) 한편 우리는 가장 큰 이익을 얻는 것은 미토콘드리아에 남아있는 유전자라고 생각할 수 있다. 아마도 미토콘드리아는 몇몇 유전자들을 떨구어버림으로써 좀 더 가볍고 효율적인 번식 기계가 되었을 수도 있다. 따라서 "자신의 유전자 일부를 세포핵에게

내준 미토콘드리아는 자신의 형제자매를 더 많이 퍼뜨려서 오늘날까지 살아남은 승리자"라고 볼 수 있다. (굴드와의 개인적 대화.) 어찌되었든 이와 같은 분석의 전체 범주 자체가 둘베코에게는 생소했던 것 같다. 그는 '복종' 여부를 판난하기 위해서 단순히 통제 기구뿐만 아니라 다윈주의적 이익을 비교해보아야 한다는 생각에 미치지 못한 것으로 보인다.

431 "대사상의 착취" : Maynard Smith and Szathmáry (1995), p. 141.

432 "복구 장치" 유전자 : Frank (1989).

432 #긴장이 전체인 것처럼 비약하는 데 있어서 : 메이나드 스미스와 스재트메리는 둘베코Dulbeco와 달리 이따금씩 '착취' 여부가 궁극적으로 다윈주의적 이익에 달려 있다는 점을 인식한 것으로 보인다. 따라서 그들은 만일 자유로운 상태로 살아가는 종류의 미토콘드리아가 존재한다면, 그것의 번식률을 다른 세포 속에 포위되어 살아가는 미토콘드리아의 번식률과 비교해서 미토콘드리아의 DNA가 포위당한 상태로부터 이익을 얻었는지 여부를 따져볼 수 있을 것이라고 제안했다. 그러나 우리는 그런 비교를 해볼 수가 없다. 왜냐하면 자유롭게 살아가는 종류의 경우 자유로운 삶에 적응하기 위해서 세포 속에 포획된 미토콘드리아의 DNA와 상당히 다른 DNA를 갖게 되었을 것이니 말이다. 포획된 미토콘드리아 특유의 유전자들은 포획 상태로부터 이익을 얻을 것이고(그렇지 않다면 그들은 존재하지 않게 될 것이다) 자유로운 상태의 미토콘드리아 특유의 유전자들은 마찬가지로 자유로운 상태로부터 이익을 얻을 것이다. 물론 우리는 양쪽 미토콘드리아가 공통적으로 가지고 있는 유전자들이 어느 쪽에서 더 성공적으로 번식해왔는지 질문을 던질 수 있다. 그러나 이 질문에 대한 답을 구하기 위해서는 과거를 거슬러 올라가는retrospective 분석이 필요할 것이다. 즉 미토콘드리아 조상의 일부가 다른 세포에게 포획되고 일부는 그대로 남은 그 분기점으로 거슬러 올라간 다음 두 경로의 상대적 생산성을 비교해보아야 할 것이다. (우리가 아는 한 많이 변형된 형태로 지금까지도 존재하고 있는) 자유롭게 생활해온 미토콘드리아의 후손의 수와 다른 세포에 포획되어 있는 미토콘드리아의 수를 비교하는 것이다. 이것은 물론 실현가능성이 낮은 분석이다.

그러나 적어도 원리적으로는 타당하다.

간단히 말해서 우리가 편리한 대로 '누가 누구를 착취하는 것인지'에 대해 이야기하고 있지만 나는 '미토콘드리아'가 착취당하는지 여부를 따지는 것은 궁극적으로 무의미한 일이라고 생각한다. 왜냐하면 그 답은 각기 다른 미토콘드리아 유전자에 따라 달라지기 때문이다. 일부 유전자들에게 있어서 그 답은 당연히 "아니다"일 것이다. 그들은 포획 상태로부터 이익을 얻는다. 그리고 다른 유전자들에게 있어서, 비록 그 답을 얻는다는 것이 실질적으로 거의 불가능할 테지만 그것은 역사적인 문제가 될 것이다. 그리고 내가 본문에서 암시한 것과 같이 만일 그 역사적 질문에 대한 답이 정말로 메이나드 스미스와 스재트메리가 미토콘드리아를 포획된 돼지에 비교한 것과 같다면 미토콘드리아가 착취되고 있다는 명제는 옳지 않다. 돼지와 인간의 공생은 다윈주의적 관점으로 볼 때 기생적인 것이 아니라 상호적인 것이다.

435 점균 세포 : Bonner (1993), pp. 3-5.

436 이웃 세포들과 유전적으로 동일할 가능성이 매우 높으며 : Bonner (1993), p. 163. 또한 메이나드 스미스와 스재트메리 (1995, p. 214 참조.) 그들이 지적한 바와 같이 한 세포가 인접한 세포와 유전적으로 동일할 확률은 100% 보다 작다. 그러나 친족 관계가 매우 가까울 경우 불확실성 속에서도 친족선택 메커니즘이 가동될 수 있다.

437 "생명력vital force" : Bonner (1993), p. 13

437 미토콘드리아에 단백질을 보냄으로써 : Dulbecco (1987), p. 54.

438 #대장균 내부의 의사소통 : Tomkins(1975) 참조. 의사소통에는 사실 다른 요소들도 관여하고 있다. 내가 본문에서 탄소의 농도를 '감지'한다고 말한 유전자는 실제로 그 탄소 감지를 수행하는 효소를 만들어낸다. 이 효소는 설탕과 같이 탄소를 함유한 분자에 의해 억제를 받지 않을 때는 자동적으로 사이클릭 AMP를 만들어낸다. 따라서 탄소가 없으면 이 효소가 사이클릭 AMP 분자를 만들고 이번에는 이 분자가 단백질에 달라붙어서 그 결과 만들어진 복합체가 DNA에 결합되어 편모의

합성을 유도한다. 결국에는 탄소의 부족을 감지하는 유전자와 편모를 합성하는 유전자 사이의 '의사소통'에는 제3자가 개입하는 셈이다. 탄소 감지 유전자는 사실상 '대리 센서'를 만들어 필요한 경우에 의사소통을 실행하도록 하는 것이나. 이는 넌제로섬 이익을 가로막고 있는 '정보 장벽'을 부수어가는 한 예이다. 게임 참여자들은 언제나 직접 의사소통을 할 필요는 없다. 예를 들어서 사람들은 명백한 의사소통에 따라 자신의 행동을 조율하는 것이 아니라 단지 서로의 가능한 행동에 대한 과거의 기억에 의존해서 행동할 때가 있다. 이때 정보는 이전에 교환된 셈이다. 그리고 어떤 경우에 능동적인 의사소통에 의해서가 아니라 수동적인 관찰에 의해 정보가 교환되기도 한다.

439 #생물학적 "신뢰" 기술 : '신뢰'는 세포들 사이에서만 중요한 것이 아니라 세포 안에서도 중요하다. 미토콘드리아의 독특한 생식 특징에 대해 기억하는지? 미토콘드리아는 언제나 모계를 통해서 자신의 DNA를 전달한다. 일부 생물학자들은 이와 같은 '일측부모성 유전uniparental inheritance'이 미토콘드리아 사이의 충돌을 예방하기 위한 방편이라고 생각한다. 만일 양측부모에 의한 유전이 이루어진다면 각 세포 안의 다양한 미토콘드리아들이 유전적으로 동일하지 않게 된다. 그리고 이처럼 불완전한 친족적 유사성이 나타나는 경우에 누구의 유전자가 다음 세대로 전달되게 될지를 놓고 갈등이 벌어질 수 있다. 그와 같은 갈등은 생물에게 너무나 해롭기 때문에 자연선택은 그 경로를 배제하고 일측부모성 유전과 같이 갈등을 피할 수 있는 메커니즘을 선호했다는 것이다.(Steve Frank와의 개인적 대화) 생물학적, 문화적 속임수 방지 장치에 대한 더욱 자세한 고찰은 Ridley(1996)를 참조한다. 생식세포의 격리에 대해서(Ridley가 논의) 또한 Michod(1997)를 참조한다.

440 이타주의의 정도와 친족관계의 정도 : 이따금씩 가까운 친족 관계에 있는 생물들이 인접해있는 경우에도 친족선택이 일어나지 않는 경우가 있다. 그것은 친족선택에 필요한 우연한 유전자의 돌연변이가 일어나지 않기 때문이다.

443 "자연은 어머니다운가?" : Sapp (1994)

444 돌고래의 동맹 : Ridley (1996), pp. 160-63.

444 "하나하나의 생명에는 더없이 무관심한" : 〈인 메모리엄In Memoriam〉의 일부분. 이 시의 다음 부분에서 테니슨은 수많은 멸종된 생물들을 열거하고 나서 결국 자연이 '세심하다'고 결론 내린다.

19장. 생명, 그 경이로움에 대하여

445 인용문 : Bonner (1988), pp. 5-6.

445 폭격수 딱정벌레 : Keeton and Gould (1986), p. 869.

447 사회다윈주의 : Hofstadter (1955)

447 #사회다윈주의의 기초가 되는 철학의 혼란 : 이 사회다윈주의의 변형체의 명백한 문제점 가운데 하나로 종종 논의되는 '사악함의 문제'에도 불구하고 자연이 전적으로 선한 신의 작품이라는 가정이다. 좀 더 일반적이고 추상적인 의미에서 사회다윈주의의 근저에 자리잡고 있는 것은 존재(is, 객관적 관찰)에서 당위(ought, 도덕적 규범)를 이끌어내는 '자연주의의 오류naturalistic fallacy'라고 할 수 있다.

448 "진보가 생명의 역사를 규정하거나" : Gould (1996), p. 4.

448 "자연에 내재되어 있는" : Gould (1996), pp. 18-20.

448 "비슷한 조건에서 자라게 된다면" : Gould (1996), p. 18.

448 "극도로 낮다." : Gould (1996), p.214.

449 "가장 복잡한 생물" : Gould (1996), p. 148.

449 진화과정에서 복잡도가 감소한 생물들 : 예를 들어서 일부 종(예컨대 박쥐)들은 동굴과 같이 빛이 없는 새로운 거주지에 적응해나가는 과정에서 시력을 잃어버릴 수도 있다. 흥미롭게도 복잡성의 감소 사례들은 예를 들어 위장관에 기생하는 단세포single-celled 기생충이라든지 다른 개미의 집에 기생하며 스스로는 생존할 수 없는 개미들의 경우와 같이 기생생물에게서 주로 나타난다. Keeton and Gould (1986), p. 880. 이런 경우에 복잡도의 감소는 이 생물들이 숙주로 삼고 있는 좀 더 복잡한 생물의 존재 덕분에 가능한 것이다.

450 "모든 가능한, 합리적인, 공정한" : Gould (1996), p. 176.

450 "근시안적으로 초점을 맞추는" : Gould (1996), p. 168.

451 굴드의 불만 : Gould(1989)와 이에 대한 나의 리뷰-Wright (1990).

452 "그 자랑스러운 생명의 진보" : Gould (1996), p. 173.

453 "딱정벌레를 잡아먹는" : Keeton and Gould (1986), p. 869.

454 포식자와 먹이감의 뇌 크기 성장 : Jerison (1973), pp. 320-39; Mark Ridley (1993), pp. 570-71; Dawkins (1986), p. 869.

455 침팬지 무리의 군비경쟁 : de Waal (1982).

456 "사실상 무작위적" : Gould (1996), pp. 139-40.

456 생물로 이루어진 환경 : 굴드는 나중에 이 주장 어떤 생물을 둘러싼 환경 중 일부는 다른 생물들이며 이러한 상황이 복잡성의 증가를 가져올 수 있다는 주장 에 대해 알고 있음을 분명히 보여주었다. 그러나 이 주장에 정면으로 맞서는 이 주장을 성공적으로 반격하거나 아니면 인정하는 대신 그는 이것이 단지 지적 역사의 유별난 호기심으로 치부해버리며 살짝 돌아가 버렸다. 그렇게 함으로써 굴드는 그 주장에 대한 입장을 명확하게 보이지 않으면서 모호하게 -그리고 독자를 오도하면서- 주장 자체를 비방할 수 있었다. 실제로 이 구절(Gould, 1996, 142-144)은 읽어볼만 하다. 이것은 교묘한 회피 사례의 걸작이라고 할 만 하다. 굴드는 다윈이 각 종의 생명이 없는 환경에 대한 '투쟁' ('비생물적abiotic' 경쟁)과 살아있는 환경에 대한 '투쟁' ('생물적biotic' 투쟁)을 구분했으며 후자가 진화에 방향성을 부여할 수 있다고 보았음을 지적하는 것으로 논의를 시작한다. 그런 다음 (여기서부터 비방이 시작된다.) 굴드는 마치 두 가지 불확실성이 다윈의 주장에 영향을 주는 것처럼 이야기한다. 먼저 굴드는 마치 "생물적 경쟁이 비생물적 경쟁보다 훨씬 더 중요한 경우"에만 이 논리가 효력을 갖는 것처럼 말한다. 그러나 사실 어느 정도가 되었든 생물적 경쟁은 관련된 종들의 진화에 어느 정도의 방향성을 부여하게 마련이다. (그리고 어찌되었든 간에 과거부터 지금까지 생물적 경쟁은 아마도 비생물적 경쟁보다 중요한 것이었다고 볼 수 있다.) 둘째, 굴드는 방향성을 가진 진화를 떠받치기 위해서 세상은 생물적 경쟁을 할 종들로 "끊임없이 꽉 찬" 상태여야 했을 것이라고 주장한

다. 그러나 이 주장 역시 논리적으로 옳지 않다. 격리된 종들의 사례에서도 어느 정도의 방향성이 뒤따르기에 충분할 정도의 군비경쟁이 발견되어 왔다. (그리고 이번에도 역시 이 주장의 오류를 들먹일 필요가 없는 것으로 보인다. 세상은 아주 오랜 기간 동안 충분히, 넘치고 찰 만큼 생명으로 가득 찬 상태였던 것으로 보인다.) 그리고 마지막으로 자신이 다윈의 주장을 의심하게 하기에 충분한 논거를 제공하지 못했음을 깨닫기라도 한 듯 굴드는 그 주장이 꼭 이치에 닿지 않는 것은 아니라고 시인한다. 그러고는 이와 같은 시인이 독자들의 마음에 스며들어갈 여지를 주지 않고 갑자기 화제를 바꾸어 다윈의 정치적 견해와 문화적 배경을 물고 늘어진다. 그 구절은 다음과 같다. "이 주장에 어떤 명백한 오류가 스며들어있다는 것은 아니지만 우리는 왜 다윈이 이 문제에 신경을 썼는지, 왜 이 문제가 그에게 중요한 것이었는지 질문해볼 필요가 있다." 그런 다음 굴드는 다윈에 대한 정신분석에 들어간다. "나는 진보에 대한 그의 부자연스럽고 불편한 주장은 그의 두 가지 존재 지적으로는 급진주의자이면서 문화적으로는 보수주의자 사이의 갈등에 의한 것이라고 생각한다."

자 이제 내가 상황을 간추려보겠다. 굴드는 (1)비임의적 방향성이란 존재하지 않는다는 주장을 중심 주제로 삼은 책을 썼다. (2)긴 시간을 놓고 볼 때 진화의 환경이 '효과적으로 무작위적'이라는 사실을 그의 논거를 옹호하는 토대로 삼았다. (3)다른 이도 아닌 진화의 권위자인 찰스 다윈이 이 문제에 대해 다른 견해를 보였음을 시인했다. (4)다윈의 주장에 에둘러 의심하면서 말도 안 되는 억지논리를 도입했다. (5)잠시 동안 드러낸 솔직한 심정을 통해서 다윈의 주장에 명백한 결함이 없음을 인정했다. (6)그 다음 마땅히 나와야 할 대응 직접적으로 주장을 반박하든지 아니면 진화의 환경이 '효과적으로 무작위적'이라는 자신이 앞서 내세운 주장을 철회하기 대신 그는 갑자기 문장의 중간에서 주제를 바꾸어 상대가 무의식적 편견에 의해 동기유발 되어 그와 같은 주장을 편 것이라고 말한다. 이것이 바로 그 유명한 우리의 굴드이다!

459 굴드의 해석에 대한 도전 : Fortey (1998), pp. 94-98; Morris (1998).

460 지적 생명체의 진화의 가능성에 대한 의문 : 〈Wonderful Life〉에서 굴드는 처음부

터 자의식적 지능을 가진 생물의 진화가 가능한지에 대한 질문에 대해서 "나는 알 수 없다."라고 밝히고 있다. 그런데 〈Full House〉에서 (p. 214) 굴드는 진화가 처음부터 새로 시작된다면 어떤 형태이든 자의식을 가진 지능적 생물이 나타날 가능성은 "극도로 낮다"고 주장한다. 두 저서를 낼 시점 사이에 높은 지능을 가진 생물의 진화 가능성에 대한 굴드의 반대 입장이 더욱 단단해졌다는 것은 이상한 일이다. 왜냐하면 복잡도의 진화에 대한 그의 입장은 오히려 약해졌으니 말이다. 그는 진화가 복잡성을 향해 나간다는 사실을 인정하기 거부하던 입장에서 나중에는 복잡성을 향해 나가는 움직임 자체는 인정했지만 단지 그것을 무작위적 흐름이라고 치부했다. 우리는 이런 질문을 던져볼 수 있다. 만일 이 무작위적 흐름이 상당히 복잡하고 상당히 지적인 인간 이외의 종들의 다양성의 배후에 있는 힘이라 (적어도 굴드의 견해를 따를 경우에 말이다) 충분히 오랜 시간이 주어졌을 때 그 힘이 이 동물들 중 하나를 거의 인간 수준의 지능의 높이로 밀어 올리게 될 것이라고 생각해서는 안 될 이유가 있을까?

462 #감각 기술 : 내가 정보 기술에 초점을 맞춘다고 해서 자연 선택이 다른 기술을 간과해왔던 것은 아니다. 예를 들어서 자연선택은 추운 기후에서 살아가는 동물들을 위해서 여러 번에 걸쳐서 동결방지 기술을 고안해냈다. 어떤 경우에 제각기 별개로 일어난 두 진화 사례에서 동일한 동결방지 처방 아미노산인 트레오닌, 알라닌, 프롤린 이 나타나기도 했다. 자연선택은 남극지방의 물고기를 위해서 7백만 년 이전에 이 기술을 고안했으며 그로부터 수백만 년 후에 북극의 대구에게서도 같은 방법이 나타났다. New York Times, December 15, 1998.

462 "특정 생물학적 속성의 출현 가능성에" : Morris (1998), p. 139. 굴드의 분석을 비판하는 과정에서도 동일한 요점을 도출해낼 수 있다. Wright (1990).

464 "단지 제비뽑기의 행운으로" :

464 20억년 : 메이나드 스미스와 스재트메리 (1995) p. 145. 상당히 보수적인 추정에 의하면 가장 오래된 원핵생물의 화석이 35억 년 전에 나타났고, 가장 오래된 진핵생물의 화석은 15억 년 전에 나타났다. 그러나 이 원고가 마무리될 시점에 오스트레

일리아의 과학자들이 진핵생물의 세포가 이르게는 27억 년 전에도 살았음을 보여
주는 증거를 찾아냈다. New York Times, August 13, 1999.

466 "광인산화(photophosphorylation)" : Keeton and Gould (1986), p. 869.

466 끈적끈적한 양탄자 : Fortey (1998), p. 58.

467 스칼렛 길리아, 난초 : Keeton and Gould (1986), pp. 867-68.

468 벌의 주둥이 : Keeton and Gould (1986), p. 867.

468 다세포동물로 진입하는 문턱 : 다양한 사람들이 다세포동물들이 선캄브리아기 직
전보다 훨씬 전부터 존재해왔을 것이라고 생각한다. New York Times, October
25, 1996. 그리고 매우 초기적인 상태의 다세포식물은 캄브리아기보다 훨씬 전에
나타났다.

469 삼엽충이 남긴 궤적 : Fortey (1998), p. 92.

470 자연선택의 천재성 : 메이나드 스미스와 스재트메리(1995)는 생명의 진화가 다양
한 복잡성의 문턱을 지나오는 데 따르는 어려움을 강조하고 있다. 그러나 많은 경
우에 자연선택이 작용하는 방식을 고려할 때 그와 같은 문턱을 통과하는 것이 매
우 불가능한 일이라고 결론내리고 있다.

470 여러 차례 독립적으로 일어난 다세포생물의 진화 : Whittaker (1969)는 다세포생물
이 10번 이상 독립적으로 진화했다고 추정하고 있다. 한편 17회 진화되었다는 추
정치도 있다. Richard Michod (개인적 대화)

20장. 최후의 적응

473 인용문 : Huxley (1959), p. 13.

473 "더 메마르고 숲이 적어지고" : 이 견해는 '거의 보편적' 이라고 Hayden은 말한다.

475 두개골 용량이 세 배 늘어났다. : Cronin et al. (1981). 공진화에 대해서는 또한
Wilson (1978)을 참조한다. 최초로 석기를 사용한 호미니드에 대해서는 기존의 견
해가 수정되었다. 처음에는 약 2백만 년 전의 호모 하빌리스가 최초로 도구를 이용
한 호미니드라고 여겨졌으나 지금은 도구의 사용 시기가 약 250만 년 전으로 더 물

러나게 되었다. 이 시기에 도구를 사용했던 호미니드의 후보 중 하나에 Australopithecus garhi라는 명칭이 부여되었다. 그러나 이러한 명칭은 정확하지 못한 것일 수도 있다. 왜냐하면 이 종은 두개골 용적을 포함하여 호미니드의 진화 단계에서 가장 나중의 것으로 간주되었던 오스트랄로피테쿠스와 호모속의 중간 단계로 보이기 때문이다. (Time, August 23, 1999, pp. 50-58)

477 뚜렷한 "성적 이형성" : Wright (1994) 참조. 일부다처제의 양적 표지는 수컷들 사이의 번식상의 성공의 변이이다.

477 #많은 여성의 호의를 얻을수록 많은 수의 자손을 남길 수 있었다. : 그렇다고 해서 남성이 공작의 수컷이나 숫양과 마찬가지로 번식 측면의 보상에 대해 자각하고 있을 필요는 없다. 단지 남성은 자신의 유전자를 퍼뜨리는데 여성에 대한 성적 접근을 획득한다든지 하는 방법으로 이득이 되는, 도구나 기술에 이끌리도록 유전적으로 설계되어있을 수 있다는 것이다.

477 인간과 다른 영장류에서 고기와 섹스를 맞바꾸는 관행 : Pinker (1997), p. 107.

477 사냥과 사회적 지위와 섹스의 상관관계 : Wright (1994)

477 두개골이 한층 두꺼워져졌던 것 : Ridley (1996), p. 165.

478 코끼리 : Bonner (1980), p. 177.

478 박새 : Bonner (1980), p. 183.

479 개코원숭이와 상한 과일 : Nishida (1987), p. 472.

481 곰 : Gould (1982), p. 23.

481 침팬지의 재주 : Wilson (1975), p. 173.

482 "발을 나뭇잎에 벅벅 문질러 닦았다." : Wilson (1975), p. 173.

482 침팬지와 급수대 : Bonner (1980), p. 172.

483 #언어를 위한 생물학적 하부구조가 필수적이다. : 언어가 문화를 촉진하는 측면 중에서 노동의 지능적 분화를 도움으로써 집단을 사회적 뇌로 탈바꿈시키고 그렇게 함으로써 시간과 공간을 넘어 좋은 아이디어들을 한 곳에 모아 더 좋은 아이디어를 탄생시키는 것이다. 사회적 뇌는 처음에는 매우 복잡하지 않을 수도 있다. 그러

나 궁극적으로는 실제로 급수대를 만들어 내거나 물리 법칙을 발견해낼 수 있는 지점에 도달할 수 있다. 이와 같은 지식의 집단적 특성을 뉴턴이 간결하게 잘 표현해냈다. "만일 내가 다른 사람들보다 더 멀리 볼 수 있었다면 그것은 내가 거인들의 어깨 위에 서있었기 때문이다."

483 새의 경고음 : Wilson (1975), p. 183.

483 "도와줘" 하고 외치기도 하고 : Wilson (1975), p. 211.

483 버빗원숭이의 어휘 : Seyfarth (1987), p. 444.

484 어린 버빗원숭이의 학습 : Nishida (1987), p. 473.

485 10가지에서 40가지 사이의 메시지 : Wilson (1975).

485 신피질과 커다란 사회 집단 : Dunbar (1992)

486 흡혈박쥐 : Ridley (1996), p. 69.

487 동맹 형성과 지능 : Ridley (1996), p. 160.

487 "혼자서 만찬을 즐겼다." : Pinker (1997), p. 193.

488 "심맹" : Pinker (1997), pp. 331-33.

488 인간의 사회적 지능의 진화 : 이 사회적 지능이라는 특성이 과학의 본질을 규정하는데 도움을 주었을 수 있다. 상호의존적인 전체의 부분들에 제각기 독립적인 행위자agency를 할당함으로써 '원인'과 '결과'를 구분하고자 하는 과학적 정신의 경향은 사실은 구분 지을 수 없이 매끈하게 이어져 있는 현실을 바르게 나타내지 못하는 방법이라고 신비주의자들은 말한다. 그러나 이러한 경향은 분명 실용적인 보상을 얻어왔다. 그리고 이러한 경향은 우리의 사회적 분석(누가 누구에게 무엇을 왜 하도록 했는가를 따지고자 하는 분석)본능에 크게 빚지고 있다. 그와 같은 질문의 답을 구하는 행위의 다원주의적 중요성이 인과관계에 대한 이론을 만들어내고 그것을 새로운 증거에 비추어 평가하고 개선해나가는 인간의 경향을 형성해왔을 것으로 보인다.

488 침팬지의 협동 사냥 : Wrangham and Peterson (1996), p. 216.

489 "심지어 루이트를 때리기도 했다." : de Waal (1982), p. 207.

491 보노보 : 보노보들도 호혜적 이타주의를 보이고 암컷들이 이 호혜적 이타주의를 이용해서 동맹을 형성하기도 하지만 동맹의 범위나 강도는 일반적으로 침팬지의 경우보다 약하다. Wrangham and Peterson (1996) 참조.

491 침팬지와 보노보가 정글에 "숨어" : James Gould와의 개인적 대화.

491 섬의 짧은 꼬리 원숭이 : Bonner (1980), p. 184.

492 공룡의 뇌 : Wills (1993), pp. 265-66.

493 "판다의 진짜 엄지" : Gould (1982), p. 24.

494 "다른 목적을 위해 만들어진" : Gould (1982), p. 20.

494 "불가능해 보이는 기반" : Gould (1982), p. 24.

494 호혜적 이타주의 : 호혜적 이타주의에 대한 개괄은 Dugatkin(1997) 참조. 임팔라 (impala, 아프리카산 영양의 일종)의 상호 양육 사례는 호혜적 이타주의가 명확하지는 않지만 강력하다는 Dugatkin(pp. 90-94)의 주장을 뒷받침한다. 매나 다른 새들의 협동 사냥 (pp. 77-78) 역시 호혜적 이타주의의 사례로 볼 수 있다.

497 돌고래의 공기 방울 예술 : Marten et al. (1996)

499 "모든 서사시는" :진화론적 서사시의 사례들에 대해서는 다음 문헌을 참조한다. Wilson (1978), p. 203; Rue (1999); Goodenough (1998); Barlow (1997); Swimme and Berry (1994).

21장. 인류는 거대한 전지구적인 뇌

501 "뇌의 뇌" : Teilhard de Chardin (1969), p. 173.

501 테이야르와 교회 사이의 갈등 : Hefner (1970), pp. 13-14.

502 #초유기체론과 파시즘 : 사호를 생물에 비유하는 것에 대한 금기의 낙인은 어떤 면에서는 오늘날까지도 이어져 오고 있다고 할 수 있다. 그런데 그와 같은 금기의 낙인 논리의 이면에는 몇 가지 문제점이 있다.

첫째, 인간 사회를 ―생물이든 생태계든 패종시계든― 무엇인가에 비유하는 것은 그 비유 대상의 속성을 인간 사회에 주입하려는 시도와 무관한 것이다. 이 비유는 단지 설명을 목적으로 하는 것이지 처방을 목적으로 하는 것이 아니다.

둘째, 사회를 생물에 비유하고자 하는 사람들에게 파시즘이나 나치즘을 뒤집어씌우려고 시도하는 사람들은 그와 같은 비유가 오직 파시즘이나 나치즘에서만 나타난 것이 아니라는 불편한 사실을 마주해야 한다. 예를 들어서 레슬리 화이트는 마르크스주의자였다. 물론 마르크스주의 역시 현실 세계에는 전체주의적 모습으로 구현되었다. 그러므로 사회를 생물에 비유하는 개념은 엄격하고 압제적인 사회를 건설하고자 하는 사람들에게 도움과 위안을 준다고 생각할 지도 모른다.

그러나 그와 같은 주장을 펴는 사람들에게 안 된 이야기지만 사회와 생물의 유사성에 대한 강력한 주창자 가운데 한 사람인 허버트 스펜서는 매우 느슨한 사회 자유방임주의의 신봉자였다. (Morris, 1987, p. 96). 뿐만 아니라 사회를 생물에 비유하고자 하는 최근의 물결은 실리콘밸리의 자유의지론자들에게서 나오고 있다. 그들은 중앙집중적 정부가 없음에도 자연이 진화를 통해서 완벽한 구조를 생산해내고 있으며 따라서 중앙적 통제는 많은 경우에 불필요한 것이라고 주장한다.(Kelly, 1995)

나치주의자도, 파시스트도, 마르크스주의자도, 자유방임주의의 지지자도, 자유의지론자도 아니지만 사회를 생물에 비유하기를 즐기는 사람으로서 나는 그저 이런 비유 내지는 비교를 두고 보면서 굳이 이것을 어느 쪽으로든 정형화하지 말자고 제안하는 바이다. 문제는 이러한 비유 내지는 비교가 지적으로 얼마나 생산적인가 하는 것이다.

504 "하나의 생물이라고 부를 수 있을 정도" : Wilson (1975), p. 379

504 고깔해파리Portuguese man-of-war : Wilson (1975), pp. 383-84; Ridley (1996), p. 15; Bonner (1988), p. 119.

506 분리 왜곡 인자segregation distorter : Ridley (1996), pp. 32-33; Crow (1999). 이 유전자가 부정을 저지르는 방법은 자신의 사본을 가지고 있지 않은 정자들을 파괴해버림으로써 그 정자들이 다음 세대로 전달될 기회를 차단하는 것이다.

506 B 염색체 : Ridley (1996), pp. 31-32.

506 "그런 것은 존재하지 않는다." : Ridley (1996), pp. 15, 33.

507 초생물체의 재등장 : Queller and Strassman(1998). Wheeler의 초생물체 개념에 대한 논의는 Wilson(1971) 참조. 곤충 사회와 인간 사회에서의 '집단 정신group mind'에 대한 생물학자의 견해는 D.S. Wilson(1997, pp. S128-S133)와 Kelly(1995) 참조.

508 #개미의 상호 의존성 : 개미의 사회를 인간 사회와 구분시켜주는 또 다른 형태의 의존성이 있다. 그것은 바로 번식의 의존성이다. 우리가 마주하는 대부분의 개미들은 평생 부모가 될 기회를 갖지 못한다. 이들은 생색능력이 결여되어 있으며 자신의 유전자를 후세에 전달할 유일한 희망은 특권을 가진 친족들, 생식 능력을 가진 소수의 엘리트의 운명에 달려있다. 그렇기 때문에 일개미는 이 한 줌의 엘리트를 위해 그렇게 노예와 같이 봉사하는 것이다. 한편 생식 능력이 결여된 피부 세포에도 똑같은 이야기를 적용할 수 있다. 피부세포는 생식 능력을 갖춘 친족, 즉 생식 세포를 위해 자신을 희생한다. 그러나 사람에게는 동일한 논리를 적용할 수 없다. 사람들은 소수의 엘리트를 위해 자신을 희생하도록 생물학적으로 진화되지 않았다. 따라서 인간 사회는 개미 사회와 같은 권위주의적 응집력을 가질 수 없다.

그러나 생물학자인 David Queller는 인간의 번식상의 비의존성이 인간 사회를 초생물체로 간주하는 것을 부정하지 않는다는 의견을 내놓았다. 우리가 살펴보았듯 진핵세포는 다음 세대로 전달되는 유전적 경로가 제각기 다른 세포소기관들로 이루어졌으나 아무도 진핵세포를 단순히 사회로 지칭하지 않는다.(Queller와의 개인적 대화, 또한 [Queller, 1997]을 참조.)

뿐만 아니라 만일 생식적 비의존성이 초생물체의 가능성을 부정할 수 있다고 하더라도 인류를 그와 같은 상황에서 제외시키는 또 다른 논리가(비교적 미약하지만 흥미로운) 있다. 아래 "크릭이 제시한 것과 같은 메타자연선택의 시나리오에 대한 숙고"에 대한 주석 참조.

510 # 주류 행동과학을 뒷받침하는 : 이 장에서 논의한 의식에 대한 '부수현상'적 관점이 행동과학에서 표면적으로 드러내는 입장이라는 것은 아니다. 그러나 이 관점은 많은 경우에 행동과학 분야의 연구의 근간에 있는 가정에 은연중에 함축되어 있

다. 이를테면 행동에 영향을 미치는 모든 힘들은 물리적이라는 가정에 말이다. 확실히 의식이 부수현상이라는 관점을 명백하게 내세울 경우에 자신이 주류 행동과학에 굳건히 발을 딛고 있다고 생각하는 사람들 중 일부가 그에 대하여 이의를 제의한다. 물론 주요 대학의 심리학과 교수들 가운데 '심적' 힘이 물리적 힘과 마찬가지로 원인이 될 수 있다고 주장하는 사람들이 있다. 그러나 그 경우 그들은 엄격한 의미에서 자신을 행동 과학자라고 불러서는 안 될 것이다. 왜냐하면 진정으로 과학적인 모델은 '공개적으로 관찰 가능한' 인과 현상(이를테면 신경전달물질 등)을 불러일으키는 것이어야 하기 때문이다.

512 #모든 인과관계가 물리적 수준에서 일어난다는 것 : 물론 행동과학자들도 주관적 상태가 인과적 효과를 갖는다고 말할 수 있다. 사실 나 역시도 진화심리학의 논의에서 때때로 '불안의 기능' 이라든지 '사랑의 기능' 이 이러이러한 행동을 유발했다는 식으로 표현해온 것이 사실이다. 그러나 이것은 단순히 말하는 데 있어서 간단하고 효율적인 방법일 뿐이다. 엄밀히 말하자면 내가 그렇게 표현할 때 그것은 사실 불안이나 사랑을 일으키는 생화학적 정보의 흐름의 기능을 일컫는 것이다. 이전의 주석에서 밝혔듯 문자 그대로 불안이나 사랑과 같은 것이 인과적 효과를 가지고 있다고 말하는 학자들은 엄밀한 의미에서 행동 과학자가 아니다.

512 네이글 : Nagel (1974)

513 #데닛 : 실제로 데닛이나 그와 비슷한 생각을 가진 학자들은 의식이 실제로 기능을 가지고 있다고 주장하기도 한다. 그러나 그들은 매우 제한되고 —내가 보기에는— 불가해한 의미에서 그와 같이 주장하는 것이다. 그들의 정의에 따르자면 의식은 그 의식이 떠받치고 있는 정보 처리 과정 그 자체일 뿐이라는 것이다. 그들은 단순히 의식이 전적으로 그와 같은 절차의 산물이라고(나를 비롯한 부수현상론자들이 사실이라고 받아들일만한 의견) 보는 것이 아니라 의식이 그와 같은 절차와 동일한 것이라고 본다. 그리고 이 절차가 분명히 기능을 가지고 있으므로 그 절차와 동일한 의식 그 자체도 기능을 가지고 있을 수밖에 없다는 것이다. 내가 볼 때 여기에서 문제는 의식이 물리적 뇌의 상태와 "동일하다"는 것이다. 데닛 등이 나에게 그들이 의미

하는 바를 설명하려고 하면 할수록 나는 그들이 사실은 의식이란 존재하지 않는다고 믿고 있다는 확신이 든다. 이러한 입장은 행동주의와 결합하여 수십 년 쯤 전부터 널리 퍼졌으며 장점이 없는 것도 아니다. 장점 중 하나는 단순한 명확성이다. 의식이란 존재하지 않으며 따라서 아무런 기능도 없다. 그러나 나로서는 받아들일 수 없는 입장이다.

513 지각력sentience이 없는 로봇 : 어쩌면 여러분은 이러한 기계들도 지각력을 가지고 있다고 반박할지도 모른다. 그것이 나의 요지이다. 우리가 알 수 있는 모든 것을 종합해볼 때 로봇은 지각력을 가지고 있다. 다시 말해서 우리가 전적으로 기계의 물리적 부분들을 참조함으로써 알아낼 수 있는 질문, 즉 로봇이 행동적으로 어떻게 기능하는가 하는 질문에 대한 불필요한 여부의 질문이다.

513 챠머스: Chalmers (1996). 이와 비슷한 견해가 Wright(1988, part 5)에 제시되어 있다.

515 테이야르와 지각력이 있는 박테리아 : 사실 테이야르는 심지어 무기 물질에도 약간의 의식의 증가가 나타난다고 믿었다. 모든 물리적 세계는 '내부'적 표현물manifestation의 '외부적' 표현물manifestation이며 외부적 복잡성이 증대함에 따라서 이 내부적 표현물 의식, 지각력 역시 증대된다고 믿었다. 이 모든 것은 '복잡성'이 생물의 진화보다도 더 오래된 진화적 경향이며 처음의 균질한 상태에서 복잡한 은하계가 만들어진 우주의 진화에서 이미 구현되었다는 그의 믿음과 조화를 이룬다.

515 "'무감각한etherized' 우주적 의식" : Teilhard de Chardin (1969), p. 174.

515 "그 회로가 완성되는 순간" : Teilhard de Chardin (1969), p. 182.

516 팰리 : Dawkins (1986, p.5)에 인용.

521 "끈덕지고 완고하게 목표를 향해 나가고자하는 속성" : Braithwaite (1953), p. 329; Beckner (1967).

521 목적과 정보 처리 : Rosenblueth, Wiener and Bigelow (1943). 이들은 "모든 목적을 가진 행동은 음의 되먹임을 필요로 한다고 간주될 수 있다"고 주장했다. 정보처리를 합목적적 행동의 필요조건으로 보는 이와 같은 개념에서 주목할 만한 것은 우리가 앞서 논의한 것처럼 정보 처리가 의식의 기초일 수 있기 때문이다. 그리고 의

식과 합목적적 행동 사이의 뭔가 '형이상학적' 고리가 존재할 가능성 역시 흥미롭고 어떤 의미에서 —적어도 나에게는— 직관적으로 그럴 듯하다.

523 #테이야르의 과학적 시야 : 테이야르의 생명에 대한 관점을 혼란스러운 헛소리의 거대한 더미로 보는 경향이 있다. 과연 그는 자연선택이 어떻게 작용하는지에 대해서, 그리고 자연선택이 목적을 가지고 있다는 개념에 대해 혼란스러운 의견을 내놓았다. 예컨대 대니얼 데닛Daniel Dennett은 그의 저서에서 (1995, p. 320) "테이야르의 전망의 문제점은 간단하다. 그는 진화가 맹목적이고 무분별하며 알고리즘에 따른 절차라는 근본적인 개념을 단호하게 부정하고 있다." 그러나 그것은 하나의 '문제'가 아니다. 이것은 적어도 두 가지 별개의 문제이며 그 중 하나만이 문제가 될 수 있다. 그렇다. 테이야르는 자연선택이 실제적이고 알고리즘에 따른 방식이 아니라 감상적이고 신비스러운 방식에 의해 작용한다고 주장했다. 그러나 그렇다고 해서 진화에 목적이 있다는 주장까지 틀린 것은 아니다. 실제적이고 알고리즘에 따라 진행되는 절차도 더 큰 목적을 가질 수 있다. 생물의 성장이 완벽한 예이다. 이것은 세부적이고 실제적인 과정에 의해 이루어지면서도 동물들이 추구하도록 설계된 더 큰 목적, 유전자의 확산에 종속되는 과정이다.

523 도브잔스키 : Dobzhansky (1968), pp. 248=49.

523 "더듬어 나가는 과정" : Dobzhansky (1968), pp. 248.

525 크릭이 제시한 것과 같은 메타자연선택의 시나리오에 대한 숙고 : 생물학적 진화를 지구 전체 수준의 초생물체superorganism가 성장하는 것이라는 주장에 대한 반론 중 하나는 생물의 진화 우리의 메타생물체인 생물권의 성숙 이 소란스럽고 예측할 수 없는 과정이라는 것이다. 복잡도와 지능의 일반적인 성장을 제외하고 이 과정은 상당히 예측불가능하다. 반면 진짜 생물의 성숙은 유전적 청사진의 매끈한 전개 과정이라고 볼 수 있다.

그러나 사실 유전적 '청사진'은 그다지 적합한 표현이 아니다. 그 이유 중 하나는 생물의 성숙은 상당히 우발적이고 중간에 여러 갈래 길로 나누어질 수 있는 여러 가능성이 열려 있는 과정이라는 것이다. 모든 단계마다, 그리고 특히 이른 단계에 환경이 큰 영향을 준다. (그렇기 때문에 임신부의 영양 상태가 태아의 발달에 결정적으로 중요하다.) 실제로 '신경학적 다윈주의' 이론에 따르면 생물의 구조는 마치 자연 선택과 같은 과정에 크게 의존할 수 있다. 신경 세포간의 연결이 무작위적으로 생겨나는데 그 중에서 적응적 연결만이 살아남는다는 것이다. 이 모든 것을 고려해볼 때 우리가 생물권을 바라보는 것과 같은 정도로 가까이에서 생물의 성장 과정을 바라본다면 그 안은 정글이라고 말할 지도 모른다.

메타자연선택 개념에 대한 가능한 반론 가운데 하나는 이 장의 첫 부분에서 논의한 것과 같이 인류라는 종 전체를 생물로 볼 수 있느냐 하는 문제로 되돌아간다. 생물로 볼 수 있다는 대답에 대한 거부감의 원천 중 하나는 (앞서 '테이야르의 과학적 전망' 부분에서 명시한 것과 티) 인간의 번식에 있어서의 독립성과 관련되어 있다. 진짜 생물체의 경우 예를 들어 개라고 하자. 거의 어떤 세포도 이런 종류의 자율성을 가지고 있지 않다. 피부 세포와 뇌 세포와 신장 세포는 모두 번식할 수 없으며 그들과 동일한 유전자를 가지고 있는 엘리트 계층이라고 할 수 있는 정자와 난자를 위해 희생하도록 프로그램되어 있다. 그런데 그와 달리 인간들은 번식할 수 있다. 그러니 어떻게 인간 사회를 진정한 생물체로 볼 수 있겠는가?

우주적이고 크릭적인 시각에서 보면 이 문제는 사라져버린다. 일단 인류를 더욱 커다란 초생물체의 한 기관으로 바라본다면 생물권의 수퍼브레인이라고 본다면 인간 개개인은 번식의 자율성을 가지고 있다고 볼 수 없다. 왜냐하면 이 시점에서 볼 때 인간이 자손을 생산하는 것은 단순히 더 많은 뇌 세포를 만들어내는 것에 지나지 않기 때문이다. 그리고 개의 '번식 능력이 없는' 뇌 세포도 개의 몸이 성숙해나가는 과정에서 그와 같은 종류의 자손 생산을 수행한다. 각각의 뇌 세포가 유전 정보를 물려주지 않는 과정은 개 자체의 자손 생산 과정이다. 초생물체에서 이에 해당되는 과정은 우리의 생물권 자체를 다시 창조해내는 과정 박테리아를 가득 실은 로켓을 우주로 내보내는 것 이다. 크릭의 시나리오의 이 과정에서 인간 개인은 자신의 유전 정보를 물려주지 않는다. 사람들은 로켓을 만들지만 그것을 타고 나가지는 않는다.

사실 어떤 면에서 개인을 뇌세포로 보는 관점은 메타자연선택 시나리오에 더 큰 의심만을 불러일으킨다. 뭐니 뭐니 해도 보통 생물체의 경우 각기 다른 종류의 세포들 피부세포, 뇌세포, 근육세포, 생식세포 은 모두 동일한 유전정보를 가지고 있지 않은가? 실제로 이 모든 세포들은 생식세포를 통해서 그들의 공동의 유전적 유산 그들이 구성하고 있는 생물체의 독특한 유전 정보 을 후세에 전달하고자 하는 공동의 목표로 한데 묶여 있다. 그렇다면 어떻게 그토록 다른 유전정보를 가진 인간과 박테리아를 초생물체의 세포로 볼 수 있다는 말인가?

내가 상상할 수 있는 유일한 답변은 다음과 같다. 메타진화에서 로켓에 의해 후세로 전달되는 정보의 본질은 박테리아의 특정 유전자형이 아니다. 어쩌면 박테리아 대신 아메바를 태워 보내도 상관없다. 크릭의 시나리오(그리고 이 책)의 전제는 어떤 작고 단순한 생물에서 시작하든지 간에 자연 선택은 궁극적으로 수많은 종들을, 그리고 아주 영리한 종을 생산해낼 가능성이 높다는 것이다. 그러니까 우주로 내보내지는 정보의 본질 자연선택이 시작되는데 진정으로 필요한 것 은 바로 유전 암호 code, 해당 행성의 생물권의 기초가 되는 암호이다. 우리 행성의 경우 네 개의 염기로 이루어진 암호가 사용되고 있다. 이들은 우리의 유전적 알파벳의 '문자' 들이다. 어쩌면 멀고 먼 다른 행성에서는 좀 더 나은 암호가 사용되고 있을 수도 있고 그렇지 않을 수도 있다. 그러나 어찌되었든 이것이 바로 지구상의 모든 생물체들이 공유하고 있는 것, 지구의 공동의 유전적 자산이다. 만일 여러분이 범종설(汎種說, panspermia)을 받아들인다면 우리를 다음 메타세대로 이어줄 것이 바로 이것이다.

본문에 인용된 반론 "메타자연선택이 이루어질 만큼 충분한 시간이 없었다"에 대해서는 언제든 새로운 우주의 탄생 블랙홀이든지 그와 비슷한 것을 통해서 시나리오와 함께 엮어보는 가능성을 제안하는 바이다. 그것은 물론 모우주의 유기 분자를 고스란히 보존할 수 있는 기적적인 탄생 과정이어야 할 것이다. 그러나 여기쯤에 이르니 대담무쌍한 추측에 대한 나의 참을성마저 한계에 도달한 느낌이 든다.

22장. 신의 진화

530 헤겔 : Tucker, ed. (1978), p. xxi; Williamson (1984), p. 168.

530 베르그송 : Goudge (1967), p. 293.

531 선하고 전능한 신 : 실제로 성경의 '전능한 신God almighty'은 '산상의 신God of the mountain'이라는 의미에 가까운 히브루어를 그리스인들이 오역한 것이다.

531 조로아스터교 : 흔히 그렇듯 악한 영은 선한 신, 아후라 마즈다Ahura Mazda의 아들이다. 아후라 마즈다는 쌍둥이 아들을 두었는데 그 중 하나는 선한 영혼을, 다른 하나Angra Mainyu는 악한 영혼을 가졌다.

532 설계상의 제한점 : 창조주가 선한 의도를 가지고 있다는 나의 전제는 기독교에서 두드러지게 나타나지만 그렇다고 해서 보편적인 공감을 형성하고 있는 것은 아니다. A. N. Wilson (1997, p. 53)은 신의 최초의 의도가 전적으로 선한 것으로 보는 종교적 전통이 얼마나 드문지를 지적했다. 기독교 전통에서는 Marcion은 창조주를 악하다고 보는 소수의 사상가 중 한 사람이다.

534 #"옳다"거나 "그르다"라는 말이 의미를 가질만한 배경 : 이 로봇들이 "옳다"거나 "그르다"는 표현을 사용하지 않을 것이라는 말이 아니다. 사람들은 종종 자신의 사적 이익을 추구하면서도 도덕주의적인 표현을 사용한다. 그리고 아마도 자연선택은 이 지각력이 없는 로봇들에게도 같은 경향을 물려주었을 것이다.

535 "의식을 불어넣기" : Time, March, 25, 1996

538 #지금보다 더 많은 경외감을 불러일으킬 것이다. : 실제로 사람들이 의식의 기묘함과 특별함을 좀 더 많이 이해하게 된다면 아마도 진화에 아무런 방향이 없다고 생각하는 사람들의 수가 줄어들게 될 것이다. 여러분이 기억할지 모르지만 생물의 진화에서 진보를 부정하고자 하는 생각은 진보를 측정할 척도가 없다는 주장에 바탕을 두고 있다. 그 주장에 따르자면 우리는 생물의 서열을 정할 척도를 얼마든지, 무수히 생각해낼 수 있다는 것이다. 어느 학자의 표현을 빌자면 그 척도는 "생물이 무기 재료로부터 생물학적 물질을 합성하는 능력"이 될 수도 있고 이 경우 단순한 형태의 생물이 복잡한 생물보다 서열의 윗자리에 올라가게 될 것이다. 아니면 "환

경에 대한 정보를 수집하고 처리하는 능력"이 척도가 될 수도 있다. 게다가 "물론 어느 한 기준을 다른 기준보다 우선시 할 아무런 이유도 없다."고 말한다.(Mokyr, 1992, p. 288). 그것은 하나의 견해이다. 개인적으로 나는 정보처리를 기준으로 삼고 싶다. 내가 속한 종이 뛰어난 능력을 보이는 분야이기 때문이 아니라 서열을 정할 모든 객관적 기준 가운데에서 이것만이 유일하게 생명의 의미와 상관관계를 갖는 기준이기 때문이다.

541 "집단 간 증오" : Alexander (1970)

542 증오 보존의 법칙 : Wright (1989a)

545 "그 자신의 심장을 갖게 될 것" : Teilhard de Chardin (1969), p. 184.

547 #종교, 국가, 인종, 문호의 경계 : 커다란 의문 중 하나는 아니면 사람들이 자신의 마음에 맞는 사람들로 이루어진 가상 공동체에 더 많은 에너지를 투자하게 됨에 따라서 사회 계층의 경계가 쉽게 무너질 것인지, 한 사회 내의 사회 계층 간의 차이가 더욱 커질 것인지 하는 문제이다.

549 신은 점차로 착해지는 것을 : 성경 속의 신이 일종의 도덕적 교육을 거치게 된다는 주제에 대해서는 Ezsterbrook(1998)를 참조.

549 "니느웨를 내가 구하지 말아야 한다는 것이냐?" : Jonah 4:11

549 "종교의 영혼이다." : Durkheim (1912), p. 191.

550 "최근의 분석에 따르면" : Aron (1967), vol. 2, p. 44.

553 "알파이기보다는 오메가여야 한다." : Haught (1990)

555 "의미", "목적" : Robinson (1997)

555 로고스와 기독교의 연결고리로서의 필로 : Latourette (1975), vol. 1, p141.

555 "성스러운 로고스" : Wolfson (1967), p. 154.

556 "전세계가 마치 하나의 도시와 같으며" : Wolfson (1967), p. 154.

556 "전세계의 완성" : Philo (1927), pp. 73-75.

부록 2

570 "문화가 발달하게 된다고" : White (1943) pp. 338, 346

573 앵글로 색슨 잉글랜드 : Carneiro (1968)

573 나롤과 카네이로의 측정방법 비교 : Carneiro (1969) 상관 계수는 0.891이었다.

574 #통제력을 행사하는 계급 수준 : 학자들은 복잡성에 서열이 얼마나 내재되어 있는
지, 혹은 비례하는지에 대하여 각기 다른 의견을 보인다. 예를 들어서 일부 경영
이론가들은 현대의 기술 상황에서 기업들은 덜 위계적일수록, 의사결정력이 서열
의 높은 수준에서 낮은 수준으로 내려올수록 효율적이라고 주장한다. 그리고 일부
사례에서는 경영의 위계의 모든 수준들이 제거되었다. 한편 이 서열의 수준들은
자동화에 의해 '제거' 되기도 한다. 따라서 통제력의 수준은 여전히 존재하며 그것
은 단지 사람 대신 컴퓨터에 의해 점유되고 있다고 말할 수 있다.

574 "세포의 종류" : Bonner (1988)

574 복잡성의 본질에 대한 합의가 이루어지지 않은 상태 : 사회의 복잡도 측정에 대한
다양한 접근방법에 대해서는 Rothman(1994)을 참조한다. 복잡성을 규정하려는 물
리학자들의 노력에 대해서는 Wright (1988, chapter 18) 참조한다.

Abu-Lughod, Janet L. (1989) *Before European Hegemony: The World System, A.D.1250-1350.* Oxford University Press.

Acheson, James M. (1989) "Management of Common-Property Resources," in Plattner, ed. (1989)

Adams, Richard E. W. (1997) *Ancient Civilizations of het New World.* Westview Press.

Adams, Robert McC. (1966) *The Evolution of Urban Society.* Aldine.

——(1996) *Paths of Fire: And Anthropologist's Inquiry into Western Technology.* Princeton University Press.

Albrecht-Carrie, René (1981) "Liberation Movements in Europe," in Garraty and Gay, eds. (1981)

Alexander, Richard (1979) *Darwinism and Human Affairs.* University of Washington Press.

Allardyce, Gilbert (1990) "Toward World History: American Historians and the Coming of the World History Course." *Journal of World History* 1:23-76

Alston, Richard (1998) *Aspects of Roman History, A.D. 14-117.* Routledge.

Anderson, Benedict (1991) *Imagined Communities: Reflections on the Origin and Spread of Nationalism.* Verso.

Armstrong, Karen (1994) *A History of God.* Ballantine Books.

Aron, Raymond (1967) *Main Currents in Sociological Thought.* Basic Books.

Augustine (1958) *City of God.* Image Books.

Axelrod, Robert (1984) *The Evolution of Cooperation.* Basic Books.

——(1987) "Laws of Life." *The Sciences* 27:44-51

Bagley, Robert (1999) "Shang Archaeology," in Michael Loewe and Edward L. Shaughnessy, eds., *The Cambridge History of Ancient China.* Cambridge University Press.

Baines, John (1988) "Literacy, Social Organization, and the Archaeological Record: The Case of Early Egypt," in Gledhill, Bender, and Larsen, eds. (1995).

Barber, Benjamin (1995) *Jihad vs. McWorld.* Times Books.

Barlow, Connie (1997) *Green Space, Green Time.* Copernicus.

Beckner, Morton (1967) "Teleology," in Edwards, ed. (1967)

Bellah, Robert N., ed. (1973) *Emile Durkheim: On Morality and Society.* University of Chicago Press.

Bender, Barbara (1985) "Emergent Tribal Formations in the American Midcontinent." *American*

Antiquity 50:52-62

Beniger, James (1986) *The Control Revolution: Technological and Economic Origins of the Information Society.* Harvard University Press.

Berdan, Frances (1989) "Trade and Markets in Precapitalist States," in Plattner, ed. (1989).

Berlev, Oleg (1997) "Bureaucrats," in Serigio Donadoni, ed. (1997), *The Egyptians.* University of Chicago Press.

Berlin, Isaiah (1945) *Historical Inevitability.* Oxford University Press.

Betzig, Laura (1993) "Sex, Succession, and Stratification in the First Six Civilization," in Lee Ellis, ed., *Social Stratification and Socioeconomic Inequality.* Praeger.

Binford, Lewis R. (1968) "Post-Pleistocene Adaptations," in Sally R. Binford and Lewis R.

Blackmore, Susan (1999) *The Meme Machine.* Oxford University Press.

Blaut, J. M. (1993) *The Colonizer's Model of the World: Geographical Diffusionism and Eurocentric History.* Guilford Press.

Boas, Franz (1899) "The Northwestern Tribes of British Columbia." *Report of the Sixty-eighth Meeting of the British Association for the Advancement of Science.* London.

——(1929) *The Mind of Primitive Man.* macmillan.

——(1940) *Race, Language and Culture.* Macmillan.

Boltz, William G. (1999) "Language and Writing," in Michael Loewe and Edward L. Shaughnessy, eds., *The Cambridge History of Ancient China.* Cambridge University Press.

Bonner, John (1980) *The Evolution of Culture in Animals.* Princeton University Press.

——(1988) *The Evolution of Complexity.* Princeton University Press.

——(1993) *Life Cycles.* Princeton University Press.

Boulding, Kenneth)1953) *The Organizational Revolution.* Harper and Brothers.

——(1985) *The World as a Total System.* Sage.

Bowersock, G. W. (1988) "The Dissolution of the Roman Empire," in Yoffee and Cowgill, eds. (1988)

Boyd, Robert, and Peter J. Richerson (1985) *Culture and the Evolutionary Process.* University of Chicago Press.

Braidwood, Robert J. (1960) "The Agricultural Revolution," *Scientific American, September,* pp. 131-48

Braithwaite, Richard B. (1953) *Scientific Explanation.* Cambridge University Press.

Braudel, Fernand (1981) *Civilization and Capitalism, 15th-18th Century.* Vol. 1, *The Structures of Everyday Life.* Harper and Row.

Bray, Warwick (1991) *Everyday Life of the Aztecs.* Peter Bedrick Books.

Brogan, Hugh (1989) "The Forms of Government," in *Encyclopaedia Britannica, 15th ed.,* vol. 20, pp. 189-95.

Bronson, Bennet (1988) "The Role of Barbarians in the Fall of States," in Yoffee and Cowgill, eds. (1988).

Brown, James A., and T. Douglas Price (1985) "Complex Hunter-Gatherers: Retrospect and Prospect," in Price and Brown, eds. (1985).

Brumfiel, Elizabeth (1992) "Breaking and Entering the Ecosystem-Gender, Class, and Faction Steal the Show." *American Anthropologist* 94:551-67.

Butterfield, Herbert (1965) *The Whig Interpretation of History.* W. W. Norton.

Cahill, Thomas (1995) *How the Irish Saved Civilization.* Anchor.

Camerer, Colin F. (1997) "Progress in Behavioral Game Theory." *Journal of Economic Perspectives* 11:167-88.

Cameron, Euan (1999) "The Power of th Word: Renaissance and Reformation," in Euan Cameron ed., *Early Modern Europe.* Oxford University Press.

Campbell, Jeremy (1982) *Grammatical Man: Information, Entropy, Language and Life.* Simon and Schuster.

Carneiro, Robert ed. (1967) *The Evolution of Society: Selections from Herbert Spencer's Principles of Sociology.* University of Chicago Press.

Carneiro, Robert (1968) "Ascertaining, Testing, and Interpreting Sequences of Cultural Development." *Southwestern Journal of Anthropology* 24:354-74.

——(1969) "The Measurement of Cultural Development in the Ancient Near East and in Anglo-Saxon England." *Transactions of the New York Academy of Sciences* 31:1013-23.

——(1970) "A Theory of the Origin of the State." *Science* 169:733-38.

——(1972) "The Devolution of Evolution." *Social Biology* 19:248-58.

——(1974) "A Reappraisal of the Roles of Technology and Organization in the Origin of Civilization." *American Antiquity* 19:179-86.

——(1978) "Political Expansion as an Expression of the Principle of Competitive Exclusion," in Elman Service, ed., *Origins of the State,* pp. 205-23. Institute for the Study of Human Issues.

——(1990) "Chiefdom-Level Warfare as Exemplified in Fiji and the Cauca Valley," in Jonathan Haas, ed. (1990), *The Anthropology of War.* Cambridge University Press.

——(1991) "The Nature of the Chiefdom as Revealed by Evidence from the Cauca Valley of Colombia," in A. Terry Rambo and Kathleen Gillogly, eds. (1991), *Profiles in Cultural Evolution,* University of Michigan Press.

——(1992) "The Calusa and the Powhatan, Native Chiefdoms of North America." *Reviews in Anthropology* 21:27-38.

Cashdan, Elizabeth (1980) "Egalitarianism Among Hunters and Gatherers." *American Anthropologist* 82:116-20.

Changnon, Napoleon (1968) *Yanomamo: The Fierce People.* Hlt, Rinehart and Winston.

——(1973) "The Culture-Ecology of Shifting (Pioneering) Cultivation Among the Yanomamo Indians," in Daniel R. Gross, ed. (1973), *Peoples and Cultures of Native South America.* Doubleday/Natural History Press.

——(1979) "Is Reproductive Success Equal in Egalitarian Societies?," in napoleon Chagnon and William Irons, eds., *Evolutionary Biology and Human Social Behavior: An Anthropological Perspective.* Duxbury.

Chang, k. c. (1983) "Sandai Archaeology and the Formation of States in Ancient China," in Keightley, ed. (1983).

Childe, V. Gordon (1954) "Early Forms of Society," in Singer et al., eds. (1954-56)

Childers, Thomas (1998) " Europe and Western Civilization in the Modern Age," audiotape lecture series. The Teaching Company.

Chirot, Daniel (1985) "The Rise of the West." *American Sociological Review* 50:181-95.

Cipolla, Carlo M. (1994) *Before the Industrial Revolution: European Society and Economy, 1000-1700.* W. W. Norton.

Clark, Kenneth (1969) *Civilization.* John Murray.

Clough, Shepard (1981a) "The Industrial Revolution," in Garraty and Gay, eds. (1981).

——(1981b) "A World Economy," in Garraty and Gay, eds. (1981).

Coe, Michael (1992) *Breaking the Maya code.* Thames and Hudson.

Cohen, mark Nathan (1977) *The Food Crisis in Prehistory.* Yale University Press.

——(1985) "Prehistoric Hunter-Gatherers: The Meaning of Social Complexity," in Price and Brown, eds. (1985).

Coon, Carleton S. (1971) *The Hunting Peoples.* Little, Brown.

Cotterell, Arthur (1995) "The Unification of China," in Cotterell, ed. (1995).

Craig, Albert M., et al. (1990) *The Heritage of World Civilizations.* Macmillan.

Cronin, Helena (1991) *The ant and the Peacock.* Cambridge university Press.

Cronin, J. E., N. T. Boaz, C. B. Stringer, and Y. Rak (1981) "Tempo and mode in hominid evolution." *Nature* 292:113-22.

Crow, James F. (1999) "Unmasking a Cheating Gene." *Science* 183:1651.

Damerow, Peter (1996) "Food Production and Social Status as Documented in Proto-Cuneiform Texts," in Wiessner and Schiefenhövel, eds. (1996).

Daniels Peter T., and William Bright, eds. (1996) *The World's Writing Systems.* Oxford University Press.

Davie, Maurice R. (1968) *The Evolution of War.* Kennikat Press.

Davis, Morton D. (1989) "Game Theory," in *Encyclopaedia Brittanica*, 15th ed., vol. 19, pp. 643-49.

Dawkins, Richard (1976) *The Selfish Gene.* Oxford University Press.

——(1986) *The Blind Watchmaker.* W. W. Norton.

——(1997) "Human Chauvinism." *Evolution* 51:1015-20.

De Long, J. Bradford, and Andrei Shleifer (1993) "Princes and merchants: European City Growth Before the Industrial Revolution." *Journal of Law and Economics* 36:671-702.

Dennett, Daniel (1991) *Consciousness Explained.* Little, Brown.

——(1995) *Darwin's Dangerous Idea*, simon and Schuster.

——(1997) "Appraising Grace." *The Sciences*, January/February, pp. 19-44. de Sola Pool, Ithiel (1983) *Technologies of Freedom.* Harvard University Press.

Deur, Douglas E. (1991) "Salmon, Sedentism, and Cultivation: Towards an Environmental Prehistory of the Northwest Coast," in Paul Hirt and Dale Goble, eds., *Northwest Lands and peoples.* University of Washington Press.

Deur, Douglas E., and Nancy J. Turner, eds. (in press) *Keeping It Living: Traditional Plant Tending and cultivation on the Northwest Coast.* University of Washington Press.

Diamond, Jared (1992) *The Third Chimpanzee: The Evolution and Future of the Human Animal.* HarperPerennial.

——(1997) *Guns Germs, and Steel: the Fates of Human Societies.* W. W. Norton.

Dobzhansky, Theodosius (1968) "Teilhard de Chardin and the Orientation of Evolution." *Zygon* 3:242-58.

Dray, W. H. (1967) "Philosophy of History," in Edwards, ed. (1967).

Drennan, Robert (1991) "Pre-Hispanic Chiefdom Trajectories in Mesoamerica, Central America, and Northern South America," in Earle, ed. (1991).

Drews, Robert (1993) *The End of the Bronze Age: Changes in Warfare and the Catastrophe ca. 1200 B.C* Princeton University Press.

Drummond, Andrew (1995) "The World of Rome," in Cotterell, ed. (1995)

Dugatkin, Lee Alan (1997) *Cooperation Among Animals: An Evolutionary Perspective.* Oxford University Press.

Dulbecco, Renato (1987) *The Design of Life.* Yale University Press.

Dunbar, R. I. M. (1992) "Neocortex Size as a Constraint on Group Size in Primates." *Journal of Human Evolution* 20:469-93.

Durkheim, Emile (1912) "Elementary Forms of Religious Life," in Robert N. Bellah, ed. (1973), *Émile Durkheim: on Morality and Society.* University of Chicago Press.

Earle, Timothy (1997) *How Chiefs Come to Power: The Political Economy in Prehistory.* Stanford University Press.

Earle, Timothy, ed. (1991) *Chiefdoms: Power, Economy, and Ideology.* Cambridge University Press.

Easterbrook, Gregg (1998) *Beside Still Waters: Searching for Meaning in an Age of Doubt.* Morrow.

Eisenstein, Elizabeth L. (1993) *The Printing Revolution in Early Modern Europe.* Cambridge University Press/Canto.

Elazar, Daniel J. (1998) *Constitutionalizing Globalization.* Rowman and Littlefield.

Elvin, Mark (1973) *The Pattern of the Chinese Past.* Stanford University Press.

Embree, Ainslee (1981) "India: 1500-1750," in Garraty and Gay, eds. (1981).

Engels, Friedrich (1884) "The Origin of Family, Private Property, and State," in Tucker, ed (1978)

Evans-Pritchard, E. E. (1969) *The Nuer.* Oxford University Press.

Fagan, Brian M. (1995) *People of the Earth: An Introduction to World Prehistory.* HarperCollins.

Fairbank, John King (1992) *China: A New History.* Harvard University Press.

Farb, Peter (1969) *Man's Rise to Civilization.* Avon.

Ferguson, Yale (1991) "Chiefdoms to City-States: The Greek Experience," in Earle, ed. (1991).

Fisher, H. A. L. (1936) *A History of Europe.* Edward Arnold and Co.

Flannery, Kent (1972) "The Cultural Evolution of Civilizations." *Annual Review of Ecology and Systematics* 3:399-426.

——(1973) "The Origins of Agriculture." *Annual Review of Anthropology* 2:271-310.

——(1995) "Prehistoric Social Evolution," in Carol R. Ember and Melvin Ember, eds. (1995), *Research Frontiers in Anthropology.* Prentice-Hall.

Fortey, Richard (1998) *Life: a Natural History of the First Four Billion Years of Life on Earth.* Alfred A. Knopf.

Frank, André Gunder (1998) *ReOrient: Global Economy in the Asian Age.* University of California Press.

Frank, Steven A. (1989) "The Evolutionary Dynamis of Cytoplasmic Male Sterility." *American Naturalist* 133:345-76.

——(1997) "Models of Symbiosis." *American Naturalist* 150:S80-S99.

Fried, Morton (1983) "Tribe to State or State to Tribe in Ancient China," in Keightley, ed. (1983).

Friedman, Thomas (1999) *The Lexus and the Olive Tree*. Farrar, Straus and Giroux.

Friedrich, Otto (1986) *The End of the World: A History*. Fromm International.

Fromkin, Dvid (1981) *The Independence of Nations*. Praeger.

Fukuyama, Francis (1993) *The End of History and the Last man*. Avon.

Gaddis, John L. (1999) "Living in Candlestick Park." *The Atlantic*, April, pp. 65-74.

Garraty, John A., and Peter Gay, eds. (1981) *The Columbia History of the World*. Harper and Row.

Garsoian, Nina (1981) "Early Byzantium," in Garraty and Gay, eds (1981).

Gernet, Jacques (1962) *Daily Life in China on the Eve of the Mongol Invasion*, 1250-1276. Macmillan.

——(1996) *A History of Chinese Civilization*. Cambridge University Press.

Gies, Frances, and Joseph Gies (1995) *Cathedral, Forge, and Waterwheel: Technology and Invention in the Middle Ages*. HarperPerennial.

Gilder, George (1989) *Microcosm: The Quantum Revolution in Economics and Technology*. Simon and Schuster.

Gledhill, J., B. Bender, and M. T. Larsen, eds. (1995) *State and Society: The Emergence and Development of Social Hierarchy and Political Centralization*. Routledge.

Goffart, Walter (1980) *Barbarians and Romans, A.D. 418-584: The Techniques of Accommodation*. Princeton University Press.

Goodenough, Oliver (1995) "Mind Viruses: Culture, Evolution and the Puzzle of Altruism." *Biology and Social Life* 34:287-320.

Goodenough, Ursula (1998) *The Sacred Depths of Nature*. Oxford University Press.

Goody, Jack (1986) *The Logic of Writing and the Organization of Society*. Cambridge University Press.

Gould, Stephen Jay (1982) *The Panda's Thumb*. W. W. Norton.

——(1989) *Wonderful Life: The Burgess Shale and the Nature of History*. W. W. Norton.

——(1996) *Full House: The Spread of Excellence from Plato to Darwin*. Harmony Books.

Grew, Raymond (1993) "On the Prospect of Global History," in Mazlish and Buultjens, eds. (1993).

Hamilton, William D. (1964) "The Genetical Evolution of Social Behaviour," parts 1 and 2. *Journal of Theoretical Biology* 7:1-52.

Hammond, N. G. L. (1989) *Alexander the Great*. Bristol Press.

Harris, Marvin (1991) *Cannibals and Kings*. Vintage Books.

Haught, John (1999) *God After Darwin: A Theology of Evolution*. Westview Press.

Hawkes, Kristen, and James F. O'Connell (1981) "Affluent Hunters?" *American Anthropologist* 83:622-26.

Hayden, Brian (1993) *Archaeology: The Science of Once and Future Things*. W. H. Freeman.

——(1995) "A New Overview of Domestication," in Price and Gebauer, eds. (1995)

——(1998) "Practical and Prestige Technologies: The Evolution of Material Systems." *Journal of Archaeological Method and Theory* 5:1-55.

Hays, H. R. (1958) *From Ape to Angel: An Informal History of Social Anthropology.* Alfred A. Knopf.

Hefner, Philip (1970) *The Promise of Teilhard.* Lippincott.

Henry, Donald O. (1985) "Preagricultural Sedentism: The Natufian Example," in Price and Brown, eds. (1985).

Herskovits, Melville J. (1938) *Dahomey: An Ancient West African Kingdom.* J. J. Augustin.

Hill, Kim, et al. (1985) "Men's Allocation to Subsistence Work among the Ache of Eastern Paraguay." *Human Ecology* 13:29-47.

Ho, Ping-Ti (1975) *The Cradle of the East.* University of Chicago Press.

Hoebel, E. Adamsom (1983) *The Law of Primitive Man.* Atheneum.

Hofstadter, Richard (1955) *Social Darwinism in America Thought.* Beacon Press.

Hollister, C. Warren (1974) *Medieval Europe.* John Wiley and Sons.

Hooker, J. T. (1995) "Hellenic Civilization," in Cotterell, ed. (1995).

Houston, Stephen (1994) "Literacy Among the Pre-Columbian Maya: A Comparative Perspective," in Boone and Mignolo, eds. (1994).

Hsu, cho-yun (1988) "The Roles of the Literati and of Regionalism in the Fall of the Han Dynasty," in Yoffee and Cowgill, eds. (1988).

——(1989) "The Chou and Ch'in Dynasties," in *Encyclopaedia Britannica*, 15th ed., vol. 16, pp. 70-75.

Huber, Peter (1994) *Orwell's Revenge.* Free Press.

Hucker, Charles O. (1975) *China's Imperial Past: An Introduction to Chinese History and Culture.* Stanford University Press.

Huntington, Samuel (1996) *The Clash of Civilizations and the Remaking of World Order.* Simon and Schuster.

Huxley, Julian (1959) *New Bottles for New Wine.* Chatto and Windus.

Insko, Chester A., et al. (1983) "Trade Versus Expropriation in Open Groups: A Comparison of Two Types of Social Power." *Journal of Personality and Social Psychology* 44:977-99.

Irwin, Douglas (1996) *Against the Tide: An Intellectual History of Free Trade.* Princeton University Press.

Jacob, François (1982) *The Logic of Life: A History of Heredity.* Pantheon Books.

Jastrow, Robert (1981) *The Enchanted Loom.* Touchstone.

Jerison, Harry J. (1973) *Evolution of the Brain and Intelligence.* Academic Press.

Johnson, Allen (1989) "Horticulturalists: Economic Behavior in Tribes," in Plattner, ed. (1989)

Johnson, Allen, and Timothy Earle (1987) *The Evolution of Human Societies From Foraging Group to Agrarian State.* Stanford University Press.

Johnson, Gary (1995) "The Evolutionary Origins of Government and Politics," in Albert Somit and Joseph Losco, eds. (1995), *Human Nature and Politics.* JAI Press.

Johns, A. H. M. (1986) *The Later Roman Empire,* 284-602. Johns Hopkins University Press.

Jones, E. L. (1987) *The European Miracle.* Cambridge University Press.

Kant, Immanuel (1784) "Idea for a Universal History with a Cosmopolitan Purpose," in Hans Reiss, ed. (1991), *Kant: Political Writings.* Cambridge University Press.

Kaplan, Robert (1994) "The Coming Anarchy." *The Atlantic, February.*

——(1997) *The Ends of the Earth.* Vintage Books.

Kaufman, Herbert (1988) "The Collapse of Ancient States and Civilizations as an Organizational Problem," in Yoffee and Cowgill, eds. (1988).

Keeley, Lawrence H. (1995) "Protoagricultural Practices Among HunterGatherers," in Price and Gebauer, eds. (1995).

——(1996) *War before Civilization.* Oxford University Press.

Keeton, William T., and James L. Gould (1986) *Biological Science,* 4th ed. W. W. Norton.

Keightley, David N. (1983) "The Late Shang State: When, Where, and What," in Keightley, ed. (1983)

——(1989a) "The Origins of Writing in China: Scripts and Cultural Contexts," in Senner, ed. (1989).

——(1989b) "The First Historical Dynasty: The Shang," in *Encyclopaedia Britannica,* 15th ed., col. 16, pp. 68-70.

——(1995) "A Measure of man in Early China: In Search of the Noelithic Inch." *Chinese Science* 12:18-40.

Keightley, David N., ed. (1983) *The Origins of Chinese Civilization.* University of California Press.

Kelly, Kevin (1995) *Out of Control.* Perseus.

Kennedy, Paul (1987) *The Rise and Fall of the Great Powers.* Random House.

Kenoyer, Jonathan Mark (1998) *Ancient Cities of the Indus Valley Civilization.* Oxford University Press.

Keohane, Robert, and Joseph Nye (1989) *Power and Interdependence.* HarperCollins.

Kindleberger, Charles P. (1993) *A Financial History of Western Europe.* Oxford University Press.

Kirch, Patrick V. (1989) *The Evolution of the Polynesian Chiefdoms.* Cambridge University Press.

Klein, Richard G. (1989) *The Human Career.* University of Chicago Press.

Kohn, Hans (1973) "Nationalism," in Philip P. Wiener, ed., *Dictionary of the History of Ideas,* vol. 3. Scribner's.

——(1994) "Western and Eastern Nationalism," in Hutchinson and Smith, eds. (1994).

Kremer, Michael (1993) "Population Growth and Technological Change: One Million B. C. to 1990." *The Quarterly Journal of Economics* 103:681-716.

Kuran, Timur (1997) "Islam and Underdevelopment: And old Puzzle Revisited." *Journal of Institutional and Theoretical Economics* 153-:41-71.

Lamberg-Karlovsky, C. C., and Jeremy A. Sabloff (1995) *Ancient Civilizations: The Near East and Mesoamerica.* Waveland Press.

Landes, David S. (1998) *The Wealth and poverty of Nations* W. W. Norton.

Larsen, Mogens Trolle (1988) "Introduction: Literacy and Social Complexity," in Gledhill, Bender, and Larsen (1995).

Latourette, Kenneth Scott (1975) *A History of Christianity.* HarperCollins.

Leakey, Richard (1994) *The Origin of Humankind.* Basic Books.

Lee, Richard B. (1979) *The !Kung San.* Cambridge University Press.

Lenski, Gerhard, Patrick Nolan, and Jean Lenski (1995) *Human Societies: n Introduction to Macrosociology.* McGraw-Hill.

Loewenstein, Werner R. (1999) *The Touchstone of Life: Molecular Information, Cell Communication, and the Foundations of Life*. Oxford University Press.

Lopez, Robert S., and Raymond W. Irving (1990) *Medieval Trade in the Mediterranean World*. Columbia University Press.

Lounsbury, Floyd (1989) "The Ancient Writing of Middle America," in Senner, ed. (1989)

Lourandos, Harry (1985) "Intensification and Australian Prehistory," in Price and Brown, eds. (1985).

Lowie, Robert (1920) *Primitive Society*. Liveright.

——(1946) "Evolution in Cultural Anthropology: A Reply to Leslie White." *American Anthropologist* 48:223-33.

——(1966) *Culture and Ethnology*. Basic Books.

Mackay, Alan L., ed. (1981) *The Harvest of a Quiet Eye: A Selection of Scientific Quotations*. Crane, Russak.

Mcluhan, Marshall (1966) *Understanding Media: The Extensions of Man*. Signet.

MacMullen, Ramsay (1988) *Corruption and the Decline of Rome*. Yale University Press.

McNeill, William H. (1963) *The Rise of the West: A History of the Human Community*. University of Chicago Press.

——(1977) *Plagues and People*. Anchor.

——(1989) *Arnold J. Toynbee: A Life*. Oxford university Press.

——(1990) "*The Rise of the West after Twenty-five Years*." Journal of World History 1:1-21.

Madina, Maan Z. (1981) "The Arabs and the Rise of Islam," in Garraty and Gay, eds. (1981)

Margulis, Lynn, and Dorion Sgan (1995) *What is Life?* Simon and Schuster.

Martin, Henri-Jean (1994) *The History and Power of Writing*. University of Chicago Press.

Marx, Karl (1946) "Society and Economy in History," in Tucker, ed. (1978).

Maschner, Herbert D. G. (1991) "The Emergence of Cultural Complexity on the Northern Northwest Coast." *Antiquity* 65:924-34.

Mathews, Jessica (1997) "The Rise of Global Civil Society." *Foreign Affairs*, January.

Maynard Smith, John, and Eörs Szathmäry (1995) *The Major Transitions in Evolution*. W. H. Freeman.

Mazlish, Bruse (1993) "An Introduction to Global History," in Mazlish and Buultjens, eds. (1993)

Mazlish, Bruce, and Ralph Buultjens, eds. (1993) *Conceptualizing Global History*. Westview Press.

Michod, Richard E. (1997) "Evolution of the Individual." *American Naturalist* 150:S80-99.

Mill, John Stuart (1872) "Of the Inverse Deductive, or Historical Method," in John Stuart Mill (1872), *A System of Logic. Longmans*, Green, Reader, and Dyer.

Monod, Jacques (1971) *Change and Necessity*. Alfred A. Knopf.

Morgan, David (1990) *The Mongols*. Blackwell.

Morgan, Lewis H. (1877) *Ancient Society*. Charles H. Kerr.

Morris, Brian (1987) *Anthropological Studies of Religion*. Cambridge University Press.

Morris, Simon Conway (1998) *The Crucible of Creation: The Burgess Shale and the Rise of Animals*. Oxford University Press.

Mundy, John H. (1981) "The Late Middle Ages," in Garraty and Gay, eds. (1981).

Murdock, George Peter (1934) *Our Primitive Contemporaries.* Macmillan.

Nagel, Thomas (1974) "What is It Like to Be a Bat?" *Philosophical Review* 83:435-50.

Nash, John F., Jr. (1950) "The Bargaining Problem." *Econometrica* 18:155-62.

Nisbet, Robert A. (1969) *Social Change and History.* Oxford University Press.

Nishida, Toshisada (1987) "Local Traditions and Cultural Transmission," in Barbara B. Smuts et al., eds. (1987), *Primate Societies.* University of Chicago Press.

Nissen, Hans J. (1985) "The Emergence of Writing in the Ancient Near East." *Interdisciplinary Science Reviews* 10:349-61.

Nissen, Hans, Peter Damerow, and Robert Englund (1993) *Archaic Bookkeeping: Early Writing and Techniques of Economic Administration in the Ancient Near East.* University of Chicago Press.

Oates, Joan (1979) *Babylon,* Thames and Hudson.

Oden, Robert (1995) "The old Testament: An Introduction," audiotape lecture series. The Teaching Company.

Ogburn, William, and Dorothy Thomas (1922) "Are Inventions Inevitable?" *Political Science Quarterly* 37:83-98.

Oliver, Douglas L. (1955) *A Solomon Island Society.* Harvard University Press.

Pacey, Arnold (1990) *Technology in World Civilization.* MIT Press.

Painter, Sidney (1951) *Mediaeval Society.* Cornell University Press.

Palmer, R. R., and Joel Colton (1965) *A History of the Modern World.* Alfred A. Knopf.

Peace, William (1993) "Leslie A. White and Evolutionary Theory." *Dialectical Anthropology* 18:123-51.

Perdue, Peter C. (1999) "China in the Early Modern World." *Education About Asia.* Summer.

Peirce, Charles S. (1878) "How to Make Our Ideas Clear," in Justus Buchler, ed. (1955), *Philosophical Writings of Peirce.* Dover.

Philo (1927) "On the Cherubim," in *Philo in Ten Volumes.* Harvard University Press (1927).

Plattner, Stuart, ed. (1989) *Economic Anthropology.* Stanford University Press.

Pohl, John M. D. (1994) "Mexican Codices, Maps, and Lienzos as Social Contracts," in Boone and Mignolo, eds. (1994)

Popper, Karl (1957) *The Poverty of Historicism.* Routledge and Kegan Paul.

Price, T. Douglas, and James A. Brown (1985) "Aspects of Hunter-Gatherer Complexity," in Price and Brown, eds. (1985).

Price, T. Douglas, and James A. Brown eds. (1985) *Prehistoric Hunter-Gatherers: The Emergence of Cultural Complexity.* Academic Press.

Price, T. Douglas, and Anne Birgitte Gebauer (1995) "New Perspectives in the Transition to Agriculture," in Price and Gebauer, eds. (1995).

Pringle, J. W. S. (1951) "On the Parallel between Learning and Evolution." *Behaviour* 3:174-215.

Queller, David (1997) "Cooperators Since Life Began." *Quarterly Review of Biology* 72:184-88.

Queller, David C., and J. E. Strassmann (1998) "Kin Selection and Social Insects." *Bioscience* 48:165-75.

Ranum, Orest (1981a) "The Collapse of France," in Garraty and Gay, eds. (1981).

——(1981b) "Forming National States," pp. 725-32, in Garraty and Gay, eds. (1981)

Reischauer, Edwin O. (1981) *Japan*. Charles E. Tuttle Co.

Rice, Eugene F., Jr. (1981a) "The State System of the Italian Renaissance," in Garraty and Gay, eds. (1981).

——(1981b) "The Reformation: Society," in Garraty and Gay, eds. (1981).

Riché, Pierre (1976) *Education and Culture in the Barbarian West, Sixth Through Eighth Centuries*. University of South Carolina Press.

Richerson, Peter J., and Robert Boyd (1998) "The Evolution of Human Ultrasociality," in Irenäus Eibl-Eibesfeldt and Frank Kemp Salter, eds. (1998), *Indoctrinability, Ideology, and Warfare*. Berghahn Books.

——(1999) "Complex Societies: The Evolutionary Origins of a Crude Superorganism." *Human Nature*, vol. 10, no. 3.

Ridley, Mark (1993) *Evolution*. Blackwell Scientific Publications.

——(1996) *The Origins of Virtue: Human Instincts and the Evolution of Cooperation*. Viking.

Roberts, J. M. (1993) *History of the World*. Oxford University Press.

Robinson, Daniel N. (1997) "The Great Ideas of Philosophy," audiotape lecture series. The Teaching Company.

Roccati, Alessandro (1997) "Scribes" in Sergio Donadoni, ed. (1997), *The Egyptians*. University of Chicago Press.

Romer, Paul (1993) "Implementing a National Technology Strategy with SelfOrganizing Industry Investment Boards." *Brookings Papers: Microeconomics* 2, pp. 345-99.

Rosenau, James (1983) "'Fragmegrative' Challenges to National Security," in Terry L. Heyns, ed. (1983), *Understanding U.S. Strategy: A Reader*. National Defense University.

Rosenau, James, and Ernst-Otto Czempiel, eds. (1992) *Governance Without Government*. Cambridge University Press.

Rosenblueth, Arturo, Norbert Wiener, and Julian Bigelow (1943) "Behavior, Purpose and Teleology." *Philosophy of Science* 10:18-24.

Rossabi, Morris, ed. (1983) *China Among Equals: The Middle Kingdom and Its Neighbors, 10th-14th Centuries*. University of California Press.

Rothman, Mitchell S. (1994) "Evolutionary Typologies and Cultural Complexity," in Stein and Rothman, eds. (1994).

Ruhlen, Merritt (1987) *A Guide to the World's Languages*. Vol. 1, Classification. Stanford University Press.

Sabloff, Jeremy A., and William L. Rathje (1975) "The Rise of a Maya Merchant Class." *Scientific American*, October, pp. 72-82.

Sahlins, Marshall (1961) "The Segmentary Lineage: And Organization of Predatory Expansions." *American Anthropologist* 63:322-45.

——(1963) "Poor Man, Rich Man, Big-man, Chief: Political Types in Melanesia and Polynesia." *Comparative Studies in Society and History* 5:285-303.

Sanders, William T., and Barbara J. Price (1968) *Mesoamerica: The Evolution of a Civilization*. Random House.

Sanderson, Stephen K. (1990) *Social Evolutionism: A Critical History*. Blackwell.

Schelling, Thomas C. (1980) *The Strategy of Conflict.* Harvard University Press.

Schmandt-Besserat, Denise (1989) "Two Precursors of Writing in One Reckoning Device," in Senner, ed. (1989).

Schrödinger, Erwin (1967) *What Is Life & Mind and Matter.* Cambridge University Press.

Schwarzenberger. Georg (1989) " International Law," in *Encyclopaedia Britannica*, 15th ed., vol. 21, pp. 724-31.

Senner, Wayne M., ed. (1989) *The Origins of Writing.* University of Nebraska Press.

Service, Elman R. (1962) *Primitive Social Organization: An Evolutionary Perspective.* Random House.

——(1975) *Origins of the State and Civilization: The Process of Cultural Evolution.* W. W. Norton.

——(1978) *Profiles in Ethnology.* HarperCollins.

Seyfarth, Robert M. (1987) "Vocal Communication and Its Relation to Language," in Barbara B. Smuts et al., eds. (1987), *Primate Societies.* University of Chicago Press.

Singer, Charles et al., eds. (1954-56) A *History of Technology*, 2vols. Oxford University Press.

Smith, Adam (1937) *The Wealth of Nations.* Random House Modern Library. (Originally published, 1776.)

Smith, Bruce D. (1995) *The Emergence of Agriculture.* Scientific American Library.

Smith, Merritt Roe, and Leo Marx, eds. (1994) *Does Technology Drive History?* MIT Press.

Smith, Michael E. (1997) "Life in the Provinces of the Aztec Empire." *Scientific American, September,* pp. 74-83.

Solow, Robert M. (1957) "Technical Change and the Aggregate Production Function." *Review of Economics and Statistics* 39:312-20.

Soros, George (1999) "Empower the IMF." *Civilization,* June/July.

Spence, Jonathan (1990) *The Search of Modern China.* W. W. Norton.

Spencer, Herbert (1851) *Social Statics.* John Chapman.

Starr, Chester G. (1991) *A History of the Ancient World.* Oxford University Press.

Stein, Gil (1994a) "The Organizational Dynamics of Complexity in Greater Mesopotamia," in Stein and Rothman, eds. (1994)

——(1998) "Heterogeneity, Power, and Political Economy: Some Current Research Issues in the Archaeology of Old World Complex Societies." *Journal of Archaeological* Research 6:1-44.

Stein, Gil, and Mitchell S. Rothman, eds. (1994) *Chiefdoms and Early States in the Near East: The Organizational Dynamics of Complexity.* Prehistory Press.

Steward, Julian (1938) *Basin-Plateau Aboriginal Sociopolitical Groups. Smithsonian Institution,* U.S. Government Printing Office.

——(1955) *Theory of Culture Change: The Methodology of Multilinear Evolution.* University of Illinois Press.

Strayer, Joseph (1955) *Western Europe in the Middle Ages.* Appleton-Century-Crofts.

Tainter, Joseph A. (1990) *The Collapse of Complex Societies.* Cambridge University Press.

Thomas, David Hurst (1972) "Western Shoshone Ecology: Settlement Patterns and Beyond," in Don D. Fowler, ed., *Great Basin Cultural Ecology: A Symposium.* Desert Research Institute.

Thomas, Hugh (1979) *A History of the World.* Harper and Row.

Thompson, E. A. (1948) *A History of Attila and th Huns*. Clarendon Press.

Tomkins, Gordon (1975) "The Metabolic Code." Science 189:760-63.

Tooby, John, and Leda Cosmides (1990) "On the Universality of Human Nature and the Uniqueness of the Individual: The Role of Genetics and Adaptation." *Journal of Personality* 58:1:17-67.

Toynbee, Arnold J. (1947) *A Study of History*. Abridged by D. C. Somervell, 2vols. Oxford University Press.

Toyoda, Takeshi (1989) "Ancient and Medieval Japan," in *Encyclopaedia Britannica*, 15th ed., vol. 22, pp. 303-16.

Treadgold, Warren (1997) *A History of the Byzantine State and Society*. Stanford University Press.

Trigger, Bruce (1993) *Early Civilizations: Ancient Egypt in Context*. The American University in Cairo Press.

Trivers, Robert (1971) "The Evolution of Reciprocal Altruism." *Quarterly Review of Biology* 46:35-56.

Tucker, Robert C., ed. (1978) *The Marx-Engels Reader*. W. W. Norton.

Udovitch, Abraham L. (1970) "Commercial Techniques in Early Medieval Islamic Trade," in D. S. Richards, ed. (1970), *Islam and the Trade of Asia*. University of Pennsylvania Press.

Waldman, Marilyn R. (1989) "The Islamic World," in *Encyclopaedia Britannica*, 15th ed., vol. 22.

Waldrop, M. Mitchell (1992) *Complexity*. Simon and Schuster.

Waters, Malcolm (1995) *Globalization*. Routledge.

Watson, Adam (1992) *The Evolution of International Society*. Routledge.

Watson, James (1969) *The Double Helix*. Mentor.

Weber, Max (1961) *General Economic History*. Collier Books.

Weinberg, Steven (1979) *The First Three Minutes*. Bantam.

Wenke, Robert J. (1981) "Explaining the Evolution of Cultural Complexity: A Review." *Advances in Archaeological Method and Theory* 4:79-127.

——(1984) *Patterns in Prehistory: Humankind's First Three Million Years*. Oxford University Press.

White, Leslie (1940) "The Symbol." *Philosophy of Science* 7:451-63.

——(1943) "Energy and the Evolution of Culture." *American Anthropologist* 45:335-56.

——(1959) *The Evolution of Culture*. McGraw-Hill.

——(1987) *Ethnological Essays, edited and with and introduction by Beth Dillingham and Robert L. Carneiro*. University of New Mexico Press.

White, Lynn, Jr. (1964) *Medieval Technology and Social Change*. Oxford University Press.

Widmer, Randolph J. (1988) *The Evolution of the Calusa*. University of Alabama Press.

——(1994) "The Structure of Southeastern Chiefdoms," in Charles Hudson and Carmen Chaves Tesser, eds. (1994), *The Forgotten Centuries. University of Georgia* Press.

Wiessner, Polly, and Wulf Schiefenhövel (1996) *Food and the Status Quest: And Interdisciplinary Perspective*. Berghahn Books.

Williams, George (1966) *Adaptation and Natural Selection: A Critique of Some Current Evolutionary Thought*. Princeton University Press.

Wills, Christopher (1993) *The Runaway Brain: The Evolution of Human Uniqueness. Basic Books.*

Wilson, A. N. (1997) *Paul: The Mind of the Apostle*. W. W. Norton.

Wilson, David Sloan (1997) "Altruism and Organism: Disentangling the Themes of Multilevel Selection Theory." *The American Naturalist* 150:S122-S34.

Wilson, Edward O. (1971) *The Insect Societies*. Harvard University Press.

——(1975) *Sociobiology:* The New Synthesis. Harvard University Press.

——(1998) *Consilience: The Unity of Kn*owledge. Alfred A. Knopf.

Wolfson, Harry A. (1967) "Philo Judaeus," in Edwards, ed. (1967).

Wright, Henry (1994) "Prestate Political Formations," in Stein and Rothman, eds. (1994).

Wright, Robert (1985) "The Computer Behind the Curtain." *The Sciences*, July-August, pp. 4-6.

——(1988) Three Scientists and Their Gods: Looking for Meaning in an Age of Information. Times Books.

——(1989a) "One World, Max." *The New Republic*, November 6, pp. 68-75.

——(1989b) "Tao Jones" (review of Gilder, 1989). *The New Republic*, November 20, pp. 38-42.

——(1991) "Quest for the Mother Tongue." *The Atlantic*, pp. 39-68.

——(1992) "Why Is It Like Something to Be Alive?," in William H. Shore, ed., *Mysteries of Life and the Universe*. Harcourt Brace Jovanovich.

—— (1994) *The Moral Animal: Evolutionary Psychology and Everyday Life*. Pantheon Books.

——(1995a) "Be Very Afraid: Nukes, Nerve Gas, and Anthrax Spores." *The new Republic, May* 1, pp. 19-27.

——(1995b) "Chaos Theory." *The New Republic*, July 10, 1995, p. 4.

——(1995c) "Microturfs." *The New Republic*, November 20, p. 4.

——(1996) "Highbrow Tribalism" (review of Huntington, 1996). Slate, November 1.

——(1997) "We're All One-Worlders Now." *Slate*, April 24.

Yoffee, Norman (1993) "Too Many Chiefs"," in Norman Yoffee and A Sherratt, eds., *Archaeological Theory: Who Sets the Agenda?* Cambridge University Press.

——(1995) "Political Economy in Early Mesopotamian States." *Annual Review of Anthropology* 24:281-311.

Index
찾아보기

넌제로
NONZERO ; 하나된 세계를 향한 인간 운명의 논리

1쇄 인쇄 2009년 11월 12일
1쇄 발행 2009년 12월 2일

지은이 로버트 라이트 · **옮긴이** 임지원
펴낸곳 도서출판 **말글빛냄** · **인쇄** 삼화인쇄(주)
펴낸이 박승규 · **마케팅** 최윤석 · **디자인** 진미나
주소 서울시 마포구 서교동 463-3 성화빌딩 5층
전화 325-5051 · **팩스** 325-5771 · **홈페이지** www.wordsbook.co.kr
등록 2004년 3월 12일 제313-2004-000062호
ISBN 978-89-92114-49-3   03900
가격 25,000원

*잘못된 책은 바꾸어 드립니다.